Entre más nos acercamos a otras personas, más nos acercamos a nuestro propio ser.

Soy expresión de lo que somos.

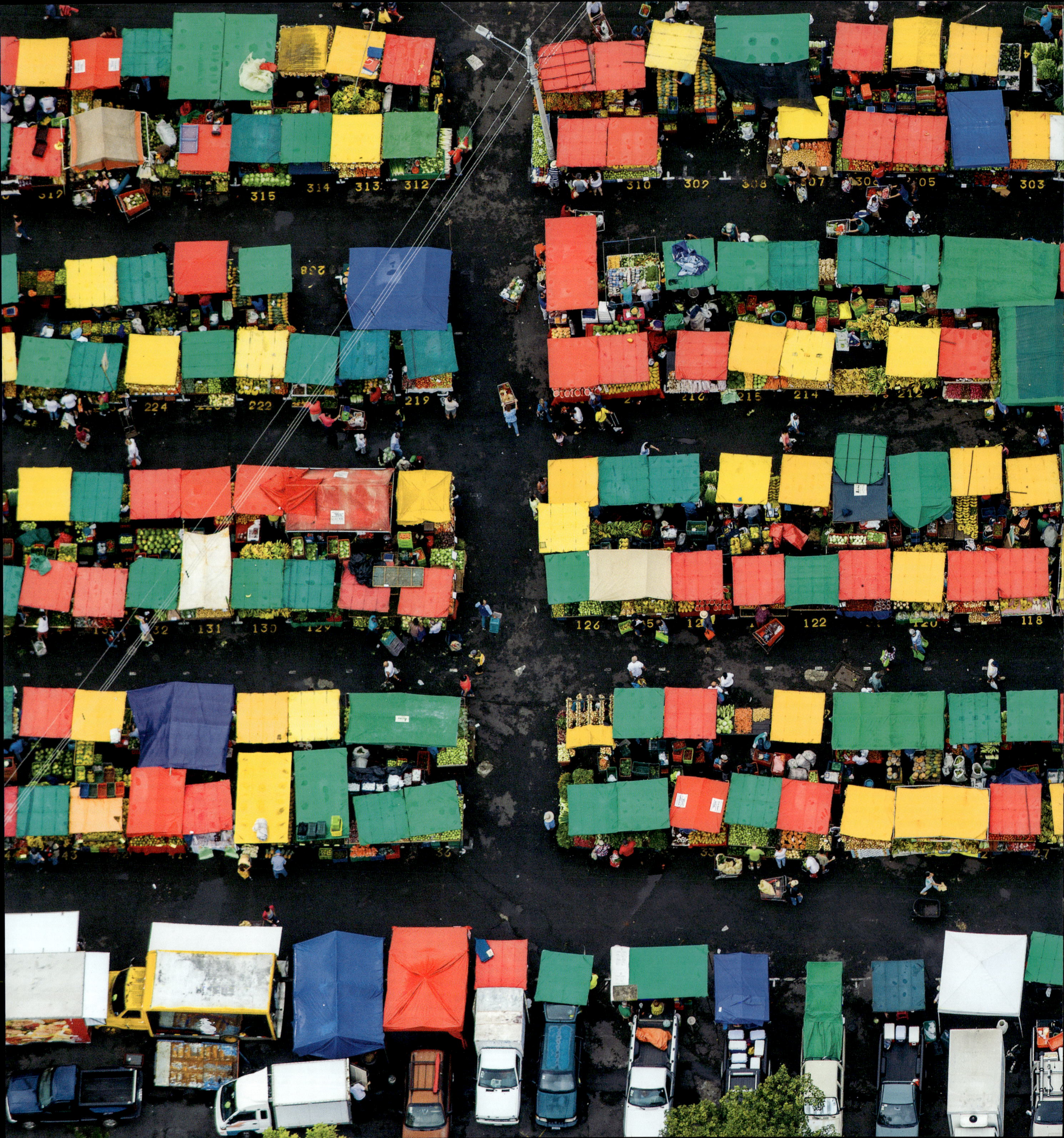
315
314
312
310
303
224
222
219
214
131
130
126
122
118

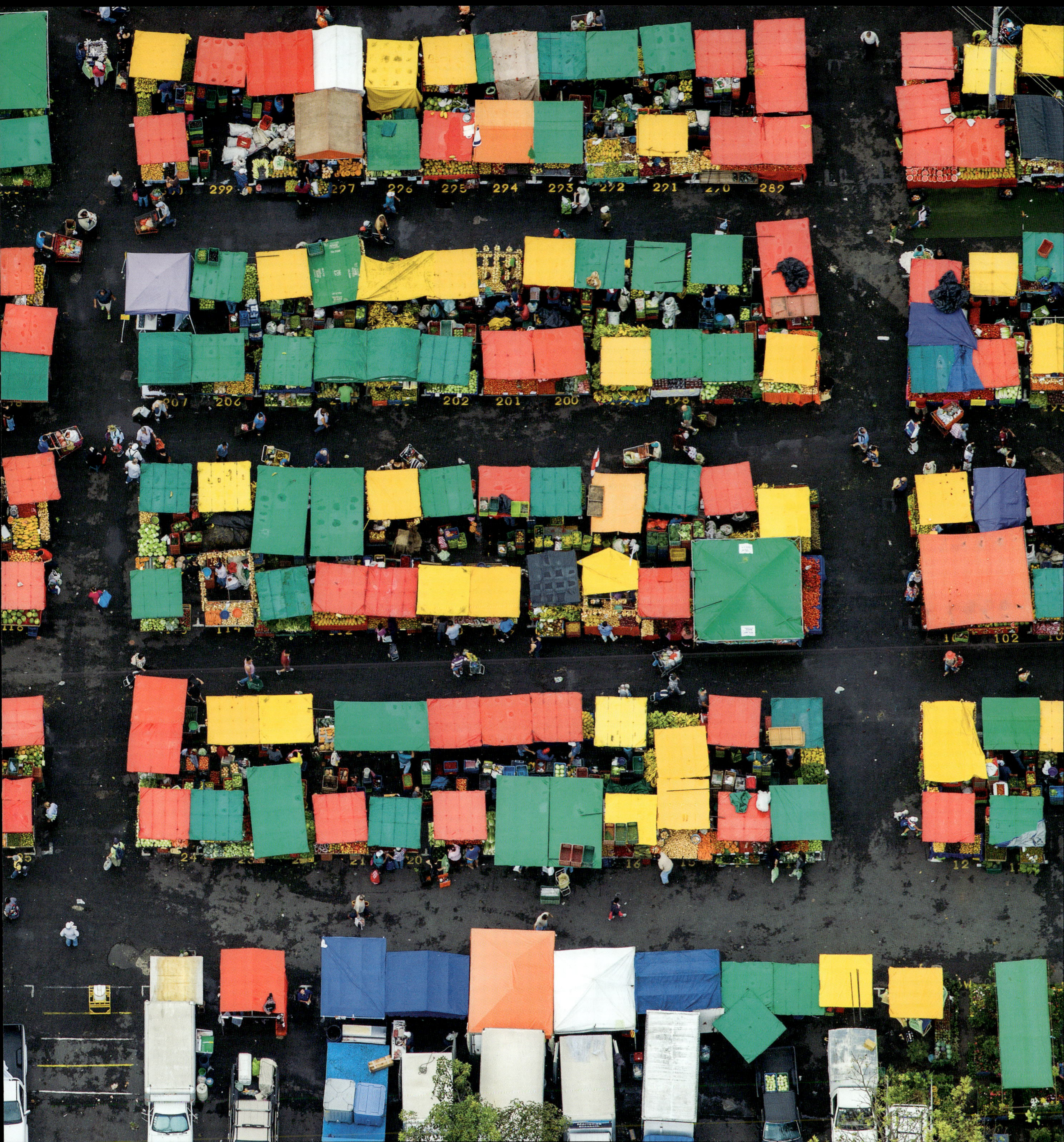

C I

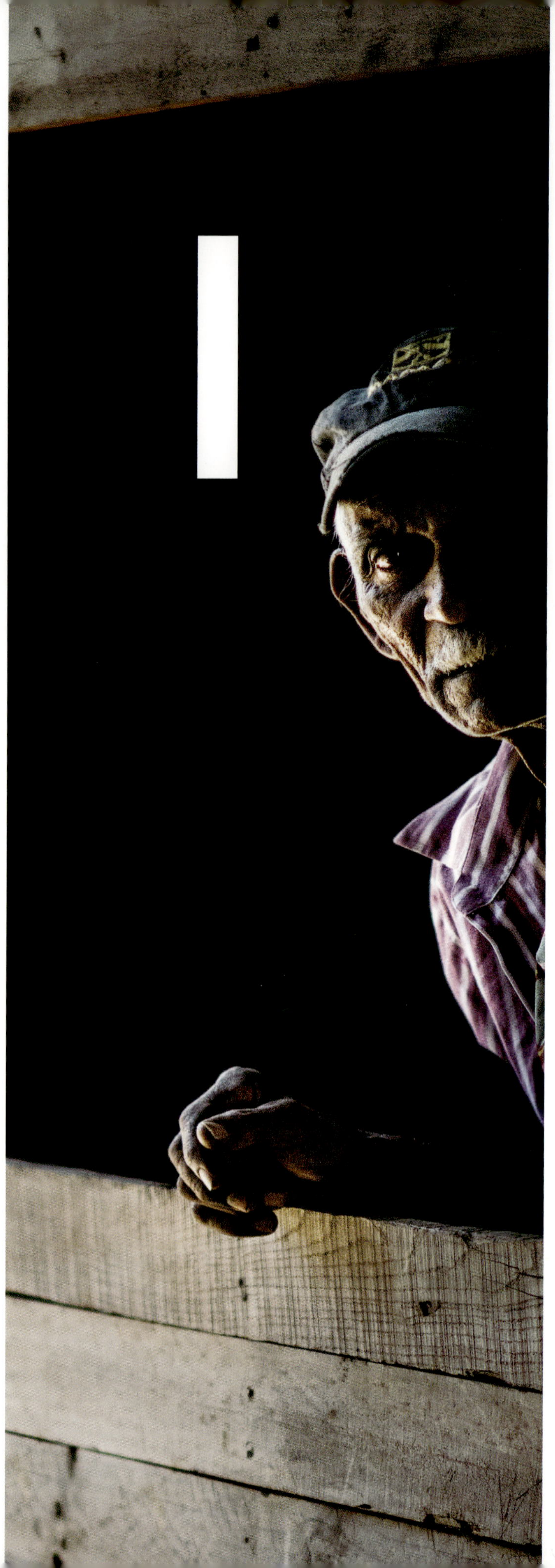

N C O

MILLONES Y PICO

¿Quiénes somos, a doscientos años de nuestra independencia? ¿Con qué nos ilusionamos? ¿Qué nos angustia, nos sorprende, nos emociona? ¿Cómo recordamos nuestras vidas y cómo imaginamos el futuro?

Es seguro que esas preguntas tienen, al menos, cinco millones y pico de respuestas, cada una, y también es claro que no tenemos forma de conocerlas todas. A lo sumo, a lo largo de nuestra vida llegamos a familiarizarnos con la forma de ser, los puntos de vista y la historia de unas cuantas decenas de personas.

Este libro, más que un esfuerzo exhaustivo por "retratar" quienes somos, es una ventana abierta a un poco más de cincuenta rostros. Un lente que nos aproxima brevemente a las vidas y memorias de medio centenar de ticos y ticas. Es solo un fragmento del mosaico impresionante que conforma la nacionalidad costarricense al aproximarnos al Bicentenario de nuestra nación.

IMÁGENES Y PALABRAS

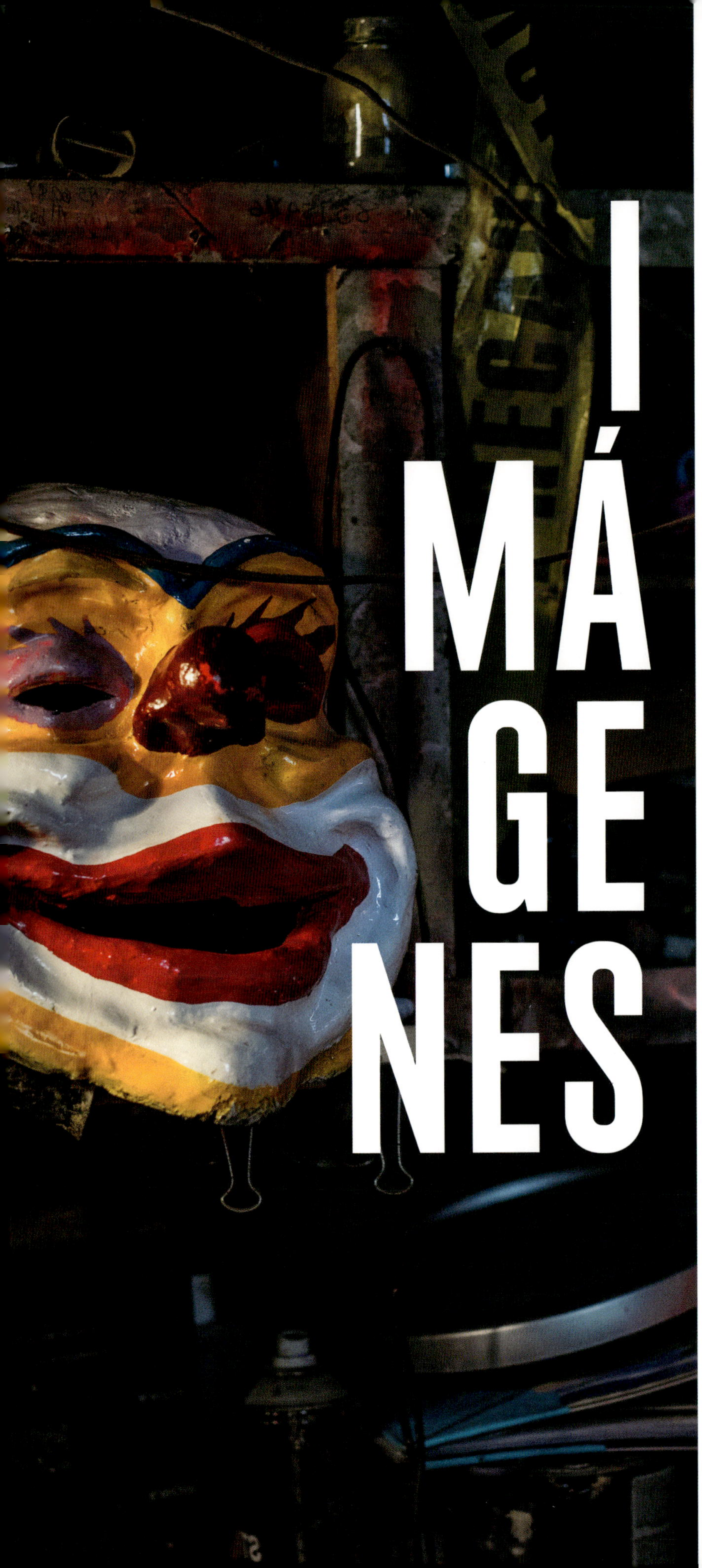

Pura Gente, entonces, tiene algo de documento testimonial, algo de caleidoscopio y algo de espejo. Un espejo fragmentado y arbitrario, claro.

Pero, después de todo, ¿qué otra cosa son los espejos, sino objetos que solo aparentan devolvernos una imagen inaprensible, siempre cambiante? El libro-espejo llamado Pura Gente, al ofrecer dos imágenes distintas (una visual y otra textual) procura que, al mirarlas en conjunto, podamos disfrutar imágenes en tres dimensiones, más cálidas, cercanas -y esperamos que profundamente humanas-, de las personas retratadas.

Porque las palabras y las imágenes se complementan, se superponen, se hablan y nos hablan a la vez, llevándonos a comprender cosas que de otro modo no podríamos: de dónde vino esa expresión; cuántos caminos anduvo aquella sonrisa antes de plasmarse en una foto; en qué recuerdos anidan esos ojos brillantes al quedar bajo los párpados cerrados, cada noche.

Las fotografías de Pura Gente se alejan del reportaje. Son deliberadas, producidas con esmero y llenas de detalles, realizadas con la finalidad de echar luz sobre el carácter de cada persona y entregarnos lecturas cargadas de poesía visual, intensas, en las que la vista pueda regodearse una y otra vez, sin perder el asombro.

A su vez, los textos han llevado un largo proceso de destilación, desde la entrevista in situ hasta la redacción final por un grupo selecto de autores y autoras, que han agregado, también deliberadamente, su intención literaria, su filtro sobre los hechos y las memorias, para construir textos que tienen valor en sí mismos, pero que leídos al lado de las fotografías construyen significados nuevos, que trascienden ambos textos (el visual y el literario).

La palabra y la imagen se combinan, entonces, en una ecuación imaginaria que emociona y seduce, que invita a pensar y nos hace querer. No querer algo, sino simplemente querer. Querernos.

Pues ¿qué otra misión podría tener este libro que no fuera la de invocar la ternura primordial que nos une?

PAISAJES CON ROSTRO

Esta es, también, una mutación en la historia narrativa visual de la familia Pucci. Juan José, Giancarlo y Sergio, quienes con tanta claridad nos han llevado siempre a descubrir los paisajes inéditos de la patria, se reconocen esta vez en los rostros de quienes habitan esos paisajes.

Por eso en este libro no hay "personalidades", sino simplemente personas, gente con algo qué contar. Es decir, básicamente cualquier persona que haya amado, cultivado sueños y vivido el tiempo suficiente para recordar. Nada más. Y eso es lo hermoso, porque es suficiente.

No se buscó el perfil del héroe ni de la mártir, sino el del ser humano, con su naturaleza, su cultura, sus sesgos de crianza, sus luchas, decepciones y triunfos. Ese es el libro del hombre centenario de la zona azul que solo espera que la vida le permita ver llegar a su amiga, centenaria como él, una tarde más. Es el libro de las esperanzas y los pequeños milagros, como el que se experimenta al quedarse quieto sobre la tabla, esperando que el viento levante una vez más las olas, para dejarse fluir con ellas hacia la costa, gozando la ficción de ser uno con el mar.

Esas son las grandes historias que llenan el corazón de este libro: las historias de la Pura Gente con su pura vida, en la que la pureza no tiene ninguna carga moral, sino el sentido de la simplicidad: es la vida pura, nada más, la que vibra en las páginas de este libro.

Y esta es la invitación que hacemos: ver y leer como quien simplemente está ahí, dejándose atrapar por la humanidad que le rodea. Disfrutar de ser humanos y humanas en un territorio con cinco millones y pico de historias como estas.

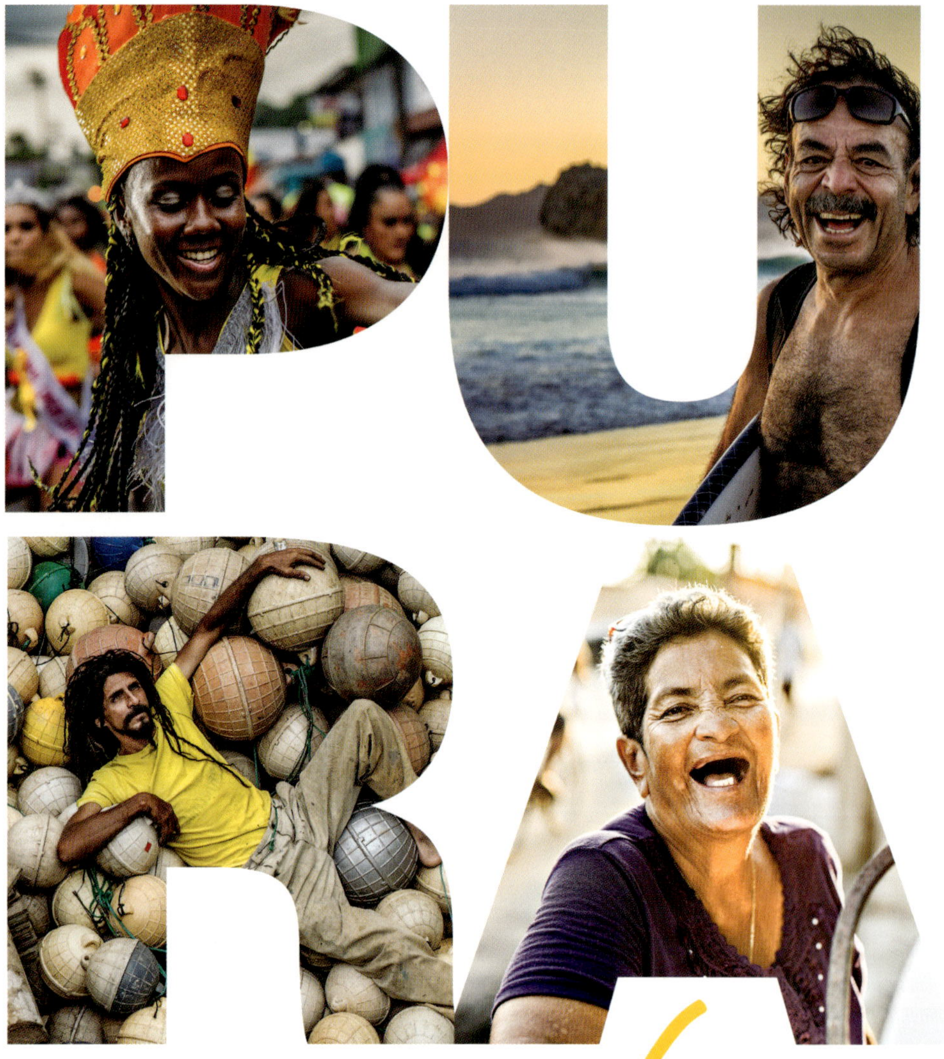

PURA *gente*

La frase "Costa Rica es su gente" es trillada por una razón: esta no es solo una costa rica en naturaleza, sino también en humanidad. El Pura Vida, también sobre utilizado, aunque a veces es un escudo para no ahondar más en lo que pensamos o sentimos, no miente: ¡sí somos pura vida! Una vida muy amplia, con muchas facetas y perspectivas.

Pura vida, no significa que no seamos complejos. Existen muchas capas de nuestra humanidad aún por descubrir y los conflictos nos fuerzan a mirar donde no queremos hacerlo. Mirarnos es reconocernos. Es la curiosidad que nos hace crecer.

A lo largo de los años, nuestras aventuras han estado cargadas de atardeceres y lugares mágicos, pero en compañía del pulpero, de la señora de la soda, de los compas, del guía o la guardaparques, de la mentora, del botero, de la familia, de personas emprendedoras, de científicos y exploradores. Gente cargada de historias.

Se nos despertó una curiosidad muy fuerte, un llamado a escuchar y conocer aún más de cerca a las y los ticos. Este ha sido un viaje de más de dos años, no solo por las siete provincias sino también por nuestros propios miedos e ilusiones.

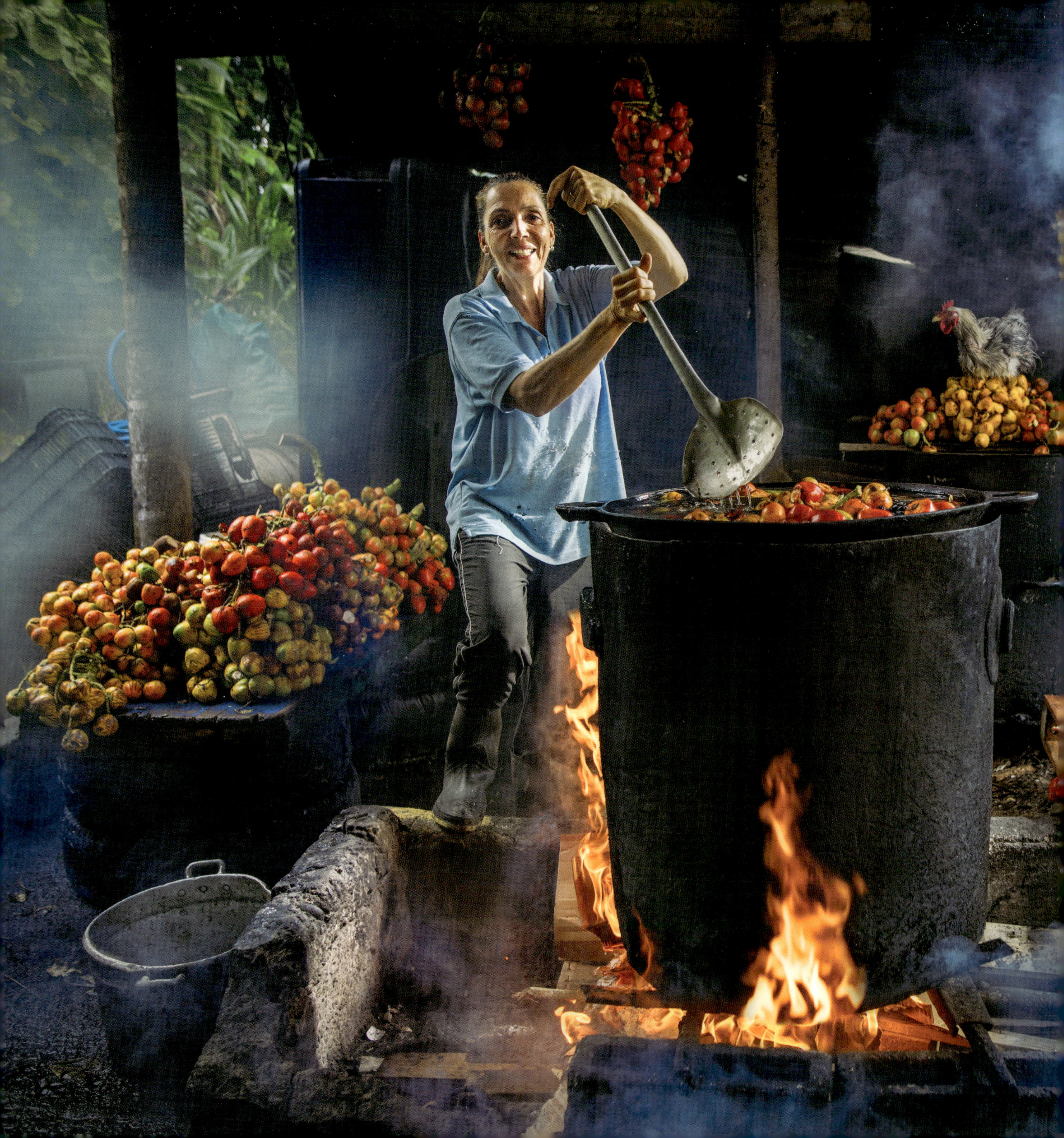

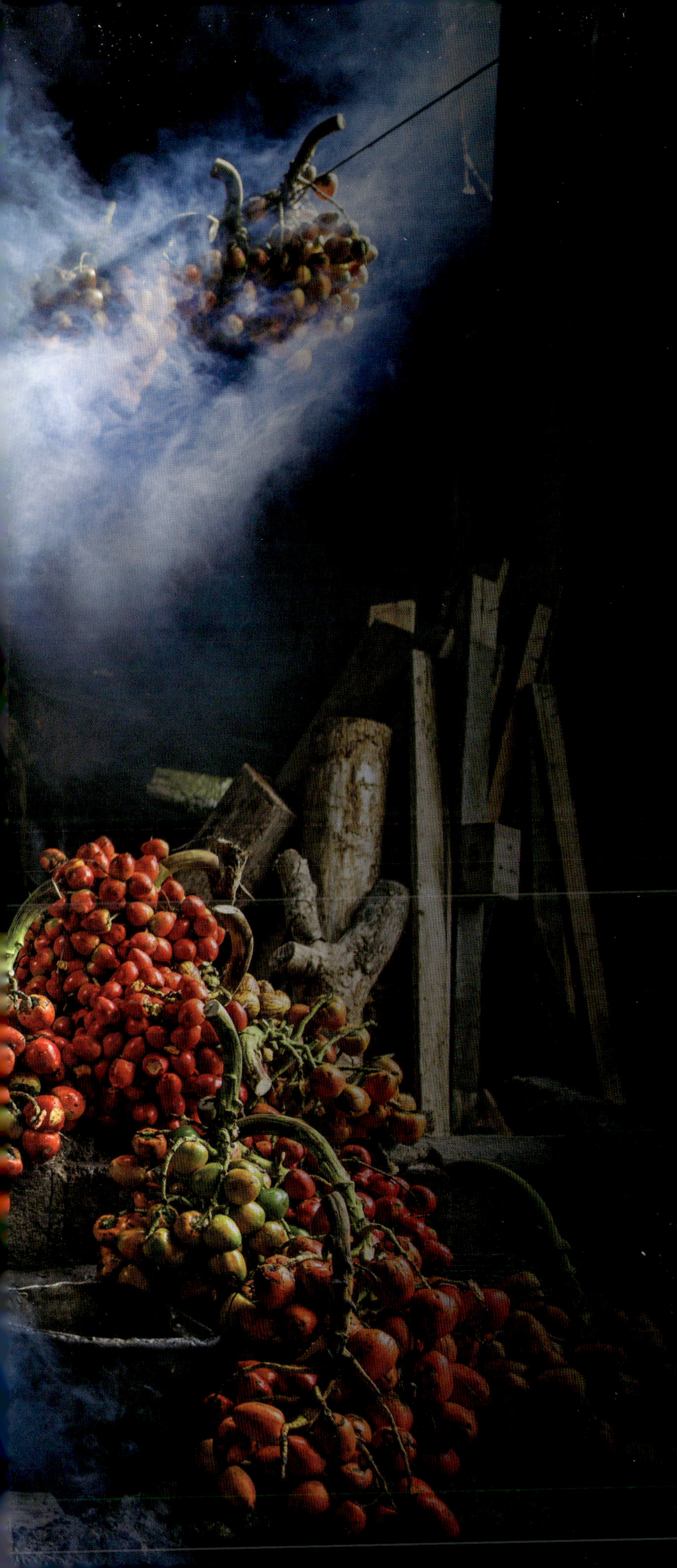

VERANERA

En casa de Magda todos son especiales. Ella no tiene platos "bonitos", que saca solo para visitas: siempre usan la vajilla linda porque la familia es el centro de su vida. La mesa ocupa un lugar de gran importancia en su corazón, ahí trabaja, pero también reúne a los suyos para compartir, porque no hay nada más importante que estar juntos. Tal vez esa idea se fundó en un recuerdo: un día, cuando tenía diez años, su papá apareció en casa con un saco de tilapias, una comida memorable para una familia de escasos recursos, conformada por un jornalero, una cogedora de café y cuatro hijos pequeños. "Papá era un hombre amoroso, sencillo, humilde. Nunca tomó, nunca anduvo con mujeres.

EN CASA DE MAGDA TODOS SON ESPECIALES

Para él, su vida éramos nosotros, su familia". Las tilapias llegaron como gran novedad, y en un acto de magia se convirtieron en una historia inolvidable. Don Juan Rafael hizo un hueco en el patio, lo llenó con agua, y depositó allí los peces para que Magda y sus hermanos pudieran "pescar". A Magda no le gusta mucho el olor del pescado, pero la tilapia es un pez de agua dulce y tiene un sabor más ligero. Y esa tilapia de su infancia, la que "pescó" antes de comérsela el día que su papá les permitió jugar a pescar, es tan simbólica que ocupa un lugar gigantesco en sus recuerdos de niña. "Una guarda cosas, olores y colores que no se le olvidan" y el almuerzo de ese día es uno de esos tesoros guardados en la memoria: arroz, frijoles, bananos sancochados, tilapias fritas. Un festín en una casa en la que era más común el picadillo de chayote, y en la que la comida especial del domingo era una olla grandota de arroz "con el olor de una lata de atún".

Magda siembra pejibayes en la finca que heredó de su papá, el hombre del que aprendió la importancia de la relación con la tierra, un jornalero medio refunfuñón, que a veces andaba malhumorado por la preocupación de sostener a su familia con un trabajo mal pagado y agotador. Ella no pudo ir al colegio y durante años esa fue una gran preocupación. Salir adelante sin estudios es muy duro. Pero aprendió sola a preparar pan, y ahora asiste a ferias llevando todos los productos innovadores derivados del pejibaye: rompopes, cajetas, budines, reposterías... Magda no para de crear. "Me voy a pensionar el día que los pejibayales dejen de producir". Ella no tiene interés en dejar de hacer lo que le produce ingresos y satisfacción. Incansable, sus días se dividen entre los cultivos y la cocina. Al verla, una de verdad comienza a sospechar que probablemente los pejibayales dejarán de producir antes de que ella decida parar de trabajar.

En la memoria de Magda hay una veranera repleta de flores moradas bajo la que una tarde de Semana Santa, luego de comer tilapias doraditas traídas con gran alegría por su papá, se recostaron en silencio a buscar el frescor de la tarde. ¿Cómo olvidar ese rato alegre e inesperado, con la cabeza apoyada sobre el pecho de su papá? Hacía calor, el cielo estaba azulito, la luz se colaba por entre los racimos de veranera, y la brisa se sentía riquísima luego de un almuerzo delicioso. No había prisa. Por un momento no hubo necesidad de salir corriendo a atender los interminables quehaceres de la vida en el campo, por un ratito todo estuvo bien y no hubo preocupaciones. En eso se resume la persona que Magda es: en la capacidad de asombrarse con lo simple, de encontrar las mayores alegrías en los detalles más pequeños. "Qué bonito se siente estar aquí, no hay nada más lindo que estar en familia", cuenta que pensaba ese día, mirando el cielo azul, mientras construía un recuerdo que la va a acompañar por el resto de su vida.

Escritora: Adriana Sánchez

Magda del Carmen Araya Brenes
Tucurrique, 20/02/1963.

Magda produce pejibaye en una finca que heredó de su papá, en Las Vueltas de Tucurrique. Es dueña de Repostería Magdalena, emprendimiento con el que desde inicios de los años 90 participa en diferentes ferias del país, y nunca se pierde la famosa Feria del Pejibaye de Tucurrique. Es una mujer hogareña, trabajadora, sencilla y muy generosa, y cree fervientemente que no hay nada más importante que la unión familiar. Su negocio es muy innovador: Magda prepara los más diversos platillos con pejibaye, desde rompope y reposterías, tamales, cajetas y helados de palito hasta harinas con las cuales cocina queques y empanadas. Todas sus recetas son propias, producto de su talento y creatividad, y de la investigación que lleva años desarrollando sobre el pejibaye.

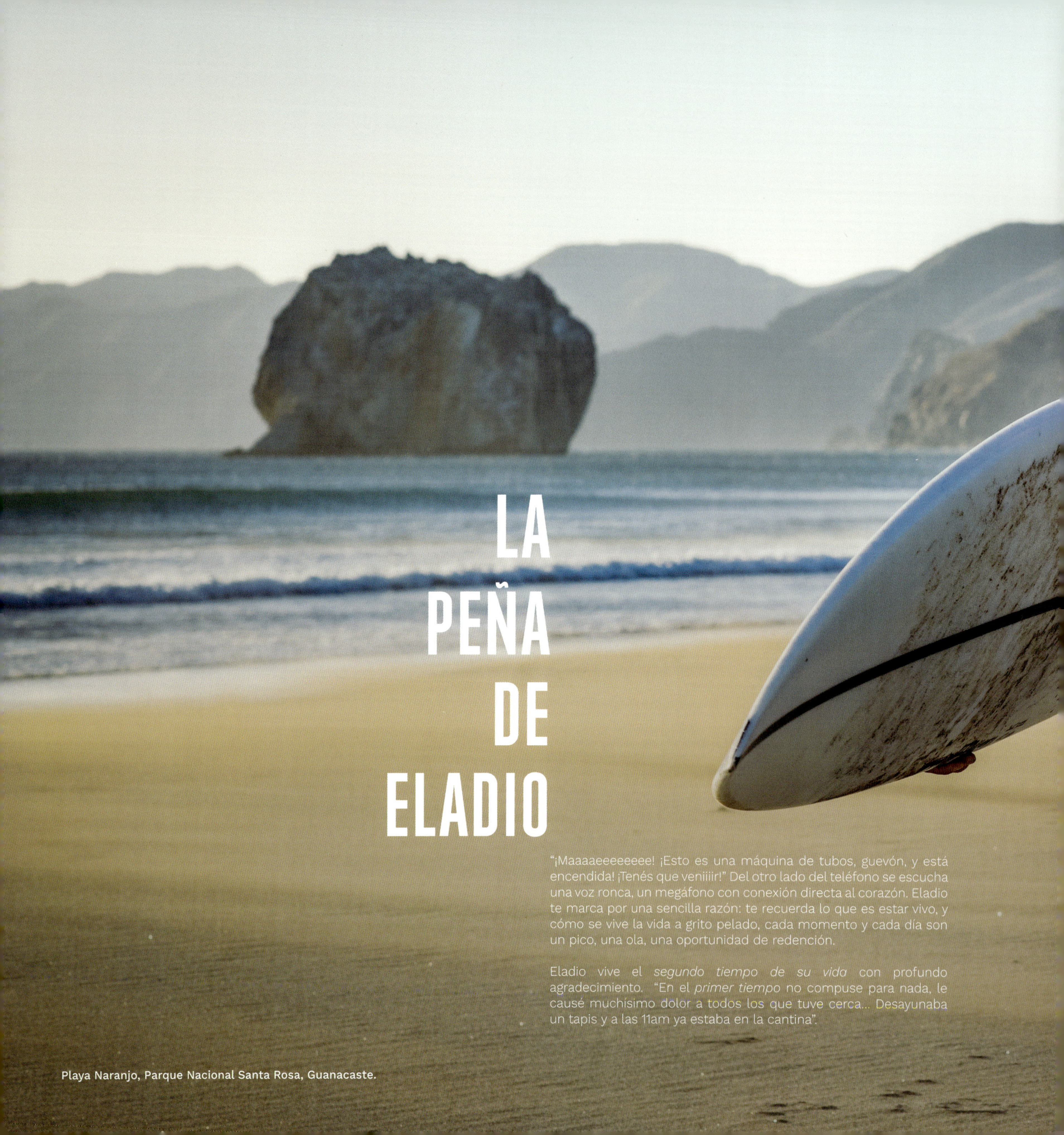

LA PEÑA DE ELADIO

"¡Maaaaeeeeeeee! ¡Esto es una máquina de tubos, guevón, y está encendida! ¡Tenés que veniiiir!" Del otro lado del teléfono se escucha una voz ronca, un megáfono con conexión directa al corazón. Eladio te marca por una sencilla razón: te recuerda lo que es estar vivo, y cómo se vive la vida a grito pelado, cada momento y cada día son un pico, una ola, una oportunidad de redención.

Eladio vive el *segundo tiempo de su vida* con profundo agradecimiento. "En el *primer tiempo* no compuse para nada, le causé muchísimo dolor a todos los que tuve cerca... Desayunaba un tapis y a las 11am ya estaba en la cantina".

Playa Naranjo, Parque Nacional Santa Rosa, Guanacaste.

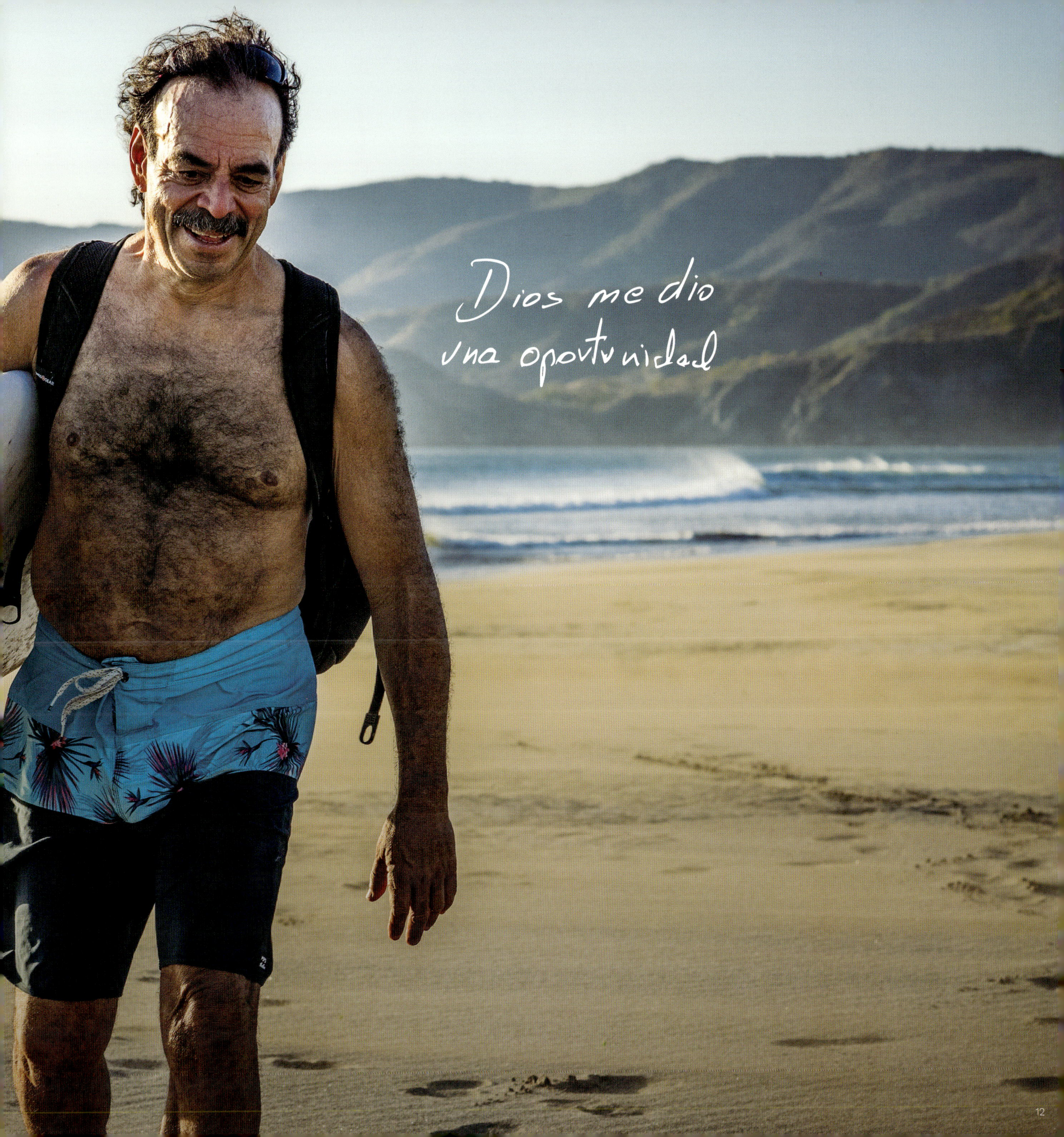
Dios me dio
una oportunidad

NO SE SABÍA SI IBA A VOLVER A CAMINAR...

"Papá me cuidó, yo tomaba frente a él, ¡qué estúpido! ¿verdad?". Su padre, muy breteador, salió adelante contra viento y marea. Desarrolló por años una ferretería en la que dio espacio a su hijo. Pero Eladio, en una borrachera, la vendió. Más bien casi la regaló. Todavía Eladio cuenta ese recuerdo con mucho dolor.

"Tuve hijos con tres doñas y a ninguno hice feliz". Con dolor y genuino arrepentimiento cuenta lo que le hubiera gustado estar más presente con sus hijos y ser menos violento con sus parejas de esa época.

"Dios me dio una oportunidad". Hace 25 años en las fiestas de Liberia, tuvo una pelea con su novia, Vanessa. Ella quería parar la fiesta y él seguir tomando. La bajó de la moto bravo. Cinco minutos después se saltó un semáforo y un carro le pasó por encima a su pierna. Se la operaron cinco veces, no se sabía si iba a volver a caminar y -aún peor para él- a surfear. El doctor Sperling Vetik no solo le salvó su pierna: al sentir el dolor de sus padres, le ofreció no cobrarle la rehabilitación si dejaba las drogas y el alcohol. Ese día dejó de tomar y consumir droga.

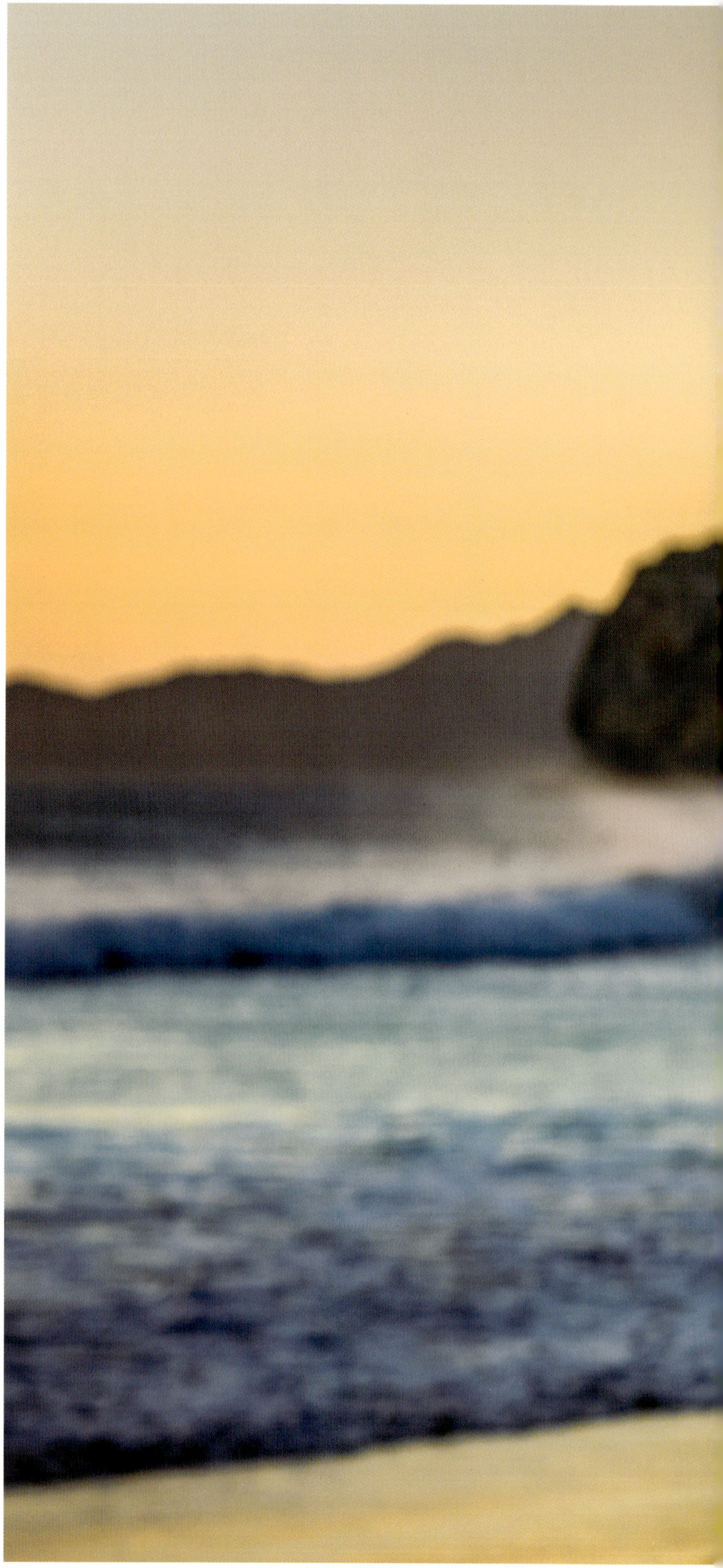

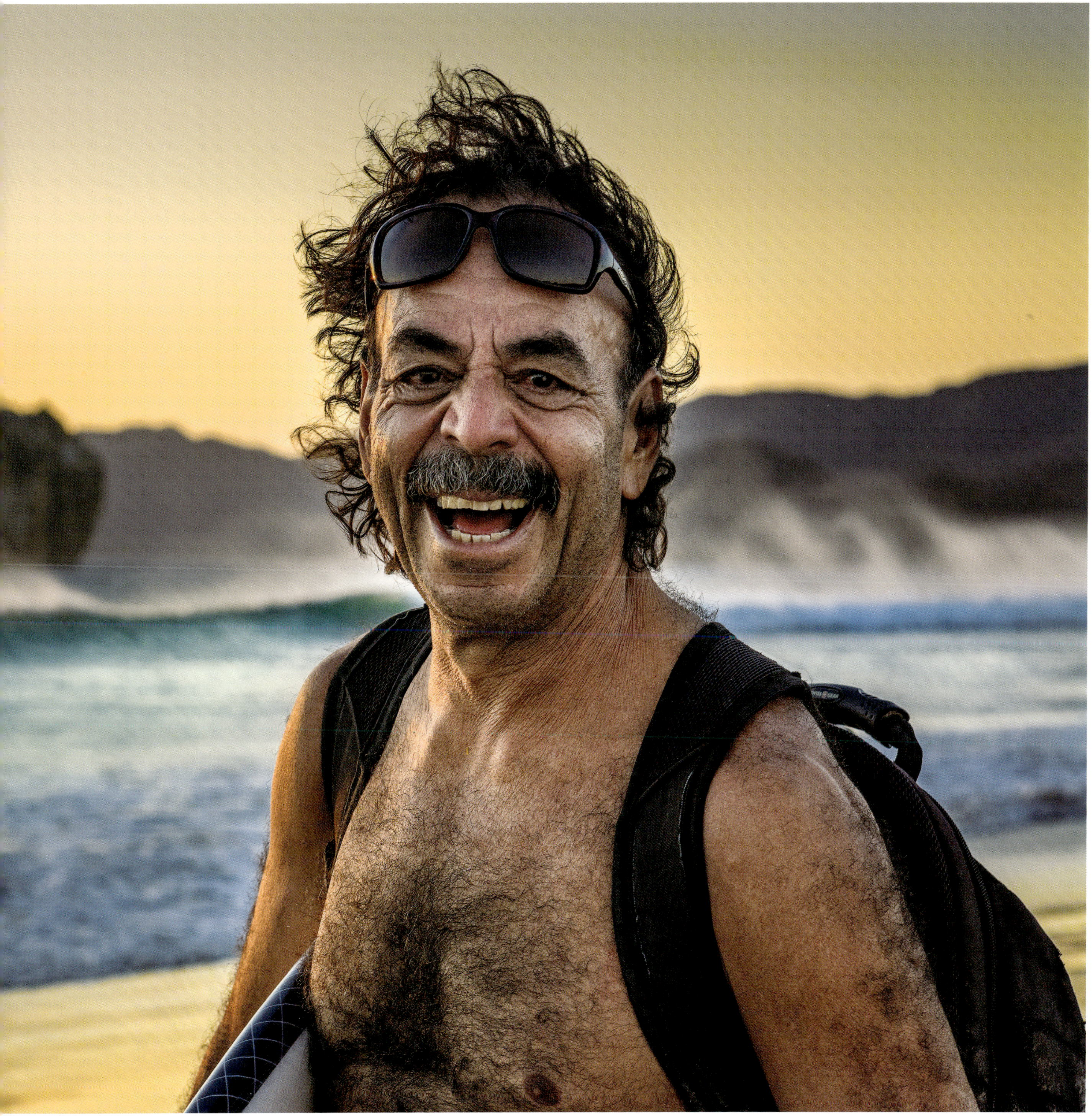

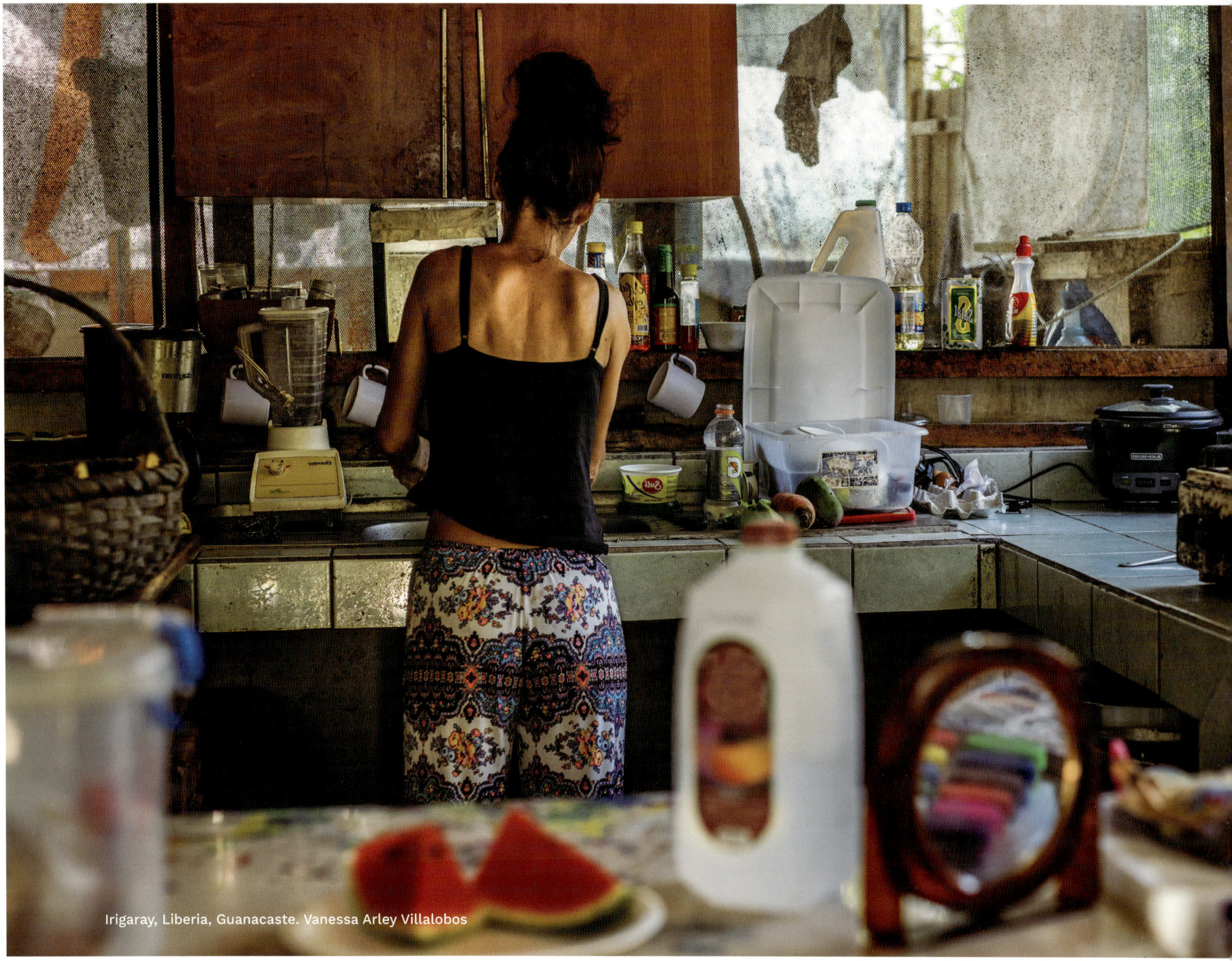

Irigaray, Liberia, Guanacaste. Vanessa Arley Villalobos

Eladio Castro Mora
Irigaray, Liberia. 7/05/1958.

Eladio es emprendedor, guía turístico y dueño de Eladio's Place, situado en las afueras del Parque Nacional Santa Rosa. Ha estado tantos años ligado a este lugar, que los locales lo reconocen como todo un ícono. Amante de la naturaleza y apasionado por el surf, ha salido adelante con mucho esfuerzo, llevando turistas a surfear a Roca Bruja y a conocer las bellezas del parque. El idioma no ha sido limitante, cuando comenzó a trabajar en turismo se comunicaba "a puras señas" con los extranjeros, pero ya se defiende bastante bien en Inglés. Su personalidad "entradora" y apasionada es parte de lo que a sus clientes les gusta de él: "Roca Bruja me da vida, me hace feliz... Surfear es infinito, quiero surfear hasta el último día de mi vida".

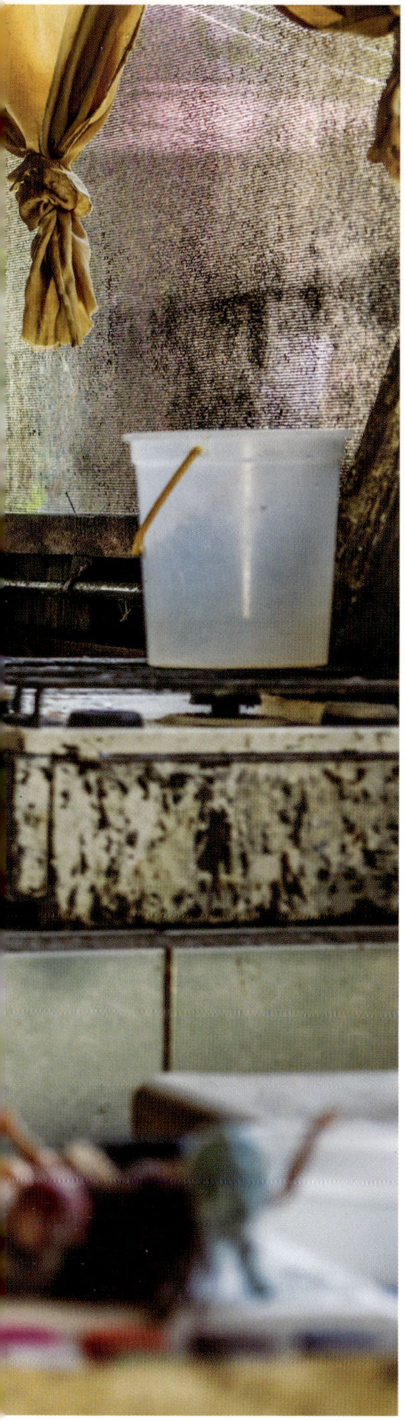

Escapó del ruido y se fue a vivir con Vanessa a Roca Bruja. Acamparon durante tres años debajo de un tremendo árbol de Tamarindo que aún vive. Abrazando al árbol le pedía desesperado, llorando, "Dios mío, ¡si existes por favor ayúdame!". Poco a poco fue relacionándose distinto con sus demonios, caminaba por los senderos del bosque seco, dormía bajo el cielo más estrellado que hubiera visto en su vida, pero, sobre todo, remar con toda su alma una ola que transitó miles de kilómetros para estallar con furia en esta playa tica, dejarse llevar en este último respiro y surfearla hasta su estallido final, fue lo que lo curó.

Hoy Eladio tiene 25 años de no consumir y es emprendedor turístico. Es un guía bio-alfabetizador que contagia a cualquiera con su pasión. "Este lugar me da lucidez para enfrentar los problemas de la vida... es una clínica sanadora... "Acá he tenido grupos de Google que vienen a quedarse diez días y salen transformados".

Escritor: Giancarlo Pucci Golcher

Vanessa sigue siendo su compañera de aventuras y la madre de sus hijos más jóvenes. Gabrielito (7) y Ana Lucía (9) han podido tener a un papá presente, cariñoso y muy muy breteador. "Soy feliz, ¡aprendí a ser papá!... Es una bendición guevooón". Eladio por muchos años guardó con profundo dolor una frase que le dijo, en su época de borracheras, el hijo de la bomba de don Chato en su natal Plaza Víquez : "Eladio usted es solo un pachucazo", refiriéndose a su manera de hablar y su lenguaje, ese que solo los que crecimos en tiquicia entendemos.

Recientemente un catedrático de la Universidad de Georgia que se hospedó en Eladio's Place con su grupo de estudiantes, le dijo que la razón principal por la que regresaba año tras año era justamente por su forma de ser, por sus palabras, su inglés de la calle, su autenticidad contagiosa y su capacidad de hacer feliz a la gente. Esa fue su redención. "El tiempo todo lo sana"

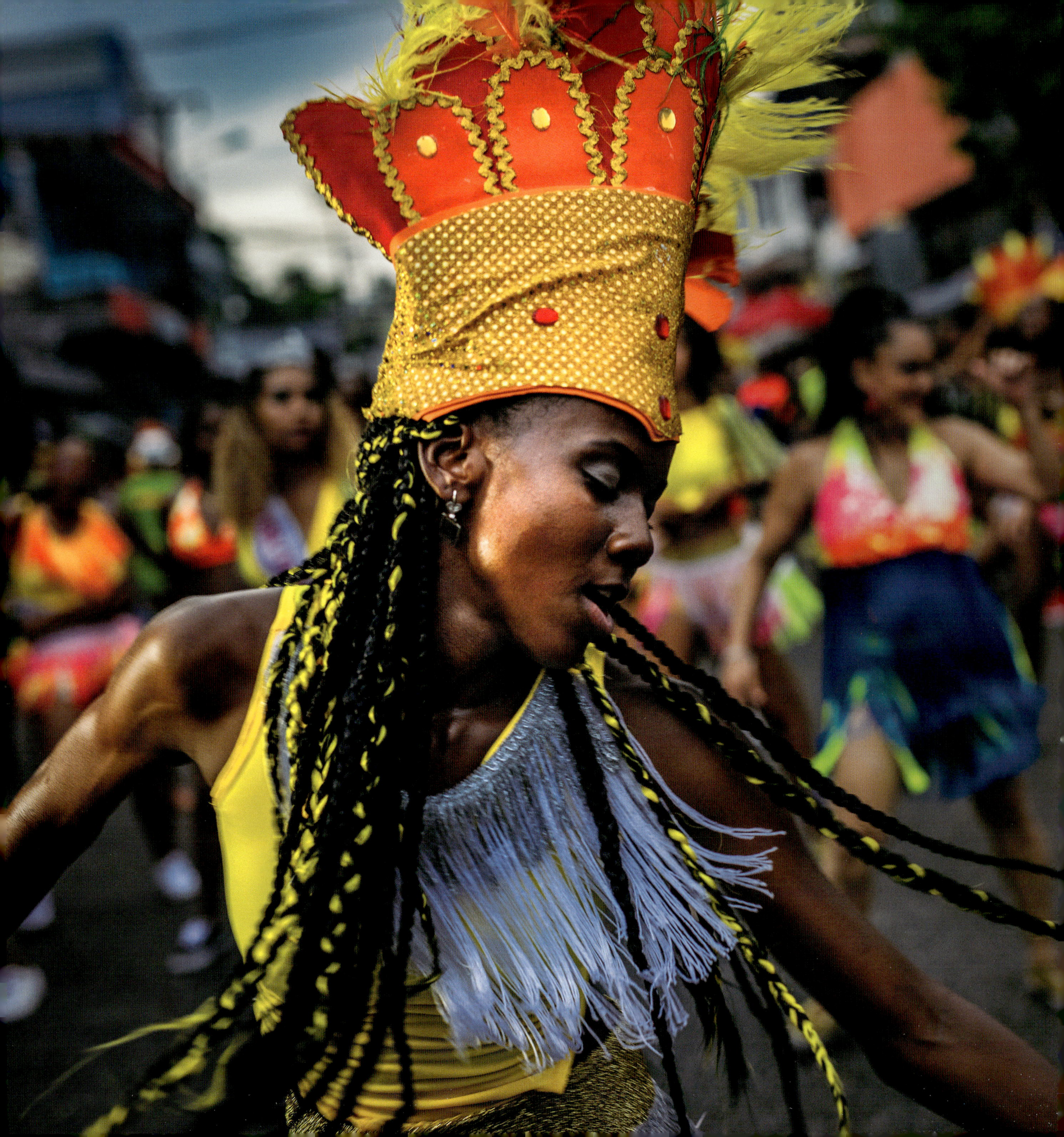

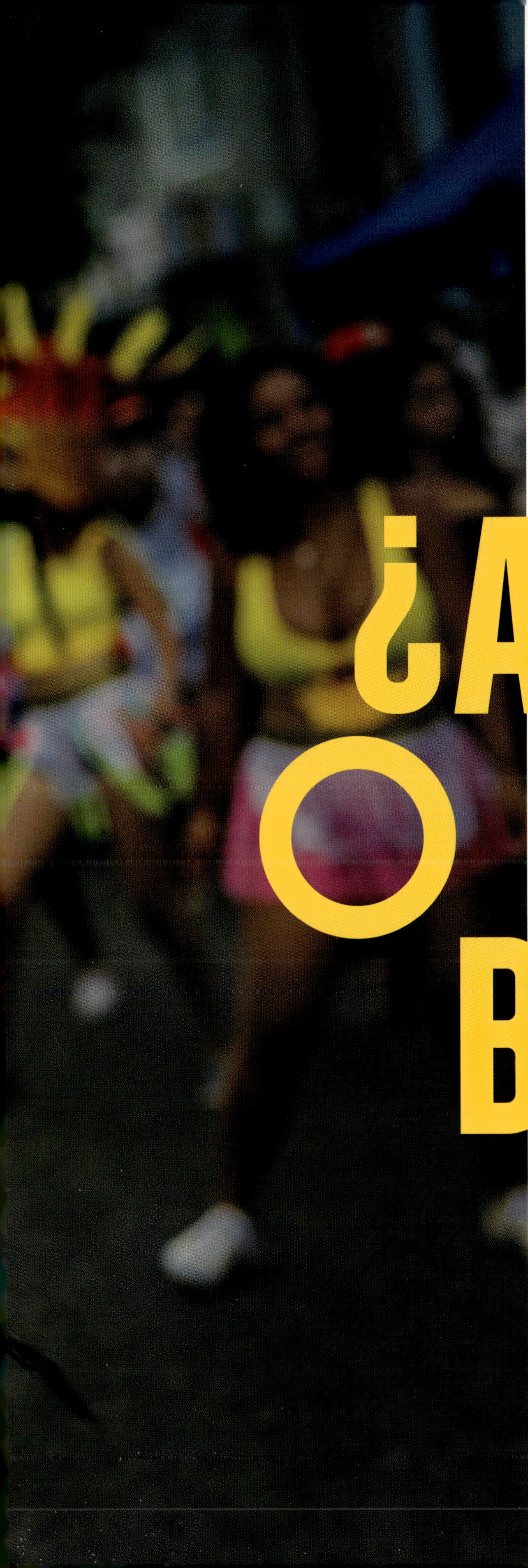

¿A positivo O B negativo?

Angeline corre por el carril interno. Se acercan a la recta final y prácticamente tiene asegurado su segundo lugar. Delante va la que siempre le gana y ya sabe que probablemente en la recta le va a sacar aún más distancia, pero esta vez nota que no se le escapa y piensa "hoy es el día". Cierra con todas sus fuerzas y ¡se saca el clavo de años!

De reojo mira al público solo para confirmar lo que en el fondo ya sabe: ni su papá ni su mamá vinieron a verla.

Su amiga del equipo de atletismo la felicita efusivamente: "¡Angeline, ganaste!". "Jaja, ¡gané, gemela, gané!", responde. Le dice "gemela" de cariño porque cuando se peinan igual, con el pelo liso y suelto, se parecen muchísimo. "Nos llevamos demasiado bien. Ella es menor que yo y hace vallas".

Resulta fácil entender lo que significa para ella esta victoria, al escucharla decir que de niña solía andar "achantada", se sentía como el patito feo, era introvertida, callada y andaba siempre cabizbaja. Se le hace fácil recordar anécdotas, como cuando entró a la comparsa y el "profe" la mandó a la última fila, no sin antes burlarse de ella frente a los demás compañeros.

Cuando estaba por cumplir 18 años, su papá le pidió un examen de ADN. Ella preguntó: "¿cómo me va a estar pidiendo mi papá eso?", y su mamá le respondió: "su papá no la quiere, vea: usted está en cole público y sus hermanos en cole privado".

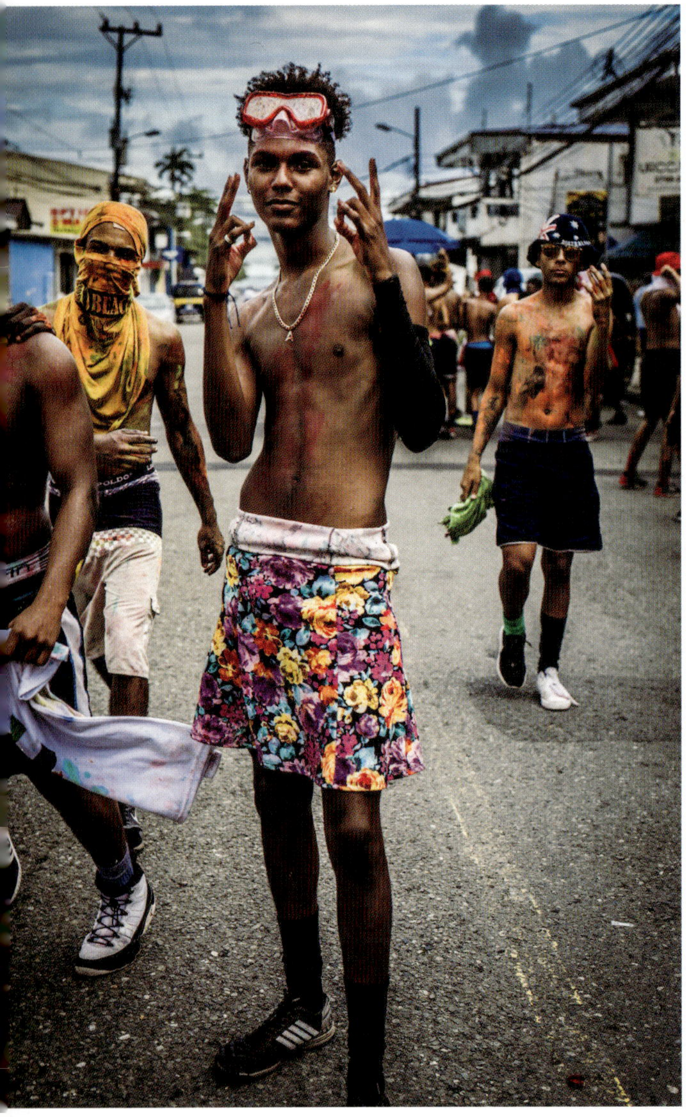

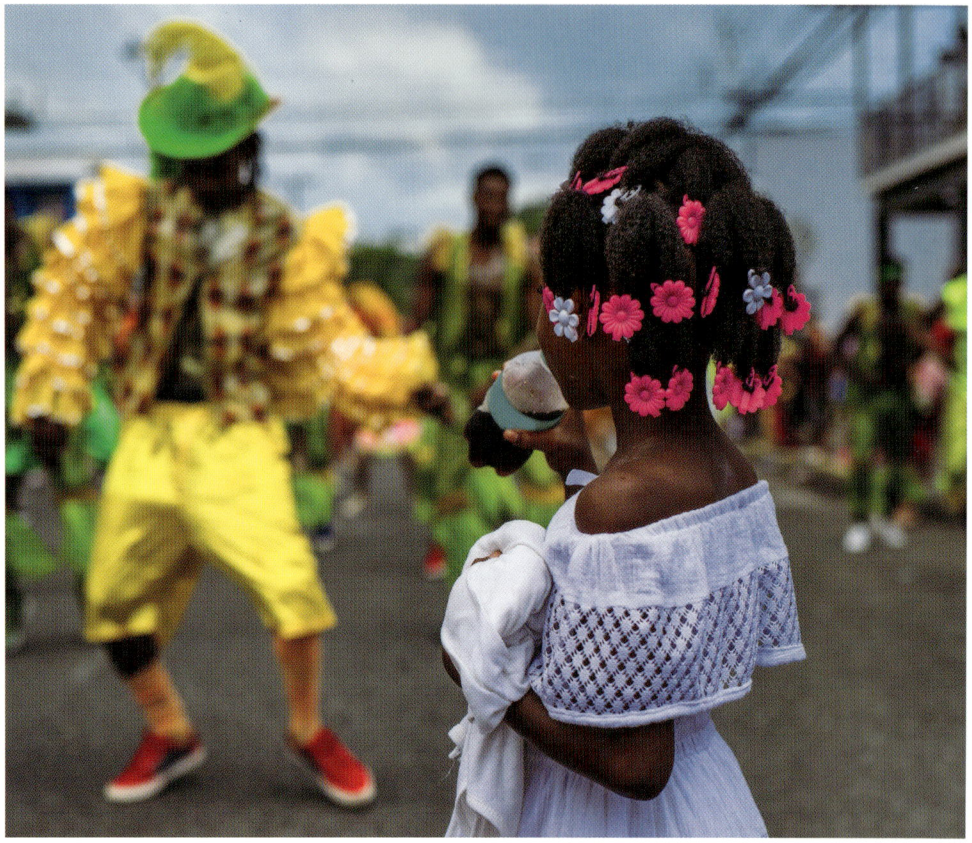

UNA DE LAS CLASES DE ESE PROFESOR LE CAMBIÓ LA VIDA

En el cole no tenía ganas de jugar, ni bailar, ni nada. En el recreo hablaba con su profe de biología. "Me sentaba y hablábamos todo el recreo. No sé qué estaría haciendo ahora de no ser por él, pero sé que no estaría estudiando. Él me admiraba porque decía que a pesar de todo lo que yo estaba pasando, no caí en las drogas, ni muerta, ni tampoco embarazada."

Una de las clases de ese profesor le cambió la vida. Ese día salió directo del cole a preguntarle a su papá qué tipo de sangre tenía. Primero hubo solo silencio. Su papá era enfermero, sabía del tema. Después de una larga pausa respondió que su sangre era tipo A. "Es imposible", se dijo Angeline. "Mi mamá tipo O, mi papá es A, ¿cómo yo voy a ser tipo B? Es imposible, ¡a menos que uno de los dos sea tipo AB!"

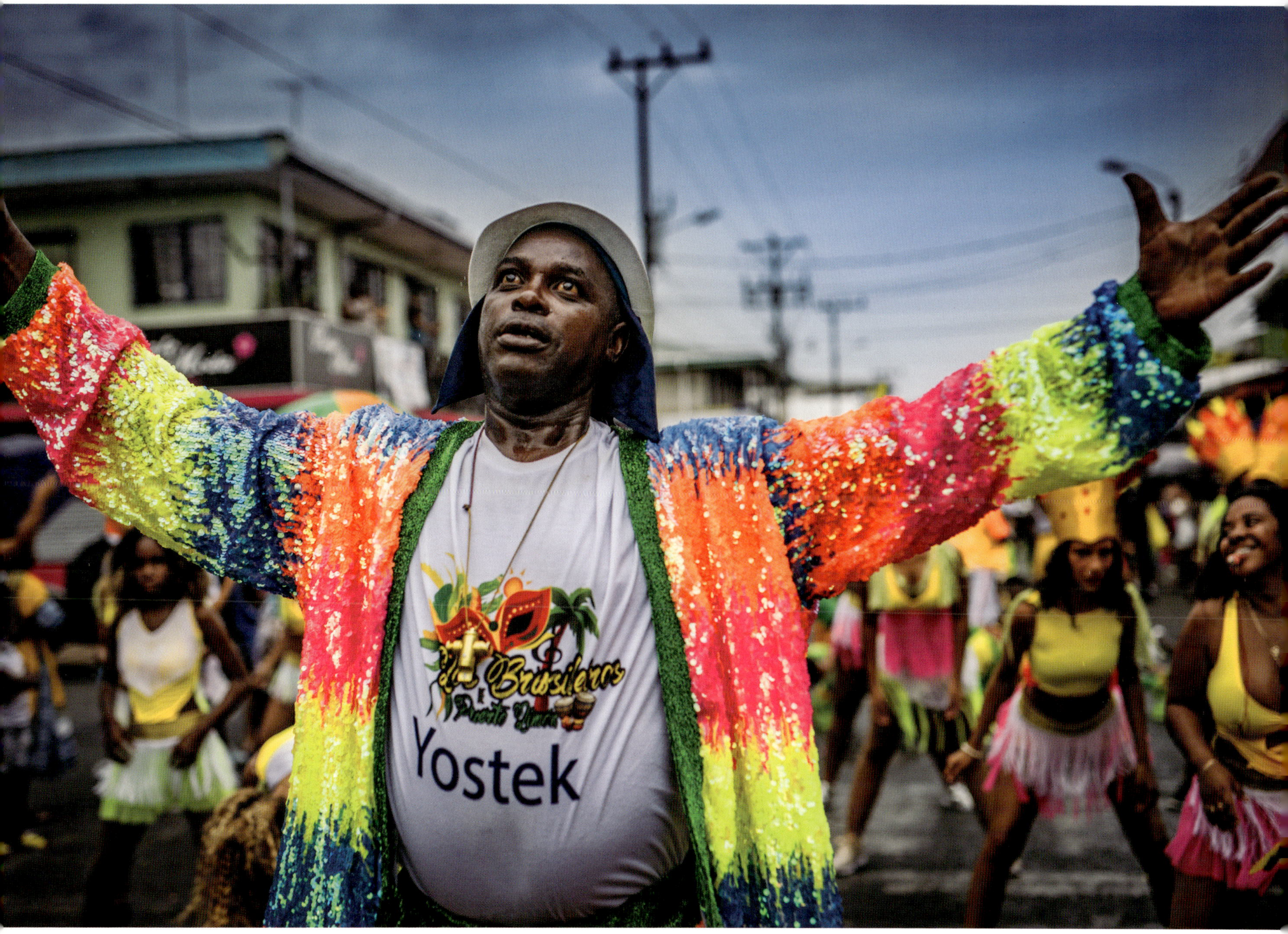

Carnaval 2019, Limón. Comparsa Los Brasileiros.

CUANDO BAILA, ENTRA EN TRANCE...

Angeline se marchó de su casa por seis meses.

"Empecé a preguntar a amistades de mi mamá, no me podía quedar con la intriga. Un día me topo al primer novio de ella, y hablando con él me confiesa que ella lo llamó cuando me fui de la casa, para contarle que me había ido. Y yo pienso ¿para qué lo está llamando si no es mi papá? Entonces empezamos a comentar y a atar cabos."

En esos seis meses Angeline se dedicó a bailar.

"¡Quiero saber! Aunque creo que sé. No me dicen la verdad como yo quiero oírla. Pregunté en un laboratorio cuánto cuesta un examen de ADN, pero es muy caro, como quinientos dólares."

Un día, al salir de un ensayo, vio un posteo de su amiga de atletismo, a la que llamaba cariñosamente "gemela", tan parecida a ella, que salía en una foto posando junto al primer novio de su mamá. "Yo no sabía que ese señor era el papá de ella".

Angeline disfruta profundamente bailar con su comparsa, ahora en primera fila, durante las 5 horas que dura el carnaval de Limón. Cuando baila, entra en trance, el mundo se detiene y se olvida de todo. Se libera, se apasiona y se entrega por completo a cada movimiento.

Escritor: Sergio Pucci Golcher

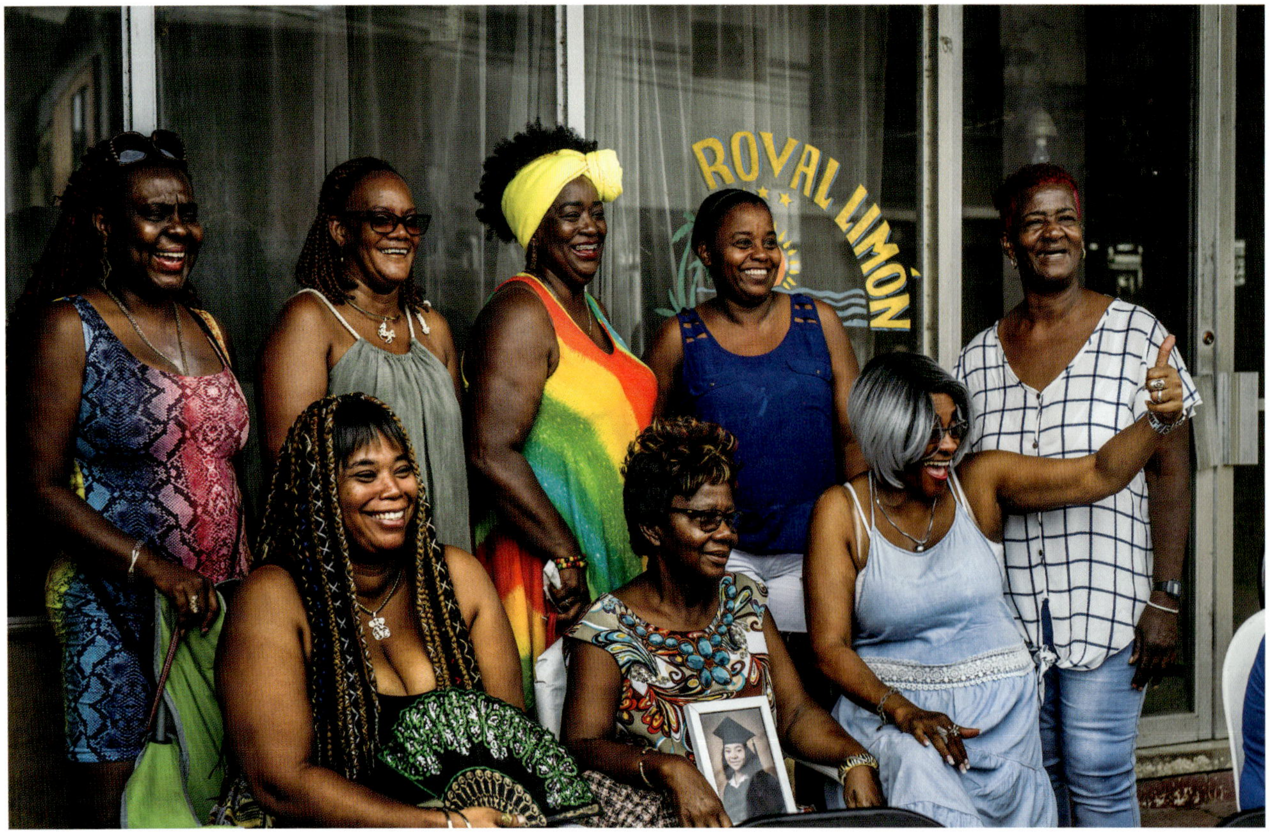

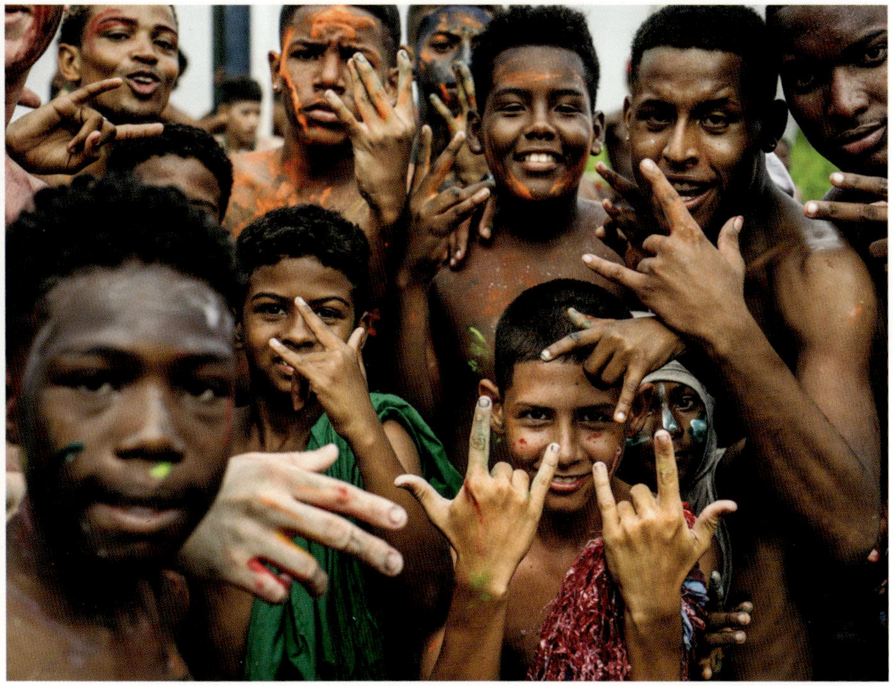

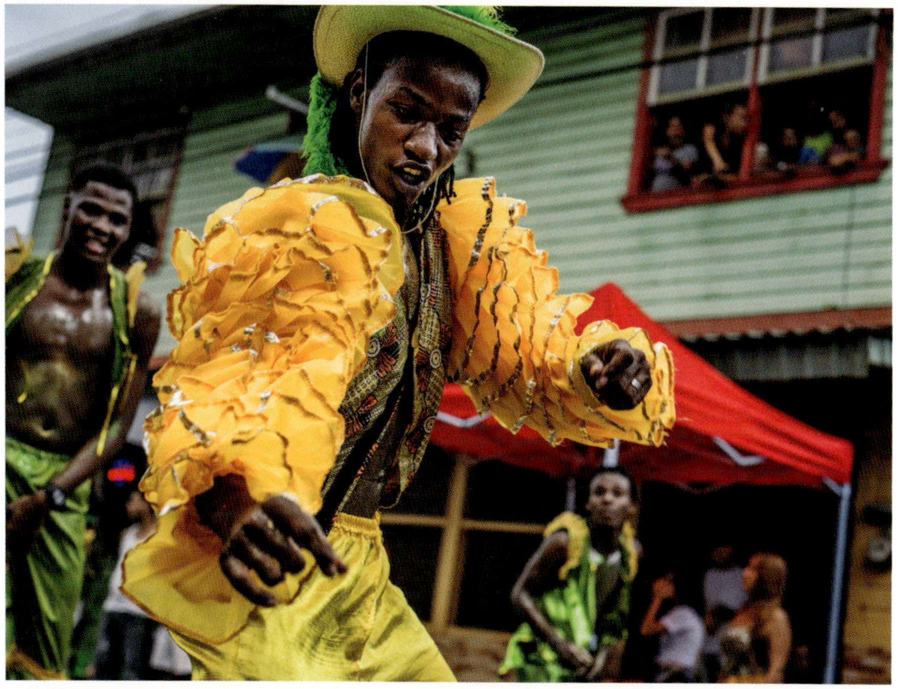

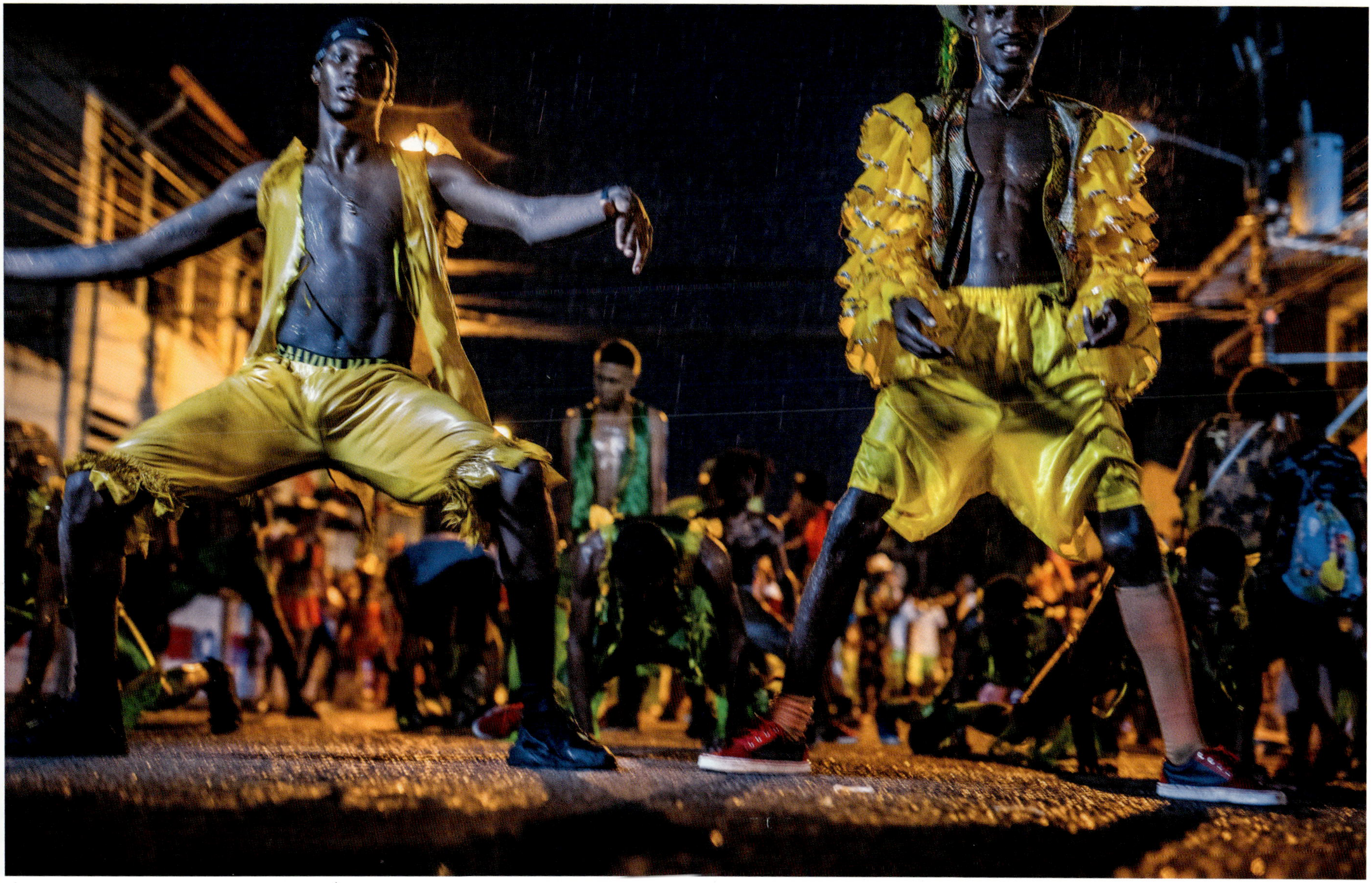

Angeline Pondler Estrada
Limón, 06/04/1999.

Angeline es atleta, actividad a la que le dedica su mayor esfuerzo, concentración y disciplina. Allí tiene puestas todas sus esperanzas y oportunidades de crecimiento y de éxito profesional. A pesar de no contar con el apoyo de sus padres, gracias al atletismo hoy día tiene la oportunidad de estudiar inglés y mejorar sus habilidades de comunicación. Al mismo tiempo, el inglés representa una herramienta para completar su sueño de vivir y entrenar en otro país y mejorar como atleta. Angeline es también bailarina de comparsa. Comparte esta pasión con su madre y hermanos. El baile lo traía impregnado en el cuerpo, no le implica ningún esfuerzo, para ella significa diversión, gozo y relajación. Gracias al baile, Angeline aprendió a sanar su autoestima. Antes de esta consciencia y conexión con la música, sentía vergüenza de ser vista, por sentirse "muy delgada para ser limonense" y otros sabotajes de su mente, que no le dejaban brillar. El proceso de autoconocimiento que ha emprendido a través del baile le permitió liberarse de muchos prejuicios y ahora disfruta sin complejos y lidera un crew femenino de baile durante el Carnaval.

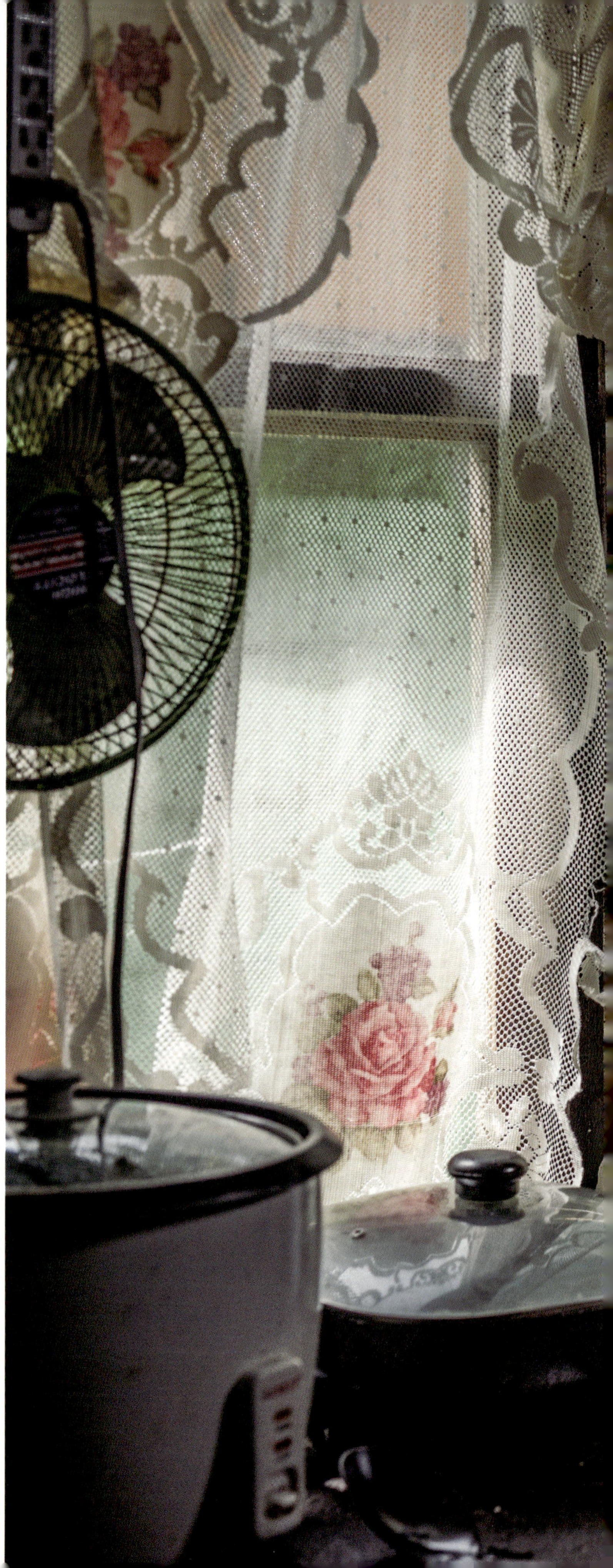

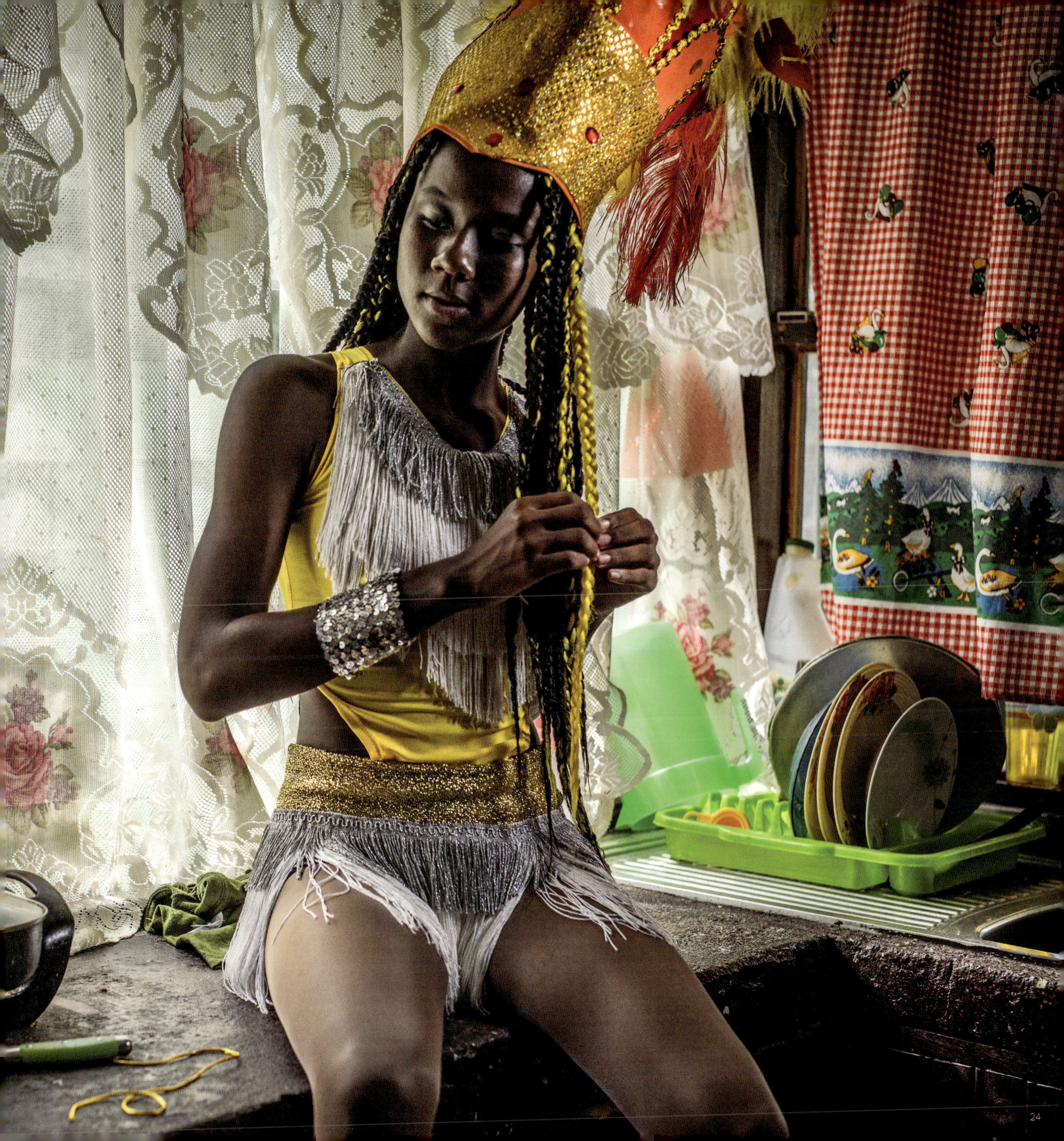

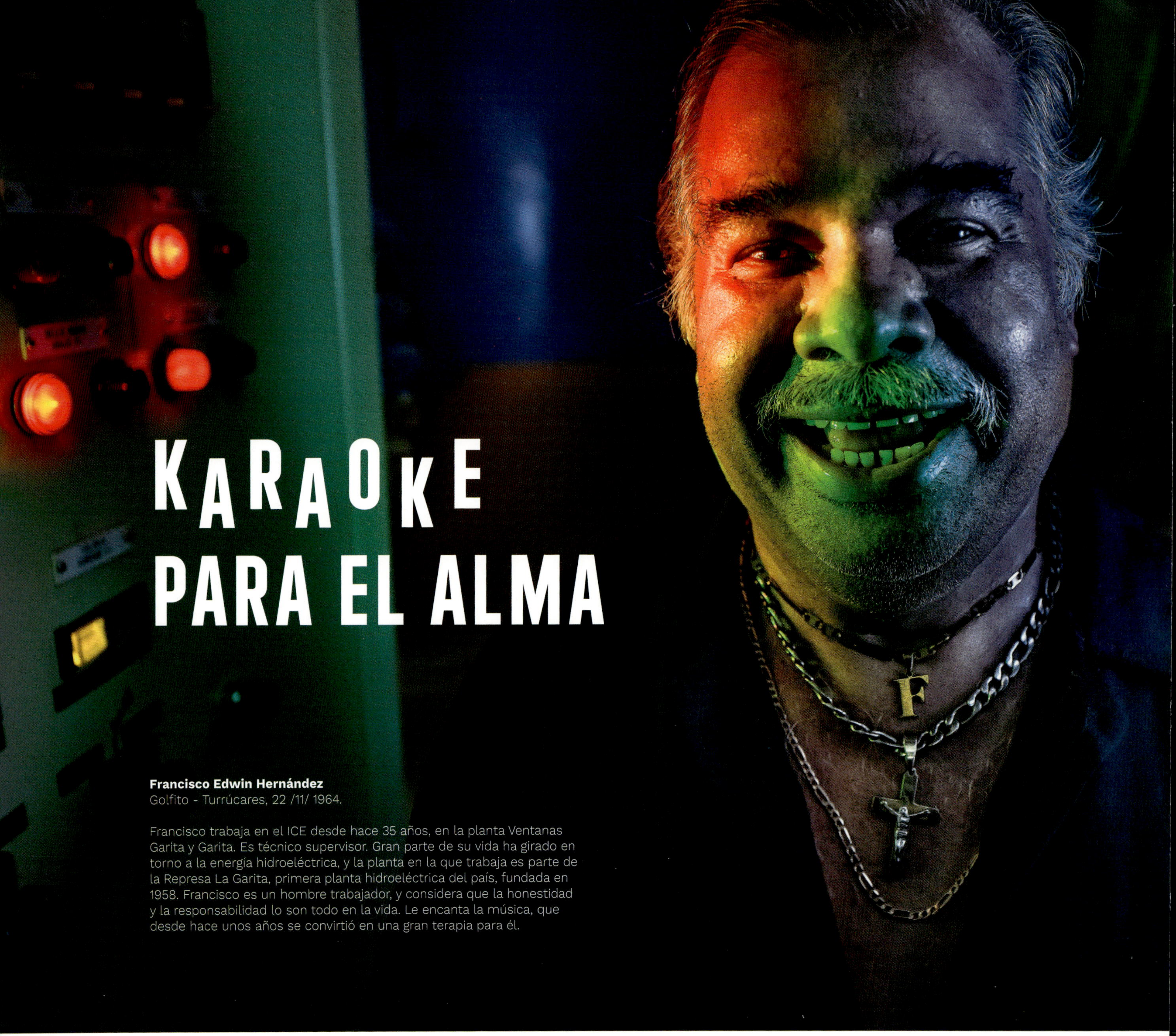

KARAOKE PARA EL ALMA

Francisco Edwin Hernández
Golfito - Turrúcares, 22 /11/ 1964.

Francisco trabaja en el ICE desde hace 35 años, en la planta Ventanas Garita y Garita. Es técnico supervisor. Gran parte de su vida ha girado en torno a la energía hidroeléctrica, y la planta en la que trabaja es parte de la Represa La Garita, primera planta hidroeléctrica del país, fundada en 1958. Francisco es un hombre trabajador, y considera que la honestidad y la responsabilidad lo son todo en la vida. Le encanta la música, que desde hace unos años se convirtió en una gran terapia para él.

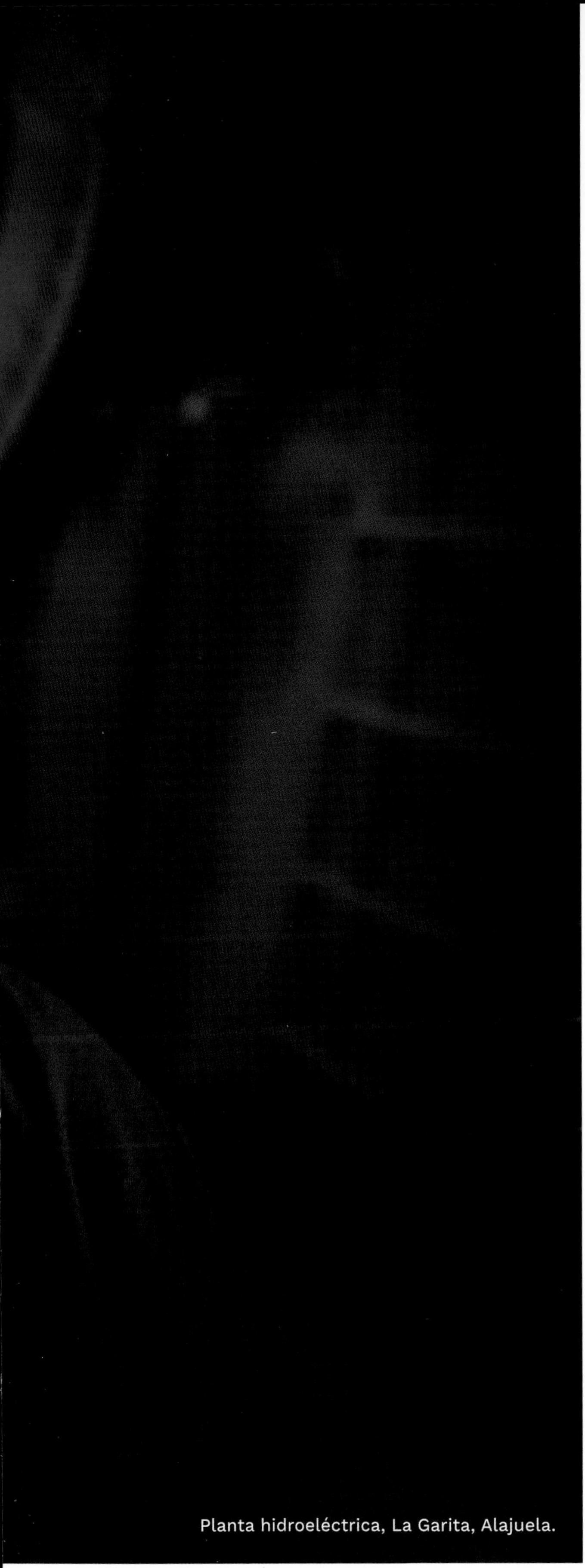

Planta hidroeléctrica, La Garita, Alajuela.

Francisco Edwin Hernández salió en 1984 del vocacional de Alajuela y en enero ya estaba trabajando en la planta del ICE en Ventanas de la Garita. Vive a quinientos metros del lugar y todos los días va de la planta a la casa y de la casa a la planta. "Mi familia es mi vida, mi trabajo es mi vida y ese es el círculo mío, muy reducido, pero me da satisfacción".

Por 35 años ha estado encerrado en esa rutina. "Cuando se viene un temblor, pienso en mi familia, pero no puedo salir de la planta, es una responsabilidad muy grande". Con el terremoto de Cinchona evacuaron a todos pero él se quedó. El de Edwin no es un trabajo para claustrofóbicos. "Soy *Iceista*. Al menos 80 compañeros tenemos más de 20 años de trabajar aquí, incluidos tres hermanos... La muerte del esposo de mi cuñada, que era compañero de trabajo, es de esas cosillas que lo marcan a uno... Cuando algo en la planta está mal, todos estamos mal".

En más de tres décadas Edwin ha tenido solo tres incapacidades, pero hace unos diez años se quiso deprimir. Un día sintió que algo caliente le subió, se mareó, y eso se empezó a repetir: se le calentaba la cara y se sofocaba, entonces se empezó a preocupar. En las mañanas se aislaba para que no se dieran cuenta sus compañeros, se iba a la pila y se echaba agua en la cara porque sentía que se ahogaba. Fue donde su médico de cabecera y empezó a gastarse su dinero en exámenes. Empezó a ponerse tenso y ansioso. No encontraban el problema por ningún lado. El cardiólogo lo tuvo que echar un día de su consultorio: "yo ya le hice todos los exámenes y usted no tiene nada, dele gracias a Dios y váyase de aquí".

Un día, para distraerse, acompañó a un colega al Karaoke la Laguna, muy cerca de su casa. A Edwin le llamó mucho la atención aquella actividad. Siempre le habían gustado los musicales y además le gustó que al que cantaba feo también le aplaudían. Aunque no se atrevió a cantar, se olvidó por un rato de sus molestias. Tal vez tenía razón su médico, pensó, cuando dijo que su problema era que vivía compitiendo consigo mismo.

Hoy Edwin es conocido en tres Karaokes, lo saludan por su nombre desde el guachi hasta el DJ en La Laguna, en el Bar Nachos, en Los Ángeles de Atenas, y Los Almendros en Cebadilla. "Ahora tengo el valor de ponerme a quesque cantar, y me aplauden. Llevo ensayadilla la canción". Se va solito, no toma y cena antes de salir, porque el arroz blanco que le hace Gabriela no lo iguala nadie. Tiene el teléfono a mano y siempre repite a su esposa la misma frase: que si lo ocupan lo llamen. Cuando arranca la noche bailable en el bar, regresa a su casa.

Ha decidido dedicarle más horas a su hijo (Edwin Francisco, en vez de Francisco Edwin, como él). "El niño es callado pero siempre está pendiente de mí. A veces cuando salía de trabajar de madrugada me llamaba a las 11 y me preguntaba ¿a que hora sale, papá? No se le decía yo... se quedaba callado unos segundos y solo decía Ahhh... bueno cuídese."

Hoy, sigue siendo un hombre comprometido con su trabajo, solo que más sabio en cuanto al balance.

"Le entregué mi alma, y no presentí, que un día se iría, sin adiós..." dice una de sus preferidas, *Mentiras Bonitas* de Diego Verdaguer. En casa, enciende el micrófono que se compró y afina su técnica. Analiza conciertos de Marco Antonio Solís y apenas inicia su trayecto al trabajo, le sube el volumen al parlante.

La mirada de Edwin muestra la belleza de la sencillez, ha entendido algo importante: son los momentos simples los que marcan el ritmo de la canción.

Escritor: Sergio Pucci Golcher

DE LA MISA AL CHOCOLITO

-¡Vaya alístese porque hay que ir a misa!

Grita la abuela desde la cocina. Elizabeth no quiere dejar de dibujar pero no hay opción: todos los sábados la familia asiste religiosamente a la misa de cuatro en la iglesia de San Juan de Naranjo.

-¡Váyase ya!

Obedece. No con un entusiasmo que le provoque aplaudir de pie, no. Cuando recuerda que hoy le toca atender la misa como monaguilla se apura. Le parece chiva. Entrar a la sacristía y tocar los objetos sagrados es un privilegio que pocos chiquillos tienen.

Ya en la iglesia no pone mucha atención a la liturgia. No puede dejar de pensar que, como cada sábado, al final de la misa le van a dar plata para comprarse un Chocolito. Y si esta semana tampoco hay Chocolito de Fresa, escogerá un Tutto. Porque no le alcanza para el Choys.

Al terminar la misa sale corriendo. La pulpería queda cerca de la iglesia. A pocas cuadras. Hay que cruzar la carretera principal. La que sube a Zarcero y desemboca en San Carlos.

-¡Cruce con cuidado! Vuelva a ver a los dos lados.

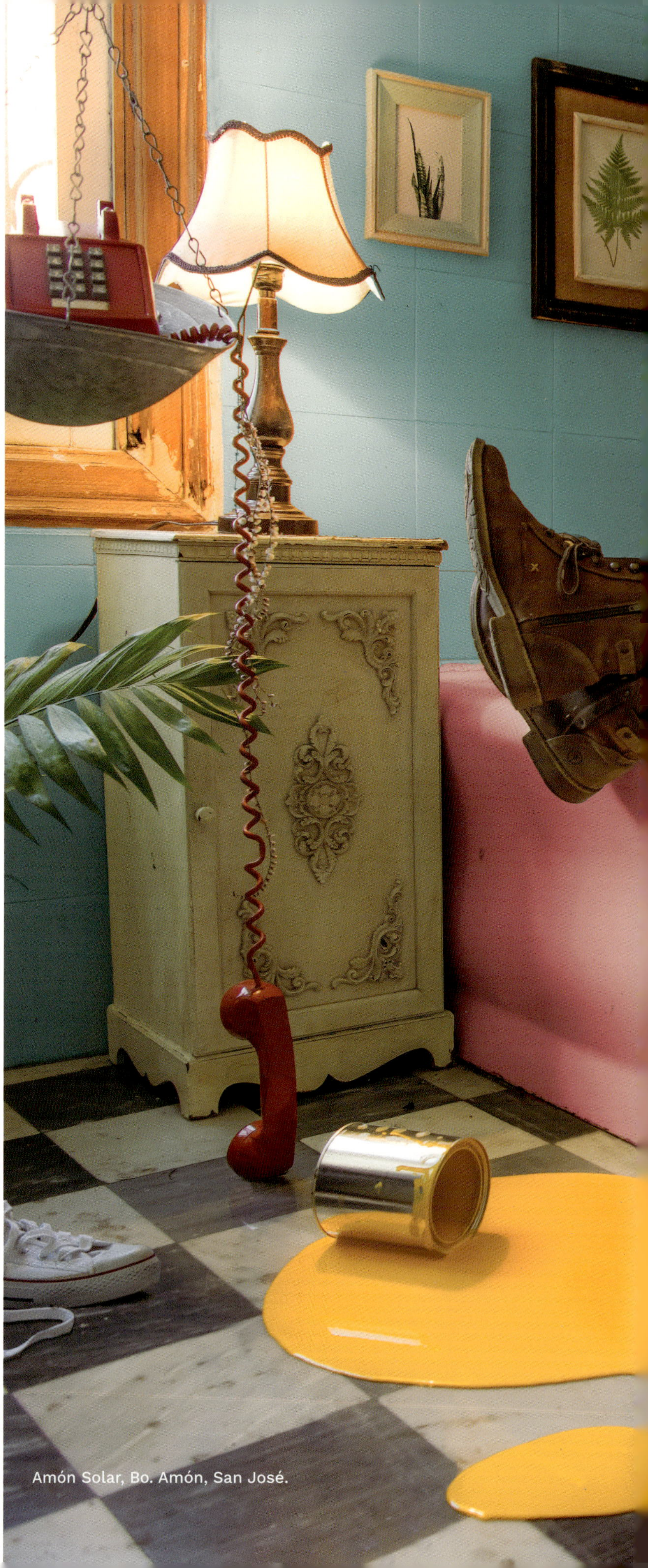

Amón Solar, Bo. Amón, San José.

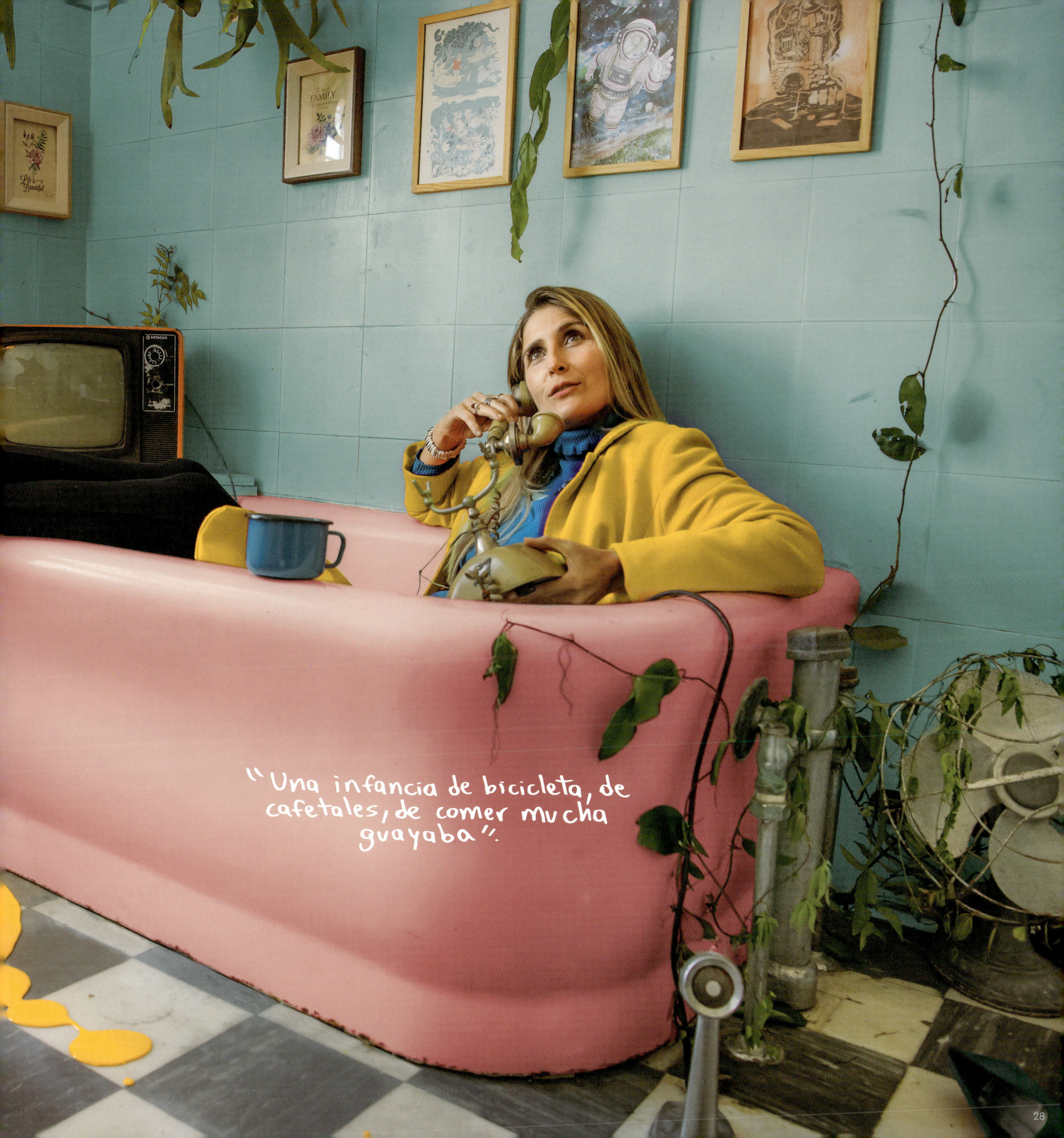

"Una infancia de bicicleta, de cafetales, de comer mucha guayaba".

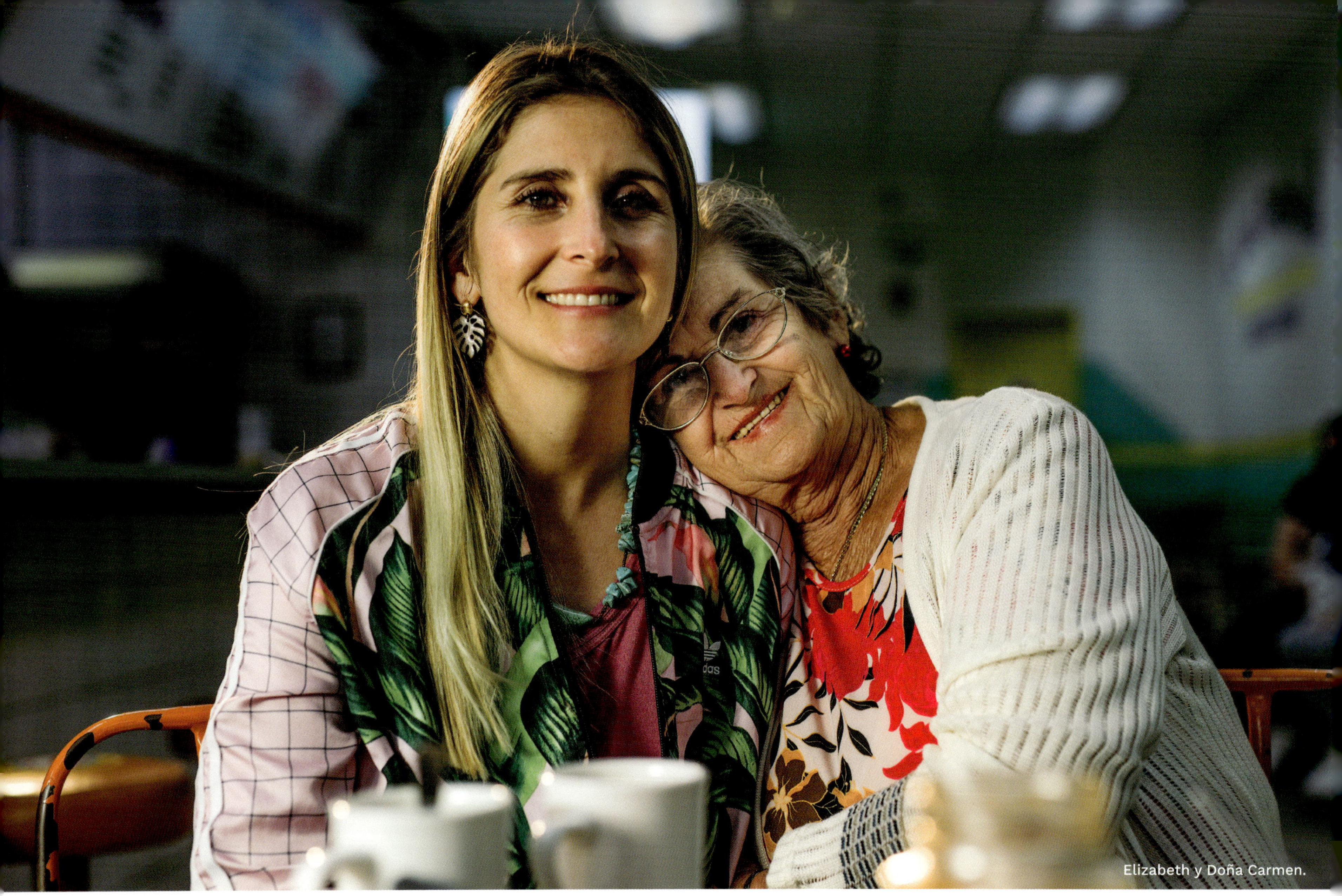

Elizabeth y Doña Carmen.

¿CÓMO ESTÁ LA CHIQUITA?

La voz de su mamá resuena en su cabeza cada vez que va a cruzar. Elizabeth mira a ambos lados y descubre, cerca de la pulpería, a su amiga Cristina conversando con doña Ruth. Emocionada, decide acercarse sigilosamente para taparle los ojos con las manos a su amiga y, fingiendo la voz, hacerle la consabida pregunta: ¿Quién es?

Se dirige a paso rápido. A mitad de camino siente que está haciendo mucho ruido, que Cristina está a punto de darse vuelta, que se le va a arruinar el juego. Baja la velocidad. En ese momento siente un golpe y cae al suelo.

-¡Dios mío!

El grito de doña Ruth le hace abrir los ojos. Está tirada sobre el asfalto gris azulado. Comprendiendo que no está muerta, pero muerta de la vergüenza, Elizabeth se levanta con toda la dignidad que le es posible, se sacude la ropa e intenta caminar. Cae de nuevo en el suelo. Don Helio, el marido de doña Ruth, aparece de la nada, la levanta en brazos y la lleva de inmediato a la casa de ambos. Allí doña Ruth la revisa y le da agua con azúcar.

Escucha cuando don Helio decide llamar a la ambulancia. Elizabeth siente pánico. No le importa si se le reventó el cerebro o si tiene algún hueso quebrado: sabe que su abuela y su mamá le van a pegar una gran regañada. Brinca y mueve sus piernas logrando convencer a don Helio y doña Ruth que está bien, que no hace falta llamar a la ambulancia.

Cuando la llevan a su casa Elizabeth espera entrar sigilosamente y salvarse de cualquier reclamo. Es inútil. Su familia ya está enterada de todo: han pasado de la angustia al alivio al saber que está bien. Su abuela igual la regaña:

-¿Cómo es posible que a usted la haya atropellado un vocho?

¿Un vocho? Elizabeth se da cuenta que no sabe qué ni quién la atropelló. Tampoco recuerda cuándo desapareció Cristina.

Al día siguiente Elizabeth sabrá por don Helio que el chofer del vocho, un señor panzoncito con poco pelo, se estacionó a un lado de la carretera y cuando logró juntar fuerzas se acercó a la casa de doña Ruth y, con un hilo de voz preguntó desde la puerta:

-¿Cómo está la chiquita?

Cuando don Helio le confirmó que Elizabeth estaba bien, el hombre fue hacia la carretera, se arrodilló en el centro interrumpiendo el tráfico, y, ahogado en lágrimas agradeció a Dios repetidas veces.

¿Y Cristina? Aunque aterrorizada, había desaparecido de inmediato del lugar del accidente. El lunes, antes de entrar a clases, y ante la vergüenza de Elizabeth, le contó lo sucedido a los compañeritos de sexto grado, con lujo de detalles. ¡Como si ella hubiera sido la protagonista!

Escritora: Claudia Barrionuevo

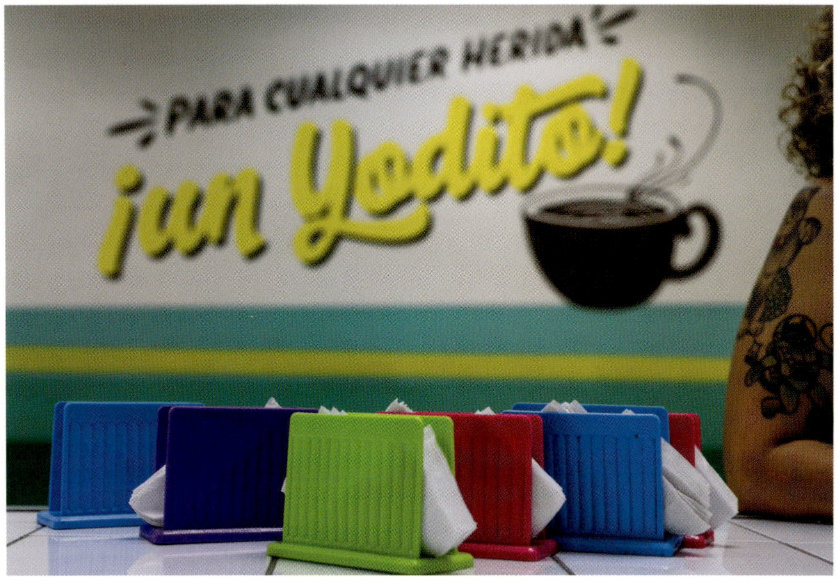

Soda Yoguis, Los Yoses, San Pedro, San José.

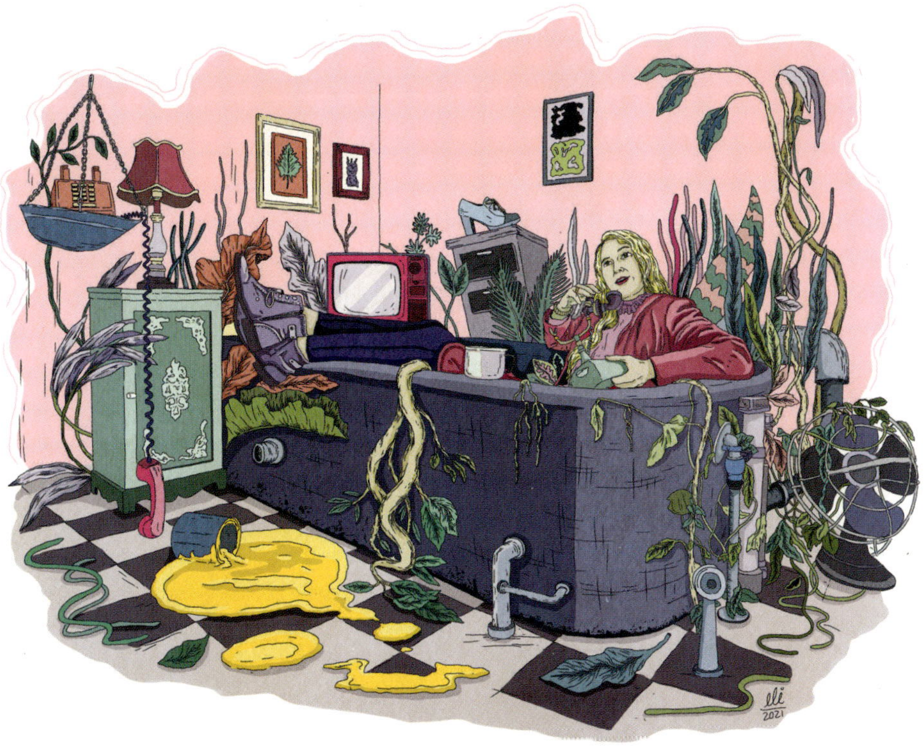

Elizabeth Arguello Miranda
Naranjo, 21/08/1986.

Elizabeth es artista audiovisual, ilustradora y muralista. Cree en el arte público, y ha pintado murales por todo el país y también en el extranjero. Creció en San Juan de Naranjo con su abuela y su mamá, quien es sorda. Desde niña le gustó dibujar. Pasaba mucho tiempo dibujando y hablando mientras dibujaba, como si fueran sus personajes tuvieran voz, entonces hacía diferentes voces y hablaba sola por horas, los vecinos que pasaban la veían hablando sola. Ya de adulta, a veces se "pesca" a sí misma hablando sola y se ha dado cuenta que es en momentos donde busca su creatividad. A los 17 años migró a San José, donde estudió diseño gráfico.

LOS JUNTÓ EL TERREMOTO

Algunas veces un siglo pasa en un suspiro, y otras, un suspiro dura una eternidad, como el amor. ¿Saben ese instante en el que empieza un temblor? Sólo lo sabe quien lo ha vivido. O mejor dicho, quien lo ha sobrevivido, porque no todos han tenido esa dicha, como en el amor. El retumbo se escucha primero, como un galope lejano que se acerca intimidante. Los curtidos en sismos lo presienten en el pecho antes de escucharlo. Es la premonición de lo incierto, porque lo que es verdad para todo temblor es que nunca se sabe cuánto va a durar hasta que se termina. En edificaciones de madera o con techo metálico el rechinar es intenso, como quien viajara dentro de una nave mecánica, una especie de robot gigante que camina apresurado y con alguna dificultad hacia no se sabe dónde ni para qué. *A Costa Rica le tomó casi un siglo, desde la creación del Registro Civil en 1864, alcanzar el millón de habitantes en 1956.* Algunas fallas tectónicas son continentales. Cuando se

VIERON AMIGOS DESAPARECER TRAGADOS PARA SIEMPRE POR LA TIERRA

activan, pueden levantar el fondo marino como sucedió en los terremotos de Limón o Nicoya. Esos se sienten en todo el país. Las fallas locales a veces causan más daño en alguna comunidad. Las poblaciones impactadas por terremotos de fallas locales experimentan catástrofes naturales de las que el resto de la población quizás ni se entera. Así fue el terremoto de Cinchona, provocado por una falla local. *Luego pasaron otros 19 años hasta llegar a los dos millones de personas en 1975.* ¿Recuerda dónde estaba aquella tarde? Cuatro horas después del evento, las autoridades capitalinas ignoraban la magnitud del desastre, pero no Twitter, que desde aquella época ya todo lo sabía. Por esa vía empezaron a llegar las voces de auxilio. Los sobrevivientes vieron quebrarse paredes, caerse muebles y aparadores y abrirse profundas e intimidantes zanjas en potreros y carreteras. Atendieron heridos que se desangraban y vieron amigos desaparecer tragados para siempre por la tierra que se desbarrancó hacia la cuenca del río Sarapiquí.

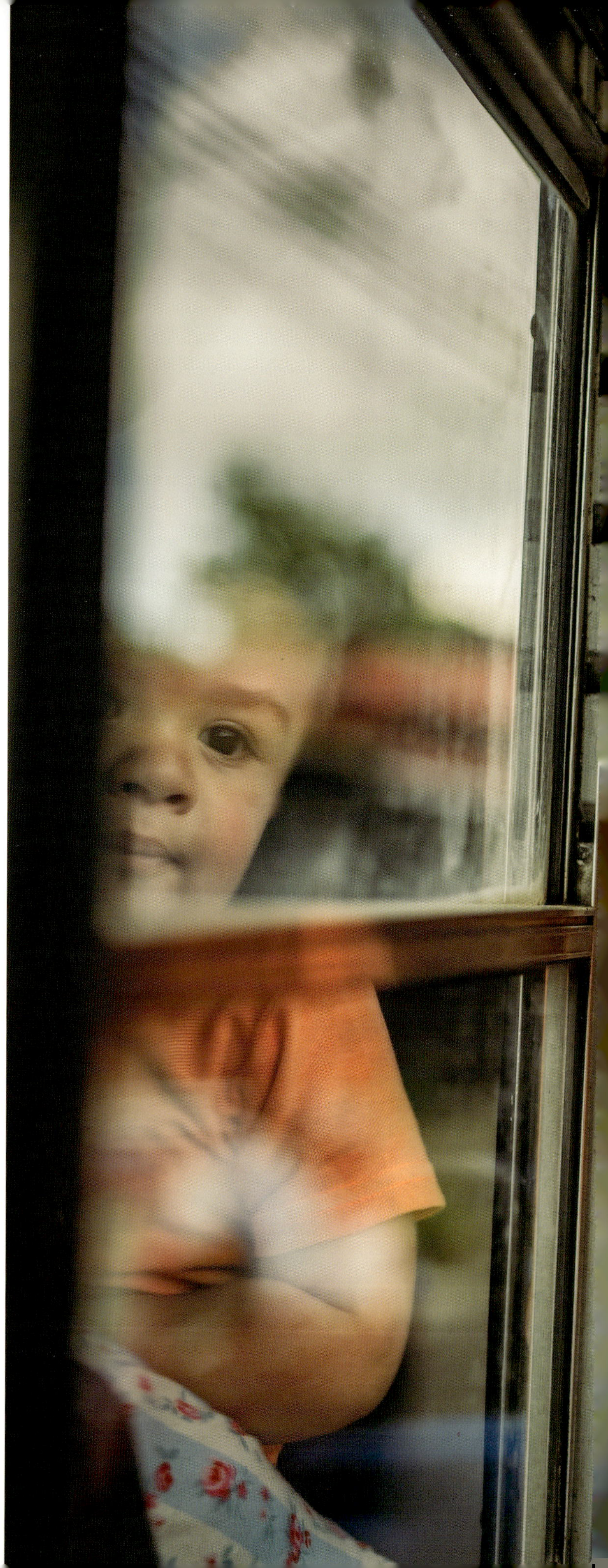

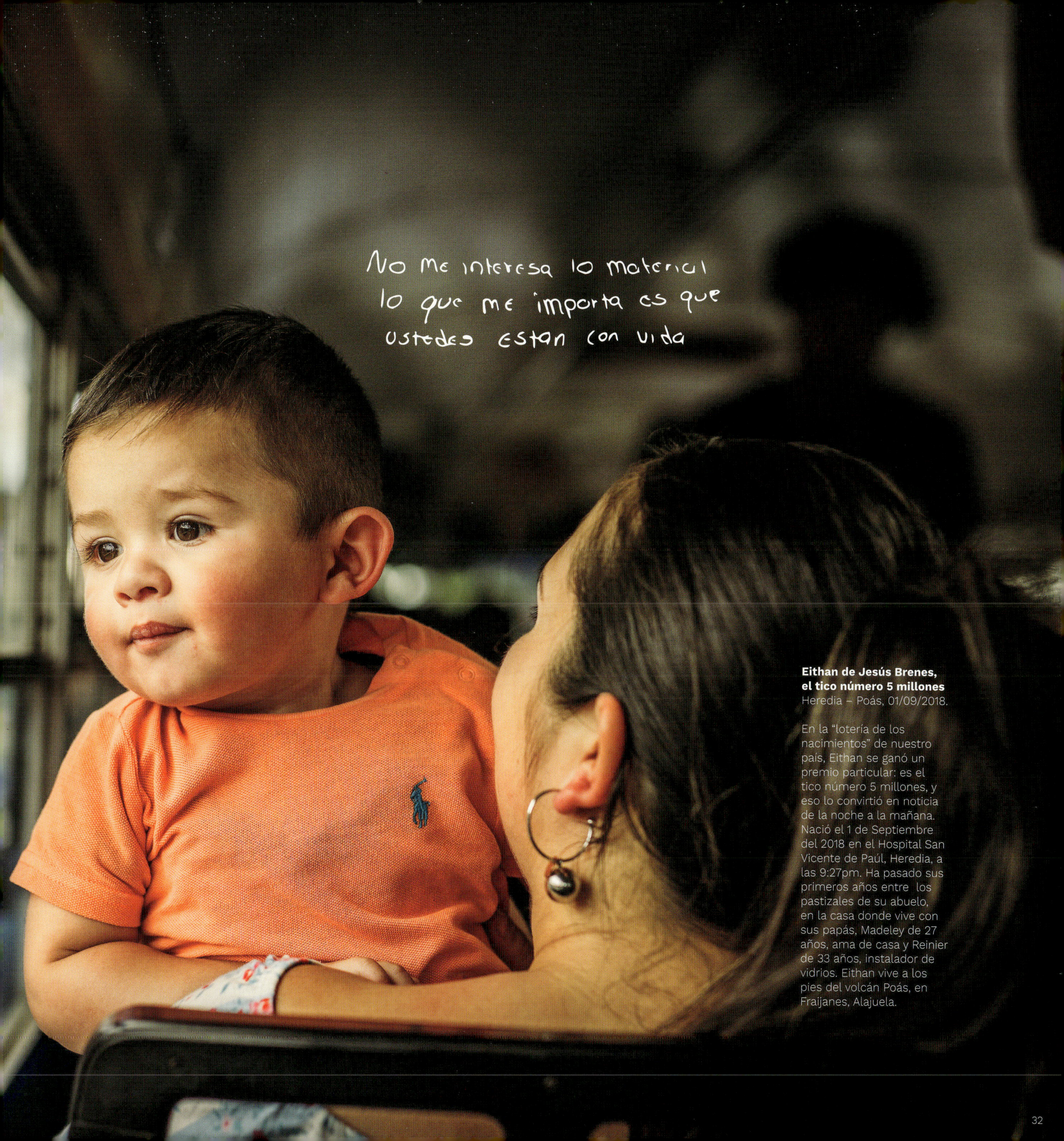

No me interesa lo material
lo que me importa es que
ustedes estan con vida

Eithan de Jesús Brenes, el tico número 5 millones
Heredia – Poás, 01/09/2018.

En la "lotería de los nacimientos" de nuestro país, Eithan se ganó un premio particular: es el tico número 5 millones, y eso lo convirtió en noticia de la noche a la mañana. Nació el 1 de Septiembre del 2018 en el Hospital San Vicente de Paúl, Heredia, a las 9:27pm. Ha pasado sus primeros años entre los pastizales de su abuelo, en la casa donde vive con sus papás, Madeley de 27 años, ama de casa y Reinier de 33 años, instalador de vidrios. Eithan vive a los pies del volcán Poás, en Fraijanes, Alajuela.

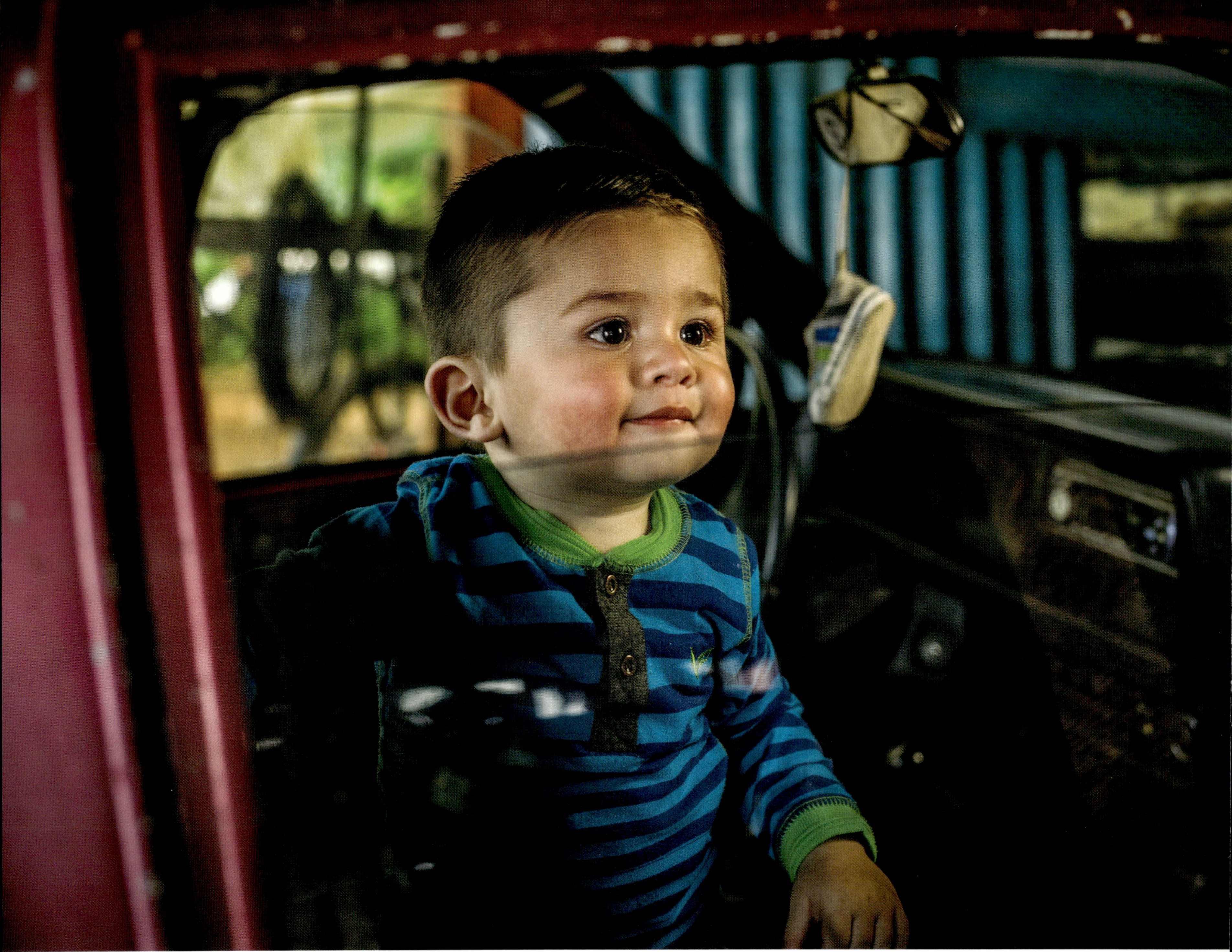

Transcurrieron quince años más para llegar a los tres millones de costarricenses, en 1990. Pero no hay mal que por bien no venga. Las casas colapsadas debieron ser levantadas de nuevo. Reinier era un esforzado emprendedor que cambió la industria lechera por la instalación de vidrios y recibió una gran oportunidad tras el terremoto. Una de aquellas casas destruidas requería de su esmero. Era la de Madeline, una chica que quedó traumatizada por la trágica fuerza de la naturaleza. Los cimbronazos de las paredes, techo y vidrios de su casa que el terremoto destruyó -con ella, su madre y hermanas adentro-, es un angustiante recuerdo que todavía la exalta cada vez que tiembla. Un día vio venir a Reinier y le puso el ojo. Su tío era el maestro de obras y ella le confió que el vidriero estaba guapo.

DESDE AQUELLA NOCHE, ÉL SIGUIÓ LLEGANDO A VISITARLA

Cada vez que Reinier se aparecía para instalar los vidrios, el tío lo anunciaba diciendo *"¡sólo yogur!,"* código para indicar que es algo muy bueno, saludable, apetitoso. Todos los trabajadores sabían de qué se trataba aquella señal y la choteaban. *Después de once años se llegó a los cuatro millones de compatriotas en 2001.* A pesar de que crecieron viviendo muy cerca, nunca se conocieron, ni siquiera porque él trabajaba en ganado con un tío político de Madeline. Un año después quiso la serendipia que Reinier fuera con unos primos de Madeline al festival de la luz, al que ella también asistió con otras primas suyas. Ahí conversaron por primera vez y nunca más se separaron. Desde aquella noche, él siguió llegando a visitarla con más frecuencia hasta que, cinco años después, el amor los unió en matrimonio. *Así se gestó la historia que dio vida Eithan de Jesús, el costarricense cinco millones, nacido en setiembre de 2018, a cuyos padres juntó el terremoto de Cinchona.*

Escritor: Alvaro Cedeño

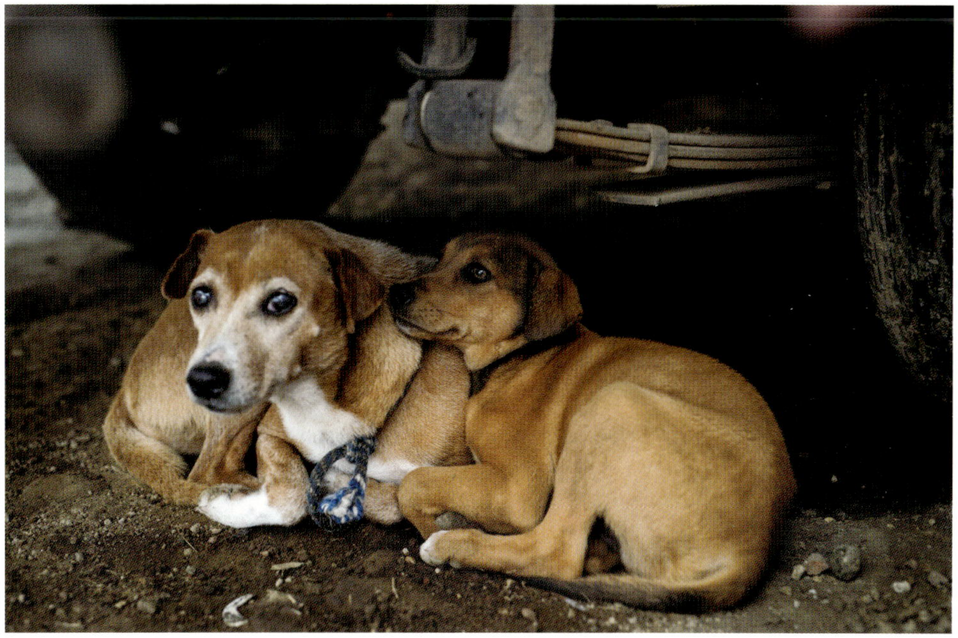

Fraijanes, Alajuela.

LA DOCTORA QUE SE ENAMORÓ EN JAPÓN

María Amalia Matamoros puso agronomía como una de sus 3 opciones al aplicar a la Universidad de Costa Rica, si bien realmente no sabía qué quería hacer el resto de su vida. Sin honda convicción y solo por si acaso, puso también medicina.

Con la misma indecisión, brincó por un par de opciones diferentes unos años después, cuando le tocó hacer la especialidad y terminó sacando cirugía pediátrica. Pero sentía que quería vivir y aprender más, pensó en continuar su entrenamiento en Estados Unidos; pero, de nuevo, no tenía claro qué hacer ni adónde ir.

Un día cualquiera vio en el periódico el anuncio de una beca del gobierno de Japón, pero lo dejó pasar; días después lo recordó cuando pasaba casualmente frente a la Embajada. Sin pensarlo mucho, tocó el timbre. Puso el formulario en el asiento trasero y lo volvió a olvidar. Finalmente, luego de lavar su carro y toparse el bendito papel, emprendió una carrera contra el tiempo, cuando el mundo aún era grande, las distancias largas, y el mayor avance tecnológico era el fax de Radiográfica Costarricense. Gracias a que le concedieron 3 días de gracia, pudo cumplir con los requisitos a ras del tiempo, mientras se preguntaba por qué esforzarse tanto por ir a un lugar que nunca estuvo en sus planes.

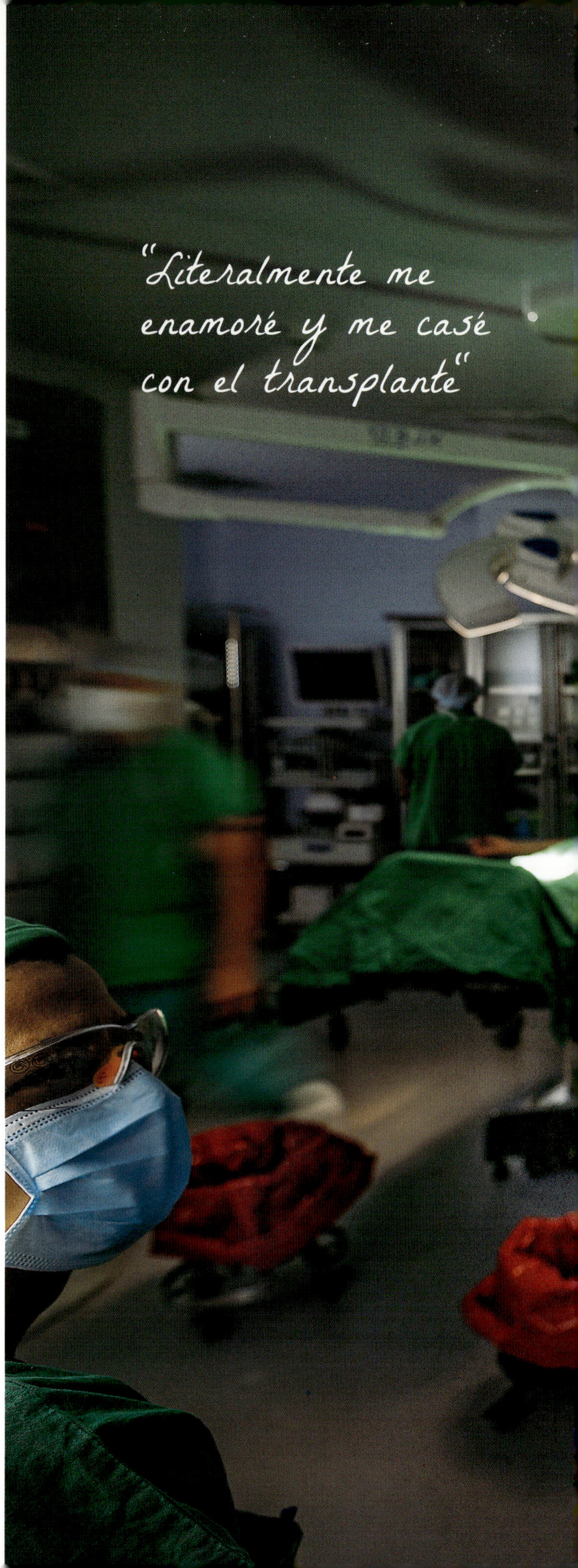

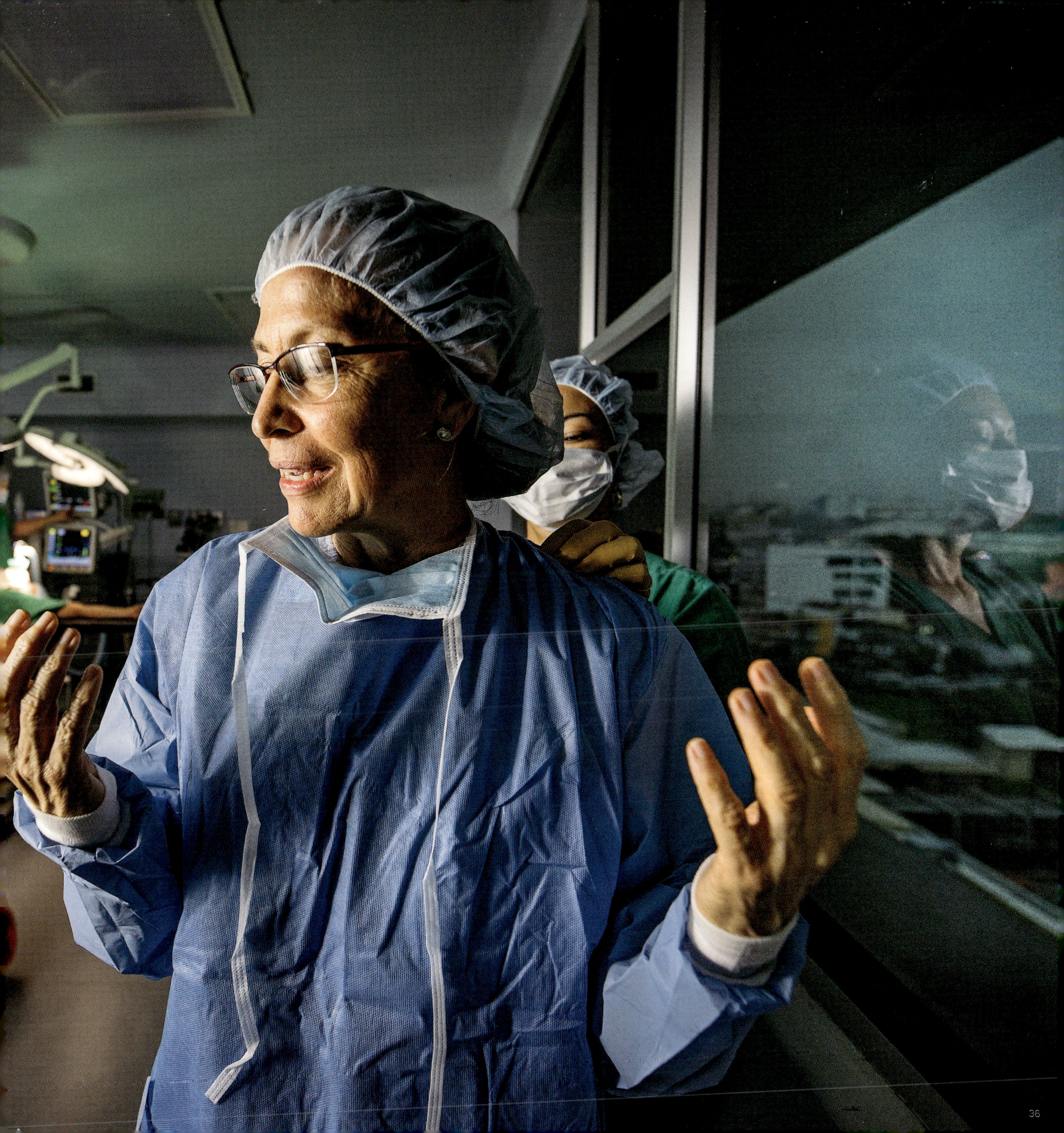

SU RESPUESTA LLEGARÍA EN JAPÓN DE MANERA INESPERADA.

Una fría noche de diciembre, un médico-músico la invitó a una fiesta en la casa del director de la Orquesta de Osaka. La joven doctora aún no hablaba bien japonés, no dominaba los códigos sociales, ni tocaba ningún instrumento musical... Se sintió como pez fuera del agua. Hasta que, para su sorpresa, un japonés le habló en español. Para doble sorpresa, no solo conocía Costa Rica, sino que tenía sobrinas ticas. La triple sorpresa llegó cuando dijo el nombre de las sobrinas: una de ellas había sido compañera de María Amalia en el primer año de universidad. El hombre, un cirujano de Kioto que tampoco era músico, le salvó la velada.

Además, curiosamente y no porque ella mostrara interés en esa especialidad, se empeñó en presentarle al experto en trasplantes hepáticos. Y así, menos de una semana después, creyendo que iba a conocer a un médico como tantos otros, le presentaron al Dr Koichi Tanaka. Al instante de conocerla, la eminencia mundial supo por qué María Amalia Matamoros Ramírez, quien creció entre cafetales en Naranjo de Alajuela, había llegado a Japón: “Usted está aquí por todos los niños que mueren de atresia de vías biliares en su país. Usted quiere cambiar eso. Es bienvenida en Kioto.” Mientras ella aún trataba de asimilar la insospechada profecía, el Dr. Tanaka ordenó a su equipo de médicos que le enseñaran todo. Y así fue. En Japón las jerarquías están muy claras; el que más sabe es el que manda y los demás acatan.

Ella comprendió que para calzar debía borrarse a sí misma, desaprender las costumbres y la visión occidentales. Se convirtió en japonesa y el Dr. Tanaka se convirtió en su maestro.

Por eso le obedeció sin dudar, la madrugada en que después de muchas horas de cirugía y sin explicaciones, le ordenó a las 3 am salir de la sala de operaciones para acompañarlo en un largo trayecto hasta la distante ciudad de Kyushu, a escuchar una conferencia. La expositora era Nancy Ascher, primera mujer que trasplantó un hígado y jefa del Programa de Trasplantes de la Universidad de California (UCSF). No fue necesario que Tanaka explicara nada; María Amalia entendió el mensaje: Usted puede llegar a ser esa mujer en su país.

Unos años después fundó el Programa Nacional de Trasplantes Hepáticos en Costa Rica. También se hizo amiga de la Dra. Ascher y hoy colaboran mutuamente. Así pues, la doctora Matamoros se enamoró del trasplante hepático y, por fin, tuvo claro qué hacer el resto de su vida.

Escritora: Abril Gordienko López

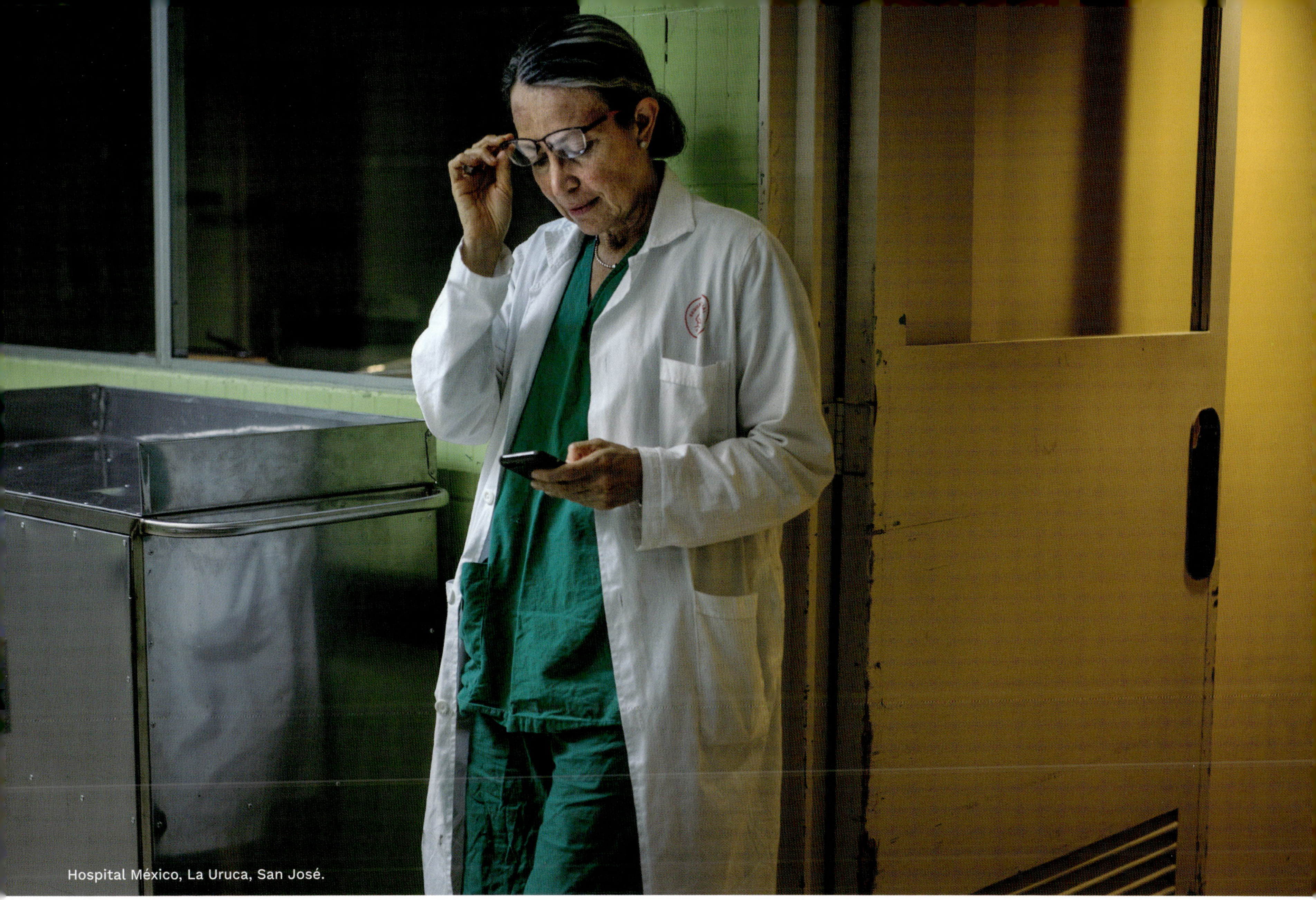
Hospital México, La Uruca, San José.

María Amalia Matamoros Ramírez
Naranjo - San José, 30/04/1966.

María Amalia es médico cirujano, especialista en cirugía pediátrica, graduada de la Universidad de Costa Rica. También tiene una subespecialidad en cirugía de trasplante, cirugía de hígado y biliares, un máster en coordinación y procuraduría de órganos, y si seguimos hablando de sus títulos se nos acaba el espacio. Es una de las cirujanas de hígado más destacadas de latinoamérica, y en el 2019 cumplió 20 años de haber iniciado el Programa de Trasplante Pediátrico Hepático que ella misma dirige. Lo inició al regresar de Japón, donde vivió durante tres años. María Amalia se crió en Naranjo, con dos hermanos y dos hermanas y sus padres, don Adrián (caficultor) y doña María Julia (maestra pensionada). Japón le cambió la vida: "llegué a Kioto y literalmente me enamoré y me casé con el trasplante".

• 70% de los médicos especialistas trabajan en la CCSS.

GRANIZO EN LA LAGUNA

Recuerdo estar encerrado en mi cuarto y ver venir la tristeza. Después de un día lleno de actividades que me mantenían distraído, la vi acercarse, entrar en esa espiral que me hacía caer, volver a mi propia vida, a mí día a día que no marchaba bien. Con la vorágine de sentimientos terminé llorando, sentado bajo el umbral de la puerta. Llovía tan fuerte que no podía escuchar mis propios pensamientos. Me sentía quebrado, abrumado, mal.

Salí sin pensarlo mucho, como si me llevaran de la mano. La tormenta me empapó en un segundo. Caminé por los trillos buscando la laguna. Escuché el crujir de los granizos golpear el zinc mientras me alejaba de la casa. Caminé entre árboles gigantes, animales invisibles que me veían pasar y lluvia infinita. Al cabo de unos minutos llegué a la laguna y entré de una vez. Era la primera vez en años que caía granizo en Muelle de San Carlos.

Estaba trabajando como guía de una familia extranjera que había organizado el viaje para ayudar a la madre, una señora encantadora y algo mayor, a sentirse viva nuevamente. Hacía poco había perdido a su marido y sus hijos quisieron llevarla a un paseo distinto, por eso escogieron Costa Rica. Una empresa de turismo me ofreció el trabajo. Era una responsabilidad grande en un momento incómodo, pero acepté el reto.

Era Navidad, y ahí estaba yo trabajando, lejos de mi familia y de mi hijo. Unos meses antes había tenido un accidente que no me dejó trabajar en temporada alta; no tenía seguro ni ahorros. Además de los problemas económicos, cargaba un enorme dolor en la autoestima por no poder proveer a mi hijo pequeño y no estar bien con mi pareja; el mundo se me estaba viniendo encima.

Por eso aquella noche salí de mi cuarto, molesto con el universo, con la vida, con la naturaleza. Cuando llegué a la laguna me quité la ropa y, con granizos, me metí al agua tibia sin pensarlo. Me senté casi totalmente cubierto por el agua cálida. Sumergí la cabeza. Bajo la superficie, un silencio profundo. Me abrazó un sentimiento de humildad. La naturaleza tiene esa magia: hacerme sentir pequeño y también enorme, parte de algo más grande. Me fui calmando, respirando, la energía me fue cambiando. Poco a poco, la angustia que minutos antes me atormentaba se fue lavando y entendí que era uno con el universo. 'El río va de Turrialba a Siquirres', decía un amigo, 'como llegamos nosotros es cosa nuestra, pero el río va para allá'.

Con la señora escalamos árboles, caminamos por el bosque y poco a poco me fui ganando su confianza, hasta el punto, incluso, en que accedió a hacer rápidos aun teniéndole pánico al agua. Su valentía fue tan notoria que era imposible no sentirse conmovido. Llegó a confiar tanto en mí que a menudo decía que haría lo que yo le dijera.

Esa gira, esa noche de granizo en la laguna, esa señora que vino a Costa Rica a cambiar su vida y terminó cambiando la mía, me dieron la fuerza para emprender un nuevo proyecto cerca de la naturaleza, donde pertenezco.

Después de aquella gira mágica, cada cumpleaños recibo un sobre con $10 de parte de la señora, así, como una abuelita que adopta un nieto y apuesta por su destino.

Escritor: Alonso Muñoz

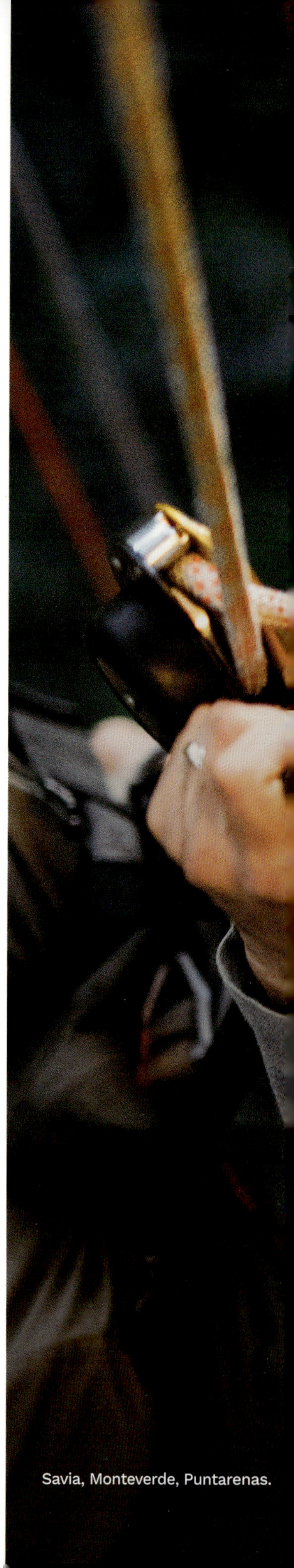

Savia, Monteverde, Puntarenas.

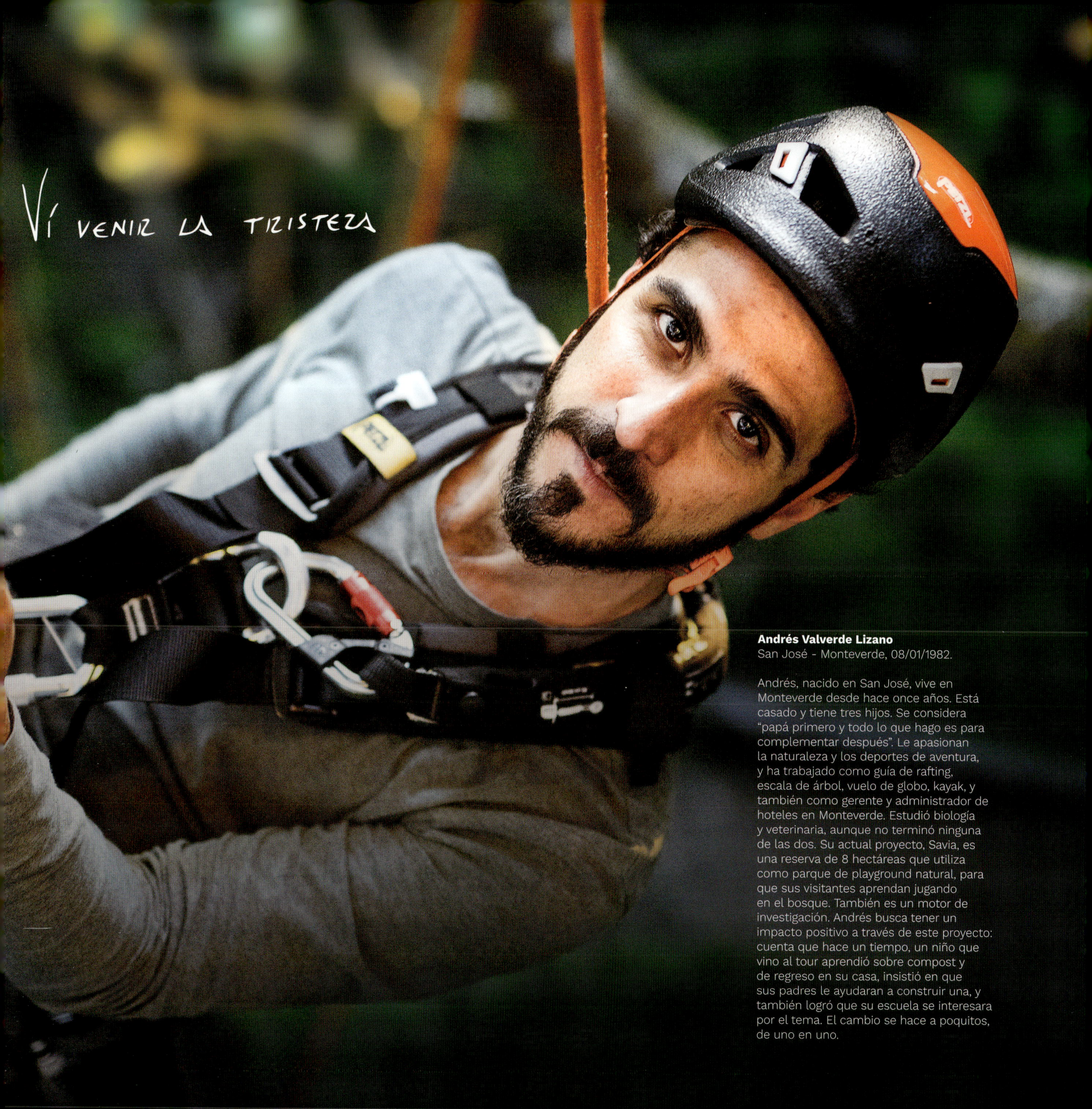

Ví venir la tristeza

Andrés Valverde Lizano
San José - Monteverde, 08/01/1982.

Andrés, nacido en San José, vive en Monteverde desde hace once años. Está casado y tiene tres hijos. Se considera "papá primero y todo lo que hago es para complementar después". Le apasionan la naturaleza y los deportes de aventura, y ha trabajado como guía de rafting, escala de árbol, vuelo de globo, kayak, y también como gerente y administrador de hoteles en Monteverde. Estudió biología y veterinaria, aunque no terminó ninguna de las dos. Su actual proyecto, Savia, es una reserva de 8 hectáreas que utiliza como parque de playground natural, para que sus visitantes aprendan jugando en el bosque. También es un motor de investigación. Andrés busca tener un impacto positivo a través de este proyecto: cuenta que hace un tiempo, un niño que vino al tour aprendió sobre compost y de regreso en su casa, insistió en que sus padres le ayudaran a construir una, y también logró que su escuela se interesara por el tema. El cambio se hace a poquitos, de uno en uno.

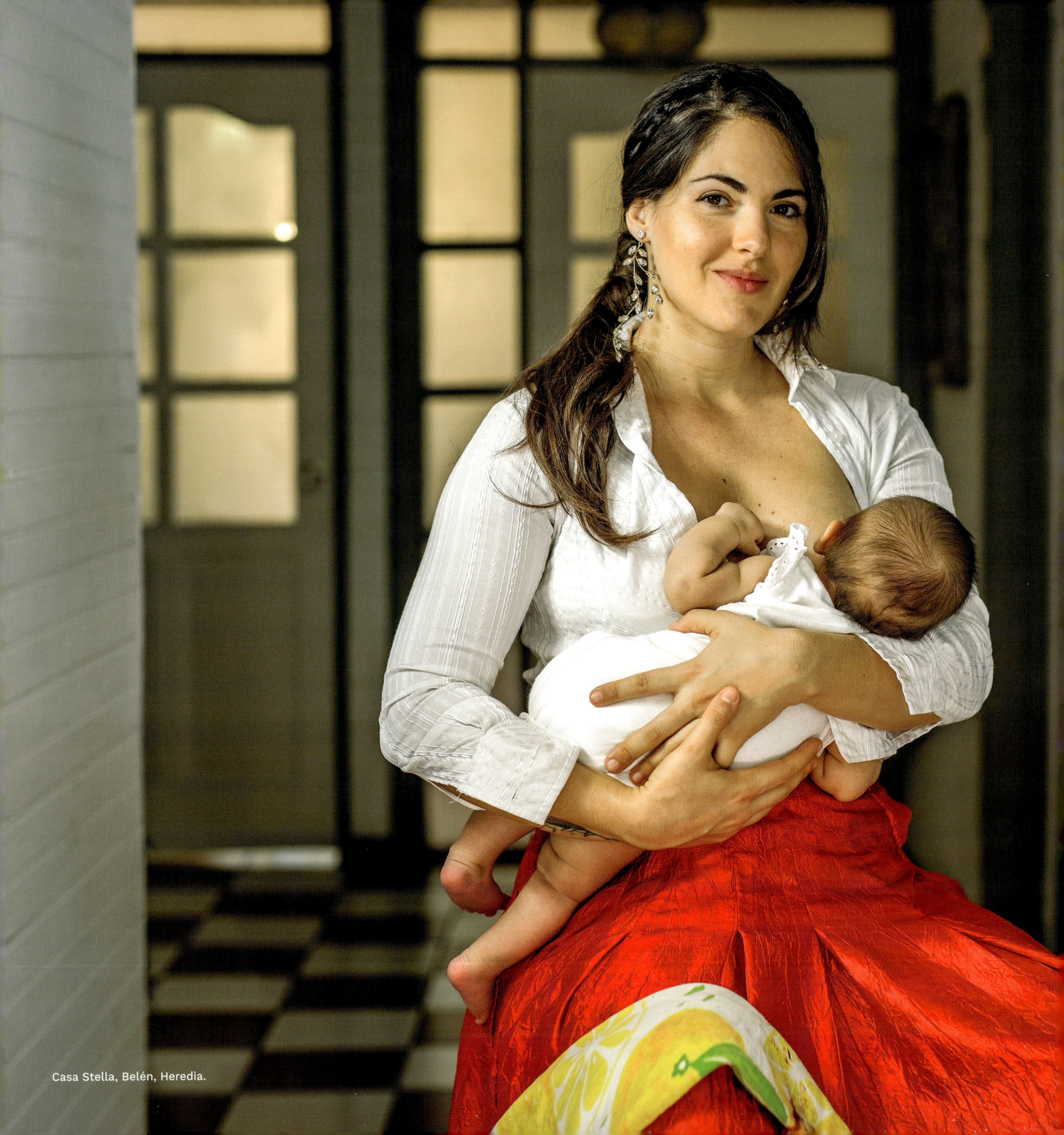

Casa Stella, Belén, Heredia.

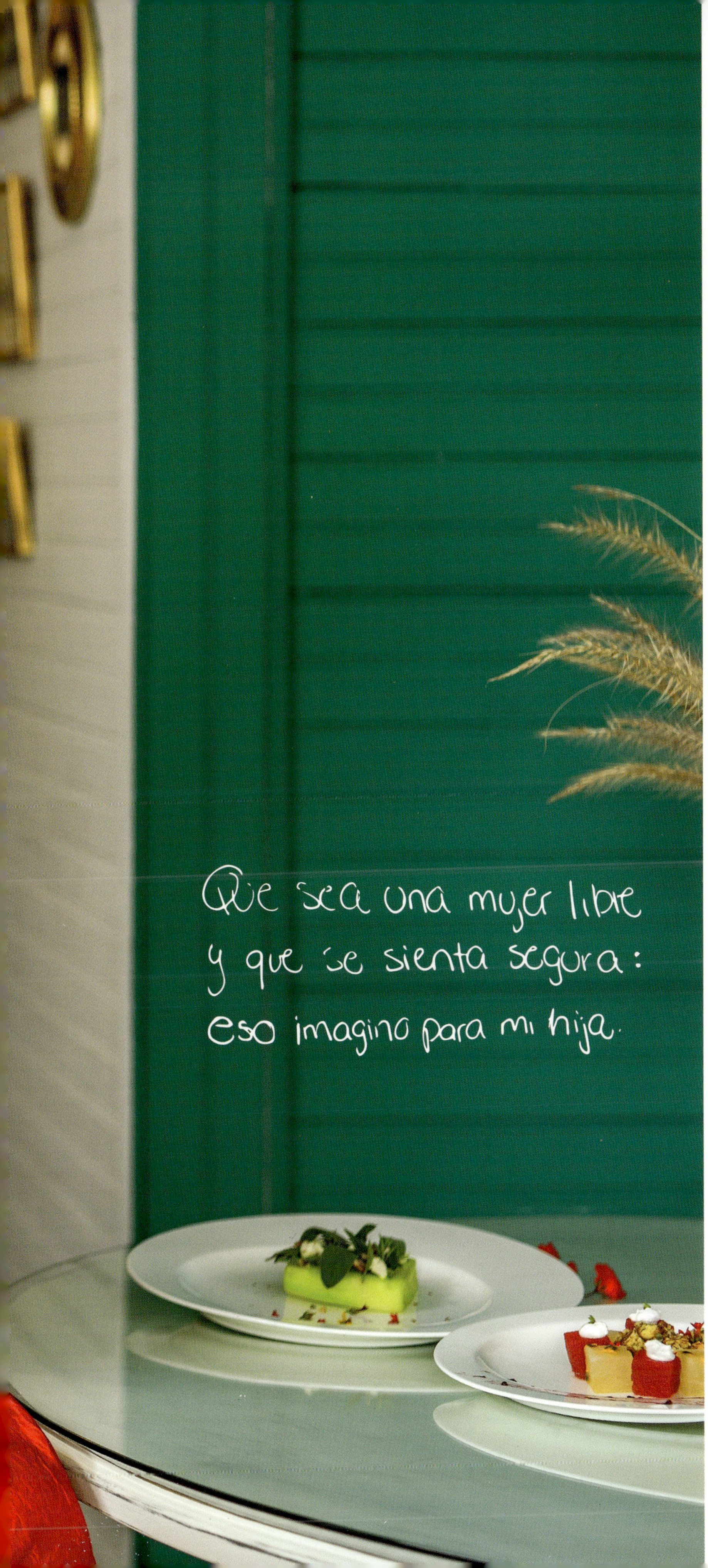

UNA CASA GRANDE LLENA DE GENTE

La casa era muy grande con un jardín enorme. Con terraza, árboles frutales y mascotas de todo tipo. La tortuga todavía existe.

Tuve barrio y parque. Andábamos en patines y jugábamos a las escondidas. ¡Éramos muchos!

Somos nueve hermanos. Mi gemelo y yo fuimos los últimos en llegar, dieciséis años después que la mayor. Mis papás tuvieron que prescindir de la terraza frente a su habitación para hacernos un cuarto a Mauricio y a mí. De chiquitos éramos inseparables. Siempre nos acostaban separados y amanecíamos juntos. No en nuestras camas: en las de otro hermano. Primero me pasaba yo y luego él.

Cuando pertenecés a una familia de tantos hermanos no conocés el silencio. Siempre hay una pelea. Siempre se escucha ¡Mami! desde algún rincón de la casa. Además siempre alguno está enfermo.

Todos teníamos tareas asignadas. Funcionábamos como un equipo. En la cocina había continuo movimiento. No era fácil alimentar a tanta gente. Se compraba muchas cosas a granel. Recuerdo un balde lleno de frijoles entre la cocina y el jardín, listos para ser escogidos.

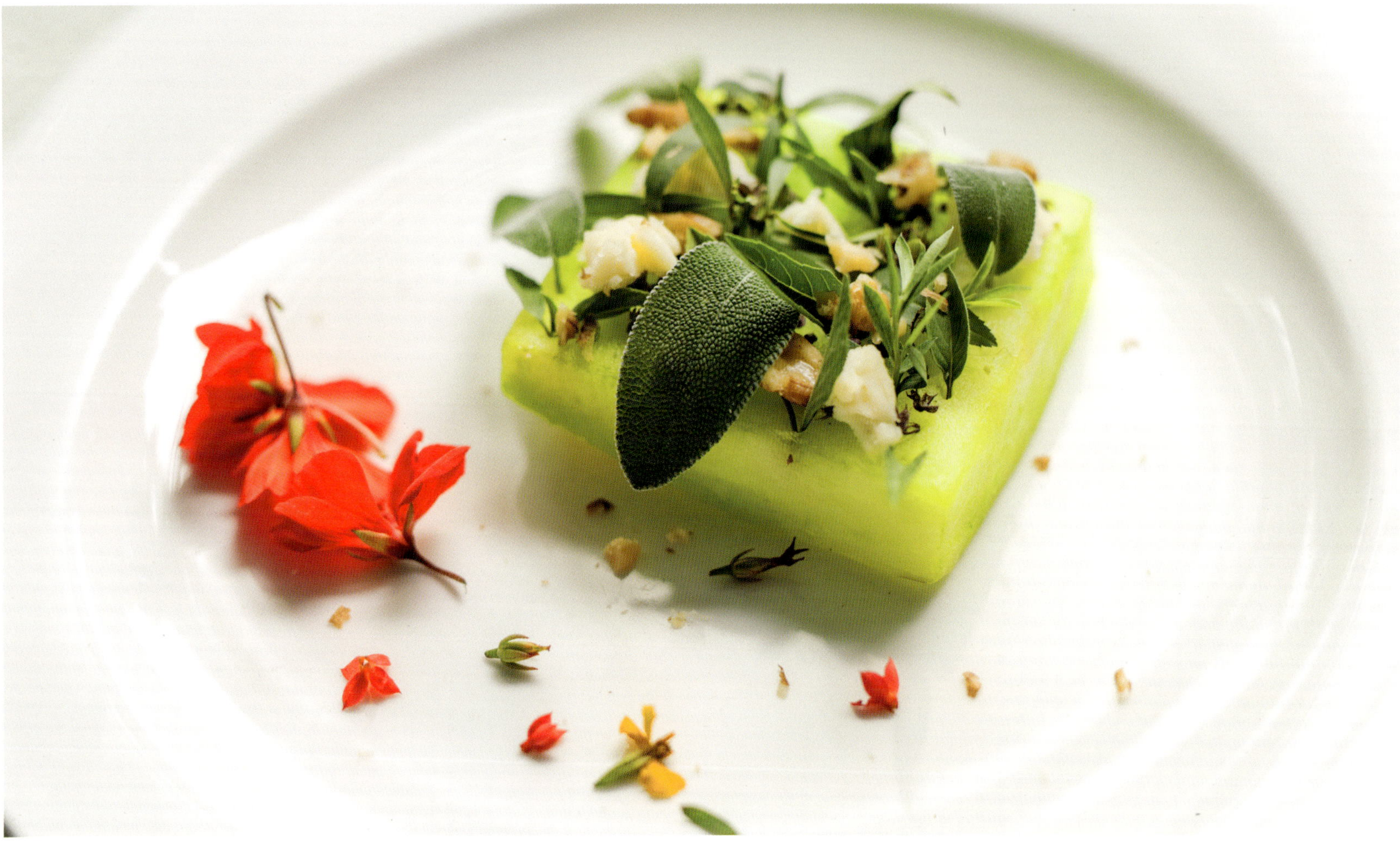

La privacidad era un privilegio desconocido. No existía. No podías encerrarte en tu cuarto porque siempre lo compartías con alguien. Y porque, si alguna vez lo lograbas, de inmediato se escuchaba la voz de mami: "¡¿Por qué cierra la puerta?!"

Mis papás venían de familias numerosas así que estaban acostumbrados. Mamá nadaba, y nos dejaba en los cochecitos al lado de la piscina. Los señores del club sufrían. No entendían la tranquilidad de mamá. Y papá nos llevaba a todos de paseo en una van amarilla. A todos. Incluidos mis abuelos maternos. Escuchando música del Topo Gigio durante el camino.

No entiendo cómo hacía mi mamá para cuidarnos a los nueve. Los mayores tenían que cuidar a los menores. Y aunque entre tanta gente casi nunca estabas solo, a veces alguno lograba evadir la vigilancia. En esos momentos de soledad podía pasar cualquier cosa. Una vez uno de mis hermanos incendió su cama y casi quema la casa. Otro, cansado de escucharme llorar cuando yo era bebé, me depositó en el tejado.

A mis cinco años me regalaron unos patitos. Venían en una caja de cartón. Estaba sola cuando me pareció una gran idea meterme con ellos en la tina. Lo hice. Me bañé con los patitos. Les puse bastante shampoo y se fueron apagando hasta que se murieron. Recuerdo que en esos días mi abuelo estuvo muy grave y yo creí que lo habían lavado con shampoo.

En otro momento de soledad hice algo que tuvo consecuencias apestosas. Un día empecé a oler mal. Muy mal. Yo era muy chiquita y nadie entendía por qué olía tan feo. Cada día era peor. En medio del ajetreo permanente de la casa por fin, una noche, mis papás preocupados, me llevaron al médico. Al principio yo estaba feliz porque me pusieron una jacket de Hello Kitty. Ya en el consultorio el asunto dejó de ser gracioso cuando la doctora me metió unas pinzas en uno de los orificios de la nariz. De ahí sacó un frijol germinado. Con palito y hojitas. Por eso yo olía tan mal. No sé cuánto tiempo pasó desde que me metí el frijol en la nariz hasta que me lo sacaron. Lo había agarrado del balde de frijoles en un descuido.

Ahora soy mamá. Poco después que nació Antonia y pasé una primera semana difícil pensé en mis papás. ¿Cómo alguien puede tener más de tres hijos?

Volví a vivir en una casa muy grande. La que era de mi abuela paterna. Donde mi papá se crió con sus ocho hermanos. Donde Antonia y yo nos estamos conociendo.

Escritora: Claudia Barrionuevo

María Laura Zamora
San Antonio de Belén – 23/09/1987.

María Laura es chef, y la cocina es su oficio y su pasión. Una pasión que la ha llevado a muchos rincones del planeta, pero que siempre la trae de vuelta a Costa Rica, el lugar en el que están los mejores ingredientes y en el que ha aprendido más sobre cocina. Es una de nueve, y tiene un hermano gemelo, al cual "mangoneaba" cuando eran niños. Se crió en Belén, pero tiene ascendencia libanesa, y aunque creció rodeada de mucha gente, ahora vive sola con su hija Antonia. La experiencia de la maternidad la ha hecho sumamente feliz. Su empresa, Deliarte Catering Service, ofrece todo tipo de asesorías gastronómicas y diseños de menú para eventos, que muchas veces realiza en Casa Stella, espacio que ha pertenecido a su familia por más de 115 años y que ella ahora se encarga de administrar.

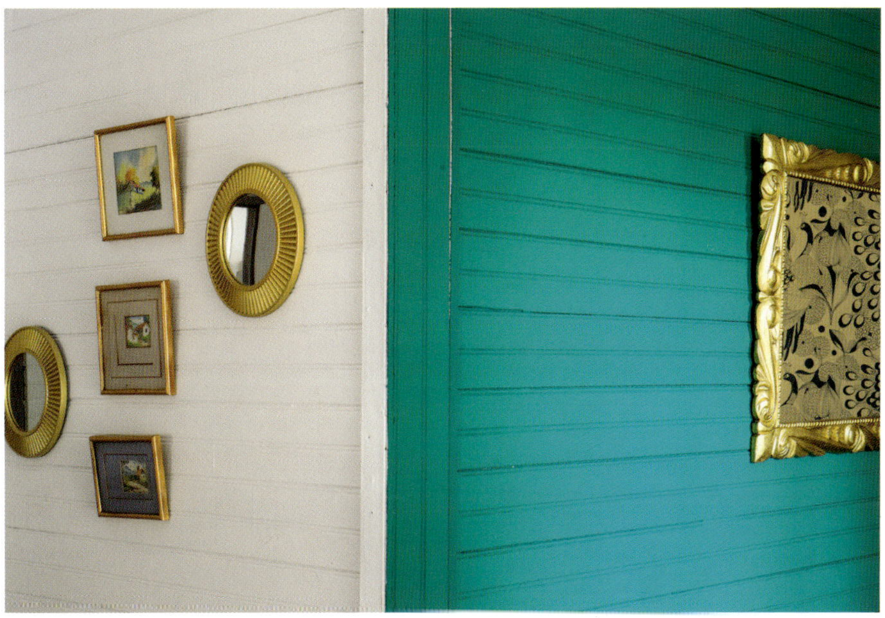

Casa Stella, Belén, Heredia.

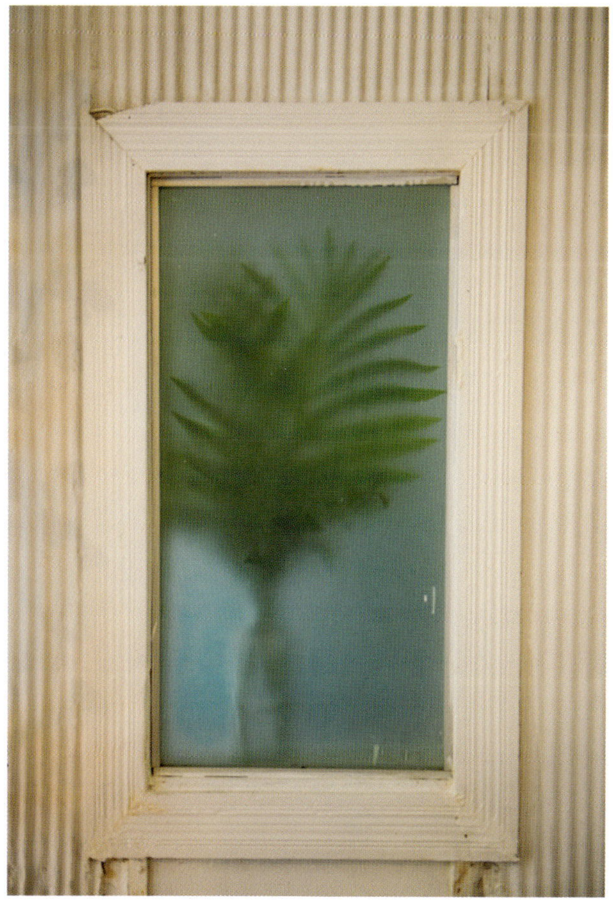

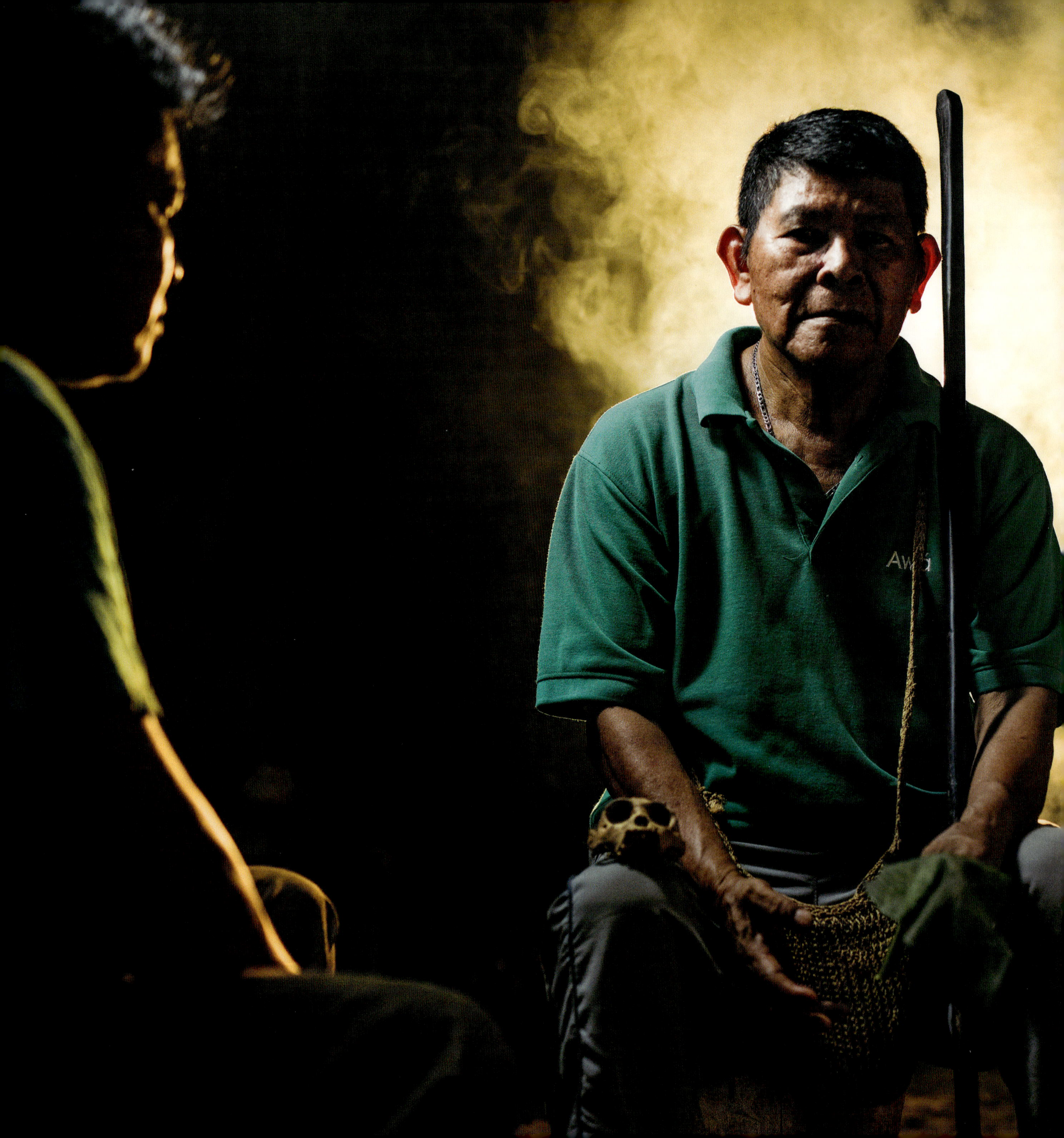

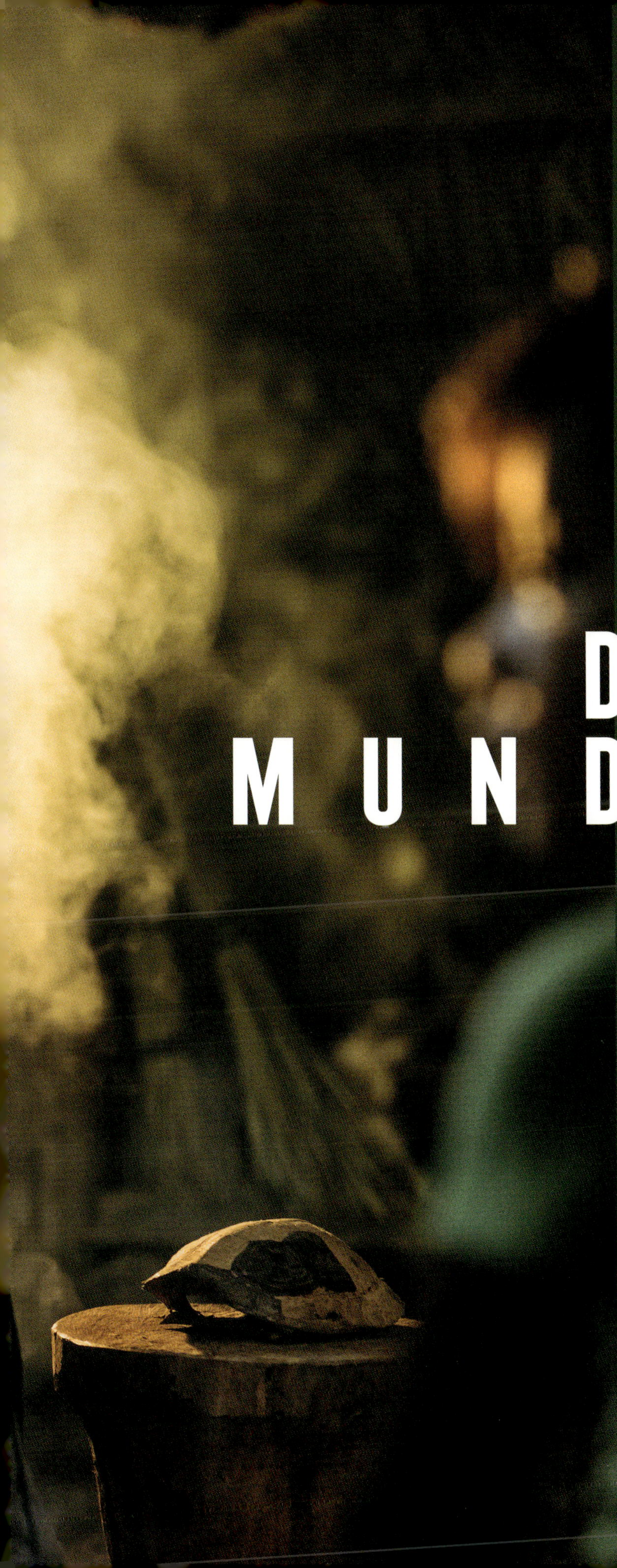

DOS MUNDOS

Empieza el descenso y Lisandro no puede evitar pensar "me voy a morir en este avión...".

"¿Van bajando o está cayendo?, ¿cómo es la cosa?", le pregunta a su amiga Leyla, la mujer *sicua* (blanca), que lo invitó a venir a esta ceremonia de chamanes latinoamericanos.
Mientras observa la ciudad de Barcelona por la ventanilla del avión, Lisandro recuerda...

Tenía 18 años, habían salido a las 4:00 a.m. y ya estaban bien adentro en el monte. Tenían rodeado a un saíno. Él corría por el bosque denso a toda velocidad, para evitar que se les escapara, mientras su papá y otros miembros de la tribu hacían lo mismo formando un círculo. Finalmente, acompañada de un chillido, vino la estocada final. Era un saíno de buen tamaño que alcanzaría para dar de comer a muchos en la aldea. Pero un instante después vino un segundo grito. Una terciopelo desaparecía entre la maleza, y sus colmillos habían quedado grabados en el pie descalzo de su papá.

El jabalí pasó a segundo plano, estaban a muchas horas de la aldea, y el tiempo que tardaran en tratar la mordedura haría la diferencia entre la vida y la muerte de su padre.

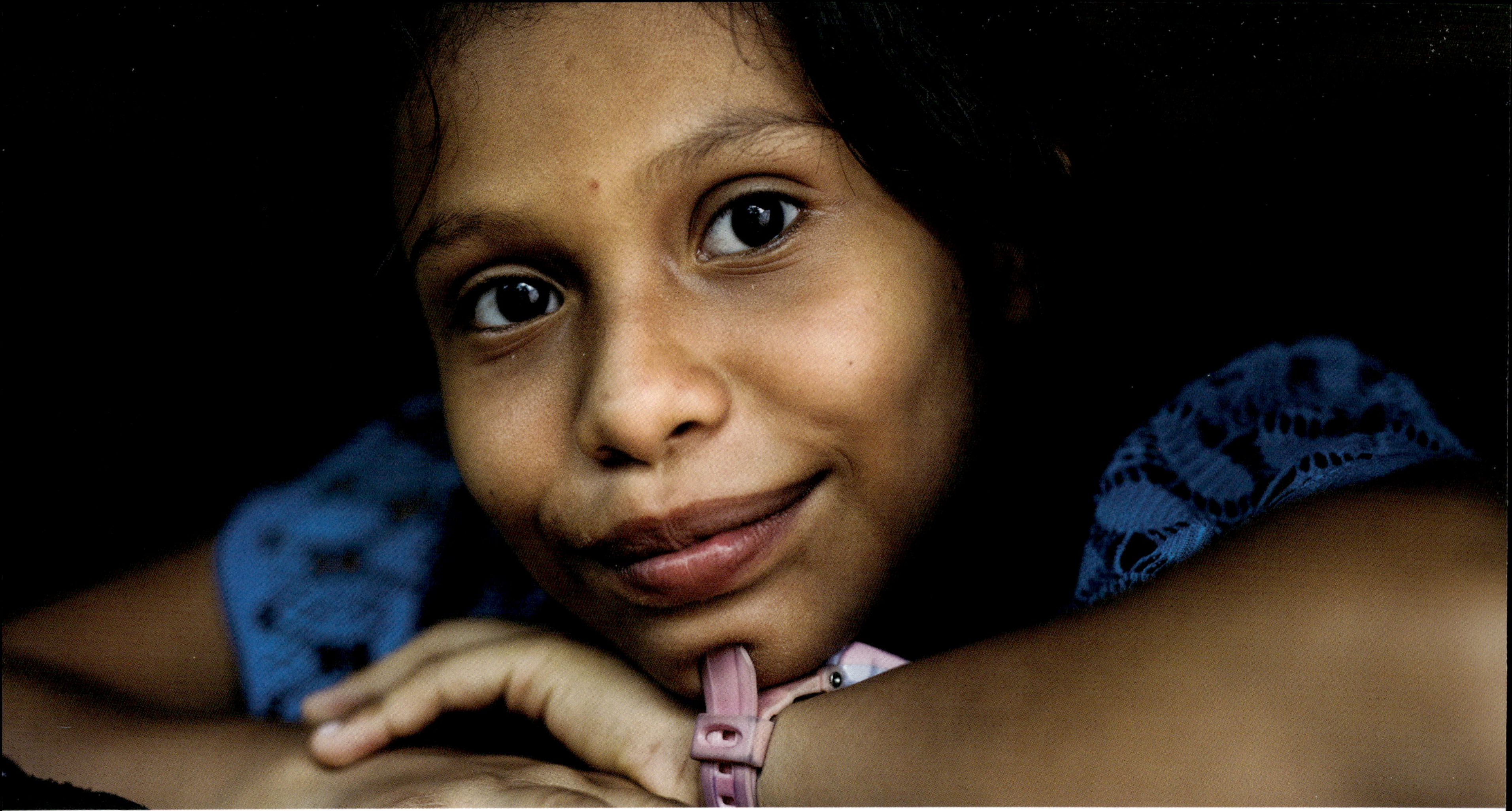

Lisandro Porras
Talamanca.

Lisandro es uno de los 48 Awá (médico indígena) que habitan Talamanca. Para convertirse en médico estudió durante 10 años, de los 12 a los 22. Durante ese periodo, su dedicación al estudio fue exclusiva, pues Sibú necesita una mente totalmente disponible para depositar en ella su conocimiento. Para Kíkipa Awá (Abuelo Médico), lo más importante en la vida es poder transmitir su tradición oral a las nuevas generaciones, y así evitar la desaparición del conocimiento ancestral. Lisandro tiene 5 hijos, y actualmente dos de sus nietos son estudiantes de medicina, aprendices de Awá. Esta profesión es esencialmente masculina, y los médicos como Lisandro son los encargados de preservar el conocimiento de sus comunidades a través del canto: se canta en la ceremonia de purificación durante el nacimiento de los nuevos miembros de la comunidad, y también para tratar las enfermedades del cuerpo. Lisandro aconseja sembrar durante la luna nueva, y preferir la tierra oscura a la tierra roja, pues esta segunda es "mala para la siembra".

Lisandro ya llevaba seis años de estudio para convertirse en *awá* (médico bribri). Su abuelo lo entrenaba, como es la tradición, desde los 12 años. Mientras caminaban ayudando a su papá a avanzar sin agitarse, en silencio se debatía. Lisandro sabía algo que los demás no: la planta que usaban como remedio contra el veneno de terciopelo, y que le había salvado la vida a su papá en las cuatro ocasiones anteriores, escaseaba en esa época y tal vez no iba a alcanzar para todos los meses del tratamiento.

Aquella aventura, que ahora se veía tan lejana, había desembocado en un encuentro con un médico *sicua* en el hospital Tony Facio de Limón, quien no podía entender cómo su papá había sobrevivido a cuatro mordeduras de Terciopelo sin suero antiofídico, irónicamente en uno de los países que más lo produce y exporta al mundo.
Mientras su papá se recuperaba, el doctor mostró gran curiosidad por sus prácticas ancestrales y eso despertó en él también la curiosidad por el mundo de la medicina *sicua*.

Después de aquel encuentro no se volvieron a ver, pero fue suficiente para que todavía Lisandro lo recuerde como un amigo.

• 2,4% de la población son personas indígenas.

Entrelazado con aquella memoria, vino el recuerdo de cuando cumplió 28 años. Todos los *kíkipa* (abuelos *awá*) de Talamanca se reunieron para discutir sobre el comunicado del Ministerio de Salud, que les prohibía la práctica de su medicina natural sin un título que los acreditara como médicos.

Invitaron entonces a los doctores de fuera para que escucharan la palabra de los *kíkipa*. El encuentro inició tenso, los bribri se negaron a hablar en español, pues para poder expresar su verdad debía ser en su lengua.

Los traductores explicaron a los médicos *sicua* sobre las plantas, sobre la luna, los ciclos y la lluvia. Explicaron por qué el cultivo en el bosque es más efectivo que una huerta, les dijeron cuándo cortar y cuándo sembrar, relataron cómo su conocimiento no está escrito en ningún lugar y existe sólo en el corazón y la mente del *awá*, en parte porque muchos no saben escribir y en parte porque implica una conexión con el entorno.

Lisandro trató de hacerles ver que sus conocimientos vienen de la observación o, dicho de otra manera, vienen de *Sibú* (dios bribri), así como la información y finalmente la salud de las personas *sicua*, está en las manos del dios *sicua*.

Los médicos ofrecieron que un doctor *awá*, podría ir a trabajar en la clínica con los doctores *sicua*. "Pero eso no puede ser", respondieron: "el doctor *sicua* cura en la clínica, el *awá* cura en su casa".

Al final de la reunión los médicos propusieron que si los indígenas no lograban curar a un paciente, lo enviarían al hospital. La comunidad *awá* devolvió la recomendación a los médicos: si ellos no lograban curar a algún paciente, los *awá* lo recibirían con mucho gusto.

Al llegar al aeropuerto de Barcelona, su bolsa con plantas medicinales sale por una banda automática, tal y como lo había prometido su amiga Leyla.

Escritor: Sergio Pucci Golcher

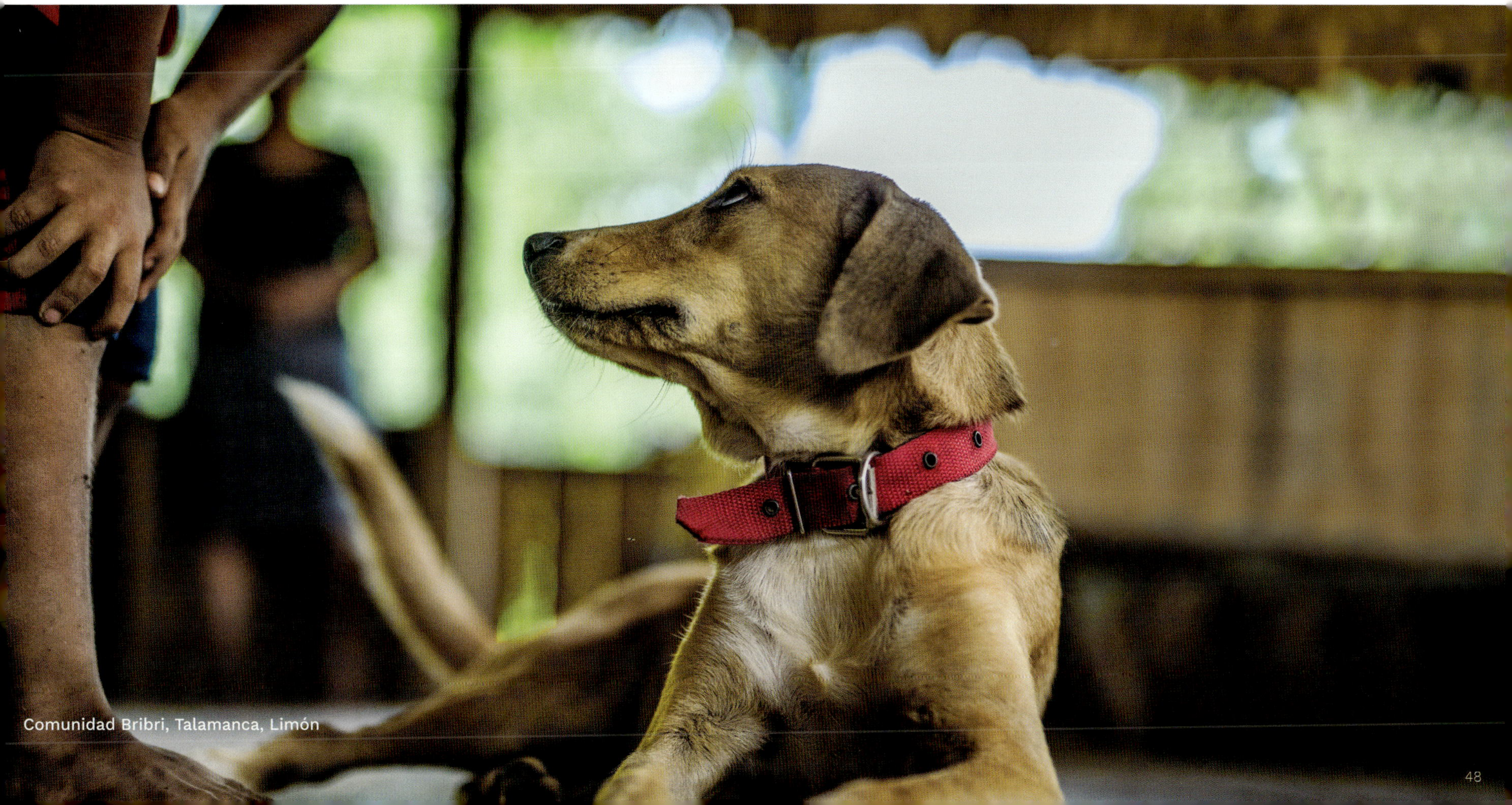

Comunidad Bribri, Talamanca, Limón

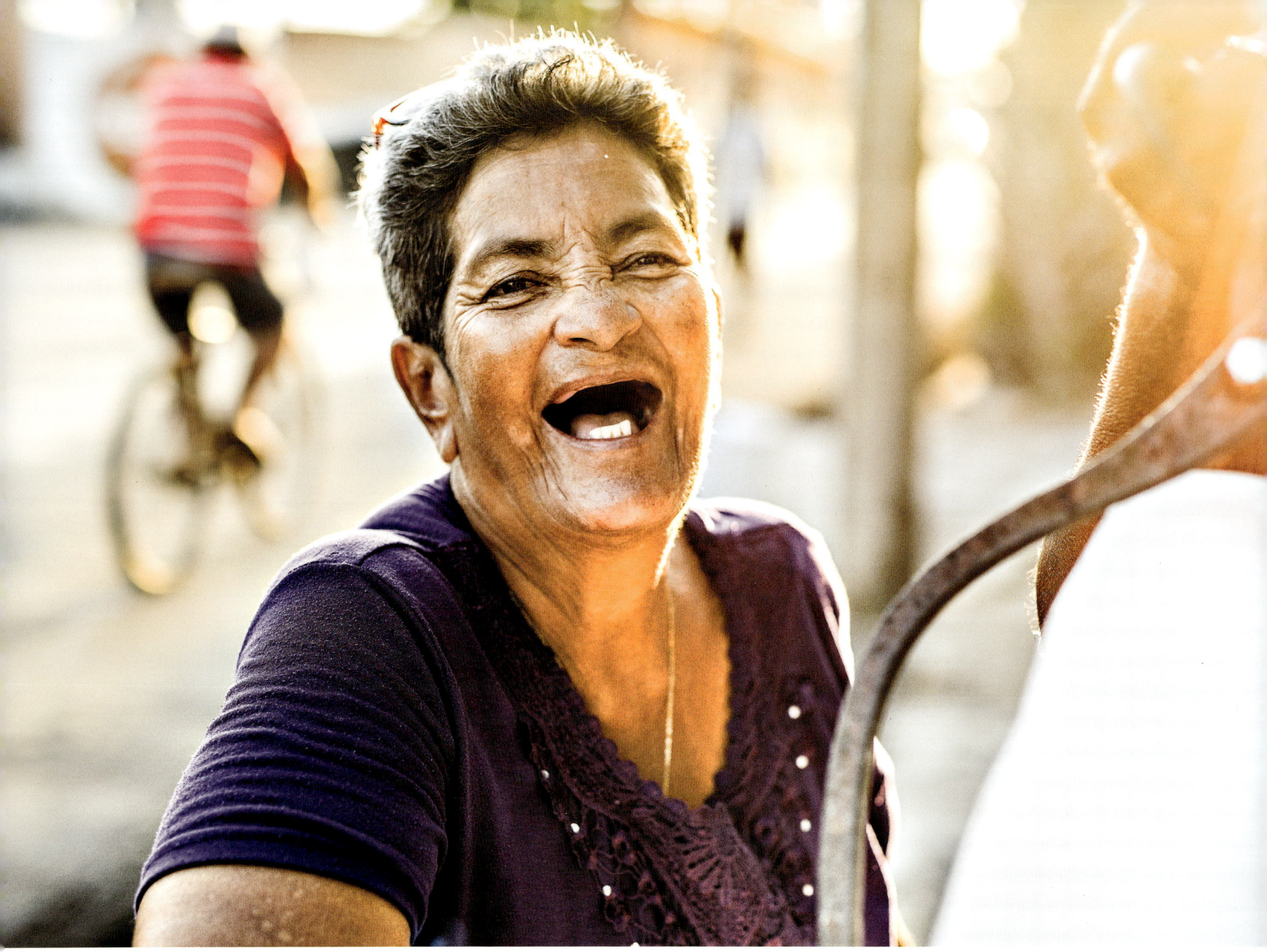

LOS TIEMPOS DEL BOLERITO

Dicen que una vez dos enamorados entraron al mar y salieron cada uno con una pierna. Es que aquí había muchos tiburones. Por eso la gente prefería meterse al agua en los Baños, porque tenía malla. De día, Los Baños era Balneario, y de noche era Salón de Baile. La pista de Baile era la única parte que tenía techo, el resto era puro sol y arena, todo bordeado por una malla que llegaba hasta el mar. Imaginate, era donde están hoy las letras esas que dicen Puntarenas. Era grandísimo, prácticamente cabíamos todos los Porteños. Te lo digo con seguridad, porque ahí hacían el Baile de Los Recuerdos cada año, al que ibamos todos.

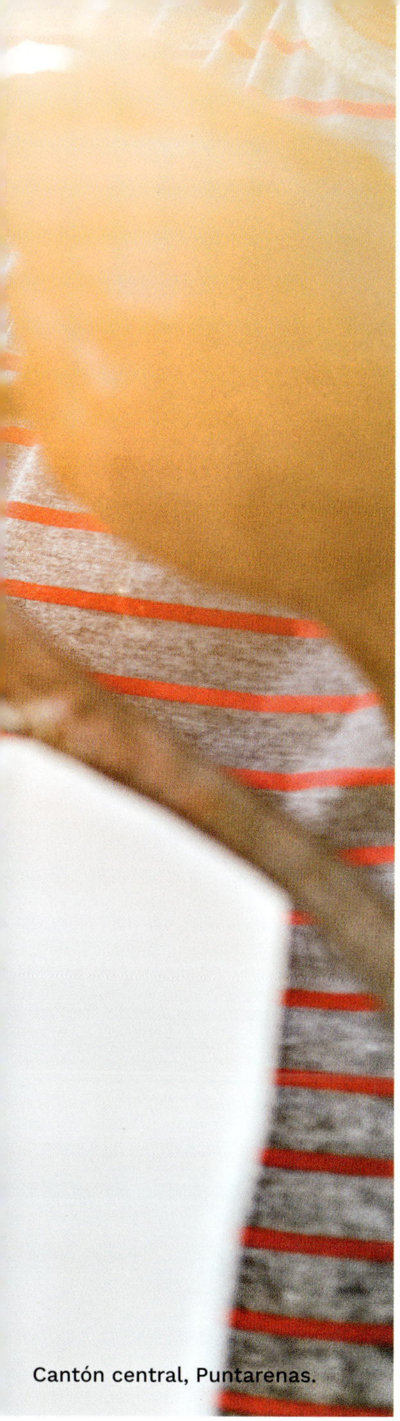
Cantón central, Puntarenas.

AHÍ ESTABA MAMÁ CON EL CORDÓN DE LA PLANCHA ESPERÁNDOME.

Ese baile era una vez por año y lo esperábamos con ansias. La primera banda empezaba a tocar a la siete de la noche y la última terminaba a las seis de la mañana. Venían los buenos, los de verdad: la Billos Caracas Boys, la Sonora Santanera y el mismo Gilberto Hernández. Yo los conocí a todos, sobre todo a Gilberto Hernández que era nativo de aquí, de Puntarenas. Era amigo de infancia de mi papá. Y después de adultos, él siempre buscaba a mi papá para irse de farra. Yo solo tío le decía, era como de la familia. Cuando él tocaba en el Baile de los Recuerdos yo tenía entrada gratis.

Cuando yo tenía dieciséis años, iba todos los fines de semana a bailar con mis amigas. Éramos doce y vivíamos todas en la misma calle. Nos alistábamos de gala. Nada de pantalones, ni tenis rotos. ¿Para ir al baile?, siempre con vestido y zapatos de tacón alto. Y los hombres iban con camisita de botones y zapatos de cuero, ¡bien pulidos!. El brillo era lo que la volvía loca a una. Nos pasábamos a buscar las unas a las otras. Yo era la primera que salía de la casa, porque vivía más lejos. Cuando estábamos al frente de la casa de una de las compañeras, le pegábamos un gritillo para que saliera. Al salir, cada una de nuestras mamás nos decía: 'Solas se van, solas tienen que regresar'. Y punto. Además, con hora fija de regreso: las once de la noche. Siempre cumplíamos.

Llegábamos y juntábamos tres mesas para sentarnos a esperar que nos sacaran a bailar. Había un grupo de doce muchachos que también iban a bailar todos los fines de semana. Uno de ellos me gustaba, pero nunca me sacaba.
Cuando ya eran casi las once, para escaparnos de los muchachos y llegar a las 11pm a la casa, nos hacíamos una seña e íbamos todas disque al baño. Pero en realidad nos brincábamos la malla y nos íbamos corriendo por la arena de la playa. Era una gozadera en el camino a la casa, todas corriendo.

Hasta que llegó el Baile de Los Recuerdos. Ese año llegaron unos muchachos de la capital. Entre ellos y los doce que iban siempre, compitieron por sacarnos a bailar, y seguro por eso el que a mi me gustaba finalmente me sacó. Eran casi las 11pm y Gilberto Hernández tocaba. Cuando me vió bailando con él, empezó a tocar mi bolerito preferido.

Esa noche salí a las 6am. Me acuerdo que ya iba para afuera caminando y me paré en una piedrita y sentí un semerendo punzón. Cuando me saqué el zapato, vi, ¡era un hueco lo que tenía! Esa fue la noche en que me bailé todo, hasta el zapato.

Cuando volví, ahí estaba mamá con el cordón de la plancha esperándome. 'Aguante chavala!'. Pero valió la pena, porque con ese me casé.

Escritora: Libertad Sobrado

María Cecilia Cantillo Cantillo
Puntarenas, 05/04/1954.

María Cecilia es vendedora ambulante y ha vivido desde siempre en Puntarenas centro. Aunque nació en Guanacaste, nunca ha ido de visita: el día después de su nacimiento llegó a Puerto, el pueblo en el que hizo su vida. Allí se casó (su esposo ya falleció), y tuvo tres hijos. Se dedica a uno de los oficios más llamativos e importantes del puerto: la venta de copos. Es una gran bailarina y pasó buena parte de su juventud en los salones de baile del puerto. Todavía le encanta bailar.

María Elena Rivera Garita
Cartago – Moravia, 13/10/1991.

María Elena nació en Cartago, estudió turismo y durante un tiempo trabajó en hotelería. Es una de las nuevas representantes de la escena gastronómica local, y trabajando con café, se dedica a una de las actividades emergentes más importantes del país: el barismo. Actualmente es la head barista del Restaurante Franco en Barrio Escalante, y compite a nivel nacional e internacional. Fue campeona nacional de barismo en el año 2019, y compitió en Boston en el campeonato mundial, con baristas de aproximadamente 60 países, y clasificó a las semifinales. Su familia es productora de café, y este producto viene en sus venas: "el café me recuerda a mi abuelita". A veces le da por llorar después de las competencias.

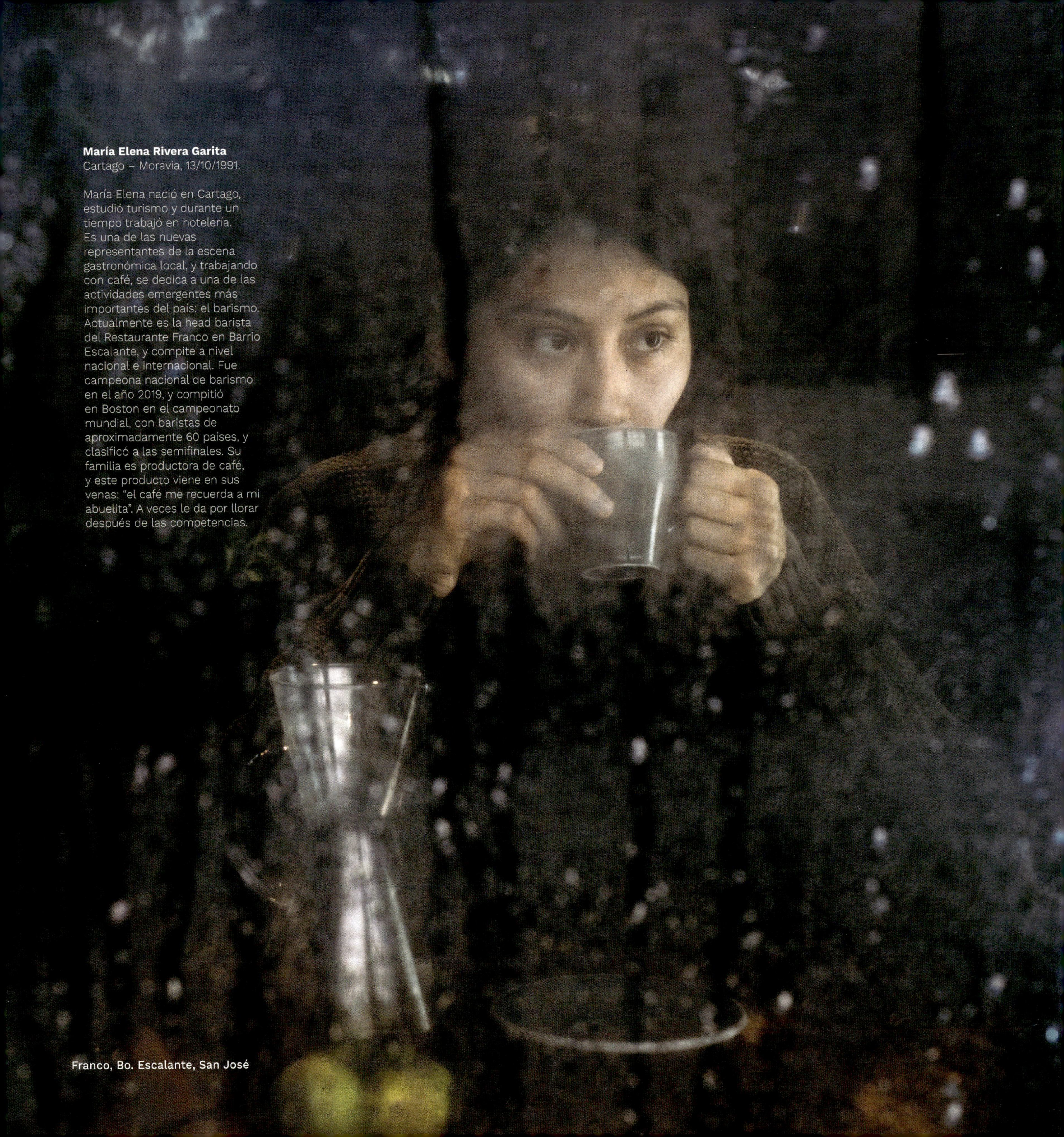

Franco, Bo. Escalante, San José

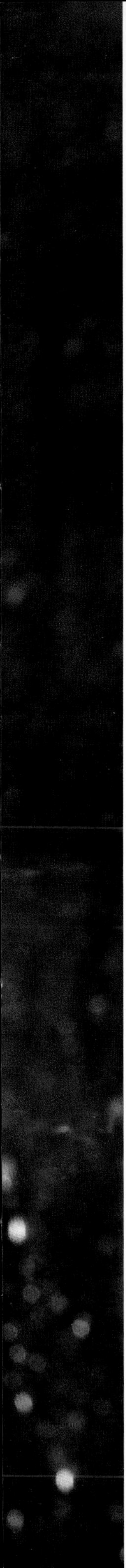

EL MONTE

Como si fuera un solo organismo, el grupo se acomoda a la ausencia de bancas de la plaza. Son las siete de la mañana en la Plaza de la Cultura. Lo que ignoran de senderismo les sobra en entusiasmo y en instrucciones de gente más experimentada: para subir el cerro Pico Blanco hay que llegar temprano, hay que montarse al pick up, con todo y la bici que uno decidió llevar, y una vez en la cima, con cuidado al momento de pasar el cerco alambrado, hay que empezar el descenso por las laderas.

María Elena es, por demás, cauta, y es la última en pasar el portillo. Su abuelo le inculcó un respeto fundamental por la montaña. Con una mano sostiene el alambrado para los demás y con la otra un café que compró de camino y que no puede dejar de comparar con el que su abuelo chorreaba en la cocina de leña y que andaba en una botella de plástico.

Monte adentro hay grupos de personas haciendo picnic, hay vacas, hay, aún, indicios de civilización en el río que atravesaron con el agua por las rodillas hasta llegar a una bellísima catarata.
O eso al menos es lo que María Elena más tarde repetirá en su cabeza. Acostumbra a confiar en sus sentidos, a vivir en gran parte de la intuición: en que puede distinguir el aroma de un café Caracolillo de la región de Tarrazú de uno menos floral de la zona de Naranjo. Confía en que tuvo el aprendizaje intuitivo de su abuelo.

Han pasado tres horas desde que emprendieron el regreso y el sendero huele distinto, ahora es ausencia de sendero, entre más cerca está el sol del poniente, mejor ilumina lo que todos en el grupo piensan sin comentarlo: están perdidos.

El de la bici sugiere adelantarse, encontrar una salida y regresar por el grupo, pero no lo hace. "La tiene fácil, ¡qué chapa!", piensa María Elena, pero guarda sus pensamientos para otro momento, ahorita mejor no irritarse, ni resentirse con nadie. El Monte conoce las intenciones, decía su abuelo.

"Abue ¿usted cree en los duendes?", preguntaba Elena mientras le ayudaba a deshierbar y alistar las cosas para la Feria del Agricultor. "No, vieras que no", responde, "pero en el Monte sí".

La bebé empieza a llorar y su mamá le canta. María Elena se pone audífonos, para no pensar ni un poco en historias de los duendes que pierden a la gente, deleitándola, ofreciéndoles, digamos, una catarata. Tampoco quiere pensar en aquello de que no hay que seguir sus huellas porque tienen los pies hacia atrás y cuando parece que se alejan en realidad se están acercando.

"No debimos haber traído una bebé", se dice, "ya llevamos seis horas", se dice, "eso de los duendes es paja, aquél en la finca de abuelo no cuenta, estaba muy niña", hace lo posible por decirse.

"Es el Monte que está tomando revancha", piensa María Elena, "por aquella vez que fui a la playa, cuando me avisaron que abuelo se había muerto, que se fue, y no lo pude acompañar. Y ahora el Monte nos pierde y entre uno más se acerca a un árbol en el horizonte el árbol más se aleja". Tiene el pecho acelerado y ganas de llorar, pero se le quitan cuando en los audífonos suena un reggae, una canción de Black Uhuru que una vez puso para su abuelo y él empezó a bailar, de repente le huele a café recién chorreado.

"Aquí es", dice el amigo de la bici, "¡encontré el cerco!". Elena mira unas diminutas huellas en el piso hacia la salida, pero se supo quedar callada, ve el monte y exhala con fuerza. Al terminar cada competencia de barismo en el futuro sentirá unas inexplicables ganas de llorar, pero eso será después, por ahora solo piensa en llegar a su casa a hacer el mejor café que haya olido el mundo.

Escritor: Luis Salazar

• De nuestros productos de exportación, el café es el único que hemos exportado durante más de 200 años.

DIENTES DE LATA

"El vibráfono no es difícil de tocar, es difícil de jalar"

El Caribe es un caldero donde se guisan las mejores sazones del planeta. El istmo centroamericano es parte fundamental de este entorno, donde la africanía, los pueblos originarios y la conquista europea se hicieron uno, para mal y para bien. Nuestra esencia en diáspora, movimiento y contradicción, fue el caldo que coció el son, el guaguancó, el calypso, la murga, el palo de mayo y la punta. Nuestro ADN pide síncopa. La sangre, siempre fiel e ineludible, hizo que los caminos de Felipe encausaran las rutas como un dirigible que salió de San José rumbo a New York.

- ¿Aló? ¿Felipe dónde estás? ¡Vente pa' cá! Aquí tenemos la fiesta en el hotel. Llevo media hora hablando de ti con los muchachos ¡Vente! ¡Aquí está Residente y toda su gente!

Felipe iba en un taxi con su esposa Argelia, camino a encontrarse con las chicas del Mariachi Flor de Toloache, a celebrar el sorprendente Grammy recién ganado, pero del otro lado del teléfono, estaba El Poeta de la Salsa clamando su presencia, por lo que pidió al taxista que diera la vuelta, mientras llamaba para avisar que llegarían un poco más tarde.

Las luces de la calle iluminaban el rostro de Felipe, mientras regresaba al hotel donde lo esperaban con ansia. La manera en que se hilaron las situaciones para llegar a este punto de su vida es inolvidable. Aquel concierto con Son de Tikizia, cuando encantó a Cheo Feliciano con su manera de tocar el vibráfono, con su padre y su tío llorando orgullosos al verlo junto a un maestro de la salsa, fue una suerte de detonante para que años después, mientras estudiaba en Puerto Rico, fuera contratado para grabar el *Eba Say Ajá*, disco a dúo de Cheo junto a Rubén Blades.

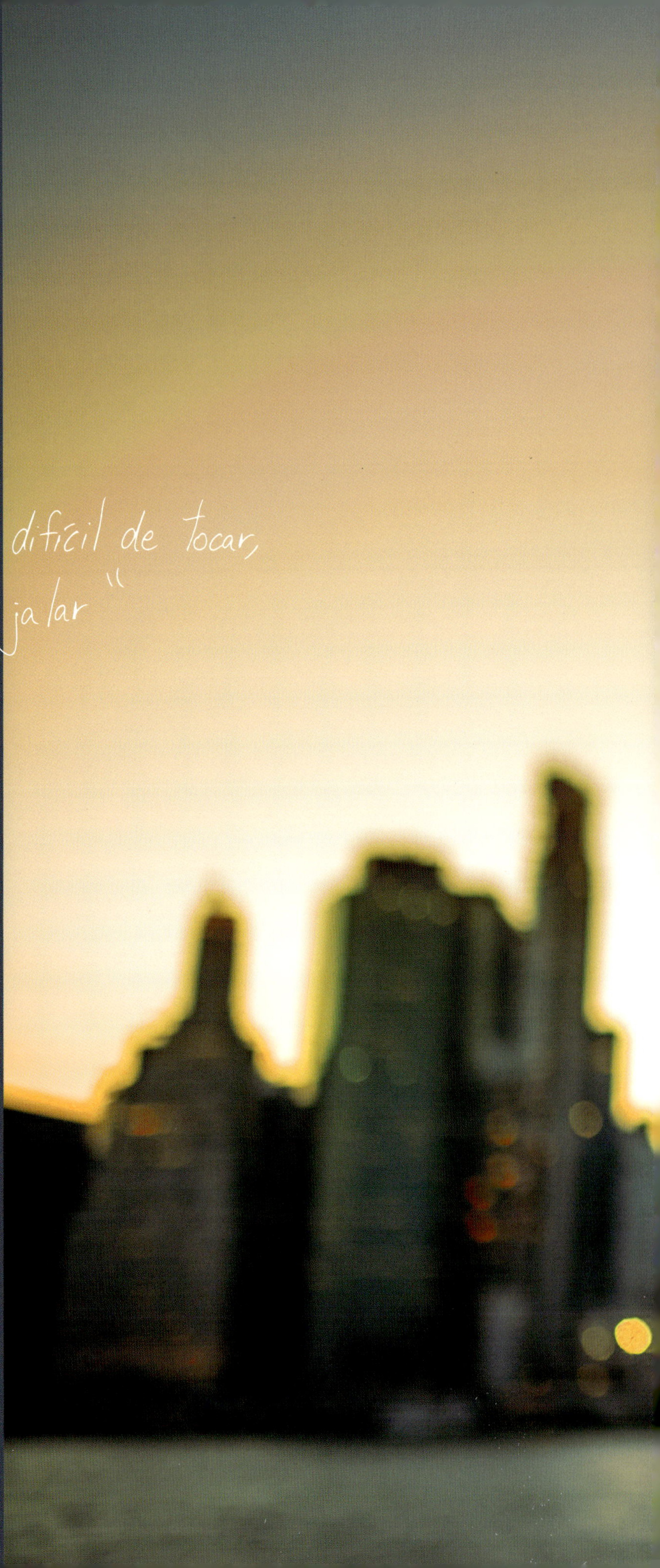

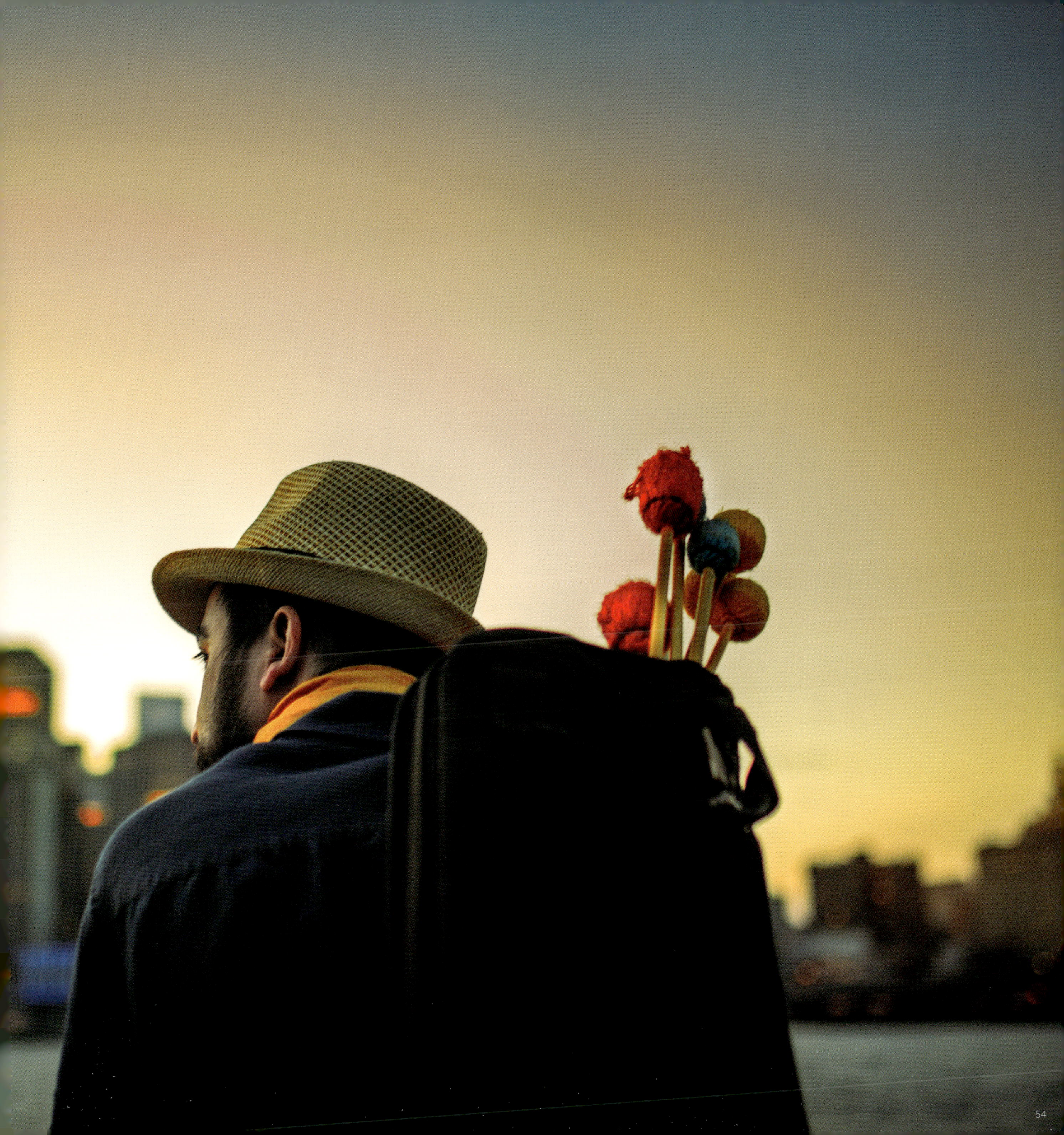

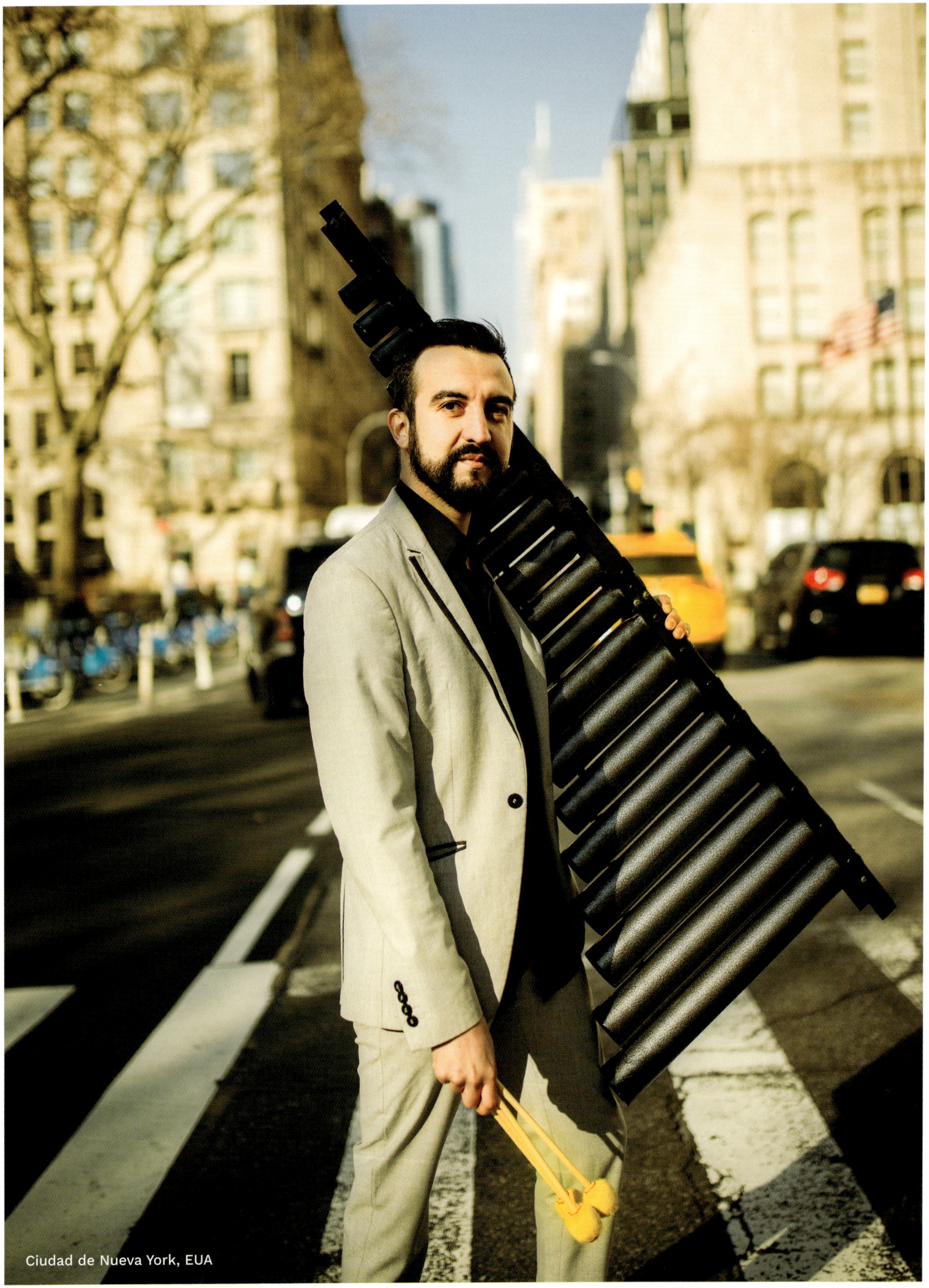

Ciudad de Nueva York, EUA

DEDICACIÓN Y HUMILDAD

Estando en México recibió una llamada de Daniel Aisemberg, que le dio una noticia que cambió todo. Había mostrado a Rubén Blades su arreglo del tema "Siembra" y con un semblante impresionado, escuchó los once minutos de principio a fin. Al parecer tenía una propuesta de trabajo para Felipe, por lo que junto a Argelia decidieron irse a New York. En Costa Rica no había suficiente trabajo, sentían que la Gran Manzana llamaba. Luego de seis meses por allá, Felipe tuvo un encuentro trascendental con *El Flaco Navaja*, un camaleónico artista neoyorkino, de esos que no se sabe si vienen o si van.

- ¿Tú toca toca´ el vibráfono verdad? Mira, te voy a poner este disco, este vibrafonista está cabrón, es de lo mejor que he escuchado ¿Lo conocías?
En ese momento empezaron a sonar, como boomerang, los dientes de lata de Felipe, aquella sesión para Cheo y Blades grabada tiempo atrás.
- ¡Claro cabrón ese soy yo!
- ¿Cómo? Are you kidding me? ¿Cómo vas a ser tú? Entonces, You know Rubén? Right?
-No, no lo conozco, fue una grabación que hice por recomendación de mi profesor de piano en Puerto Rico.
- Pero ¿Cómo no? ¡Déjame llamarlo!

Los citó al día siguiente. Felipe se presentó, aún incrédulo de lo que estaba sucediendo. Rubén lo recibió como a quien se conoce de toda una vida y en la propia puerta de la casa, ratificó su intención de hacerlo director musical de su esposa Luba Mason y le dijo que iba resolver su visa de trabajo inmediatamente. Pasaron a la sala y con whiskey en mano, iniciaron una relación, que los llevó hasta ese momento, en el que Felipe aguardaba afuera de la habitación del hotel, a punto de ser recibido en esta gran fiesta caribeña. Entre canciones y alegría, Rubén tomó la palabra y pronunció un discurso en nombre de Felipe. Suelto y con la cadencia que lo caracteriza, habló de esfuerzo, dedicación y humildad. Hermandad centroamericana, admiración mutua.

Felipe ve en New York, un gran campus, donde su espíritu se mantiene sobre la tierra y su música es empujada al borde, alerta a lo que el juego está proponiendo, como aquel joven de 15 años, frente a un vibráfono en el Conservatorio Castella, sintiendo amor a primer bolillazo.

Escritor: Fabricio Walker

Felipe Fournier Soto
Bronx, New York, USA, 22/9/1985.

Productor ganador del Grammy latino, vibrafonista/ percusionista, arreglista y educador. Graduado en Jazz y Música Caribeña en el Conservatorio de Música de Puerto Rico. También estudió percusión y educación en la Universidad Nacional de Costa Rica. En 2017, ganó el Grammy Latino al Mejor álbum de Mariachi / Ranchero por "Las caras lindas" del Mariachi Flor de Toloache, como productor. Fue nominado al Grammy y Latin Grammy con Charlie Sepúlveda, Néstor Torres, Rubén Blades y Cheo Feliciano. Vive en Nueva York desde 2013 y es director musical de "Supermambo! A Vibes Tribute to Tito Puente"; "Triangle" de Luba Mason; y el Ballet Folklórico NEPANTLA. Además, toca en los grupos de Luisito Quintero, Axel Tosca, Xiomara Laugart, Jarana Beat y Consoul Big Band. Felipe es un "bicho raro": no le importa la fama ni se siente especial por conocer a gente famosa. Su relación más sincera es con la música y no con la farándula. Viene de una familia de músicos, su tatarabuelo era músico circense y francés. Estudió música por influencia de su papá, Diego, quien siempre le insistió sobre la importancia de la formación académica: "Mi papá me impulsó a estudiar porque él se sentía menos músico, por no leer música, pero para mí él era más músico que muchos. Él podría sacar cualquier cosa, desde Shakira hasta Beethoven".

• El 6% de los costarricenses viven fuera.

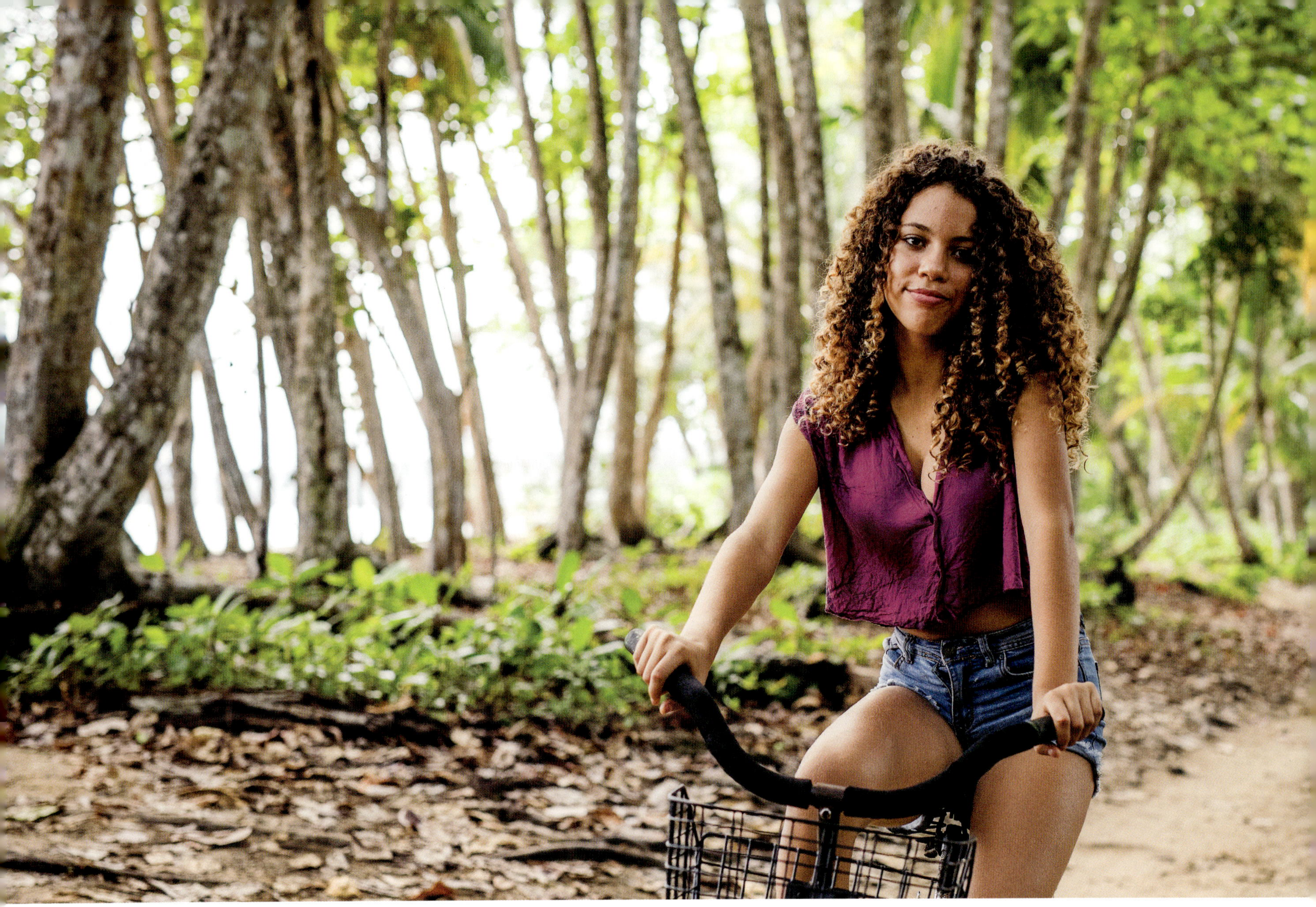

Jubanel Taylor Larrauri
Playa Chiquita, 07/10/2005.

Jubanel es campeona centroamericana de esgrima en la categoría "Cadete" (menores de 17 años). Es campeona nacional en la categoría Sub 14, y campeona de Juegos Nacionales en Sub 14, Cadete y Mayor (todas las edades). Hija de un afrocostarricense y una argentina blanca. Jubanel es de una zona en la que la gente de diferentes clases sociales se mezcla sin muchos distingos y se siente muy orgullosa de eso. Es amante de los animales, de niña fue gran activista y se involucró como voluntaria en el refugio de animales de Puerto Viejo, en donde terminó salvando hasta a los ratoncitos que usaban para alimentar a las serpientes.

SE LLAMA JUBANEL

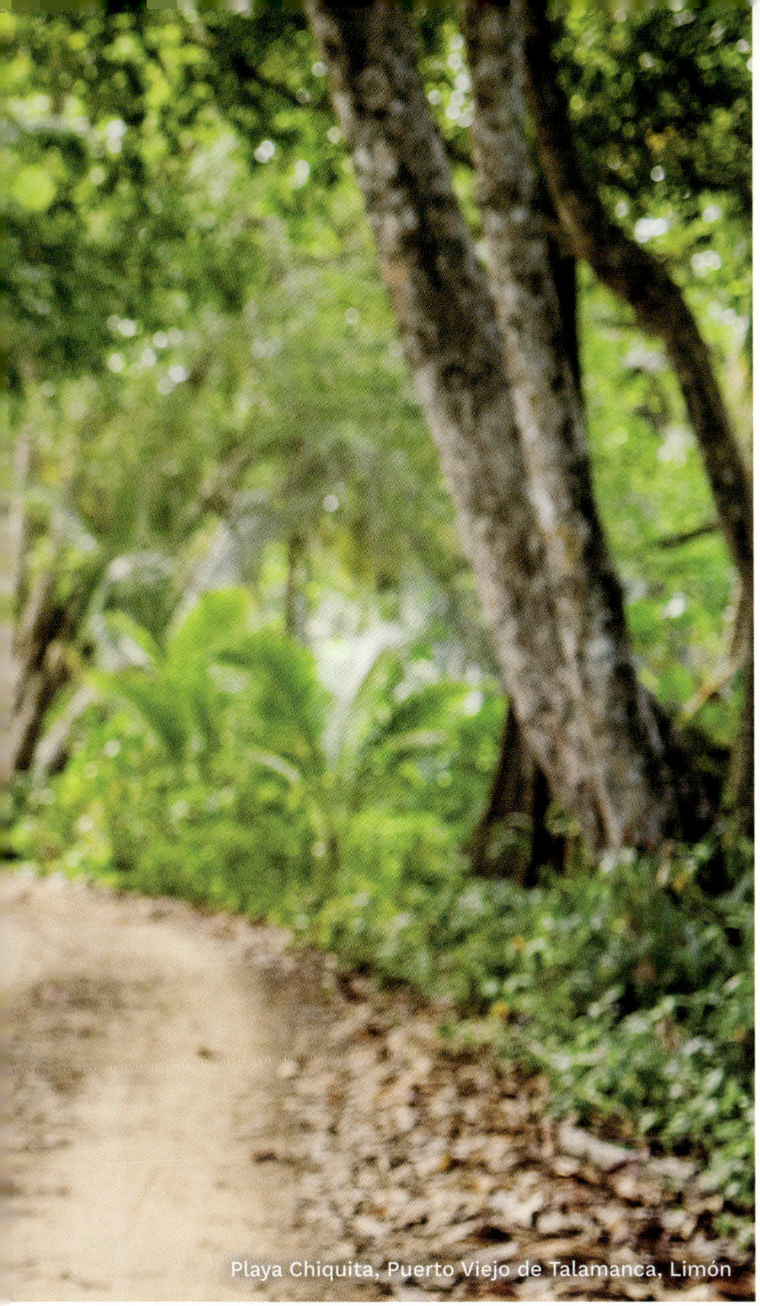

Playa Chiquita, Puerto Viejo de Talamanca, Limón

Su nombre no es solo un nombre. Es una visión. Una forma de comprender lo que nos rodea. Ijuba Jubane significa Mariposa de Noche que va a la luz. *Ijuba-Juba-Juba-Juba-Jubane.* Una semana antes de su nacimiento, una mariposa de noche se posó sobre el hombro izquierdo de Silvestre, su padre, y ahí se mantuvo todo el trayecto en el que bajó la loma. Porque la niña empezó a mover sus alas y a cambiar el destino de su vida desde mucho antes de venir a este mundo. Una vidente le había recomendado a Maitena, su madre, que el nombre terminara en «el» para aprovechar la vibración al pronunciarlo.

La noche anterior a su nacimiento, Maitena se despertó por el sonido de Tambores de la banda Amon Zulú que tocaba en Café Viejo. *Ijuba-Juba-Juba-Juba-Jubane* y decidió ir a bailar. Así fue como bajo el follaje recién lustrado por los chubascos, en torno a las luces y la enramada donde se amontonaban mesas y hamacas; y la gente bailaba calypso bajo las palmeras y los largos penachos de los plátanos, con el mar de fondo como una intermitente canción de arrullo, Maitena rompió fuente y, sin que esto la apurara, siguió bailando un rato más, hasta que decidió ir a la casa de una amiga donde a las 5:05 de la mañana, entre el sonido de los congos y el olor a porro, nació Ijuba Jubanel, en un parto sin dolor. Su nacimiento trajo la luz del día.

Maitena es argentina y vino a vivir a Costa Rica siguiendo la visión de un sueño. Siendo productora de un programa de deportes extremos le hizo una nota a Edwin Salem, un argentino que surfeaba olas gigantes por el mundo. Él le contó de Costa Rica, sobre todo le habló del mar, le habló de un pueblo chico, de un pueblo de negros. Una noche Maitena soñó con unas termas donde Edwin Salem llegaba a buscarla en bicicleta y la llevaba a un lugar como Punta Uva. Ella veía el paisaje desde arriba, la bahía, el acantilado. Daba vueltas como un pájaro sobre esa selva inmensa que nunca antes había visto. El sueño se hacía cada vez más intenso: Maitena podía ampliar la imagen, profundizar en los detalles. Cuando se despertó, encendió la televisión y justo cayó en un canal de viajes dónde aparecía Costa Rica. *Ijuba-Juba-Juba-Juba-Jubane.* Todo era demasiada coincidencia: así que fue el sueño finalmente el que la arrastró a probar suerte. Cuando por fin llegó por primera vez a Puerto Viejo, tuvo la impresión de que ya había estado allí desde siempre. Y aquí conoció a Silvestre Taylor y supo de inmediato —con la intuición que la caracteriza— que ese descendiente de la tribu Zulú era el hombre que sería el padre de su hija.

Ijuba-Juba-Juba-Juba-Jubane. Desde niña Juba tiene gran sensibilidad por los seres vivos. Rescató ratones que eran el alimento de las serpientes de un centro de rescate de animales. Un día Silvestre limpiaba dos pargos enormes en la orilla del mar, y uno comenzó a reavivarse. Entonces Maitena le dijo: ¡Dale a ese porque se te va a escapar! Cuando Silvestre levantó el machete para terminar de matarlo, Juba interrumpió:¡Nooooo, tiene ojos, papá, tiene ojos! Y nunca más quiso comer nada con ojos. Otro día quiso pegarle la cola a la lagartija con Amapola.

Desde pequeña se mueve con una habilidad y una destreza envidiable: hizo coordinaciones con los dedos desde que tenía un año, a caminar empezó a los diez meses. Nunca gateó, gritaba cuando la ponían de panza. Maitena todos los días la llevaba a la playa. Allí Juba aprendió a nadar y a caminar al mismo tiempo. También aprendió a agarrar pecesitos con las manos y dejar que se deslicen sobre ella como pequeños acróbatas, porque aprendió a ver la belleza de lo efímero, de lo que continuamente cambia, porque mucho antes de venir a este mundo ya Juba oía la respiración del mar: *Ijuba-Juba-Juba-Juba-Jubane.*

Escritora: Carla Pravisani

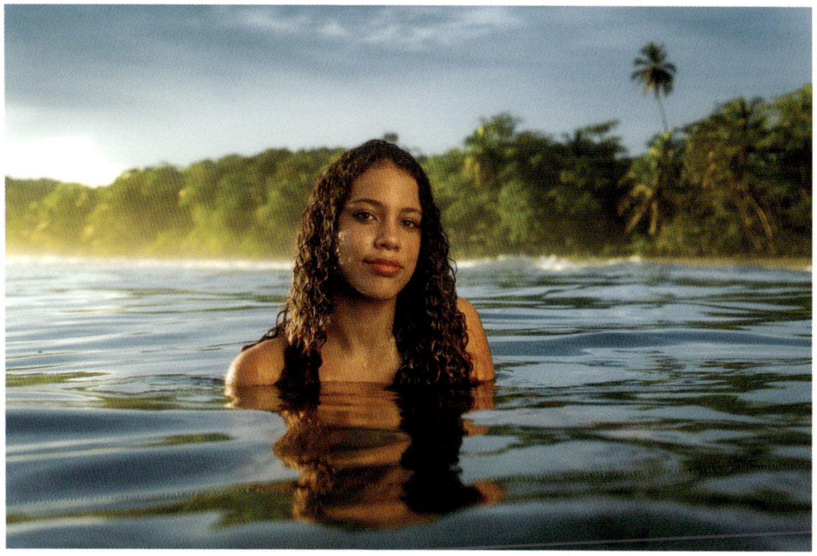

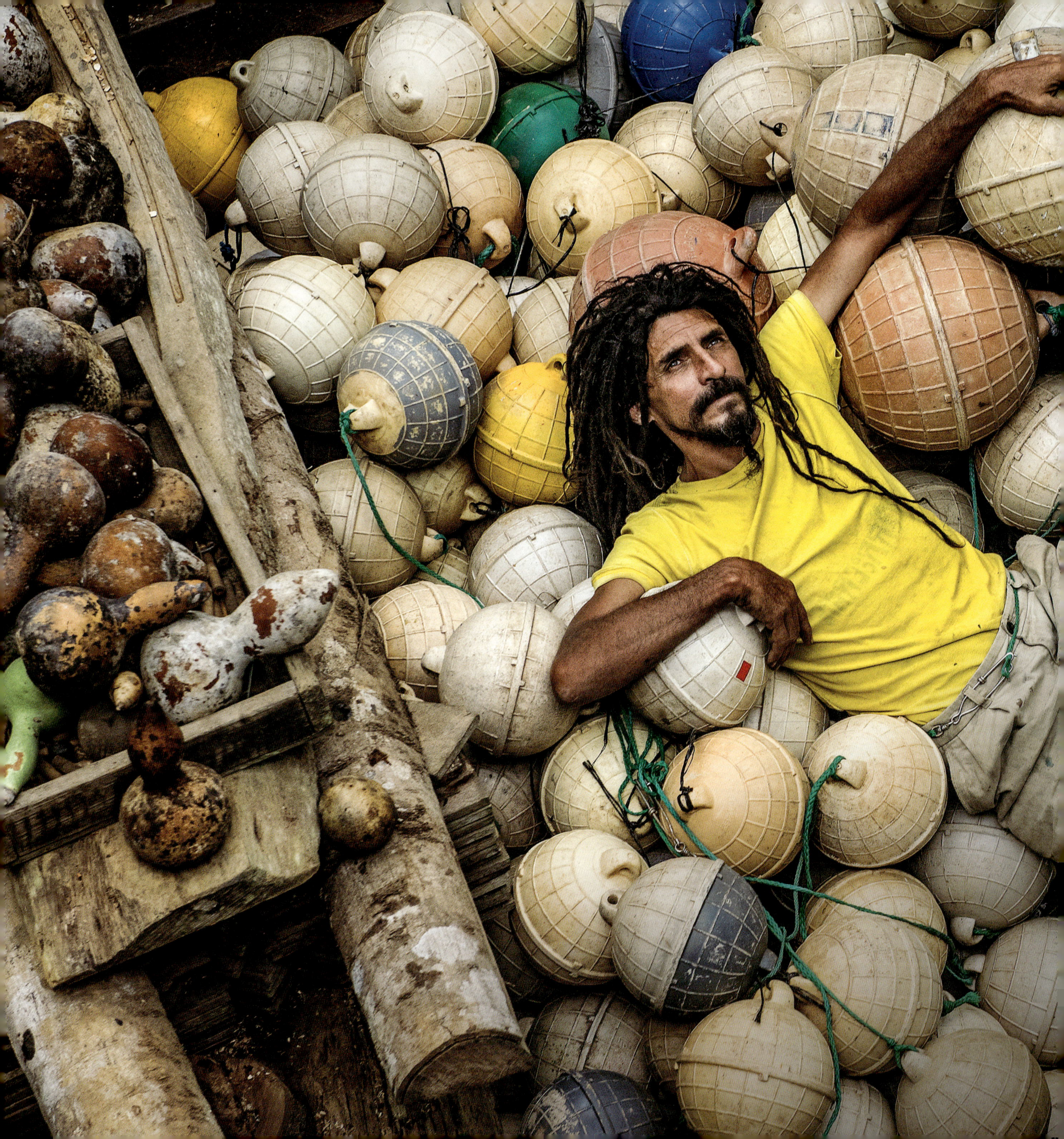

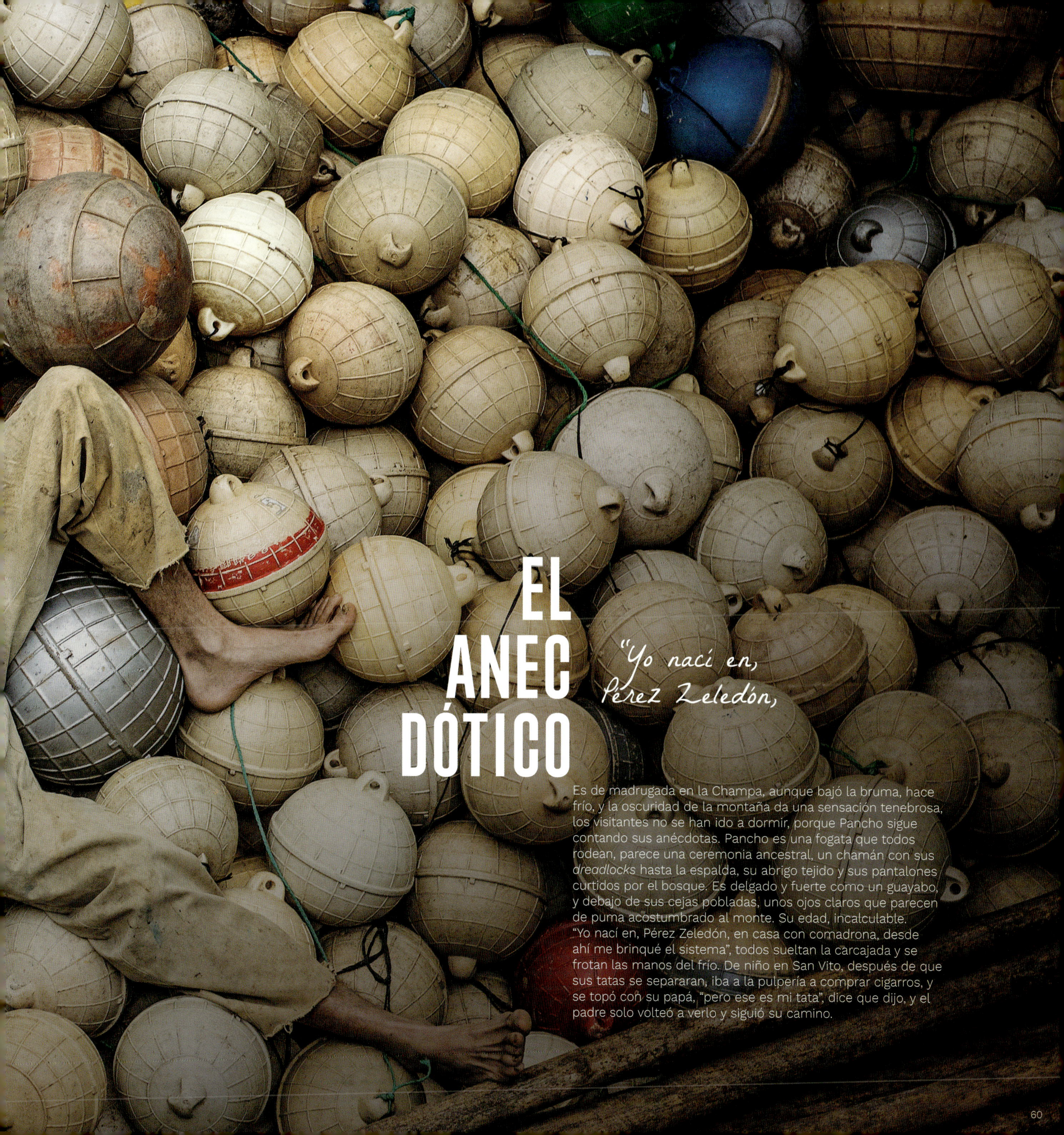

EL ANEC DÓTICO

"Yo naci en, Pérez Zeledón,

Es de madrugada en la Champa, aunque bajó la bruma, hace frío, y la oscuridad de la montaña da una sensación tenebrosa, los visitantes no se han ido a dormir, porque Pancho sigue contando sus anécdotas. Pancho es una fogata que todos rodean, parece una ceremonia ancestral, un chamán con sus *dreadlocks* hasta la espalda, su abrigo tejido y sus pantalones curtidos por el bosque. Es delgado y fuerte como un guayabo, y debajo de sus cejas pobladas, unos ojos claros que parecen de puma acostumbrado al monte. Su edad, incalculable.

"Yo nací en, Pérez Zeledón, en casa con comadrona, desde ahí me brinqué el sistema", todos sueltan la carcajada y se frotan las manos del frío. De niño en San Vito, después de que sus tatas se separaran, iba a la pulpería a comprar cigarros, y se topó con su papá, "pero ese es mi tata", dice que dijo, y el padre solo volteó a verlo y siguió su camino.

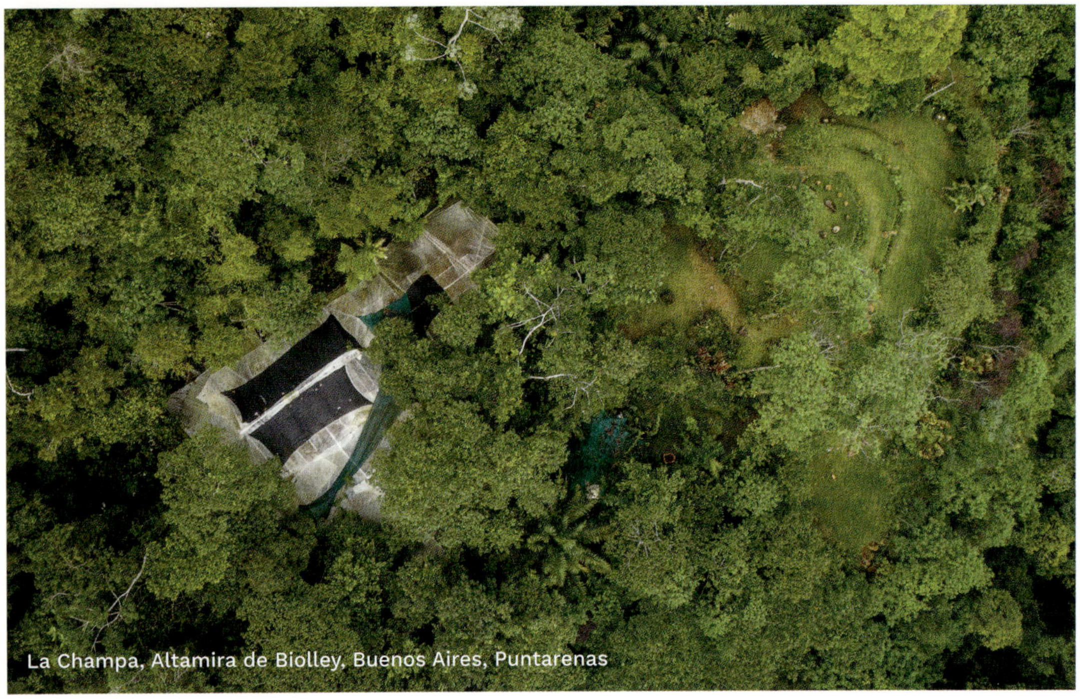

La Champa, Altamira de Biolley, Buenos Aires, Puntarenas

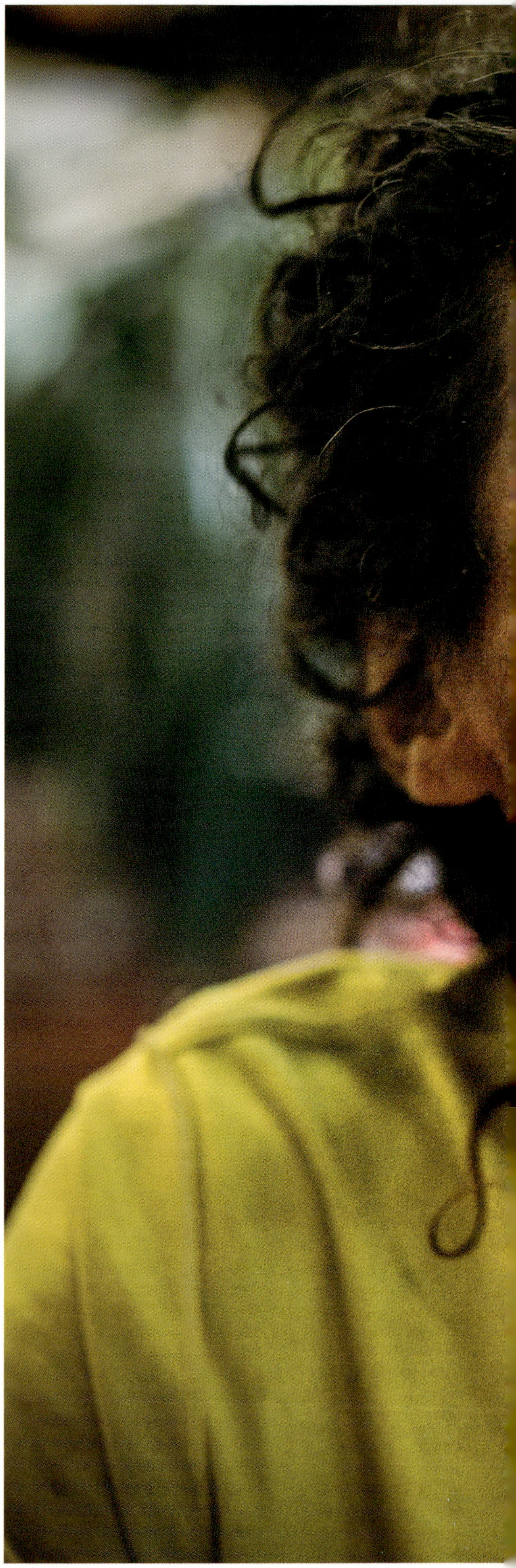

PASÓ UNA RÁFAGA HELADA Y A TODOS SE NOS ERIZÓ EL ESPINAZO

Al volver a la casa después del mandado, a su mamá le habían avisado que su papá acababa de morir en un accidente. A todos los que estamos alrededor se nos hiela la espalda.

Me ofrezco para ir a hacer café, Pancho sonríe, él siempre quiere café. Me sacudo el frío y entro a la Champa. Dicen que la Champa es una extensión de la cabeza de Pancho, es su gran obra, una instalación en sí misma. De día es hermosa, pero en la madrugada esa belleza se mezcla con otras sensaciones. Las boyas y los troncos con raíces expuestas que cuelgan de la pared parecen rostros de seres de otra dimensión. Preparo el café lo más rápido que puedo y vuelvo con el grupo. Me encuentro a todos hipnotizados con otra anécdota de Pancho:

¨Hubo la oportunidad de ir a la Isla del Coco, allá por los noventas, trabajaba en el INBio, tenía un carné para caminar por la isla, explorar y acampar, un permiso que nadie más tenía.¨ Pausa, toma un sorbo de café, y sigue. ¨Bajando el cerro Iglesias, llegué al río Genio donde había un puente de hamaca de metal, al otro lado del puente venía un señor con sombrero y ropa ya curtida por la montaña. Me pareció extraño ver otra persona ahí, y vestido como yo. Empiezo a percibir su presencia, el tipo no me habla, pero con un ademán me dice que pase yo primero. Cruzando el puente veo que está deteriorado, traqueaba feo, como si se fuera a caer, y a medida que me acerco al otro lado, su energía se hace cada vez más fuerte. Al llegar, me da espacio para que pase, sin hablarme, me saluda con un gesto, y yo seguí caminando, luego me di vuelta para verlo cruzar el puente, pero ya no estaba. Al regresar al refugio, pregunté por él, nadie me dio razón. Sólo eramos 3 en la isla.¨ Pasó una ráfaga helada y a todos se nos erizó el espinazo.

Varias llenas después, a ese puente se lo llevó el río. Pancho diseñó, gestionó y construyó, uno nuevo, en el mismo lugar del misterioso encuentro, con materiales reciclados, líneas de pesca, mecates y boyas.

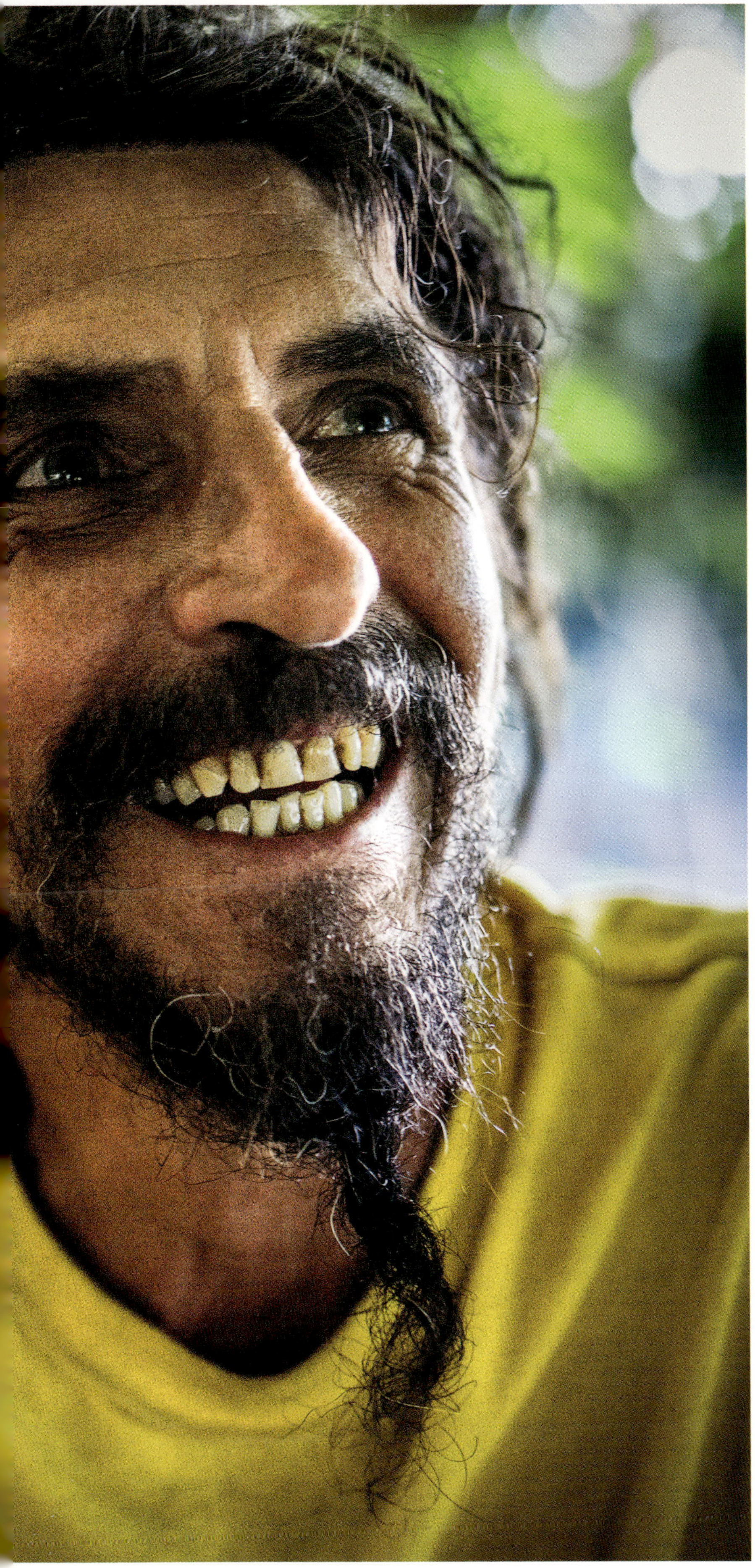

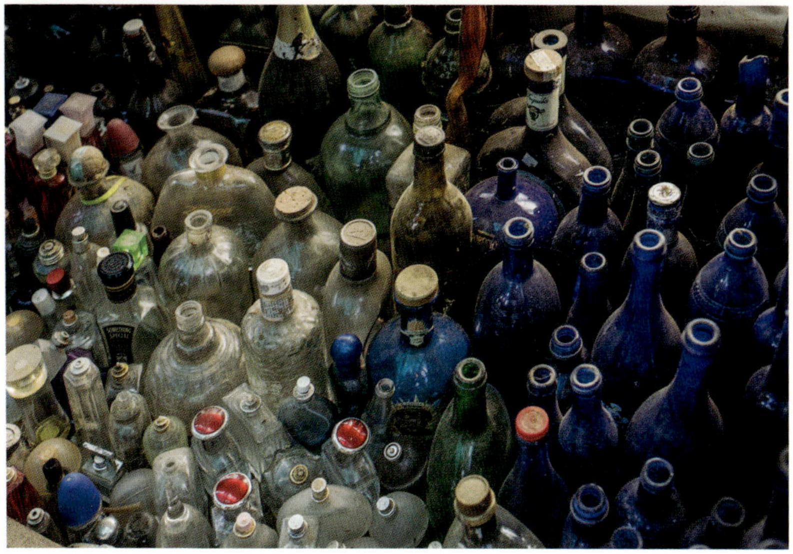

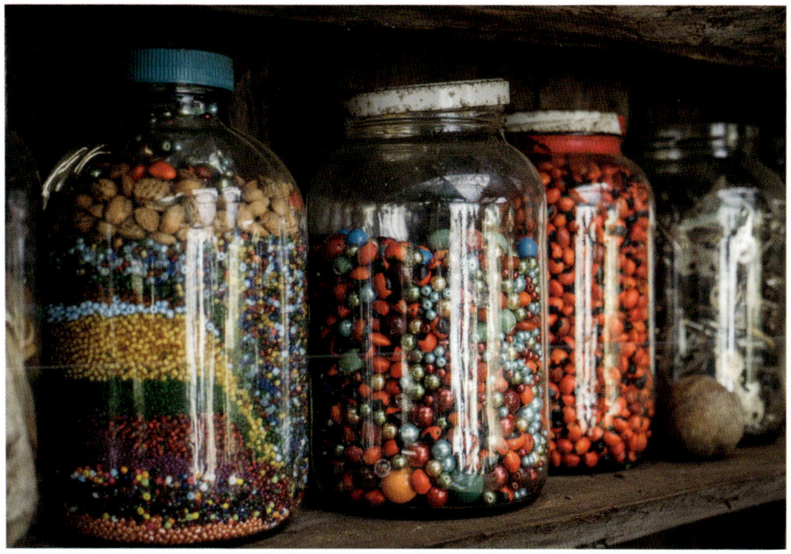

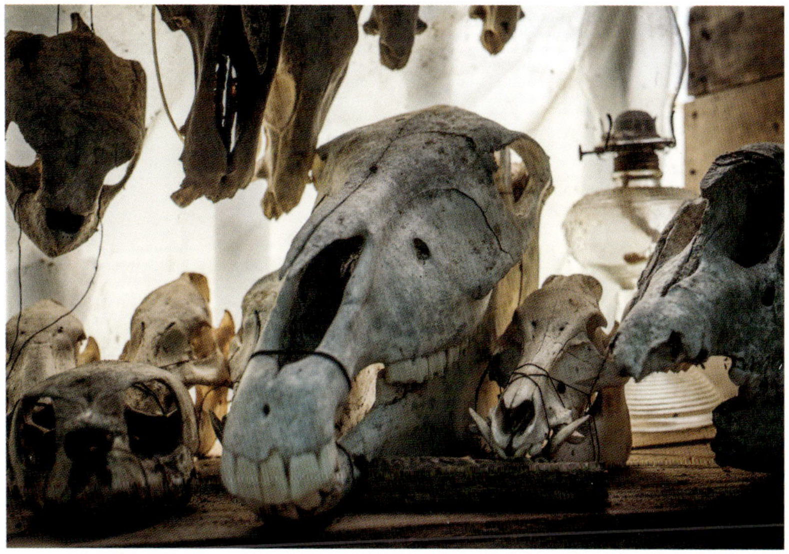

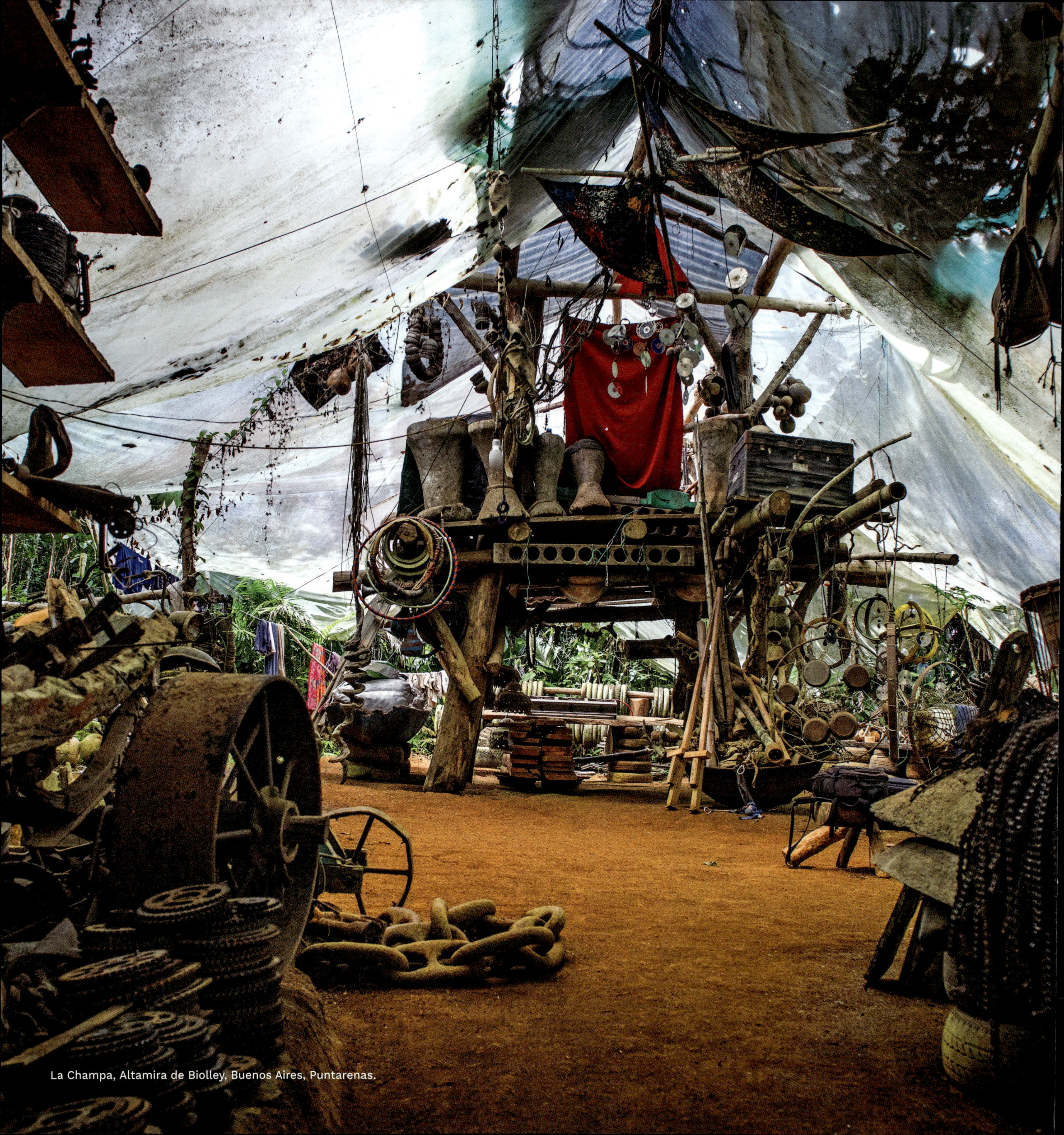

La Champa, Altamira de Biolley, Buenos Aires, Puntarenas.

Quizás, ese puente fue encomendado a Pancho de una forma sobrenatural.

El puente de Copey, donde crece ese árbol autóctono de la isla, sembrado sobre las bases del puente, cuyas raíces caen como un mangle, una fusión de la naturaleza y desechos reutilizados.

Hay quiénes creen que Pancho está en conexión directa con el universo, ya que sus ojos de felino montuno han visto cosas que otros nunca verán, y su mística está abierta a realidades ocultas a ojos menos atentos.

Escritor: Jeison Herrera

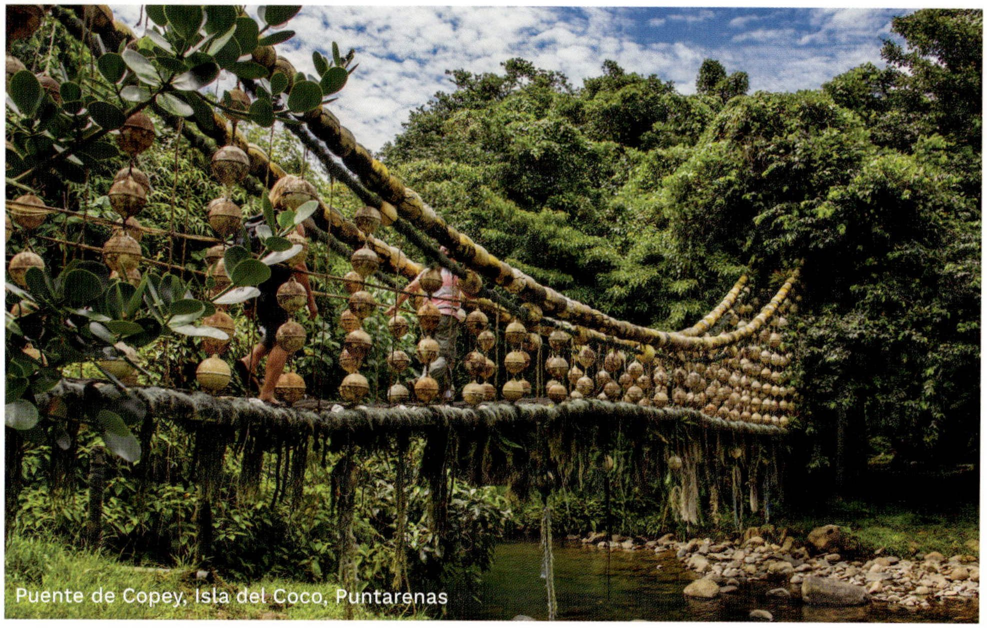
Puente de Copey, Isla del Coco, Puntarenas

Javier Francisco PANCHO QUESADA
Altamira, La Amistad de Biolley, 17/12/1964.

Activista comunitario y místico, Pancho "burló al sistema" desde su nacimiento, pues vio la luz en la casa, con la ayuda de una comadrona. Pasó sus primeros años en el campo, pero migró a San Isidro del General en 1976, tras la muerte de su papá. Allí se desarrolló como músico, y formó parte de un coro, la estudiantina, la banda y un grupo musical llamado "Los Bruncas". Pero Pancho le entra a todo: sabe de construcción, ferrocemento, dibujo, tinta china... Estudió dos años en la universidad, donde aprendió estructura del dibujo, y también estuvo involucrado en el INBio, donde adquirió conocimiento sobre ecología y biología. Cuenta con varias obras públicas. Además, es artesano y cultiva materiales para sus colegas. Una de sus mayores pasiones es el intercambio de conocimientos con la gente con la que se relaciona, y construir de manera colectiva la historia de las cosas y la ciencia detrás de ellas. Desde hace 26 años vive en la montaña en Buenos Aires, alejado de la ciudad, estudiando, aprendiendo y compartiendo con quienes se acercan a él. Pancho tiene una hija, y es un ávido lector.

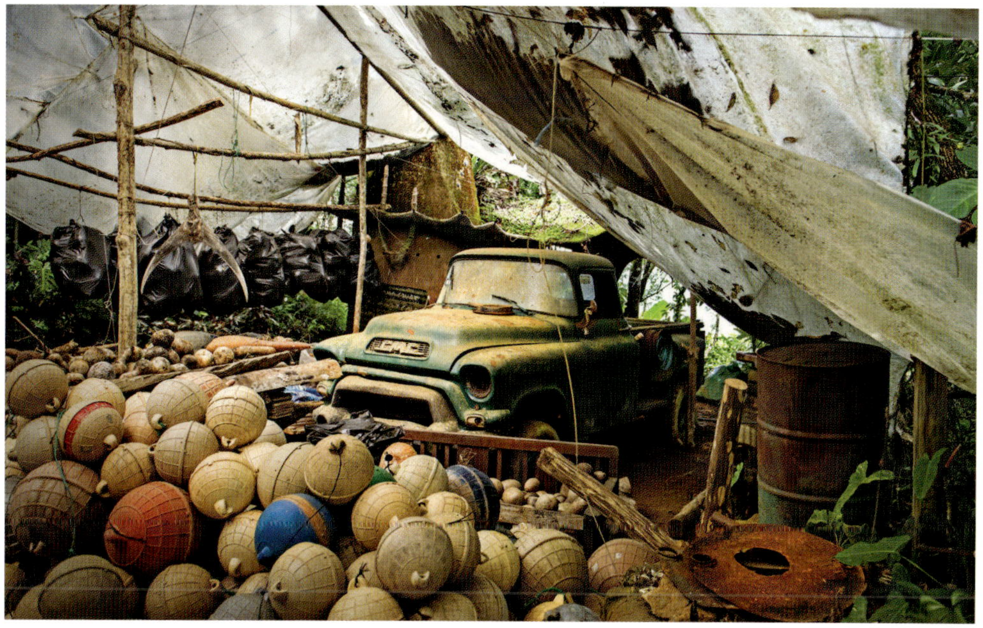

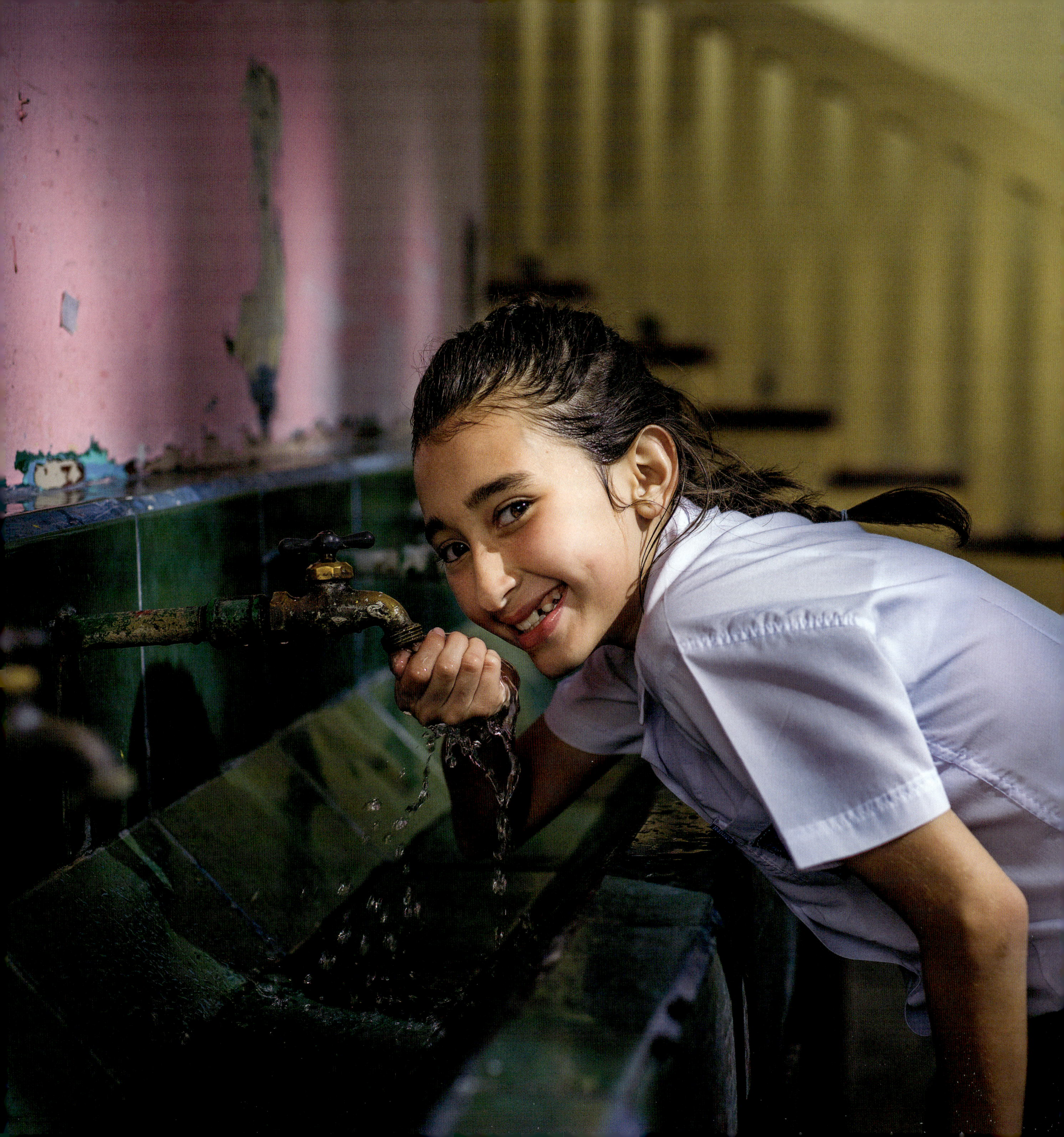

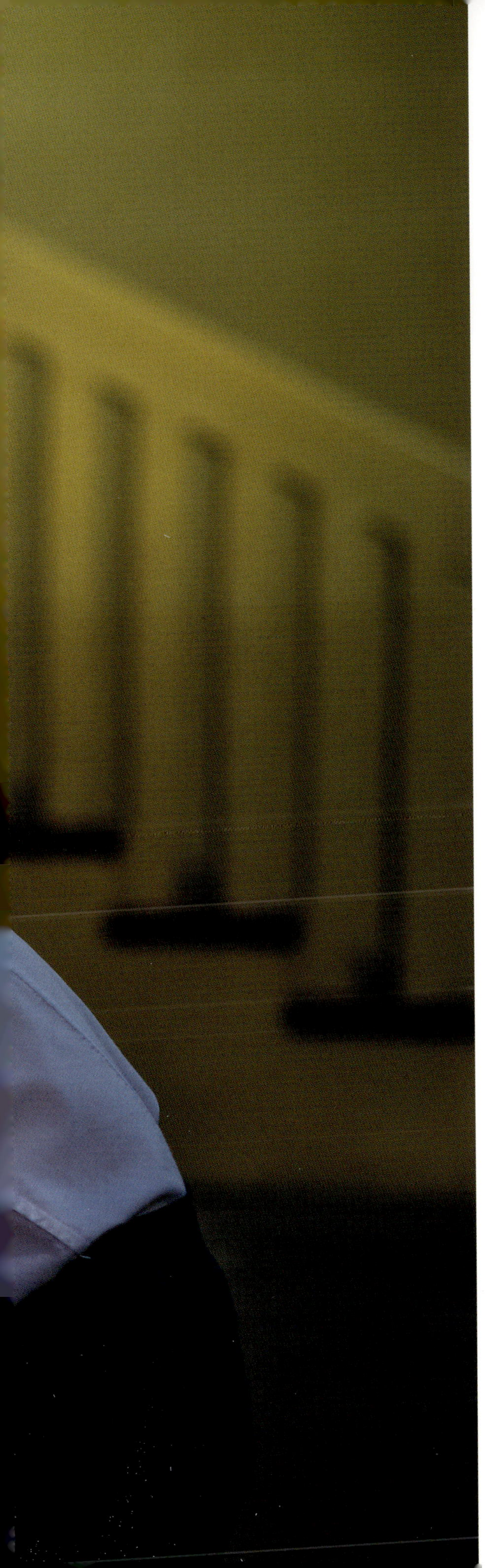

LAS DOS CARAS DE UNA NUBE

Un avión sobrevuela la Cordillera Volcánica Central. Desde arriba parecen pliegos doblados de cartulina negra, arrugada y con aserrín verde esparcido encima, como en los portales. Entre el avión y el suelo hay varias nubes delgadas, es raro ver nubes desde arriba, se ven igual que desde abajo, aunque el fondo sea distinto. A diez mil metros de altura las vacas parecen arroces, quietos sobre un fondo verde, los árboles parecen brócolis. Los carros son rectángulos pequeños y parece que se mueven despacio, aunque vayan a toda velocidad sobre la autopista. En el reflejo del vidrio grueso y aislado del avión se puede ver a ella misma. La niña que viaja tiene el pelo recogido en una cola y los ojos inmensos. Pareciera como si observara las cosas por primera vez, y así es, es la primera vez que regresa a su país y lo ve desde arriba, es la primera vez que ve las nubes desde el otro lado, con el suelo al fondo, y sonríe cuando se da cuenta de que se ven iguales que desde abajo: **las dos caras de una nube son la misma.**

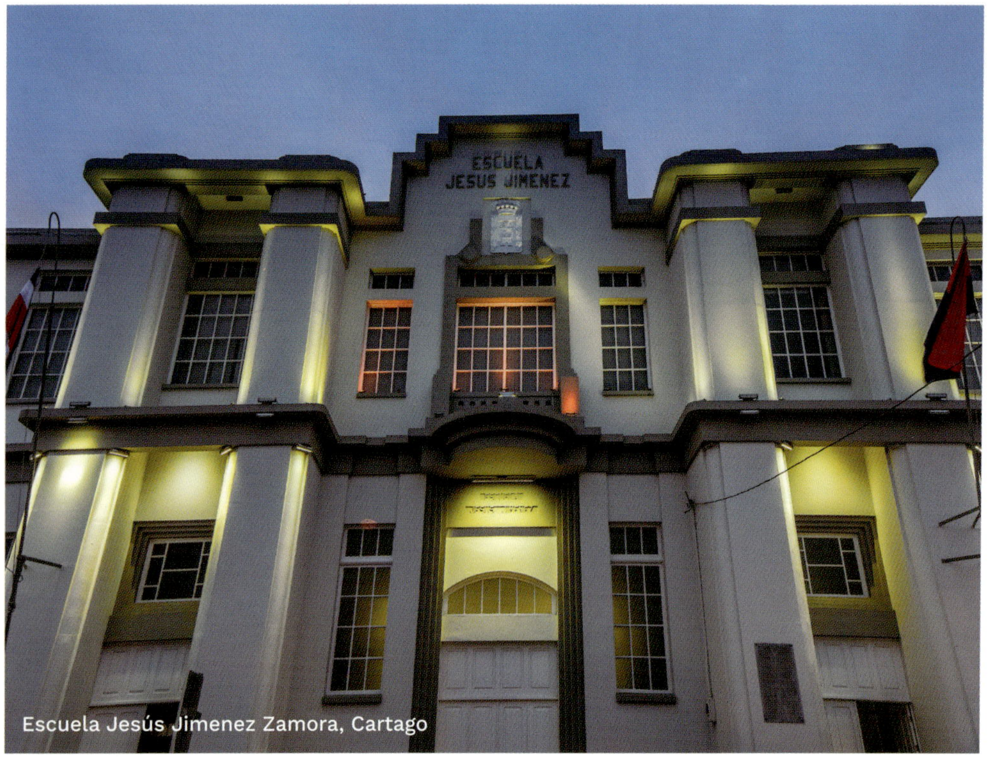

Escuela Jesús Jimenez Zamora, Cartago

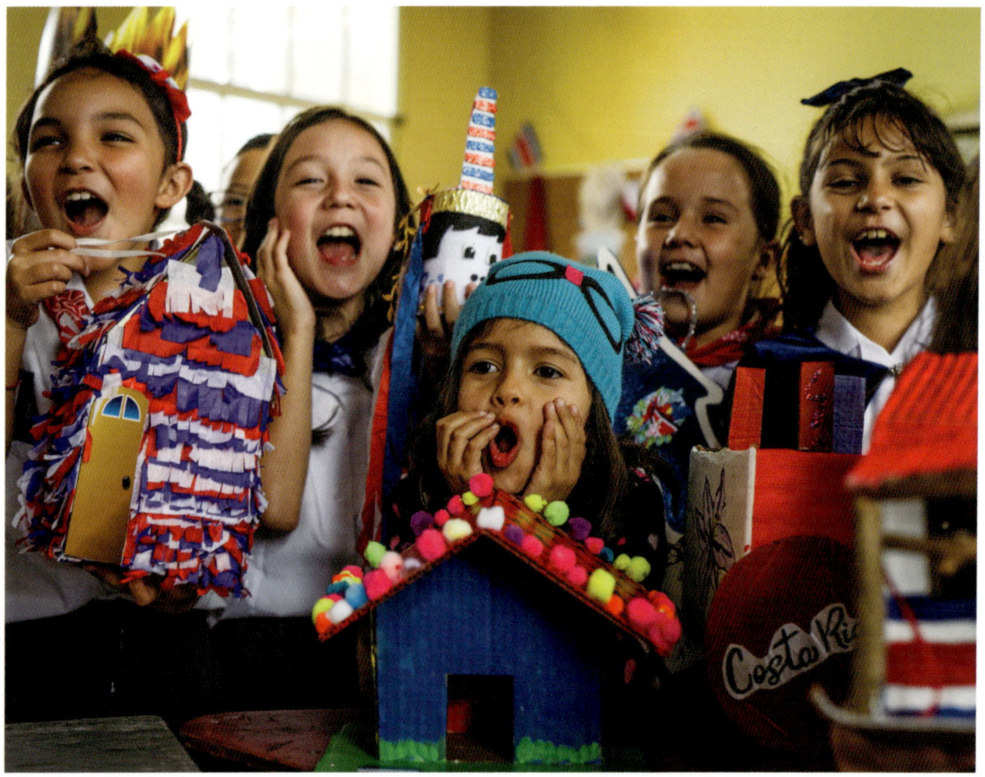

La niña de los ojos inmensos se llama **Mariam** y regresa a su casa después de varios días en Houston, lugar en el que, al lado de otros seis niños, participó del programa de robótica **FIRST LEGO LIGUE JR.** Llegaron ahí por haber logrado una calificación perfecta en el proyecto en el que se explica cómo se utiliza y se ahorra el agua en la Escuela Jesús Jiménez de Cartago.

En su maletín, bajo el asiento, va su libro favorito. Es el de las "niñas rebeldes", un volumen en el que se cuentan las historias de mujeres maravillosas. Más tarde, ese mismo día, su madre, y a modo de premio, le va a ofrecer pasar a comer a Mc Donald's, pero ella ya viene cansada y quiere "comida de verdad", la comida de su mamá. Ese día se toma un té y se duerme hasta el día siguiente.

Esta niña que regresa por primera vez a su país seguirá su camino, seguirá siendo parte de los grupos de robótica, porrismo y baile. También seguirá participando del partido político que organizó, con el cual se lanzó como presidenta para lograr cosas por su escuela y por sus compañeros estudiantes.

En las noches todavía sueña con esos días en los que estuvo en Estados Unidos, sueña con la NASA, sueña con hamburguesas empachosas, sueña con armar un equipo de baloncesto. Pero sobre todo sueña con esa primera vez que vio todo desde arriba; sueña con ver todo a diez mil metros de altura. Sueña con aquel momento precioso, cuando se dio cuenta de que las nubes desde el otro lado se ven iguales. Sueña con la cartulina del paisaje montañoso del país en el que nació, eso que se aprecia con otros ojos solamente cuando se deja de ver por un tiempo, aunque sea unos días. Sueña con ese país, que no es cualquier país, es el suyo.

Escritor: Diego Van der laat

• Bajo el gobierno de Jesús Jimenez Zamora se declaró la educación primaria gratuita y obligatoria.

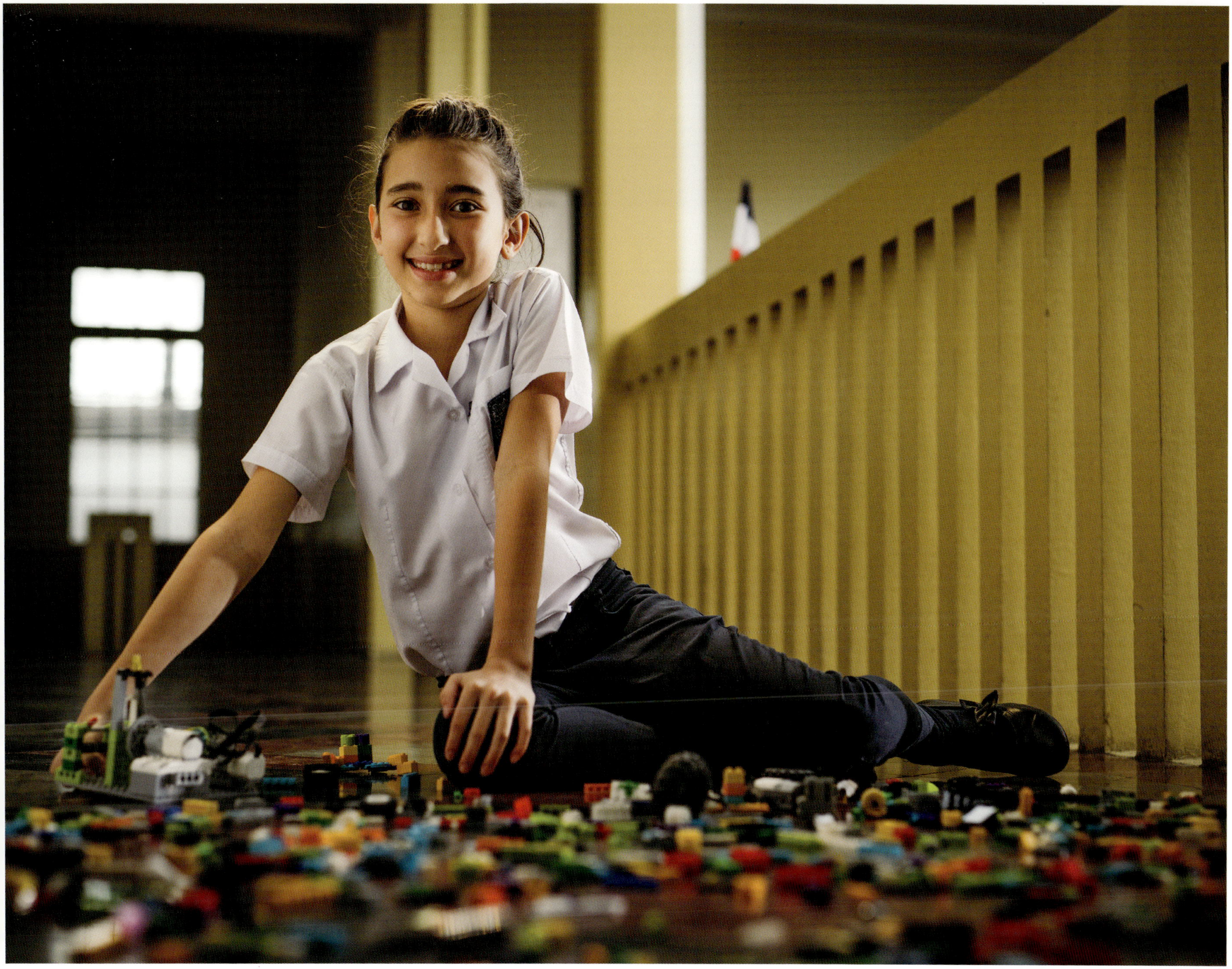

Mariam Leiva Delgado
Cartago, 07/09/2009.

Mariam pertenece al grupo de robótica de la Escuela Jesús Jiménez. Su madre, Jonanna Delgado, también es egresada de la misma escuela. Mariam es una niña extrovertida, activa y decidida: una joven mujer que lucha por estar presente en espacios tradicionalmente masculinos, como la ciencia, el deporte y la política. Es muy buena estudiante, está inscrita en el club de porrismo de la escuela, y también practica karate, baloncesto y ballet. En el 2020 participó como candidata a presidenta en las elecciones estudiantiles, y quedó en segundo lugar. Es una niña apegada a su mamá, nadadora, hablantina y simpática. Mariam considera que los ticos y ticas somos gente muy buena, y le gusta mucho haber nacido y vivir aquí, porque el nuestro es un país muy solidario.

BAGUETTE BAJO EL BRAZO

esperaba que Papá me diera la carta de libertad

Hay quienes crecen en una casa detrás de una pulpería o en el segundo piso de una farmacia. El hogar de Juan José en Rohrmoser fue mitad casa, mitad clínica. Clínica completa con sala de espera, consultorio y sala de operaciones. Casa completa con papá, mamá y seis hijos. El tercero, Juan José.

La cotidianidad en la casa-clínica tenía sus particularidades. Como que sus papás se sentaran a cenar aún vistiendo sus batas azules de quirófano. O saber contestar el segundo teléfono, el de otro color, el de la clínica, como su mamá le había enseñado:

-Clínica de cirugía estética del doctor Manuel Enrique Chacón Bolaños, ¿en qué le puedo servir?

Siempre con la misma entonación. Podía, además, describir con propiedad los servicios brindados. Aunque nunca faltaba algún cliente que reconocía una voz infantil y preguntaba la edad de su interlocutor.

La clínica provocaba curiosidad y morbo. Juan José y sus hermanos hacían una pata de chancho para espiar por la ventana que daba a la sala de operaciones. ¡Ay de que su mamá los descubriera!

Y es que vivir en una casa-clínica ofrecía muchas ventajas. Como aquel domingo que, al final de un pic nic, Juan José de siete años, se quedó pegado en un alambre de púas y sufrió un largo y profundo corte en la pantorrilla. La mamá le amarró un pañuelo en la pierna y ¿a dónde lo llevaron? A la casa, donde su papá lo cosió.

Juan José nació en el Hospital México como su hermano Manuel. Marco, el menor, en una clínica privada. En cambio, los otros tres hijos…

En 1968, en el entonces remoto Valle de la Estrella, su madre, enfermera obstetra y su padre cumpliendo con el servicio social, esperaban a su primogénita. El plan era viajar a San José en tren. No les dio tiempo. Se prepararon y, en medio de un bananal, nació Jenssie.

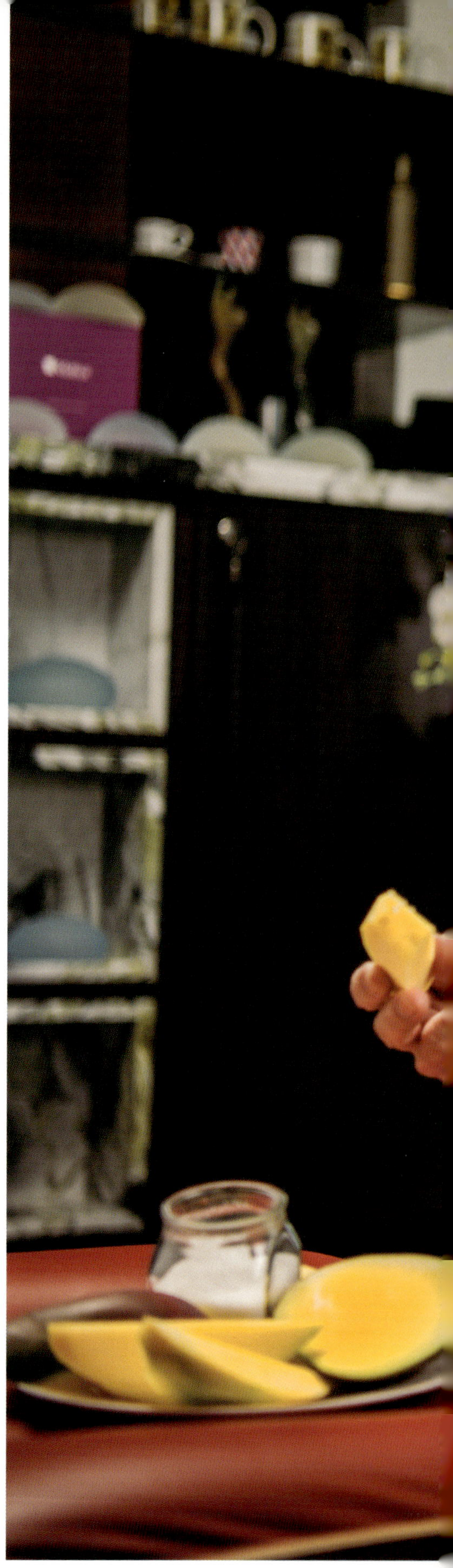

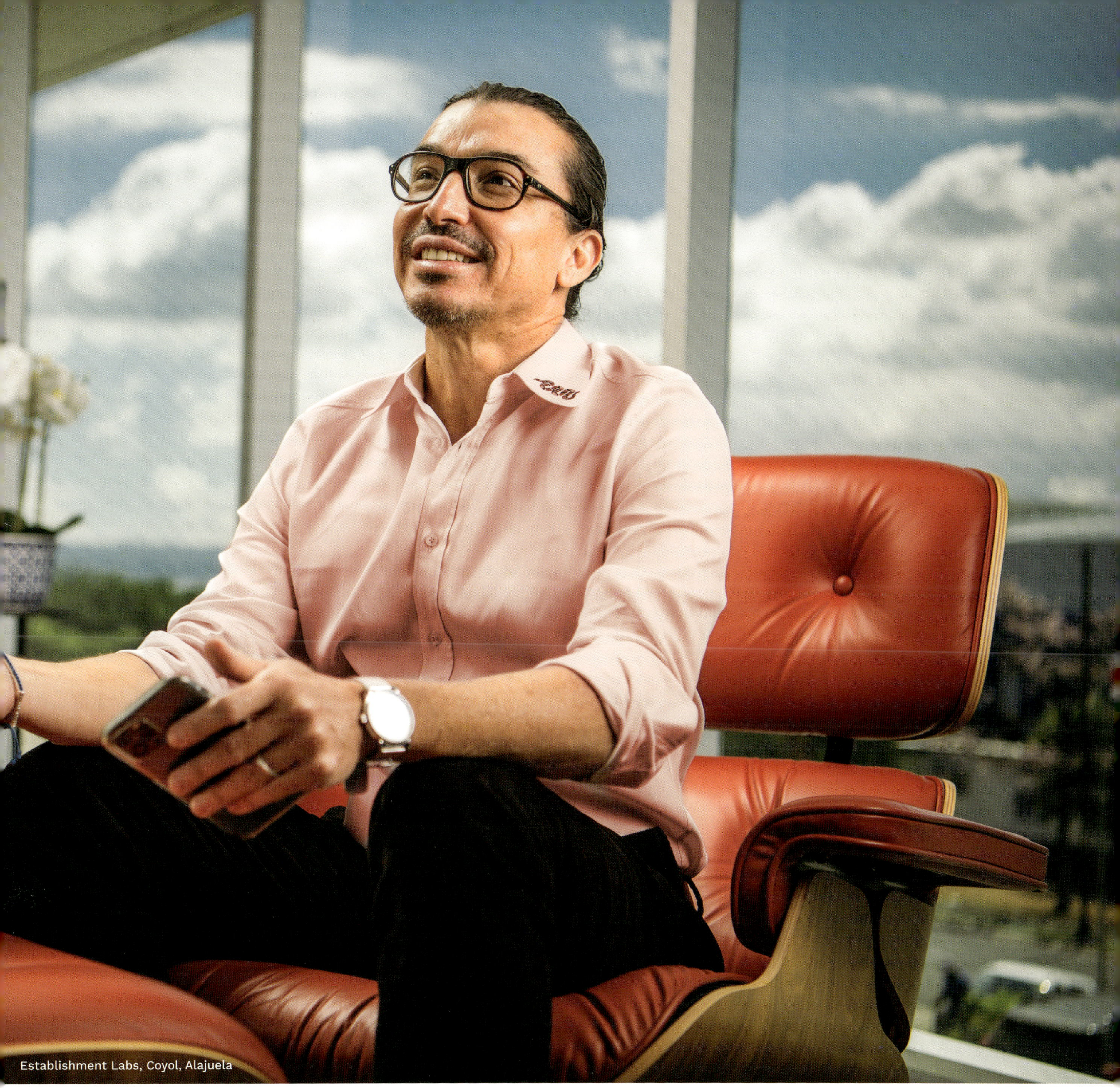
Establishment Labs, Coyol, Alajuela

• Los dispositivos médicos son hoy en día el principal producto de exportación.

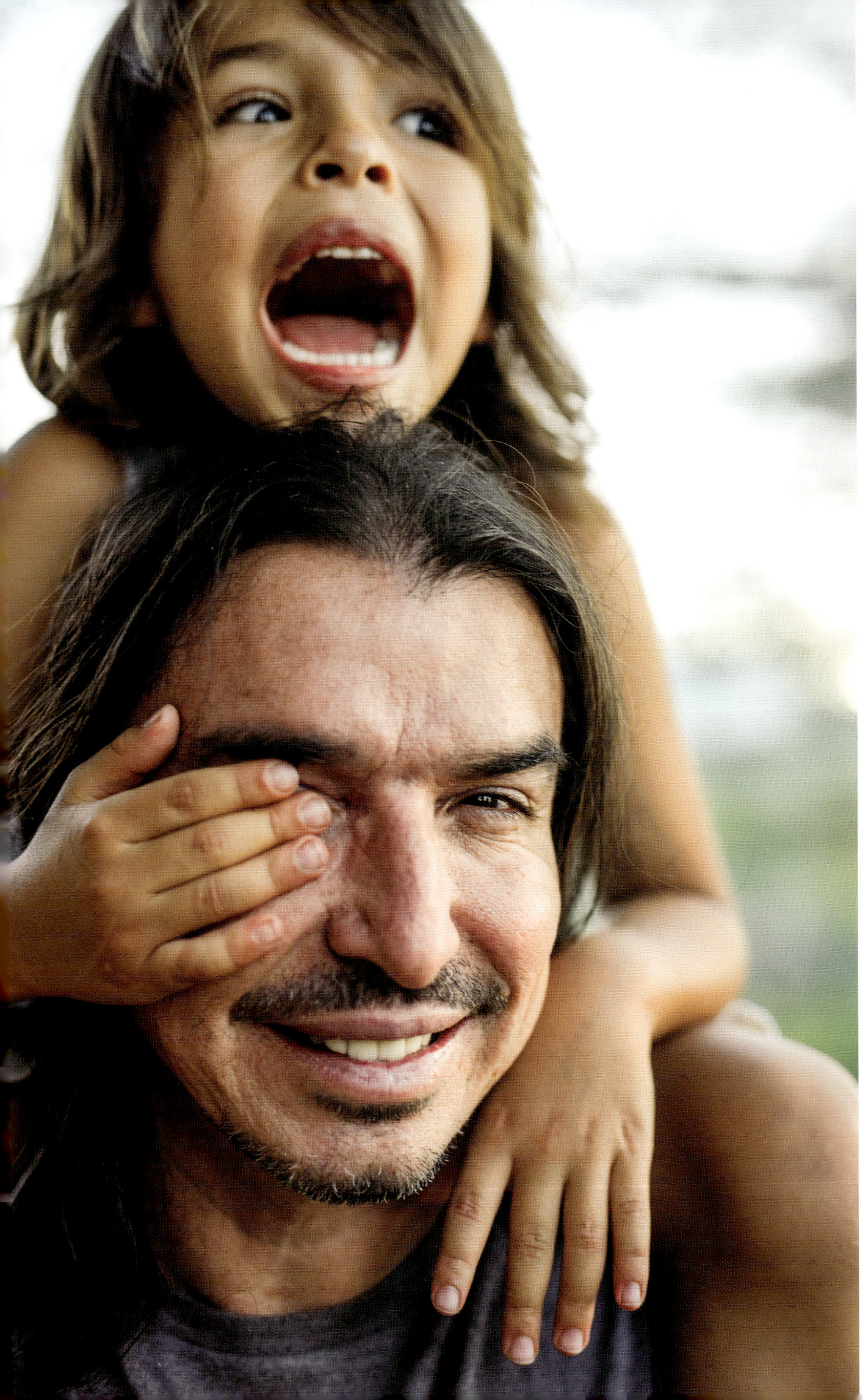

Juan José Chacón Quirós
Puriscal - Santa Ana, 07/03/1972.

Criarse en una clínica convirtió el tema de la cirugía en parte de su cotidianidad. Juan José fundó Establishment Labs en el año 2004 y ha sido director ejecutivo de Establishment Labs Holdings Inc., primera y única empresa costarricense que cotiza en la bolsa internacional. Desde sus inicios en el 2013. Ha estado involucrado en varios sectores de la industria estética, y durante casi una década fue gerente general de un negocio de distribución de dispositivos médicos estéticos para América Latina, antes de eso, fue gerente de desarrollo comercial de una reconocida clínica de cirugía plástica y reconstructiva en Costa Rica. Es coautor de más de 45 patentes que están ayudando al avance de la tecnología en áreas como implantes y superficies, RFID y biosensores, tecnología 3D y desarrollo de instrumentos quirúrgicos. Se desempeñó como Presidente de la Federación de Rugby de Costa Rica de 2009 a 2015. Estudió economía en la Académie de Poitiers y asistió a la Universidad de Massachusetts en Amherst. Tiene el Certificado MIT Sloan Advanced para Ejecutivos (ACE) en Gestión, Innovación y Tecnología. Don Juan José es casado, padre de tres hijos.

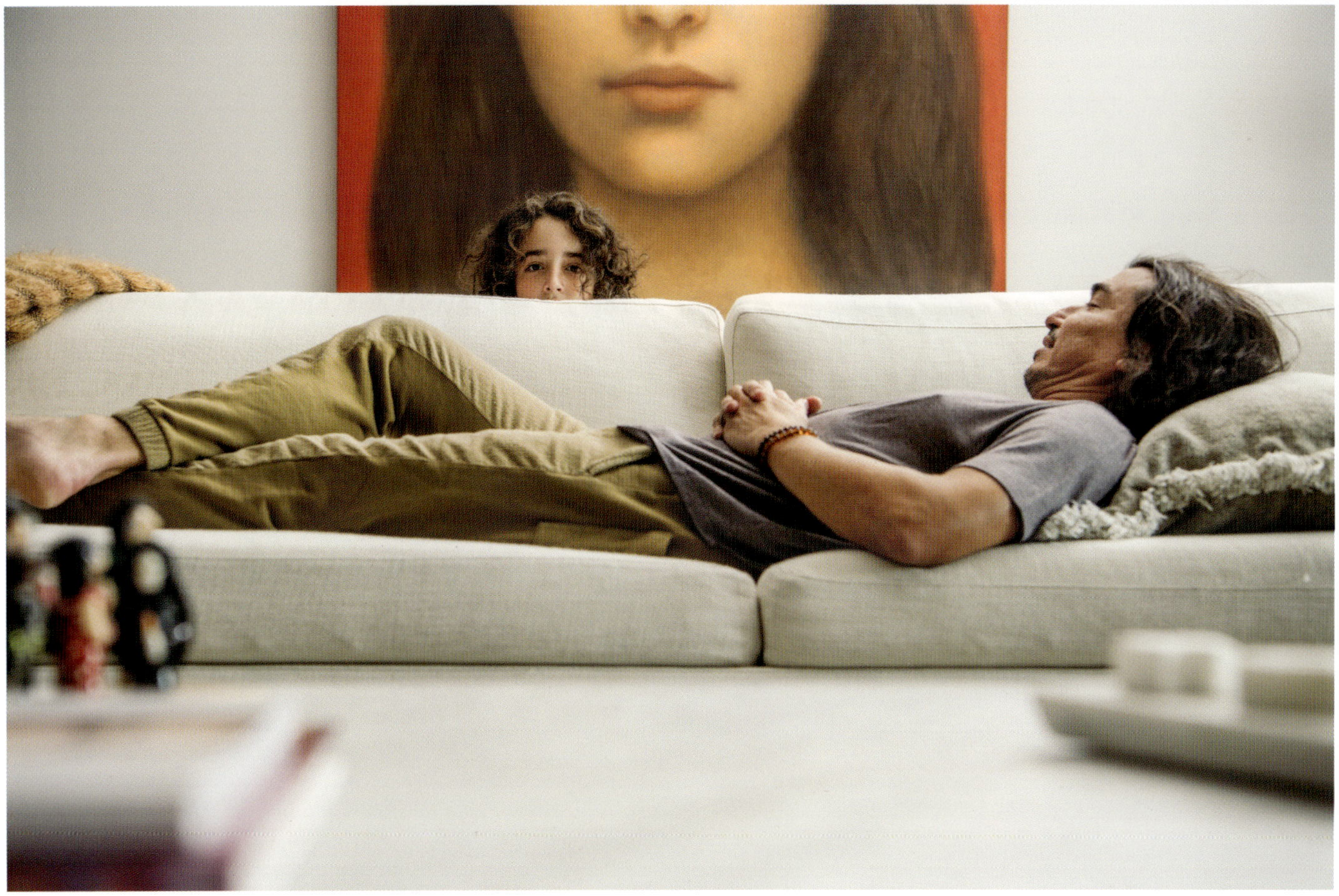

EL PLAN ERA VIAJAR A SAN JOSÉ EN TREN. NO LES DIO TIEMPO.

Seis años y dos hijos más tarde, sus padres repitieron la experiencia. Esta vez en la glamourosa ciudad de París. Su padre hacía la residencia en cirugía estética y su madre no podía darse el lujo de permanecer en el hospital durante una semana después del parto, como la obligarían. ¿Quién cuidaría a Juan José y sus hermanos? Con la complicidad de las enfermeras y médicos del hospital, recolectaron lo necesario para que su papá pudiera atender el parto en la casa. Terminada su labor, su papá los fue a buscar a la guardería y al llegar al apartamento -un clásico sexto piso sin ascensor- conocieron a Gilles.

La tercera vez que sus padres recibieron un bebé a solas fue en 1976 en la clínica-casa de Rohrmoser. No les dio tiempo de ir al hospital. Al menos tenían una clínica a su disposición. Cuando Juan José regresó de la escuela, Odilie, la empleada, salió a su encuentro:

-¡Vaya a comprar pan que ya llegó su hermanita!

Al volver de la panadería Smith, con el pan bajo el brazo, Juan José encontró a sus hermanos alrededor de la cama donde su mamá sostenía a Francine. Su papá, sonriente, les dijo en francés:

-Todos los chiquitos vienen con una baguette bajo el brazo.

Juan José creció, y estudió economía. Una tarde su papá lo llamó desde la sala de operaciones. La enfermera había renunciado y necesitaba alguien que le alcanzara los instrumentos durante una intervención. Aunque nunca había recibido entrenamiento, Juan José podía hacerlo. Su papá le pidió que lo ayudara unos días. Y así pasaron dos años. A Juan José le parecieron mil.

Una madrugada, sentado frente a su escritorio, tratando de encontrar la manera de conseguir la libertad, sintió dentro de su pantalón un bicho. Lo apretó hasta que dejó de moverse y descubrió que era un ratón. Juan José pensó que era una señal y por fin tuvo el valor de ser firme al renunciar e iniciar su propia vida.

Escritora: Claudia Barrionuevo

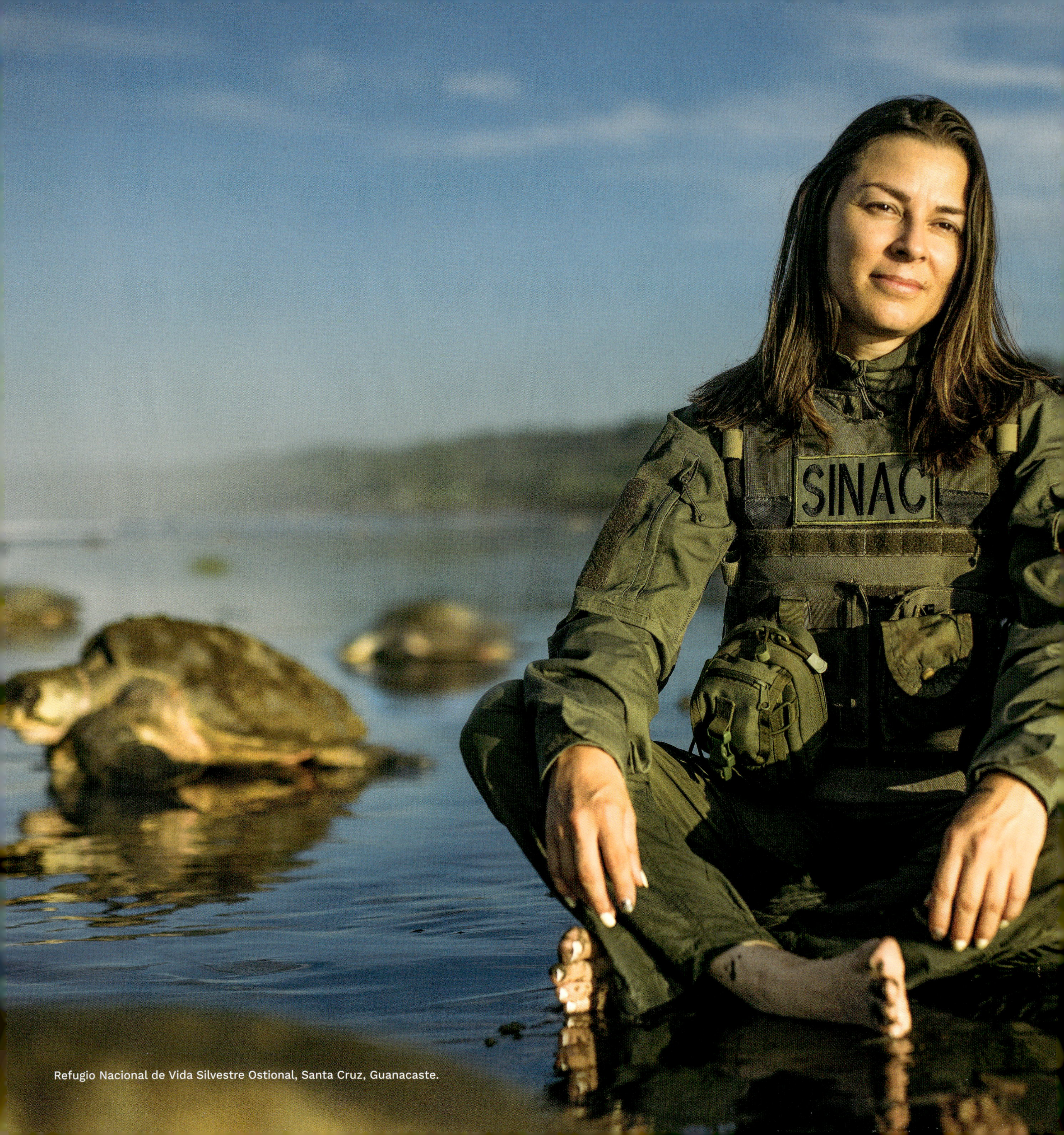

Refugio Nacional de Vida Silvestre Ostional, Santa Cruz, Guanacaste.

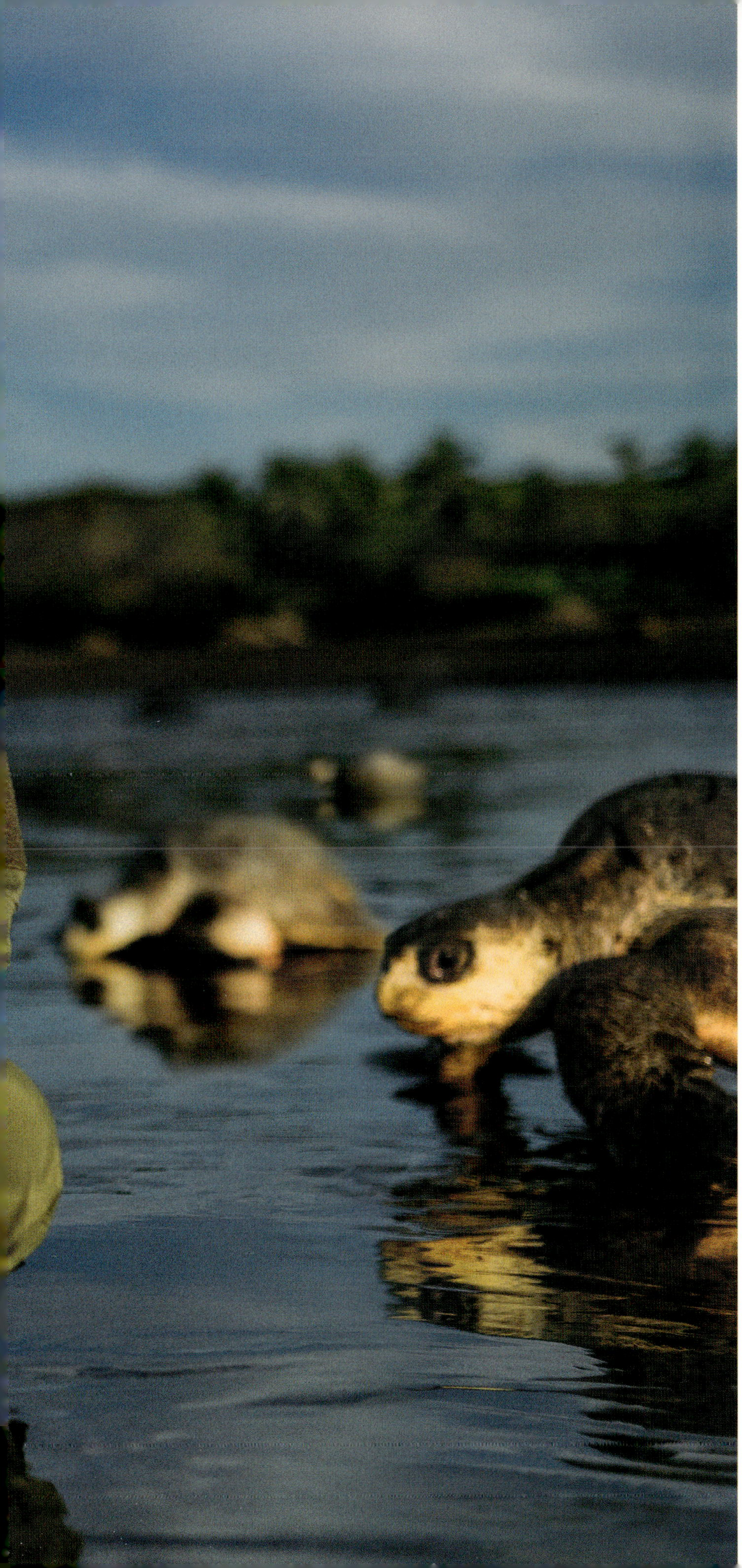

COMO HERMANILLOS

¡Chao ma, nos vemos! Agarro mi bolso, echo el vestido, los tacones, evado el contacto visual con ella y salgo para Los Colegios. Esa noche tenía un plan. Crecí en las calles de Moravia jugando con mis vecinos, patines a toda velocidad, rodillas raspadas, la vibra del cuarto de mi hermano mayor, surfo, el rock de los 80s y coreografías de Madonna. Esa noche mi vecina me invitó a un baile de 15 años, unos chicos mayores nos llevaron en su carro. El baile terminó y aún había energía para seguir disfrutando. Ya era tarde y como no tenía cómo avisarle a mis papás que estaba bien, decidí entregarme a la diversión.

Cartago, una provincia lejana, una edad y un horario no permitido para estar fuera de casa. Mi familia está preocupada, no es común que les genere esta emoción. No llegué a la cena, pero comimos pollo frito frente a la Basílica de los Ángeles. No ha sido una noche de descanso, pero jugué escondido en el parque y me reí demasiado. Papá no puede dormir y ya pronto es hora de salir a trabajar. Son casi las 5 de la mañana, siento el sudor, los nervios, el vacío en la panza por entrar a mi casa.

Abro la puerta y veo a los ojos a mi madre, mi padre y hermanos. Verme es un alivio, les regresa el alma al cuerpo, nadie me regaña pero tampoco están felices. Mi padre con la noche encima sale a trabajar. Es un día para guardarme en el cuarto, no salir ni a comer. Regresa a mi cabeza la imagen de papá decepcionado saliendo a trabajar.

CONVIVENCIA ÍNTIMA, FAMILIAR BAJO UNA MISMA FILOSOFÍA DE VIDA.

Es de noche y las emociones inundan la casa, es la conversación más desgarradora que había tenido con mi papá. No estaba molesto, realmente sintió miedo de que algo me hubiera pasado, estaba dolido, le fallé y lloró conmigo por primera vez. Algo tan inocente no me imaginé que se hiciera tan complicado, quedé moralmente destruida y con un mes de castigo.

Papá no le tenía miedo a la vida, su agilidad le permitía construir, arreglar, escalar e impresionar a cualquiera con su cicatriz de Frankenstein en el brazo. Bajo los árboles frutales del patio me revelaba sus secretos de orden, finanzas e intimidades del corazón. A mi cómplice, ejemplo y dominante cabezón lo vi llorar dos veces. La segunda le llegó bailando en mi boda al darse cuenta que ya no era su chiquita.

Mi hermano salía de casa a surfear con extranjeros por semanas. Tenía formas de sobrevivir en medio de la naturaleza. Si encontraba un nido de huevos de tortuga solo sacaba ocho y volvía a taparlo para tomar solo lo necesario. Con empatía yo le explicaba que en realidad se estaba paseando en todo el nido. Cuando voy a visitarlo se asegura de que esté en primera fila viéndolo pegar sus aéreos mientras surfea. Es hermano mayor aunque a veces lo siento menor.

Salí de la ciudad con los valores, los consejos y mentalidad perseverante que me inculcó mi familia. Aterricé en el Parque, a expandir mi visión con una nueva familia.

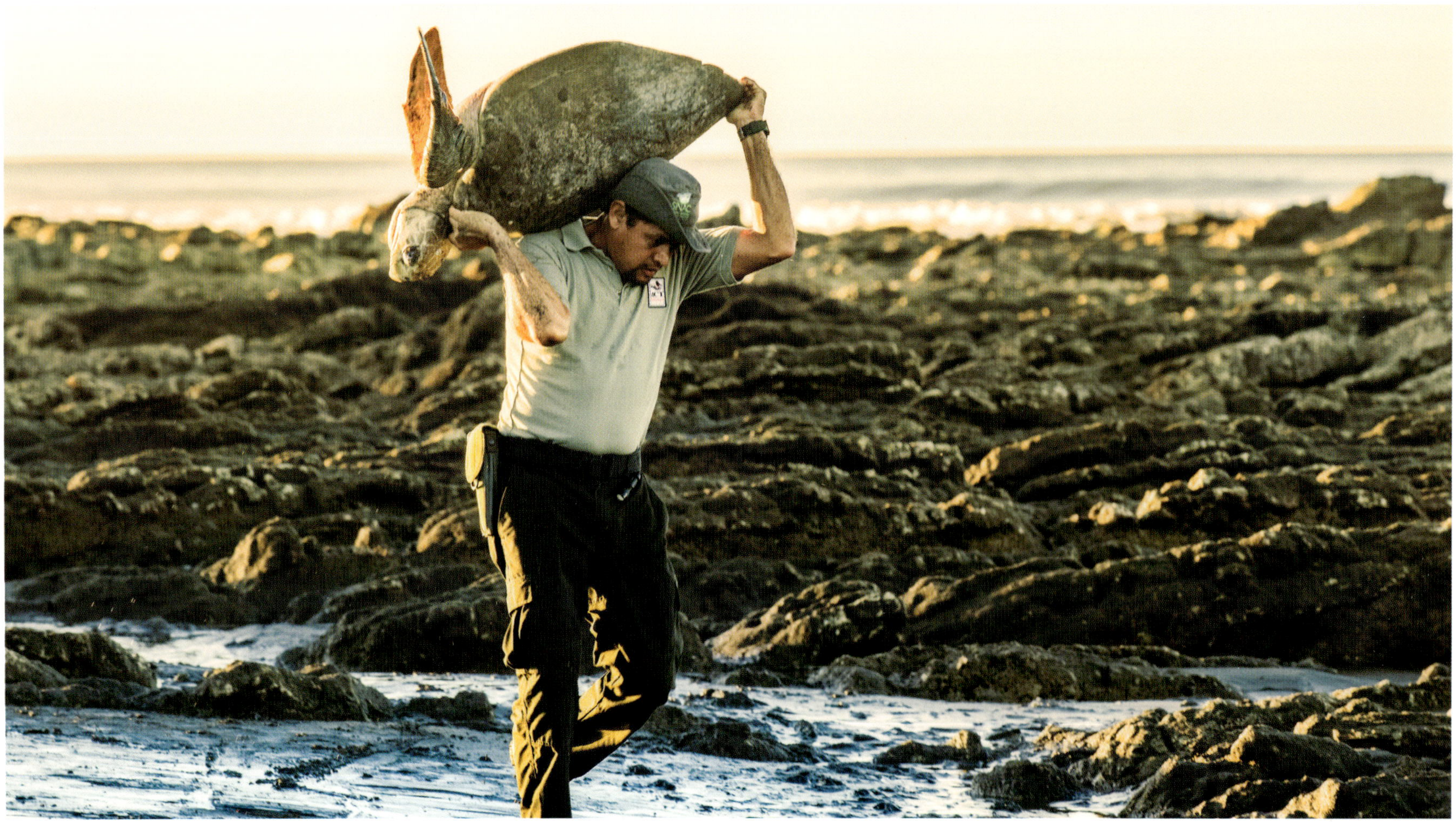

Rescatando tortuga encallada en las rocas. Funcionario José Pablo Baltodano Díaz.

Mis compañeros apoyan mis días libres comprando mi tiquete de bus y certificando que en serio me vaya y no me baje en la siguiente parada. Sienten mi ausencia aunque los regañe a veces cuando traspasan mis límites. Trabajamos la jornada como equipo, correteando hueveros en manglares, arribadas o reuniones comunales; y al final del día, seguimos compartiendo la casa y sigo siendo la jefa.

Ellos reconocen que voy adelante sin miedo, eso me empodera para no frenar mi impulso. La naturaleza extiende un poder especial a quien confía en su fuerza y sensibilidad. También me protegen, cual hermano mayor, del trauma emocional que me podría generar ver a una familia que se desborda en dolor y furia cuando suben a la patrulla a un ladrón de huevos.

Escritora: María José Sosa

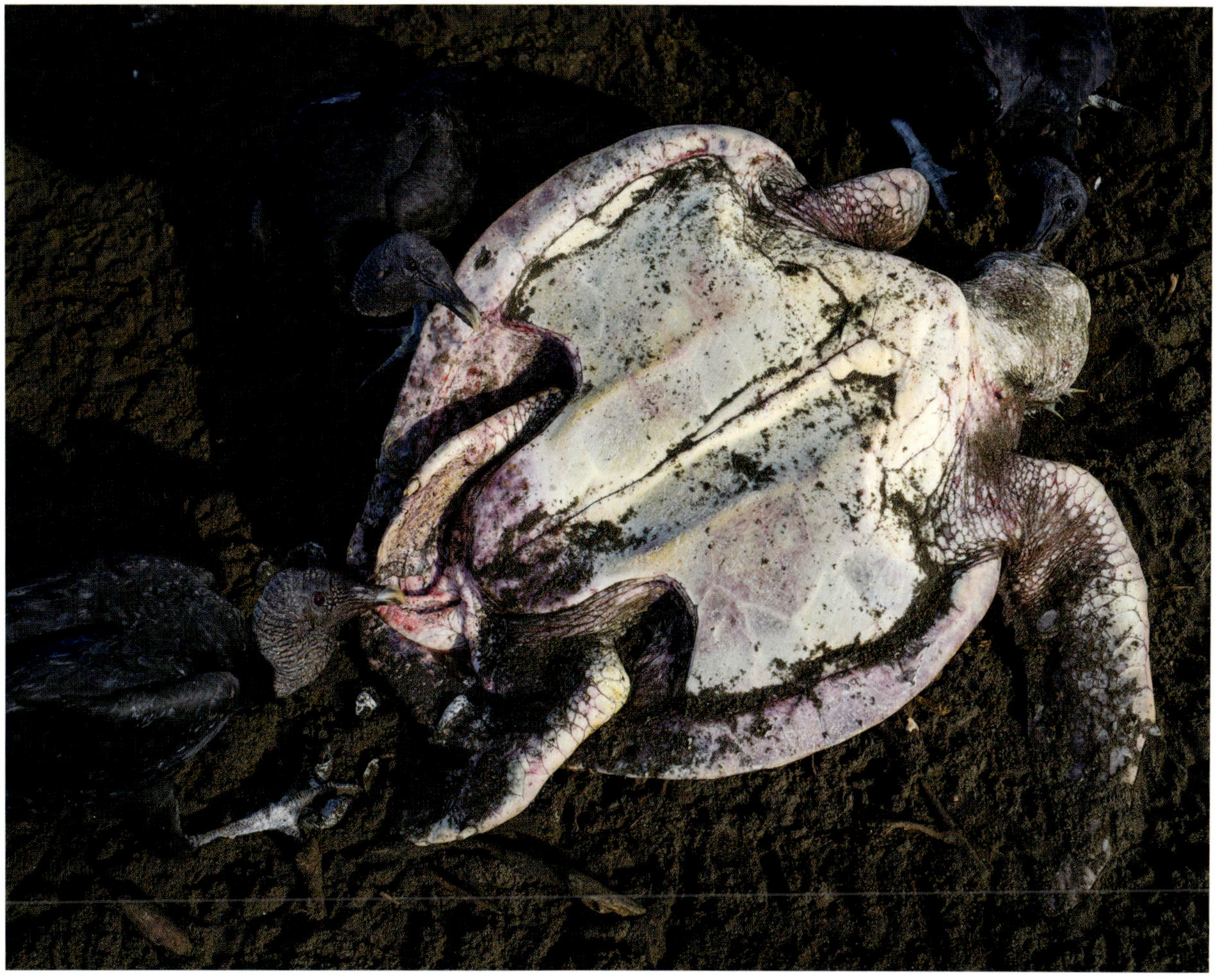

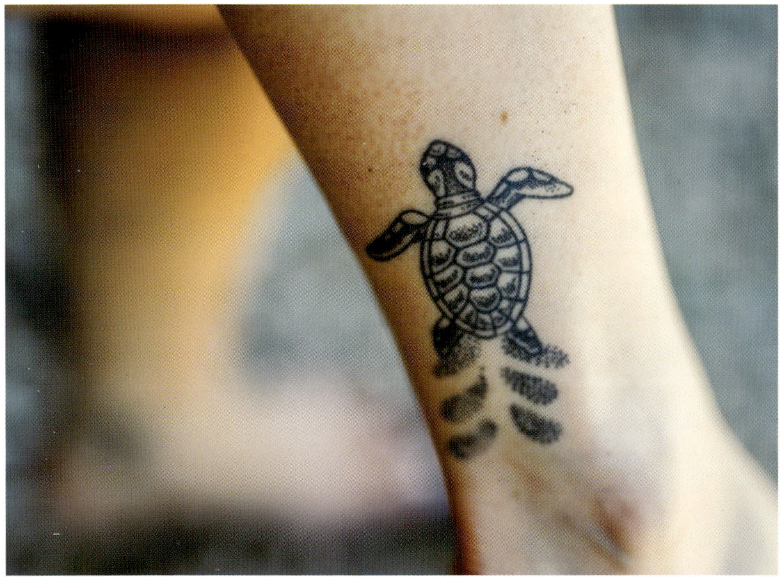

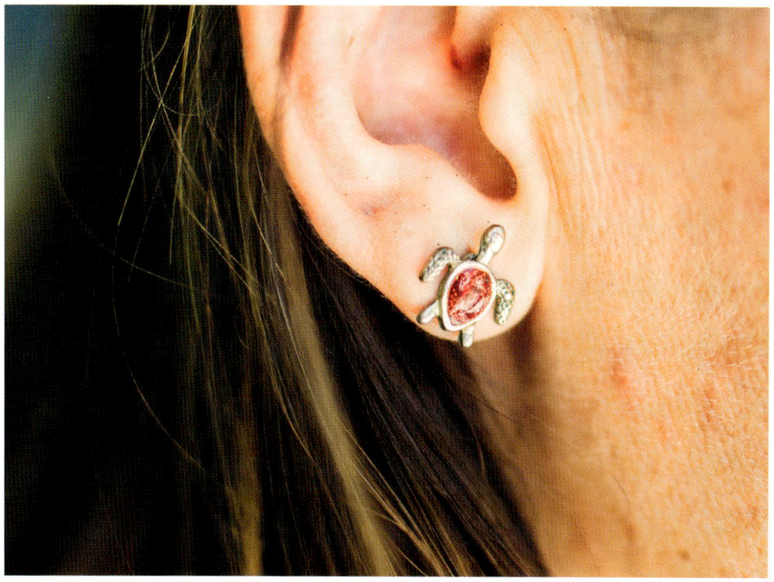

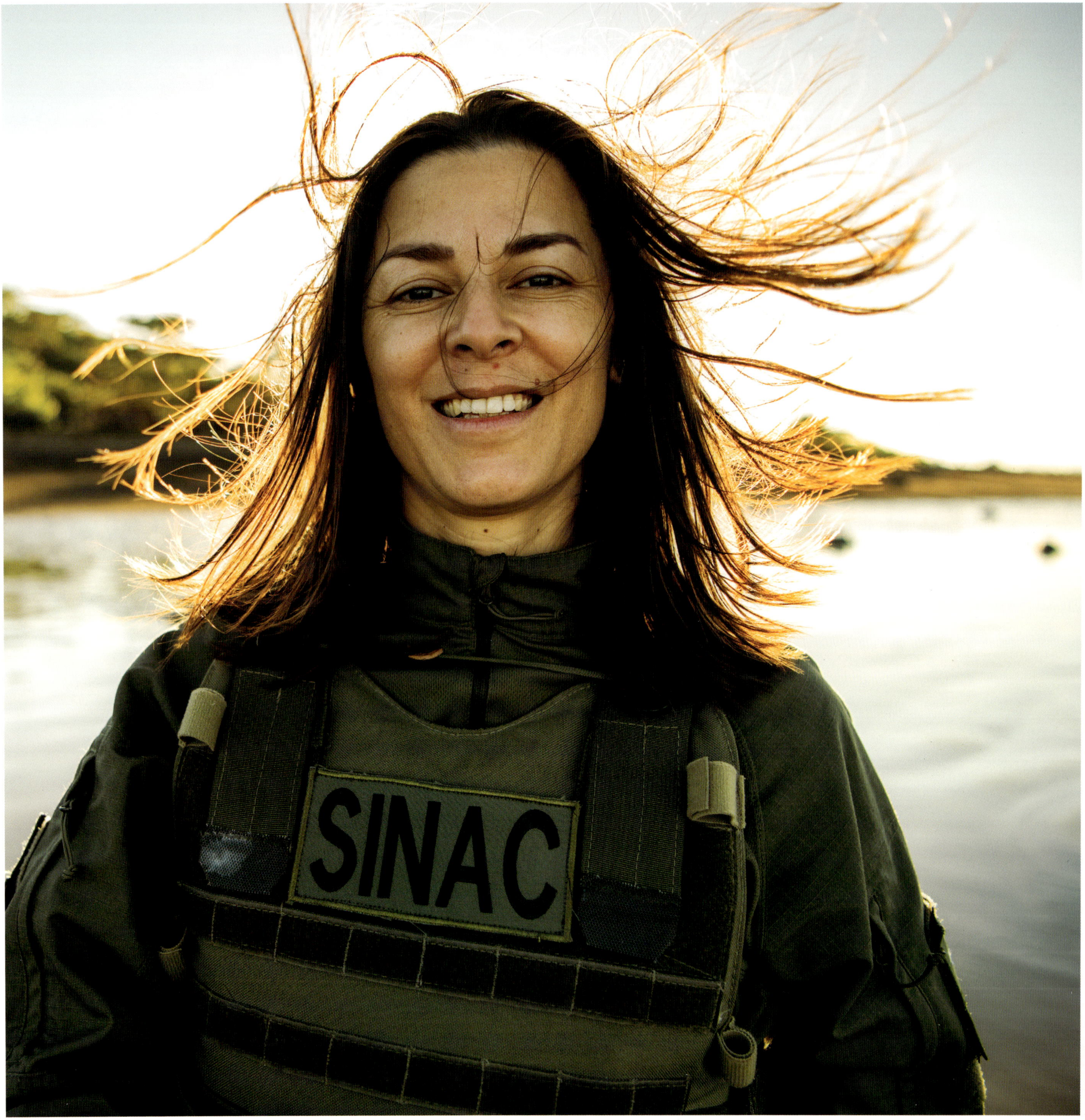
SINAC

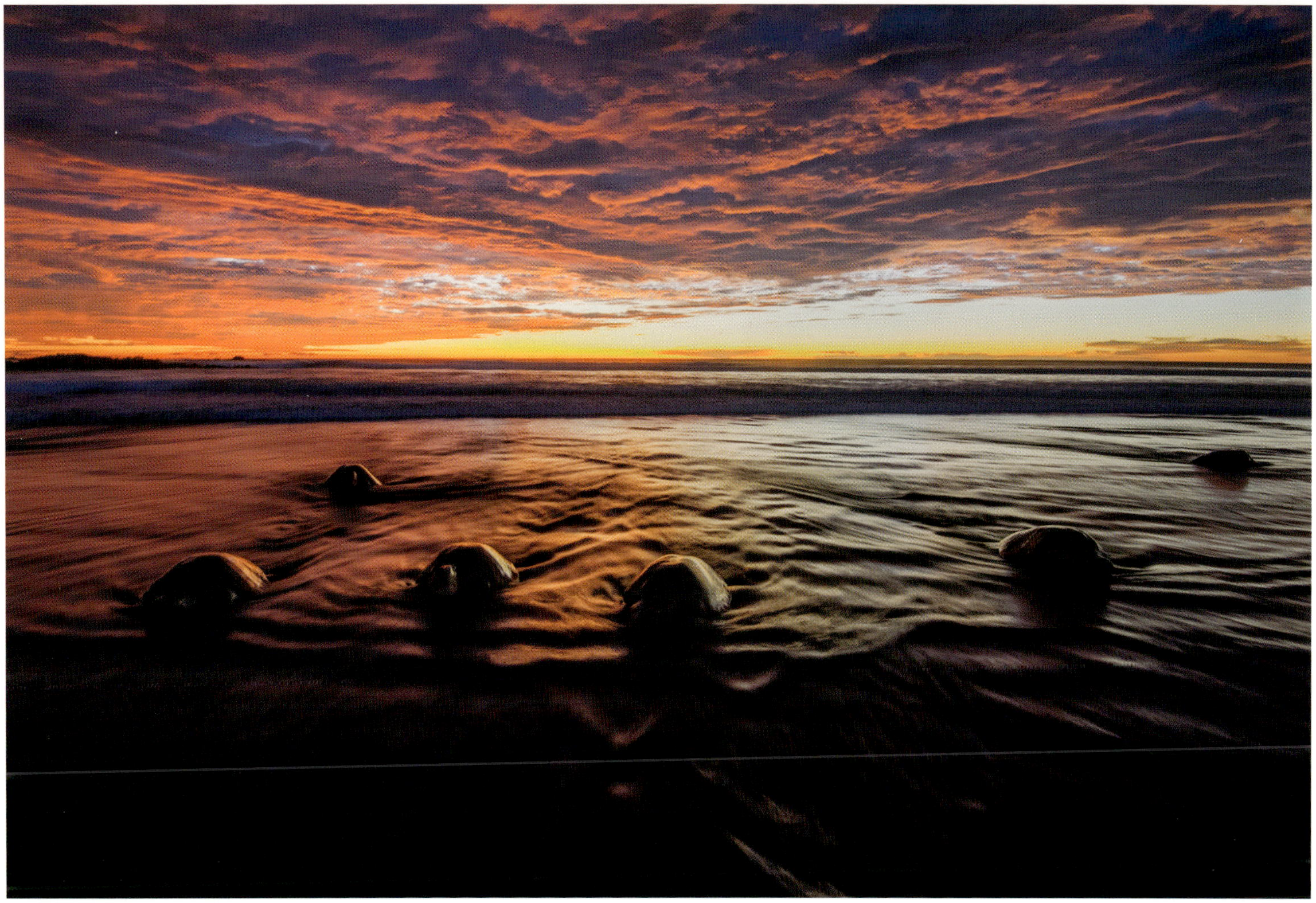

Yeimy María Cedeño Solís
San José – Ostional. 08/10/1977.

Bióloga tropical y actualmente es la directora del Refugio Nacional de Vida Silvestre de Ostional, zona protegida que tiene una hermosa particularidad: el trabajo conjunto de la mano con la comunidad. Allí entró en el 2016, luego de trabajar desde el 2008 en el equipo que elaboró los planes de manejo de áreas silvestres protegidas dentro del Área de Conservación Tempisque. Amante de las tortugas marinas, Yeimy dedica parte de su tiempo a compartir información muy valiosa con las y los visitantes de las áreas de desove: "deja tu mascota en casa cuando visites la playa. Especialmente los perros, que abren los nidos para comerse los huevos de las tortugas. Una vez que el nido se abre, aunque lo volvamos a tapar, queda dañado".

Un 16% de puestos del SINAC en las Areas Silvestres Protegidas, están ocupados por mujeres.

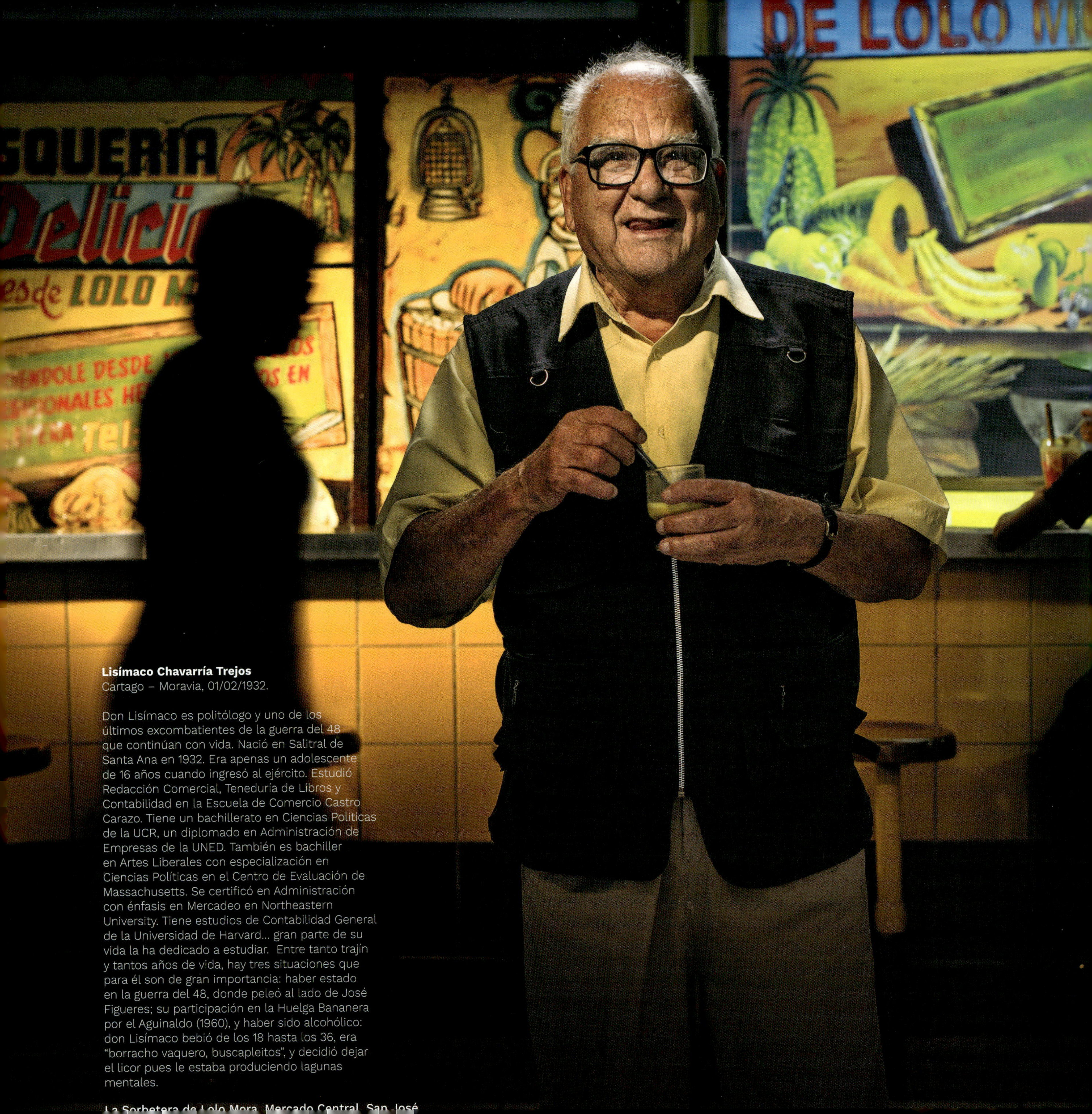

Lisímaco Chavarría Trejos
Cartago – Moravia, 01/02/1932.

Don Lisímaco es politólogo y uno de los últimos excombatientes de la guerra del 48 que continúan con vida. Nació en Salitral de Santa Ana en 1932. Era apenas un adolescente de 16 años cuando ingresó al ejército. Estudió Redacción Comercial, Teneduría de Libros y Contabilidad en la Escuela de Comercio Castro Carazo. Tiene un bachillerato en Ciencias Políticas de la UCR, un diplomado en Administración de Empresas de la UNED. También es bachiller en Artes Liberales con especialización en Ciencias Políticas en el Centro de Evaluación de Massachusetts. Se certificó en Administración con énfasis en Mercadeo en Northeastern University. Tiene estudios de Contabilidad General de la Universidad de Harvard... gran parte de su vida la ha dedicado a estudiar. Entre tanto trajín y tantos años de vida, hay tres situaciones que para él son de gran importancia: haber estado en la guerra del 48, donde peleó al lado de José Figueres; su participación en la Huelga Bananera por el Aguinaldo (1960), y haber sido alcohólico: don Lisímaco bebió de los 18 hasta los 36, era "borracho vaquero, buscapleitos", y decidió dejar el licor pues le estaba produciendo lagunas mentales.

La Sorbetera de Lolo Mora, Mercado Central, San José

SOBRE EL CAMINO QUE VA

Sobre el camino que va de Santa Ana a Salitral, vivían la abuela Jesús y el abuelo Casiano. Este hogar de puertas abiertas recibía familiares, vecinos y a quien necesitara una tacita de café o un empujón en la vida. Su bondad y espíritu solidario construyeron un legado más poderoso que cualquier fortuna. Por las tardes se podía ver a doña Jesús, contando a sus nietos las historias de su célebre primo hermano, el expresidente Juanito Mora. Todos estos ejemplos quedaron en la memoria de Lisímaco, uno de sus nietos y personaje principal de la historia que estoy pronto a contarles.

Era la década de los 40 del siglo XX y los tambores de guerra retumbaban en cada rincón del planeta. Lisímaco tenía unos 8 años y andaba en una eterna búsqueda de aventura con sus amigos del barrio. A como se les podía ver echando carrera o escalando un árbol, también se les encontraba haciendo una *vaca* para comprarse un litro de guaro y jugo de naranja. El alcohol no tenía las restricciones de la actualidad, por lo que los niños y las niñas estaban aún más expuestos a la precocidad en el consumo de bebidas alcohólicas.

Lisímaco llevó sus andares a San Isidro del General, para trabajar en la farmacia y las colmenas de unos familiares. Era 1948, cuando estalló la Guerra Civil, su sed de aventura lo llevó a unirse a las filas liberacionistas. Empuñó un máuser y con tan solo 15 años pasó cinco semanas en lucha, donde tuvo que halar el gatillo a diestra y siniestra, con la única indicación de permanecer con vida. En su memoria queda la impresión de sentirse igual que un sicario, con la diferencia de no saber siquiera a quién disparó. Su olfato quedó impregnado del olor de los cuerpos carbonizados del bando contrario, mientras su boca se adormecía con el estremecimiento del aguardiente recorriendo su garganta.

Los liberacionistas ganaron la guerra y Lisímaco siguió trabajando con sus familiares, obteniendo el dinero con que pagó sus estudios. Trabajó en la aduana principal y luego como inspector en la zona bananera, donde coincidió con los días de la huelga del aguinaldo. Su protagonismo en el triunfo de la obtención de este derecho para la población obrera lo hizo acreedor de una beca para estudiar sindicalismo en New York. Luego por cuenta propia viajó a Europa, para empaparse del quehacer diario del movimiento organizado de trabajadores.

Algunos años después, cuando trabajaba en el Ministerio de Gobernación, un hombre desconocido de San Ignacio de Acosta le pidió una recomendación para obtener un trabajo, ya que se encontraba pasando unos días difíciles. Fiel al estilo de su abuela Jesús, accedió ayudarlo sin pedir nada a cambio.

Así como sus pies andaban y su experiencia crecía, los tragos nublaban sus recuerdos y ensombrecían sus acciones. Dos años después, en el punto más decadente de su adicción al alcohol, tomó por error el bus a San Ignacio de Acosta. Estuvo una semana durmiendo detrás de la iglesia y bebiendo sin consuelo, escarbando en la inconsciencia una razón para seguir existiendo. El séptimo día de parranda, como enviado por una fuerza sobrenatural, apareció el hombre que había ayudado años atrás, quien lo encontró tirado en el piso. Asombrado, lo levantó y lo llevó a su casa en Sabanilla de Acosta. Caminaron cuatro horas, en las que se le bajó la borrachera y lo embargó la vergüenza. Lo recibieron con alegría, se bañó y le dieron de comer. Irónicamente, aquella noche durmió en una carreta. Al día siguiente, inundado por el amor y la humildad de esta familia, decidió dejar de beber y con 36 años se unió a Alcohólicos Anónimos, grupo al cual aún pertenece.

El colmillo lo da el camino y nadie dijo que es fácil recorrerlo. El tiempo le dio una esposa e hijos, los cuales le dieron nietos y bisnietos, con los que ha podido sentir un amor que sobrepasa el tiempo y el espacio: aquel infinitamente recordado olor a café chorreado, sobre el camino que va de Santa Ana a Salitral.

Escritor: Fabricio Walker

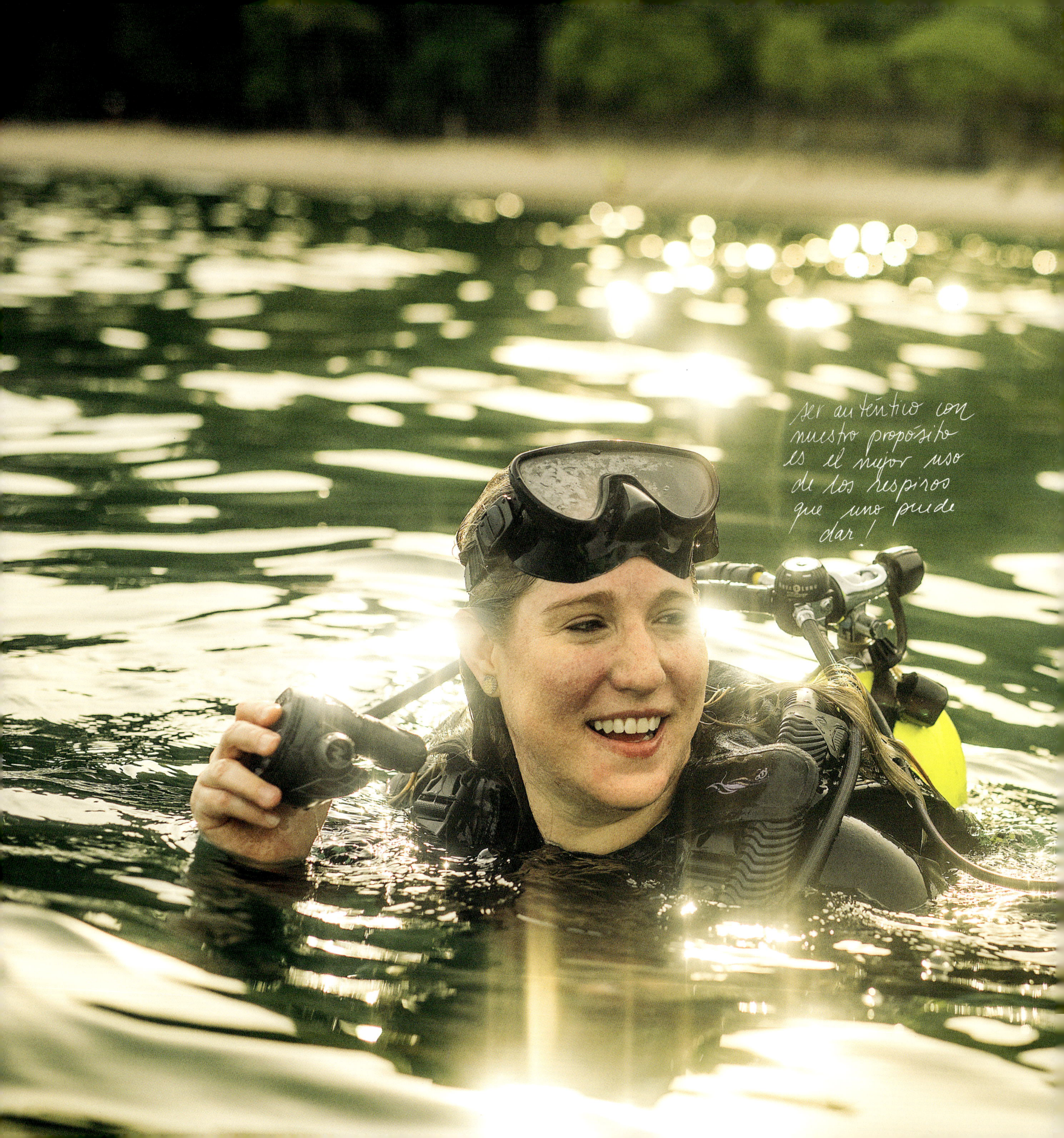
ser auténtico con
nuestro propósito
es el mejor uso
de los respiros
que uno puede
dar!

BAÑO DE ESTRELLAS

Si antes me parecía que el mar era silencioso cuando me zambullía en él, hoy sé que es todo lo contrario. El océano es un territorio lleno de sonidos que sirven de redes de comunicación a las múltiples formas de vida que lo habitan. Es un paisaje sonoro primordial para la vida y me parece fascinante su estudio.

Aunque ya llevo más de 100 buceos en mis 41 años de ser Melania Guerra, siempre es un paisaje diferente el que se me presenta ante los ojos. Sueño con comprender como quizá Henry Schliemann soñó con descubrir Troya lo que ocurre debajo del mar. Aunque fue sin duda el ver en el espacio a Franklin Chang la inspiración mayor, como también la vida de Jacques Cousteau. El mar de El Planeta Azul, era el que yo quería conocer. Lo observo,lo exploro, manejo instrumentos y descubro cosas nuevas cada vez que me sumerjo. Aunque como en todo hay riesgos. Una vez en el muelle de San Diego estaba con un colega que recolectaba erizos, y como habíamos buceado tantas veces juntos, no revisamos bien el equipo. Bajamos a 60 pies y en medio del trasluz del agua veo que la aguja del regulador se mueve como loca. Respiré varias veces y de pronto ya no había aire. Por dicha reaccioné impulsándome con una roca hacia mi compañero, lo jalé de las patas y le arranqué el regulador, porque tenía que evacuar el agua antes de volver a respirar. Soplé con el último poquito de aire que tenía en los pulmones y logré respirar. Fue un respiro consciente, inolvidable, con el que oxigené de nuevo mi cuerpo y mi vida.

CUANDO SUBÍ DE NUEVO A LA SUPERFICIE ME ESPERABA UNA SORPRESA MAYOR.

A partir de esa experiencia me costó mucho quitarme el miedo a volver a bucear, pero seis años después me invitaron a la Isla del Coco, y ante la posibilidad de sumergirme en ese entorno, de nuevo recordé la admiración que le tenía de niña a Cousteau y me animé. Así que esa vez entrené y fui a lo seguro para superar mi trauma. Fue tan solo cuestión de ponerme en contacto con el agua del océano de noche, para sentir de nuevo su magnitud. Ya adentro observé con mi linterna como unos tiburones punta blanca se alimentaban produciendo con sus movimientos rápidas ondas como si aquello fuera un mercado persa. De pronto se hizo un espacio entre los peces y apareció una hermosa y gigante tiburona tigre, probablemente embarazada, que tomó el liderazgo del grupo. La vida debajo del agua seguía siendo un aprendizaje inapreciable para mí. Ese mundo merecía ser protegido.

Cuando subí de nuevo a la superficie me esperaba una sorpresa mayor. El resplandor iridiscente del plancton a mi alrededor. Solo pensé en sentirme agradecida por estar en medio de ese baño de estrellas. Porque era como si un pequeño cosmos se abriera ante mí, y yo fuera un planeta en medio de la noche flotando en el océano Pacífico.

Al regresar de ese viaje me encontré con la noticia de que mi abuelo se había caído. Tenía 93 años. Cuando fui a visitarlo, estaba en la cama leyendo un reportaje que me hacían por la expedición reciente. Muy orgulloso lo comentaba con sus compañeros de habitación. Fue la última vez que lo vi. Con su fallecimiento pensé en su último respiro y en cómo la vida es una sucesión de respiros inconscientes que a no ser por situaciones extraordinarias, ni nos damos cuenta que nos mantienen vivos. ¿Habría sido consciente mi abuelo de su último respiro? Nunca lo sabré, como tampoco sé cuando será el mío. Lo que sí sé, es que cada respiro es único y hay que sacarle el jugo, tratando de ser consecuentes con el propósito que tenemos por delante, porque es el mejor uso que le podemos dar a nuestro respiro inicial, capturando por primera vez el aire, con ese gesto único que hacen los recién nacidos al salir a luz.

Escritora: Dorelia Barahona

Costa Rica es 10 veces más grande en territorio marino que en terrestre.

Playa Blanca, Punta Leona, Puntarenas

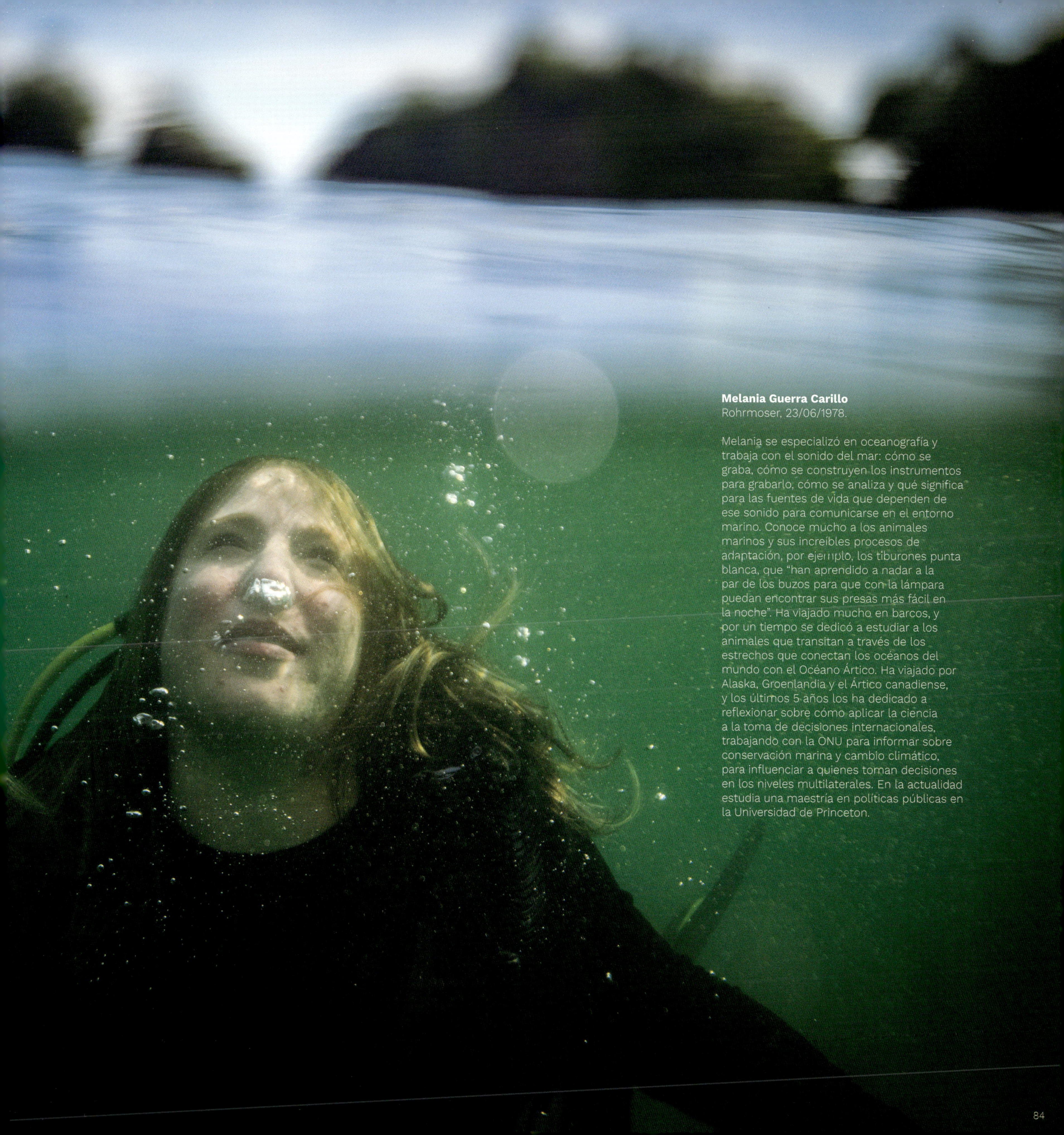

Melania Guerra Carillo
Rohrmoser, 23/06/1978.

Melania se especializó en oceanografía y trabaja con el sonido del mar: cómo se graba, cómo se construyen los instrumentos para grabarlo, cómo se analiza y qué significa para las fuentes de vida que dependen de ese sonido para comunicarse en el entorno marino. Conoce mucho a los animales marinos y sus increíbles procesos de adaptación, por ejemplo, los tiburones punta blanca, que "han aprendido a nadar a la par de los buzos para que con la lámpara puedan encontrar sus presas más fácil en la noche". Ha viajado mucho en barcos, y por un tiempo se dedicó a estudiar a los animales que transitan a través de los estrechos que conectan los océanos del mundo con el Océano Ártico. Ha viajado por Alaska, Groenlandia y el Ártico canadiense, y los últimos 5 años los ha dedicado a reflexionar sobre cómo aplicar la ciencia a la toma de decisiones internacionales, trabajando con la ONU para informar sobre conservación marina y cambio climático, para influenciar a quienes toman decisiones en los niveles multilaterales. En la actualidad estudia una maestría en políticas públicas en la Universidad de Princeton.

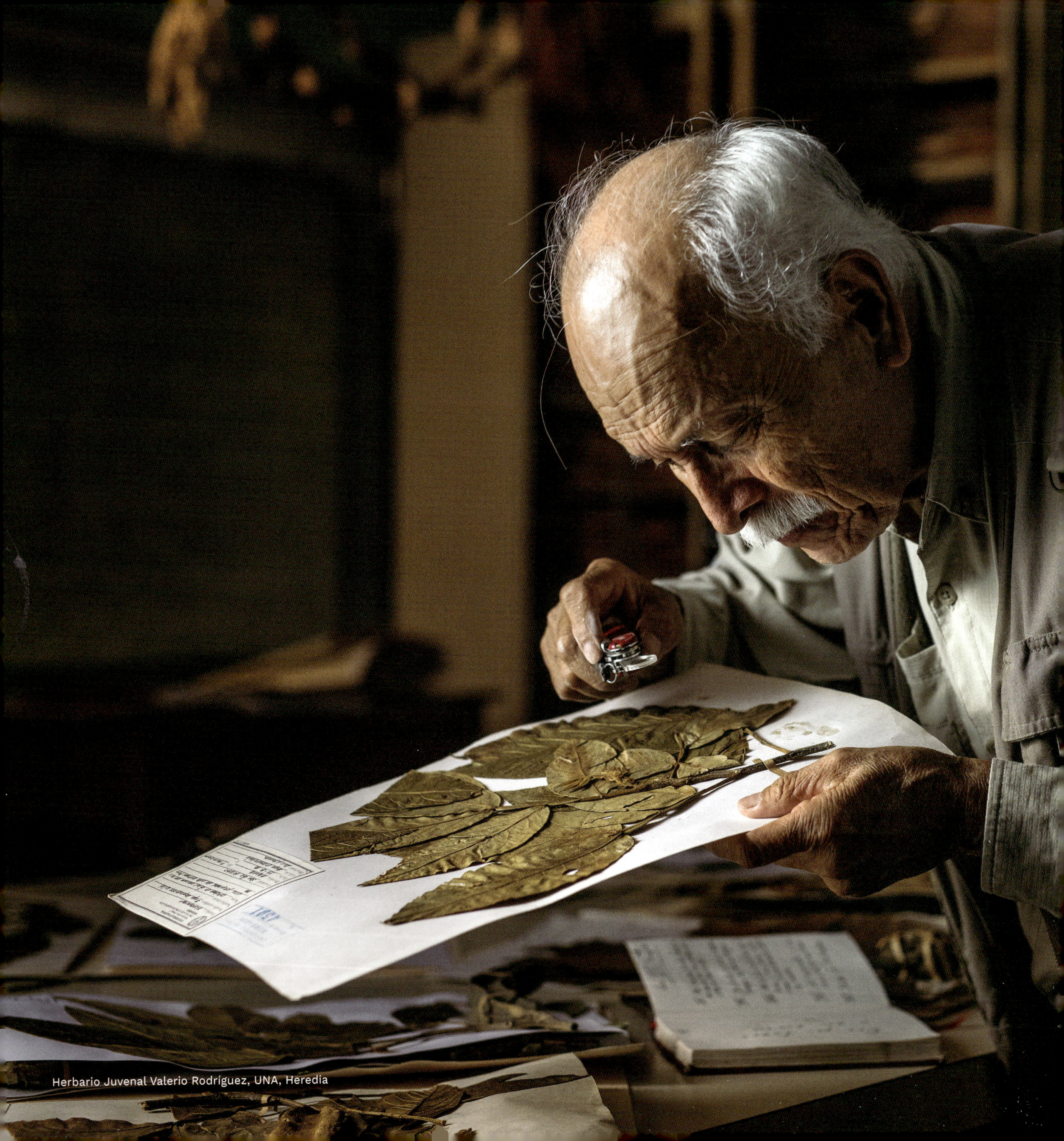

Herbario Juvenal Valerio Rodríguez, UNA, Heredia

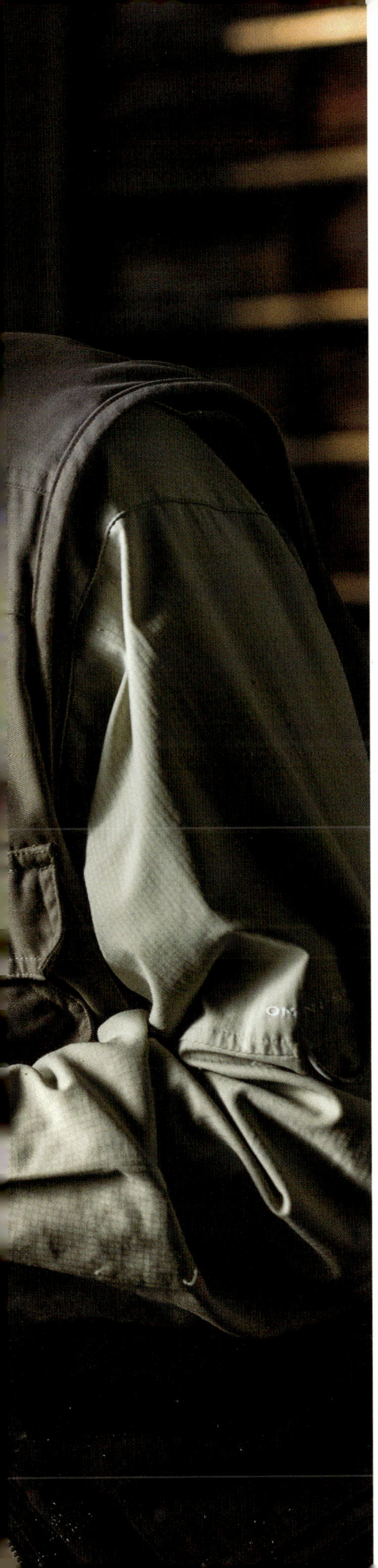

LA CASA DE NINA

A mi nadie me regaña ni yo regaño a nadie.

Érase Turrialba en algún momento a finales de los años cincuenta, o inclusive a principios de los sesenta, vaya usted a saber. El cemento que cubría los alrededores de la estación de tren contrastaba con las calles de tierra de los barrios. Danzantes pies descalzos, traían de puerta en puerta muestras del almuerzo como intercambio, un desfile de gallitos frente a las casas sin verjas.

El río Turrialba, ahora dolorosamente contaminado, fluía cristalino lleno de peces y de criaturas haciendo diabluras: chapoteando, correteando o tirándose al agua desde un bejuco. Y justo ahí, sentado en una piedra dizque secándose al sol, podríamos ver a Luis Poveda jovencitillo, sin saber que sería ayudante de albañil, maestro aspirante en Cimarrón y Peralta, y un biólogo que se enamoraría de los árboles y de la libertad que vibra en el bosque. También podríamos verlo escabulléndose rumbo a la casa de Nina.

Ser mujer en Latinoamérica implica luchar constantemente por derechos que parecen obvios y asumir deberes claramente impuestos. En la Turrialba de mediados del siglo XX, muy pocas mujeres terminaban la secundaria y otras menos llegaban a la educación superior. Además se vivía una importante migración de jóvenes del campo a la ciudad que terminaban siendo trabajadoras sexuales sin soberanía económica, chicas explotadas por hombres, sus parejas o los llamados "chivos", agresores reconocidos. Nina era diferente, siempre tuvo fortaleza e independencia y tuvo la oportunidad de dignificar su trabajo, construyéndose una casa a orillas del río Turrialba.

El fuego que ardía por dentro, como la zafra al mediodía, y la hiperactividad de la mano temblorosa a media noche, se convertían en una gran fila en la puerta de la casa. Nina, durante las fiestas del santo, recibía a medio mundo y tenía que recurrir a una estrategia organizativa: Primero los de Tayutic, decía. Luego los de La Suiza, después los de Atirro, los de Pavones, los de Aquiares y de último los del Centro, pa' que a nadie lo deje el bus. Pero este día del que pronto vamos a saber sus acontecimientos, no era fiesta de santo ni había plata en la bolsa, pero si una hendija por donde asomarse.

Entre los espacios que dejaba la madera, Luis alcanzaba ver a Nina limpiando con limón los genitales de un joven. Cada vez estás más bello, le decía. Luego de un rato de juego, el muchacho era víctima de su mente, una mala pasada, esos nervios de los hombres al saberse vulnerables y ahí estaba Luis, chepeando, conteniendo la carcajada. Nina a lo lejos, regañaba a nuestro amigo con los ojos y le decía que se fuera, mientras el cliente maniobraba con desesperación, procurando la resucitación del muerto. En una que va y otra que viene, a Luis se le soltó una risilla y el joven, notándolo al fin, se destapó en una carrera frenética tras él, que se perdió en una polvareda a lo lejos. Esa noche Luis en su cama con los ojos pelados veía el techo a carcajada limpia.

EMPEZÓ A BAJAR DEL CIELO, CUANTA SANTA PUDO RECORDAR

Unos días después regresaba plácidamente a su casa, como si nada pasara. Entró teniendo en la mente quizás el almuerzo, una poza, una mejenga o cualquier cosa que un chico puede tener en la cabeza. Cuando abrió la puerta, observó esplendorosa sentada junto a su madre, a Nina. Luis no podía creerlo y solo acató a decir: Buenas tardes, señora. Se fue para su cuarto, sudaba frío, empezó a bajar del cielo a cuanta santa pudo recordar. Imaginaba la garroteada que le iba a dar su mama: ¿Por qué estaba ahí Nina? ¿Será que lo llegó a acusar? Tanto ha aprendido de Nina... Siempre lo ha tratado con mucho cariño... Él sabía que espiarla no había estado bien, pero ella siempre lo miraba con la picardía intacta. Respiró hondo y decidió salir para no llamar la atención. "Muchas gracias, doña Chela, el vestido quedó muy lindo, aquí le dejo el otro corte". Le volvió el alma al cuerpo. La hermosa ropa de Nina era hecha por su madre.

Escritor: Fabricio Walker

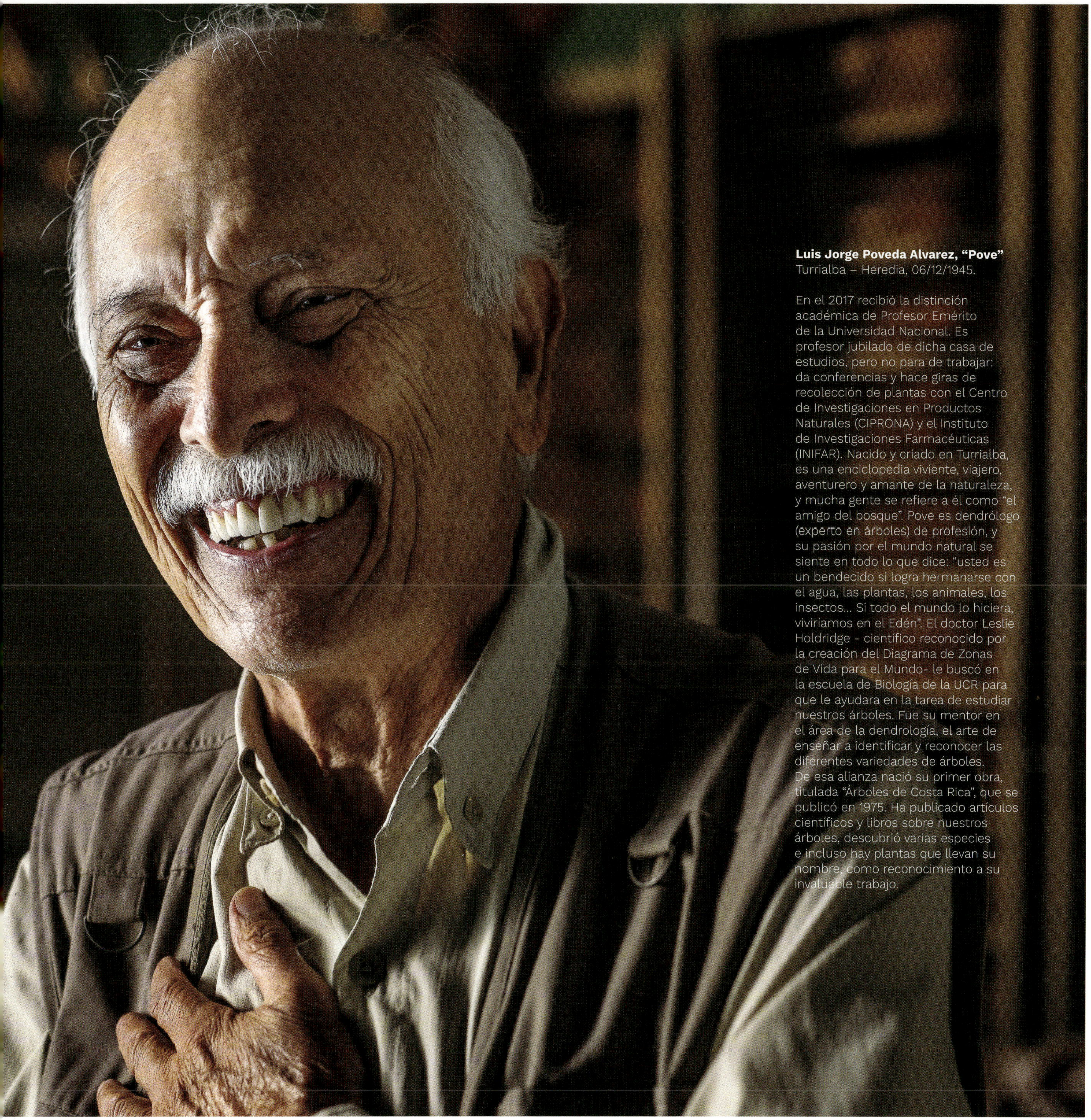

Luis Jorge Poveda Alvarez, "Pove"
Turrialba – Heredia, 06/12/1945.

En el 2017 recibió la distinción académica de Profesor Emérito de la Universidad Nacional. Es profesor jubilado de dicha casa de estudios, pero no para de trabajar: da conferencias y hace giras de recolección de plantas con el Centro de Investigaciones en Productos Naturales (CIPRONA) y el Instituto de Investigaciones Farmacéuticas (INIFAR). Nacido y criado en Turrialba, es una enciclopedia viviente, viajero, aventurero y amante de la naturaleza, y mucha gente se refiere a él como "el amigo del bosque". Pove es dendrólogo (experto en árboles) de profesión, y su pasión por el mundo natural se siente en todo lo que dice: "usted es un bendecido si logra hermanarse con el agua, las plantas, los animales, los insectos... Si todo el mundo lo hiciera, viviríamos en el Edén". El doctor Leslie Holdridge - científico reconocido por la creación del Diagrama de Zonas de Vida para el Mundo- le buscó en la escuela de Biología de la UCR para que le ayudara en la tarea de estudiar nuestros árboles. Fue su mentor en el área de la dendrología, el arte de enseñar a identificar y reconocer las diferentes variedades de árboles.
De esa alianza nació su primer obra, titulada "Árboles de Costa Rica", que se publicó en 1975. Ha publicado artículos científicos y libros sobre nuestros árboles, descubrió varias especies e incluso hay plantas que llevan su nombre, como reconocimiento a su invaluable trabajo.

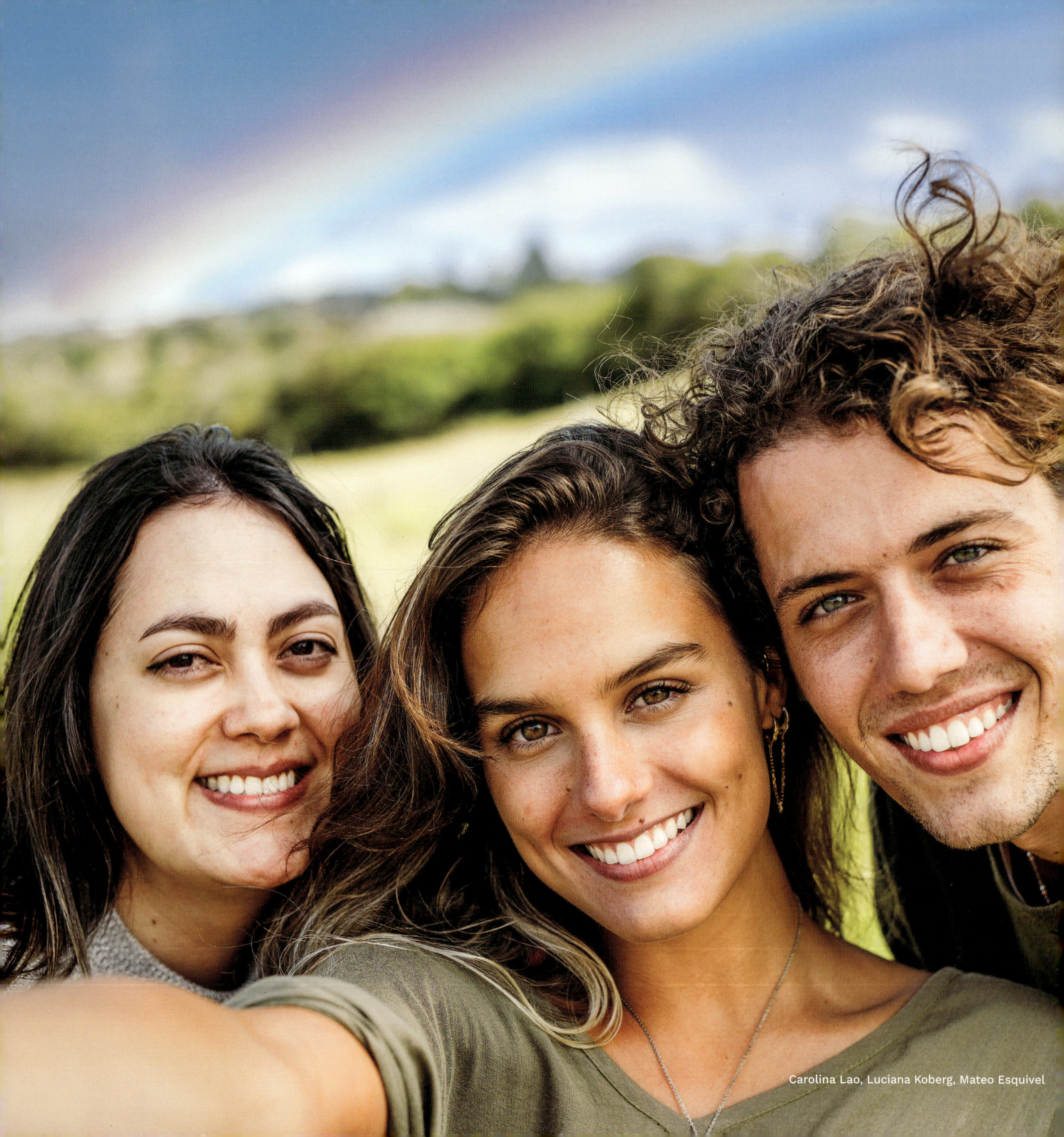

Carolina Lao, Luciana Koberg, Mateo Esquivel

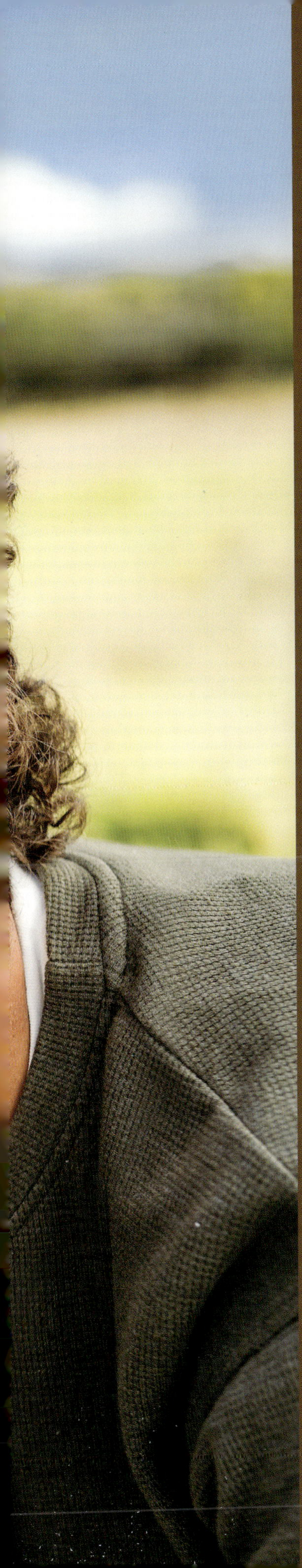

LUCIÉR NAGA

Recuerdo perfectamente a un señor que me dio algo de tomar. Lo recuerdo aunque probablemente nunca lo vuelva a ver. "Toda mi vida pasó frente a mis ojos," ya sabemos en qué circunstancias la gente suele decir esto.

En mi caso, no pasó porque tenía 7 años y tal vez no es tanta la vida hasta ese momento, no sé.

Hay nuevas generaciones que no entenderán lo que significa regresar de la playa por el Aguacate: las curvas, el marearse, las presas de domingo en la noche, pero fue ahí. Cuando uno regresa, quemada por el sol, y empieza a sentir los fríos vientos, que en ese momento se sienten extraños. Pues bajamos los asientos de atrás, mi papá tiró un colchón y nos acostamos todo el camino. Las dos boca arriba, cantando una canción inventada, que todavía recordamos y no se porqué: "había una vez un pez, que nadaba, que nadaba por ahí y se encontró un surfeador...". Como si estuviéramos tiradas en la playa, el techo bloqueando las estrellas que conforme nos acercamos a la ciudad comenzaron a desaparecer.

ACÁ TIRADA EN LA ARENA
BOCA ARRIBA,

Un Honda chiquitito venía rayando, muy rápido, entonces mi papá se orilló, pero las llantas se salieron de la calle. De repente el arriba era abajo, y después el abajo arriba, y otra vez. Tres veces. Nos volcamos, caímos en un guindo y una piedra detuvo el carro, quebró el parabrisas, evitando que siguiéramos rodando por un guindo interminable y salvándonos la vida. Nadie se lastimó, mi hermana y yo tranquilas, como si nada hubiera pasado, imagino que por la aparente calma que nos transmitió mi papá, quien además nos cargó a las dos, descalzo, subiendo el cuestón, de vuelta a la calle donde mucha gente se acercó a ayudarnos.
Recuerdo perfectamente a un señor que me dio algo de tomar. Lo recuerdo aunque probablemente nunca lo vuelva a ver.

fin de año, playa Negra, es cuando realmente toda mi vida pasa frente a mis ojos, no porque me esté pasando nada trágico, sino porque ¿qué es uno sino sus recuerdos? Hay lluvia de estrellas y esto también será un recuerdo. Es increíble! A veces hay dos al mismo tiempo y algunas parece que duran una eternidad. Las personas que lo han visto sabrán que es hipnótico, una se siente privilegiada y a la vez demasiado pequeña.

Y pensando en esas luces también recuerdo cuando en la casa de mi mejor amiga, Claudia, salíamos a atrapar luciérnagas, las metíamos en un tarrito y después la liberábamos. Salíamos en pijamas a atraparlas, y a nuestras mamás no les encantaba porque nos tirábamos en el barro, jugábamos debajo del aguacero.

DE HECHO, INTENTO BRILLAR CON LUZ PROPIA

Las pijamas a la basura. Era en San Ramón de Tres Ríos, entonces el jardín era un bosque, en el que nos perdíamos como si estuviéramos lejos de la ciudad. Creo que casi que lo hacíamos porque después nos podíamos bañar con agua caliente y era la mejor sensación del mundo.

Mi mamá me decía luciérnaga, bueno todavía lo hace, por Luciana. Decía que significa mujer de luz y la verdad me gustaba el título. De hecho, intento brillar con luz propia, como las luciérnagas. Como las estrellas.

Escritor: Adrián Castro

Luciana Koberg Garrón
Escazú, 30/06/2000.

Durante casi 18 años, desde muy niña, ha sido bailarina de ballet clásico. Se formó en la Escuela de ballet Clásico Ruso. Pensó que toda su vida se iba a dedicar a eso, era muy competitiva, pues es lo que había aprendido de sus padres (atletas). En la adolescencia comenzó a experimentar ataques de pánico, que ella asocia con la presión de la academia y el hecho de que su cuerpo no responde a los estándares "tradicionales" de la estética del ballet. Decidió irse a Alemania y durante el año en que estuvo allá abandonó la idea de ser bailarina profesional. Estudió alemán y trabajando como niñera descubrió su pasión por el trabajo con niños. A su regreso de Berlín comenzó a estudiar psicología. Ahora además se dedica a la venta de granola artesanal, y recientemente regresó al baile, ahora con otras expectativas. Luciana tiene una relación estrecha con el entorno natural: "me encanta la naturaleza y es donde me siento como mi mejor versión".

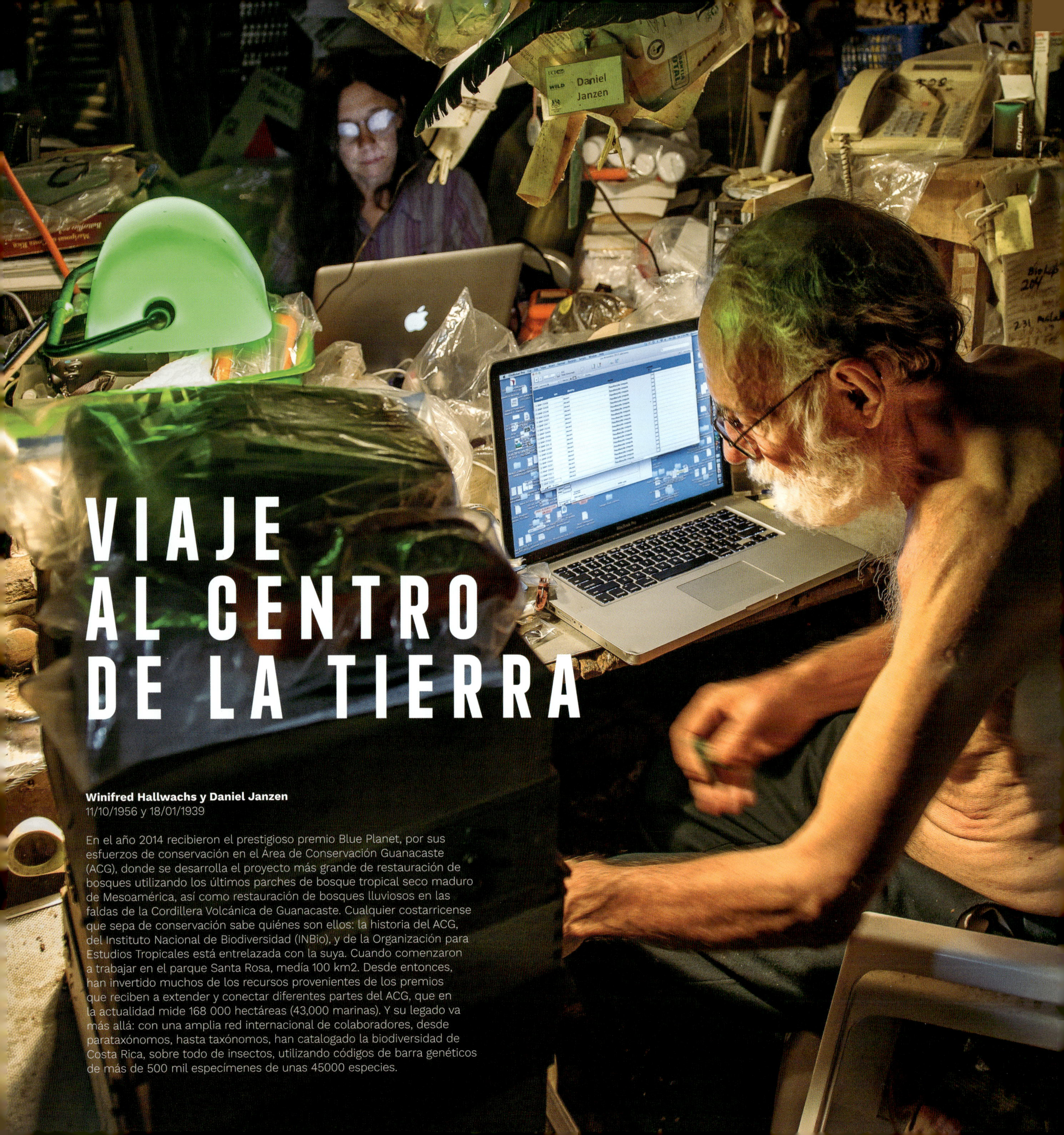

VIAJE AL CENTRO DE LA TIERRA

Winifred Hallwachs y Daniel Janzen
11/10/1956 y 18/01/1939

En el año 2014 recibieron el prestigioso premio Blue Planet, por sus esfuerzos de conservación en el Área de Conservación Guanacaste (ACG), donde se desarrolla el proyecto más grande de restauración de bosques utilizando los últimos parches de bosque tropical seco maduro de Mesoamérica, así como restauración de bosques lluviosos en las faldas de la Cordillera Volcánica de Guanacaste. Cualquier costarricense que sepa de conservación sabe quiénes son ellos: la historia del ACG, del Instituto Nacional de Biodiversidad (INBio), y de la Organización para Estudios Tropicales está entrelazada con la suya. Cuando comenzaron a trabajar en el parque Santa Rosa, medía 100 km2. Desde entonces, han invertido muchos de los recursos provenientes de los premios que reciben a extender y conectar diferentes partes del ACG, que en la actualidad mide 168 000 hectáreas (43,000 marinas). Y su legado va más allá: con una amplia red internacional de colaboradores, desde parataxónomos, hasta taxónomos, han catalogado la biodiversidad de Costa Rica, sobre todo de insectos, utilizando códigos de barra genéticos de más de 500 mil especímenes de unas 45000 especies.

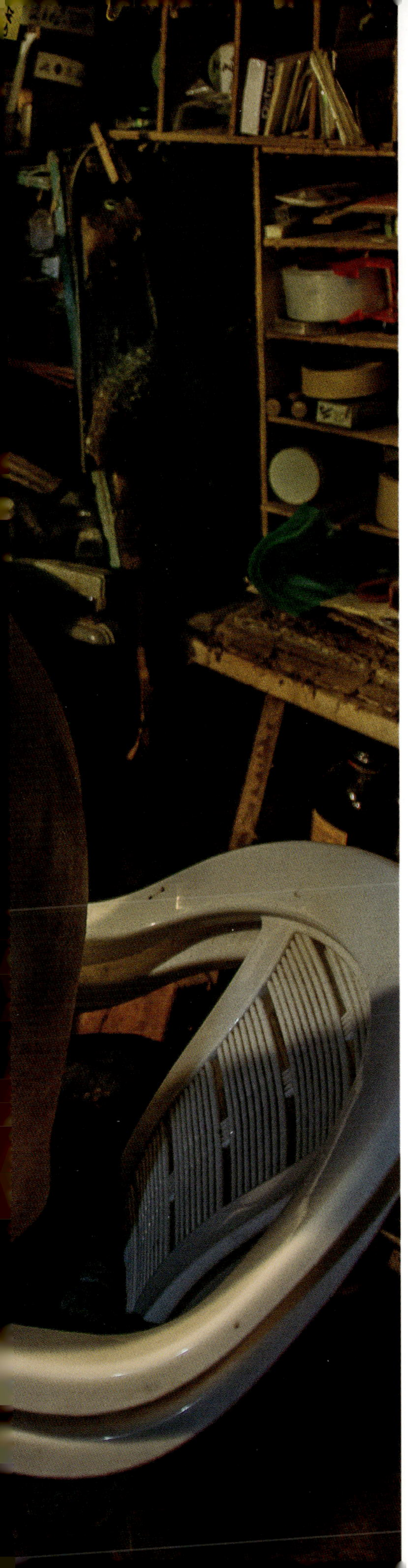

Una larga fila de esperancitas verdes naciendo en una rama, con sus largas antenas peinadas por el viento en el parque Santa Rosa. Ese es un momento que Winnie no olvida, dejando ver su minuciosa lectura del mundo natural. No se puede hablar de Dan sin hablar de ella, y viceversa. Él la describe con cariño como una extensión de su ser, "Ella es más inteligente y curiosa. Yo hablo y ella piensa". Ella escoge con aprecio las palabras para honrarlo: "El tiene una capacidad magnética de hablar desde el corazón". Se llaman entre ellos Win y Dan. Y perfectamente podrían ser personajes de un libro de Julio Verne.

La complicidad inició hace 42 años; ella era estudiante en una de sus clases de taxonomía en Minnesota. Ella con 23 y el 39. "El estaba fascinado por estos insectos y yo estaba intrigada por su fascinación".

Acto seguido se subieron a un avión de Lacsa para la primera de muchas aventuras compartidas. Win recuerda los nervios: ¿de qué le hablaría tantas horas a un experto como él?. Pero el vuelo se hizo corto, no pararon de conversar. Así se enteró del origen del encanto de Dan por las polillas. A los 9 años le regalaron una red para mariposas. En poco tiempo había coleccionado las pocas mariposas que había en su natal Minneapolis. Pero su mundo se expandió en una visita al Museo de Historia Natural. Dan recuerda una exhibición de mariposas tropicales, donde había ¡mariposas azules! y de cientos de otros colores, texturas y formas. Ese día se dijo, ¡tengo que conocer el lugar de donde vienen! Así llegaría a Costa Rica, para nunca volver a irse, y Winnie le seguiría.

ASÍ LLEGARÍA A COSTA RICA, PARA NUNCA VOLVER A IRSE

Aterrizaron de noche en el San José poco poblado y lleno de bosque de 1978. Ese primer viaje les llevaría a la estación de Sirena en Corcovado. "Había muchos bichos, era un lugar muy romántico" sonríe ella. En esa época Dan todavía "cazaba" con red. Justo al atardecer iban a esperar la oscuridad en unas plantas de ginger donde sabía llegarían sus preciadas *Nystalea* voladoras. Dan las atrapaba a puro oído, de noche. Reconocía los distintos zumbidos y sus reflejos le permitían capturarlas con un movimiento certero.

Ese viaje evoca la novela que casi 100 años antes escribiera Verne, *Viaje al Centro de la Tierra*. Una noche caminaron a Llorona - una playa distante- famosa por la catarata que cae directo en la arena. Su misión: colocar unas trampas de ratón estratégicamente a lo largo de unos árboles de 45 metros de altura que bordeaban el acantilado. Un bosque primario impresionante que describen como una catedral formidable. Tristemente, ese fue el último día que los gigantes permanecieron en pie: una gran tormenta azotó la costa y volcó a esos ancestros centenarios. "Fue devastador ver esa destrucción que no era hecha por el hombre. Ese día entendimos lo vital de proteger grandes extensiones de bosque". De ese *¡ajá!*, años después se beneficiaría el Área de Conservación Guanacaste, y con ella todos los ticos y las ticas.

Winnie cuenta que mientras cruzaban el río Sirena -lleno de ojitos de caimán- perdió sus antejos, sin ellos no pudo ver bien por varias semanas; la mano de Dan fue indispensable para cruzar las calles de San José. Con el pasar de las décadas a ella le ha tocado guiarlo a él, pues la enfermedad de *Meniere* le ha afectado su oído medio. Ahora ella cuida de Dan con el mismo cariño con el que él la guió en el viaje en que se enamoraron de las mariposas nocturnas, del bosque, el uno del otro y de Costa Rica, un país que los haría suyos por méritos propios.

Escritor: Giancarlo Pucci Golcher

MI POZA FAVORITA

A mí no me da miedo saltar en la poza, ni tampoco abrir los ojos cuando estoy debajo del agua. Esta es mi poza favorita, aquí hasta aprendí a nadar. Apenas salgo de la escuela lo primero que hago es venir para acá. Pero cuando mi mamá no está en la casa, no me dan permiso.

Una vez, estaba sola en la casa, ¡y con unas ganas de venirme para la poza!, pero no podía. Entonces a mí me dio por lavar. Me fui al patio de pilas. Me encaramé a la lavadora. Le eché, le eché y le eché muchísima agua. Era solo cómo para escuchar el sonido. Yo me sentía cómo en la poza. Y también hasta que casi vacié la bolsa de jabón en polvo. Y como a mí me gustaba jugar con la espuma, empecé a tirarla así, para arriba. ¡La espuma hasta se salió del cuarto de pilas! A mí nadie me pescó. Pero cuando mi mamá volvió de hacer los mandados en Orotina, vio todo eso y me castigó. Ya no puedo usar la lavadora cuando ella no está.

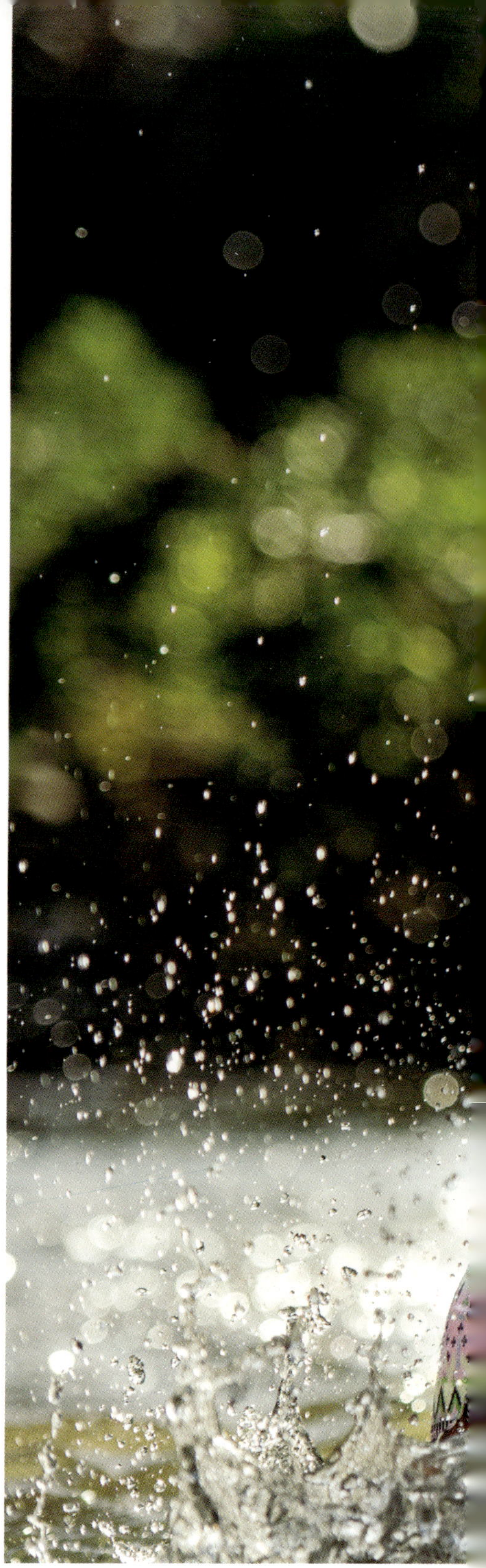

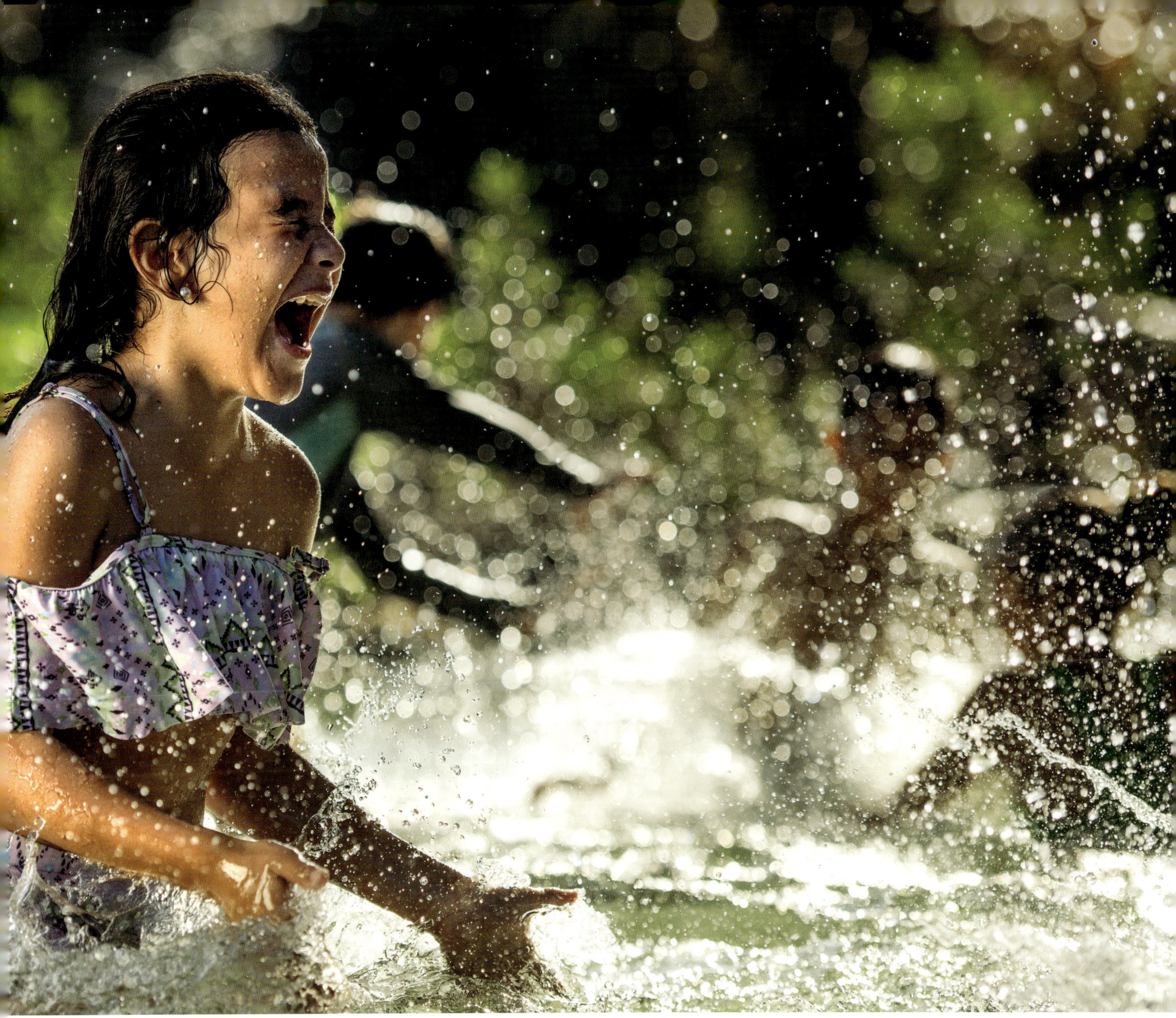

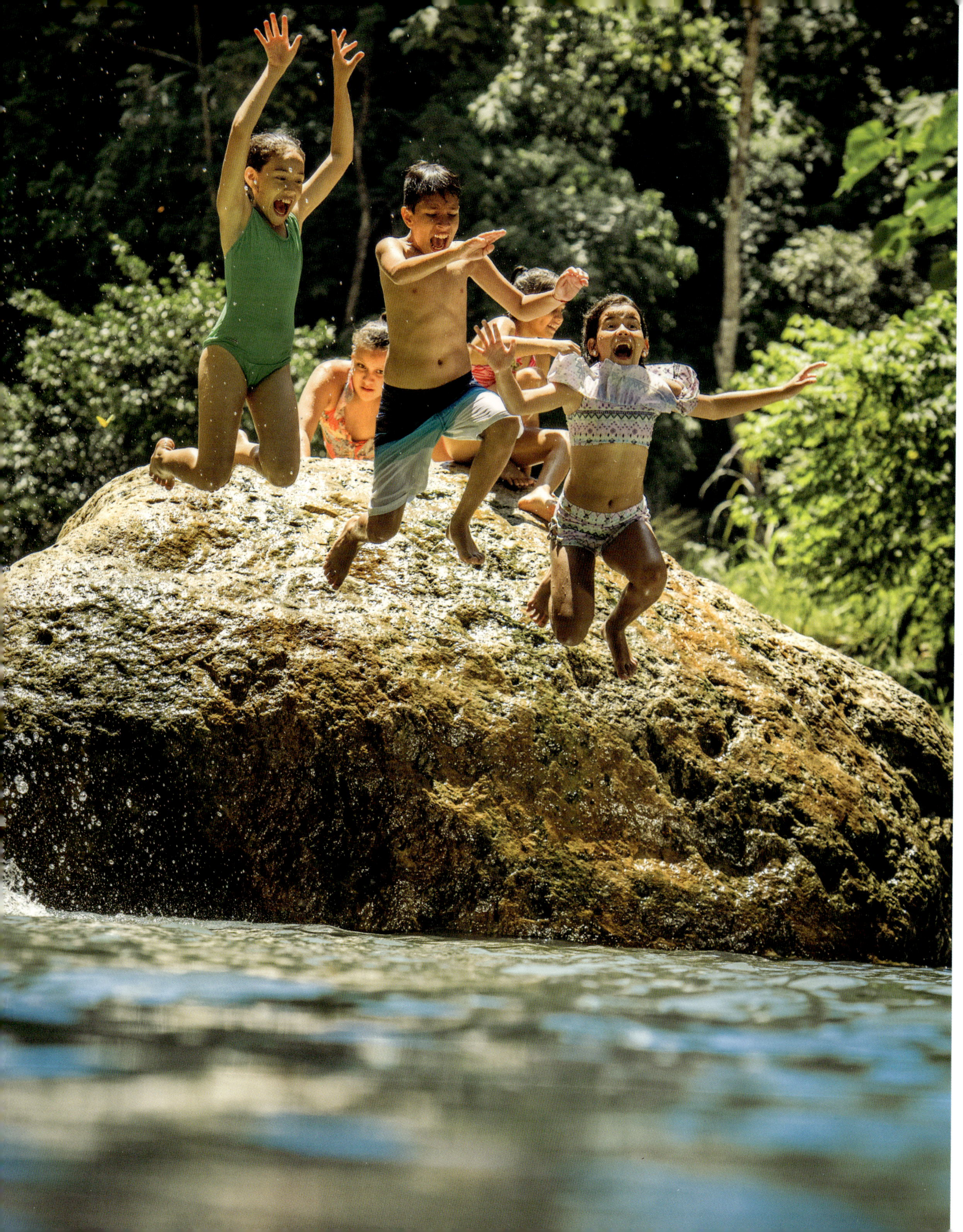

ME ENOJO, PORQUE AL FINAL ESO VA A DAR AL RÍO.

Pero eso fue hace mucho tiempo, tenía siete años, ahora tengo nueve. Toda esa agua que gasté la hubiera podido utilizar para otras cosas. Ya no me gusta jugar con espuma, ni desperdiciar nada, porque eso es andar dañando la naturaleza. Mis dos papás trabajan en la soda de ellos, que está cruzando la calle de mi casa. Ahí separamos la basura. Yo les ayudo a jalar las bolsas de la cocina a la calle los miércoles, porque es cuando pasa la muchacha del reciclaje. Y cuando hay gente que bota la basura en el piso, yo las regaño. Me enojo, porque al final eso va a dar al río.

Escritora: Liberatd Sobrado

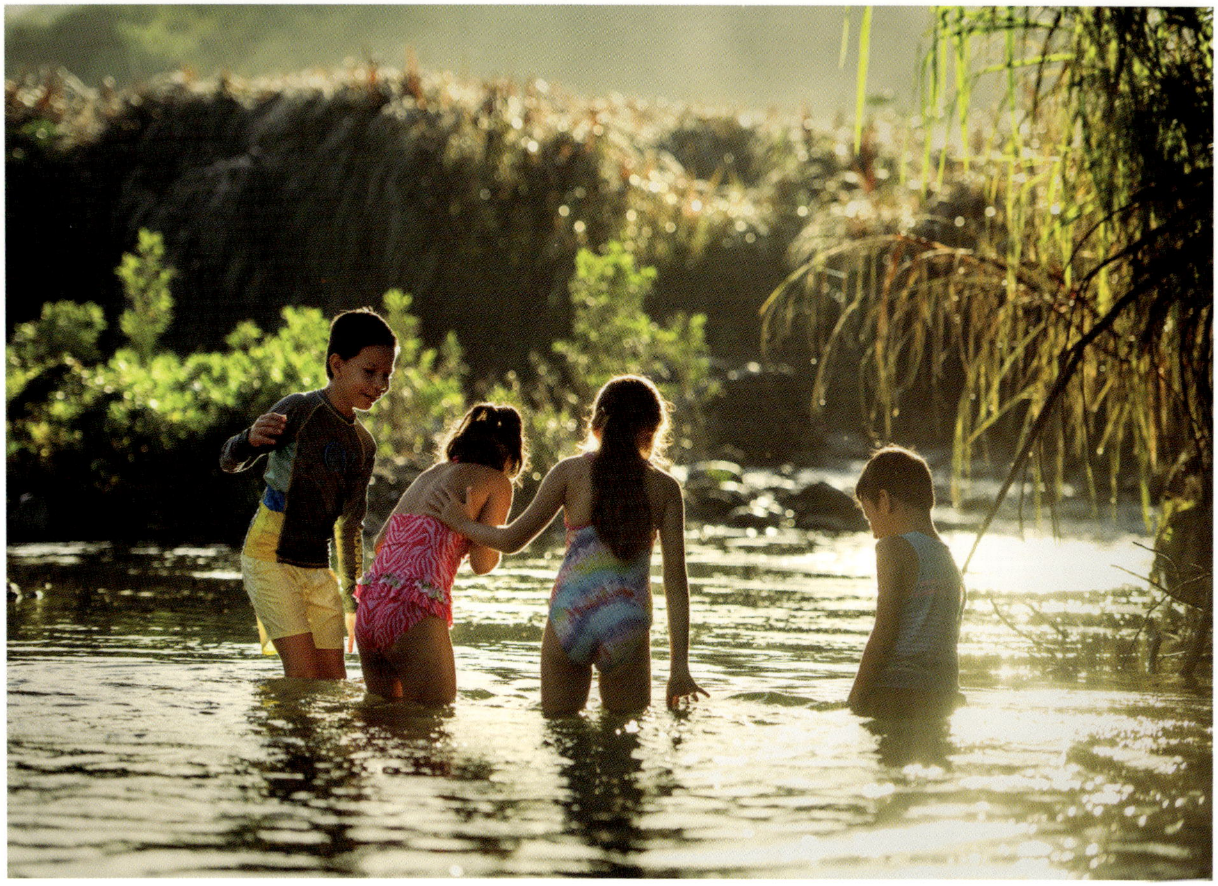

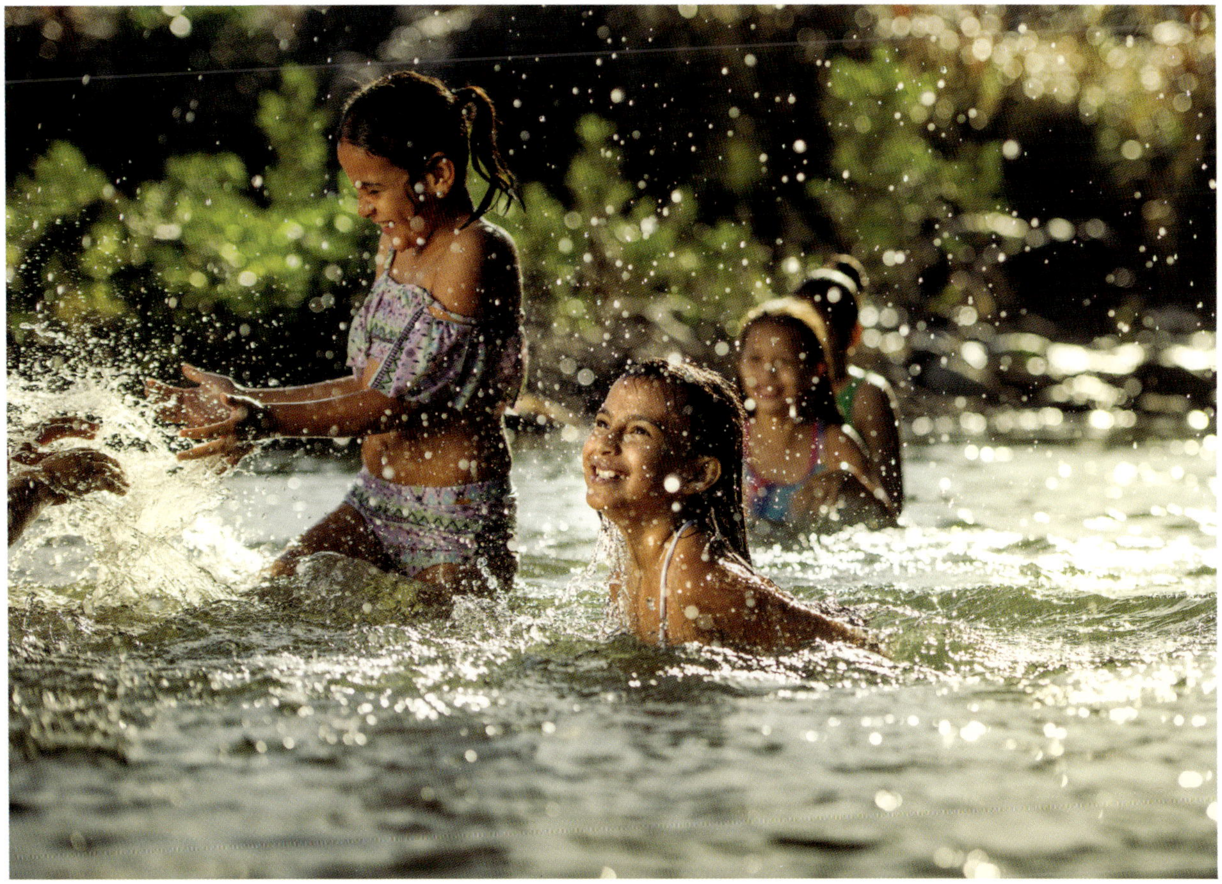

Jimena Amador
San Mateo, 10/12/2009.

Jimena es pura alegría: le encanta bañarse en pozas de agua dulce. Es una niña libre y soñadora, preocupada por el ambiente: "si yo pudiera, me haría clones en todo el mundo, para ir recogiendo basura". Si hablamos de superpoderes, el que Jime quisiera tener es poder retroceder en el tiempo para prevenir la contaminación. Esos sueños son los que cambian el mundo.

EL FIN DE UNA ERA

3.15am… *"Que critiquen todo mami, todo lo que quiera"* canta una radio de perilla que más saca chillidos que otra cosa y cuya antena apenas se sostiene con cinta. Se acercan dos muchachos que no son de aquí.

– Amigo, deme 4 alitas y unas papas con todas las salsas. ¿Fresco de qué tiene?
– Resbaladera- indica un señor del otro lado del mostrador, con un delantal que podría contar historias. En una bolsa un limpión y en la otra un fajo de billetes para dar cambio.
-Voy con lo mismo, mi tata-, indica el otro.
- Mae Leo, hoy ganamos 2-0. Si no, lo invito a ese ceviche de chucheca.
–Está duro mae, el Puerto aquí siempre nos jode. Además usted la vez pasada dijo la misma vara y me quedó debiendo un Churchill.

Transcurre una conversación típica de fútbol entre dos amigos que buscan reconciliarse con su cuerpo después de lo que pareciera fue una gran noche de copas. Al fondo se escucha un concierto de frituras, aceite a borbollones mezclado con bombillos amarillentos que iluminan el escenario de una "muerta de hambre". Por aquí desfila todo tipo de personajes noctámbulos: piratas, taxistas, borrachos, prostitutas, trabajadores, creyentes, practicantes y hasta ateos… Todos buscan su pedacito de pollo que les ayude a llegar mejor a la cama antes del amanecer.

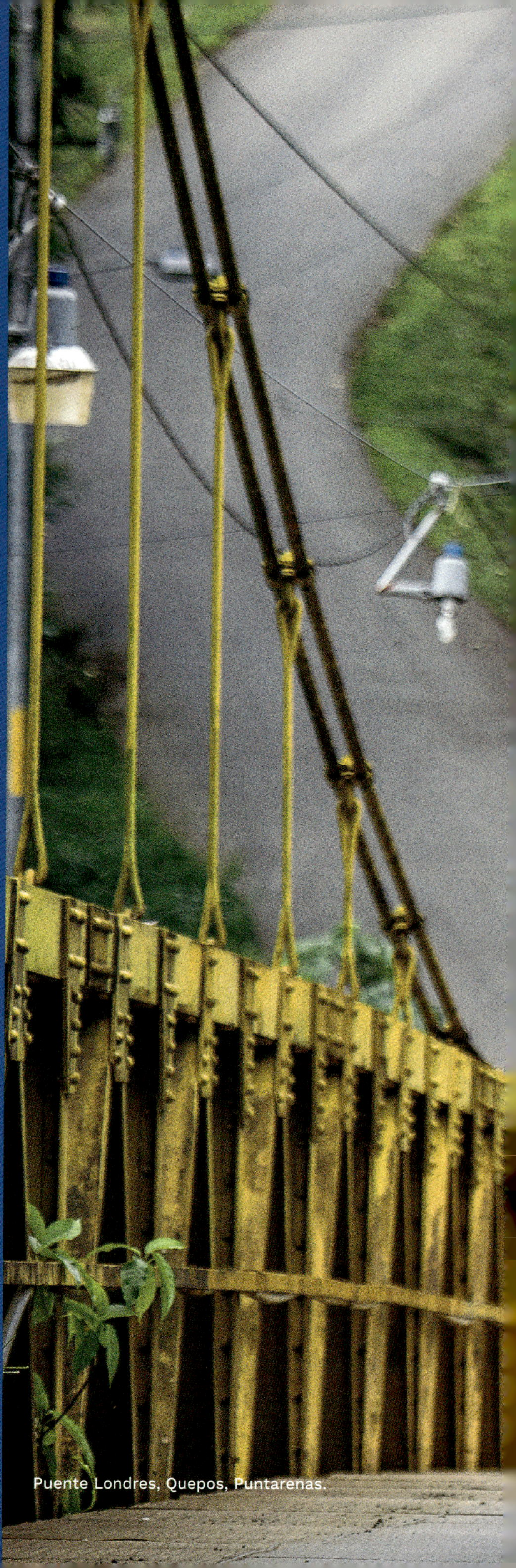

Puente Londres, Quepos, Puntarenas.

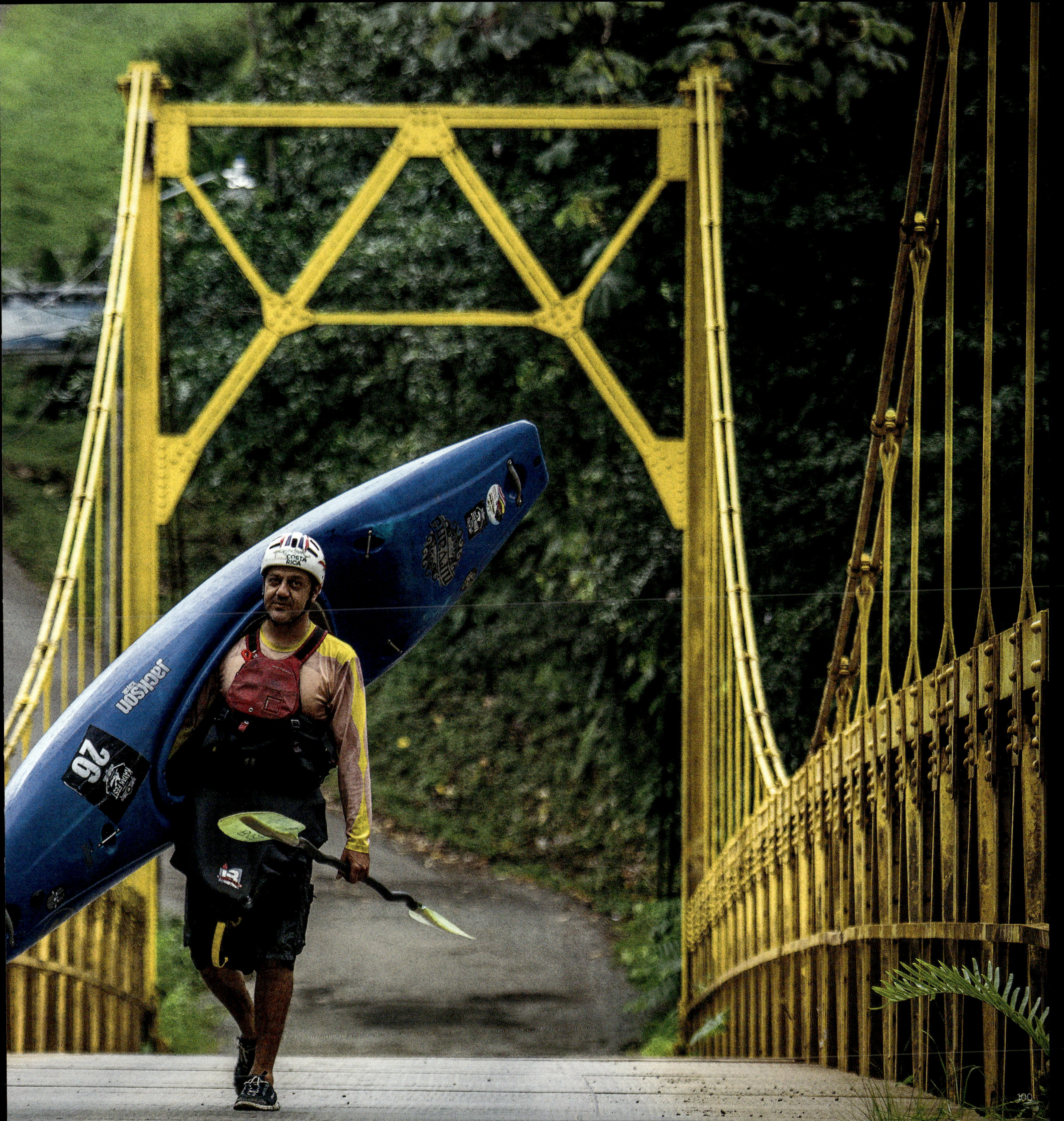
COSTA RICA
jackson
26

EL BOSQUE FUE TESTIGO DE QUE LEO NO TUVO OTRA OPCIÓN.

Meses atrás un anuncio en el periódico exponía: "Se buscan guías para rafting". Leo no tenía mucha idea al respecto, pero decidió participar. Tenía el inglés de su lado y unos volados que le pasó su hermano sobre primeros auxilios.
- Los de adelante, ¡remos arriba! Los de atrás, ¡remen con fuerza!... ¡Bien! ese fue un rápido clase cuatro- comentó el mentor de futuros guías. Leo era uno de esos que remó desde atrás, pero su cabeza ya estaba muy adelante, pensando y sintiendo en *conjugación río*, soñando en forma de agua.

- Mae, vieras que lo del rafting es los domingos, creo que ya no voy a poder venir tan seguido a ver a la "S"...
- ¡Árbitro cochino! ¡Es falta! – le responde el amigo a Leo ("¡falta'e guebos!", replica una voz poco amistosa en la gradería). Mae, hoy Evaristo no la está viendo, ese Diablo Contreras lo tiene feo -insiste el amigo de Leo.

-Si si, pero callate que aquí nos puede llover bolsa de miaos- Leo intentaba decirle a su compañero de aventuras que quizás una etapa llegaba a su fin. Con cierta melancolía, recordaba vivencias únicas, como cuando invadió la cancha en la final y le tocó pasar el día del padre en la perrera... - ¡Goooooool!!! -Se abre de manera mágica la posibilidad para dos hombres de abrazarse con desenfreno en medio de la multitud. En ocasiones un gol se atraviesa sobre algo que se quiere decir, este fue el caso. Saprissa anotó, sin embargo Leo se quedó sin su ceviche, nuevamente.

El señor del local se acerca con su compañero de mil batallas: el limpión, que pareciera haber sido utilizado previamente para combatir las mugres de todas las sodas existentes en la provincia.

– Hoy no la ven- dice el señor, mientras mira fijamente a Leo, -pero le voy a decir una cosa: ese chamaco nuevo de Saprissa, Fonseca, acuérdese de mi, ese carajillo la va a pegar-.
Hay situaciones que nacieron para convencerte, acaso definirte.
- Bien, muchachos, merecido descanso. El que quiera puede tirarse al agua en este segmento, lo vale- Y así lo hizo Leo. Se dejó ir, como se deja ir un alma cuando está decidida a ser libre. Flotó sobre el cauce del río, aunque más parecía que volaba. Mirada al cielo, gotas de lluvia caían incesantemente como mensajes clarividentes. No todos los días se atraviesa un cañón de un río mientras se tiene como espectadores atónitos árboles y plantas de todas las formas y verdes posibles. El bosque fue testigo de que Leo no tuvo otra opción. A partir de ese momento, Leo le perteneció al río.

Escritor: Fernando Alvarado

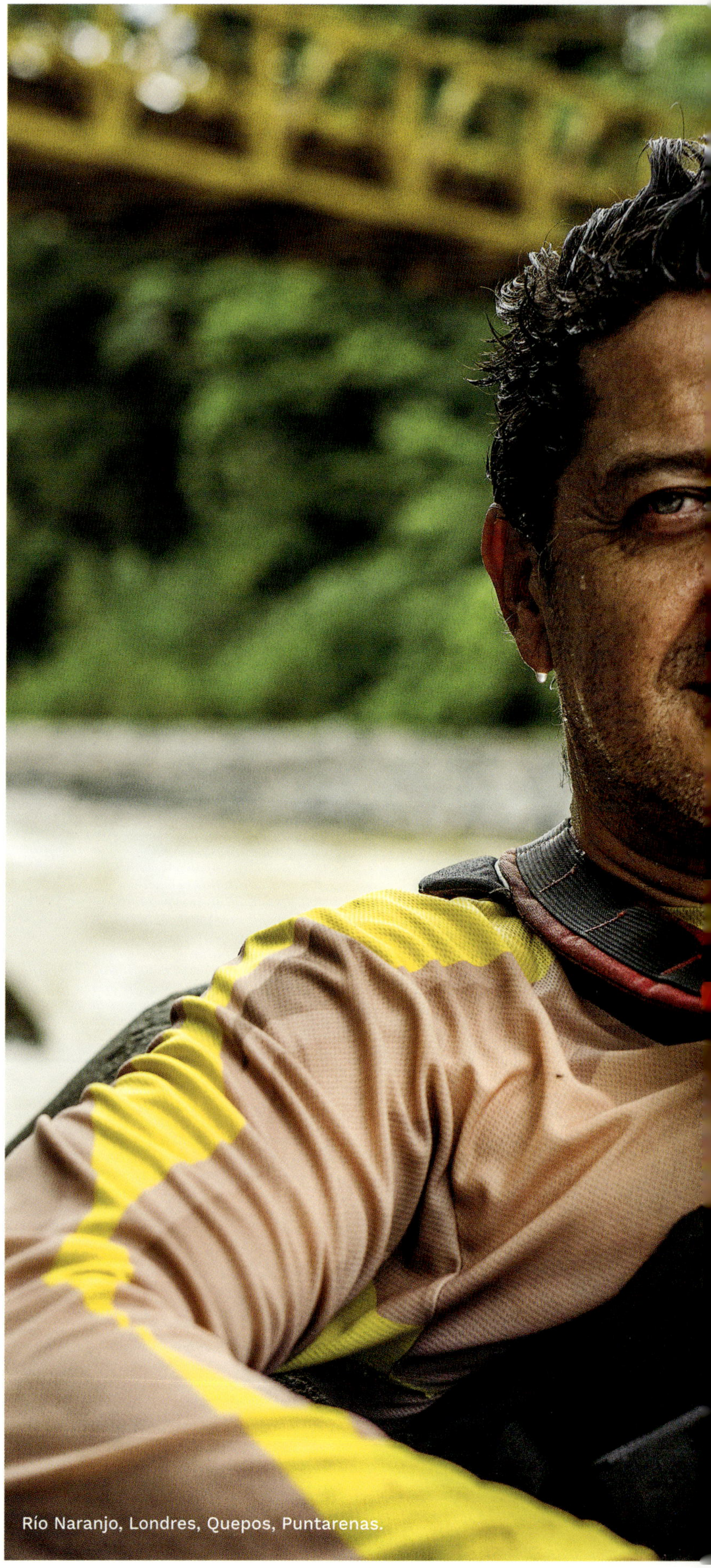

Río Naranjo, Londres, Quepos, Puntarenas.

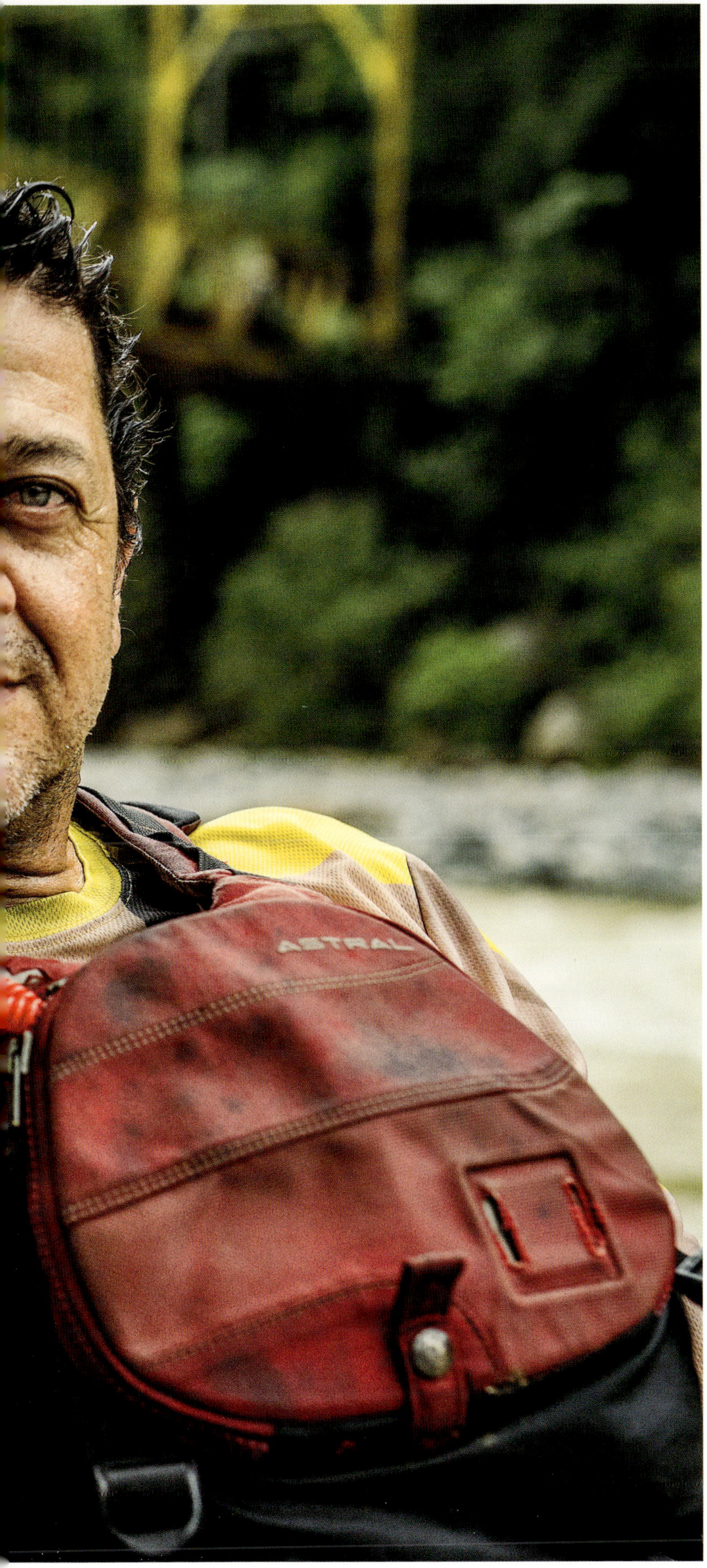

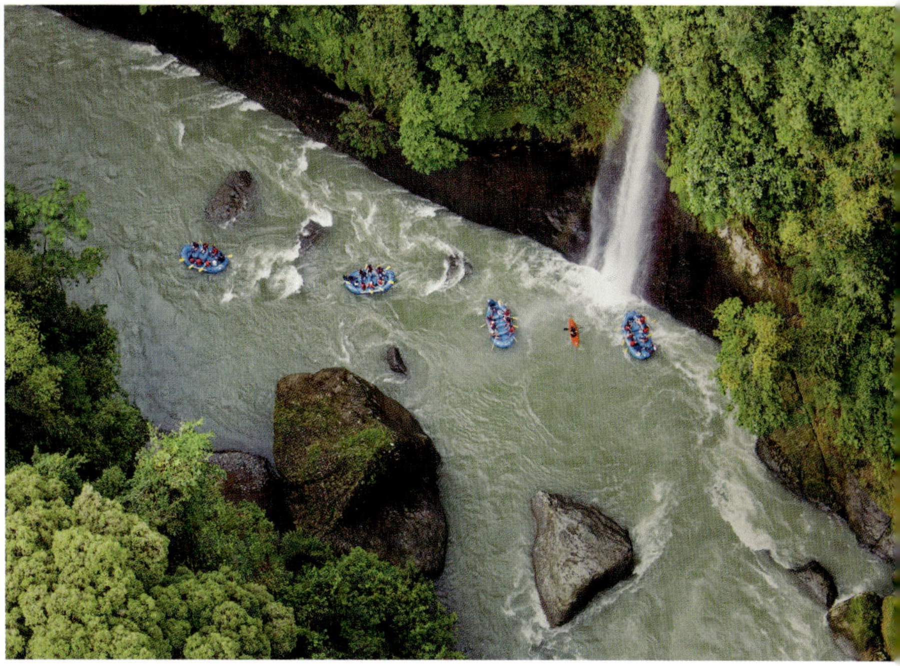

Bajo del Tigre, Siquirres, Limón.

Leonardo Vásquez Boza
San José – Quepos, 04/12/1972.

Leonardo no encontró arraigo hasta que llegó a Quepos. Probó suerte y experiencias en muchos rincones del país, como Turrialba y la Fortuna, e incluso vivió en Carolina del Sur, donde estudió una maestría en recursos naturales. Aunque su vida laboral comenzó en el negocio familiar, desde 1992 la vida de Leonardo ha sido escrita por los ríos. Ese año se certificó como guía de rafting, y comenzó a trabajar en la icónica empresa pionera Ríos Tropicales, de la mano del muy querido Rafa Gallo. En el 2002, creó su propio emprendimiento de aventuras naturales y de río en la zona del Pacífico Central: H2O. Leonardo está casado y tiene dos hijos, a quienes trata de transmitirles un valor de gran importancia: "lo que yo trato de enseñarles a mis hijos ahora es a ser feliz, encontrar la felicidad ya sea en el estudio, en el trabajo, en todo lo que usted haga, la misión es esa".

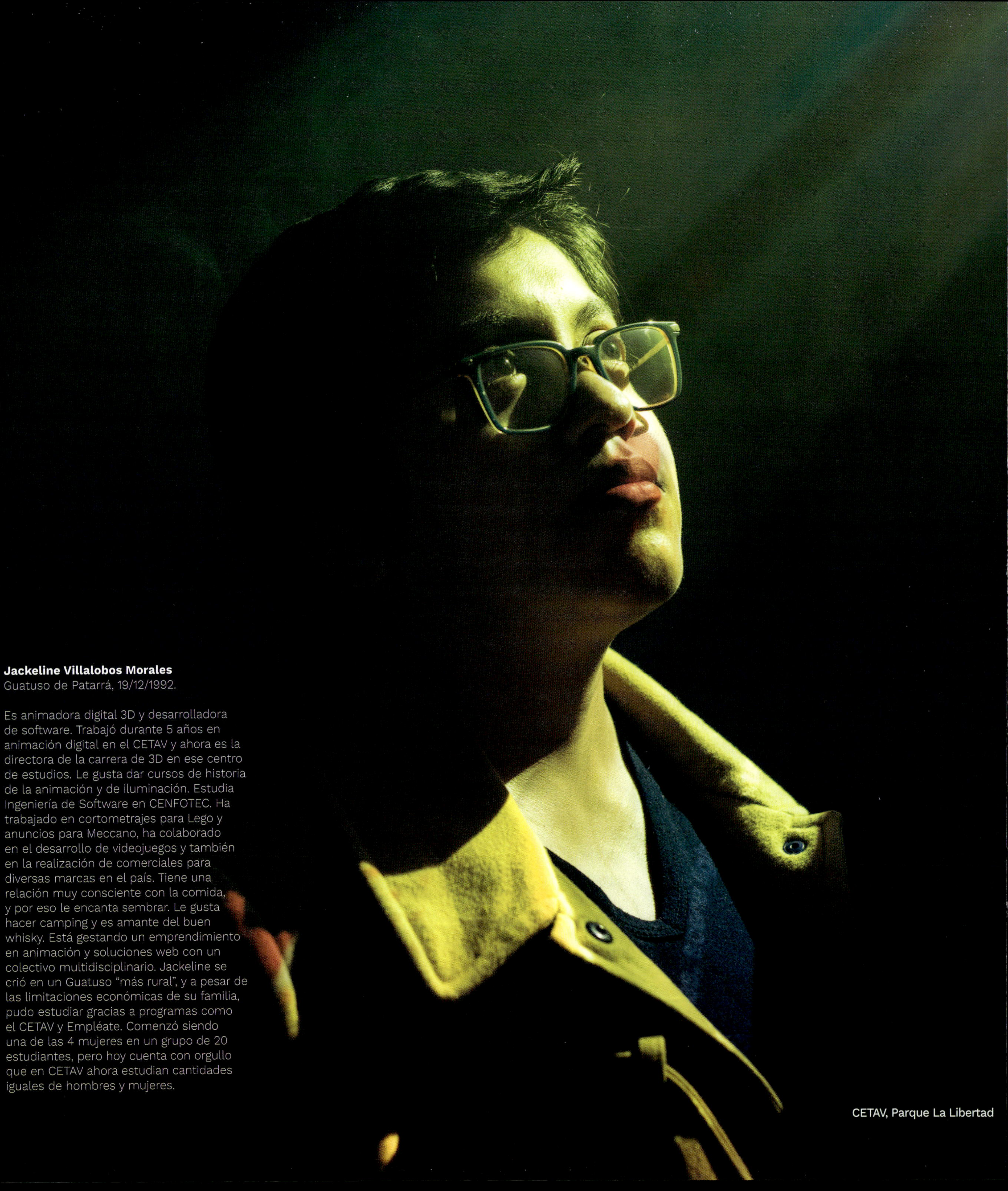

Jackeline Villalobos Morales
Guatuso de Patarrá, 19/12/1992.

Es animadora digital 3D y desarrolladora de software. Trabajó durante 5 años en animación digital en el CETAV y ahora es la directora de la carrera de 3D en ese centro de estudios. Le gusta dar cursos de historia de la animación y de iluminación. Estudia Ingeniería de Software en CENFOTEC. Ha trabajado en cortometrajes para Lego y anuncios para Meccano, ha colaborado en el desarrollo de videojuegos y también en la realización de comerciales para diversas marcas en el país. Tiene una relación muy consciente con la comida, y por eso le encanta sembrar. Le gusta hacer camping y es amante del buen whisky. Está gestando un emprendimiento en animación y soluciones web con un colectivo multidisciplinario. Jackeline se crió en un Guatuso "más rural", y a pesar de las limitaciones económicas de su familia, pudo estudiar gracias a programas como el CETAV y Empléate. Comenzó siendo una de las 4 mujeres en un grupo de 20 estudiantes, pero hoy cuenta con orgullo que en CETAV ahora estudian cantidades iguales de hombres y mujeres.

CETAV, Parque La Libertad

LÁGRIMAS DE FELICIDAD

Lo había visto llorar solo una vez, cuando murió su madre, pero esa era la primera vez que lo veía llorar de felicidad. Estaba tan impactada de ver lágrimas en su rostro, como él de sentir el despegar.

Papá era muy calmado y comprensivo, imagino que no siempre fue así. Crecer en Patarrá con padres alcohólicos no ha de haber sido sencillo. A los 11 años tuvo que iniciarse en el mundo laboral para sostener a la familia.

Tocó puertas de taller en taller ofreciendo su ayuda, y entre carros y camiones aprendió a manejar. Cuando se casó con mi mamá eso era lo único que sabía hacer. Consiguió trabajo manejando camiones, distribuyendo productos de limpieza.

Yo siento que él se sale del molde, por eso no se le hizo difícil crecer en sus empleos. Su propio jefe le aconsejó que inscribiera una empresa de distribución, y él mismo contrataría sus servicios. Al poco tiempo ya había comprado camiones y contratado personal. Fueron buenos años. Siempre me aconsejó que estudiara, él decía que para ser alguien en la vida... Yo siento que me lo decía para que porfa tuviera una vida más fácil que la de él.

Tenía 14 años cuando una tarde papá llegó a casa y puso un sobre de manila lleno de plata sobre la mesa. Habían tenido que vender la finca de Siquirres para poder saldar las deudas. La empresa había quebrado.

Para ellos fue fácil volver a vivir con limitaciones, para mi hermano mayor y para mí, fue como ver sueños caer.

No me importaba que ya no iríamos a La Paella en San Francisco a comer los fines de semana, lo único que pasaba por mi cabeza era: ¿Cómo voy a financiar mi educación?

Papá se crió en un ambiente machista tradicional, en donde mostrar sus sentimientos era un obstáculo para salir adelante. Decía que sus hijos necesitaban una mamá en casa y no la dejó trabajar, pero conmigo fue diferente, me impulsó a estudiar.

Comencé a trabajar medio tiempo con un fotógrafo, para buscar pagar la carrera de diseño. Así como papá, pasé de trabajo en trabajo, hasta que en una convención vi un puesto del CETAV y me acerqué. Apliqué para la beca. Las muchas horas de videojuegos, mi afición por la lógica, los números y el dibujo rindieron frutos.
Entré con la disposición de estudiar, sin imaginar que terminaría siendo la coordinadora de la carrera de animación digital 3D.

Después de que la empresa familiar quebró, somos gente mucho más ordenada.
Aunque sus lecciones fueron muchas, lo que más disfrutaba era enseñarme cómo degustar del sabor amaderado de un buen whisky. Sin hielo y sin agua, así lo toma él.

Poco tardó esa semilla en crecer. Apenas tuve la oportunidad, viajé a Escocia con mi novio para conocer más sobre la cultura del whisky. Cada región tiene su propio whisky y tomamos un tour que tenía muestras de cada lugar. Cuando llegó el momento de catar busqué el que más le podría gustar a él.

Cuando era niña la idea de viajar no se asomaba, y en ese momento estaba brindando en su honor con un Argbeg.

Ahí mismo supe que quería montar a mis padres en un avión. Quizás México no sea Escocia, pero es un viaje más ligero y ellos ya están grandes. No se si fueron de emoción o de orgullo, apenas estábamos despegando, pero aquellas lágrimas ya habían completado mi viaje.

Escritora: Michelle Macluf

LEVANTARSE DE LAS CENIZAS

La boñiga corre por nuestras venas

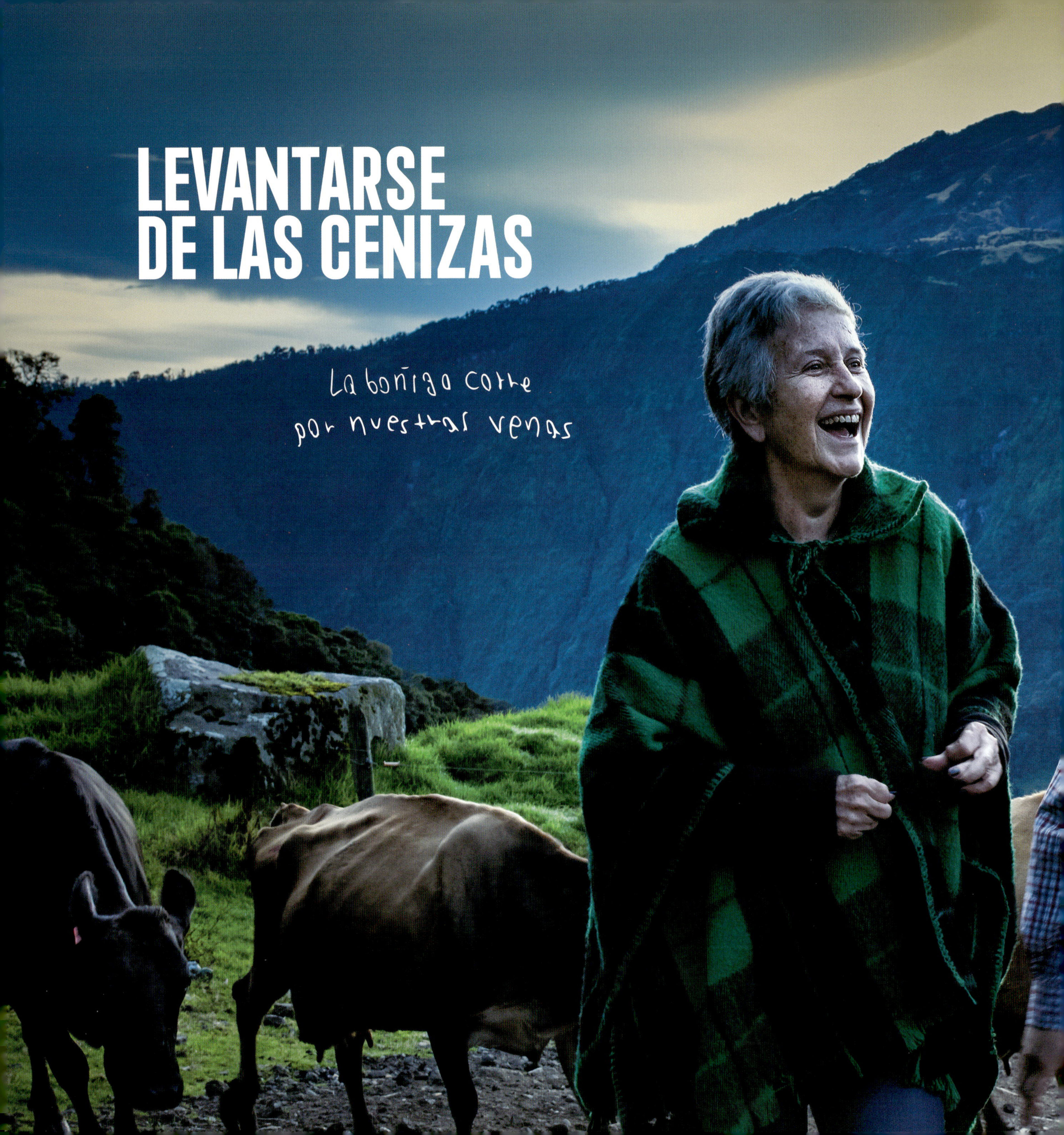

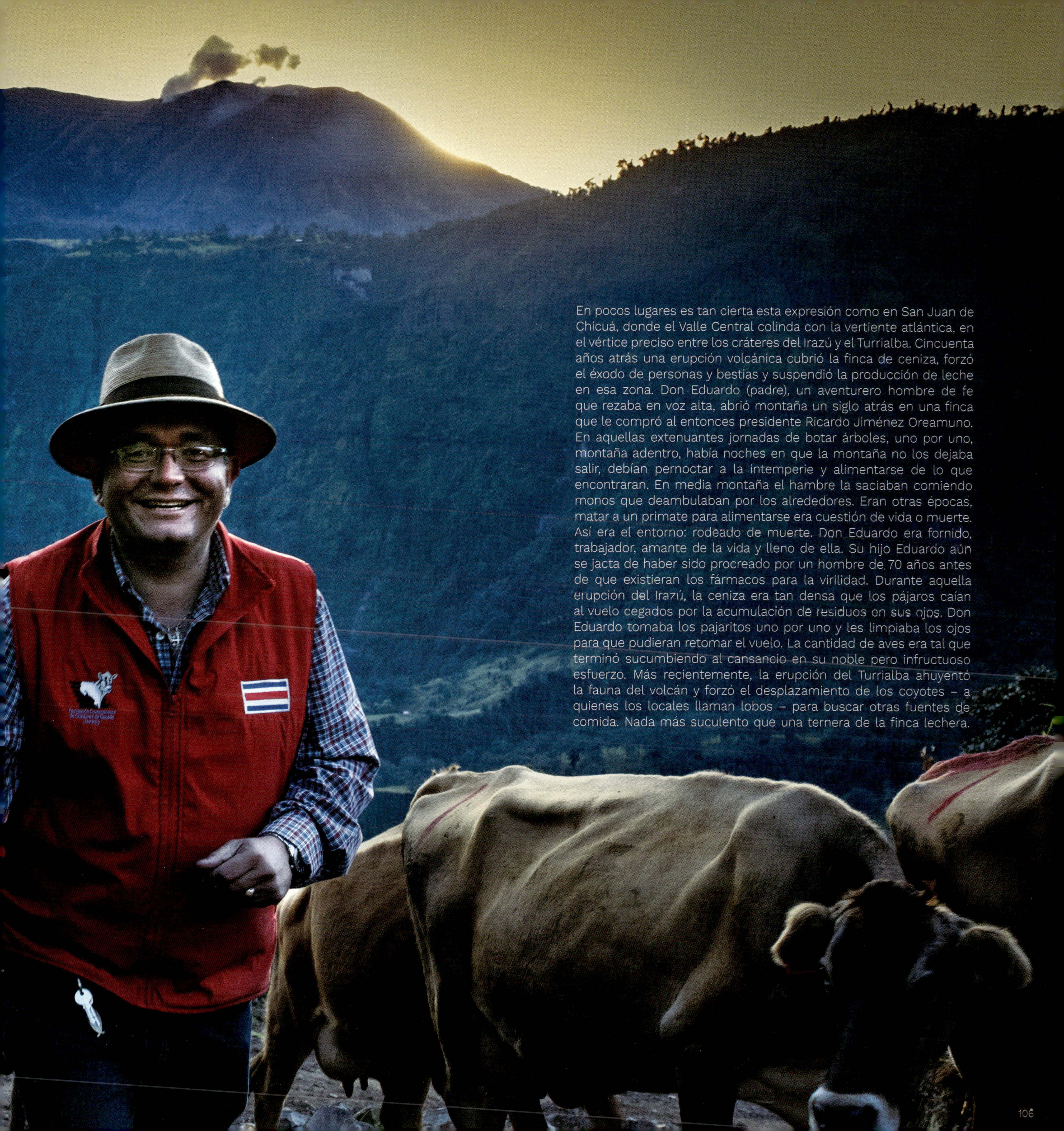

En pocos lugares es tan cierta esta expresión como en San Juan de Chicuá, donde el Valle Central colinda con la vertiente atlántica, en el vértice preciso entre los cráteres del Irazú y el Turrialba. Cincuenta años atrás una erupción volcánica cubrió la finca de ceniza, forzó el éxodo de personas y bestias y suspendió la producción de leche en esa zona. Don Eduardo (padre), un aventurero hombre de fe que rezaba en voz alta, abrió montaña un siglo atrás en una finca que le compró al entonces presidente Ricardo Jiménez Oreamuno. En aquellas extenuantes jornadas de botar árboles, uno por uno, montaña adentro, había noches en que la montaña no los dejaba salir, debían pernoctar a la intemperie y alimentarse de lo que encontraran. En media montaña el hambre la saciaban comiendo monos que deambulaban por los alrededores. Eran otras épocas, matar a un primate para alimentarse era cuestión de vida o muerte. Así era el entorno: rodeado de muerte. Don Eduardo era fornido, trabajador, amante de la vida y lleno de ella. Su hijo Eduardo aún se jacta de haber sido procreado por un hombre de 70 años antes de que existieran los fármacos para la virilidad. Durante aquella erupción del Irazú, la ceniza era tan densa que los pájaros caían al vuelo cegados por la acumulación de residuos en sus ojos. Don Eduardo tomaba los pajaritos uno por uno y les limpiaba los ojos para que pudieran retomar el vuelo. La cantidad de aves era tal que terminó sucumbiendo al cansancio en su noble pero infructuoso esfuerzo. Más recientemente, la erupción del Turrialba ahuyentó la fauna del volcán y forzó el desplazamiento de los coyotes – a quienes los locales llaman lobos – para buscar otras fuentes de comida. Nada más suculento que una ternera de la finca lechera.

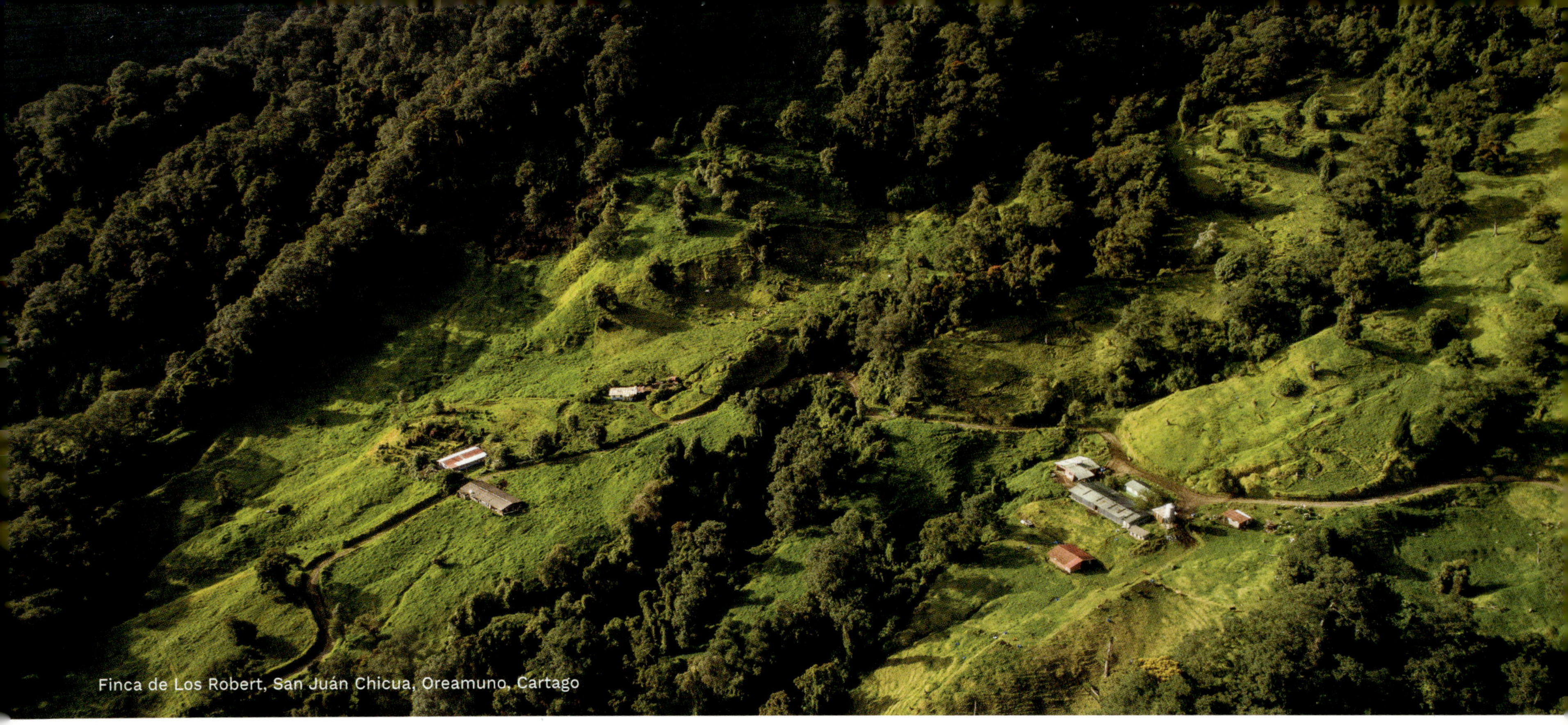

Finca de Los Robert, San Juán Chicua, Oreamuno, Cartago

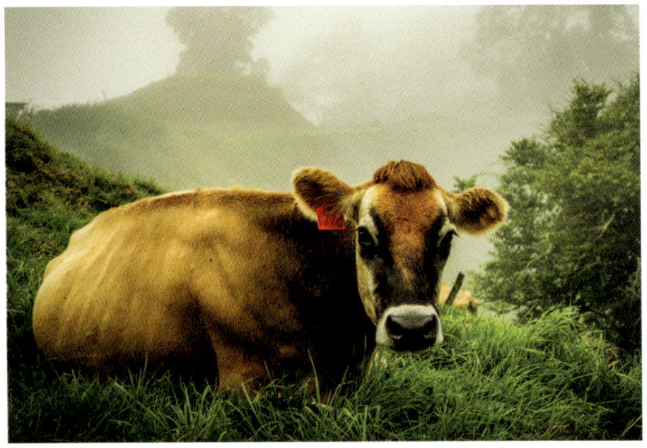

Los encargados de las vacas gustaban mucho de los lobos, a quienes describen grandes, peludos y de ojos azulados. Pero perder terneras implica un costo y se debe evitar. De nuevo, la vida o la muerte. Es el mismo ciclo que experimentan con las vacas, que los Robert reciben al nacer con besos, abrazos, afecto y bautizo, y a la hora de retirarlas las despiden con agradecimiento y afecto por todo lo que han dado. La leche viene de un lugar con amor, de un lugar inspirado. El "bajo de los Robert" permite, en un día despejado, ver hasta el Atlántico. Aquí los paisajes obligan a la pausa e invitan a la contemplación. Pero la paz se la lleva un río subterráneo, un día cualquiera, como cuando la lechería completa se desvaneció en segundos. "Esa es la vida, es caos, es constante adaptación". El Derrame cerebral de don Eduardo, el cáncer de doña Argentina, la deuda de las tierras después de las erupciones,

Eduardo Robert Ureña
Cartago – Desamparados. 23/02/1977.

Eduardo se crió en la montaña y el campo es parte definitiva de su esencia. Este ingeniero agrónomo es dueño de la Lechería Villa Emilia, parte del negocio de Los Robert, que tiene ya 100 años de existir. Estudió en la escuelita de la Finca, donde su mamá era maestra. Pasó por el Colegio Seminario y su amor por las vacas y las fincas lo llevó a estudiar agronomía en Santa Clara de San Carlos, donde conoció a la mamá de su hijo Emiliano. Tiene una sobrina 20 años mayor, Marlene Robert, que más bien parece la tía cuando se los ve juntos. Ella estudió Hotelería en México, y hace más de 40 años se casó con David, con quien comparte el trabajo de las Fincas en Hacienda Los Gavilanes. Ella abraza a las vacas recién nacidas, les pone nombre y apellido y les promete que en su finca tendrán una buena vida. El papá de Eduardo se casó dos veces: Marlene Robert Rohrmoser es nieta de su primera esposa, Argentina, y Eduardo es hijo de la segunda, doña Fulana. Lleva casi 25 años de dedicarse a la producción de leche, y es presidente de la Asociación Costarricense de Criadores de Ganado Jersey. Su finca está metida en medio de dos volcanes: el Irazú y el Turrialba.

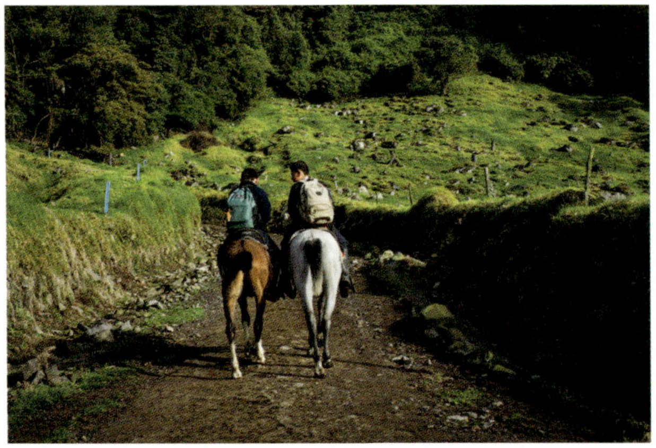

los huracanes que derrumbaron la montaña... "Aquí el ciclo de la vida se experimenta en primera fila". Como cuando la ceniza mató a las arañas que se comen la Prosapia, la plaga que se come el pasto que comen las vacas. Este retumbo en el suelo es de aquel volcán o de este otro. No se sabe. Lo que sí se sabe es que, cuando hagan erupción de ceniza y piedra y alteren la vida y el negocio, es hora de suspender, de salir, de dejar atrás. Se sabe que un día volverá la calma, aunque no sea duradera.

El día que murió don Eduardo de 90 años, nunca había llegado una carroza funeraria allá tan lejos. Ni la Cruz Roja se animó. Hubo que sacar el ataúd en un pick-up, envuelto en cobijas para que las sogas no lo marcaran. Lo siguió la comunidad entera a pie, en camión y a caballo. Despidieron a un grande como los grandes. Apenas un mes después entró por primera vez un camión a recoger leche y la vida cambió para mejor, al menos un poquito.

Escritor: Alvaro Cedeño

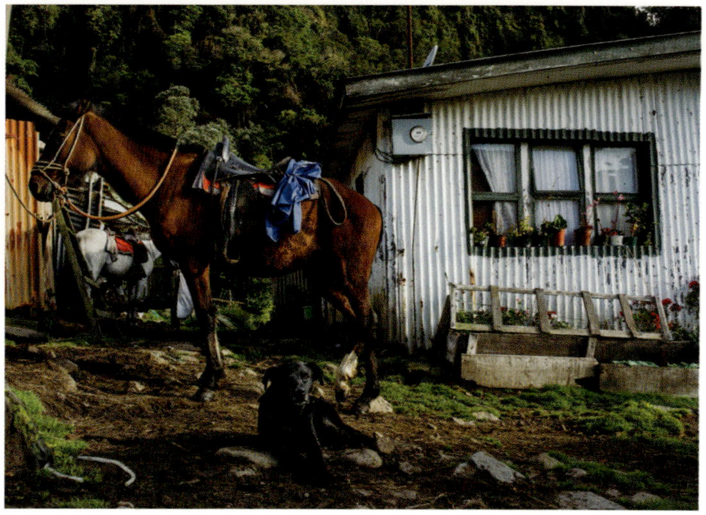

•**En CR se consumen unos 217 litros de leche al año por persona.**

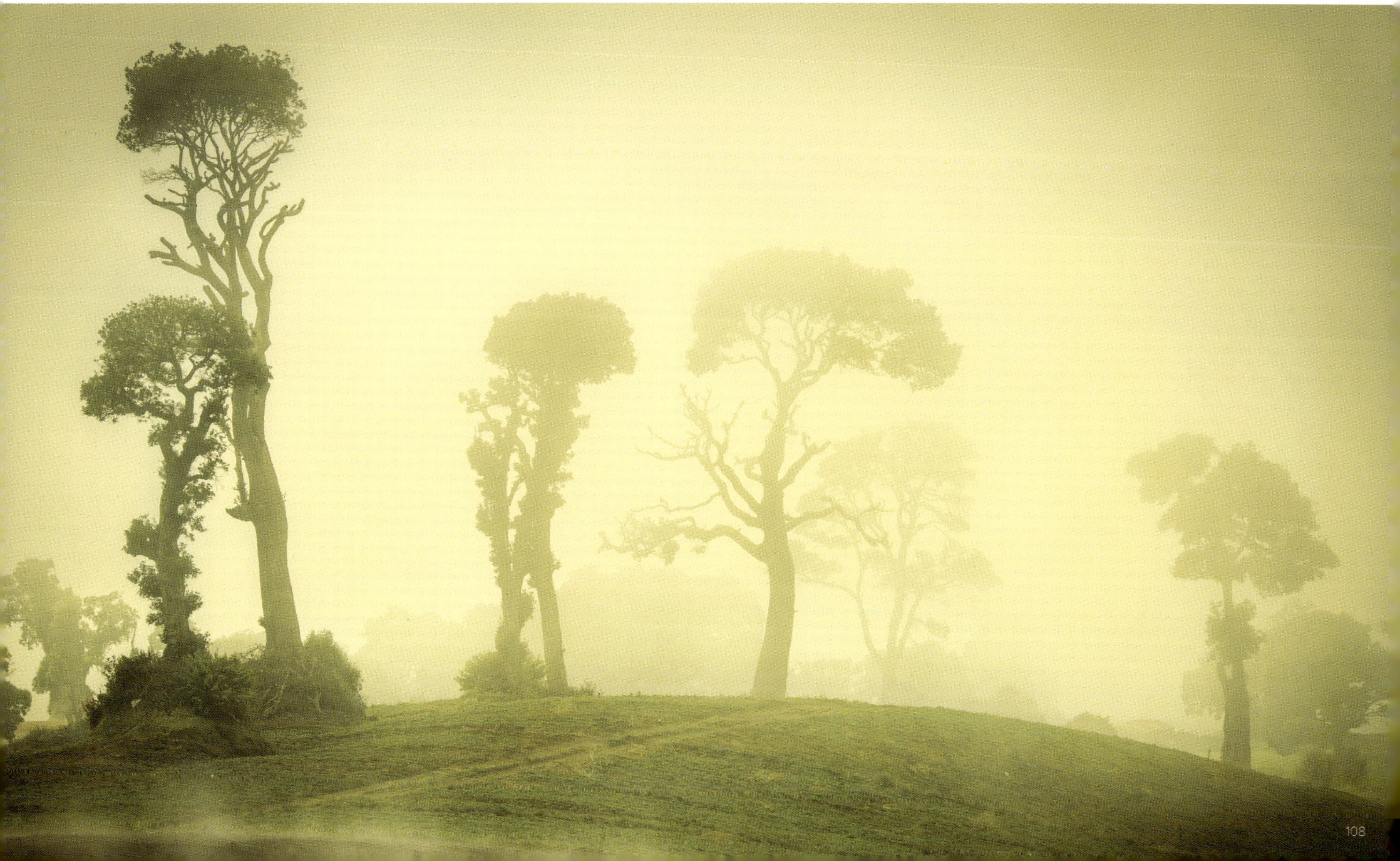

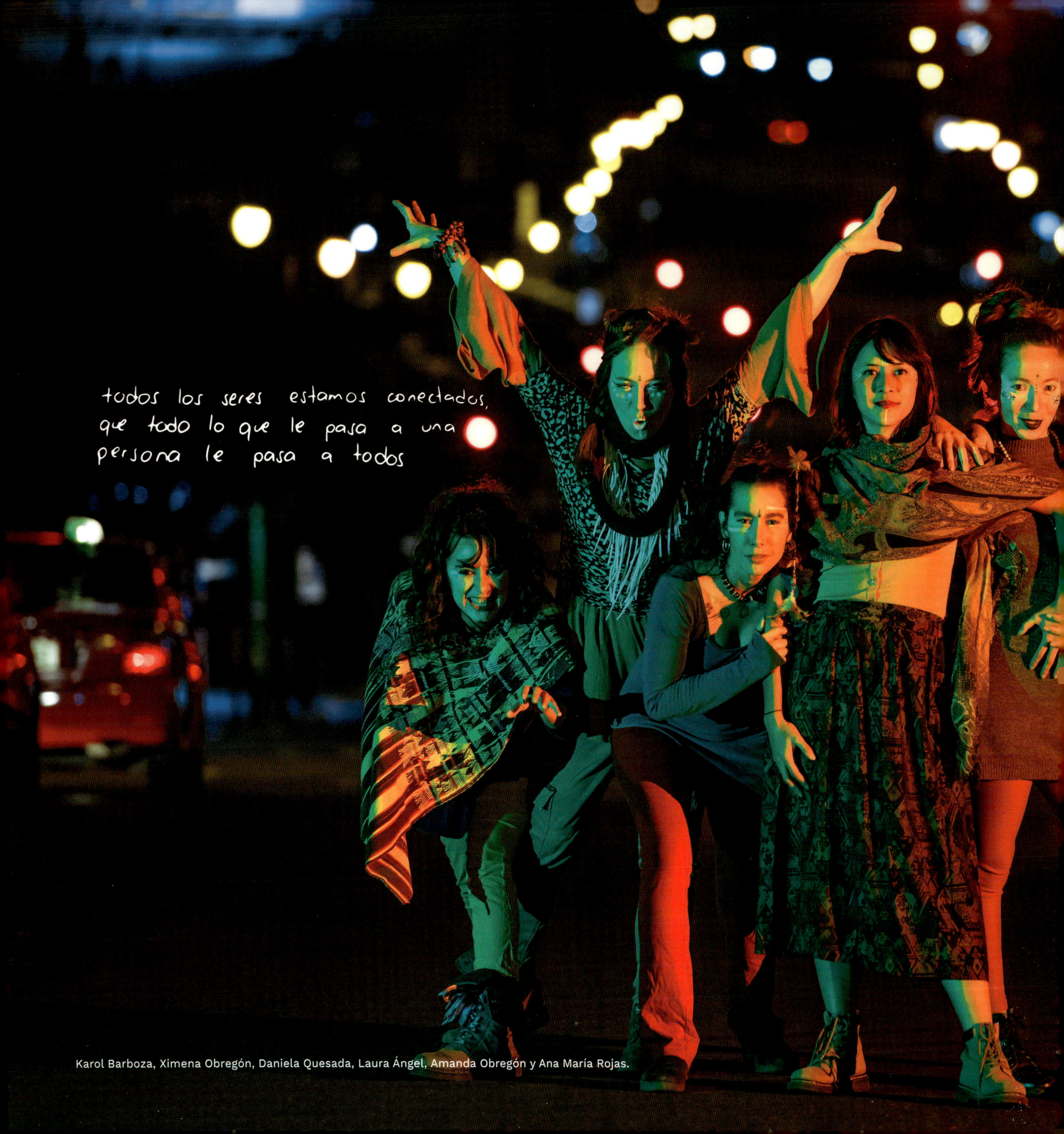

Karol Barboza, Ximena Obregón, Daniela Quesada, Laura Ángel, Amanda Obregón y Ana María Rojas.

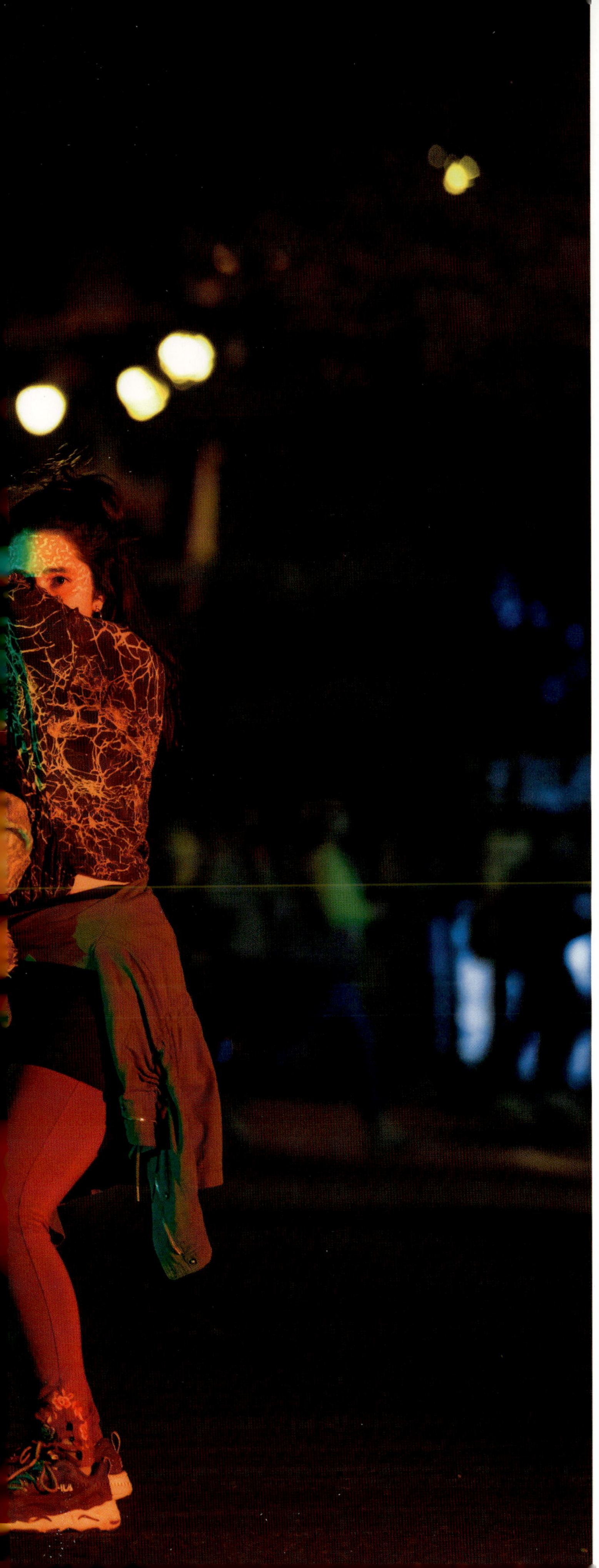

ESTRATEGIA

En menos de 24 horas ya se había esparcido la voz por todo Costa Rica. La interconectividad y el poder de expansión informática de las redes sociales demostraron su capacidad de alcance al cruzar el charco en cuestión de horas. Su abuela en Italia se había enterado de la noticia y su hermano en Polonia también. En Brasil se organizaban colectivas para rezar por ella y, en Costa Rica, su fotografía fue más poderosa que cualquier algoritmo; así llegó al alcance de toda la población. Quienes no tuvieran Facebook o Instagram, pronto se enterarían. Había sido encomendada a todos los ángeles y arcángeles en las cadenas de oración de todas las tías del país.

Mientras tanto, Blu aprovechaba que se le descargó el celular para desconectarse de su ajetreada cotidianeidad, mientras su imagen se hacía más viral que cualquier campaña publicitaria premeditada.

El número de contacto en los afiches compartidos era el de Fabi, también integrante de la colectiva Viajo Sola, y aunque se especificó que se llamara únicamente con información pertinente, el teléfono no paraba de sonar. Amistades, familiares, compañeros de trabajo, y hasta quienes no la conocían.

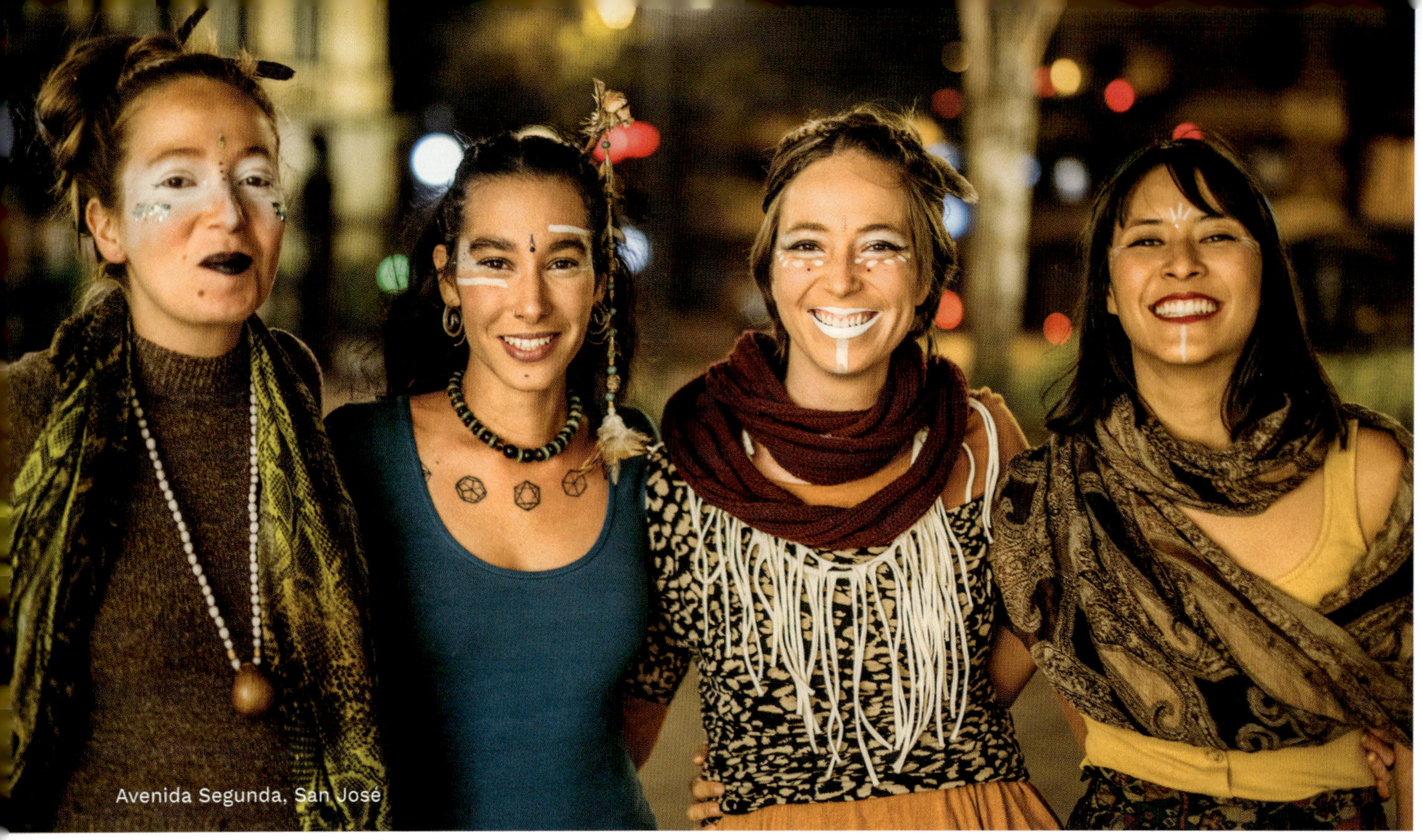

— ¿Ya la encontraron? ¿Qué saben de ella?

Incluso uno que otro estudiante de metafísica aportó desde su campo.
— Aló, Estaba meditando, y la vi cerca del volcán Poás deberían de ir a revisar por allá.

Una comisión de investigación autogestionada había tomado la situación en sus manos y había organizado una búsqueda basada en los últimos lugares donde la vieron.

Salió agotada del ensayo a las 2:30 p.m., montó su moto y se dirigió hacia Coronado desde San José para entregar la entrada del estreno de su próxima obra a un buen amigo. Tras meses ensayando, el cansancio y el frío de la montaña la acurrucaron, por lo que Blu sintió que pedir un espacio para dormir era lo más responsable. Después de todo, ya se había caído de la moto en otras ocasiones por cansancio.

Esto, más la profunda conversación, la hicieron olvidar entregar una entrada pendiente, y una cita laboral a las 6:30 p.m., a la que nunca había faltado.

Cuando no llegó al trabajo, una alarma se activó entre sus colegas de la colectiva, especialmente entre las integrantes de la "cuadrilla escénica", con quienes estaba organizando la obra "Estrategas", que propone, desde el humor y la crudeza, mostrar el estado de alerta y las estrategias que las mujeres tienen que desarrollar para navegar este mundo, donde las denuncias por femicidios y desapariciones se acumulan a diario.

El tema estaba vivo, había logrado desarrollar una campaña de expectativa poderosa y llamativa. Sin embargo, la paranoia y el miedo se robaron el protagonismo. Esa mañana, luego de haber recuperado fuerzas, la despertó la curiosidad del toc-toc en tan remoto lugar.

Al abrir la puerta, dos grandes amistades se le lanzaron encima con lágrimas en los ojos.

Concebir la magnitud de lo que pasaba no fue tarea sencilla. Pasaron meses antes de que Blu perdiera la fobia a las redes sociales.

Mientras tanto, en la oficina del OIJ, su madre sumaba angustias, esperando a que accionaran un plan. De repente, sonó su teléfono,

— Aló, mamá. Estoy bien.

Aunque se le escuchaba afectada, la tranquilidad en el tono de su voz le devolvió la calma. Le tomó tiempo procesar todo. Sus amigos le fueron contando y advirtiendo lo que enfrentaría una vez que encendiera su celular.

No sabía si sentir vergüenza o gratitud, así que sucumbió ante ambas. Con el tiempo, cayó en cuenta de que todo lo sucedido había sido un acto de inmenso amor conducido por el miedo. Blu fue un instrumento que demostró el funcionamiento de las redes y su potencial. A fin de cuentas, sí la encontraron.

No faltaron quienes creyeron que todo había sido una estrategia de marketing para promover la obra, y aunque para Blu y sus allegados fue una experiencia bochornosa, al siguiente fin de semana, y durante toda la temporada, se llenaron los teatros.

Escritora: Michelle Macluf

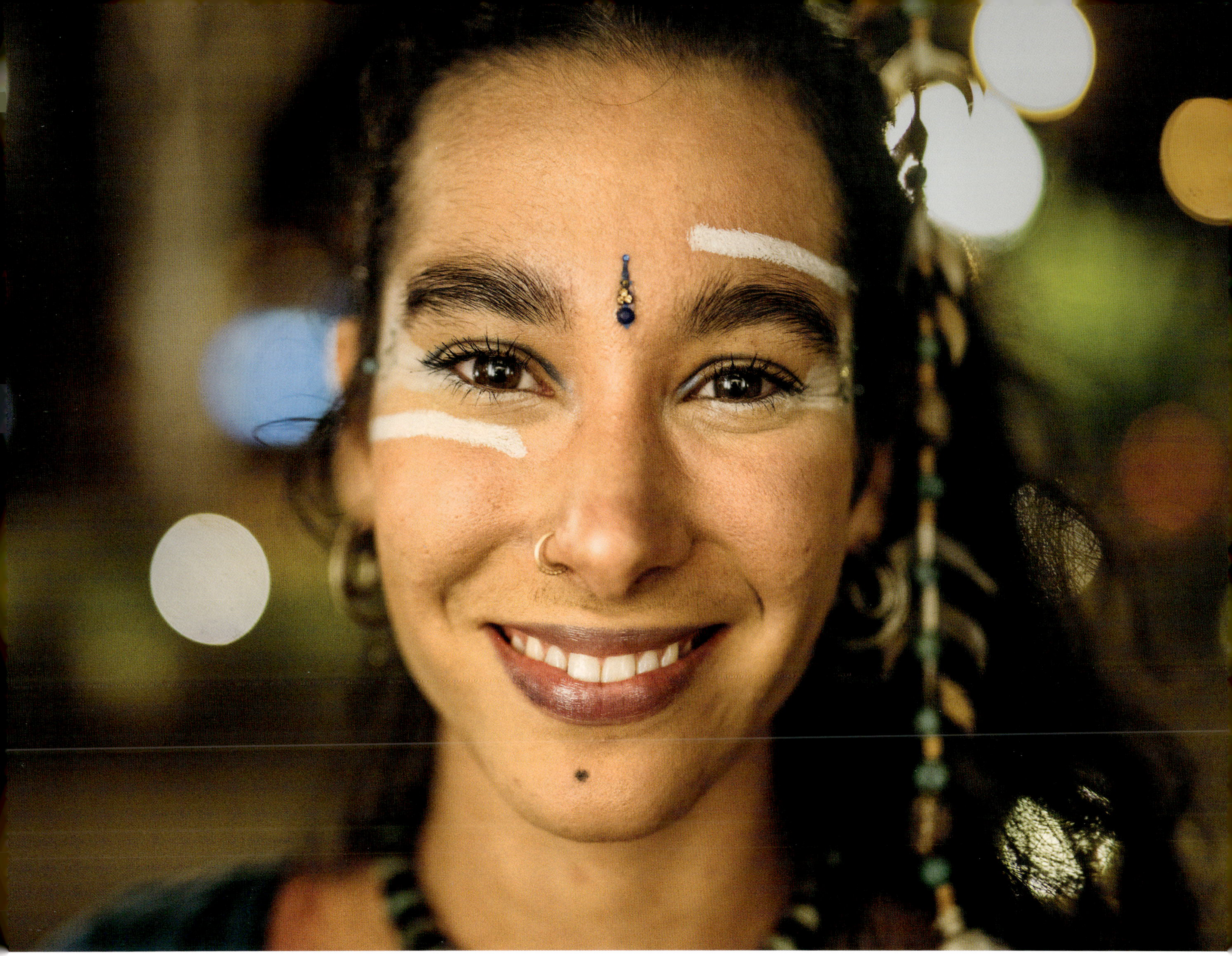

Colectiva Viajo Sola- Blu Daniela Quesada Delgado
3/02/197.

11 integrantes, Colectiva Urbana, voz femenina, disruptiva: Amanda Obregón, Ana María Rojas, Berenice Jiménez, Carolina Sheridan, Daniela Isabel Quesada, Diana Avellán, Fabiola Brenes, Irene Gutiérrez, Karol Andrea Barboza, Laura Ángel, Ximena Obregón.

"Viajo Sola" nació en el año 2018 como una comunidad de mujeres artistas en constante creación y expresión colectiva. Las convoca la necesidad de exigir el derecho a una movilidad libre y sin miedo, visibilizando la naturalización de las violencias de género. Su propuesta comprende un espectáculo interdisciplinario, facilitan talleres artísticos, realizan intervenciones en el espacio público y mediante interacción y acercamiento con las comunidades, plantean rutas investigativas para mapear experiencias relacionadas al concepto de "viajar en solitud" y cómo impactan sus realidades. Daniela Isabel Quesada, "BLU", es una artista multidisciplinaria miembro de la colectiva, un grupo de "cantautoras, compositoras y artistas escénicas".

NO GERARDO, SINO SELVA

Hay historias donde la realidad secuestra a la imaginación. La vuelve aburrida. Cuando Sergio me preguntó si me animaba a escribir la historia de Gerardo, titubeé. Admito que me imaginé un señor campesino, digno pero predecible. Luego la historia vivió en un audio de Whatsapp sin escuchar por semanas. Cuando finalmente le di play a la entrevista, mientras daba una vuelta en bici por las calles de Escazú; quien me habló no fue Gerardo. Fue 'Selva'. Y 'Selva'...solo hay uno.

En mis apuntes tuve que parafrasear para mantener el hilo. "Era el pobre de los ricos" / "Si caigo muerto hoy, ¡pues tuanis!...y si me queman la casa, pues veo las llamas" / "Creo que podría llenar un museo con mi arte" / "De carajillo me encontré unos hongos alucinógenos y comí por una semana sin parar" / "Entonces el mae me metió un machetazo en la cabeza"

Jué. Fue abrumador, pero aquí va mi mejor intento, en dos injustos párrafos.

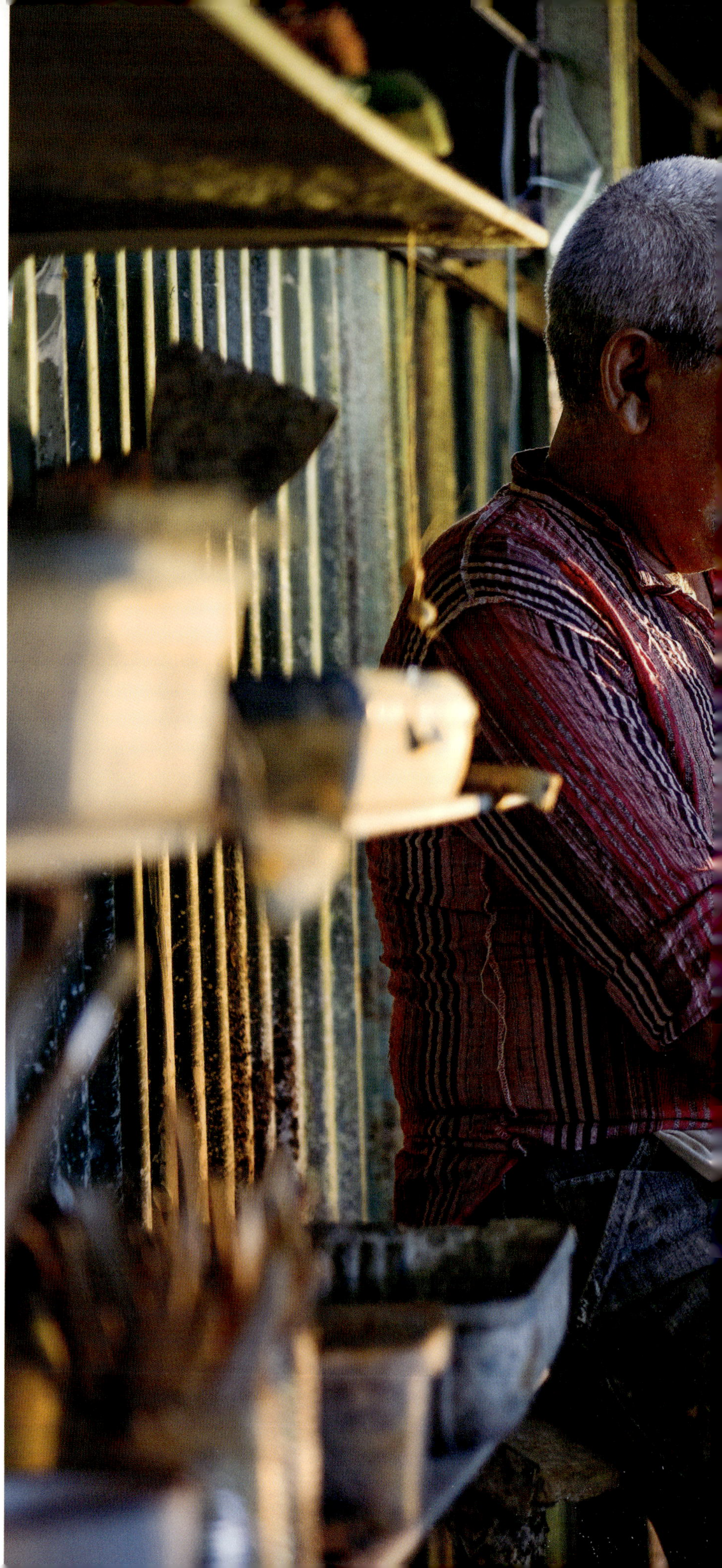

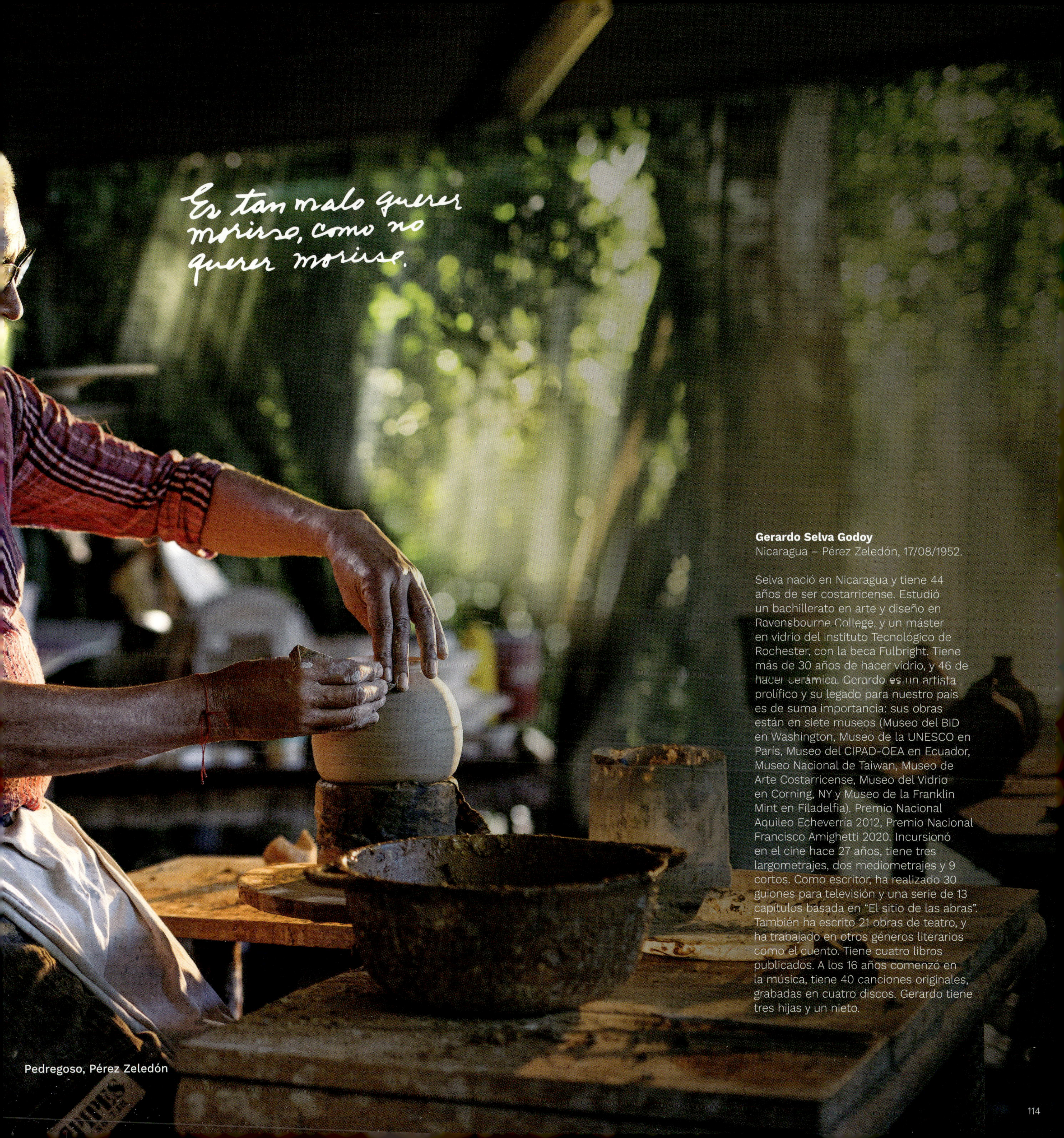

Es tan malo querer morirse, como no querer morirse.

Gerardo Selva Godoy
Nicaragua – Pérez Zeledón, 17/08/1952.

Selva nació en Nicaragua y tiene 44 años de ser costarricense. Estudió un bachillerato en arte y diseño en Ravensbourne College, y un máster en vidrio del Instituto Tecnológico de Rochester, con la beca Fulbright. Tiene más de 30 años de hacer vidrio, y 46 de hacer cerámica. Gerardo es un artista prolífico y su legado para nuestro país es de suma importancia: sus obras están en siete museos (Museo del BID en Washington, Museo de la UNESCO en París, Museo del CIPAD-OEA en Ecuador, Museo Nacional de Taiwan, Museo de Arte Costarricense, Museo del Vidrio en Corning, NY y Museo de la Franklin Mint en Filadelfia). Premio Nacional Aquileo Echeverría 2012, Premio Nacional Francisco Amighetti 2020. Incursionó en el cine hace 27 años, tiene tres largometrajes, dos mediometrajes y 9 cortos. Como escritor, ha realizado 30 guiones para televisión y una serie de 13 capítulos basada en "El sitio de las abras". También ha escrito 21 obras de teatro, y ha trabajado en otros géneros literarios como el cuento. Tiene cuatro libros publicados. A los 16 años comenzó en la música, tiene 40 canciones originales, grabadas en cuatro discos. Gerardo tiene tres hijas y un nieto.

Pedregoso, Pérez Zeledón

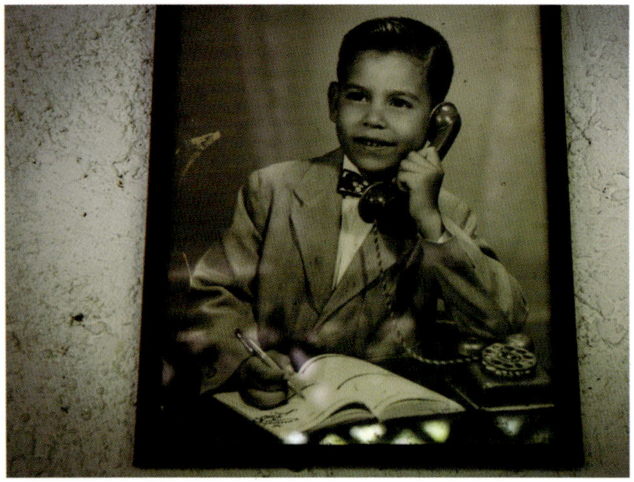

SÓLO QUE ME QUEDÉ AHUEVADO QUE NO ME LLEVARAN A JUGAR."

"Gerardo Selva tenía sangre privilegiada en contexto complicado. Padre diputado, madre ausente. Una fórmula que resultó en un momento de su infancia que a la gran mayoría traumaría de por vida. Corría el año 1960, y él tenía 8 años. Para los menos contemporáneos, ese fue el año del primer intento—frustrado—de revolución Sandinista contra la dictadura de Somoza en Nicaragua. En su retirada, un grupo de revolucionarios, en la comprensible desesperación por un futuro oscuro e inminente en manos de la dictadura, decidió secuestrar un internado escolar: el mismo internado donde Selva pasaba largos y aburridos días tras el semi-abandono de su familia, cansada ya de criar tantos hijos. La imagen resulta representativa del hombre en que se convertiría este güila. Metralleta en

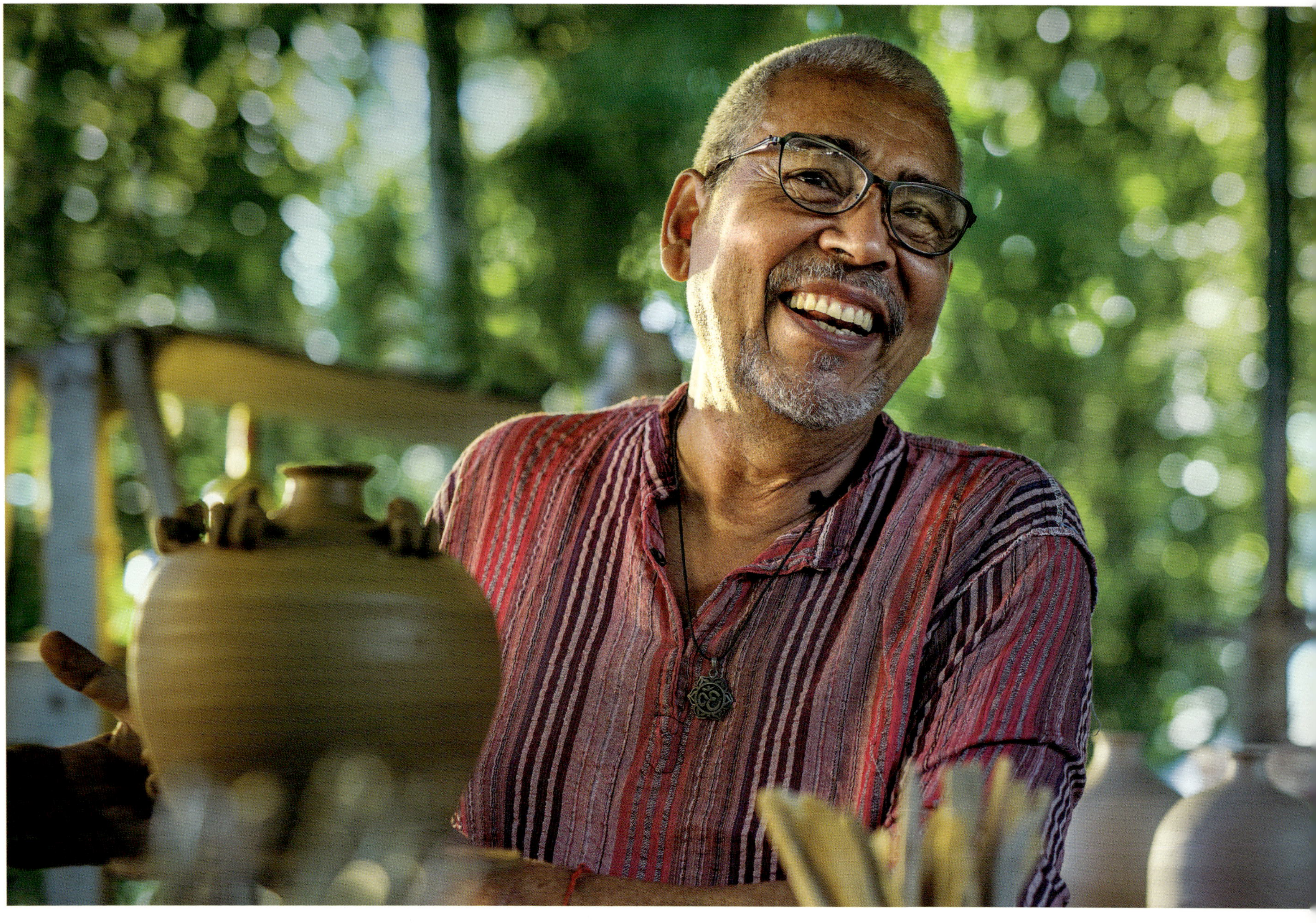

mano, parte eufóricos y parte aterrorizados, los revolucionarios habían topado con una puerta problemática de abrir: habían secuestrado sin saberlo al hijo de un diputado somocista. Ante la promesa de "te vamos a llevar a jugar", el pequeño Selva nada más esperaba ansioso, deseando escapar de lo que se sentía como una prisión. "Nunca supe por qué me dejaron ir, solo que me quedé ahuevado que no me llevaran a jugar."

Lo que sigue es digno de novela. Selva se iba a enamorar de Costa Rica (donde hoy vive en Pérez Zeledón), y terminaría aquí en su adolescencia, antes de partir a Londres, donde, estudiando diseño industrial, conoció la cerámica, su primera amante artística. Primera de muchas... que lo digan las 40 canciones de sus 4 discos, los 4 libros y las 6 obras de teatro que escribió, y las 3 películas que escribió y dirigió.

La influencia de haber visto en vivo a Pink Floyd o David Bowie en Wembley, bajo el efecto de un ácido (LSD), lo dejó anhelando la importación de sus descubrimientos psicodélicos al mundo real... de manera recurrente tras una insaciable curiosidad. "En aquel entonces nos mandábamos ácidos como si fueran confites". Palabras que solo una persona exenta de auto-juicio pronunciaría con semejante libertad. Y es que ahí yace la sutil magia de este hombre. Artista, padre de familia, esposo, homosexual... su vida rinde las simplificantes etiquetas, inútiles. Sin querer queriendo, solo siendo, confunde a los juiciosos. El no tener ninguna máscara detrás de la cual identificarse o esconderse, le ha habilitado para navegar con genuina libertad su vida, caracterizada inicialmente por un caos del más puro, y dando paso con el ritmo de los años a un abundante bienestar, etapas claramente divididas por el descubrimiento de la meditación Zen. Una vida irreverente y plena, dedicada parcialmente a sus hijas, parcialmente a su búsqueda del sentido de la vida.

¿Y su mayor descubrimiento?: "Al darle sentido a cada acción, se puede encontrar paz en el sinsentido de la vida".

Sin ver el retrato de Selva, podría apostar que cuenta con arrugas marcadas alrededor de su boca y sus ojos, de tanto mirar para arriba, y sonreír.

Escritor: Sebastián Castro

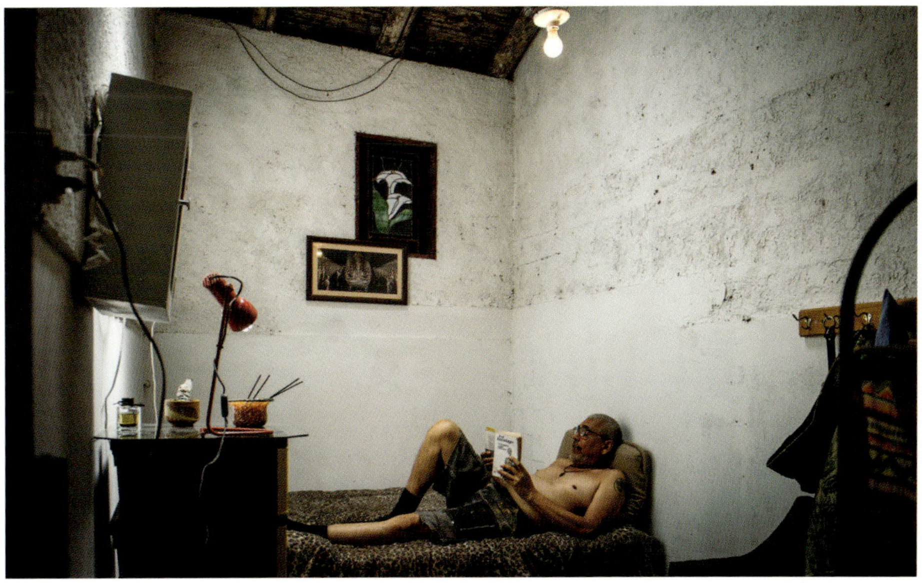

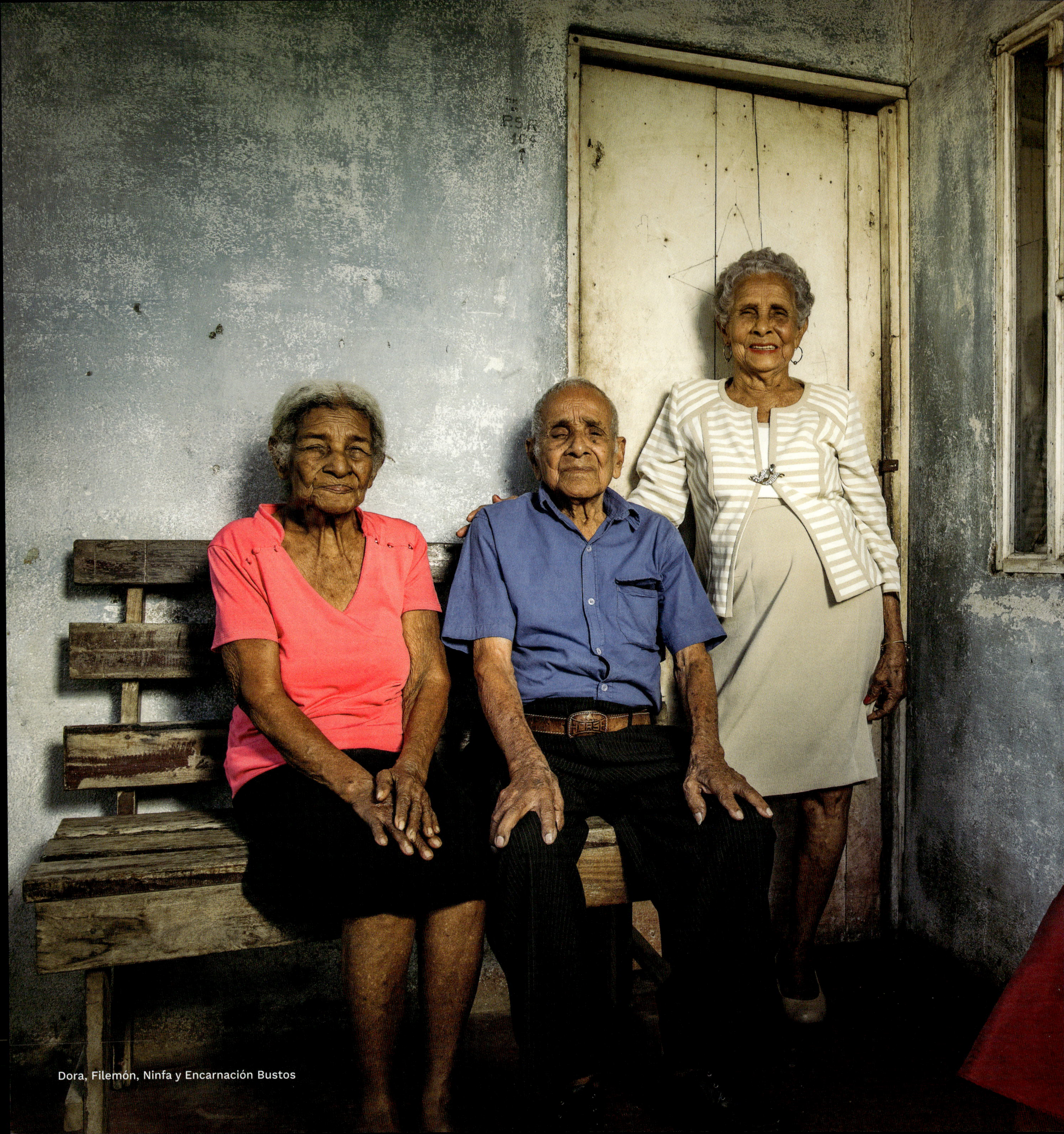

Dora, Filemón, Ninfa y Encarnación Bustos

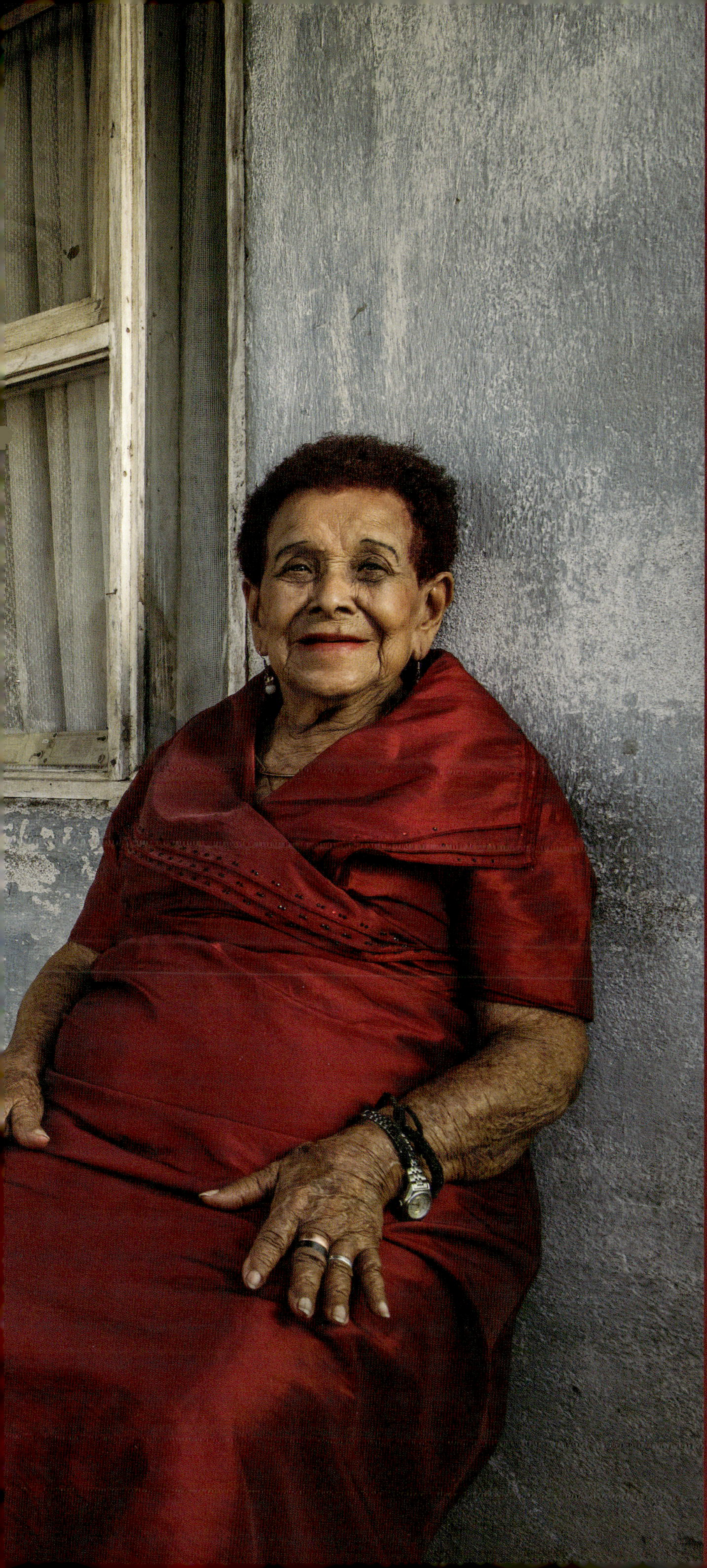

LA LUNA LLENA DE MARZO

Mi abuela tenía onomatopeyas para todo: "Ajá, ahí te oí, *carrús, carrús,* ¿Cuántos elotes te comiste, muchacho?"; o esta otra: "Con razón no han hecho la tarea, se han pasado la tarde *pleque, pleque,* ¡hablando paja!". Y así por el estilo. Pero una de las que más me gustaba era la que usaba para representar el paso lento de las carretas por los caminos polvorientos. Mi abuela decía: "En esos tiempos, desde Guardia hasta Puerto Jesús eran días, *gueré gueré, gueré...",* y acompañaba sus palabras con un movimiento indescriptible, con los ojos entrecerrados y el cuello flojo, para simular el balanceo del cuerpo, adormilado a causa del monótono sonido de la carreta al rodar.

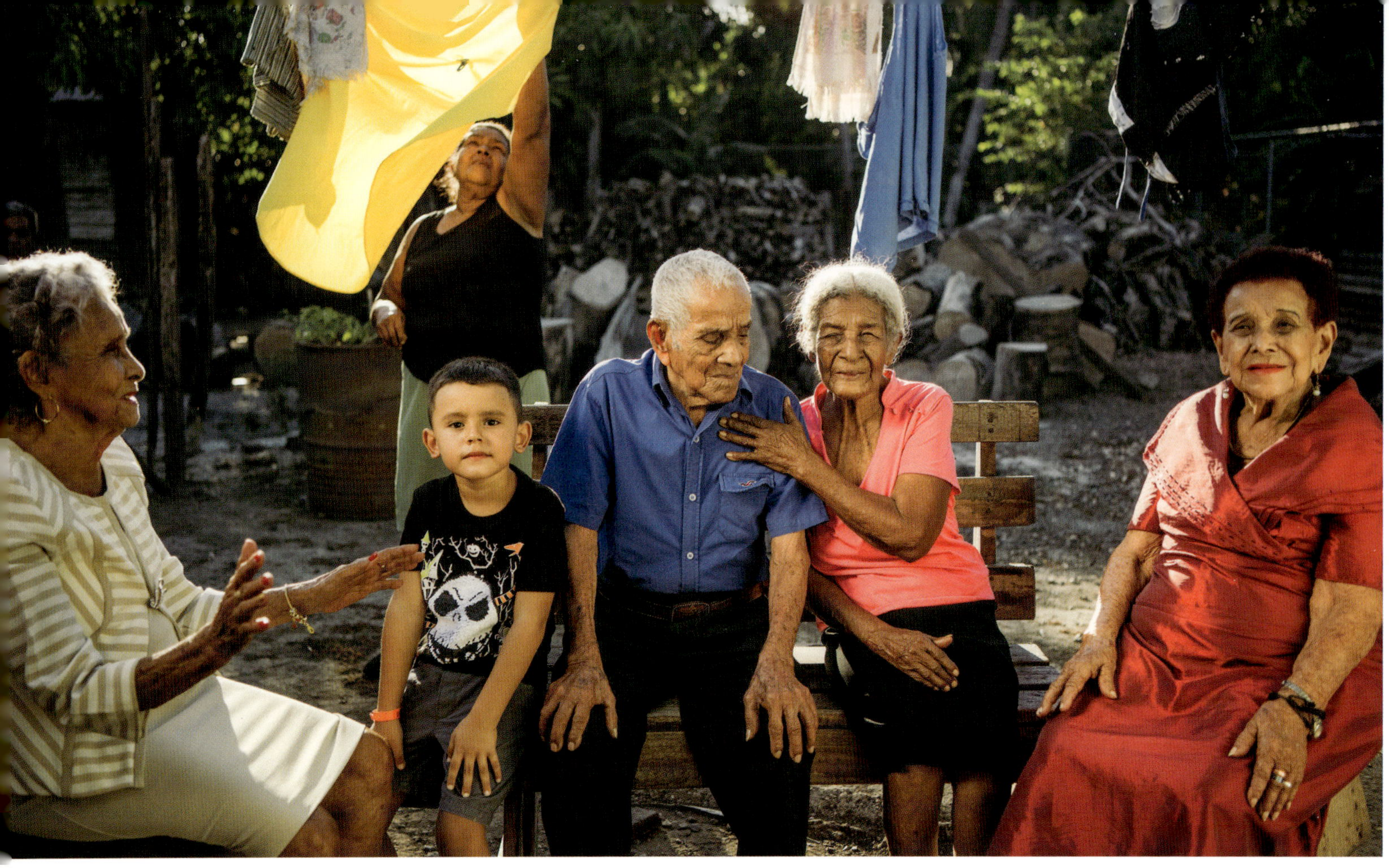

Ninfa, Santiago Vargas, Zaida , Filemón, Dora y Encarnación

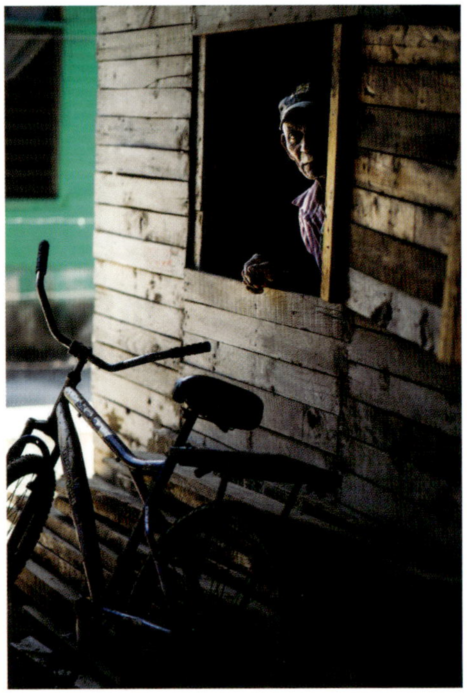

Así me la imagino de catorce años, viajando con su familia a Playas del Coco en los días previos a la luna llena de marzo. Imagino los preparativos: las cazuelas hirviendo desde el día anterior para llevar lista la gallina achotada, las mazorcas para moler el pujagua y llevar una ollita de atol, de postre, y el horno echando humo mientras se cocían lentamente las rosquillas.

La veo amarrándose bien las trenzas y socándose el pañuelo sobre la cabeza para que el polvo del largo camino no le fuera a arruinar el cabello que con tanto esfuerzo y untijos diversos mantenía sanito y brilloso, sin piojos ni otras plagas.

Sobre la carreta iban sus papás, ella, sus hermanos y hermanas. Atrás iban los petates para dormir y una sábana que guindaban de las ramas para que los pájaros no les fueran a cuitear la comida. A ambos lados de la carreta tintineaban ollas y sartenes de todo tamaño, bamboleándose igual que ellos con el pasar de las horas, como si también hubieran entrado en un entresueño con el interminable *gueré, gueré...*

Conforme los caminos se cruzaban, las carretas de toda la península se sumaban hasta formar una caravana que se perdía en el horizonte y levantaba una polvareda que se veía desde los cerros de playa Hermosa. El congestionamiento de tráfico servía para que las familias se saludaran y comenzara a gestarse la fiesta. Una guitarra prendía la chispa y la caravana entera se incendiaba con gritos sabaneros.

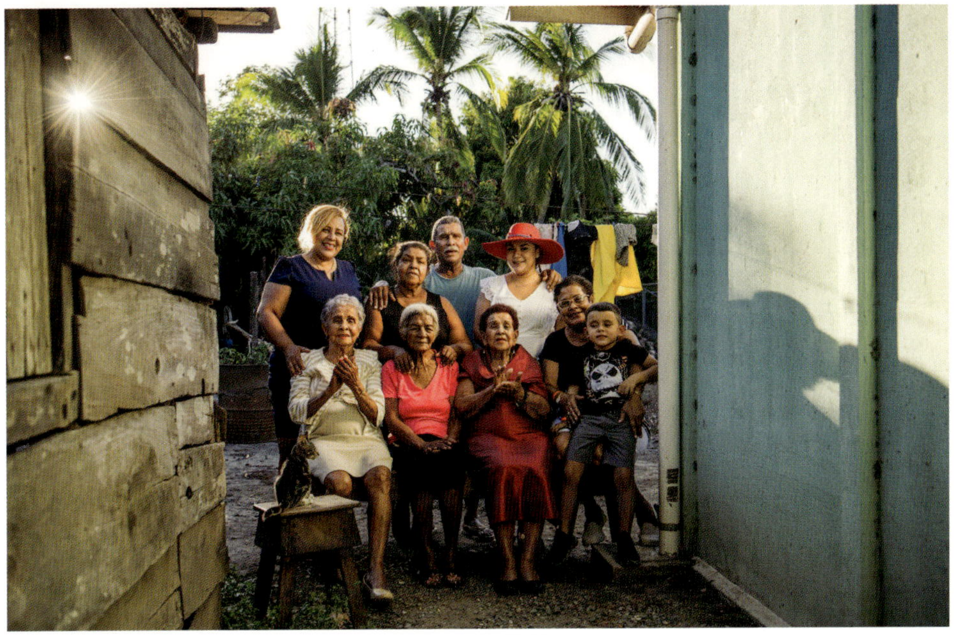

Familia Bustos

Al llegar a la recta final, mi abuela se paraba en la carreta y recorría con la vista hasta dar con su amiga Dorita, Dora Amparo Bustos Duarte, un año menor que ella. Se habían conocido hacía dos veranos y se habían vuelto íntimas. Bueno, lo íntimas que pueden ser dos muchachas que se veían una vez al año durante tres días, para la luna llena de marzo.

No bien hubieron ayudado a descargar y armar el campamento, mi abuela y Dorita corrían a encontrarse por unas palmeras que ya tenían reservadas, ansiosas por ponerse al día: saber quién serenateó a quién, quién casó con quién, y quien... Una agenda tan larga como la caravana que las había traído allí. Por eso les daba la noche y las dos salían bien "trapeadas" cuando sus mamás las encontraban ahí, *pleque, pleque* a deshoras.

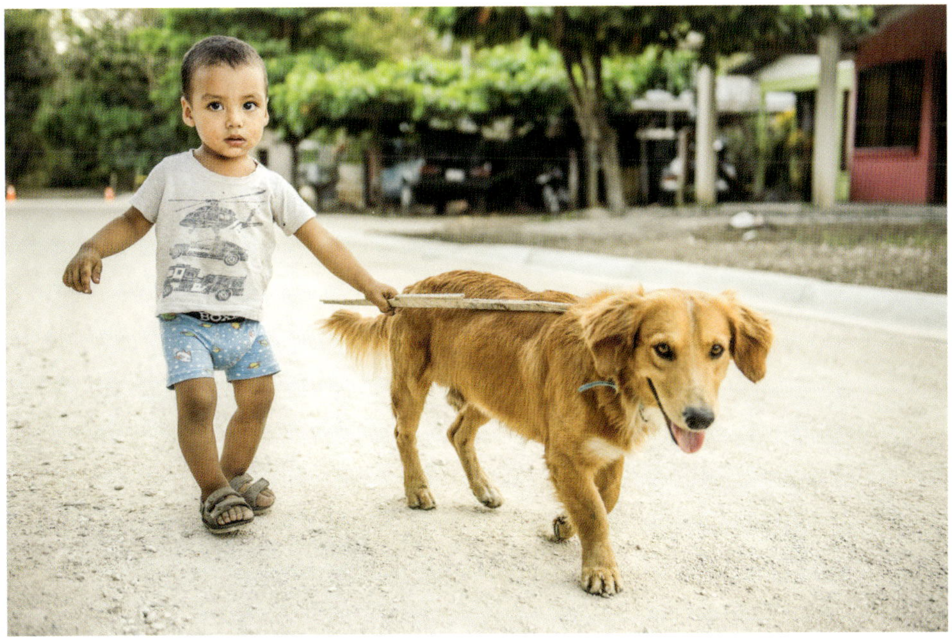

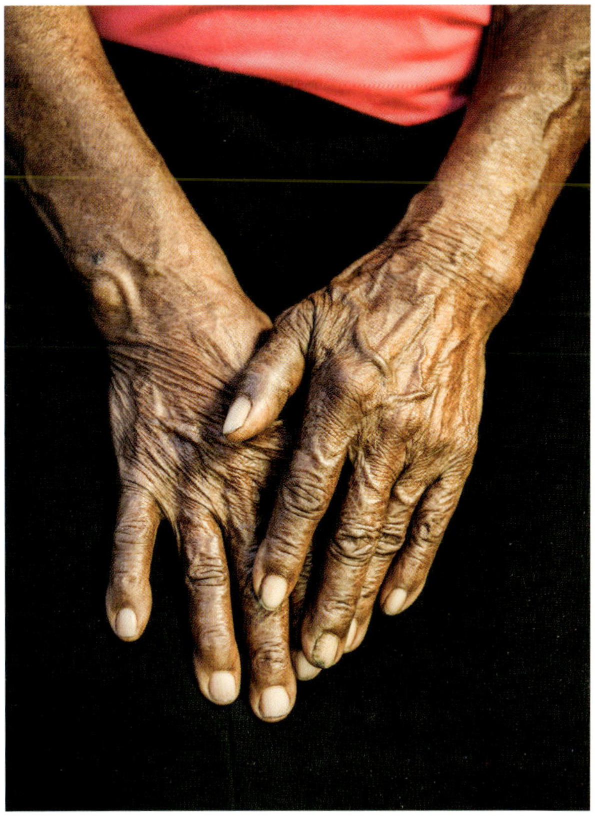

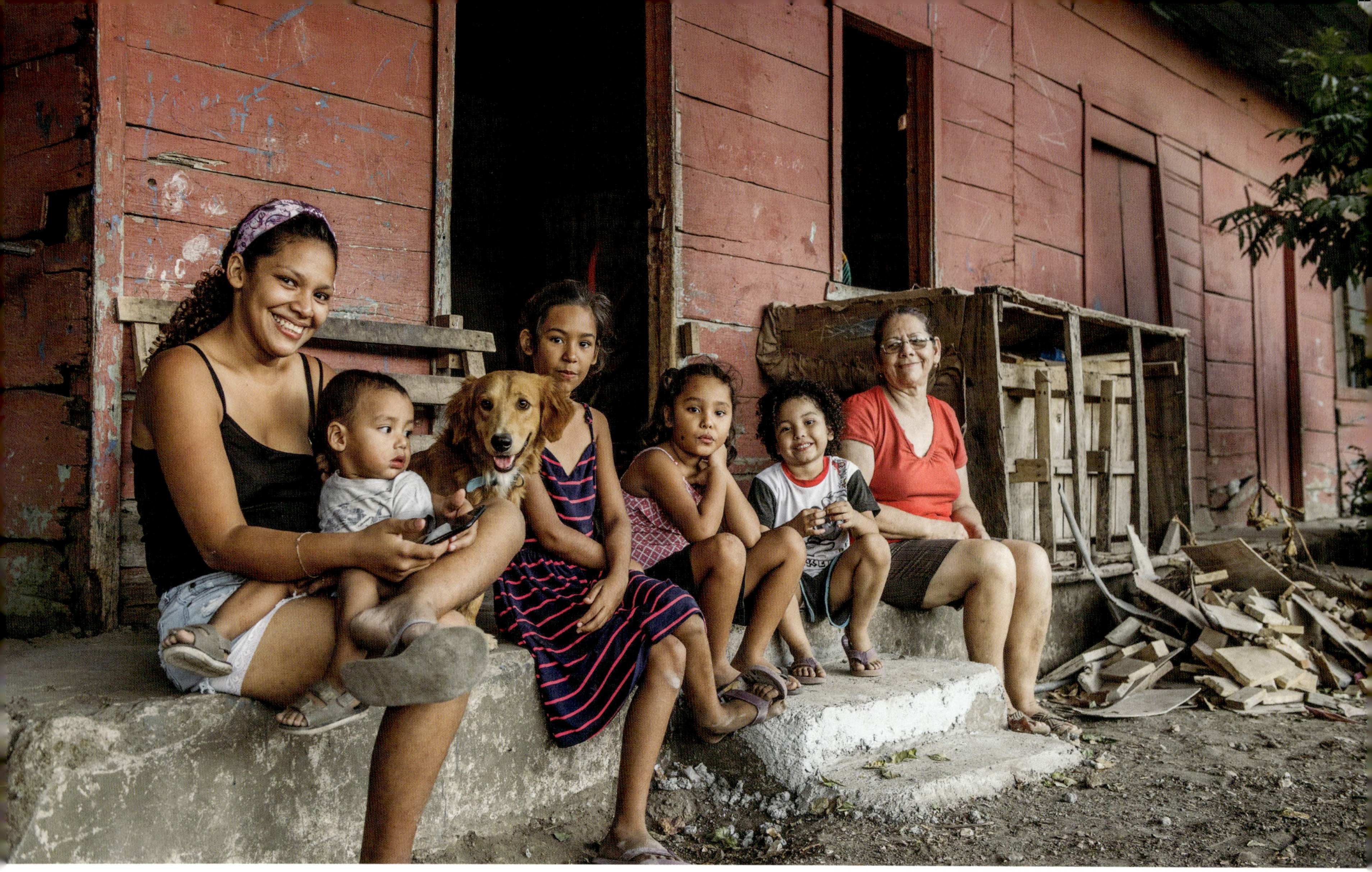

Familia Navarrete - Herrera

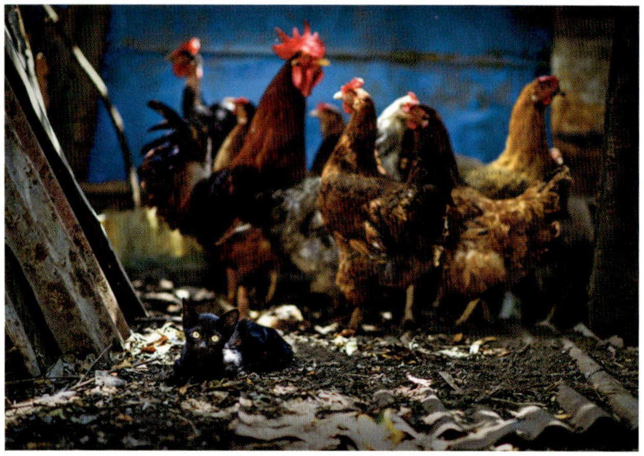

Mi abuela y Dorita no hablaban de la miseria, ni del trabajo duro que realizaban desde que tenían memoria. No hablaban de lo difícil que era vivir sin luz, prendiendo ramas con cera de jicote para alumbrarse. Hablaban cosas de muchachas, de amores y desamores, mientras en toda la inmensa playa ardían las fogatas, vibraban las marimbas y punteaban las guitarras.

Las dos se casaron y tuvieron hijos pocos años después. El asfalto y los motores de combustión acabaron para siempre con las peregrinaciones de carretas a Playas del Coco.

La luna llena de marzo sigue llegando puntual, pero mi abuela y Dorita no volvieron a encontrarse jamás. Al menos no en este mundo.

Escritor: Jaime Gamboa

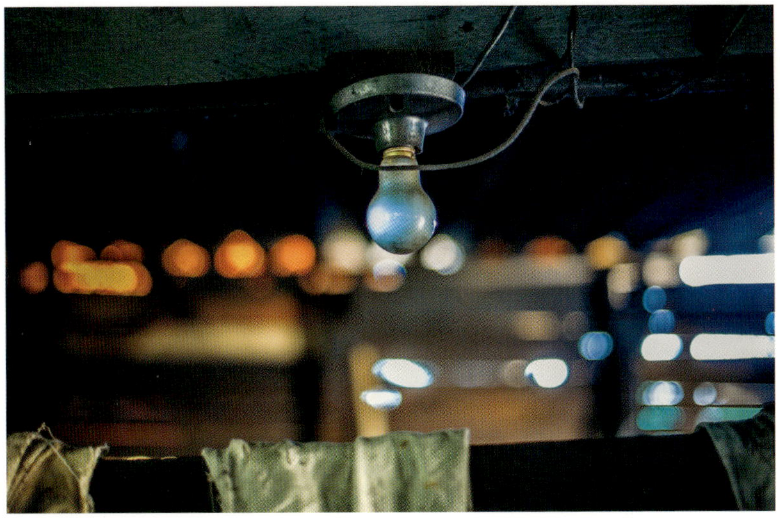

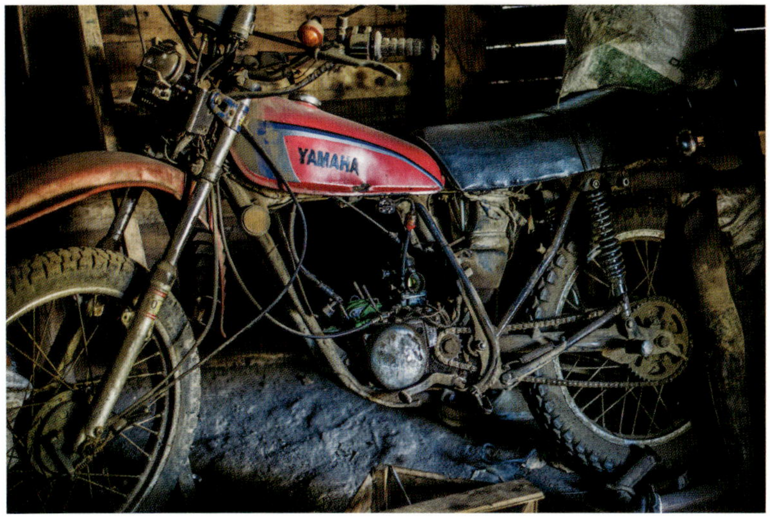

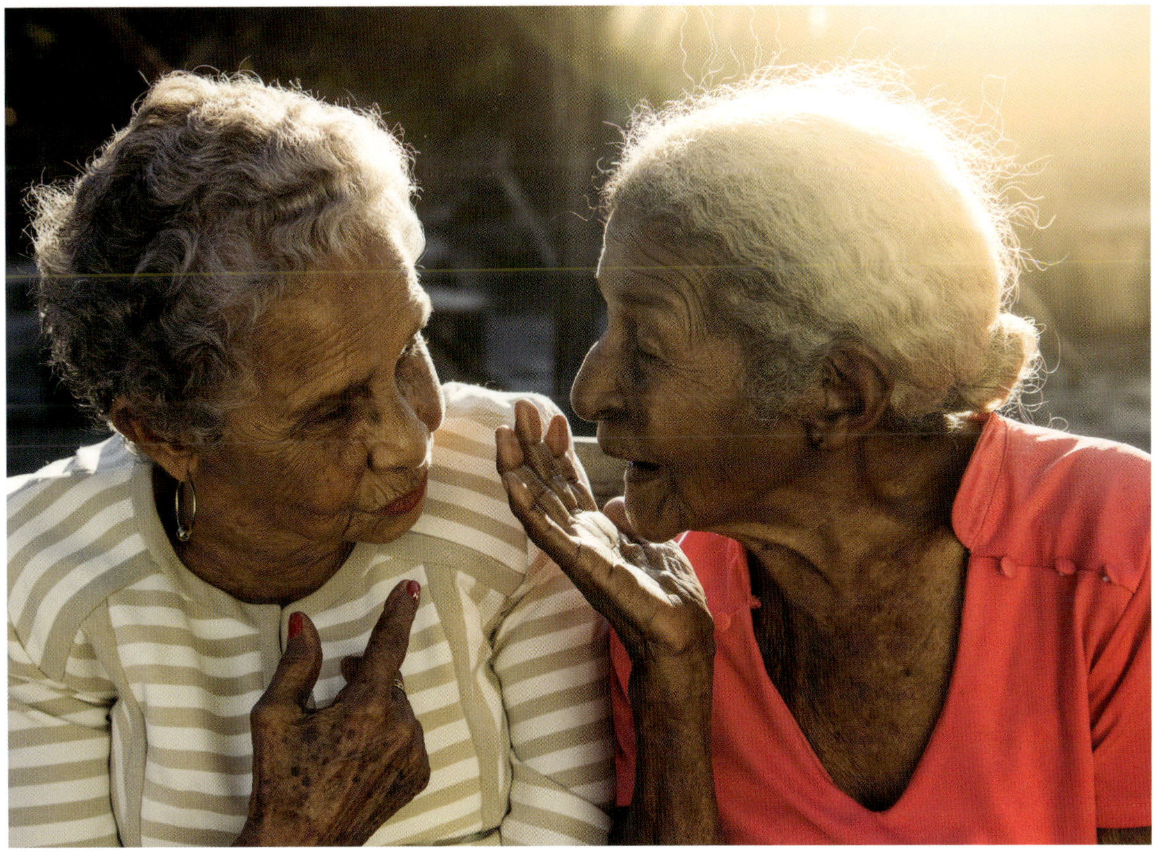

San Blas, Cardinal, Carillo, Guanacaste

Dora Amparo Bustos Duarte
Nicoya, 06/03/1919.

Le encanta bailar, y fue bailando como conoció a su esposo, con quien se casó a los 19 años. Dora enviudó con 6 hijos, lavó ropa y vendió rosquillas para mantenerlos. Desde niña aprendió a hacer rosquillas, a moler maíz y palmear tortillas con su mamá. En su casa no tenían electricidad, pero hacían candiles en latas, con cera de jicotes. Uno de los momentos más emocionantes de su vida fue cuando por fin sus hijos pudieron trabajar para ayudarle con los gastos de la casa: los recuerda regresando muy contentos de su primer día de trabajo. Su mamá, Guadalupe, también tuvo que criar sola a sus siete hijos, pues su esposo la abandonó. Aunque sus hermanos menores pudieron estudiar, Dora y los mayores tuvieron que dejar la escuela para ayudar a su madre a costear los gastos de la casa. Vendían comida puerta en puerta y hacían costuras. Fue una vida dura, y ahora Dora dice estar cansada y con insomnio, pero también afirma que "los males, cuando se cuentan, o empeoran o mejoran".

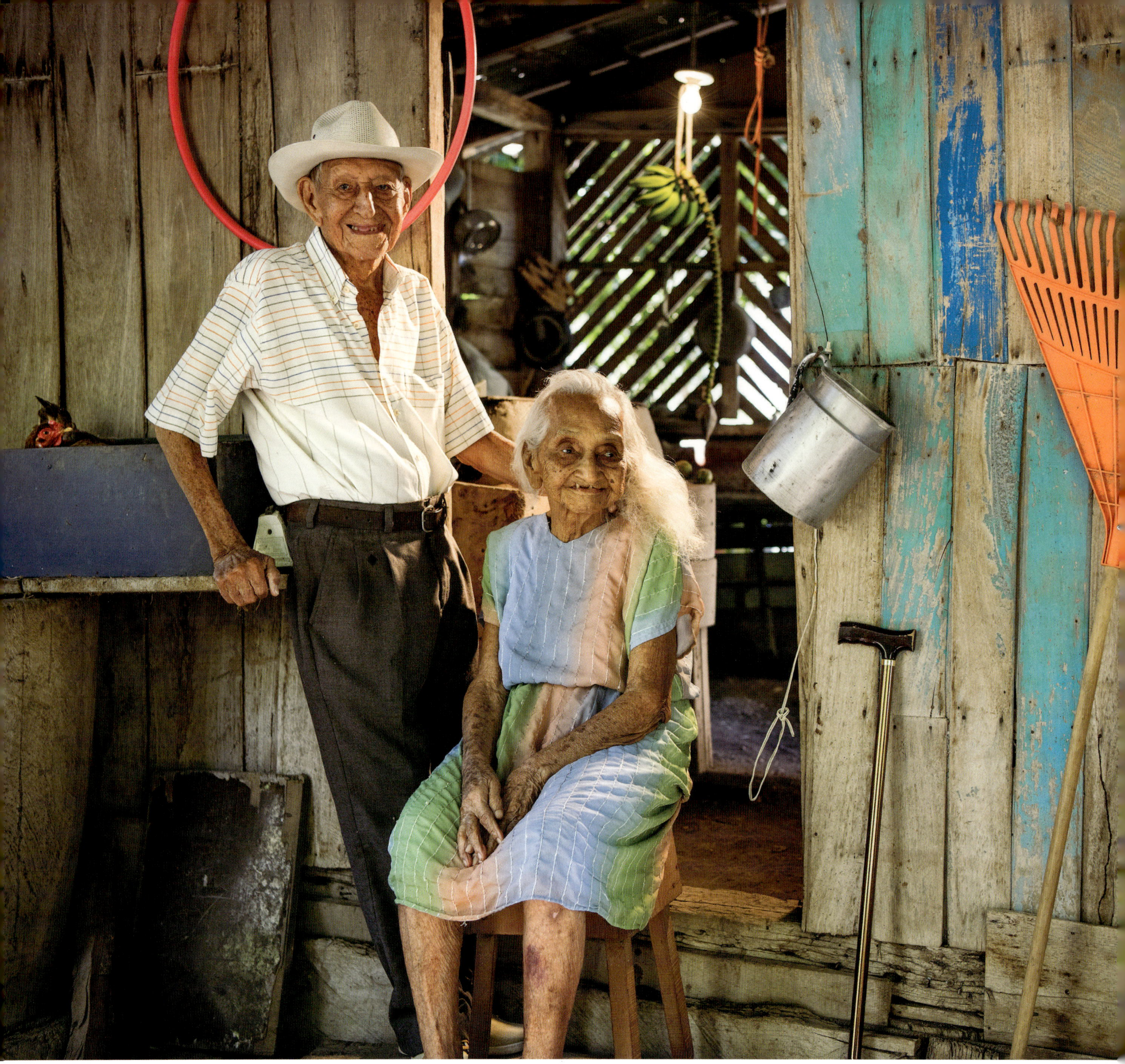

Pachito Villegas y Ma.Trinidad Espinoza

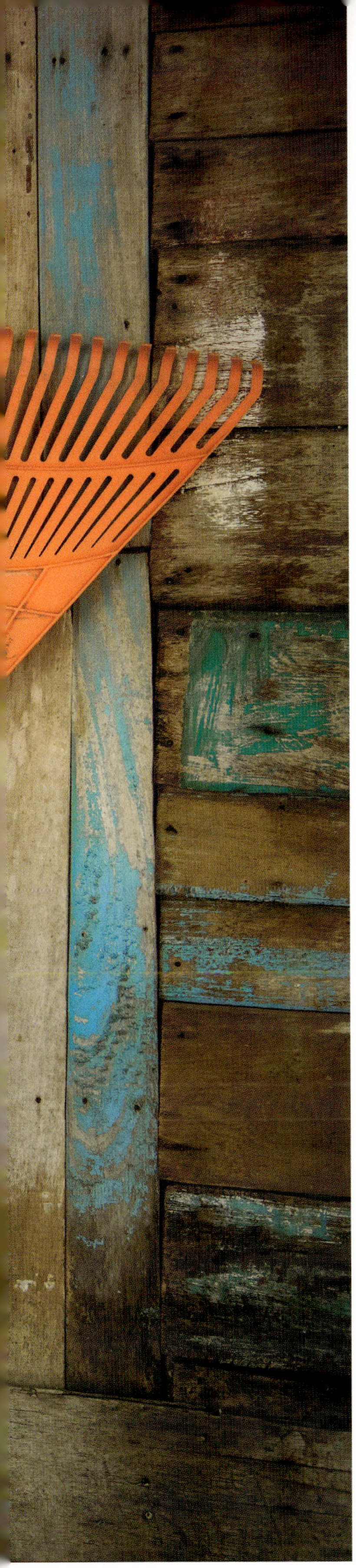

UN JINETE EN LA ZONA AZUL

La polvareda del arreo se levanta sobre los recuerdos de Pachito.

Las imágenes y los rostros de su vida forman una larga línea. Mirar sus 104 años se parece a contemplar los frescos de una catedral. Es inútil tratar de comprenderlos. Uno solo puede tratar de imaginar cómo fueron esos caminos del Guanacaste viejo; la Quebrada Honda anterior al asfalto; la pampa devastada por las recuas de hombres y bestias, que hincaban botas y pezuñas en los pastizales donde antes había bosque primario.

Pachito nació en esos tiempos remotos, perdió a su madre antes de tener memoria, pasó su cortísima niñez sobre un caballo y se hizo grande a punta de lazo, macana, coyol y miseria, sin saber lo que era eso, sin detenerse a pensar en su suerte ni en su destino, simplemente cabalgando sobre los instantes, como lo hizo su padre, como lo hizo Pascual, su adorado gemelo fallecido un 25 de diciembre.

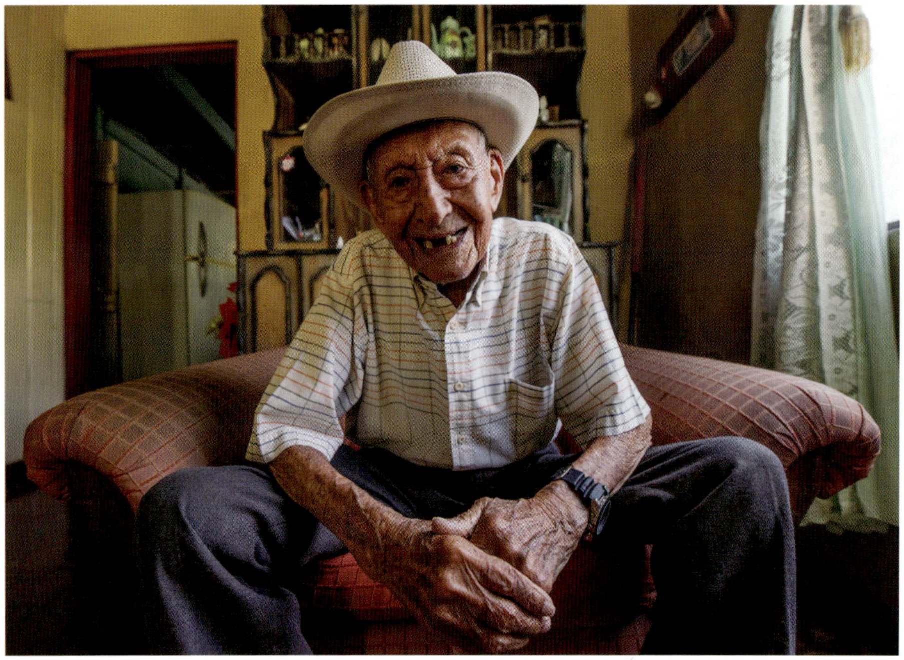

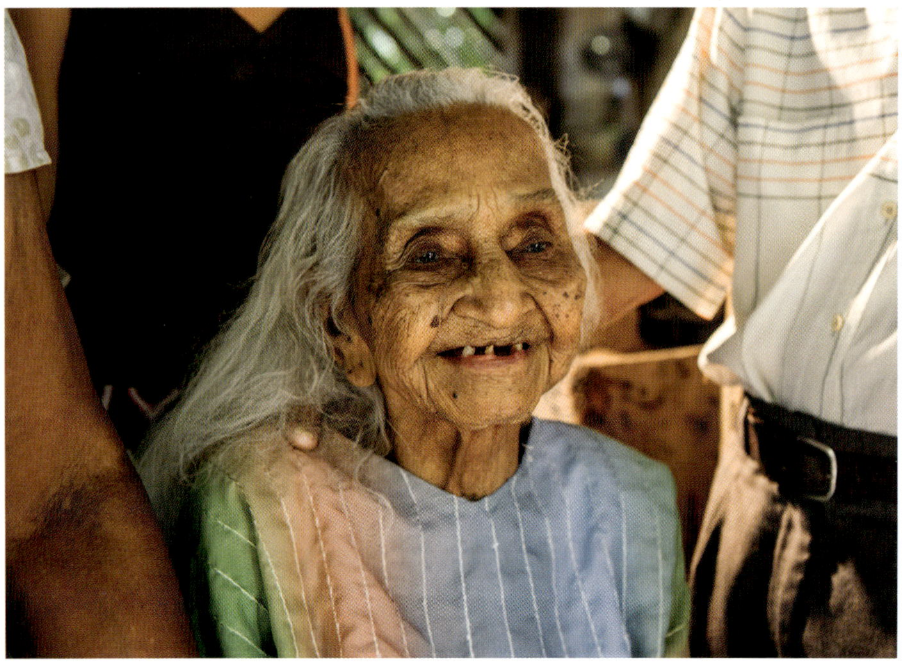

AL VER QUE PACHITO NO SE IBA A RENDIR, LO MANDÓ A BUSCAR UN CABALLO

Su vida se siente como un interminable arreo de ganado, que inició a los tres años, cuando lo sacaban a pasear sentándolo a horcajadas sobre un caballito pequeño que su padre guiaba tirando de un mecate. A los seis ya cabalgaba por su cuenta, imitando los gestos y movimientos de sus mayores.

Años antes había fallecido su madre. Apenas la recuerda. Pero a quien sí recuerda es a su madrastra, una mujer de corazón seco, que le hizo la vida dura a los retoños de "la otra". Humillaciones y horas de trabajo extenuante hicieron que primero su hermana y luego su hermano buscaran pareja y dejaran el hogar paterno. Pachito entonces sumó a sus penas una soledad amarga, que trató de endulzar con guaro, coyol y violencia.

Un día, incitado por un tío -el mismo que le había dado a beber su primer trago de guaro, a la edad de diez años-, salió de la cantina con la intención de pegarle a su madrastra. Cuentan que algo supuso don Cástulo, porque llegó a la casa apenas a tiempo para evitar que Pachito, ya de 20 años, carboneado y borracho, lograra su cometido.

El padre, al ver que Pachito no se iba a rendir, lo mandó a buscar un caballo, hizo que la mujer se montara y la mandó para Puerto Jesús, que era el puerto fluvial de la península. Literalmente, la fletó para San José. Meses después, cuando

• La Península de Nicoya es una de las 5 zonas azules del mundo.

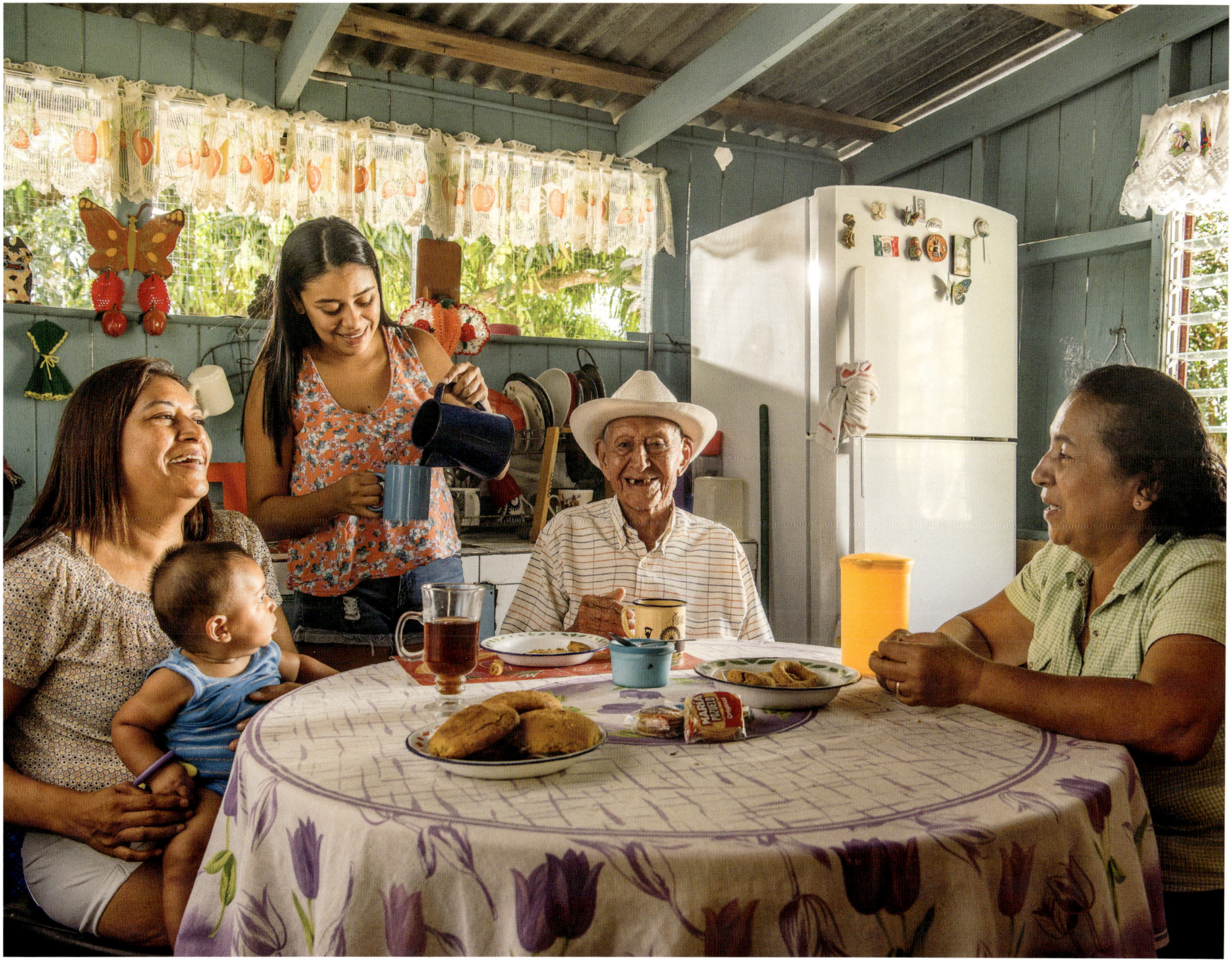

Ingrid Villegas, Mateo Fonseca, Alexa García, Pachito y Paulina Villegas

Pachito quiso juntarse con una mujer, don Cástulo lo frenó en seco: "usted me dejó sin mujer, ahora yo lo dejo a usted sin ella". Acordaron que el hijo iba a cuidar del padre hasta su muerte.

Ese pacto duro poco, pues Don Cástulo murió cuando Pachito tenía 28 años, y a los 30 ya tenía familia. Primero fue una mirada, luego una sonrisa, después un beso. El resto fueron sesenta y seis años de matrimonio, ocho hijos y abundantes nietos. Pachito fue un esposo cumplidor y le transmitió a sus hijos una máxima que llevaba grabada en la piel: "no hay nada peor que una madrastra".

Entre arreo y arreo, el Pachito joven se había dado cuenta de que, en sus salidas a Bolsón para entregar reses, podía comprar algunas cosas que no había en su pueblo, y venderlas ganándose una tajadita. Así, con paciencia, logró juntar lo suficiente para comprar un terreno, tener un ganadito propio y poder repartir algo entre sus hijos, llegado el momento.

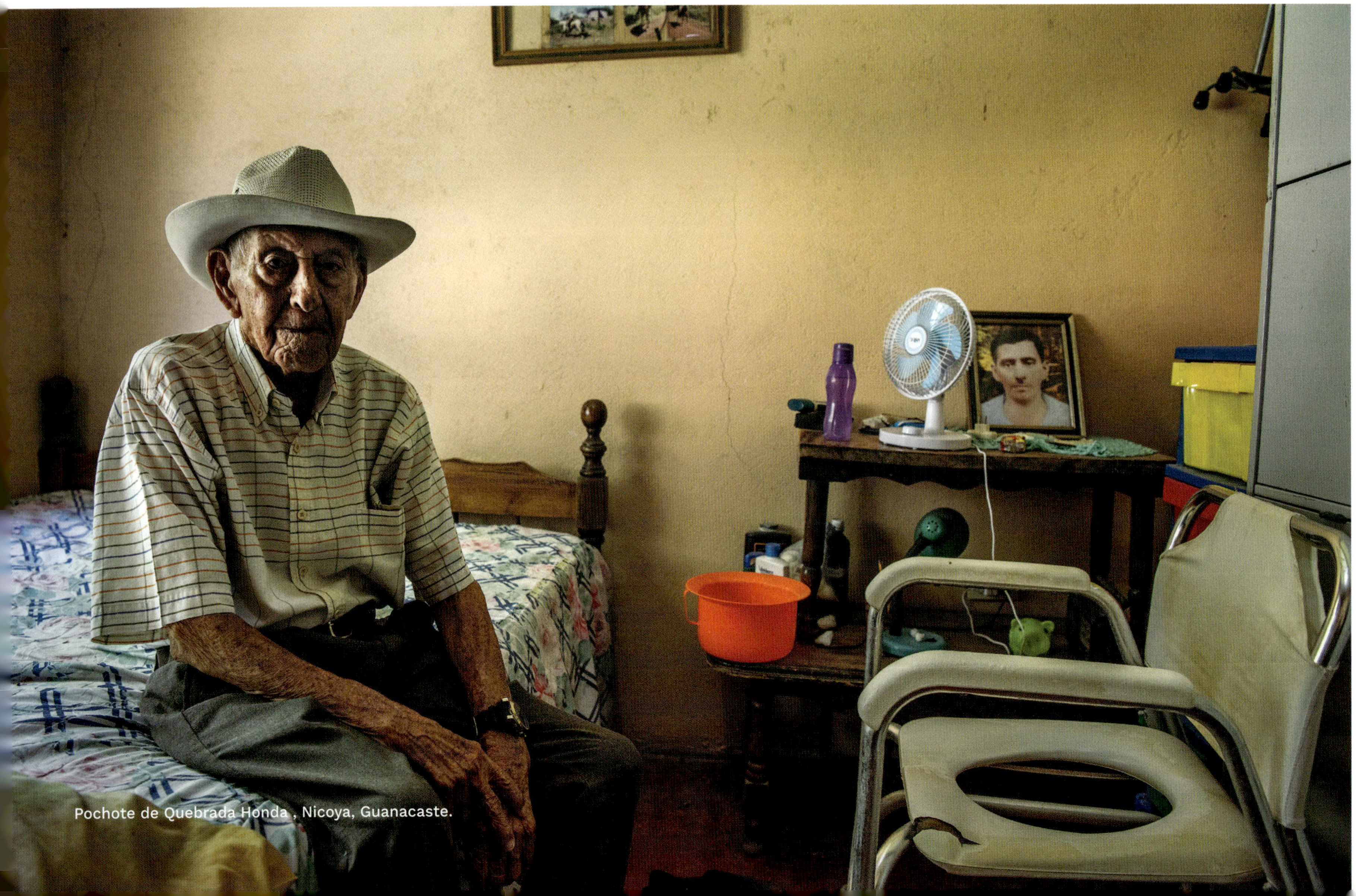

Pochote de Quebrada Honda , Nicoya, Guanacaste.

Ya no recuerda bien cuándo llegó el momento, pero fue hace rato. No es fácil vivir más de un siglo. Pocos lo logran. Pero llegar allí es una fiesta, aunque ya no pueda subirse sin ayuda a su caballo Corazón.

Los días siguen llegando entre el canto de los gallos y el llanto de los güilillas que pasan correteando. Don Bonifacio Villegas, el incansable Pachito, aguarda en el corredor la visita de su amiga Trini, con quien se trata desde hace noventa años. Pero Trini también está muy mayor. Quizás hoy no llegue.

Escritor: Jaime Gamboa

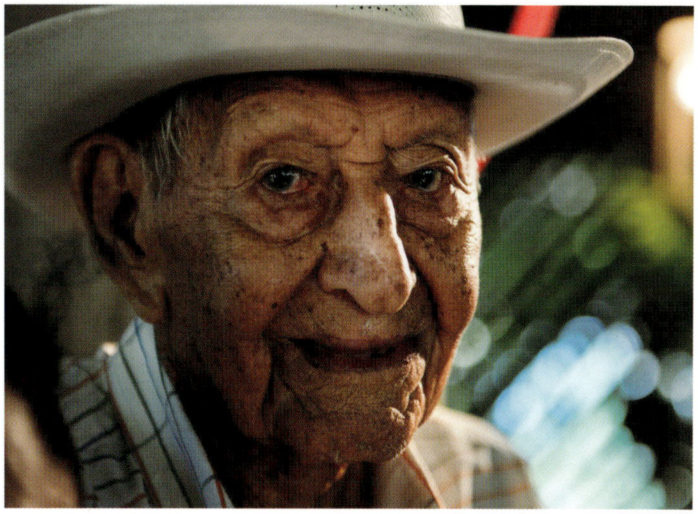

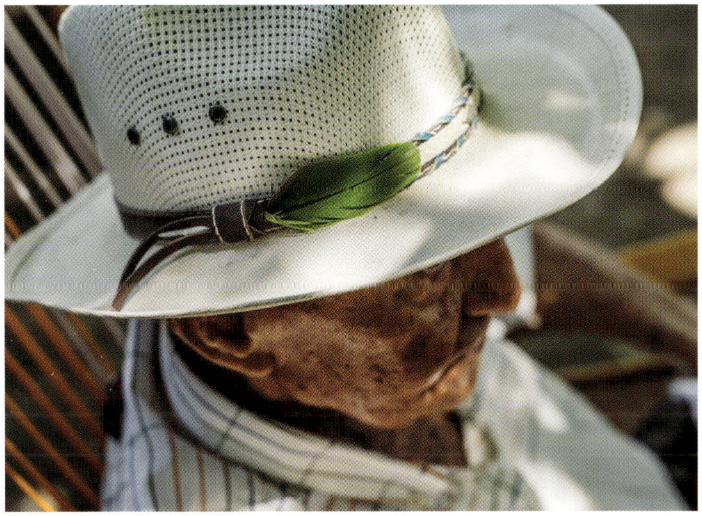

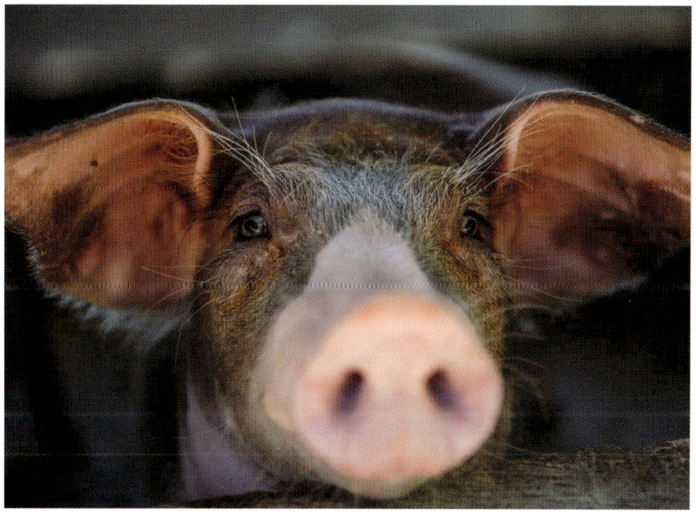

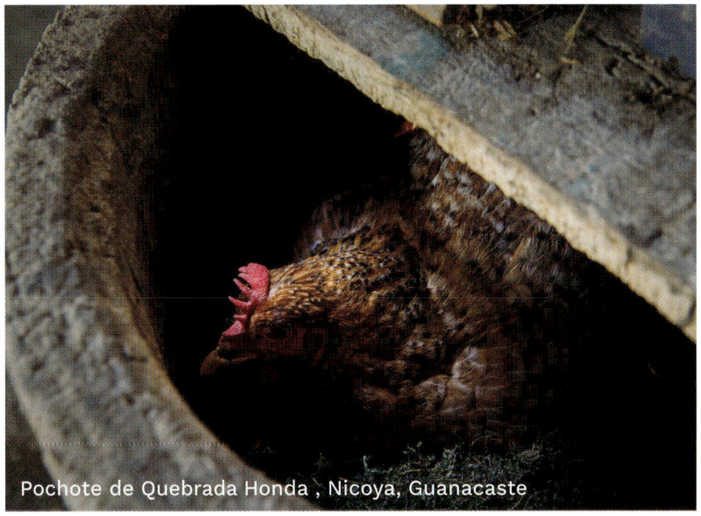

Pochote de Quebrada Honda , Nicoya, Guanacaste

José Bonifacio Villegas Fonseca, "Pachito"
Nicoya, 14/05/1917.

A los 6 años ya era jinete. Trabajó con su padre como sabanero. Con el tiempo se dio cuenta de que podía comprar en sus viajes y luego revender los productos a mejor precio, y así comenzó a mercadear y hacer un ahorro con el que compró 25 hectáreas, de las cuales le dio un pedazo a cada uno de sus 8 hijos. Tiene una familia numerosa que está muy cerca de él y un bisnieto al que le encanta chinear. Conoció a su mejor amiga, Trini, hace más de 90 años, pues su papá lo llevaba de compras a la casa de ella. Las razones por las cuales piensa que una persona vive más de 100 años son: comida sin pesticidas que ellos mismos crecían en suelos con más minerales y nutrientes. Ejercicio diario en el trabajo. Una vida relajada y con mucha risa, sin estrés. Las conexiones sociales en familia numerosa. Estar rodeados de gente que los quiere. El cariño de Corazón, su caballo.

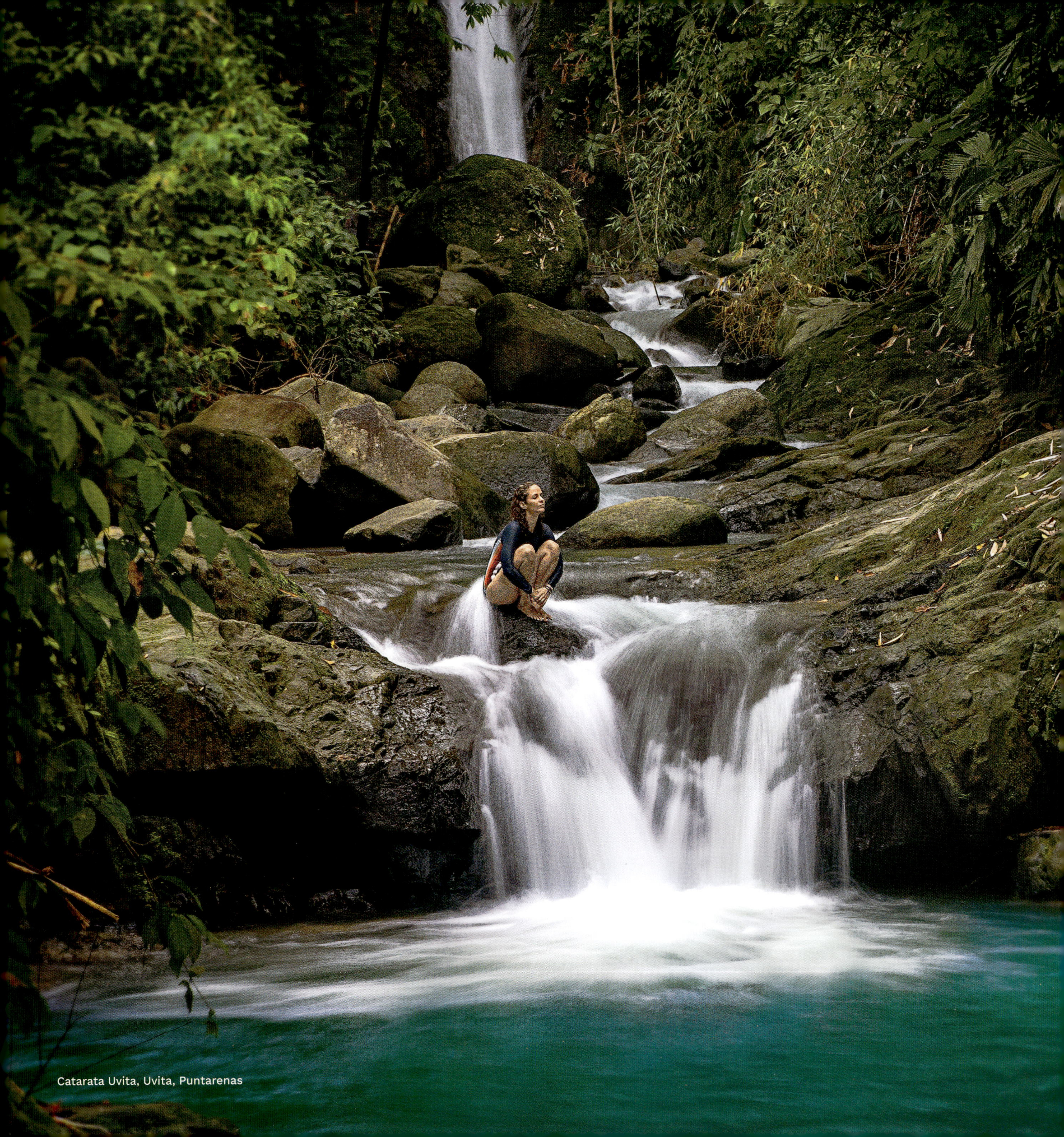

Catarata Uvita, Uvita, Puntarenas

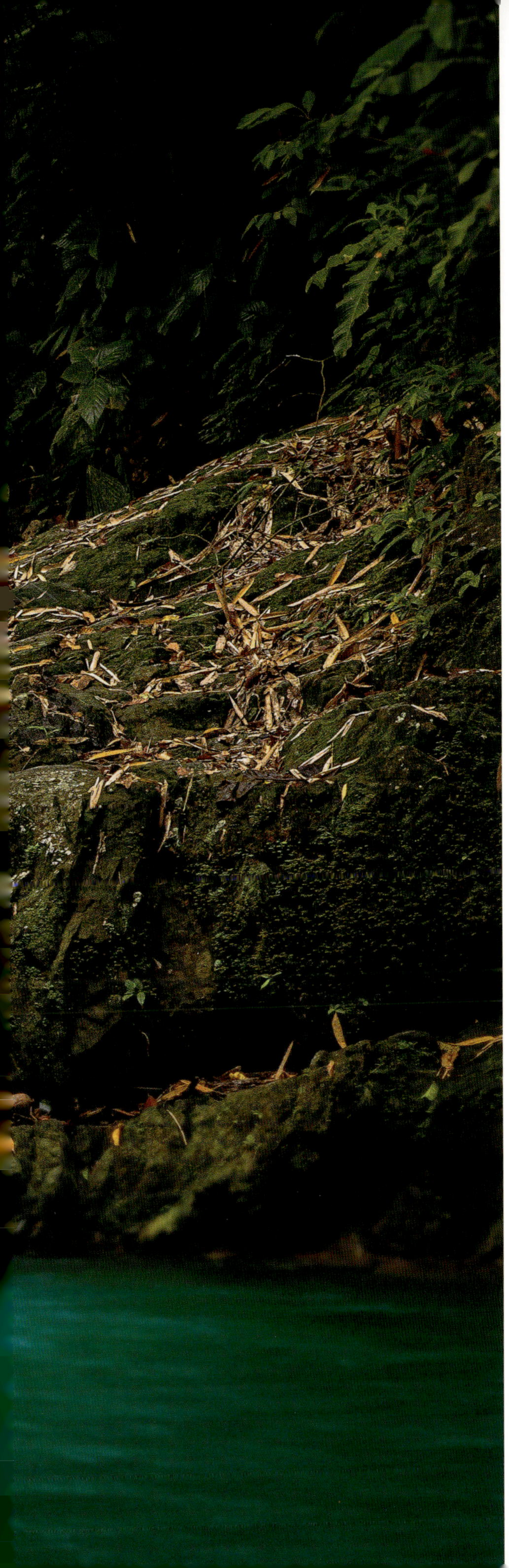

ECHARSE AL AGUA

—¿Qué fue lo que nos dijeron? ¿Para la derecha o para la izquierda?— dijo Nati, jadeando. Tiberias, la ciudad de donde salimos tres horas atrás con un par de bicicletillas, ya no se veía.

—Creo que era para el otro lado... *diay,* démosle la vuelta entera, entonces...

No sé si eran las subidas, los 55 grados del verano o la goma, pero yo ya estaba empezando a sentir que me estaba muriendo. ¿Qué estoy haciendo aquí?

Si les contara a mis tías que tomé la decisión de venir a Israel en un bar de mala madre en Los Yoses, tal vez no estarían tan contentas. Con cada pedaleada, se me venían imágenes a la cabeza de aquellas tardes dominicales visitandolas en San Ramón de Alajuela. Entre rezo y rezo sacaban un álbum con fondo negro y fotos gastadas de viajes a Jerusalén. Ese lugar era la cuna de tantas religiones... Tierra Santa.

Yo no era ni tan santa, pero tenía unas ganas tremendas de viajar. Y mis caminos de viajera han estado llenos de regalos de la vida. Como el amigo que me topé en ese concierto de heavy metal. Me dijo que había estado en un kibutz, que a uno le pagaban y le daban casa a cambio de trabajo. Yo que creía que eso de viajar era solo para los gringos, no para mí, tica y sin plata.

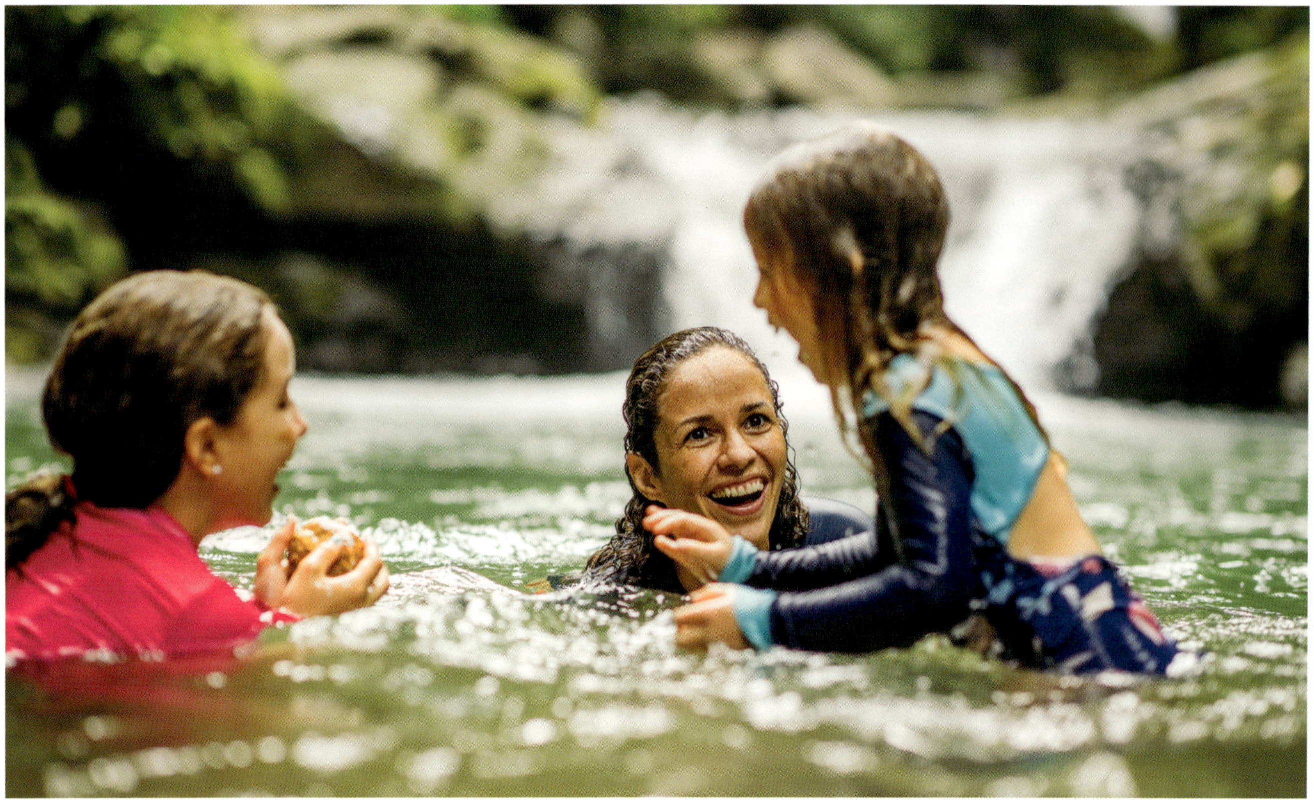

Maya, Pilar y Clea

Había soñado ir viendo por la ventana, soberana de mar y cielo, e imaginar que no estaba en un avión, sino volando sobre las alas de un errante pájaro marino. Yo lo sentía como mi vuelo supremo. Pero la realidad es que iba en un vuelo clase económica sentada en la silla del medio, sin saber adónde iba a vivir cuando aterrizáramos. Ahí fue donde conocí a un guatemalteco de anteojitos muy simpático. "Yo vivo en un kibutz", fue lo primero que me dijo.

Apenas llegamos a Tel Aviv llamamos a ese kibutz y nos aceptaron como voluntarias. Teníamos que agarrar un bus al norte en la Tahana Merkazit. Era un edificio gigante, mucho más grande que el Mall San Pedro pero medio vacío y oscuro. Era día de Purim y yo no sabía, pero por eso las personas andaban todas disfrazadas. Además de los disfraces, ver tantísimas armas fue un impacto, sobre todo siendo de Costa Rica, donde ni siquiera uno lo piensa. Así como el guatemalteco, ninguno de mis amigos quería hacer la guerra, pero el servicio militar era obligatorio para ellos. Probablemente por eso toda mi familia, menos mi papá, se había opuesto a mi viaje. En el sur, la franja de Gaza estaba explotando. Y yo en el norte, estaba trabajando en un kibutz todos los días... Menos los fines de semana, que podíamos salir a pasear, como este día que vinimos a Tiberias.

Ahí, dándole la vuelta al mar de Galilea, sin ningún rastro de las pozas que salimos a buscar y ya cuando estaba pensado que ahoritica me desmayaba... paró una vagoneta blanca y sin ventanas, apague y vámonos. Supimos que eran músicos por los instrumentos, pero no les entendimos nada de lo que intentaron decirnos, simplemente les pedimos que nos dejaran montarnos al cajón para regresarnos, y ahí nos fuimos, a la mano de Dios. Yo seguro me quedé dormida, porque al ratillo, parquearon y nos dijeron entre dos palabras de inglés y un hebreo incomprensible, que iban a ir a bañarse y que podíamos ir con ellos si queríamos. Así, de la manera menos esperada llegamos a las benditas pozas, yo ya no tenía ni fuerza para moverme, pero me eché al agua. Ahora que tengo 42 años, a veces me pongo nerviosilla cuando mi esposo lleva a nuestras hijas a surfear, pero recuerdo que, de todos los regalos que he recibido, el primero fue de mi papá, que a mis cortos 19 años me enseñó a confiar en la vida.

Escritora: Libertad Sobrado

Pilar Salazar López
San Ramón, Alajuela – Bahía Ballena, Osa, 06/03/1978.

Pilar nació un 6 de marzo, igual que su escritor favorito: Gabriel García Márquez. El viaje de su vida la llevó desde San Ramón a otras latitudes, como Estados Unidos, Israel y Grecia, pero las vueltas del destino la trajeron de vuelta a Costa Rica, a Uvita de Osa. Es graduada en Administración con énfasis en empresas turísticas, y tiene una empresa sostenible certificada B-Corp, Bodhi surf and yoga, en la que se combinan su pasión por el movimiento, el amor por la naturaleza, y la familia, que es el centro de su felicidad y su razón de existir. Allí maneja la parte administrativa y el yoga. Pilar es una mujer curiosa y creativa, con un gran interés por explorar y aprender, ávida lectora, y amante de la vida en general. Es casada, tiene dos hijas y le encanta la gente.

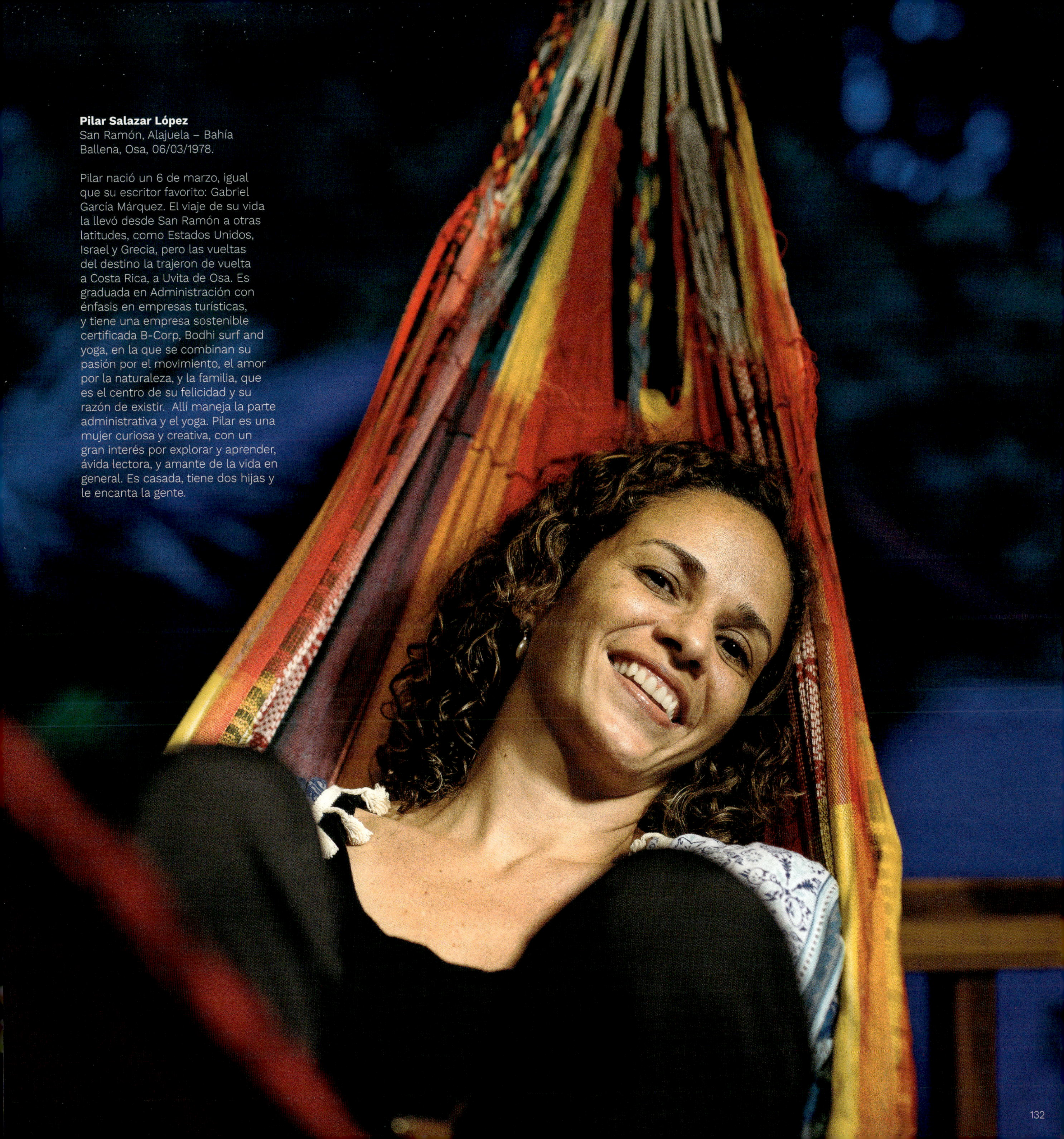

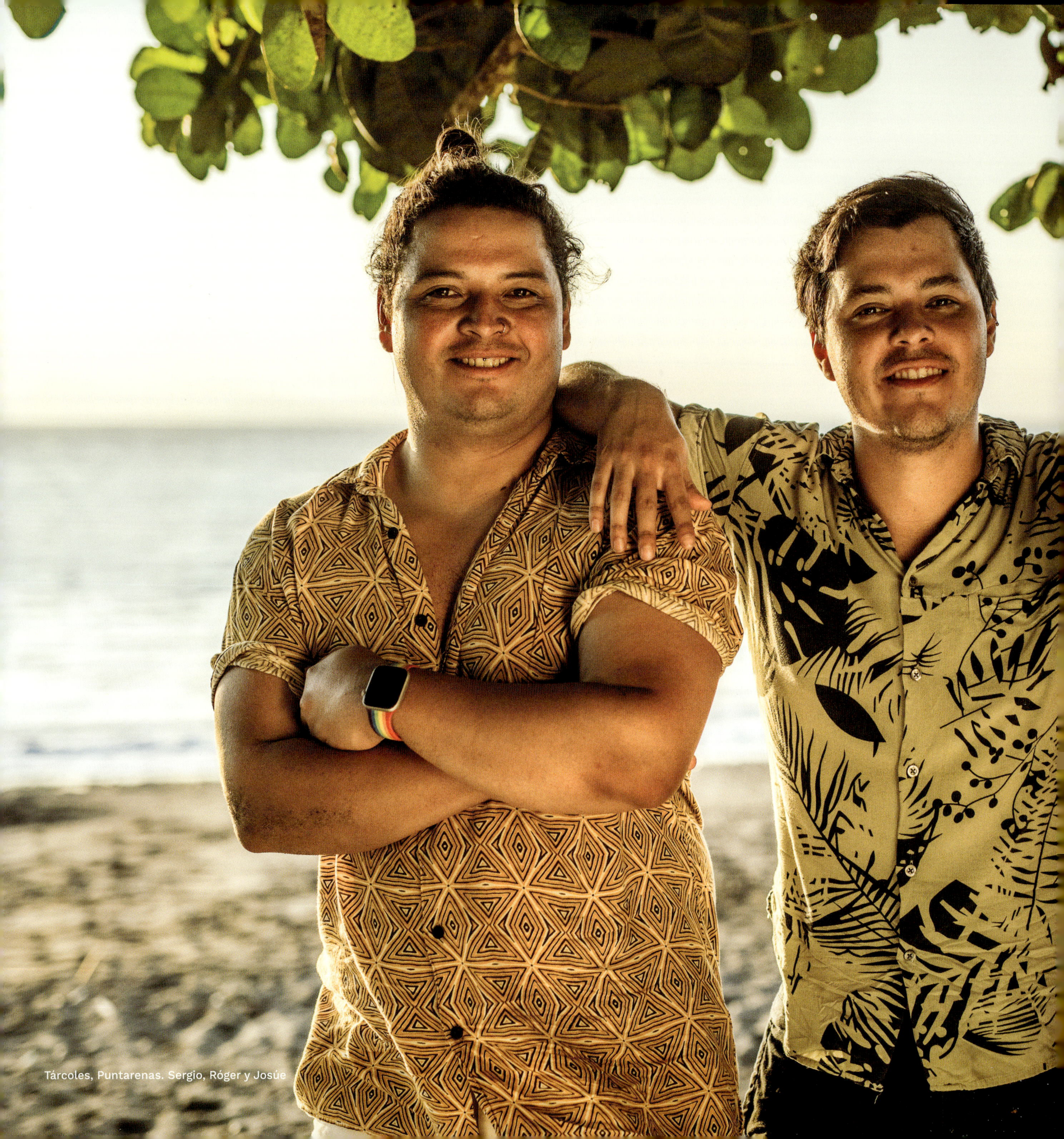

Tárcoles, Puntarenas. Sergio, Róger y Josúe

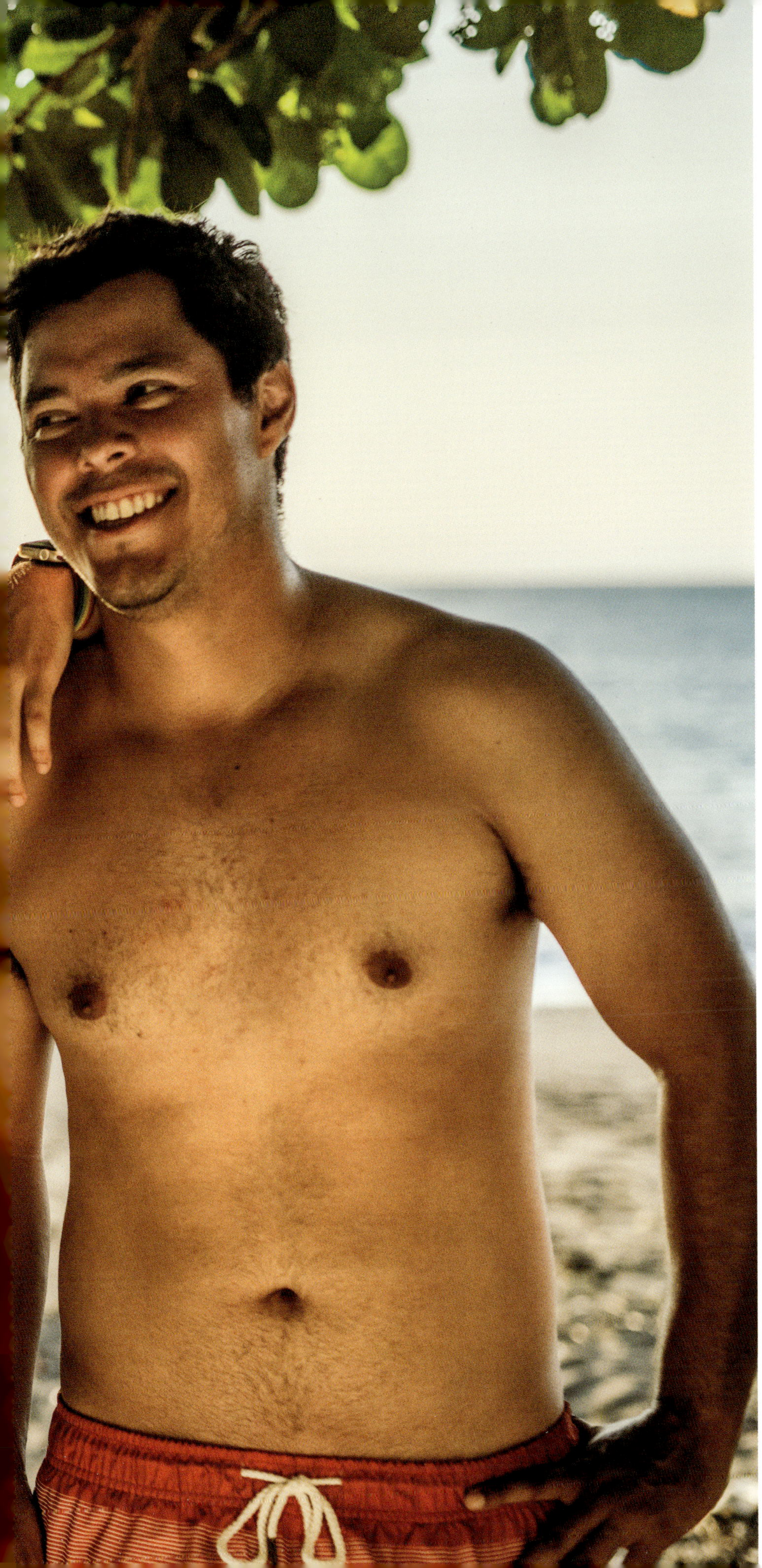

PANCAKES, UN PRELUDIO DE AMOR

Róger y Josué, hermanos gemelos, comparten cuarto, pero básicamente nada más. No pueden ser más diferentes.

Una noche, a sus 18 años, Josué desde la cama ve a Roger medio escondido en la sábana "mandando mensajitos, y esas risitas, y esas sonrisas delatadoras". Roger le cuenta que conoció a una chica.

En temas de muchachas, como en otros, Josué y Roger son opuestos. Roger en el cole tenía un montón de amigas, se le hacía facilísimo hablar con mujeres. A Josué no tanto; él pasaba jugando fútbol cosa que a Roger no le interesaba.

Rita, su madre, los entiende. Ella también es gemela y cuenta que por mucho tiempo sentía presión de ser igual a su hermana. Entonces los deja ser, ser diferentes, ser ellos mismos.

Para Roger esto no siempre fue tan fácil. A veces pensaba que sería mejor ser como Josué; deportista, galán… "Pero en el fondo sentía que yo quería ser yo."

Un día, en aquella época de los mensajitos, Roger decide entrar al cuarto y con poco preámbulo y una mezcla de susto con anticipación, le pregunta a Josué: "¿Mae, usted me quiere?". "Obvio mae, somos hermanos". Roger insiste, "pero mae, pase lo que pase, ¿usted me va a seguir queriendo?". Y Josué insiste también que sí. Con esta garantía, Roger le cuenta que es homosexual.

"PERO MAE, PASE LO QUE PASE, ¿USTED ME VA A SEGUIR QUERIENDO?"

Josué siempre lo defendía en el colegio cuando lo molestaban, pero nunca se permitió creer que a su hermano en verdad no le gustaban las mujeres. Entre lágrimas, lo abrazó y le dijo: "Mae usted y yo somos uno solo. Cada uno tiene sus gustos. Usted me respeta y yo le respeto, y el cariño y el aprecio y la familia nunca se van a quitar".

Roger, inundado de alivio, le contó a Josué que quien le sacaba esas risas y sonrisas todas las noches se llamaba Sergio. Para la primera cita, Sergio había diseñado un plan. Las vecinas avisaban cuando se había desalojado la casa de Sergio. Una vez juntos, unas primas soltaban el perro que siempre se le metía en la casa, dándole la excusa perfecta para cerrar la puerta. Catorce años después, ambos concuerdan que el plan funcionó. Conocer a Sergio, cuya familia sabía de su orientación sexual, le dio un impulso a Roger para dar un paso que por mucho tiempo le cortó la respiración. Entró al cuarto de sus papás mientras veían televisión, se las apagó y empezó a hablar. "Me considero un buen hijo, me considero un buen hermano, un buen estudiante. No le hago daño a la sociedad, pero mi preferencia sexual es otra".

Luis, su papá, no pudo evitar llorar e insistir en que experimentara con mujeres, Rita le hizo ver que lo sabían desde que era niño y que lo aceptaba. Terminó diciéndoles: "Ni gasten dinero en un psicólogo, porque yo sé lo que soy y eso no va a cambiar".

Solo un par de días después, Roger invitó a Sergio a cenar a la casa, con la condición, eso sí, de que no hubiera escenas amorosas.

En una de sus primeras visitas, como Sergio vivía en Cartago, se tuvo que quedar a dormir. El papá de Roger, lo permitió, no sin antes cerciorarse de que la mamá de Sergio supiera. Al siguiente día se levantó y le preparó *pancakes* a su hijo y su novio.

Los *pancakes*, más que un desayuno o una cordialidad, fueron un preludio de amor. Como cuenta Luis, lo que sintió al principio, con el paso del tiempo se convirtió en aprecio.

Hoy, cuando hay un problema familiar, Luis y Rita frecuentemente llaman a Sergio, quien está más atento que Roger. Y Josué, que es topógrafo, tiene tatuado un nivel en cada pie, uno ajustado diferente al otro. Pueden ser muy distintos, pero Roger y Josué se quieren y apoyan como solo dos personas que se conocieron nueve meses antes de llegar a este mundo.

Escritora: Gloriana Sojo

Róger Alonso y Alonso Josué Durán Hernández y familia
San Francisco de Dos Ríos, 26/10/1988.

Róger Alonso y Alonso Josué son hermanos gemelos, de 32 años de edad. Tienen una hermana mayor, Maricruz, esteticista y emprendedora. Su mamá, Rita, es abogada y también tiene una hermana gemela. Su papá, Luis, es pensionado. Róger es diseñador publicitario, y Josué topógrafo. Sergio Fernández, el yerno, también es parte de la familia desde hace 14 años (en este momento él y Róger están construyendo su propia casa). Luis es oriundo de San José, y Rita es guanacasteca. Juntos han creado un hogar lleno de cariño, donde el orgullo por sus hijos es predominante. Nadan juntos todas las aguas, se apoyan y se celebran. Tienen una perrita, parte importante de la familia, llamada Clotilde.

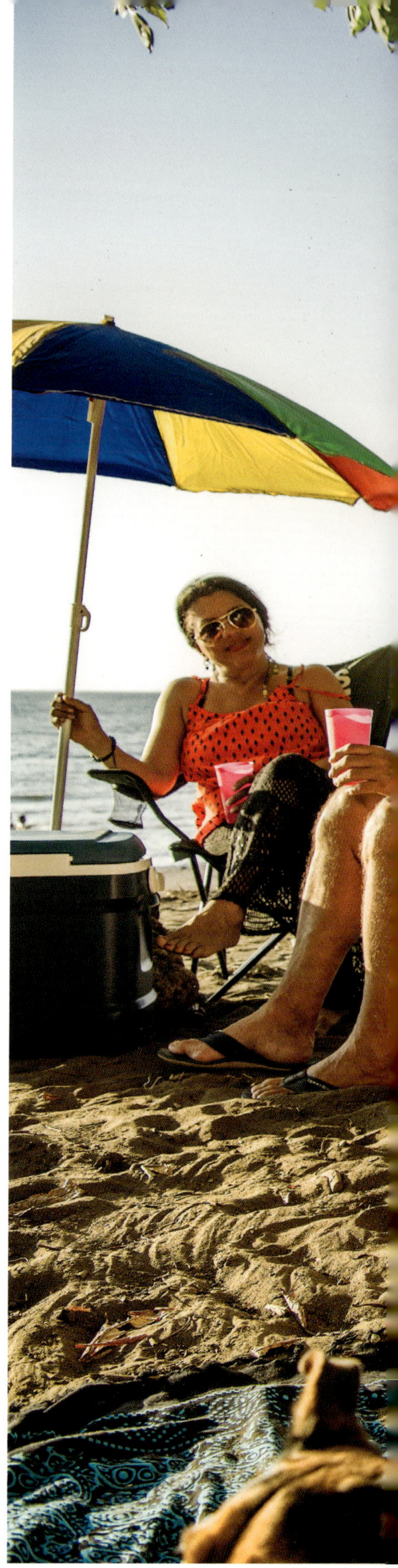

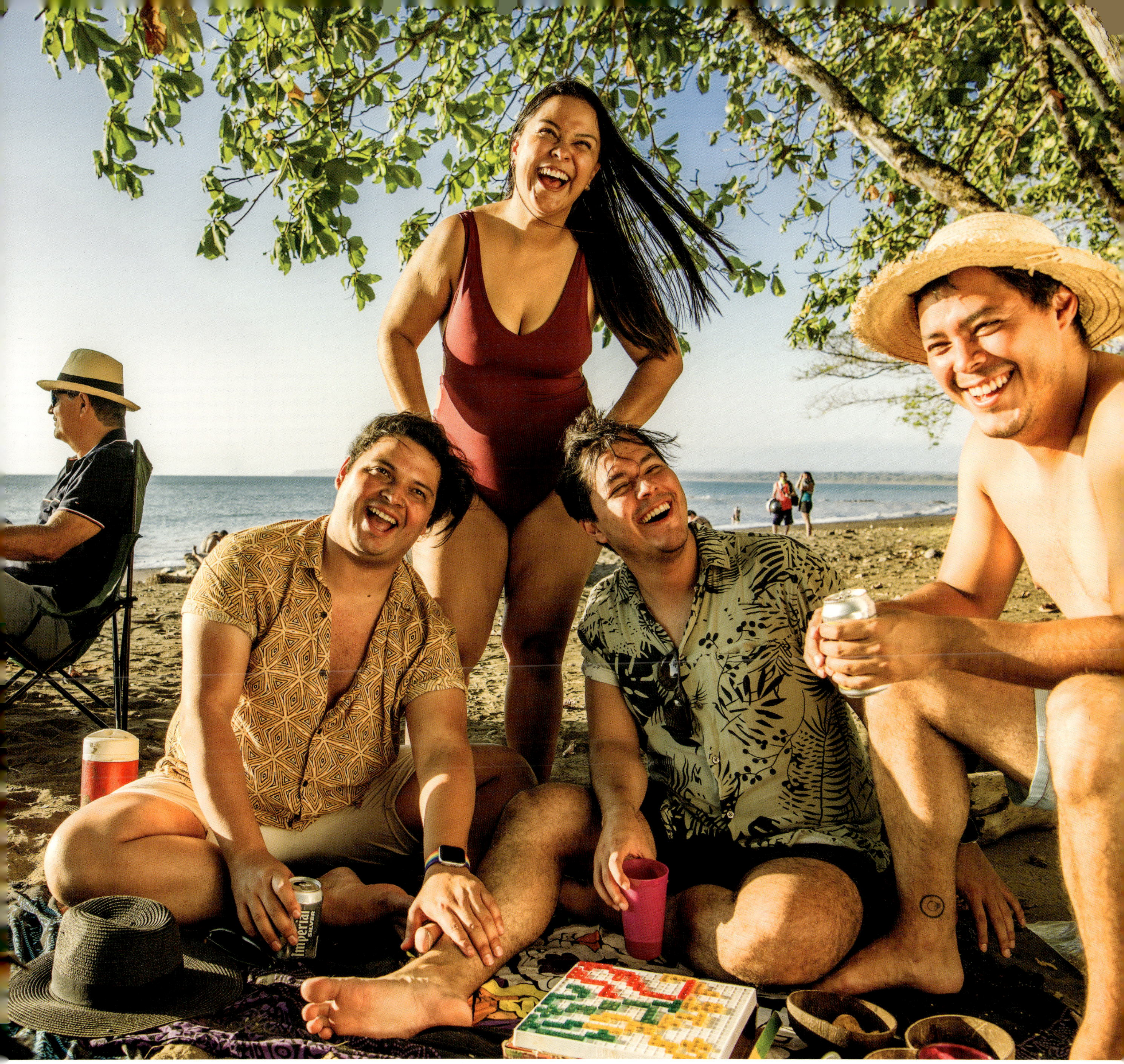

Rita Hernández, Luis Durán, Sergio Fernández, Maricruz, Róger, y Josué Durán Hernández

PEQUEÑOS FANTASMAS

Cuando el sol lo ilumina de frente y el rebote de la luz en el agua salada le estorba la vista, Sebastián parpadea. Sus pupilas se dilatan y como si fueran un obturador regulan la cantidad de luz que llega a su cerebro. Está donde quiere estar, sentado sobre una tabla de surf, rodeado de montañas de agua salada. La brisa es suave y desde ahí se escuchan las olas reventando en la costa. Se podría decir que aquí, en el agua, es donde comenzó todo. Hace muchos años estaba ahí mismo con su primera cámara en las manos, tomando fotos de sus amigos mientras surfeaban. En ese momento estudiaba turismo, intentando pasar la mayor parte de su tiempo en el agua. Y así lo hizo.

Si se deja llevar, la memoria le presenta imágenes que tiene guardadas en su cabeza, recuerdos como películas formadas de muchos cuadros por segundo. **Pequeños fantasmas.** Ve por ejemplo a un niño desnudo correr por la playa, detrás un adulto lo sigue con una cámara, se reconoce en el niño, sabe que son su padre y él. Recuerda que algunos años más tarde, en su adolescencia, le gustaba acompañar a su papá al trabajo y que le llamaba la atención cómo en el mundo de la producción podían convertir el día en una noche artificial o viceversa. Le llamaban la atención las luces, los bombillos inmensos y los cables. Desde el agua puede verse a él mismo ayudando en el set, su cerebro adolescente impregnándose, aprendiendo.

Recuerda también a su madre, y cada vez que agradece estar en el lugar en el que está, es a ambos a quienes menciona, porque los dos son igual de importantes en su formación.

En las películas que pasan en su cabeza a veces las cosas se entremezclan y algunas imágenes se sobreponen con otras en el fino entramado de los mecanismos de la memoria. Entonces puede ver panteras y helicópteros. Puede verse más joven trabajando en Estados Unidos. Puede verse trabajando en el negocio de su padre, pero también distanciándose de él y trabajando para la competencia. Puede ver algo cercano a la pipa de la paz y justo al lado la palabra: **reconciliación.** Ve también un grupo de vacas atravesarse en la carretera y recuerda no haber podido esquivarlas. Ve un accidente en el que muere un ser querido y ve también el momento en el que tiene que tomar una decisión: el momento del cambio.

Todo esto está ahí en su cabeza, proyectándose constantemente en un *loop* infinito, en un disco eterno. Para llegar a esas imágenes lo único que necesita es que se confabulen el sol y el agua salada. Solo necesita que el parpadeo sea involuntario.

Cuando el sol lo ilumina de frente, Sebastián cierra los ojos y es así como viaja en el tiempo.

Escritor: Diego Vanderlaat

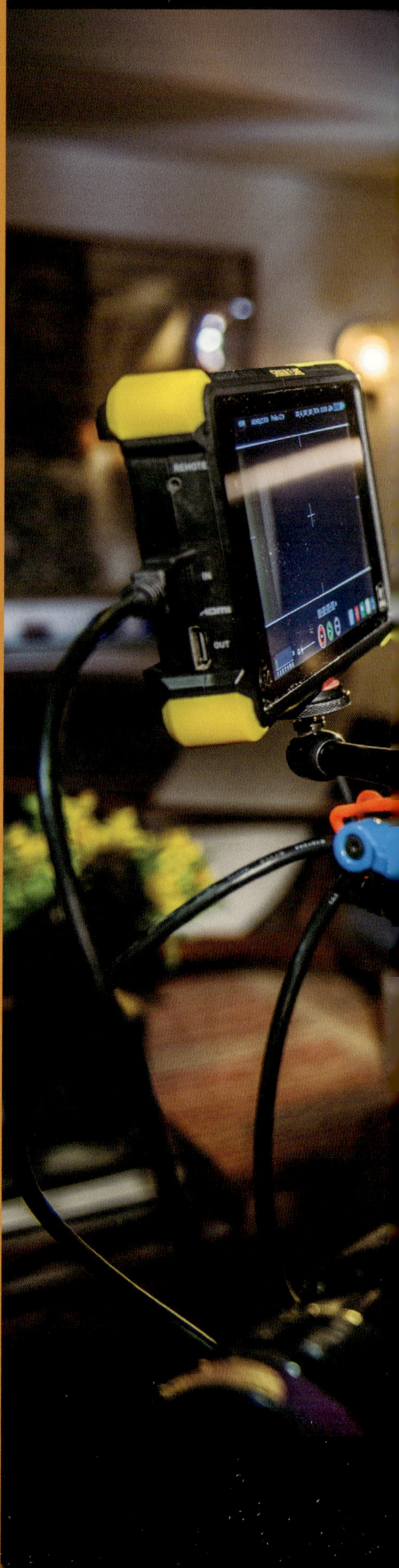

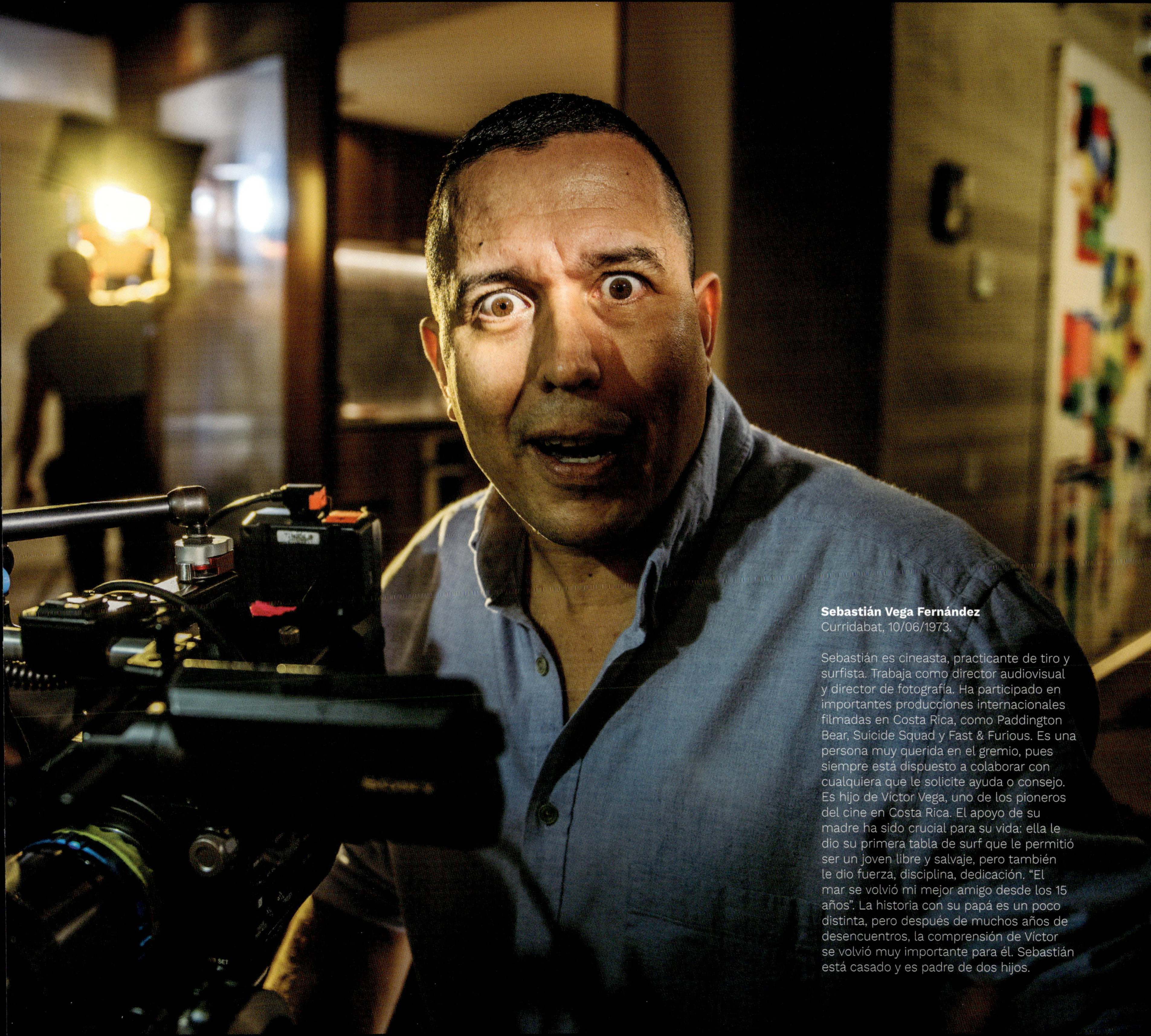

Sebastián Vega Fernández
Curridabat, 10/06/1973.

Sebastián es cineasta, practicante de tiro y surfista. Trabaja como director audiovisual y director de fotografía. Ha participado en importantes producciones internacionales filmadas en Costa Rica, como Paddington Bear, Suicide Squad y Fast & Furious. Es una persona muy querida en el gremio, pues siempre está dispuesto a colaborar con cualquiera que le solicite ayuda o consejo. Es hijo de Víctor Vega, uno de los pioneros del cine en Costa Rica. El apoyo de su madre ha sido crucial para su vida: ella le dio su primera tabla de surf que le permitió ser un joven libre y salvaje, pero también le dio fuerza, disciplina, dedicación. “El mar se volvió mi mejor amigo desde los 15 años”. La historia con su papá es un poco distinta, pero después de muchos años de desencuentros, la comprensión de Víctor se volvió muy importante para él. Sebastián está casado y es padre de dos hijos.

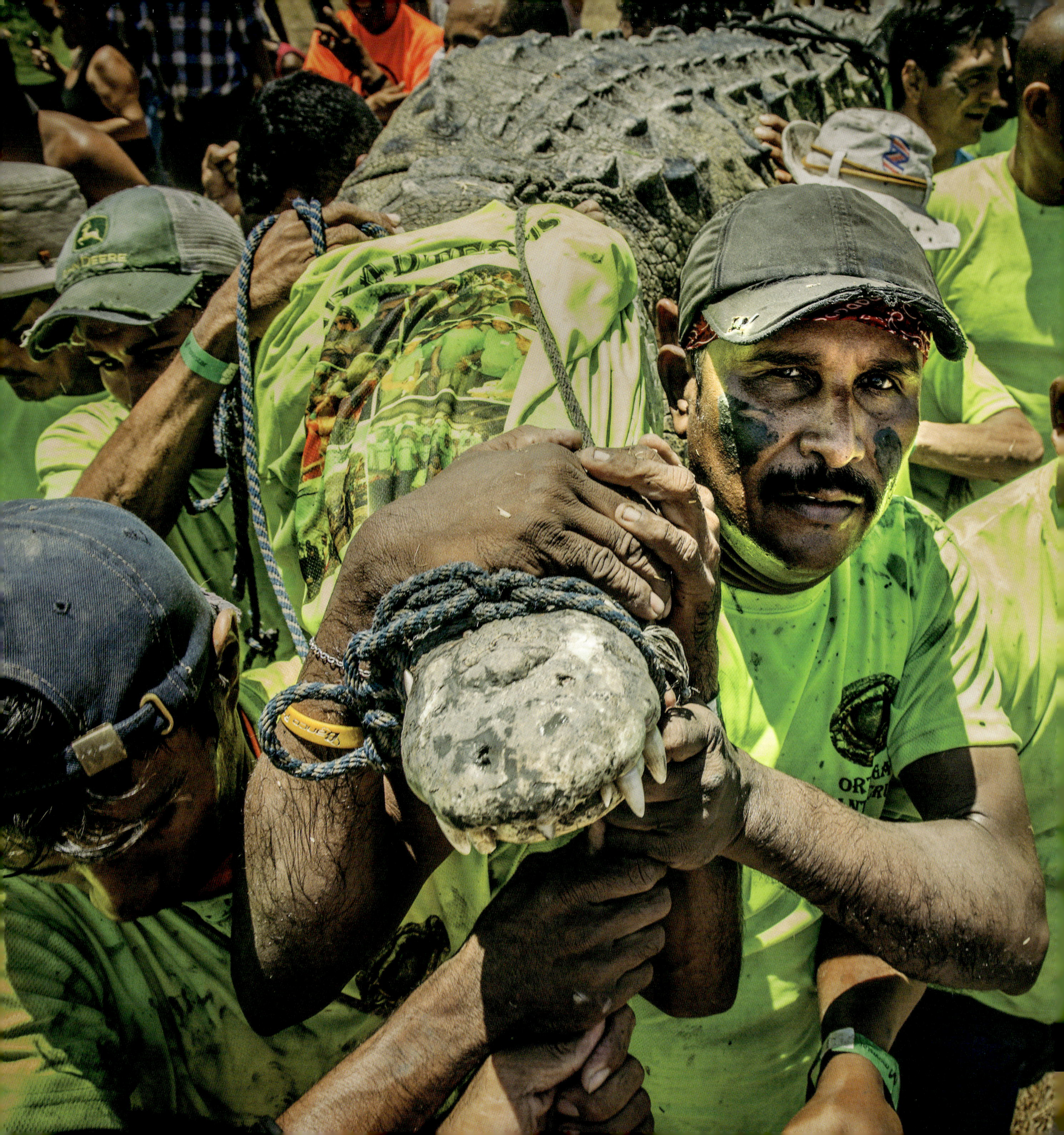

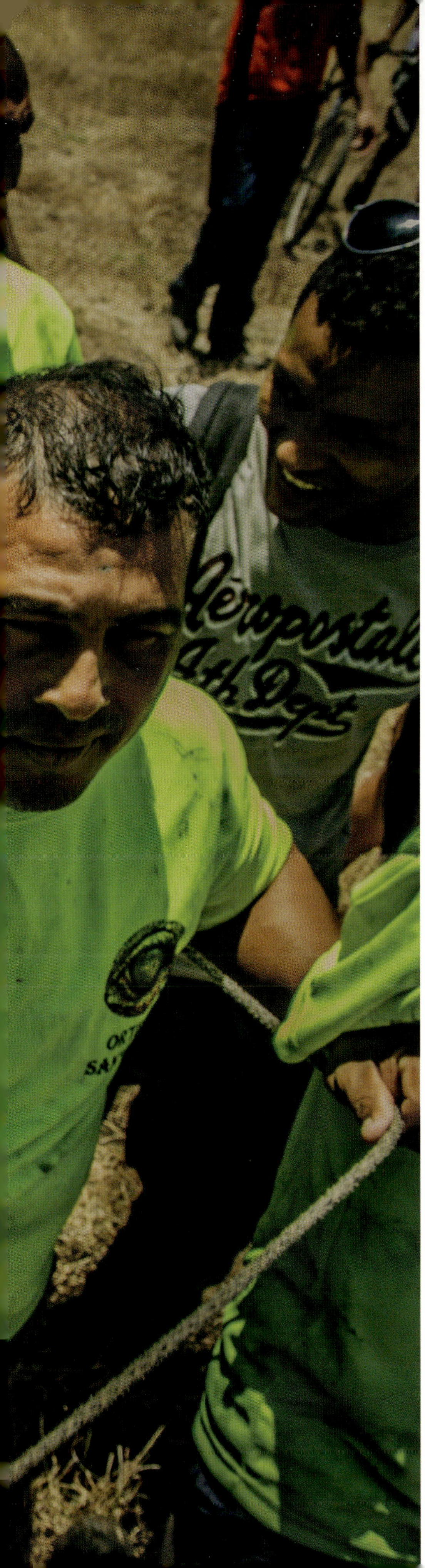

EL PRÓXIMO VIERNES SANTO

Ortega es un pueblo con río. Humberto recuerda a su padre antes de Semana Santa, sorteando la corriente del Tempisque, con el agua por el pecho, y él de nueve años en sus hombros, con lanza en mano, repitiendo una faena que probablemente venía de tiempos anteriores a la colonia española. Aún no entiende cómo podía saber su papá por dónde iban a pasar los peces si estaba completamente ciego, pero lo cierto es que siempre regresaba a casa con la "percha" llena de buen pescado, ya limpio y listo para salar.

Dicen que el papá de Humberto había quedado ciego durante una zafra. No saben bien si fue por tantos años de llevar ceniza, apañándose con su machete para cortar la caña recién quemada, o si algo más pasó: un cambio de temperatura, un "aire" o simplemente la mala suerte. Humberto aprendió con él que la vista no era todo y que uno podía mirar de muchas maneras, pues su papá siempre sabía lo que pasaba a su alrededor. Por eso supo que su muchacho de once años estaba desesperado por meterse al río con los hombres, a "lagartear".

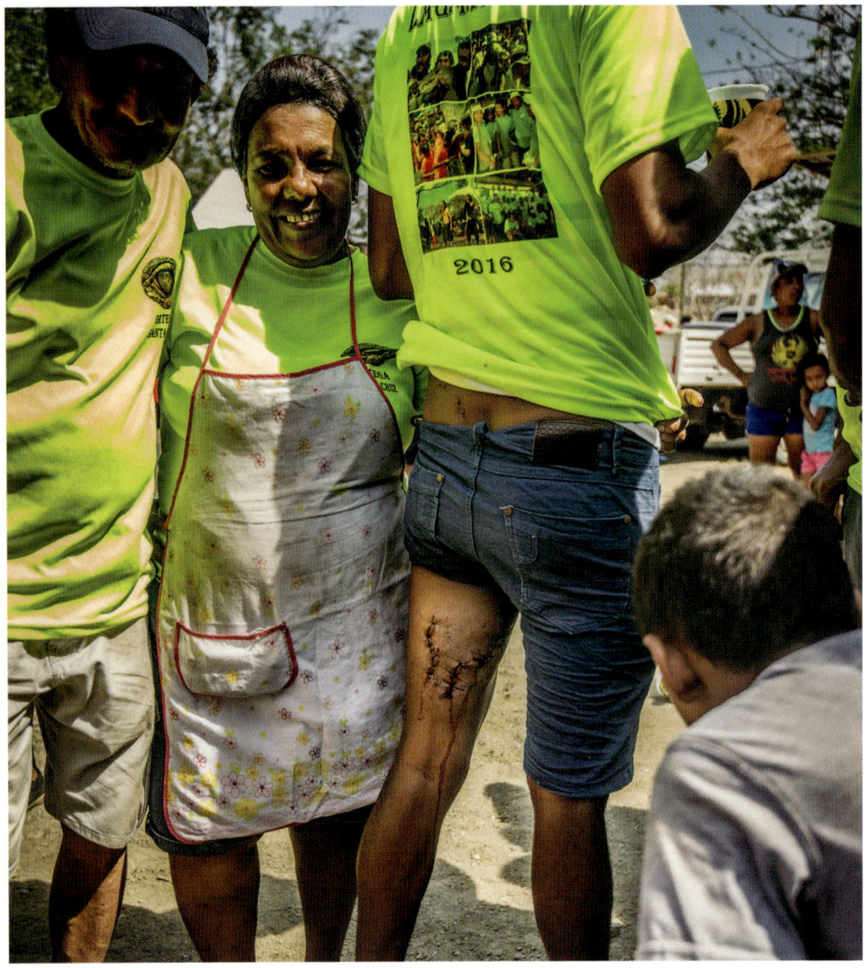

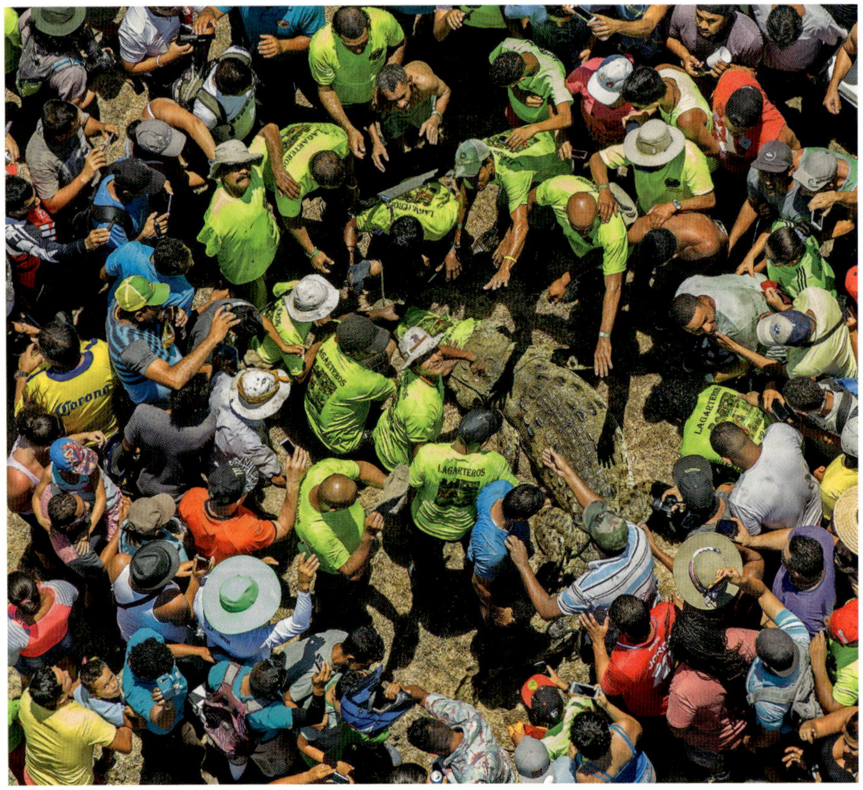

TÍO GÜICHO, QUE TODAVÍA ENTRABA AL RÍO A SUS NOVENTA AÑOS.

En Ortega se respetaba rigurosamente los mandatos de la tradición, incluido el ayuno, la autoridad del padre y, por supuesto, la costumbre de salir a "lagartear" el Viernes Santo. Según su forma de ver las cosas, habiéndose apartado de la práctica antigua de matar al animal para aprovechar las cualidades "mágicas" de su grasa y sus colmillos, los "lagartos" (como llaman a los cocodrilos que habitan el Tempisque) ya no tienen nada que temer: ellos los capturan, los llevan a un encierro en el pueblo y los liberan el día siguiente, exactamente en el lugar donde los sacaron.

No parece claro que Humberto y sus compañeros hayan recibido suficiente información acerca de cuánto sufre un animal silvestre cuando es sometido por la fuerza y apartado de su hábitat. Para los hombres de Ortega esta es una tradición, una que los identifica como habitantes de este pequeño pueblo, heredero de más de 200 años de "lagarteadas" y muchos más de veneración del cocodrilo, símbolo de fertilidad y muerte para las tribus chorotegas que prosperaron en el Tempisque muchos siglos antes.

Eso fue quizás lo que los ojos ciegos del papá de Humberto percibieron el día que le dio permiso de sumarse a la partida del Viernes Santo. "Vas a ir, pero de tilichero, nada más", le dijo. "Si me hacés caso y todo sale bien, el otro año te dejo entrar al río". Aunque su decepción fue grande al principio, el muchacho obedeció a su padre al pie de la letra y se contentó esa vez con la labor de "tilichero", es decir, con ser el que guarda los zapatos, las medias, las correas y todo lo que los hombres deben dejar a la orilla del río mientras cazan al animal.

Un año después Humberto regresó a su casa chorreando agua y no tuvo que decir nada. Detrás de sus ojos ciegos, su papá sabía perfectamente que el muchacho había regresado sano y salvo, convertido en "lagartero" a sus doce años. Así, empapado, lo abrazó y juntos recordaron al Tío Güicho, que todavía entraba al río a sus noventa años.

Pero eso fue hace tiempo ya. Hoy Humberto sabe que la tradición va a desaparecer, así como las ganancias que les ha dejado la visitación de turistas en esos días, si no encuentran la forma de conservarla sin sacar al "lagarto" del río. Con sus compañeros sopesan opciones creativas: ¿paseamos por el pueblo un lagarto de cemento, o de madera, el próximo Viernes Santo?

Ortega es un pueblo con río. Ya encontrarán la respuesta.

Escritor: Jaime Gamboa

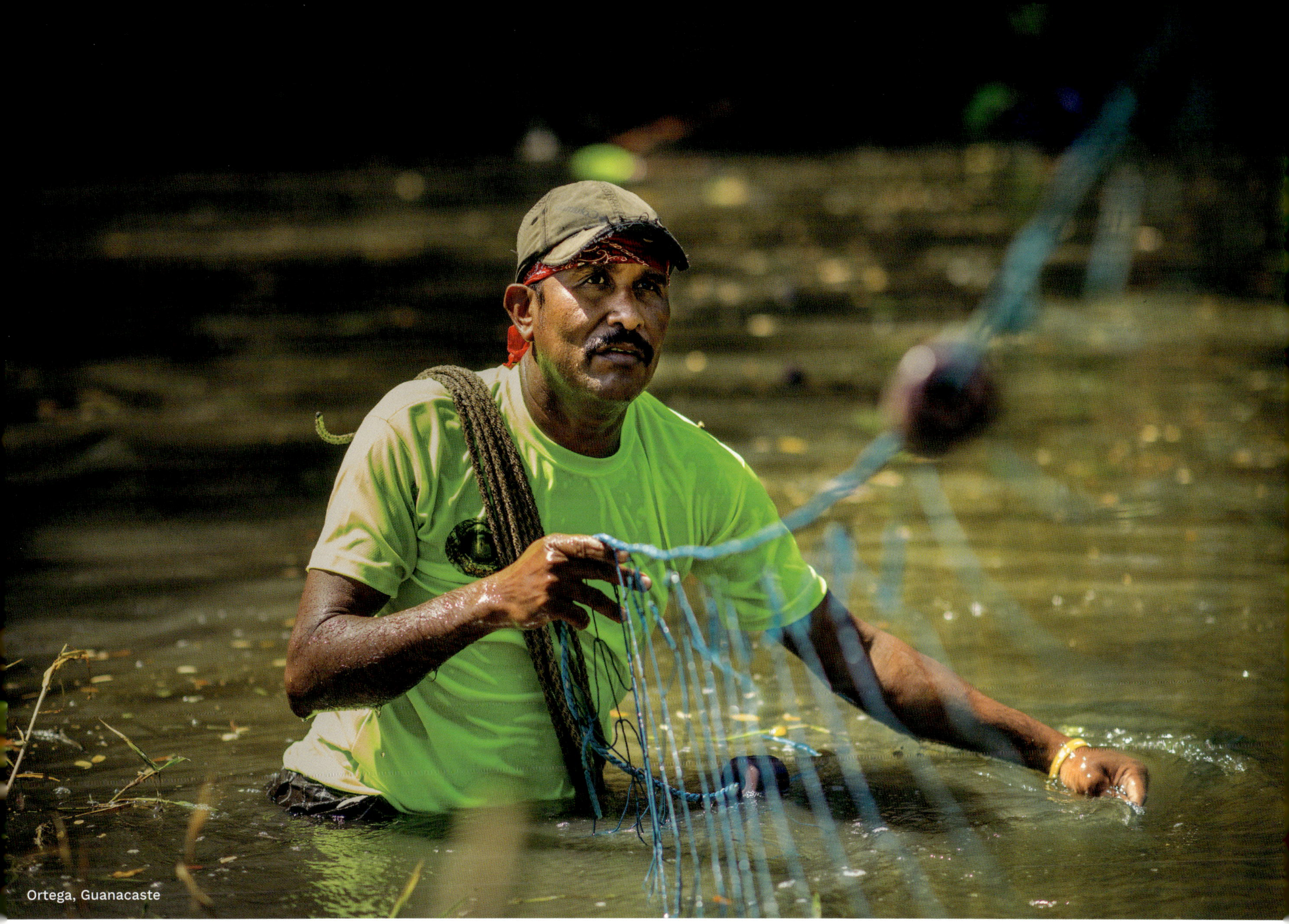

Humberto Miguel Angulo Piña
Ortega de Santa Cruz, 03/11/1968.

En invierno, Humberto siembra maíz y frijol en terrenos de sus vecinos del pueblo, y en verano, trabaja para una empresa que siembra melón y sandía. Pero en su vida profesional ha hecho de todo: fue ayudante de mecánico, ha alimentado ganado, fue chapeador de caña, manejó chapulín, y ha trabajado en riego agrícola y vigilancia nocturna. También fue trabajador de bananera en Río Frío de Sarapiquí. Humberto cursó únicamente la primaria, porque su familia muchas veces tuvo que elegir entre comer y lo demás. Su papá, don Osberto, siempre le dio buenos consejos sobre el trabajo: "nunca mienta, si le preguntan si sabe hacer algo y no sabe, diga que no". Su hija Tatiana tiene 4 años y es su gran orgullo: inteligente y amante de los animales, que cuando crezca quiere ser "doctora de animalitos". Algunas cosas se heredan, pues Humberto hubiera querido tener un título para ejercer profesionalmente en alguna área relacionada con la naturaleza: "un jocote se cae al suelo, aquí nosotros lo limpiamos y comemos. Sabemos apreciar lo que la naturaleza nos da. Las grandes corporaciones presionan mucho la naturaleza, y eso no le hace bien".

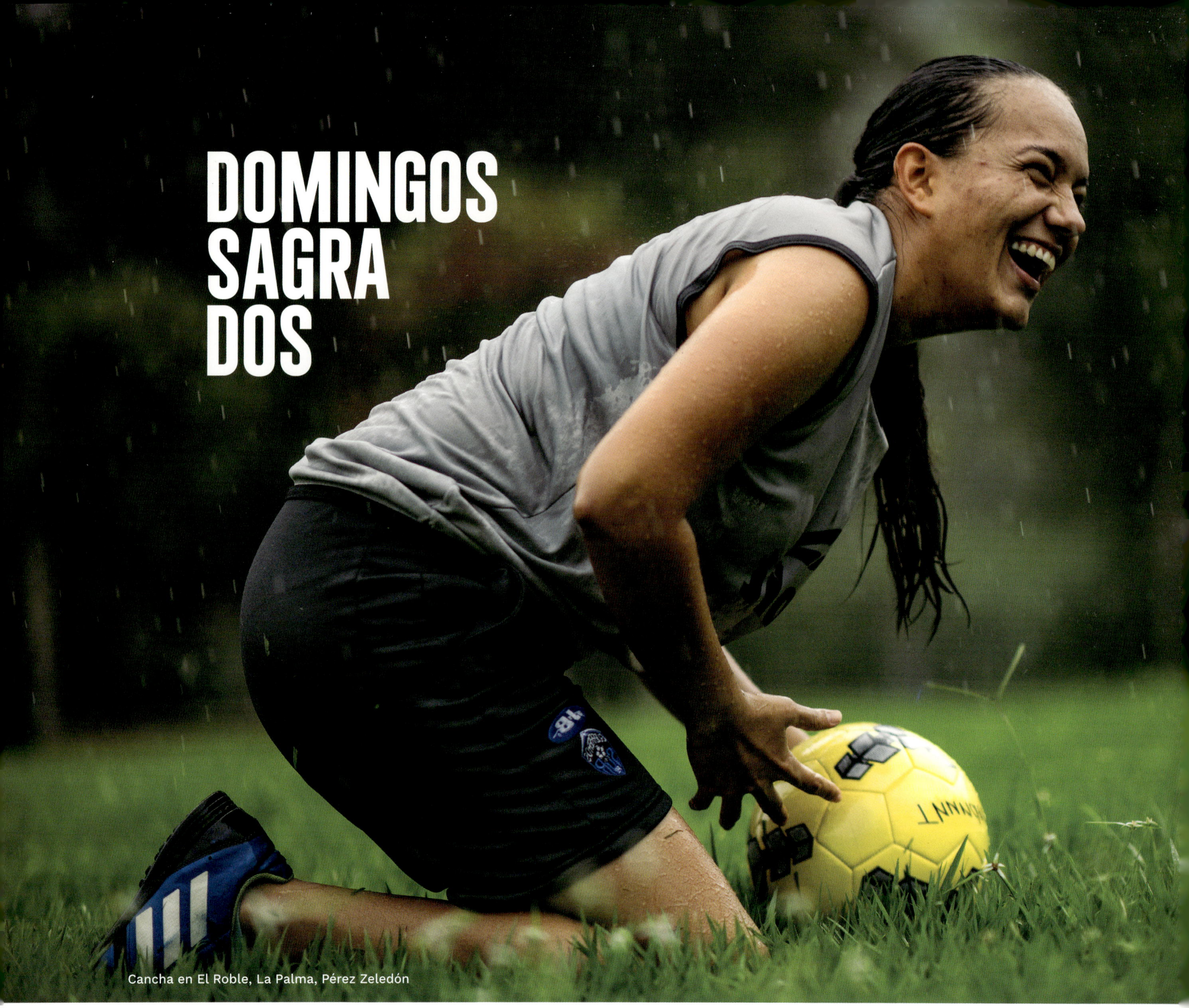

DOMINGOS SAGRADOS

Cancha en El Roble, La Palma, Pérez Zeledón

Verónica Acuña Navarro
San Isidro del General, 29/10/1992.

Verónica es licenciada en administración de empresas con énfasis en finanzas, y también es entrenadora de fútbol femenino, licencia C. Trabaja en departamento de coordinación de ligas menores del Municipal de Pérez Zeledón, planificando entrenamientos, partidos y todo lo que involucra a las categorías menores. Durante ocho años se ha encargado de la masificación del fútbol femenino en la Zona Sur. Verónica es una mujer que triunfa en un ámbito tradicionalmente masculino y se dedica de corazón a los equipos de fútbol femenino de los que es Directora Técnica. "Hay cosas que me sorprenden como mujer, porque he conseguido cosas que muchos hombres no han conseguido... Cada vez que pasa algo así pues me llena demasiado, porque cada logro para mí es algo no solo para mí, sino para todas las mujeres que estamos en esta disciplina."

• 1 de cada 3 personas en el país juega futbol, las mujeres que practican futbol representan el 9% de la población del país.

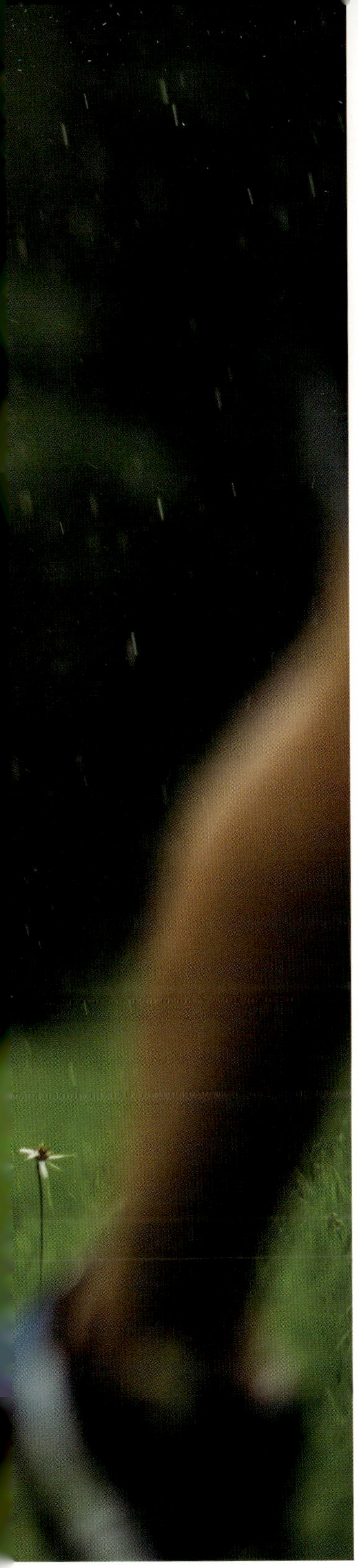

AUNQUE YA NO ESTABA CONSCIENTE, ESPERÓ LA VISITA DE VERÓNICA PARA DESPEDIRSE.

"¡Ahí voy!", gritó Verónica enérgica, mientras pedaleaba cuesta abajo confiada en que sus primos le abrirían paso para no quedar pegada en el palo de mangos. Entre toda la pelota se tomaban turnos para tirarse en bicicleta. Era una tropa numerosa: diecinueve primos y primas se reunían casi todos los fines de semana en esta casa mágica en el campo, que había construido su abuelo con sus propias manos, a unos veinte minutos del centro de Pérez Zeledón. Aquí aprendió a jugar fut, a robarse la cera de piso de la abuela para encerar los cartones y tirarse por la colina; con su abuelo carpintero aprendió a serruchar, a hacer amarres con mecates y alambres. En fin de año lo acompañó a matar un chancho y también lo vio darle respiración boca a boca a su hermanito de 3 años cuando casi se ahoga, y es que el abuelo siempre estaba cuando lo necesitaban, fue para su familia como la goma de encolar que usaba en la madera.

Todos los domingos la familia entera se reunía alrededor de la tele para ver un partido y vacilaban, reían y gritaban. El abuelo se apasionaba y participaba de los mosqueros que se armaban. Con el mismo entusiasmo la chiquillada completa empezó a organizar partidos en el patio donde se dividían en equipos y jugaban todos contra todos y fue así como Verónica empezó a patear bola desde muy pequeña.

A los 19 años, Verónica era titular en el equipo de Pérez Zeledón que jugaba en segunda. Su sueño de ser jugadora profesional estaba cerca de cumplirse, pero un día de tantos, su entrenador renunció y el equipo quedó a punto de disolverse porque nadie las quería entrenar. Su próxima jugada le cambiaría por completo la vida. Decidió cambiar de posición, salió de la cancha y empezó a dirigir a sus compañeras desde el banquillo. En un acto de solidaridad, sacrificó su sueño frente a la súbita posibilidad de que el equipo muriera.

Marcada por su infancia en una numerosa familia y con el ejemplo de un abuelo que siempre estaba atento para cuidarles, llevarles y traerles en conjunto, Verónica encontró una nueva vocación como directora técnica, y supo encaminarlas hasta la primera división en su primera temporada.

En una mañana soleada de domingo, Verónica dirige a su equipo. Forman un círculo agarradas de las manos, ella cierra los ojos y se traslada a aquel campo en el que creció. Alza la mirada para ver que, desde el segundo piso de la casa, su abuelo les mira con una sonrisa amplia. Nada lo hacía más feliz que tener a toda la familia en casa pasando un buen rato. En el corazón de Verónica aparece una punzada que la pellizca para recordarle que el abuelo se fue hace muchos domingos atrás. Intenta concentrarse en el presente, en el juego que está por empezar, pero se distrae otros segundos más y vuelve a aquel domingo en el que pasó la mañana en el hospital junto a su abuelo. Él ya tenía semanas de estar en precoma y ella no había querido ir a verlo, por miedo a que se fuera frente a ella. Precisamente ese domingo se fue. Aunque ya no estaba consciente, esperó la visita de Verónica para despedirse.

Su equipo espera las últimas palabras antes de saltar a la cancha, ella baja la cabeza y le aprieta las manos a las jugadoras que tiene al lado, pronuncia con voz firme pero amorosa la misma oración con la que encomienda a sus jugadoras todos los domingos:

"Que Diosito y mi abuelo las guíen y las cuiden de toda lesión en la cancha."

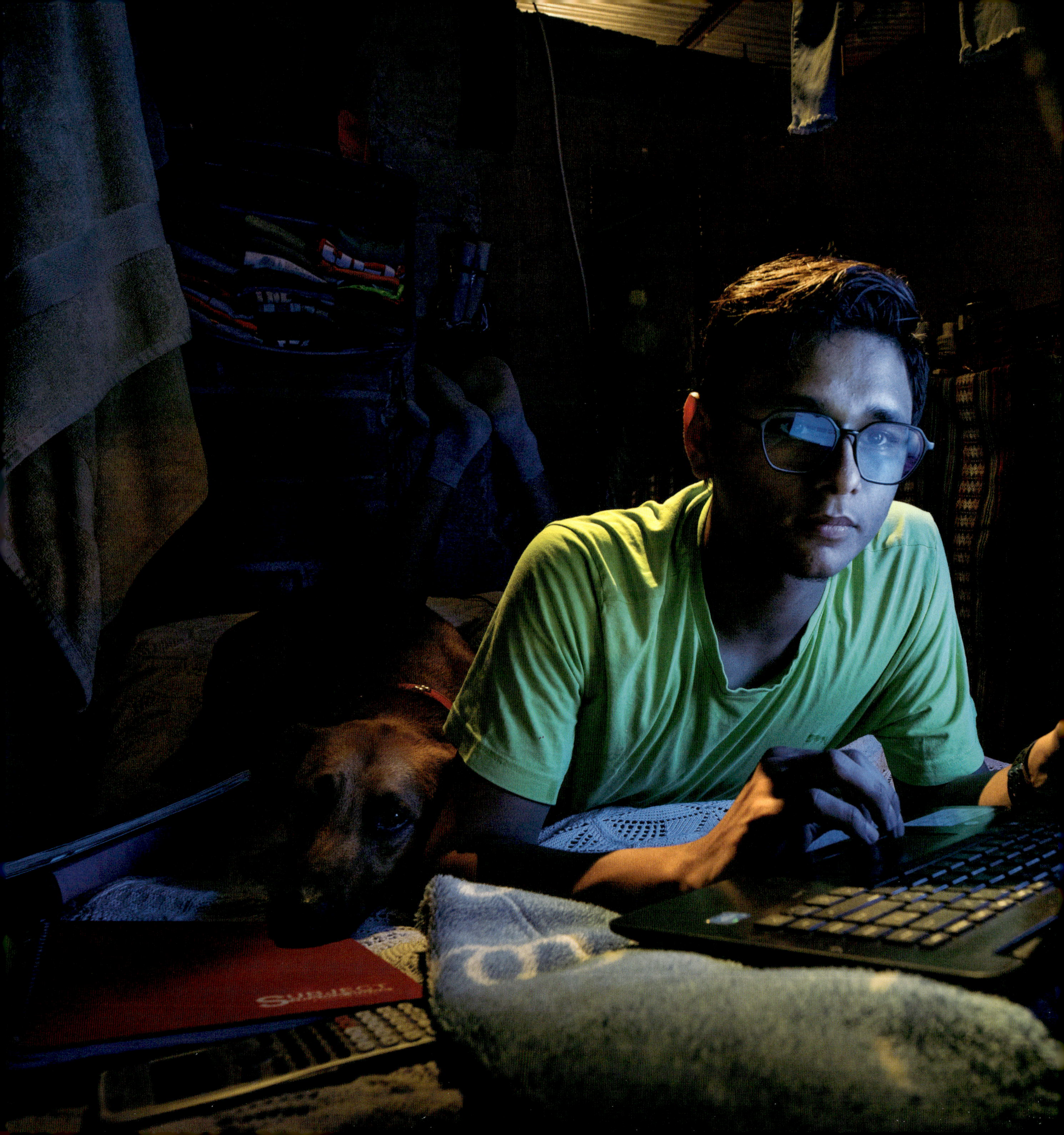
SUBJECT

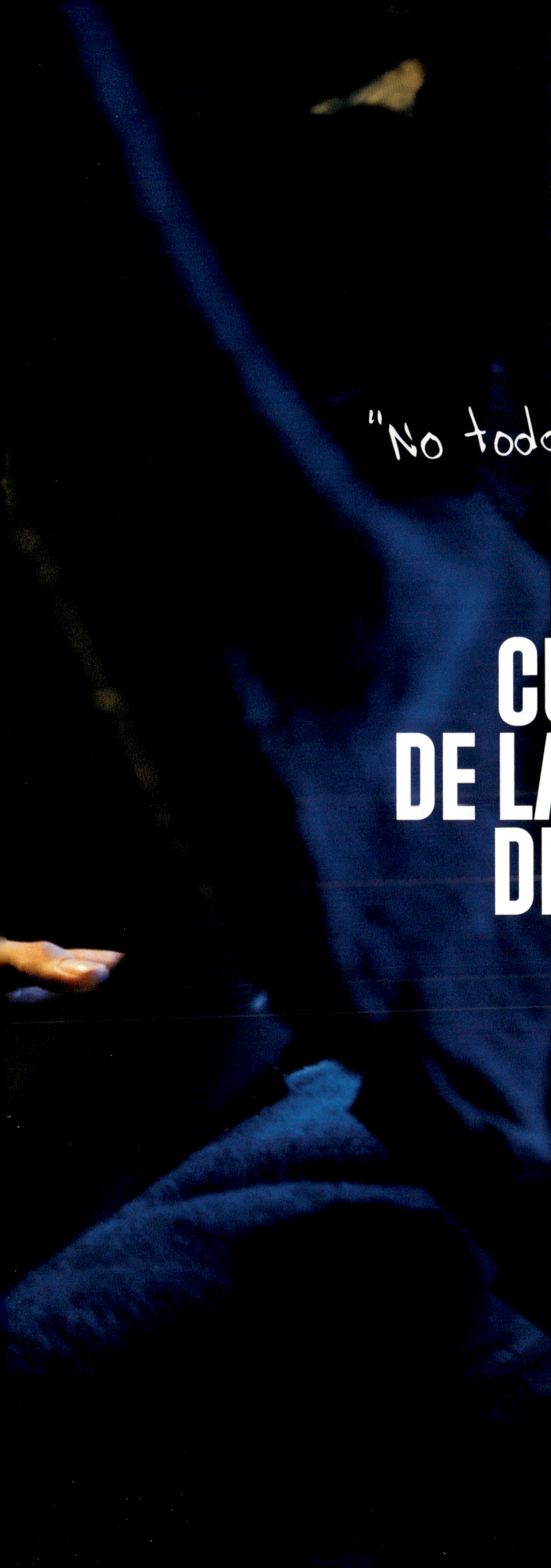

"No toda la gente de la Carpio es mala"

A DOS CUADRAS DE LA CUEVA DEL SAPO

Era un martes. Mi mamá en su trabajo como empleada doméstica; mi hermano y yo en la casa con mi papá, que ese día no había ido a camaronear a la chatarrera.

Estábamos sentándonos a almorzar; cuando el primer bocado fue interrumpido por un estruendo.

"Un ladrón" pensé, mientras papá corría para ver qué había pasado.

"¡Se está quemando la casa!", gritó despavorido. "¡Todos afuera! ¡Corran, corran!"

Lo que siguió fue algo que nunca voy a olvidar: mi papá y los vecinos intentando rescatar comida, ropa, lo que fuera, hasta que el fuego consumió por completo aquella casa de madera que alquilabamos en Tres Ríos.

NO TUVE PALABRAS PARA ACOMPAÑAR ESE ABRAZO

Recuerdo que esa noche dormimos donde un vecino y que nuestras únicas pertenencias eran lo que nos donaron en el barrio. Recuerdo cuando mi mamá se dio cuenta de que aquel terrible incendio que vio en las noticias se había llevado su casa y las cositas que había obtenido con el esfuerzo de toda una vida.

Pero el recuerdo más vivo es la cara de mi papá, su semblante destruido; y yo, ofreciéndole el abrazo más fuerte que un niño de seis años puede dar.

No tuve palabras para acompañar ese abrazo.
Sinceramente no sé si hoy las tendría.

Con las cenizas todo cambió.

Jesús, mi papá, que realmente es mi abuelo materno, y Yadira, mi mamá, que es mi abuela, al quedarse sin nada, me llevaron a Nicaragua, donde mi mamá biológica vivía con mis otros cinco hermanos en una casa de zinc que compartíamos con perros, gallinas y cuanto animal había en la finca. El piso era de barro, los olores pestilentes.

Dos años después volvimos a Costa Rica y al poco tiempo entré al cole. Me la pasé entre mejengas y juegos de Play, ignorando la voz de mi papá que hacía eco en mi cabeza: "estudiá, ese es tu único trabajo".

No me daba la gana.

"Mamá, ¿qué es eso?" Le pregunté al ver la pantorrilla, que se salía de su vestido.

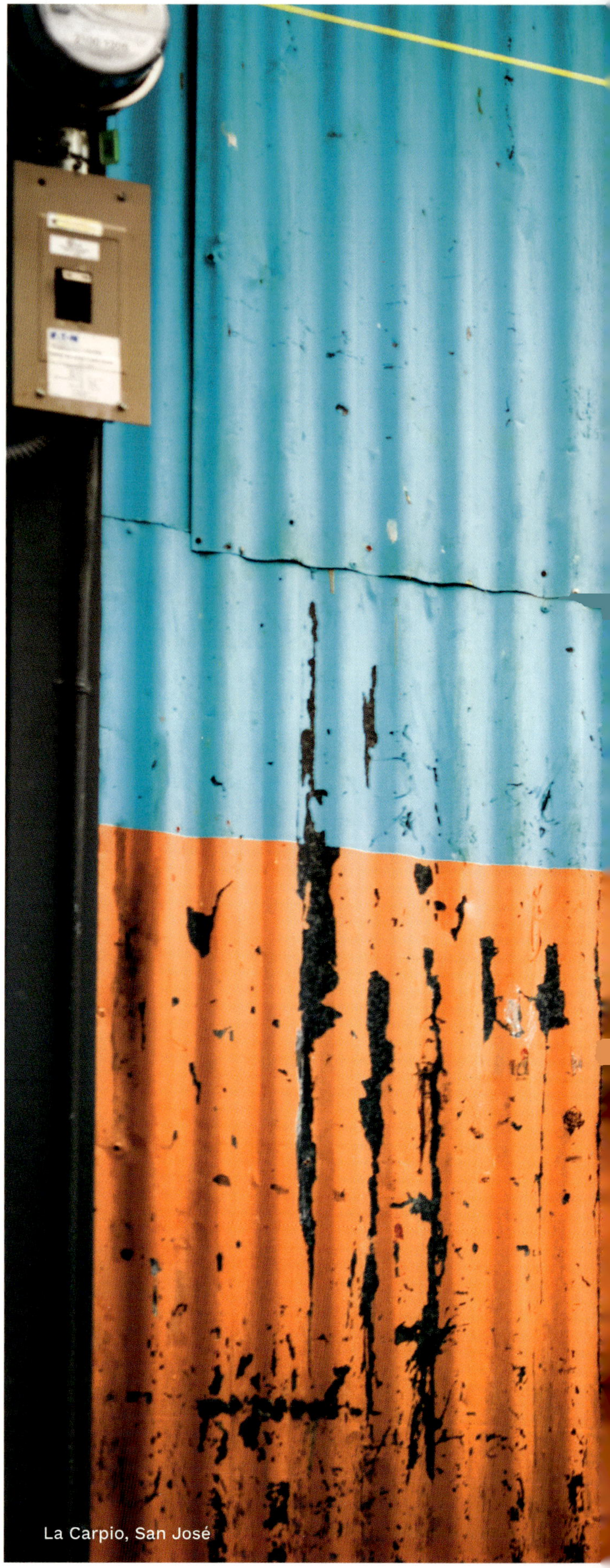

La Carpio, San José

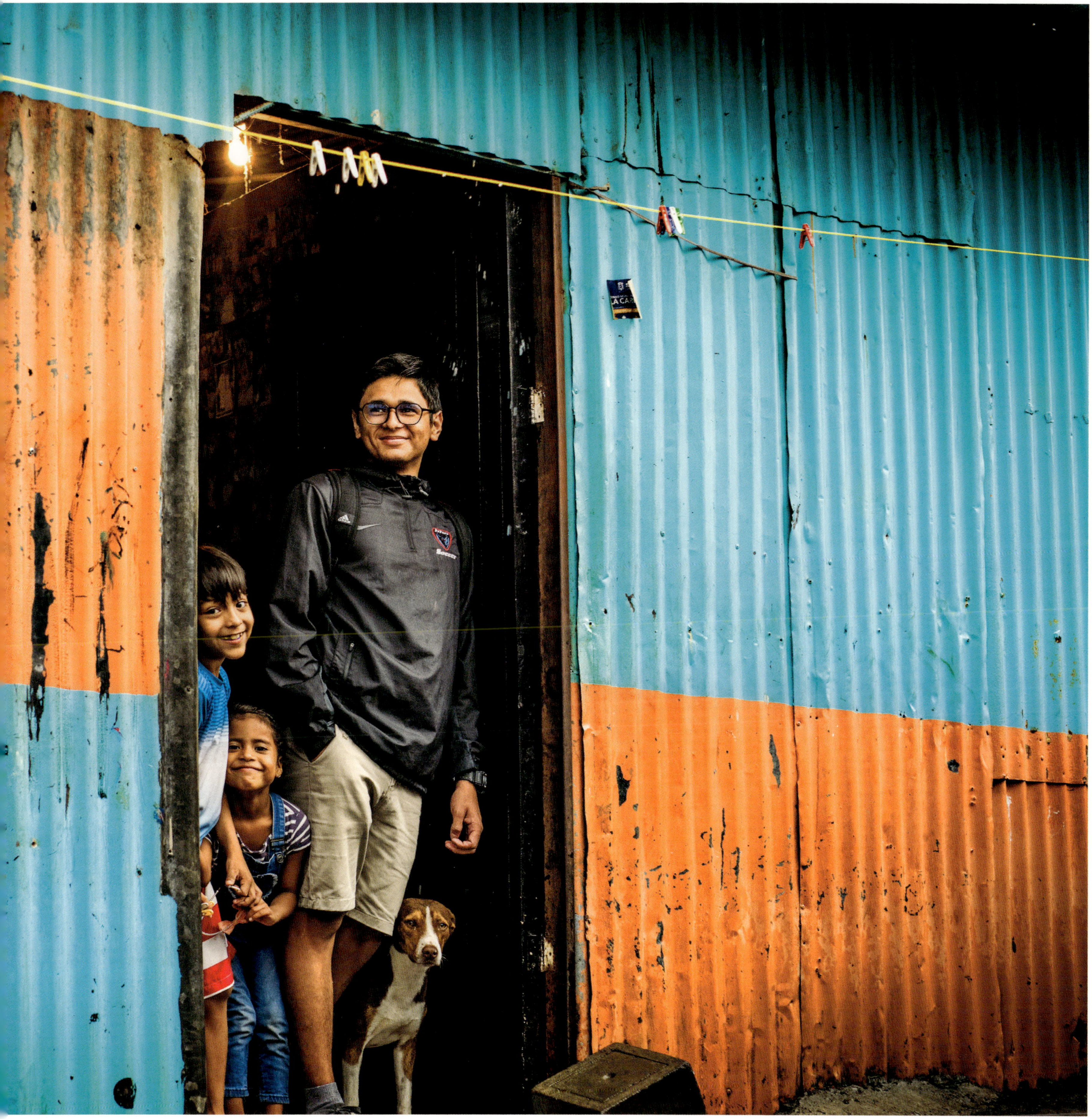

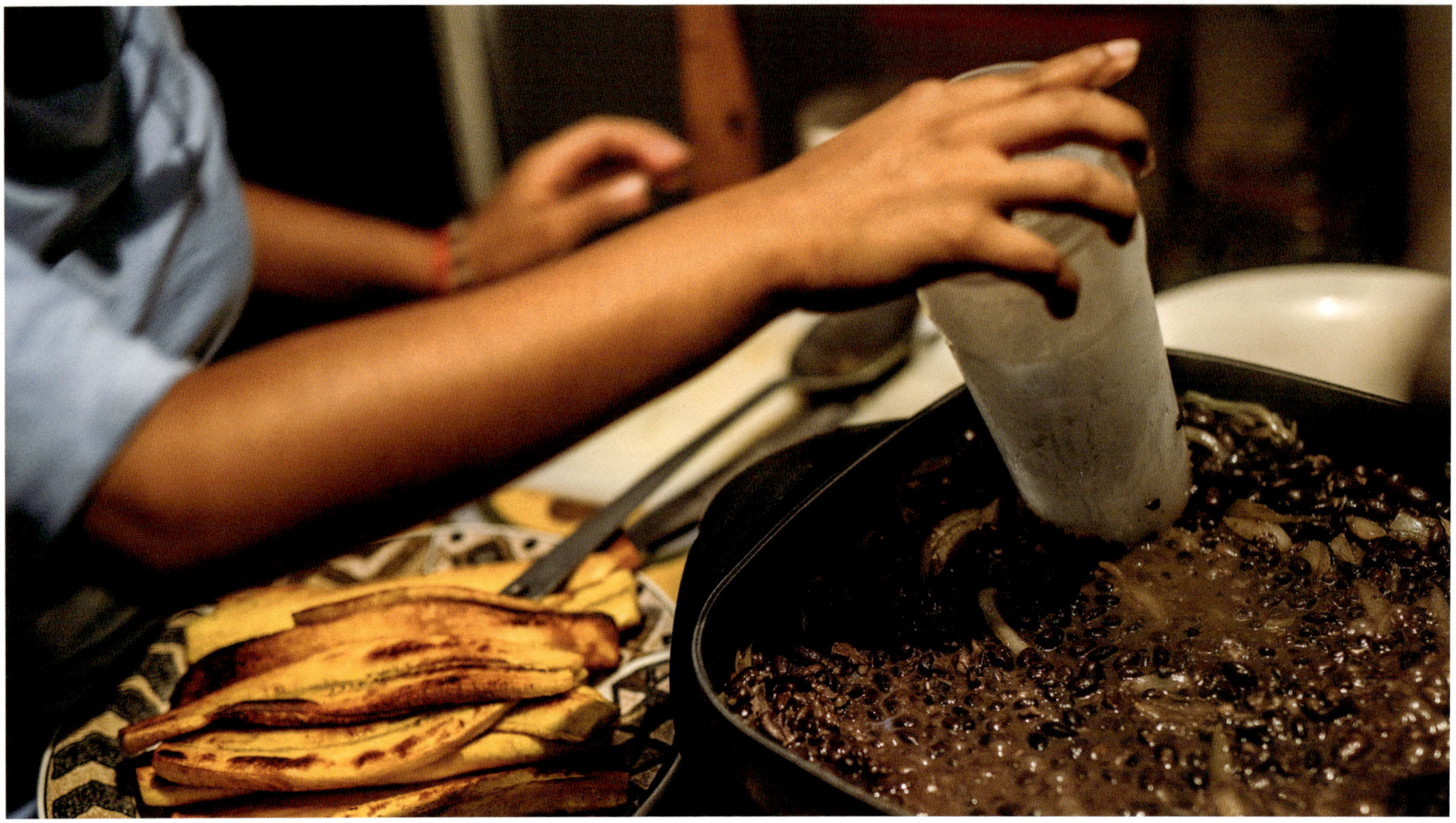

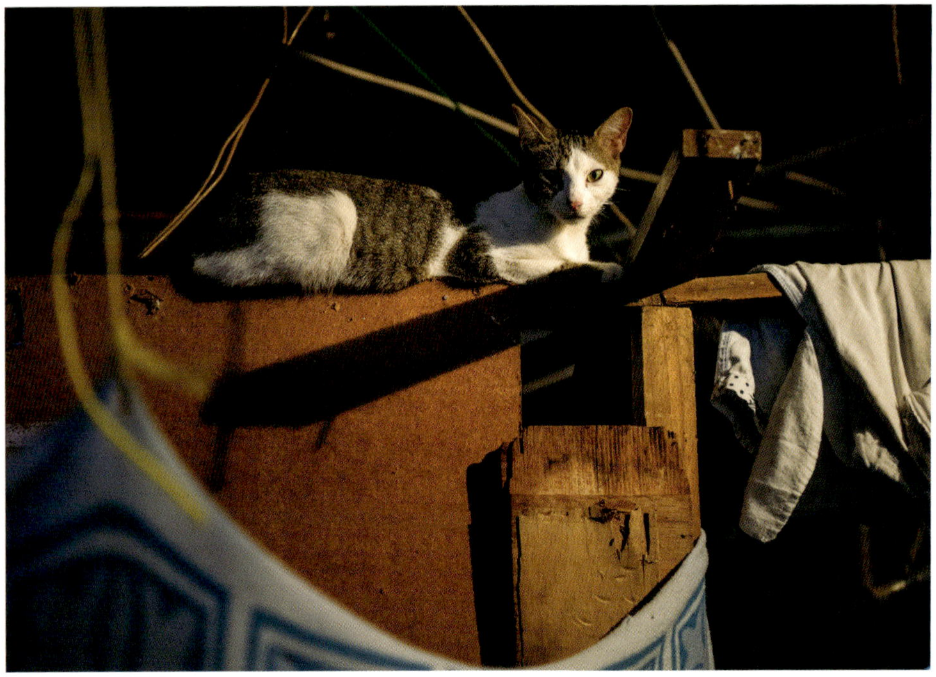

“No es nada, son várices. ¿Ya hizo la tarea, papito?”, me contestó. Su voz escondía agotamiento.

“¡No puedo ser tan güevón!” me dije a mí mismo, yo solito me fui carboneando: “¡No puede ser! Mi mamá con várices por hacer trabajos domésticos para mandarme a estudiar; y yo vagando.”

Decidí ponerle.

Empecé por las matemáticas, con una calculadora “cuenta pollos” que con su clic-clac-clac-clic se convirtió en el chiste de la clase. No me importó.
Ya estaba en noveno y con novia, ¡ay carajo!.

Virginia y yo empezamos a competir para ver quién sacaba mejores notas. Casi siempre me ganaba, pero yo empecé a pegar noventas.

“Escribile a La Esquina” me dijo un día, segura de que podrían ayudarme como lo habían hecho con ella.

"Lo sentimos, estamos llenos" escuché durante seis meses. Al final, no sé si por mérito o por insistencia, me dieron una oportunidad.

Al mismo tiempo mi papá se fue a pulsearla a España y mi mamá a Nicaragua a cuidar a mi bisabuela. Me quedé solo, sin casa, sin un cinco. Virginia y su familia me abrieron las puertas.

Vivimos a dos cuadras de la Cueva del Sapo. En la casa hay 4 cuartos, todos con puerta de tela. En 60 m² nos acomodamos trece, sin contar los perros. Decir estrujados sería un piropo.

Desde pequeño aprendí que la vida no es cajeta. El incendio, el precario en Nicaragua, quedarme íngrimo a los 15 años; pero aprendí también a ser agradecido.

Gracias a Virginia y a su familia tengo un techo.
Gracias a La Esquina tengo la oportunidad de estudiar en Lead University.
Gracias a mi esfuerzo, y al de mis padres, voy a ser Economista.

Pronto voy a tener las herramientas para ayudar a otros niños como yo, para que juntos podamos enseñarle al país que en La Carpio somos más la gente buena.

Escritor: Eugenio Desanti

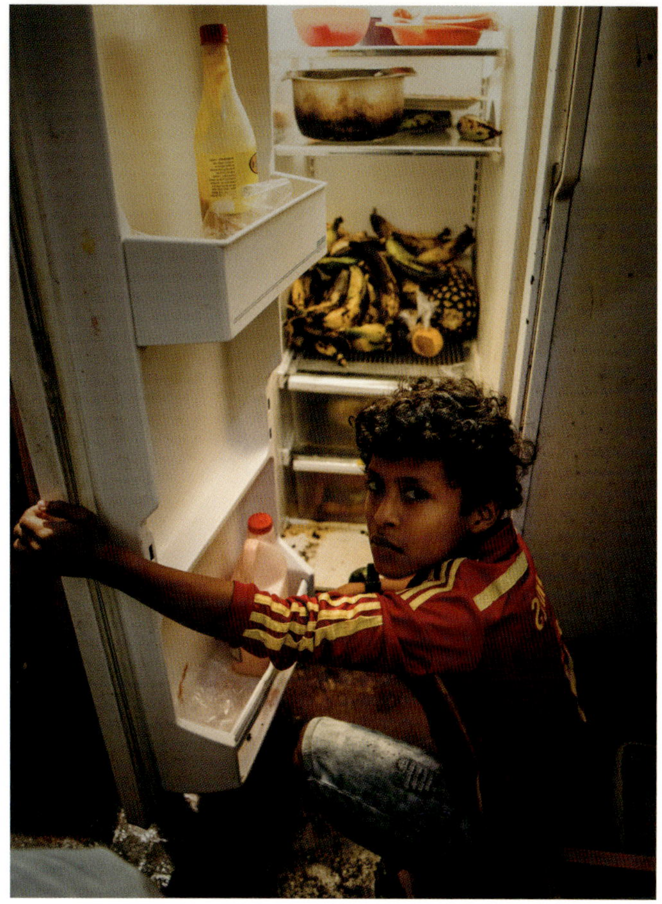

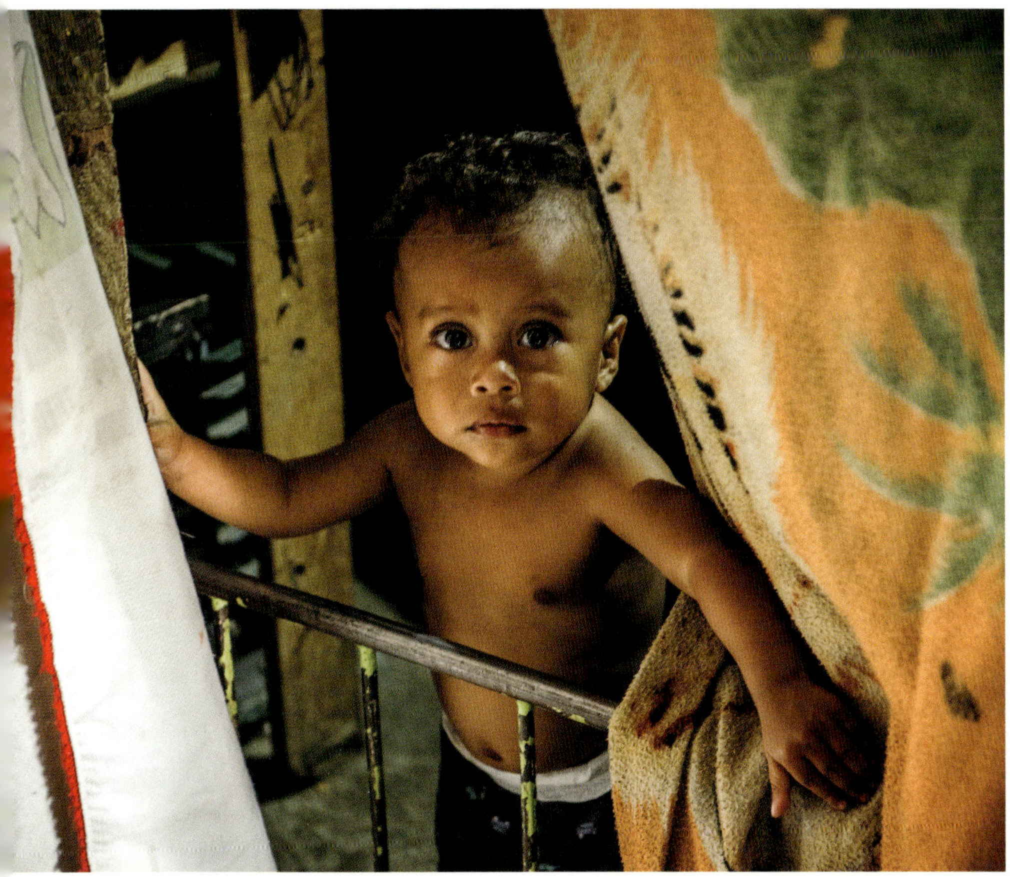

Yilmer López Lacayo
La Carpio, 05/10/2000.

La familia de Yilmer es migrante. Llegaron al país cuando él estaba pequeño. Cuando se devolvieron a Nicaragua él se quedó acá y la familia de su novia lo recibió en su casa -un espacio de 56 metros cuadrados en el que viven 13 personas-. Juntos estudian y luchan por salir adelante. Luego de varios meses de insistir, consiguió entrar a "La Esquina", una empresa social dedicada a apoyar a jóvenes en condiciones de elevado riesgo social, que genera sensibilización en torno a las condiciones que conducen a los jóvenes a la delincuencia, así como la importancia de apoyar formas de prevención. Actualmente vive en La Carpio, y estudia economía en la ULead. "Cuenten mi historia, quisiera romper el estereotipo de quienes vivimos en La Carpio. Dar un ejemplo, de que no toda la gente de La Carpio es mala, no toda la gente busca las drogas".

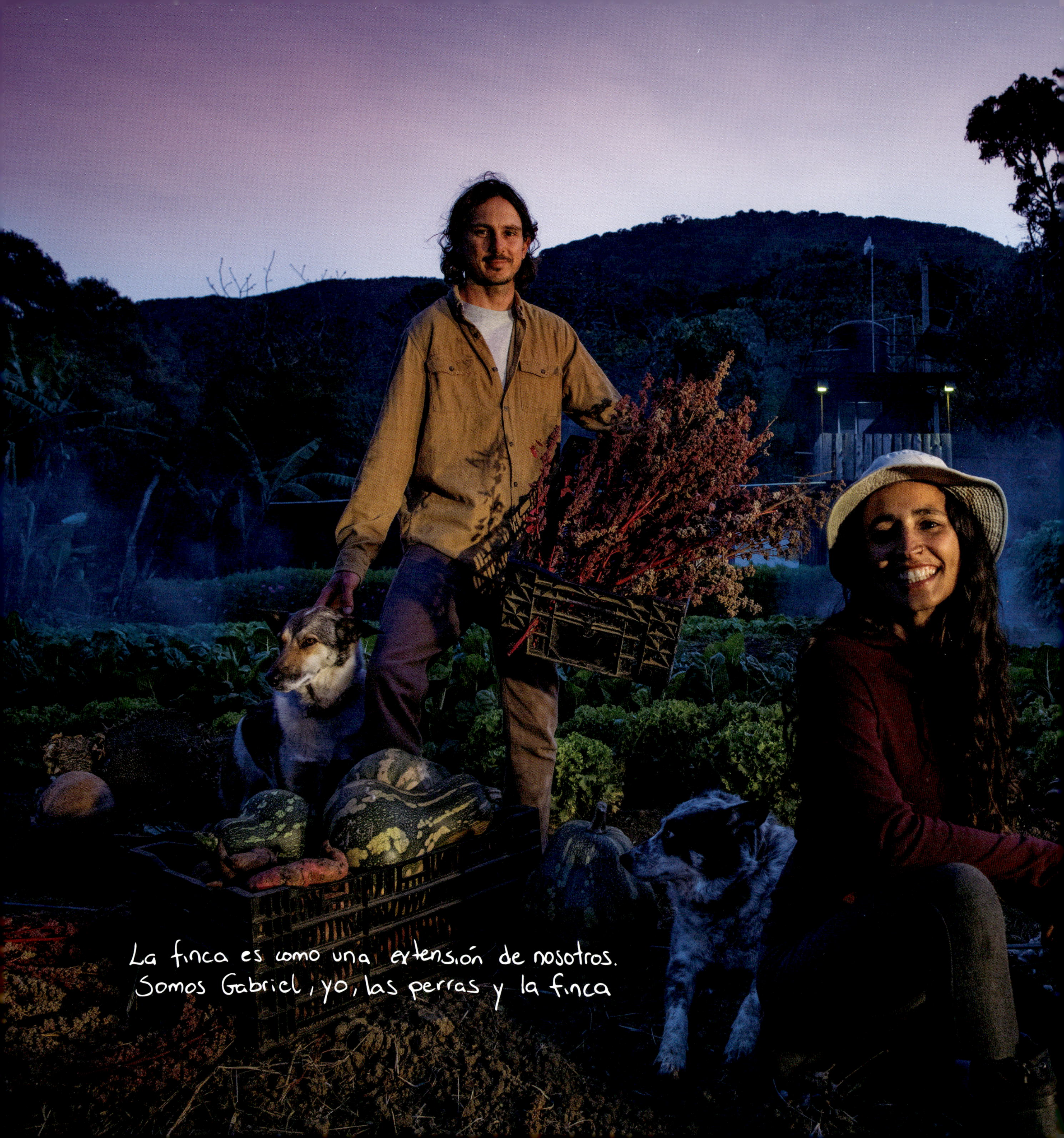
La finca es como una extensión de nosotros.
Somos Gabriel, yo, las perras y la finca

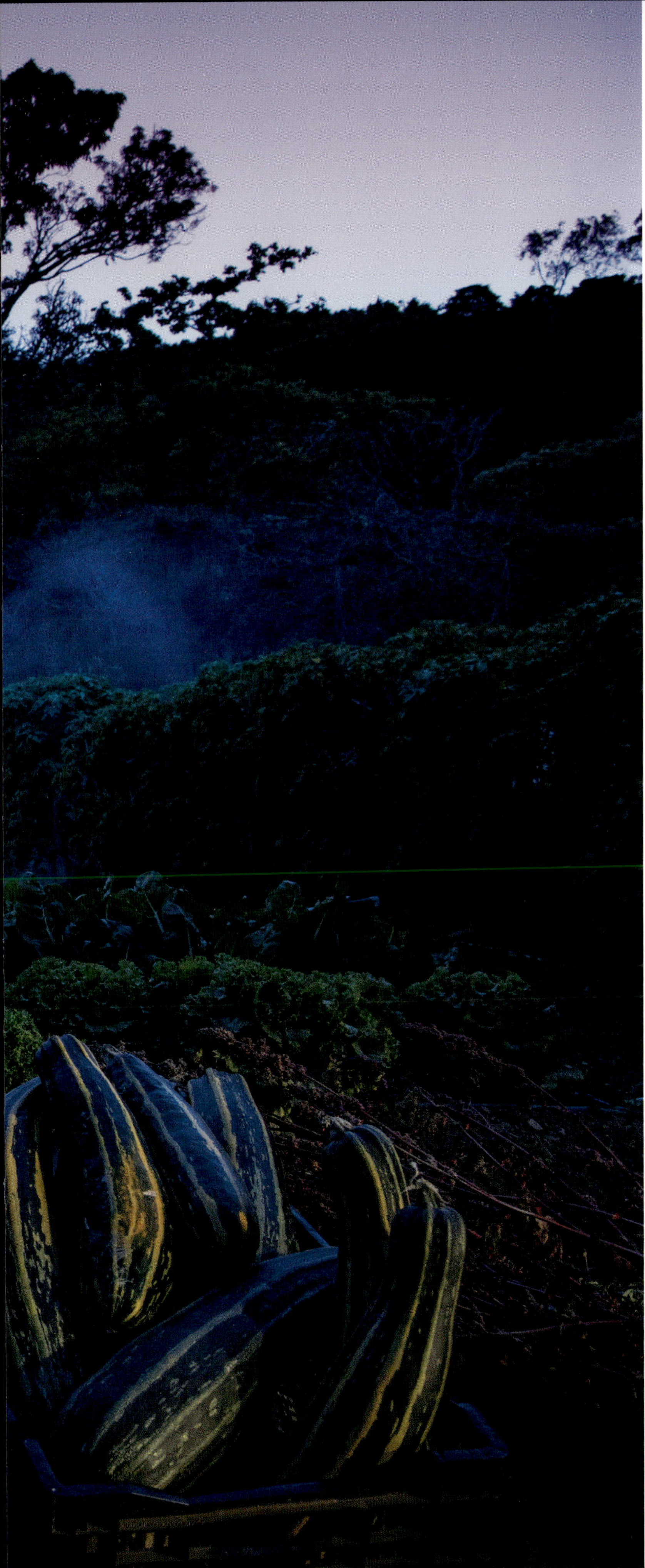

NUESTRA FINCA

Estábamos sentados afuera de la oficina, plantados en unas sillas más duras que la cuesta de enero. Gabriel, mi compañero, se sentía como en película de David Lynch centroamericana. Yo me sentía como en Betty la Fea, esperando en el *hall* de Ecomoda, fantaseando con la cara de un jefe al que solo habíamos oído nombrar.

Se hacía cada vez más tarde, miré a Gabriel, estaba serio mientras intentaba no quedarse dormido. Yo sentía que estábamos perdiendo el tiempo, pero el me decía: "Mima, de acá no nos vamos hasta salir con esos postes". Nuestro proyecto de tener una finca estaba estancado y nos estábamos jugando el último chance.

La ilusión de esta finca había comenzado varios años antes. Gabo y yo conocimos varias fincas orgánicas en un viaje fuera del país. Una noche, en medio de algunas birras, comenzamos a soñar con tener la nuestra. Al regreso empezamos la búsqueda de nuestro pedazo de tierra en Costa Rica, que terminó siendo en Desamparados.

La finca ya era nuestra, pero teníamos el gran problema de la luz. Intentamos poner paneles solares, pero era demasiado caro. Nos acercamos a las oficinas de Fuerza y Luz, donde nos pidieron muchísimos papeles y protocolos. Después de meses de procedimientos tediosos e incontables rechazos, nos aprobaron la solicitud. Pero resulta que para poner 300 metros de luz teníamos que pagar 8 millones de colones, casi nos caemos pa'trás. Jugamos a la lotería, pedimos préstamos, rezamos a la negrita, pero la plata no llegaba. Llegó a ser tan desgastante, que comenzamos a creer que nuestro proyecto nunca iba a suceder.

Un día, mientras caminábamos frustrados dentro de las instalaciones de Fuerza y luz, observamos una oficina que se veía importante. Entramos por impulso, con la esperanza de que alguien con un puesto más arriba nos pudiera dar literalmente una luz. Pedimos ser atendidos, y resultó ser nada más y nada menos que la oficina de Don Fructuoso, el director de Fuerza y Luz, el gran pez.

Mientras Gabo y yo conversábamos, la secretaria nos llamó. Nos levantamos rápido y entramos a la famosa oficina de Don Fructuoso, un hombre panzón, severo, con una voz imponente y muy directo. Nada parecido a Don Armando de Betty.

"¿Qué se les ofrece?", nos preguntó serio. Gabriel comenzó a explicarle con mucha pasión los planes de nuestra finca. El señor comenzó a desesperarse. "¿Bueno, pero qué quieren?". Entonces lo miré a los ojos y le dije: "No nos alcanza para poner la electricidad que necesitamos para trabajar la finca ". "¿Y cuanto tienen? ", nos preguntó. Gabo y yo nos miramos: "600 mil", respondí segura. "Bueno, pongan eso y nosotros ponemos el resto". Eso fue todo, firmó y rápidamente nos despachó de la oficina. Cuando atravesamos esa puerta nos salió una sonrisota. Llegando al carro nos abrazamos y pegamos varios gritos mudos, de esos que salen de las tripas.

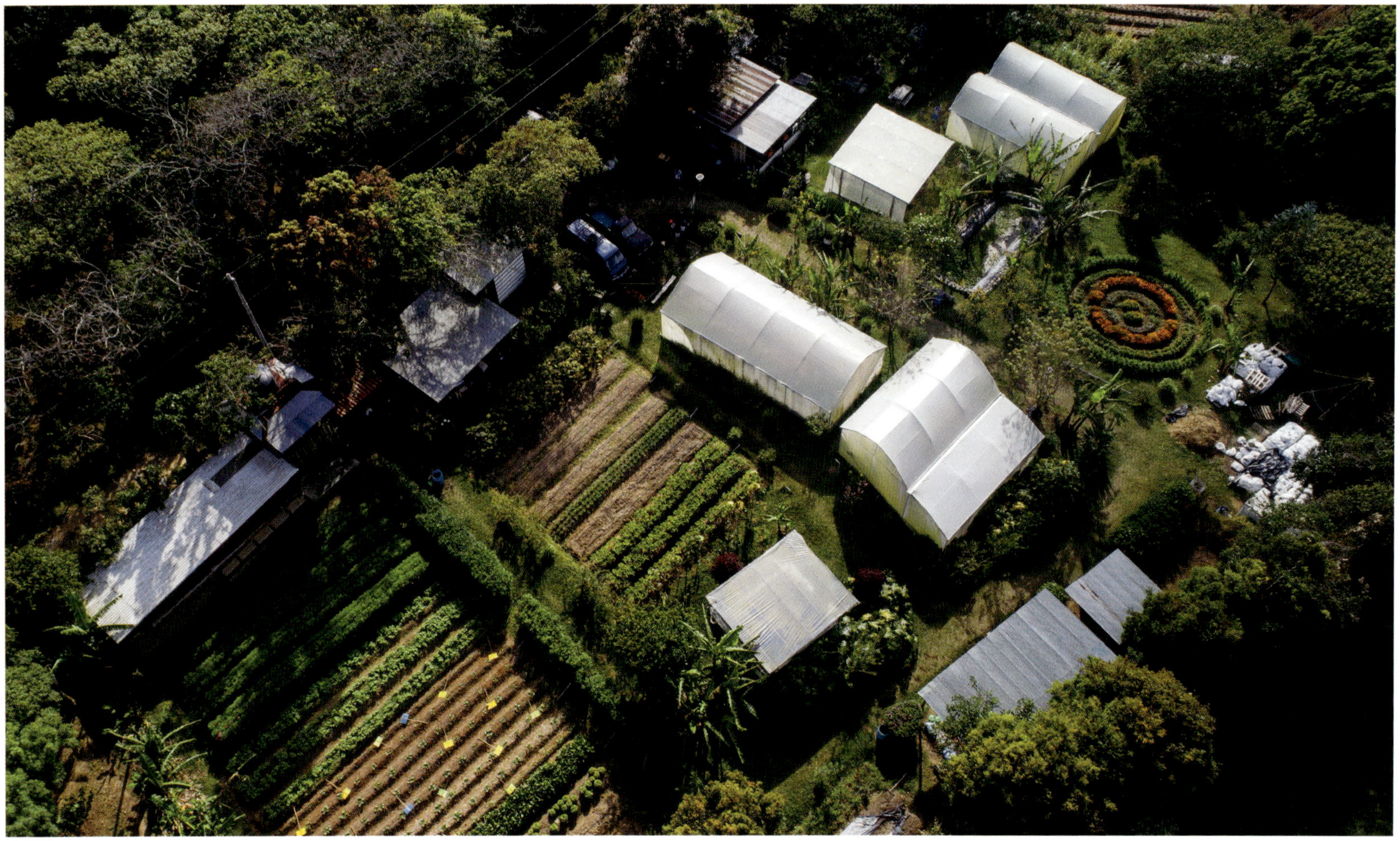

Finca Agroecológica el Tablazo, San Miguel, Desamparados

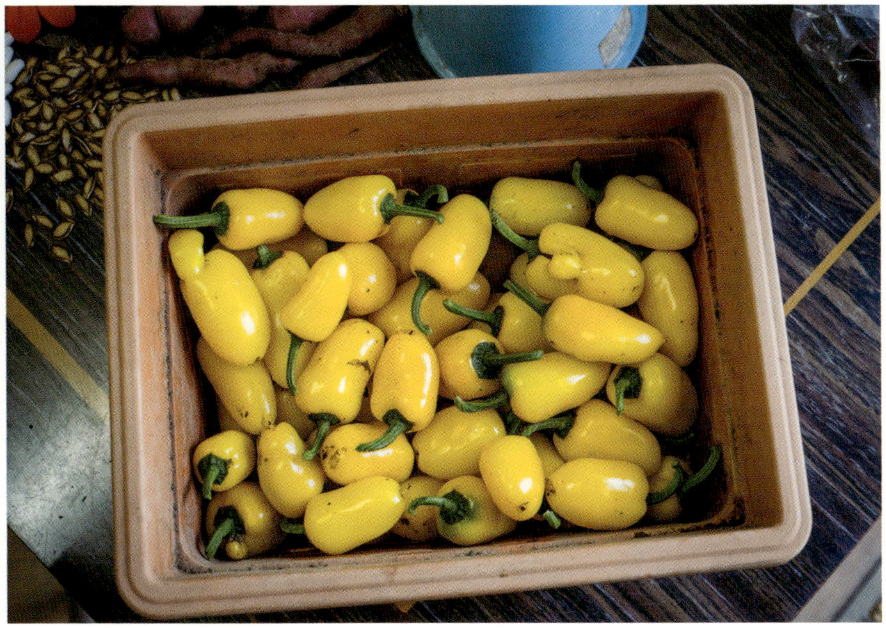

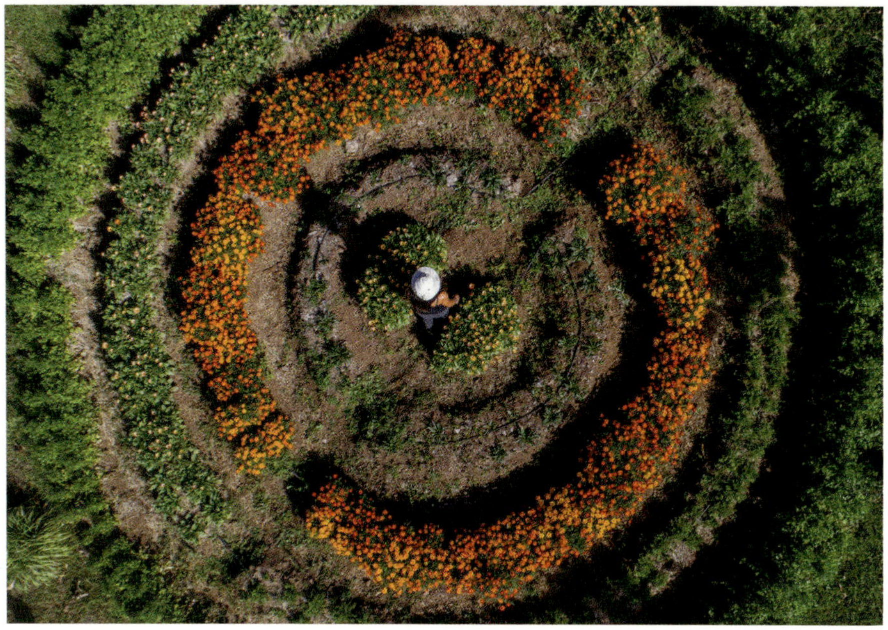

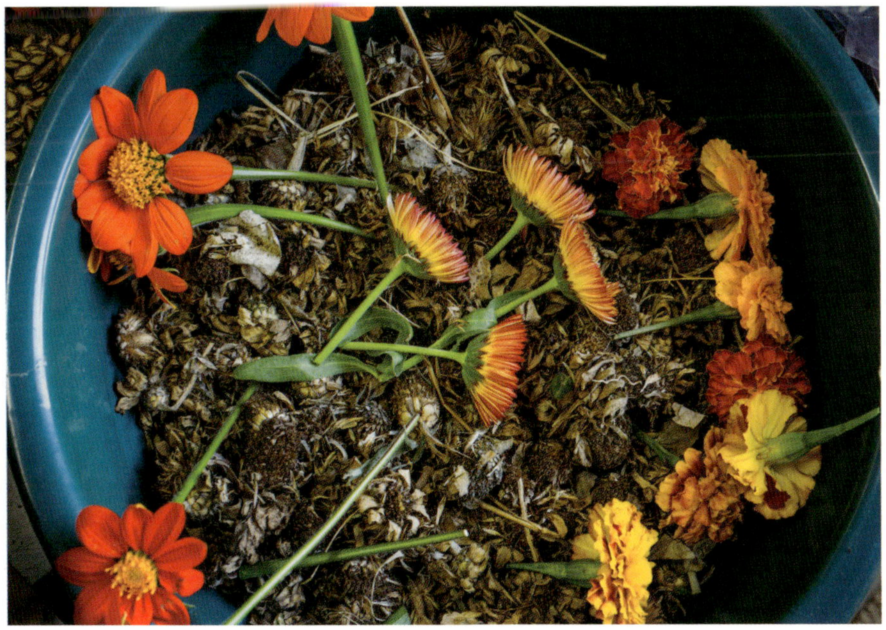

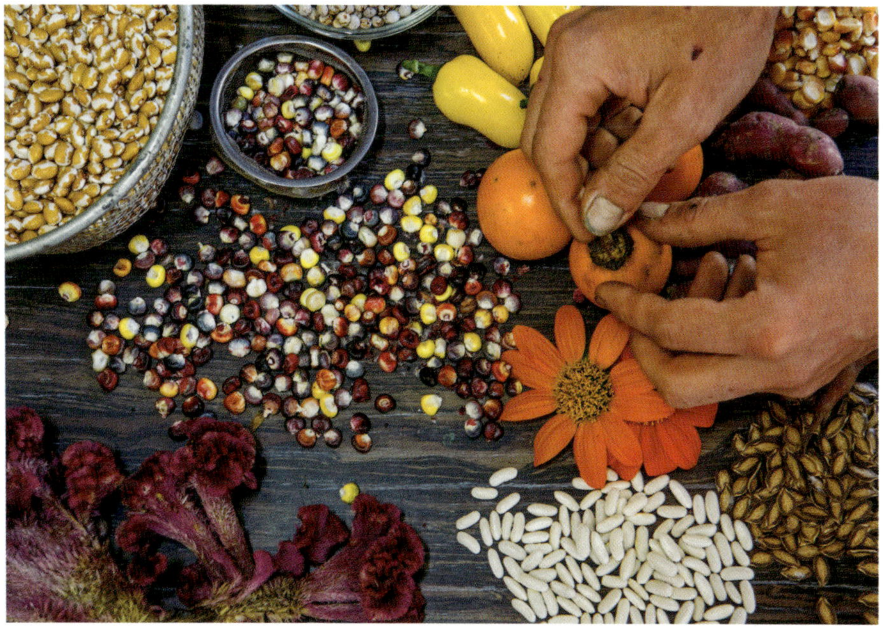

ESA PRIMERA NOCHE EN
LA QUE TUVIMOS LUZ
FUE MÁGICA

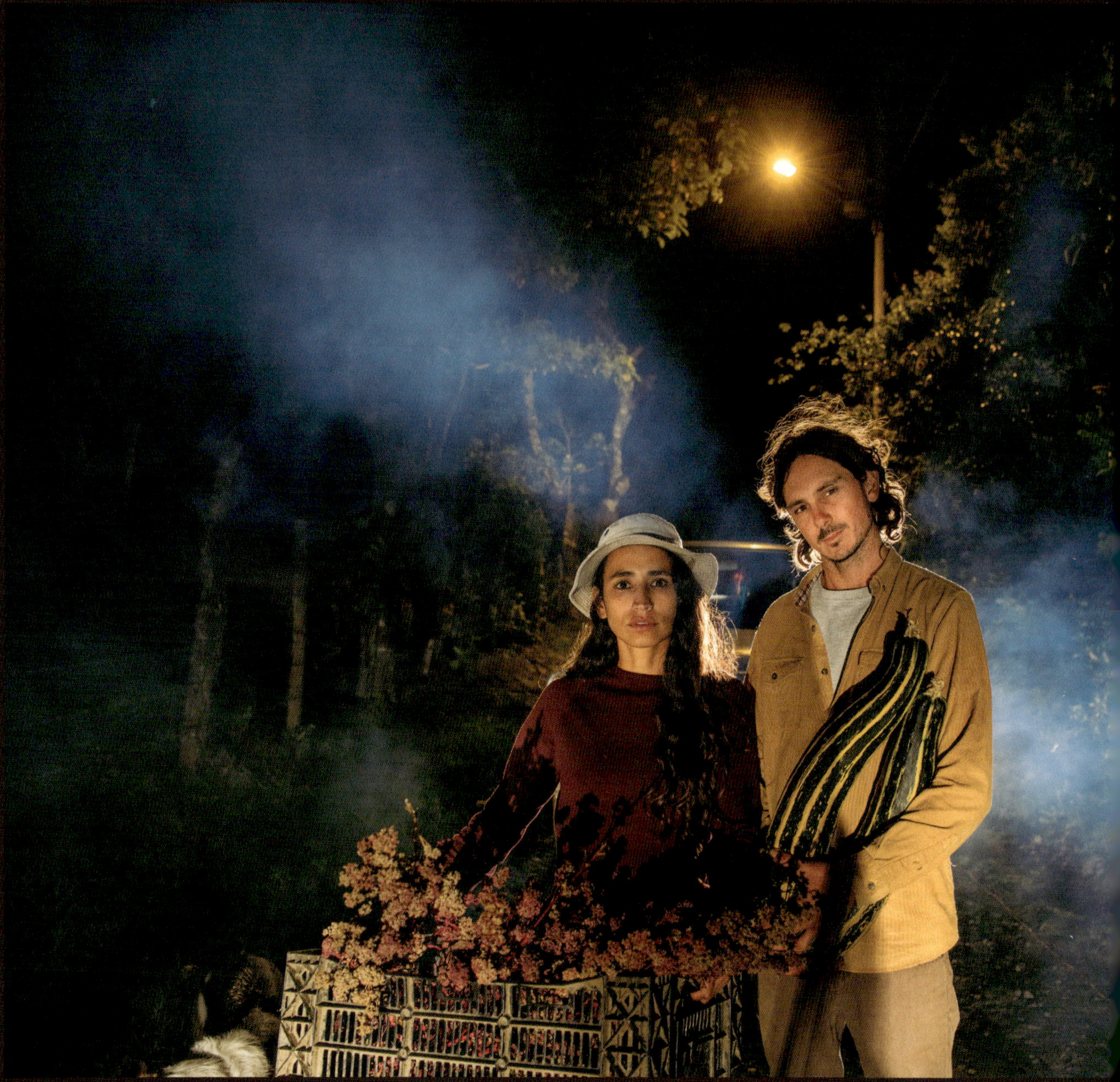

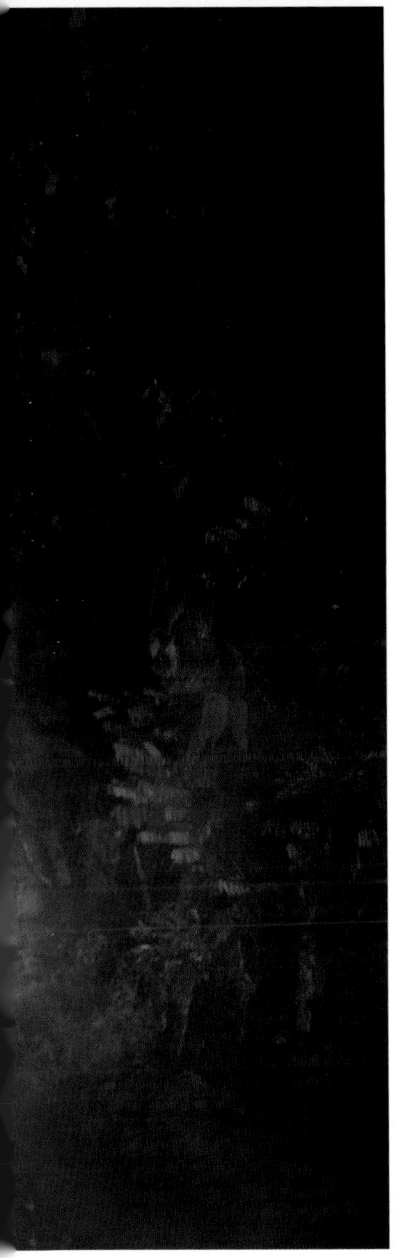

Pasaron las semanas y comenzamos a dudar, hasta que una mañana tocaron el timbre. Eran varios muchachos con los postes y cables. En una semana teníamos el transformador frente a la casa, "todo por 600 mil cañas". Esa primera noche en la que tuvimos luz fue mágica. Nos fuimos con una cobija al medio del campo y nos quedamos observando el terreno por horas. Había mucha neblina, pero podíamos ver nuestros sueños con mucha claridad.

Ahora estamos full, poniéndole todo el aguante. Y aunque es cansado, yo siempre le digo a Gabo que todas esas verduras y frutas son como nuestros chiquitos. Ver esta finca crecer es vernos a nosotros crecer, como si cada metro cuadrado fuera una extensión de nosotros. Hemos llegado hasta acá por nuestro esfuerzo diario, porque somos tercos y perseverantes. Pero también gracias a la confianza de gente como Don Fructuoso. Un día lo vamos a invitar a comerse una buena ensalada para que pruebe nuestros cultivos, bueno, aunque quién sabe si se acuerda de nosotros.

Escritora: Sofía Quirós

Gabriel Bravo Pacheco y Jemima Picado
San Miguel de Desamparados. 21/02/1986 y 03/02/1987.

Gabriel tiene 35 años y Jemima 33. "Mima" creció en San Ramón de Alajuela, estudió antropología en la UCR y manejo de recursos naturales en la UNED. Gabriel creció en el centro de Desamparados. Se conocieron en la UNED. En ese tiempo, Mima trabajaba en el Museo Rafael Ángel Calderón, y Gabriel, que es guitarrista, tenía una sala de ensayo y grabación. Se fueron a vivir juntos y con el tiempo crearon la Finca Agroecológica el Tablazo (www.fincaeltablazo.com). Desde hace 8 años, producen semillas y entregan verduras a domicilio. Ellos se consideran agricultores "neorurales". Rescataron una hectárea en Desamparados y ahí integran prácticas agrícolas, animales de granja y zonas boscosas. El suyo es un proyecto de desarrollo alternativo y les ilusiona ser un ejemplo, probar que hay formas diferentes de producir alimento y colaborar en las zonas rurales del país. Juntos buscan, como forma de vida, generar una cultura más sostenible. Entregados a trabajar la tierra, hacen proyectos de línea pedagógica sobre producción agropecuaria y abonos orgánicos, para niños y jóvenes. Son pioneros en la venta de semillas. (semillasplantae.com)

EL SONIDO DE CIMARRONAS QUE SE ALEJAN

usted se pone la máscara y usted se transforma

- La primera vez que vi una mascarada fue desde el corredor de mi casa en Barva de Heredia ¿qué tenía yo, siete años? Me impactó tanto, oiga, que salí corriendo a esconderme debajo de la cama. El tamaño de las máscaras y la música que lo sacaba a uno de la casa, era impresionante.
- Don Luis Fernando, lo que usted presenta es un cuadro de malaria.
- Ya... gracias Doctor, pero, dígame "Bombillo".

Bombillo fija la mirada en una de las ventanas del hospital, esperando, cada vez más resignado, a que por lo menos uno de sus compañeros del noticiero lo pase a visitar.

- ¿Sabe doctor, yo soy muy explosivo, estoy muy acostumbrado a la violencia, en este brete de camarógrafo uno se hace sangre de chancho, ¿qué no he visto yo? Balaceras, allanamientos, desmembramientos, mire, de todo.
- Trate de guardar reposo, no es bueno que se agite. ¿Tiene idea de dónde se pudo haber contagiado?
- Me mandaron a cubrir lo del secuestro de las alemanas en Boca Tapada de San Carlos ¿La estoy viendo fea, doc? No es la primera vez que me juego el pellejo por una noticia, ¿sabe?, y nadie ha venido, nadie en el canal ha preguntado por mí.

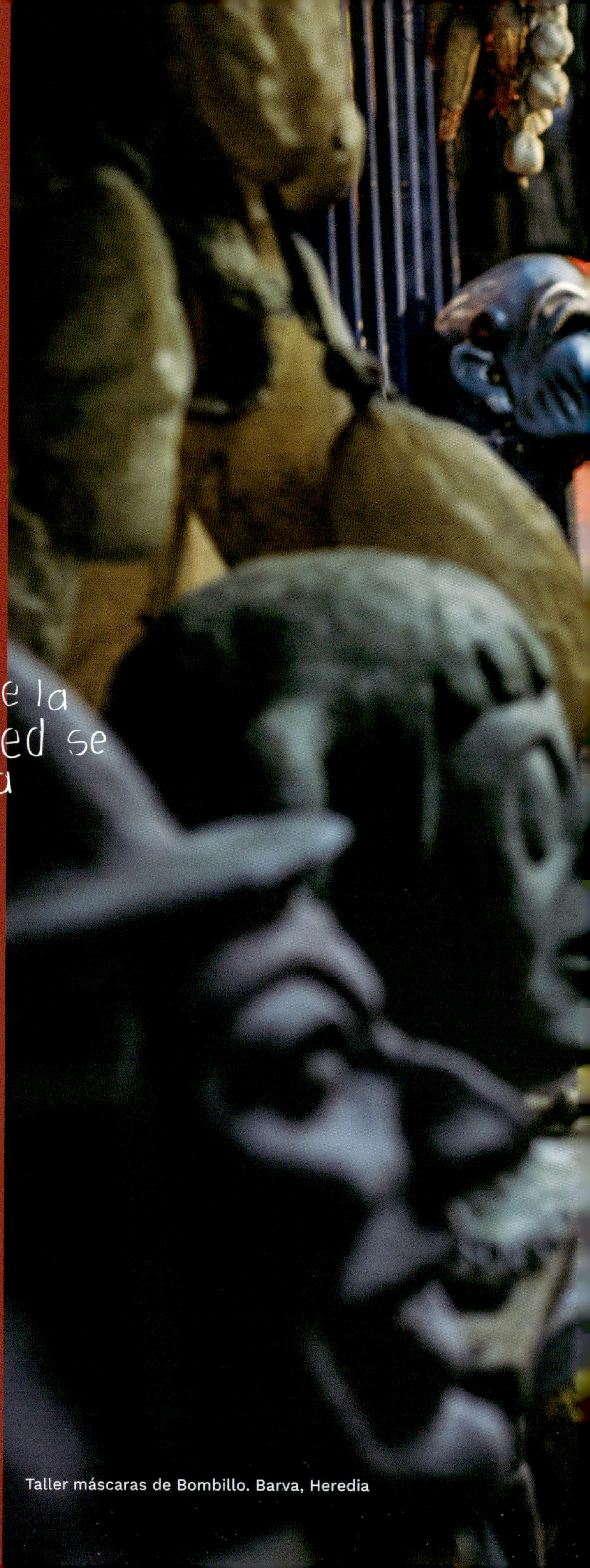

Taller máscaras de Bombillo. Barva, Heredia

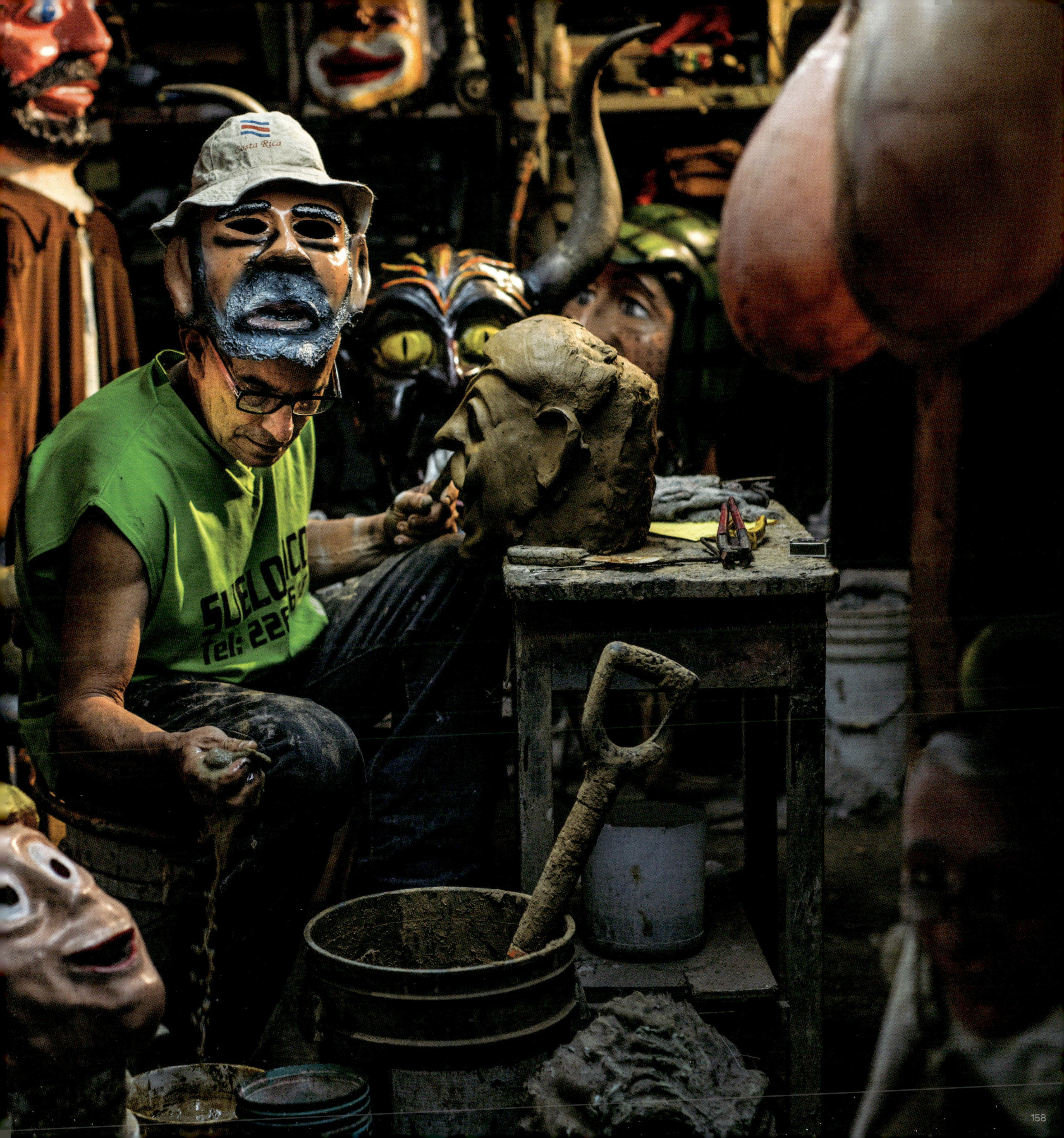
Costa Rica

LA PRIMERA VEZ QUE VI UNA MASCARADA

Bombillo piensa otra vez en su familia, como la vez que le pidió al técnico Ávila que, si le llegaba a pasar algo, velara por su esposa y cuatro hijos. Prefería la seguridad de la móvil, si se daba un suceso encendía la planta, tiraba el mástil de comunicación y a sus puestos. Pero esa madrugada de 1991, recibió órdenes directas del noticiero para que se internara monte adentro del río Westfalia en Limón y cubriera la cacería humana más grande hasta la fecha. Doscientos efectivos armados de la Fuerza Pública y el OIJ perseguían entre el suampo a Johnny Monge, un expatrullero y convicto, asesino de tres civiles y dos agentes que lo custodiaban y que le salvaron la vida dos veces, cuando otros agentes lo quisieron matar.

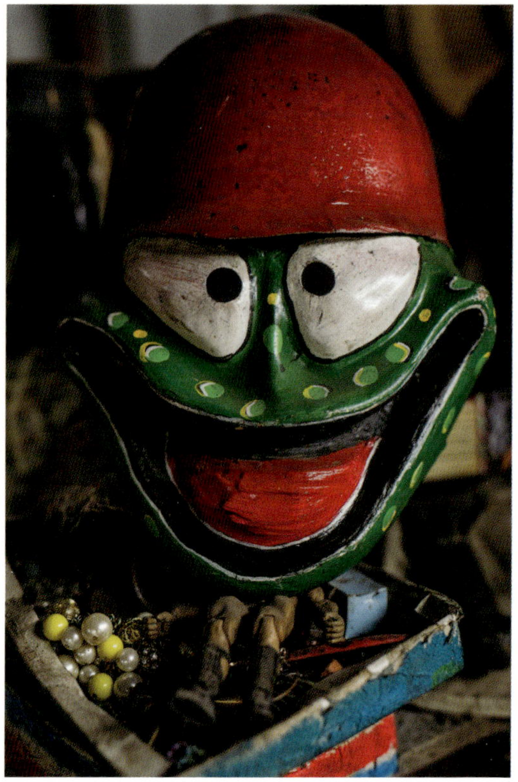

Bombillo lleva el peso de la cámara ENG ¾ como tantas otras veces llevó el peso de las máscaras que aprendió a hacer de pequeño. Las formaba con el barro, el almidón y el papel que varias veces vio deshacerse en sus narices, cuando el aguacero quiso participar del festejo. Su favorita era la del diablo, porque era la más grande e infundía respeto. Pensaba en esto cuando escuchó un grito: ¡Alto, o se muere! Puso la cámara en el suelo y continuó grabando la escena. Frente a él estaba Johnny Monge encandilado por el flash y la luz de un helicóptero en el zenit. Detrás de Bombillo, la jauría de efectivos que soñaban con la venganza, que alistaron la celda para ensañarse con Monge.

El fugitivo mira al cíclope de luz con micrófono felpudo, como un demonio análogo que transmite su destino. Para no darle gusto a sus perseguidores, opta por darse un disparo que atraviesa la sien y se pierde en la playa limonense. Un proyectil que lo arranca de los complejos, miserias y de un mes entero de persecución por la selva.

Bombillo observa desde el piso, mientras los policías lo sobrepasan para patear el cadáver, esta vez no hay camas donde esconderse, ni sonidos de cimarronas que se alejan. El mal deja de ser una ficción.

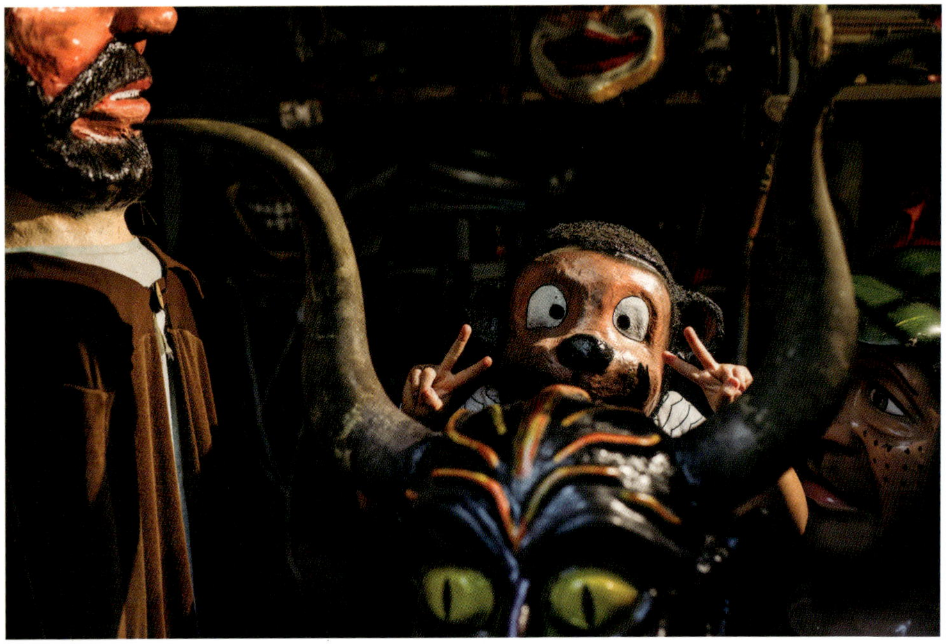

Ahora en el cuarto de hospital, el doctor habla de tratamientos y Bombillo lo interrumpe:

- Creo que voy a volver a hacer máscaras de barro como antes. No quiero que la tradición muera conmigo, aunque ahora la gente no la entiende y muchos la usan para joder, se pasan de majaderos con la vejiga de vaca o se les va la mano con el guaro. Antes, si había bronca, hacíamos una ronda en la plaza y se apañaban a golpes. Ahora sacan puñal, sacan revolver.

- Pero, si ahora ya no es cómo antes, ¿no le puede traer problemas?

- Diay, doc, por lo menos, ese es un diablo que sí conozco.

Escritor: Luis Salazar

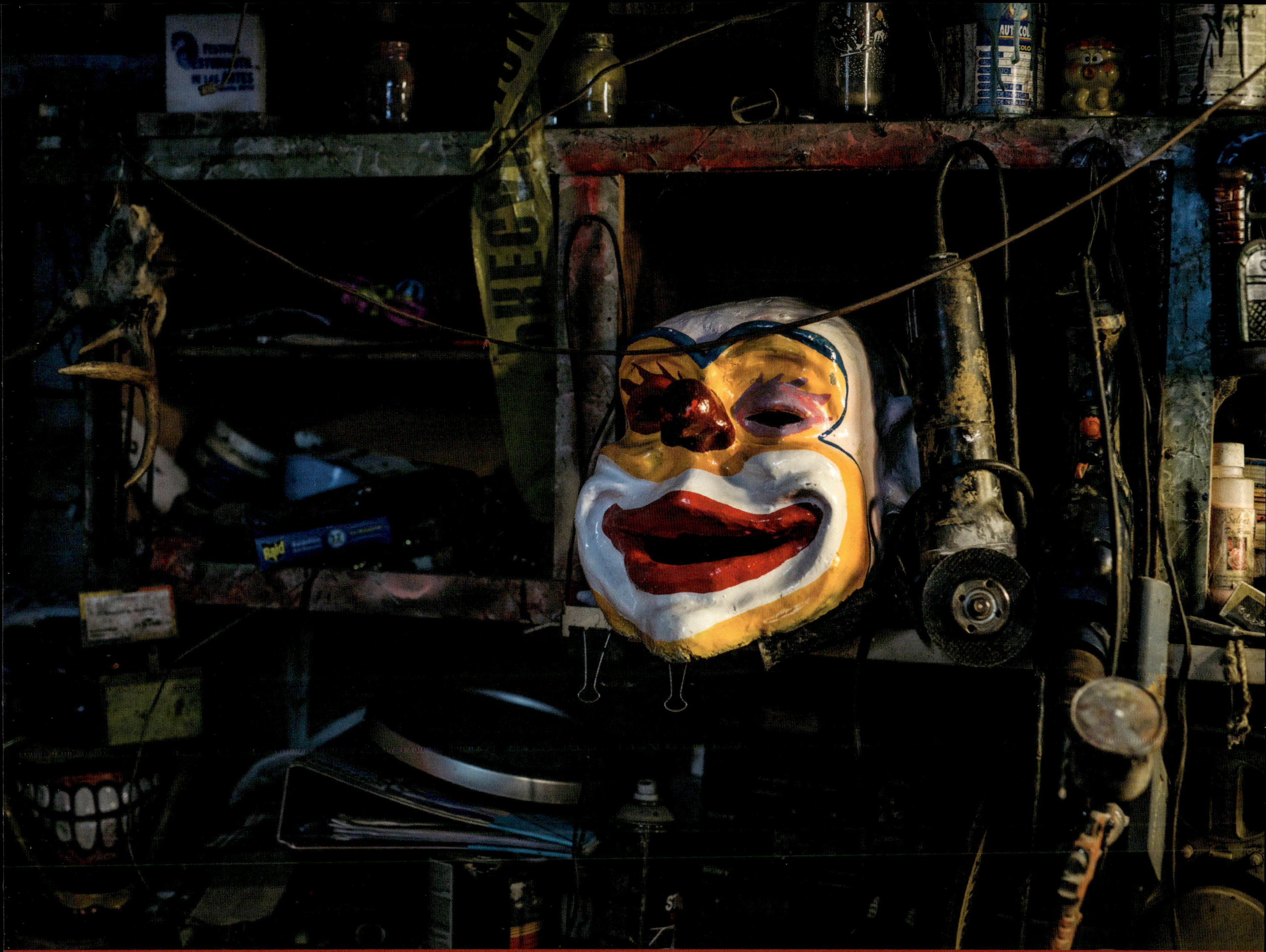

Luis Fernando Vargas Cascante, “Bombillo”
Barva, 14/11/1961.

Durante 50 años, Luis Fernando ha transformado el barro y el papel maché en mascaradas que encarnan diablillos, calaveras, brujas, payasos, personajes de televisión y otros originales salidos de su imaginación. Además de ser reconocido en Barva por ser uno de los mascareros más dedicados a la profesión, también enseña y es defensor de la tradición de las vejigas de vaca. “En Barva usted se pone la máscara y se transforma en lo que usted realmente anda en la máscara”, dice sobre su arte. Es un ícono de su pueblo y nunca se le verá en un bar, porque no quiere dar ese ejemplo a los menores. Pasó 12 años trabajando como camarógrafo en canal 7 y en ese tiempo vivió cosas que lo marcaron para siempre. Está casado y tiene 4 hijos.

• **Las mascaradas son una tradición que inició en Costa Rica en 1824.**

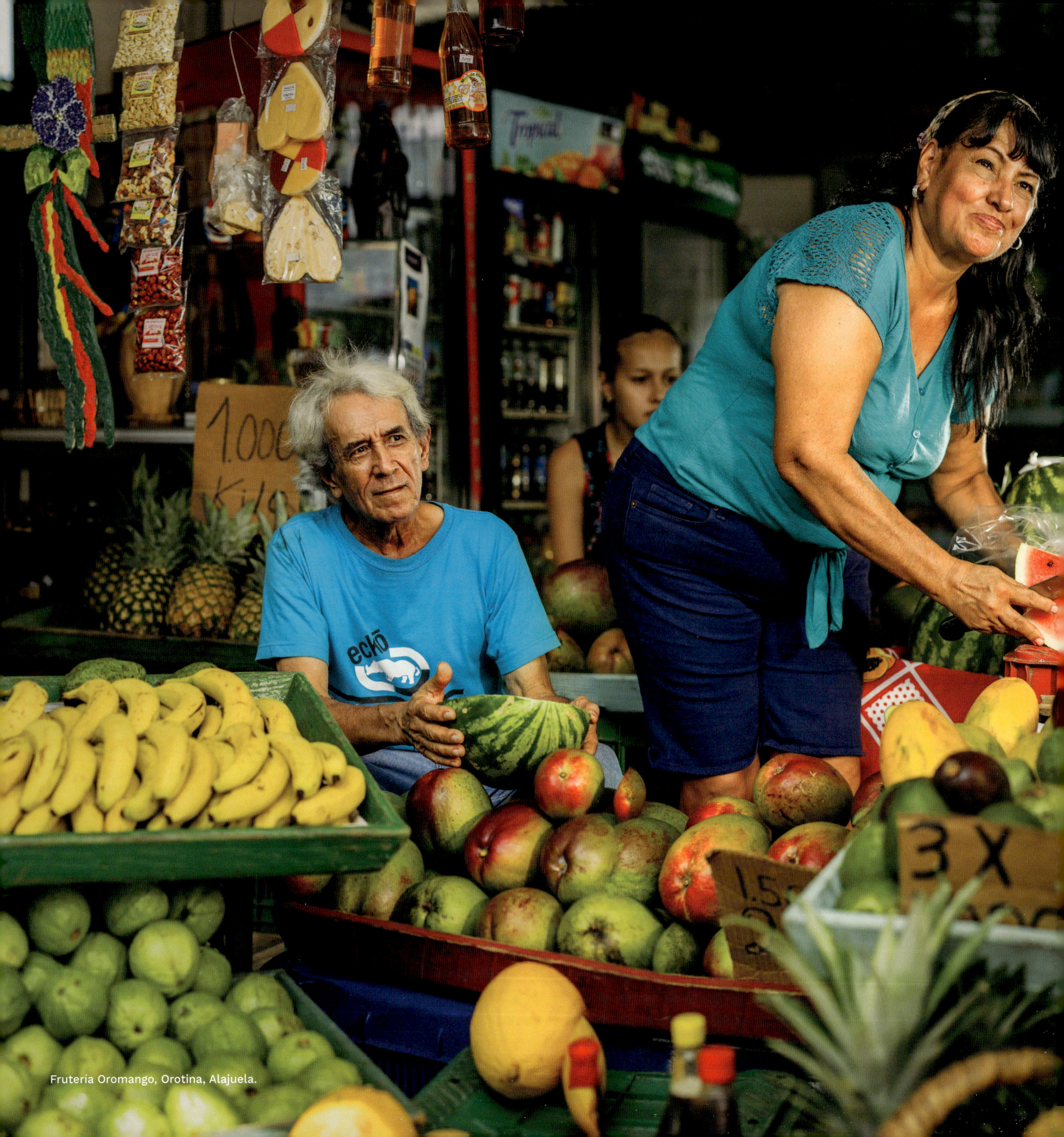

Frutería Oromango, Orotina, Alajuela.

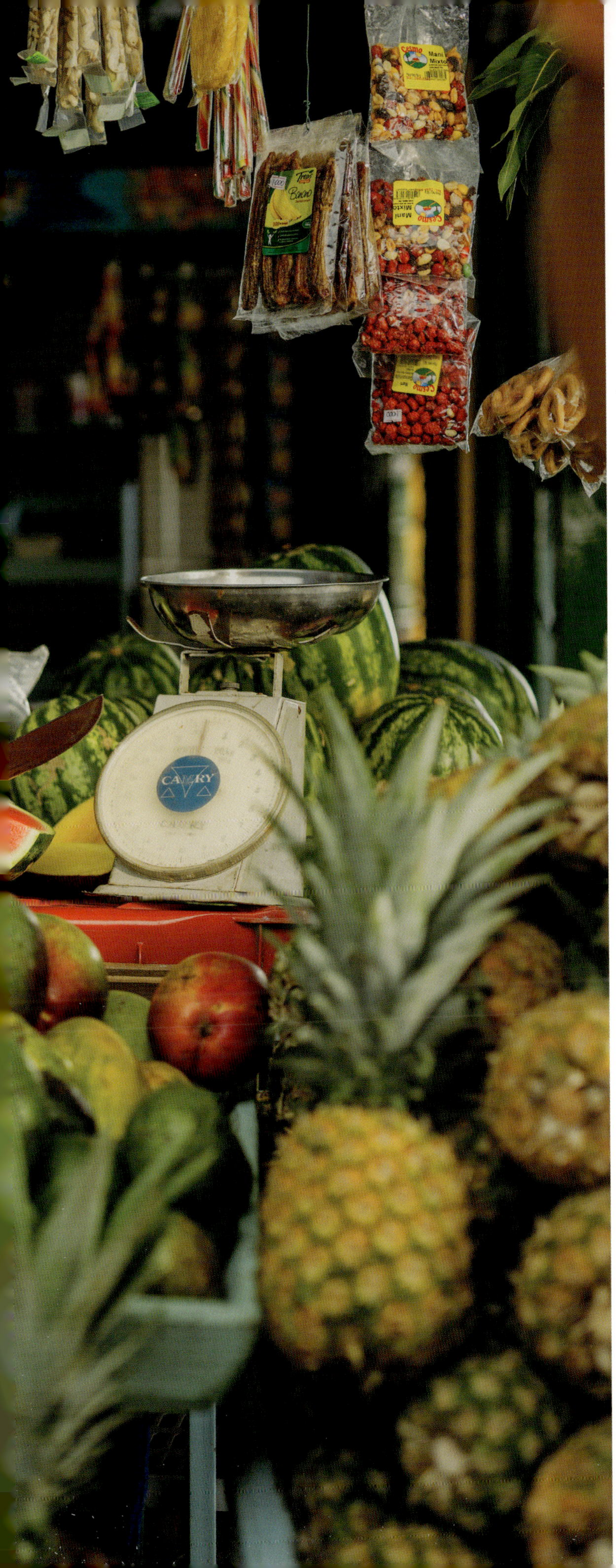

EL ROBO DEL VESTIDO

Floribeth estaba muy acostumbrada a treparse a los árboles. Era normal que su abuela, pionera de las fruterías en Orotina, la mandara desde las 5:30 a.m. a bajar nances, naranjas, caimitos, marañones o tamarindos para venderlos más tarde en su chinamo.

Así llegaba la plata la casa, a punta de vender frutas.

Aquella tarde, la chiquita de 8 años se encaramó en un árbol pero no para bajar frutas para la venta, sino por la genial idea que tuvo una vecina a quien se topó inesperadamente cuando iba de regreso a la casa.

"Venga y súbase conmigo a bajar san zapotes"; le dijo, tentándola al ponerla a pensar en aquella fruta ovalada, anaranjada y carnosa.

La propuesta sonaba demasiado divertida como para dejarla pasar. Floribeth soltó lo que traía en las manos: una bolsa con un bollo de pan que le había encargado su abuela, el menudillo que le había sobrado de la compra y una sombrilla.

Poco le importó encaramarse al árbol con el vestidito tan corrongo que le había hecho su abuela, con retazos de su propio vestido de bodas. Era una prenda especial, el único que tenía porque como ella dice "no había plata para vestidos". La usaba cada vez que le decían que ya iba a llegar su papá a Orotina, proveniente de San José. Floribeth no lo conocía y quería asegurarse de que él la viera bien linda el primer día en que pudieran crurzarse miradas.

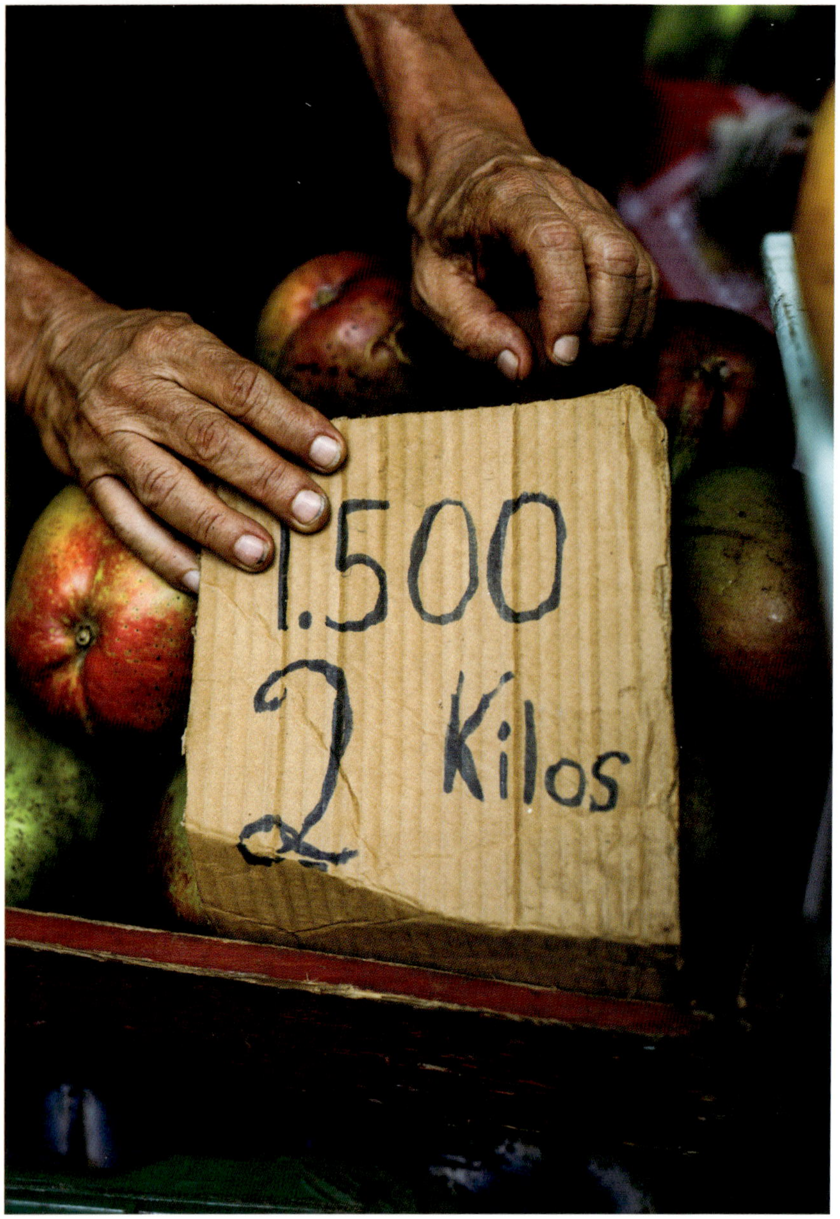

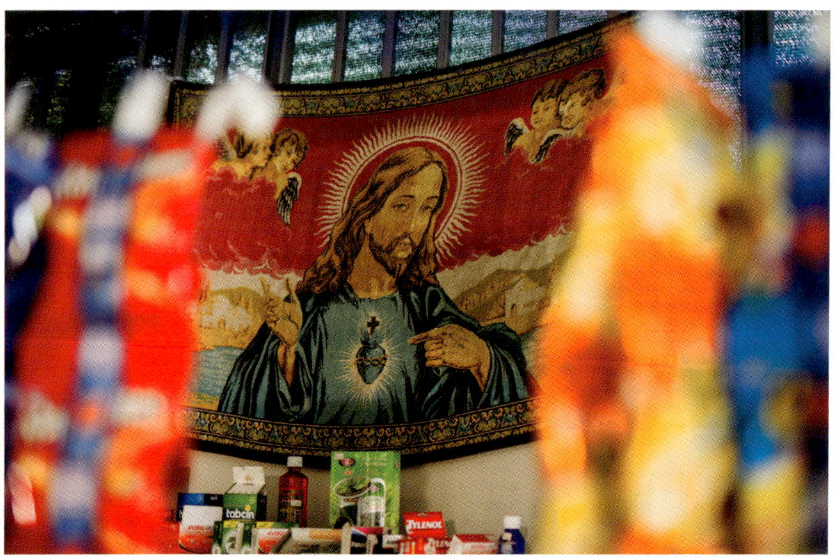

"DIAY, QUÍTESE LA ROPA MEJOR PORQUE SE LE MOJÓ TODA",

Ahí estaba trepada la chiquita con el famoso vestido, cuando, de repente, se vino un baldazo. No hubo tiempo para escapar de los goterones...

"Diay, quítese la ropa mejor porque se le mojó toda", le propuso la muchacha cuando ya estaba escampando.

Floribeth no lo pensó dos veces y le hizo caso. La idea sonaba sensata. Se lo quitó; se volteó un momento mientras revisaba cuántos san zapotes se había apeado y ¡al voltearse de nuevo, no estaban ni la vecina ni las pertenencias!

La otra chamaca salió espantada, habiéndole robado no solo el vestido, sino también el menudo, la sombrilla y la bolsa con el pan.

En chancletas y camiseta blanca, Floribeth se devolvió cabizbaja y con la cara aguada, esta vez por las lágrimas que le chorreaban. Se fue llorando por media calle hasta llegar donde su abuela que se puso furiosa, no solo por la ausencia de pan, sino porque se habían aprovechado de la inocencia de su nieta.

Con una denuncia de por medio, el vestido volvió a manos de la chiquita un tiempo después, pero ya ajado y manchado. Aquellos san zapotes dejaron un mal sabor de boca.

Escritor: Arturo Pardo

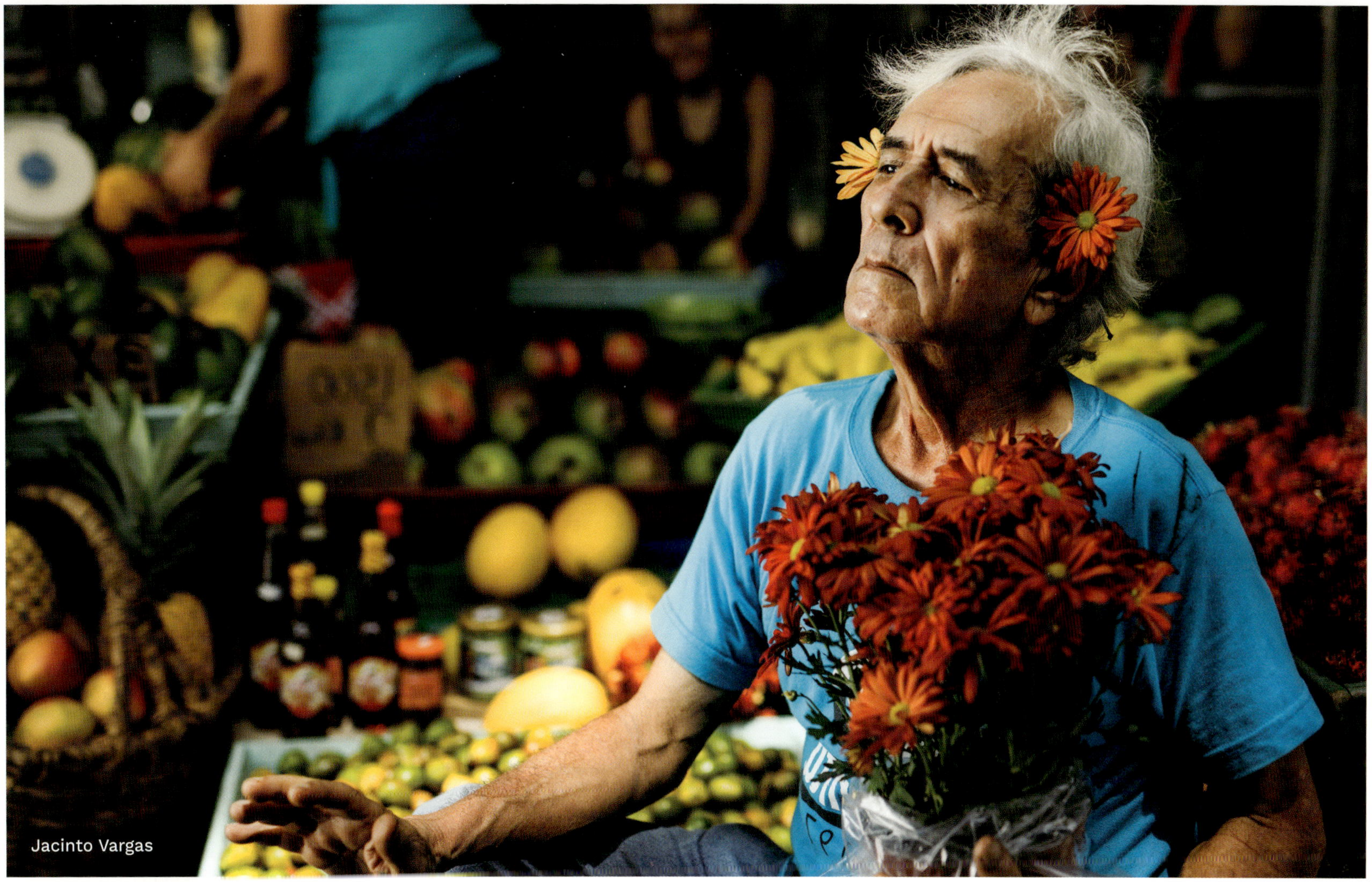

Jacinto Vargas

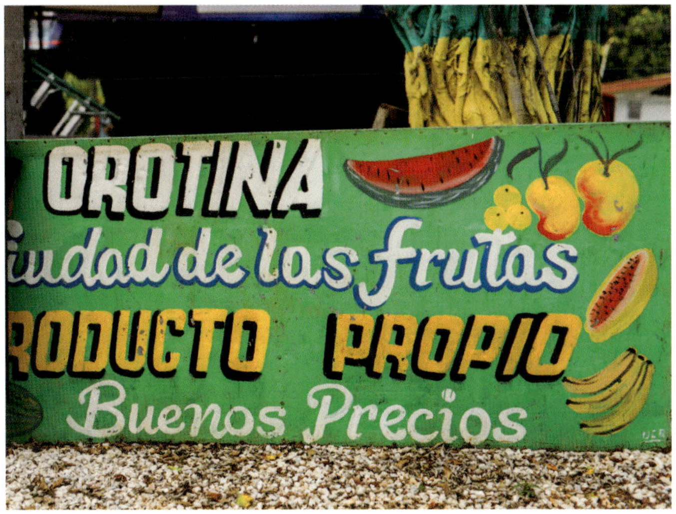

Floribeth González Vargas
Orotina, 13/12/1958.

Cuando Floribeth nació – en su casa y con matrona- desarrolló una infección. El médico que la visitó le dijo a su mamá que ella no iba a sobrevivir. Pero ella sabe que a veces no es la medicina, ni el médico, lo que una persona necesita para sanar: es el cariño lo que nos hace salir adelante. "Flori"vive en Orotina, "lugar con el mejor clima del mundo", y trabaja en Oromango, frutería que ha sido por años el negocio de su familia. También tiene experiencia en la exportación de mango.

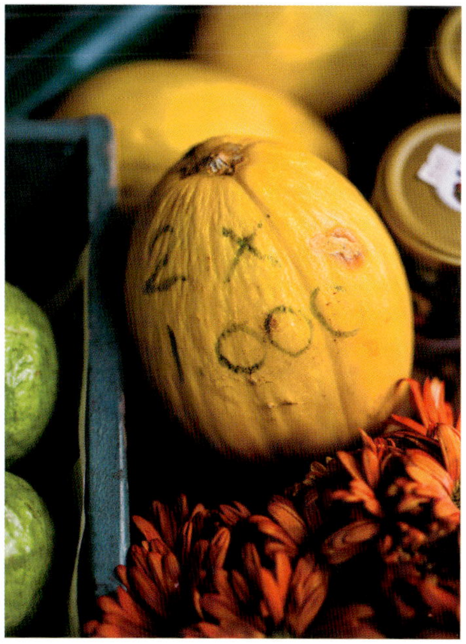

"EL IMÁN DE HONE CREEK"

Mediaban los 2000, el sol hervía mientras las olas traían a don Junior, tarareando algo entre dientes, dividiendo su día entre la pesca y la música. Danny, su hijo menor, no paraba de soñar despierto. Lo veía rumbo al mar y deseaba acompañarlo, tomaba su guitarra de juguete y quería hacer acordes que surcaran el aire como su padre. Su relación era tan cercana que cuando su papá viajaba por la música Danny no comía ni jugaba, pasaba haciendo berrinche en su ausencia. ¡Danny quería ir a los conciertos y ser parte de su combo!

Para los días en los que se armó el gran proyecto *Calypso Limón Legends*, Danny tenía unos 5 años. Formaban esta gran banda don Junior, Cyril Sylvan, Manuel Monestel, Reynaldo Kenton "Shanty", Herberth Glinton "Lenki", José Antonio "Momo" Valverde, Roberto "Congoman" Watts y en el piano Manuel Obregón, que además era quien coordinaba el traslado a Guanacaste, a un gran concierto que se iba a llevar a cabo en Playas del Coco.

Era la mañana en Hone Creek y ya casi recogían a don Junior, cuando del cuarto emergió, luciendo una hermosa camisa llena de flores, el pequeño Danny diciendo: Papá ¿a dónde va? Yo voy con usted. A lo que su padre respondió: No, usted no puede ir, voy muy lejos. Danny insistió y empezó a llorar desgarradoramente, tanto que Don Junior llamó a Manuel Obregón para cancelar el viaje, a lo que Obregón le contestó: Si es por su hijo, tráigalo, él va a ser el nuevo músico de la familia.

Así fue como Danny viajó con su padre sobre esa polvorienta ruta hacia el Pacífico, camino guardado en su memoria fotográfica. Rumbo a aquel océano antítesis del Caribe, a su primer sol hundiéndose en la mar. En Guanacaste no se separó un minuto de su papá. A la hora del concierto, don Junior lo tomó en brazos y lo subió a la tarima ¡Con una sonrisa imborrable jugó a acompañarlos! Y así dejó claro que su alma necesitaba compartir la magia de la música, reconocer en su ADN las notas del bajo de su padre, elemento primordial del calypso, ritmo nacional, patrimonio de los pueblos caribeños.

Este hecho marcó la vida de Danny como artista, fue su bautizo en el calypso. ¿Cómo se aloja un deseo en nuestra alma? ¿Cómo atraer lo que deseamos? Hay que vibrar como imán y así fue como lo hizo Danny.

Primero la vida puso un güiro en sus manos, con el que empezó a pulir su ritmo, esa capacidad de conectar y enlazar. Tiempo después el conjunto de su padre tuvo un bajista que no tenía consciencia de su responsabilidad. Todo esto lo entendió Danny desde muy pequeño y le dijo a su padre: Vamos a tener que buscar un bajista, porque él no sabe tocar calypso. Y su padre le contestó: A no ser que toque usted. A partir de ahí todo fue magnetismo. Una vecina del barrio, era la madre de un chico que vivía en San José y tenía un bajo. El muchacho regresó a Limón y conoció a Danny. Inmediatamente notaron que Danny amaba el instrumento ¡Y sin ninguna duda decidieron regalárselo para su cumpleaños!

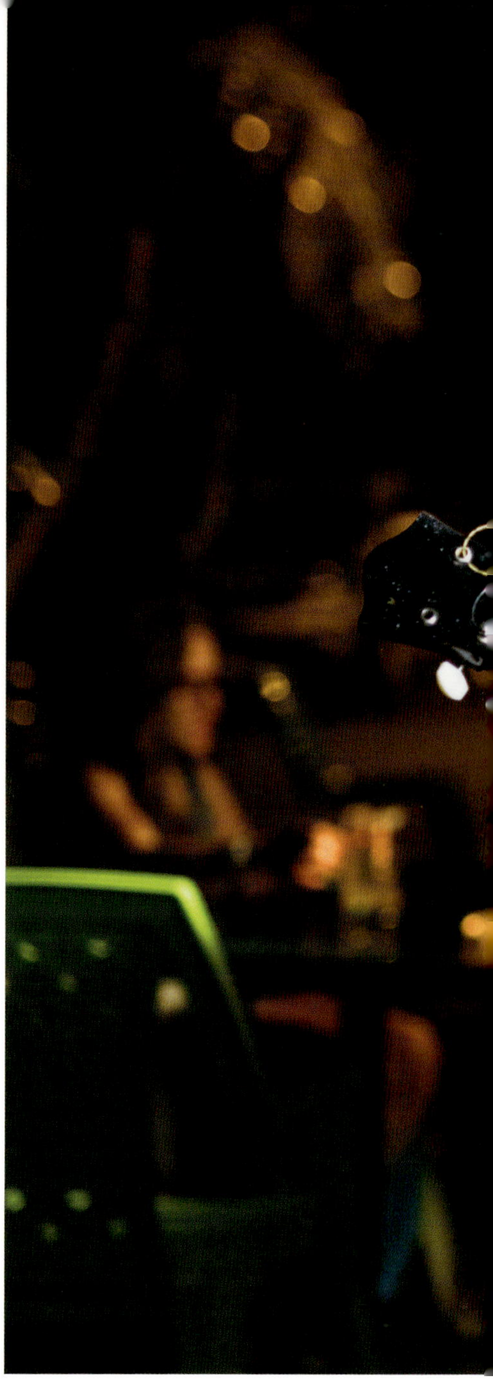

Una tarde don Junior volvía del mar. Cuando entró a su casa escuchó un bajo sonar a lo lejos y le preguntó a doña Grace, mamá de Danny: ¿Quién está tocando? A lo que doña Grace contestó: ¡Es Danny! ¿Cómo que es Danny? Sí, Danny está tocando el bajo. Sonaba increíble. Eso fue un martes. El sábado siguiente, Danny le dijo a su papá: ¡Llevemos el bajo, yo lo voy a tocar! Danny tenía 15 años y no paraba de practicar con aquella concentración que tiene la gente que hace lo que ama. El resto de la historia usted la sabe o pronto va a saberla. Danny es el bajista del combo de su padre y siempre anda de aquí para allá compartiendo melodías, sabor y ritmo. Calypso, reggae y groove. El alma misma.

Escritor: Fabrizio Walker

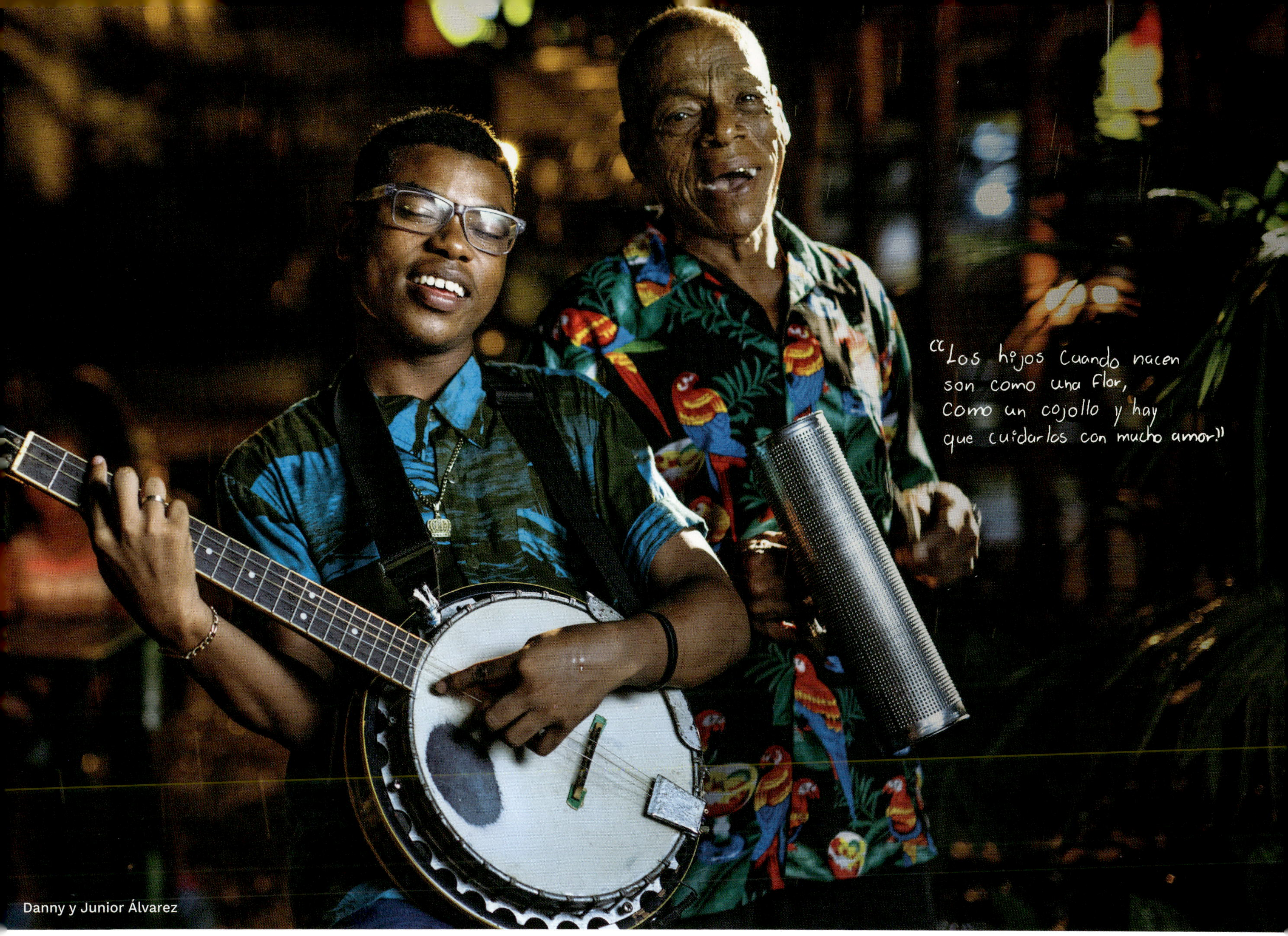

Danny y Junior Álvarez

Danny Álvarez González
Hone Creek, 13/03/2002.

Es el único músico joven del Caribe que toca calypso con los veteranos. Su aspiración es llegar a ser un gran músico y profesor (de música y de inglés). Creció rodeado de adultos e influenciado por "el otro Danny", un músico canadiense del que heredó el nombre y quien se ha convertido en su mentor, mejor amigo y confidente. Danny posee un oído privilegiado. Se puede decir que es músico "por ósmosis", pasión y herencia. Su papá, Junior Álvarez, es conocido en Limón como "Sweet Fingers", por su talento con el banjo, la guitarra y el bajo. Fue integrante de los Bárbaros del Ritmo en su natal Bluefields, Nicaragua. Ha vivido en varias ciudades del Caribe y es uno de los más grandes exponentes de la música afro centroamericana. En él confluyen el pasado y el presente. Actualmente es miembro de Kawe Calypso, símbolo de Cahuita, la capital del Calypso Nation. Y todo lo que sabe ahora está en manos de Danny, su hijo menor, el futuro, "Ñoco", como le llaman sus papás. El lazo entre Junior y Danny es muy especial: comparten la música, la vida en el mar, y el talento para tocar bajo.

• En 2012 el Calipso Limonense es declarado expresión del patrimonio inmaterial afrodescendiente de CR.

BOSQUESENCIA

El camino hacia mí misma fue largo y lleno de incertidumbre.

Pérez Zeledón, Houston, Bélgica, Qatar...Tanto en mis viajes personales como en mis tres años como aeromoza visité decenas de países.cientos de fotos en lugares icónicos, falta de sueño, mala alimentación, lujo, esclavitud moderna, desigualdad, derroche, desperdicio, de... No pude más. Me cansé. Me fui a Nepal a buscar la felicidad.

Ahí tuve la primera crisis. Yo quería hacer negocios y a la vez arreglar el mundo. ¡Sillas, sillas, necesito sillas! Para ponerlas en círculo. Los del hostal me miraban un poco asustados. En cada una senté a alguien que tenía que resolver una diferencia con otra persona: Nicolás Maduro y Leopoldo López, dos amigos que se habían distanciado, padres e hijos... Si las personas dialogan, pueden llegar a acuerdos, ¿cómo no lo entienden? La paz del mundo depende del diálogo, depende de... mí.

Katmandú. Todos los colores y los aromas del mundo, los picos nevados del Himalaya, las callecitas repletas de carros, de motos, de bicis, de tuk-tuks, de personas que iban y venían y no me entendían. No podía parar. Noches interminables, mensajes compulsivos a mi familia sobre mis planes para arreglar todo lo que estaba mal en el planeta. Noticias de Costa Rica: mi abuela se enfermó. No dormía, siempre alerta, me perseguían. Confusión. Mi abuela estaba enferma. En una tienda me dieron un papel con un mensaje y una cadena de oro como la de mi abuela . ¡Era su letra, yo conocía bien su letra! "Gabriela, deje que ellos hagan lo que quieran" ¿Que deje de pelear contra todo lo que está mal? Tengo que hacer llegar mi mensaje al mundo, me miro al espejo, un selfie: I just want to be heard! Querían deportarme. Miedo. Pinté mi pasaporte y corté mis tarjetas de crédito. ¿Por qué me persiguen estos hombres? ¡No me toquen, no me amarren, no! Trataron de inyectarme. No me dejé. La policía me detuvo, me llevaron a un asilo). ¡Me quieren intoxicar, me quieren matar! ¡NO, NO, No, No, no, no, n...! Sueño, silencio, la nada.

Un día mi papá abrió la puerta. Papá, mi compañero de viajes, mi cómplice de tantas aventuras. Recorrió más de 15,000 kilómetros para venir a buscarme. Papi. Durmió conmigo esa noche. Pa, quiero irme de aquí. El regreso fue interminable, ansiedad, largas esperas, impaciencia, vuelos eternos, escalas, desesperación, escalas, cancelaciones, escalas, angustia, Costa Rica.

Psiquiatras, negación, más psiquiatras, ¡no me pasa nada!, otra manía, inyecciones, ¡déjenme, estoy bien!, pastillas. Me broto, mi cuerpo reacciona, ¿por qué a mí?, me engordo, no estoy feliz, ¿quién soy?, vacío, no quiero ver a mis amigos, vacío, mi abuela murió. Vacío.

Regresé a la Península de Osa a vivir y a trabajar. Jim, mi amigo me llevó al bosque y me hizo ver la infinidad de tipos de hojas que hay. Mi foco se afinó, del verde indiferenciado hice zoom a un universo de formas y tonalidades distintas, distinguí los detalles que antes eran invisibles. Empecé a bañarme de bosque. A reaprender, a ver y a escuchar. Entendí que primero debía escuchar para ser escuchada. Respiración, meditación, conciencia, presencia, paz, ESENCIA. El bosque me curó.

Leí, leí, y leí. Mi misión de salvar el planeta y ayudar a la mayor cantidad de personas posible depende del conocimiento. Quiero dejar huella, una huella sin carbono. Me uní a los y las líderes ambientalistas del país, la primera Marcha por el Planeta, el poder de una persona, no más plástico de un solo uso, concientizar, educar para cambiar, blog Cero Plas Tica. Todo o nada. En un mundo bipolar, sobrevivir entre los grises, puede convertirse en un verdadero desafío. Aún tomo pastillas. Hoy entiendo que todo lleva un proceso y tengo paciencia.

Escritora: Abril Gordienko

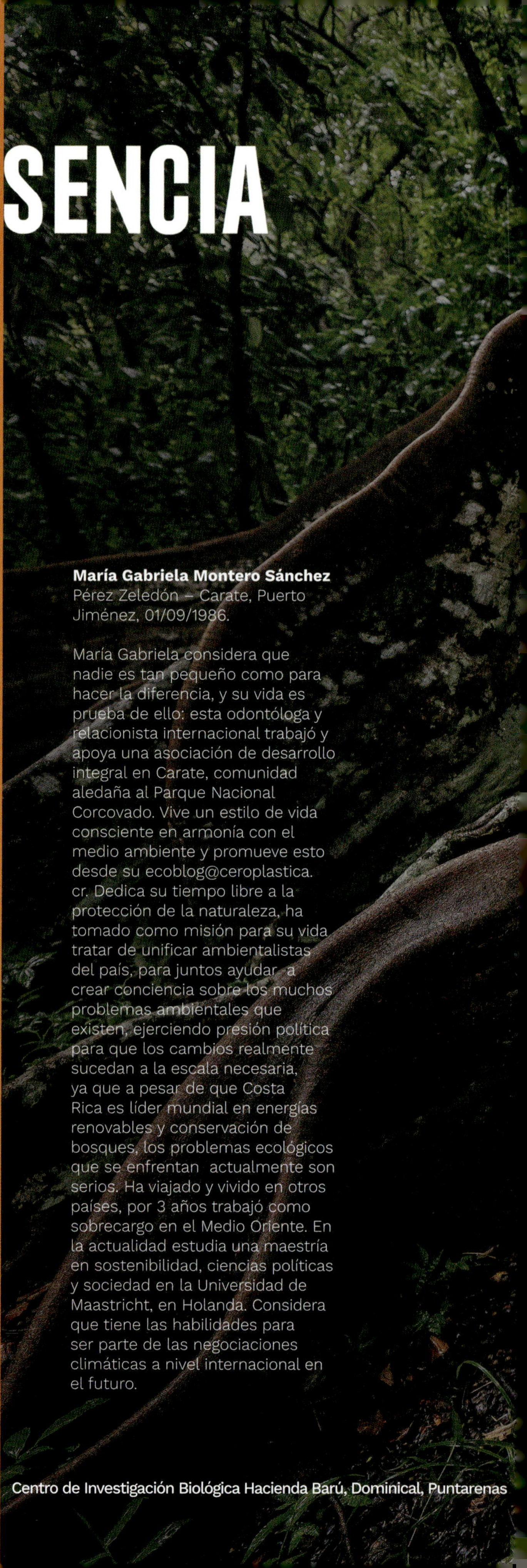

María Gabriela Montero Sánchez
Pérez Zeledón – Carate, Puerto Jiménez, 01/09/1986.

María Gabriela considera que nadie es tan pequeño como para hacer la diferencia, y su vida es prueba de ello: esta odontóloga y relacionista internacional trabajó y apoya una asociación de desarrollo integral en Carate, comunidad aledaña al Parque Nacional Corcovado. Vive un estilo de vida consciente en armonía con el medio ambiente y promueve esto desde su ecoblog@ceroplastica.cr. Dedica su tiempo libre a la protección de la naturaleza, ha tomado como misión para su vida tratar de unificar ambientalistas del país, para juntos ayudar a crear conciencia sobre los muchos problemas ambientales que existen, ejerciendo presión política para que los cambios realmente sucedan a la escala necesaria, ya que a pesar de que Costa Rica es líder mundial en energías renovables y conservación de bosques, los problemas ecológicos que se enfrentan actualmente son serios. Ha viajado y vivido en otros países, por 3 años trabajó como sobrecargo en el Medio Oriente. En la actualidad estudia una maestría en sostenibilidad, ciencias políticas y sociedad en la Universidad de Maastricht, en Holanda. Considera que tiene las habilidades para ser parte de las negociaciones climáticas a nivel internacional en el futuro.

Centro de Investigación Biológica Hacienda Barú, Dominical, Puntarenas

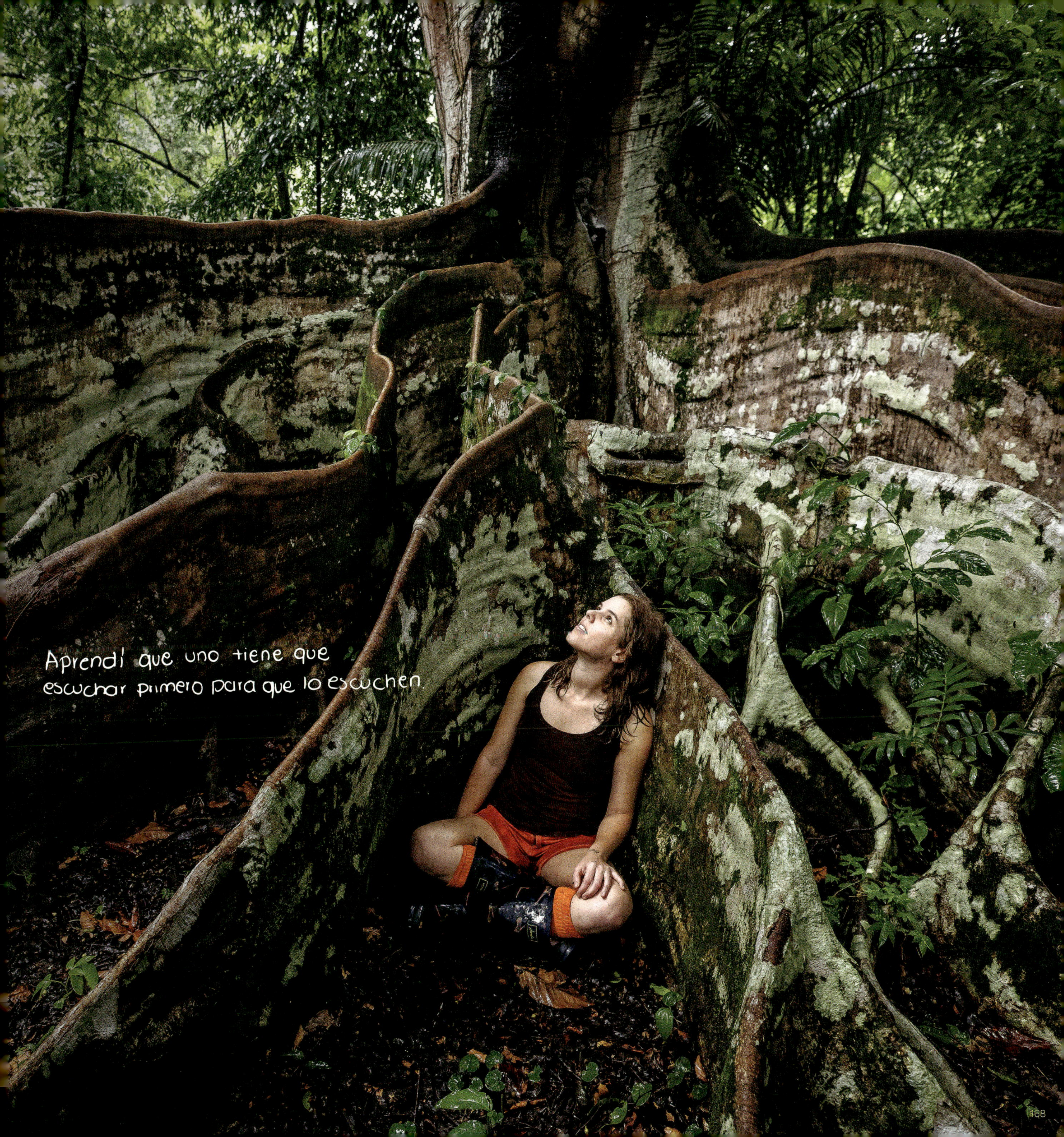

Aprendí que uno tiene que escuchar primero para que lo escuchen.

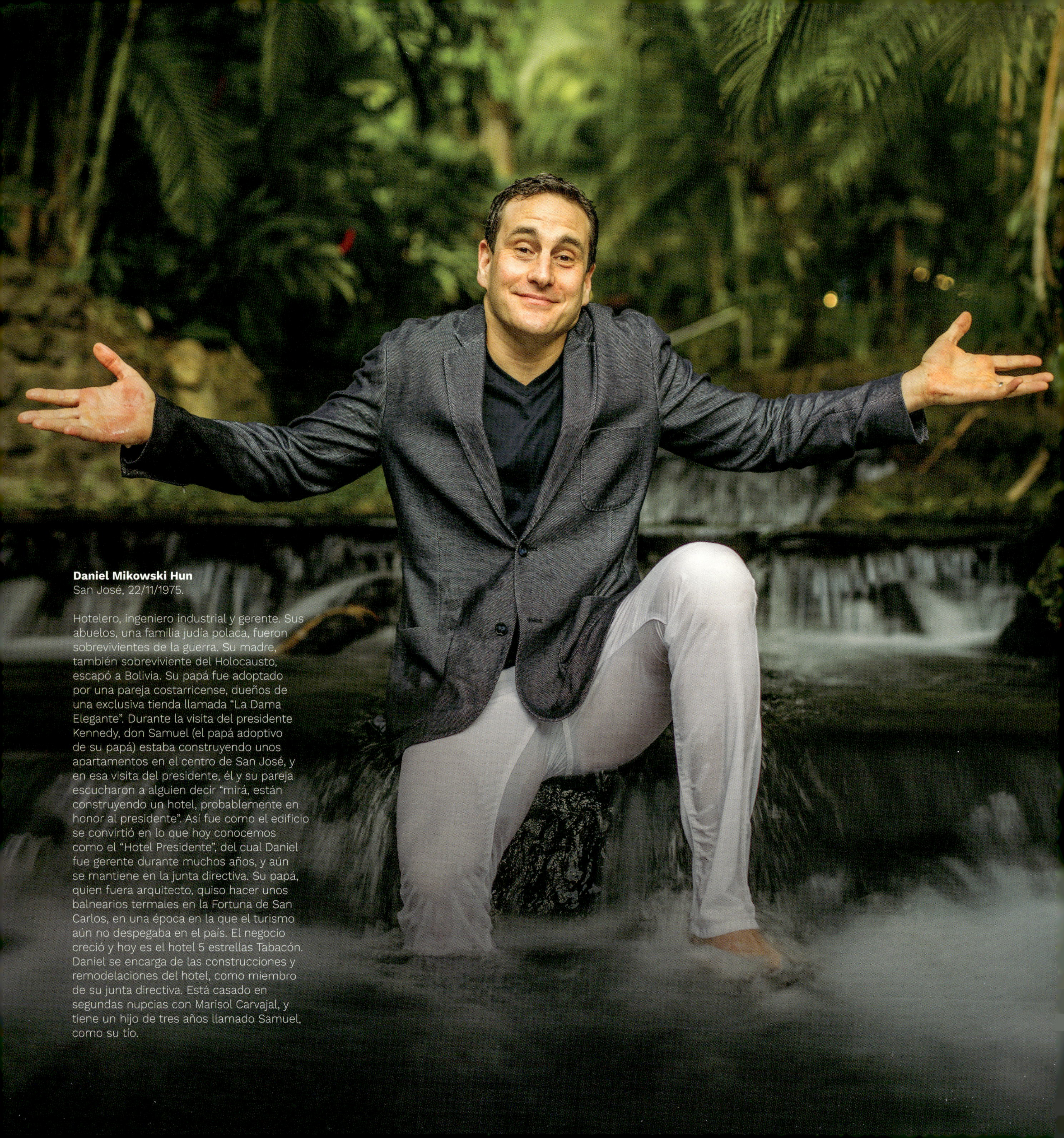

Daniel Mikowski Hun
San José, 22/11/1975.

Hotelero, ingeniero industrial y gerente. Sus abuelos, una familia judía polaca, fueron sobrevivientes de la guerra. Su madre, también sobreviviente del Holocausto, escapó a Bolivia. Su papá fue adoptado por una pareja costarricense, dueños de una exclusiva tienda llamada "La Dama Elegante". Durante la visita del presidente Kennedy, don Samuel (el papá adoptivo de su papá) estaba construyendo unos apartamentos en el centro de San José, y en esa visita del presidente, él y su pareja escucharon a alguien decir "mirá, están construyendo un hotel, probablemente en honor al presidente". Así fue como el edificio se convirtió en lo que hoy conocemos como el "Hotel Presidente", del cual Daniel fue gerente durante muchos años, y aún se mantiene en la junta directiva. Su papá, quien fuera arquitecto, quiso hacer unos balnearios termales en la Fortuna de San Carlos, en una época en la que el turismo aún no despegaba en el país. El negocio creció y hoy es el hotel 5 estrellas Tabacón. Daniel se encarga de las construcciones y remodelaciones del hotel, como miembro de su junta directiva. Está casado en segundas nupcias con Marisol Carvajal, y tiene un hijo de tres años llamado Samuel, como su tío.

LA INDEPENDENCIA INVERTIDA

Aquella casa enorme se había ido quedando sonta, en medio de la Sabana. En los años noventa las viviendas vecinas le habían empezado a hacer espacio a proyectos verticales o a comercios. De alguna forma, la zona se había ido despoblando.

Sin embargo la residencia, que para entonces ya empezaba a peinar canas y echar arrugas, todavía estaba por vivir un episodio inédito.

Daniel, para entonces de 25 años, se resistía a abandonar la casa y a su mamá. "Independizate, ya llegó el momento", le decía ella, que había conocido la autonomía de los progenitores cuando, a los 16 años, se había ido a estudiar microbiología a Israel.

"Yo no te voy a dejar sola en esta casa tan grande", respondía él, considerando que quería cuidarla mientras ella hacía el duelo de su esposo, que había fallecido poco antes.
"Hacé como tus hermanos", insistía ella, refiriéndose a Mario y Patricia que habían dejado el nido apenas salieron del colegio y se fueron a estudiar al extranjero.
"Mamá; no te voy a dejar sola en esta casa tan vieja, llena de recuerdos".

Evidentemente para ella y para su difunto marido, era importante que los hijos emprendieran un camino propio. Ellos, siendo jóvenes, lo habían hecho así y, con todo el amor, confiaban en que a sus hijos les convenía hacer lo mismo. Daniel, sin embargo, se salía de la norma.

Un buen día, la mamá regresó a la casa y le dio una noticia inesperada. Había firmado un contrato de alquiler en un condominio en Escazú. Quien se independizaría no sería él, sino ella.

"¡Quedate vos!", dijo tan decidida como sonriente. Acto seguido, empacó sus pertenencias, incluyó en la mudanza toda la línea blanca de la casa y, en un santiamén, la casa entera se quedó solamente con un mobiliario un poco viejo, un perro hediondo y un muchacho con ganas de fiesta como único habitante.

El joven, que tenía poco de haber comenzado su vida laboral, se trajo una pequeña refrigeradora de minibar del hotel Presidente, propiedad de su familia, y así vivió por unos años, con lo básico, con un minibar en una casa de 500 metros cuadrados. Aquel hogar, hasta entonces sobrio y serio, de la noche a la mañana (literalmente) se convirtió en destino de parrandas.

Haciendo un recuento de las fiestas que celebró en la residencia despoblada, la matemática se hace compleja. El número 120, sin embargo, es un cálculo de la cantidad máxima de personas que alcanzó a meter en alguno de los bacanales. Y si faltaba quórum, se iba con un amigo al hotel, a conocer y reclutar mochileros y mochileras que quisieran vivir un lado menos turístico del país. A veces llegaban por grupos; incluso algunos se quedaban después de la fiesta y terminaban alojándose ahí por semanas.

En 1963, su tío abuelo Samuel y su pareja, Estanislao, habían construido el hotel al lado de la tienda que habían fundado: La Dama Elegante. Para los años 90 el espacio no estaba en su mejor momento y, si bien Daniel tenía un espíritu fiestero de patada larga, también tenía la confianza de su círculo cercano de que sería capaz de rescatar el patrimonio familiar, que estaba cerca de quebrar.

Hoy es evidente que salió avante con la misión, dándole otro rostro al que hoy es uno de los hoteles más reconocidos de la capital. En contraste, el estado de su casa de soltería, distaba del de un recinto atractivo y cuidado. El anfitrión, entre risas, hoy la describe: "Aquello a veces era un hostal y a veces un zoológico".

A sus 45 años de edad vive un episodio muy diferente de su vida, y resalta con admiración el espíritu de sus padres, adelantados para la época, con el que motivaban a cada uno de sus hijos a que abrieran sus alas temprano. La búsqueda de la independencia es parte del ADN de la familia.

Escritor: Arturo Pardo

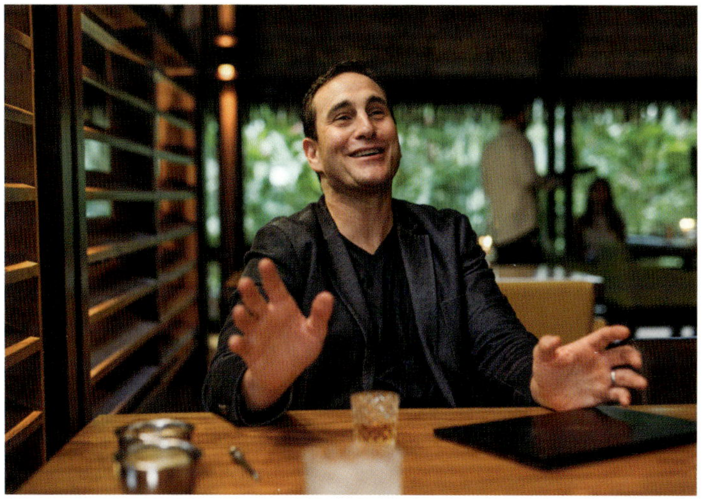

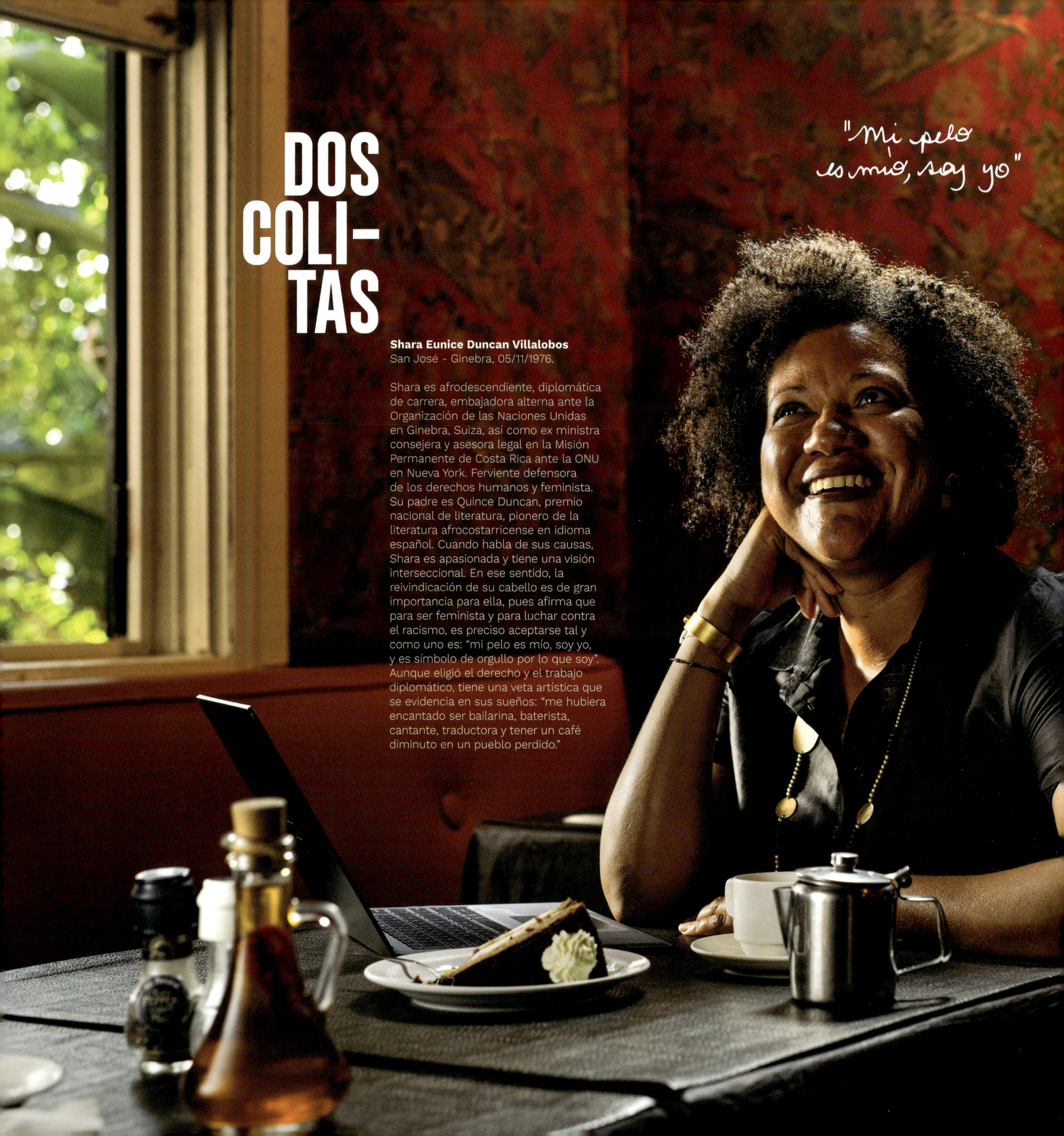

DOS COLI-TAS

Shara Eunice Duncan Villalobos
San José - Ginebra, 05/11/1976.

Shara es afrodescendiente, diplomática de carrera, embajadora alterna ante la Organización de las Naciones Unidas en Ginebra, Suiza, así como ex ministra consejera y asesora legal en la Misión Permanente de Costa Rica ante la ONU en Nueva York. Ferviente defensora de los derechos humanos y feminista. Su padre es Quince Duncan, premio nacional de literatura, pionero de la literatura afrocostarricense en idioma español. Cuando habla de sus causas, Shara es apasionada y tiene una visión interseccional. En ese sentido, la reivindicación de su cabello es de gran importancia para ella, pues afirma que para ser feminista y para luchar contra el racismo, es preciso aceptarse tal y como uno es: "mi pelo es mío, soy yo, y es símbolo de orgullo por lo que soy". Aunque eligió el derecho y el trabajo diplomático, tiene una veta artística que se evidencia en sus sueños: "me hubiera encantado ser bailarina, baterista, cantante, traductora y tener un café diminuto en un pueblo perdido."

En las calles de Heredia caminaba tranquilamente una niña con dos colitas. "¡Negra!" le gritaban. "Sí, ya sé, ¿y qué?". Se escabullía entre miradas y griteríos de algunos incómodos con la diferencia. No nació en Limón y nunca vivió allá. La gran mayoría de las personas en el Valle Central eran blancas, incluyendo a su madre, quién a falta de experiencia con el afro, solo atinaba a hacerle dos colitas con el esponjoso y desafiante pelo, en un intento por domesticarlo, aunque en alguna otra ocasión simplemente optó por casi raparla.

Jugaba a ser rubia, en una escuela en la que solo ella, su hermana y Wanchope eran negros, meneando su cabeza de lado a lado con la cobija amarilla amarrada en el pelo.

En las tardes, cuando tomaba café con su papá, le contaba sus ilusos sueños de niña. "Embajadora", dijo un día, juguetona. "Usted puede ser lo que usted quiera", respondió Quince, pionero escritor afro caribeño y premio nacional de literatura. "¿Lo que yo quiera?". Con esas palabras y un cálido abrazo, le regaló el poder de la confianza. Shara encontraba en su mamá, su abuelita y su hermana, otros pedacitos de confianza, muy necesarios para relacionarse con el otro lado de su familia. Su abuelo materno, poco acostumbrado a la diferencia, ni la volvía a ver, y cuando ella se le acercaba curiosa, con un silbido avisaba a la abuelita de la criatura "Nany, esta chiquita me está velando, llévesela". Nunca le habló.
No es de extrañar que Shara creciera sintiendo que no pertenecía, no digamos a su escuela, a San José o a Costa Rica... ni siquiera a su propia familia.

Ya en el cole, aquellas dos colitas se convirtieron en un pelo liso con la ayuda de la secadora, la plancha y algunos químicos. Una vez en Nicaragua se transportó a su niñez descabellada, cuando se le cayó el pelo por un *alisette* mal hecho.

UN DÍA SALIÓ BIEN EMPERIFOLLADA,

De grande, en Europa, lo del pelo requería mucho más esfuerzo, aún así encontraba el rato en su apretada agenda como diplomática, para viajar hora y media en tren, someterse a 3 horas de *alisette* y otra hora y media para regresar con el pelo tieso y 250 euros menos en su bolsa.

Un día salió bien emperifollada, y ¿cómo no?, no es todos los días que uno se sienta al lado de la Reina Beatriz de Holanda. Entre carruajes, pajes y caballos, desfilaron por las calles de la Haya en Holanda, y caminaron por la alfombra roja frente al palacio y la guardia de honor. Pero fue hasta que la banda entonó el himno de Costa Rica, que su piel se erizó y su garganta titubeó mientras cantaba. En un esfuerzo sobrehumano para no desarmarse en lágrimas de orgullo, respirando profundo notó que el resto de la delegación tica pasaba por el mismo predicamento, tal vez la multitud no lo notó, pero ella sí reconoció las muecas de sus compañeros evitando lágrimas. ¡En ese momento le cayó el cinco! No solo pertenece a Costa Rica, sino que la representa.

Después de 20 años de químicos, fue finalmente donde el peluquero y le dijo "córteme todo lo que tenga de lacio". Cortó tristezas y culpas. Se agarró de sus miedos y llegó hasta donde comenzaban las ondas de su identidad, sus huellas, sus raíces. Despertó en ella esa niña libre, soñadora y voraz. El abrazo de su padre, la risa de su abuela.

Años más tarde puede decir que su pelo afro, infinito, es un emblema de orgullo de quién ella es. Hoy es embajadora alterna de Costa Rica ante las Naciones Unidas en Ginebra.

Escritora: Berenice Jimenez

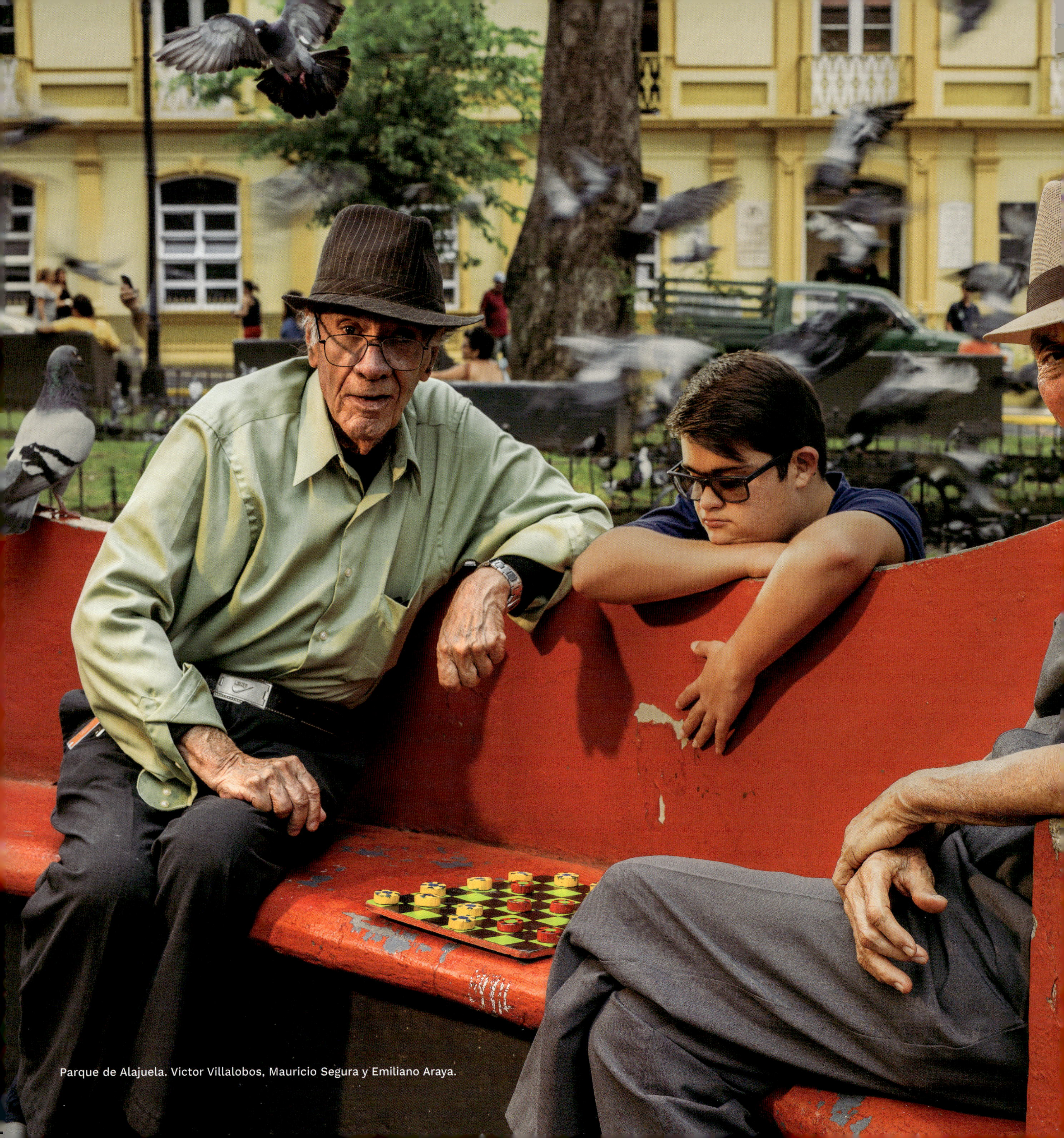

Parque de Alajuela. Victor Villalobos, Mauricio Segura y Emiliano Araya.

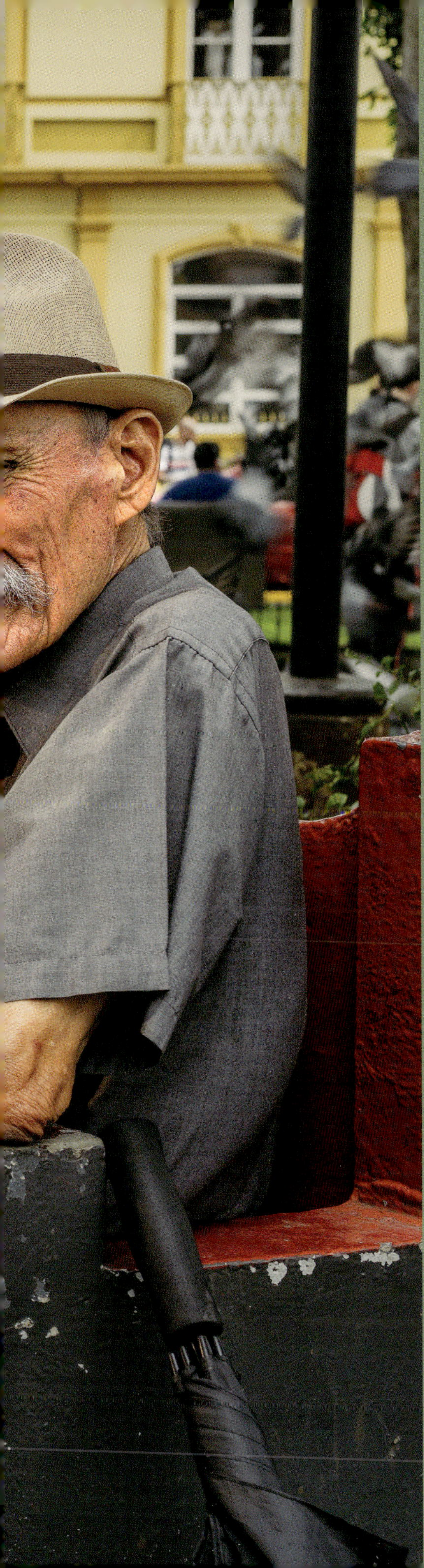

GATO Y TOTÓ

Hace 70 años, Don Víctor "Gato" Villalobos y Don Emilio "Totó" Araya, ya jugaban en este mismo parque, entre palomas, pericos y palos de mango. Pero aunque se caían bien no jugaban juntos. No podían ser amigos porque los papás de Gato eran figueristas y los de Totó eran calderonistas. Totó de todos modos insistía y no perdía la fe en que alguna vez sus papás lo dejaran jugar con el famoso Gato, que se las traía...

Otro mariachi era "Perfumitos", el sacerdote de la catedral al que Gato había apodado así por una historia que decía que en una ocasión el cura había caído en un excusado de hueco y no paró de perfumarse por varios días para quitarse el mal olor; historia negada por el sacerdote, como era de esperar.

Resulta que un domingo cualquiera de los años cincuenta, las campanas anuncian que pronto iniciará la misa de las siete de la noche. El sacerdote está listo, con su sotana y tal como le gusta, el hermoso mosaico del piso de la catedral está brillante. En pocos minutos las bancas de madera se llenan de feligreses, todos con sus mejores galas. Entre ellos se encuentran los papás de Gato y Totó.

CAMINABAN TRANQUILOS POR LA CALLE, CUAL INOCENTES ZAGUATES.

Frente a su casa, a solo dos cuadras de la iglesia, Gato está sentado, solo y aburrido, ansioso por encontrar cómo pasar el tiempo.

Dentro de la iglesia, en las bancas repletas, los grandes escuchan atentos la misa. El sacerdote Hidalgo se peina de nuevo, como es costumbre, en la segunda lectura del evangelio.

Pero esa noche de domingo se juntó la suerte de que Gato estaba sumamente aburrido, necesitado de acción, con un par de toros que, escapados de la Plaza de Toros, que quedaba donde hoy está el Instituto de Alajuela, caminaban tranquilos por la calle, cual inocentes zaguates. Al mirarlos, a Gato se le encendío el bombillo y sin pensarlo más, los arreó hacia la Catedral, como para que también escucharan la misa.

Cuentan que Perfumitos perdió totalmente la compostura y el peinado al ver dos grandes toros en plena misa de siete, caminando asustados por en medio las bancas, dejando fétidos recados sobre el mosaico, y asustando a los feligreses, que corrían espantados fuera de la iglesia, pegando gritos, como si se les hubiera aparecido el mismisimo cachudo.

Gato, de 12 años, salió corriendo mientras que los toros quedaban sentados tranquilamente, como esperando misa, hasta que fueron sacados de la iglesia quién sabe por quién, quién sabe cómo.

Ese domingo, mientras el sacerdote resoplaba de cólera, Gato se ahogaba de la risa camino a casa. Risa que le duró hasta que sus padres lo cinchonearon por haber provocado, el súbito San Fermín en pleno domingo alajuelense.

Tuvieron que pasar varios años más para que Totó pudiera hacer amistad con Gato. Hoy en día, se les ve siempre en ese mismo parque jugando damas y narrando memorias del pasado, riendo de sus travesuras juntos y de todos los apodos que inventaron.

Escritora: Irene Gutierrez

Emiliano "Totó" Araya García
Alajuela, 19/06/1941

Emiliano es uno de los "veteranos" del Parque de los Mangos en Alajuela, y miembro de una de las tribus urbanas más reconocidas de antaño: los jugadores de damas de este famoso parque. Hay un dato muy curioso sobre Totó, que es a la vez una linda coincidencia: don Juan José Pucci (el padre de los creadores de este libro) lo operó del corazón hace ya varios años, y de eso se enteraron de casualidad cuando se le estaba haciendo la foto para este libro. Como quien dice, "todo está conectado".

Víctor Eduardo "Gato" Villalobos
Alajuela, 22/02/1941.

Don Víctor Eduardo, el "Gato Villalobos", es una de las "lenguas más conocidas de Alajuela¨. Es común verlo en el parque de Alajuela, tertuliando con sus conocidos. Famosísimo porque desde chiquillo le pone apodos a todo el mundo, don Víctor es un gran bromista: al padre de Alajuela le decía "Perfumitos" porque todo el tiempo andaba acicalándose; al famoso secuestrador de la Negrita de los Ángeles le puso "el Monstruo de la Basílica"... sus juegos de palabras son muy divertidos e inteligentes, fue él quien le puso "Totó" a su amigo Emiliano.

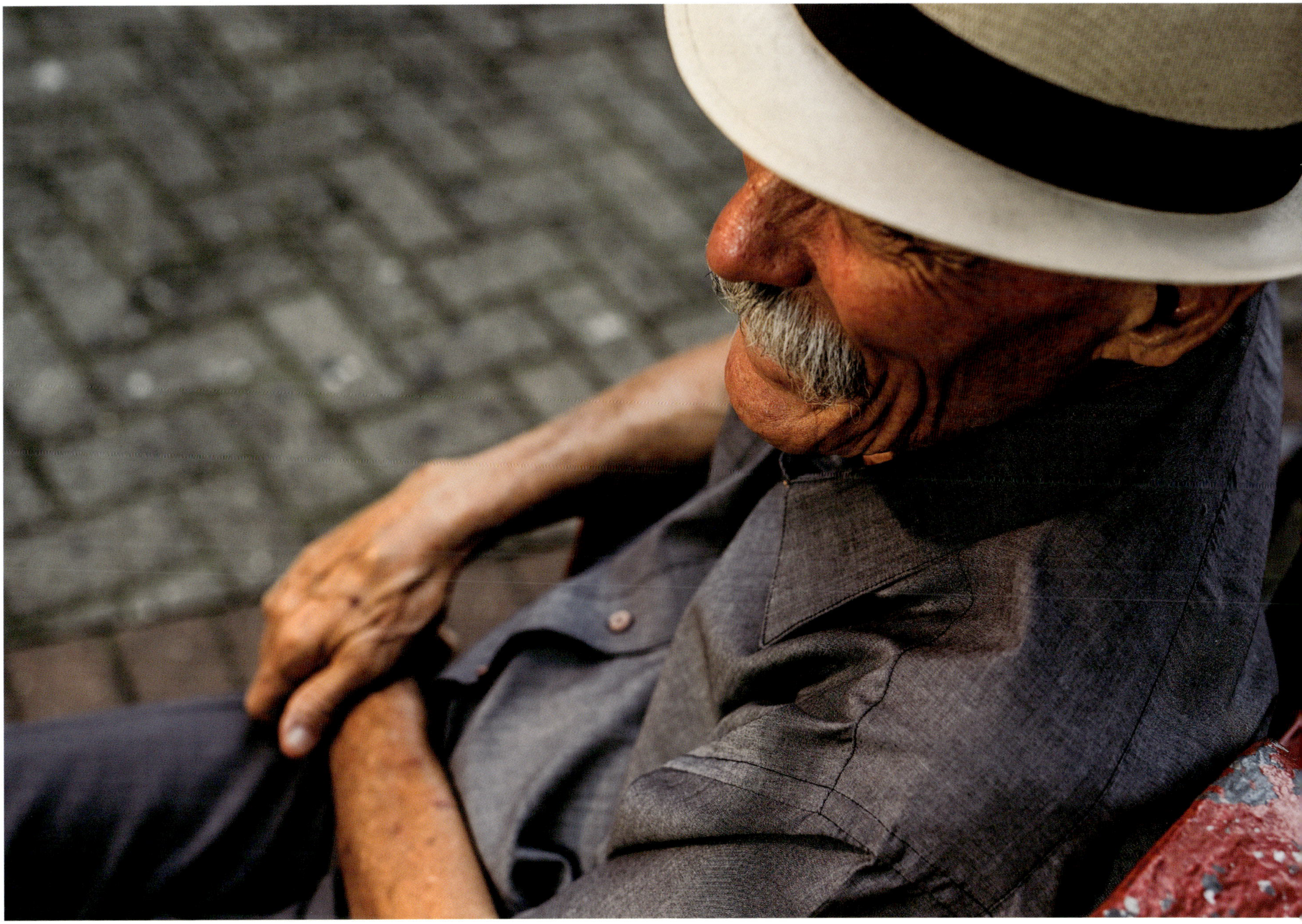

ESE PRIMER TRAGO

"Lo que diga mi mamá es santa palabra"

Si hay algo que Andrea Leiva disfruta es ese primer trago de cerveza que entra burbujeante a la boca y lo refresca todo hacia abajo. La verdad es que el resto de la botella no le hace tanta gracia (ya sabemos como es: el sabor se va poniendo viejo, el olor se va sintiendo un poco añejo y al final algunos hasta dejamos "un culito" tibio en el fondo de la botella). Pero ¡ay!, si todo fuera tan perfecto como ese primer trago.

Un día, cuando Andrea estaba apenas acomodándose a vivir en Hojancha, fue a la pulpería del centro del pueblo. Caminaba hasta allí como una rutina para darle aire a las muchas preguntas que le generaba su reciente mudanza: a José, su novio de toda la vida y ahora esposo, le dieron la oportunidad de tener una clínica de odontología en la zona, y ella decidió trasladarse con él. Por alguna razón, ese día se le antojó más bien tomarse una cerveza para bajar el calor y empezó a pensar. Pensó en los años del cole, cuando estaba decidida y destinada a ser médica, con todo el respaldo de su familia y el empuje de sus buenas notas. Había sido el primer promedio de la clase toda la vida, y sin embargo, aquí estaba ella, en Hojancha, pensando en invertir su vida en hacer jabones, cremas o perfumes.

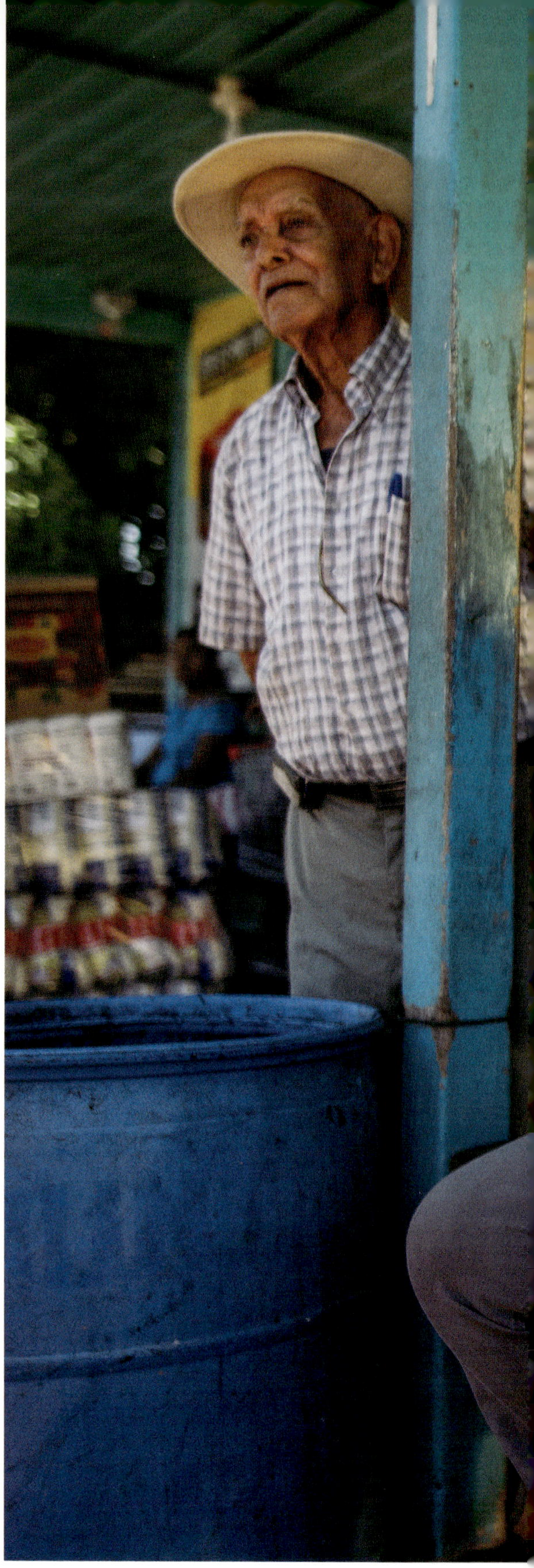

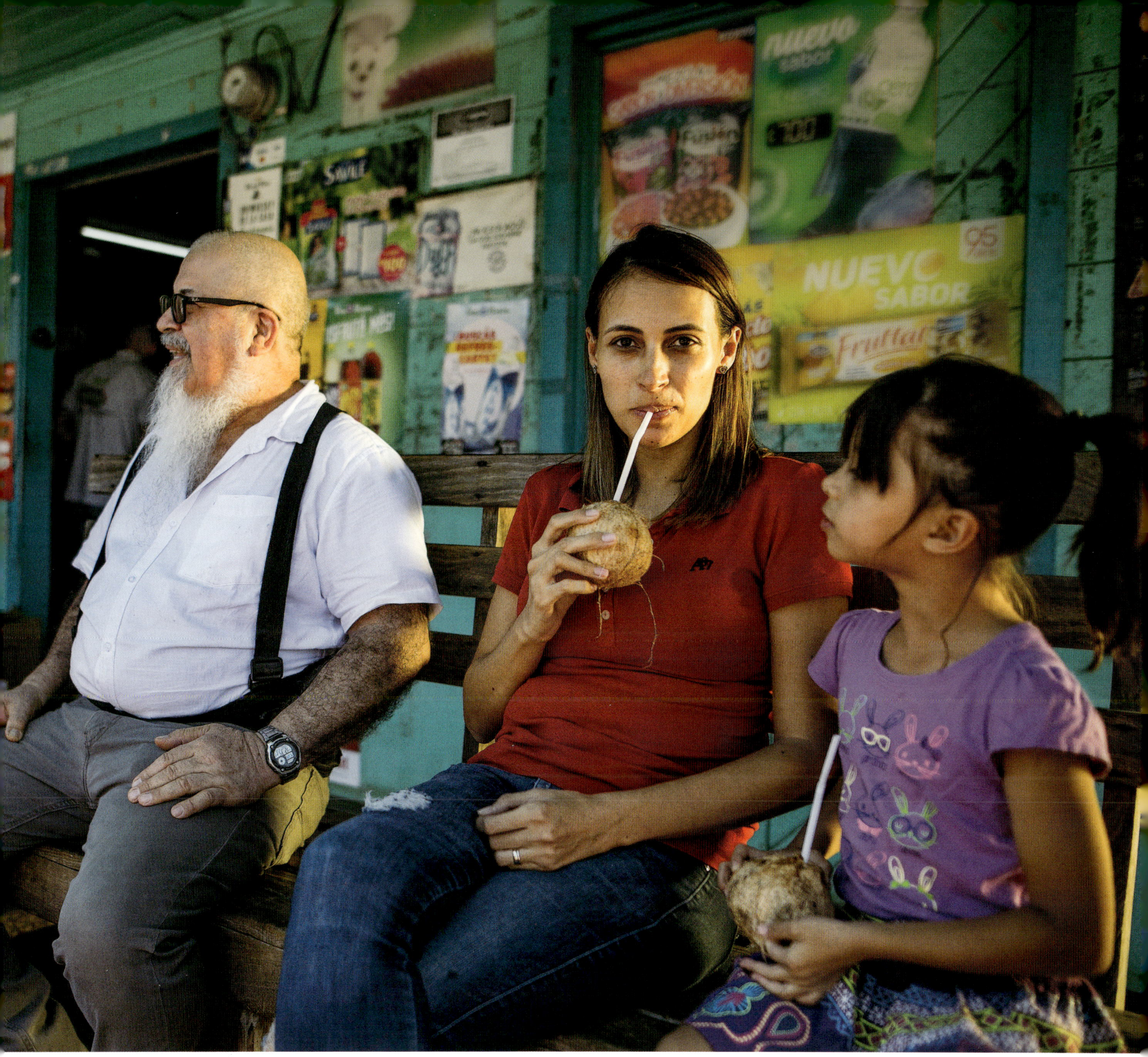

Pulpería, Hojancha, Guanacaste. Luis Ángel Pérez, Manuel Pineda, Andrea y Victoria Gutiérrez

Con el primer trago se le vinieron los recuerdos de abuela Jovita, tomando cerveza con toda la familia, preparando una olla de carne o tal vez haciendo tamales. Vinieron sus paseos a la playa con todos los primos, cuando todo el mundo se metía en un solo carro y ella contaba los mismos chistes una y otra vez para que Jovita se muriera de risa o le dijera: "¡Oh borracha más necia!". Jovita, agüe, la abuela maternal que se la llevaba cada verano a Pérez Zeledón, donde ella jugaba hasta caer rendida al final del día.

Vinieron imágenes también de cuando no paraba de rezar y llorar al darse cuenta de que Jovita tenía cáncer.

UN EXTRAÑO ERROR AL APLICAR LA BOMBA DE COBALTO

Cuando Andrea tenía 16 años y estaba por entrar a la carrera de medicina, a Jovita le dio cáncer de seno. Un extraño error al aplicar la bomba de cobalto llevó a decenas de pacientes de cáncer a una muerte prematura. Jovita era una de ellas. Recibió una sobreirradiación que les abrió una herida imposible de sanar... Una imagen desgarradora en la sala del hospital alejó a Andrea de la medicina para siempre.

18 años después, con una hija, un esposo y sin saber que hacer el resto de su vida en Hojancha, ese primer trago le trajo mucho: tristeza y alegría, miedo, cariño, y una gran idea...

Así nació GuanaBeer, que empezó haciendo 48 cervezas por semana, para venderlas a amigos y familiares; y más tarde llegó a restaurantes y hoteles hasta poder producir unas 6.000 botellas al mes.

A veces hacen carne asada o chicharronadas en el jardín de su casa en Hojancha, envasan cinco litros de Guanacas (su birra primogénita) e invitan a la familia. Entonces, la Guanaca no es solo las notas cítricas bajando burbujeantes por la garganta, sino décadas de recuerdos, de familia unida, y la certeza de que Jovita está aquí con ellos, riéndose a carcajadas.

Escritora: María Fernanda Cruz

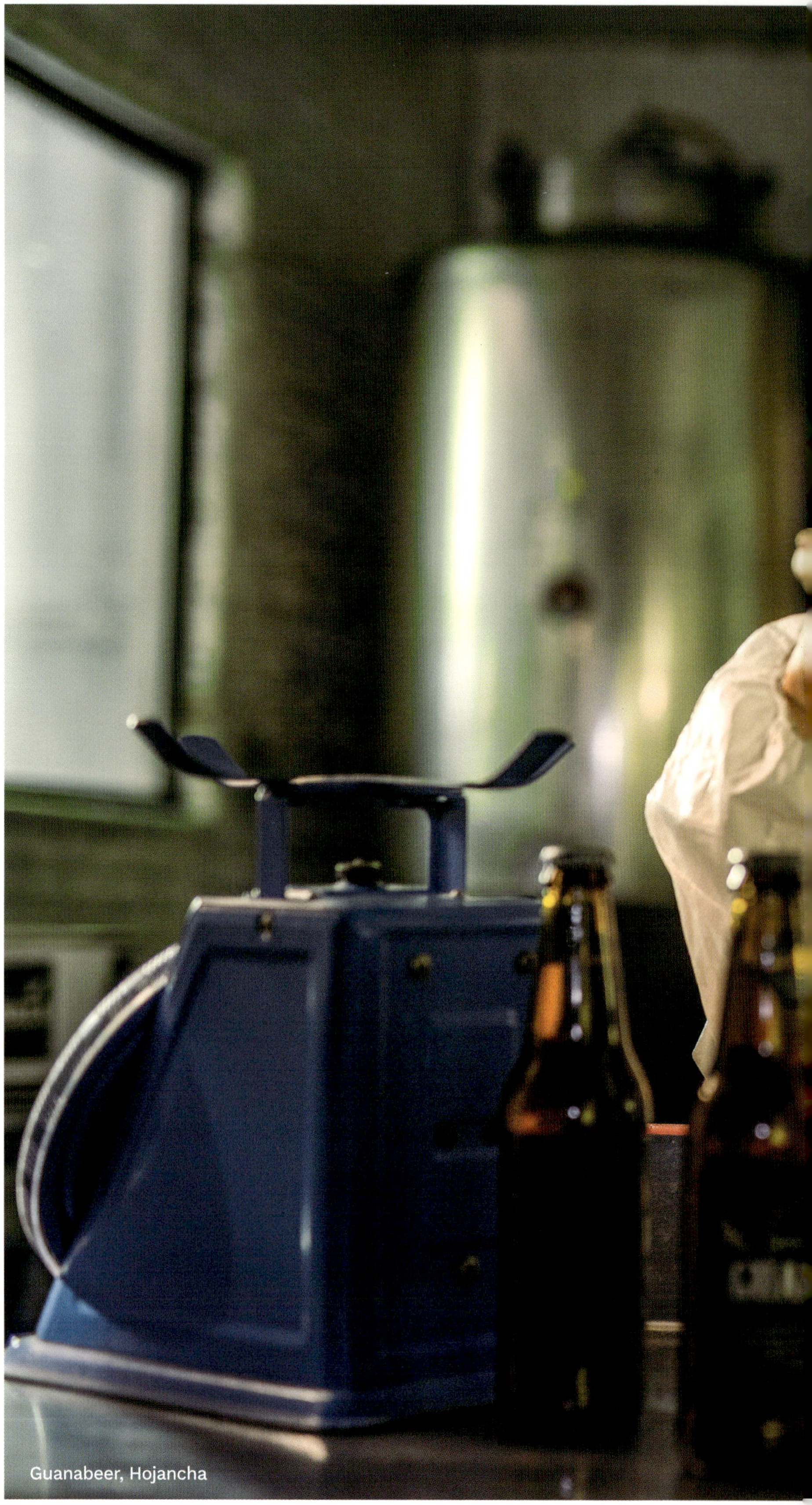

Guanabeer, Hojancha

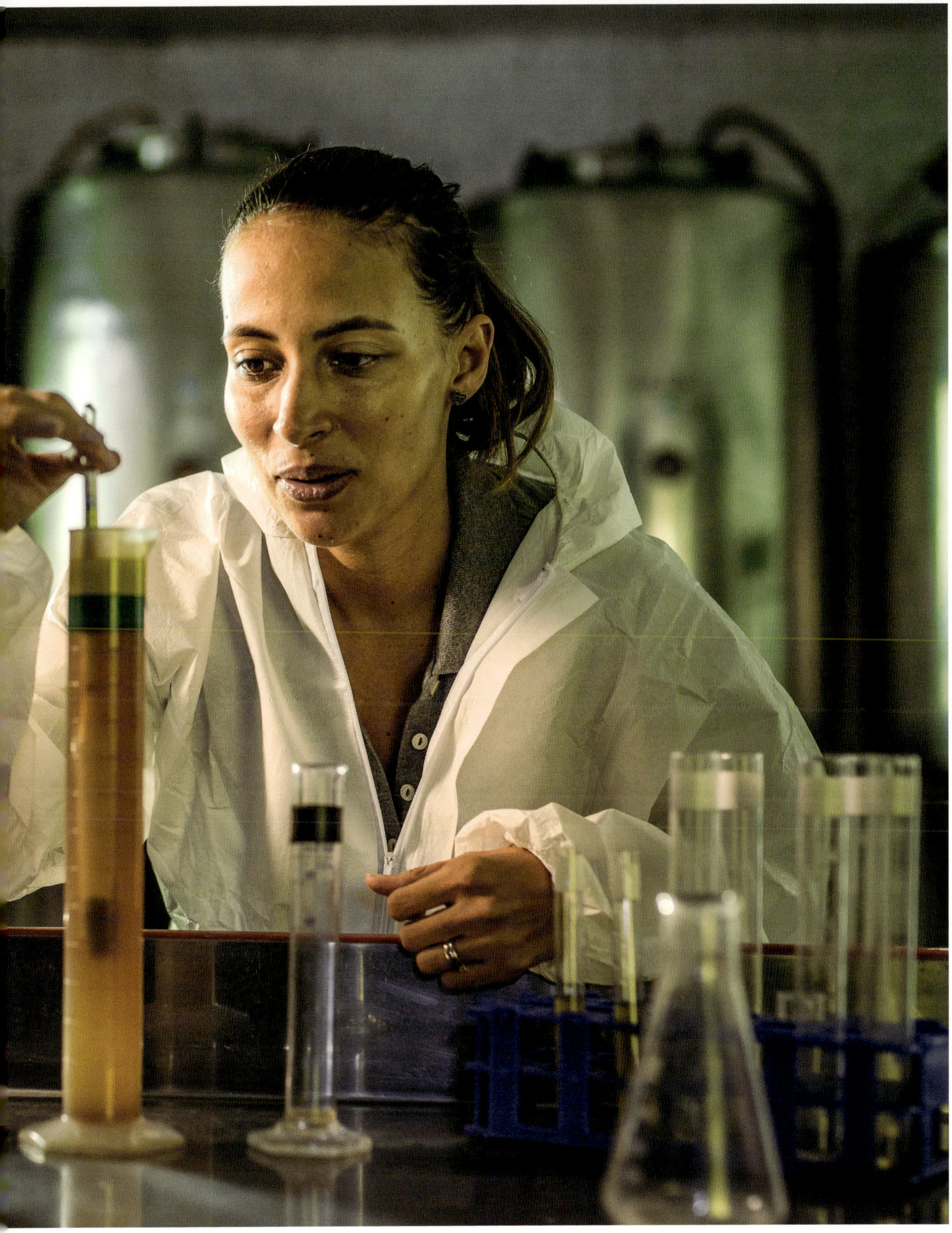

• Hojancha, es el cantón fuera del GAM con el mayor Índice de Progreso Social.

Andrea Leiva Saborío
Pérez Zeledón – Hojancha, 01/09/1985.

Ingeniera química, gestora ambiental de la Municipalidad de Hojancha, empresaria y valiente. Nació en Pérez Zeledón, pero hace 9 años migró a Hojancha con su pareja. En 2016 fundó Guanabeer, empresa productora de cerveza artesanal. Andrea es una mujer cervecera, con un negocio emergente que nació de la necesidad y las ganas, y ahora genera empleo y distribuye en diferentes zonas del país. "Las últimas palabras de mi abuelita fueron que nunca dejara de estudiar y que siempre le hiciera mucho caso a mis papas".

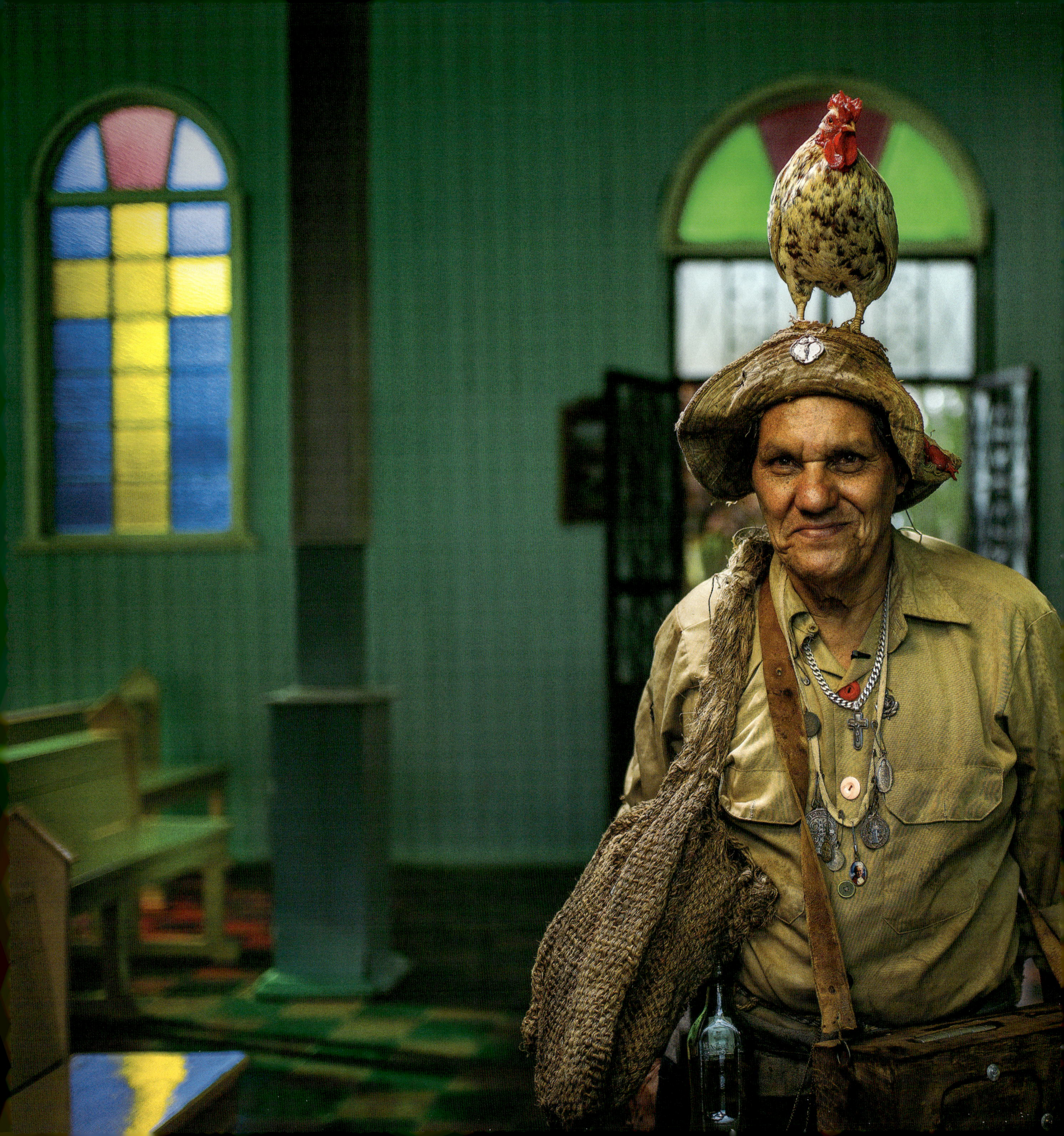

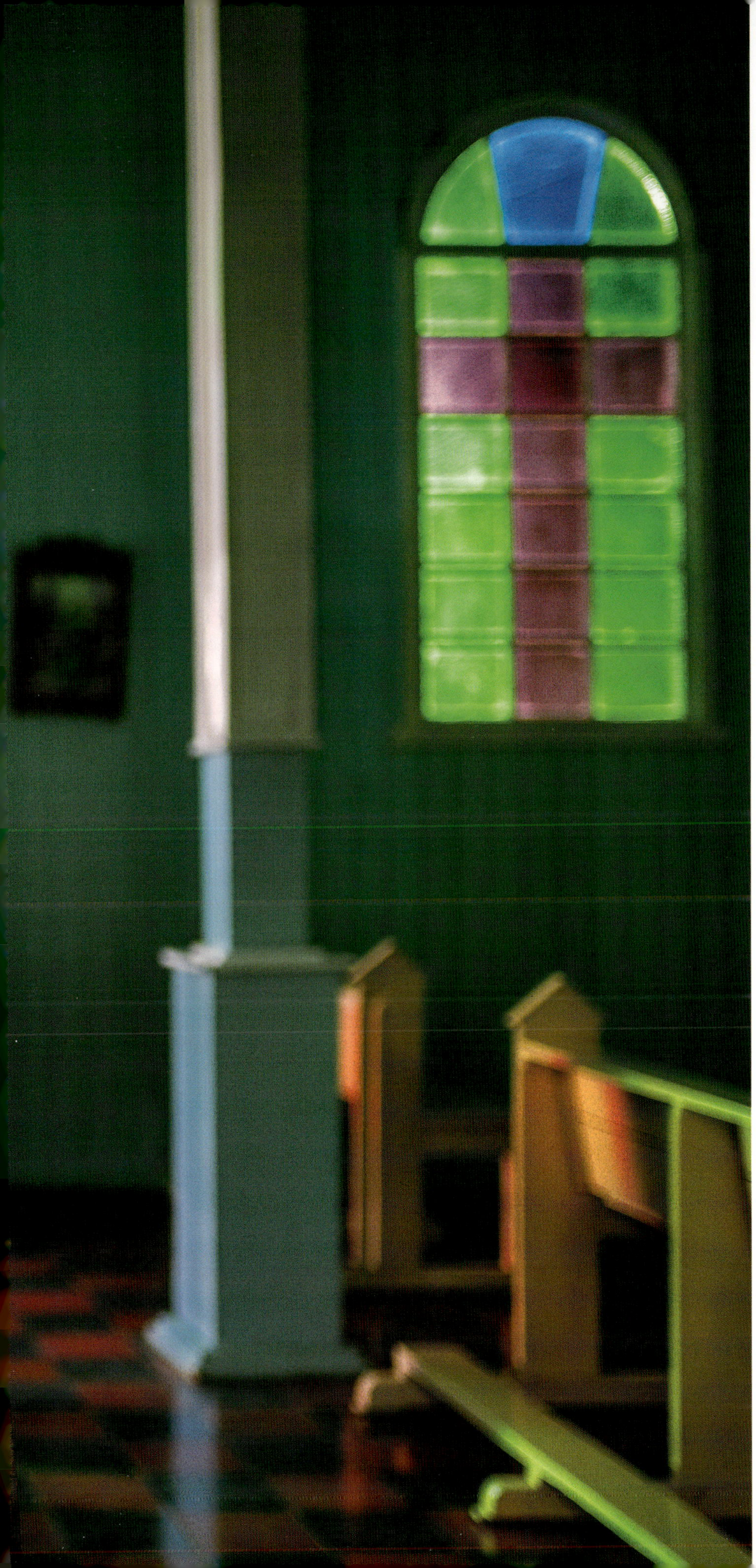

CON OJOS NUEVOS

Como buen campesino, Carlos creció en estrecha relación con las vacas. Tal vez más estrecha de la cuenta. "Chiquitillo fui muy enfermizo. Cuentan que empecé a caminar como a los tres años y medio". Para ese momento, el remedio de sus padecimientos llegó por la sabiduría ancestral de una conocida de su madre, quien sugirió un baño con el calostro de una vaca recién parida. "Me metieron en un tarro, me bañaron todo en ese calostro y dicen que a los dos días ya estaba caminando. ¡Qué Dios más bueno!".

Desde niño le tocó arrear ganado. Muy temprano, a veces bajo la lluvia y con el frío inclemente del San José de hace más de 50 años, realizaba la jornada sin abrigo y sin zapatos, pero con mucha astucia. Todos los días abría el portón del corral, levantaba a la primera vaca que estuviera echada para acostarse en su lugar y así aprovechar el calorcito que quedaba, en tanto esperaba que todas salieran. El castigo eran garrapatas por todo lado.

"EL VIEJO DE LA MONTAÑA"

Carlos Guadamuz Hidalgo
Brasil de Mora, 04/11/1949.

De niño, Carlos y sus hermanos dormían a la par de las vacas, pues su familia tenía muy pocos recursos. Le tocó comenzar a trabajar muy joven, en el campo. Siendo niño "se jaló una torta" inolvidable: por accidente quemó el rancho en el que vivía con su familia. Con mucho orgullo, es un "maicero". Se viste de campesino para ir a topes y fiestas patronales, y aunque su familia no lo apoya en esto, es una actividad que a él lo hace muy feliz.

Descalzo también hizo la Primera Comunión. Esa vez, mientras era encandilado por el brillo impecable de los zapatos del niño que desfilaba frente a él, la candela que llevaba en la mano se le empezó a derretir rápidamente. Entre la congoja y el reconocimiento inmediato de que la candela del niño al frente seguía intacta, tuvo que sentarse con una camisa chorreada de parafina, sin zapatos, una mano que, más que mano, tenía aspecto de candelabro viejo, y un bochorno difícil de digerir.

Su primer par de zapatos finalmente llegó una Navidad cuando tenía 12 años y como crecer en pobreza significaba compartir por obligación, el regalo no era solo para él, también era para su hermano. Esa noche salieron emocionados a portalear y en medio del olor a ciprés, aserrín y los papeles encerados característicos de la época. Cada vez que salían de una casa, se peleaban para ver quién los iba a llevar puestos a la próxima. La experiencia, las ampollas y la necesidad satisfecha cultivaron uno de los tantos recuerdos felices de Carlos.

Aún así, la vergüenza por lo que era, de dónde venía y lo que no tenía, se arraigó en lo más profundo de su alma.

En 1998, en vísperas del Carnaval de San José, a Don Carlos se le ocurrió construir una carroza y participar. En la plataforma de un camión replicó escenas de su infancia. Se vistió de lo que siempre fue; un campesino. Llevó una yegua sucia, se puso chonete, usó una camisa y un pantalón curtidos con arcilla roja y para completar el "disfraz", fue descalzo. Al llegar a La Sabana, fue interceptado por periodistas y fotógrafos que se pelearon por entrevistarlo y tomarle fotos. No podía creer lo que estaba viviendo. Ese fin de año obtuvo el segundo lugar de la competencia y salió en todos los periódicos.

Revivir su propia historia desde la percepción de quienes valoraron su ser más auténtico fue como una pomada sobre la herida que cargaba por tanto tiempo. Quedó tan desbordado de gratitud por los ojos que lo vieron como él nunca logró verse, que desde ese día no se pierde un carnaval o tope. Lo bautizaron "El Viejo de la Montaña", un personaje que le permite conectar con la gente, cosa que le llega al alma.

"A mí lo que me gusta es andar contando cómo es la vida de campesino y todas esas cosas"

Con el pasar de los años percibe diferente las circunstancias en las que creció. Dice que la pobreza no existe, que a veces la pobreza se la hacía él mismo. "Uno puede no tener dinero pero tiene alegría, tiene deseos de trabajar, de comer, y si no hay comida...se come una naranja"

Escritora: Valeria Murillo

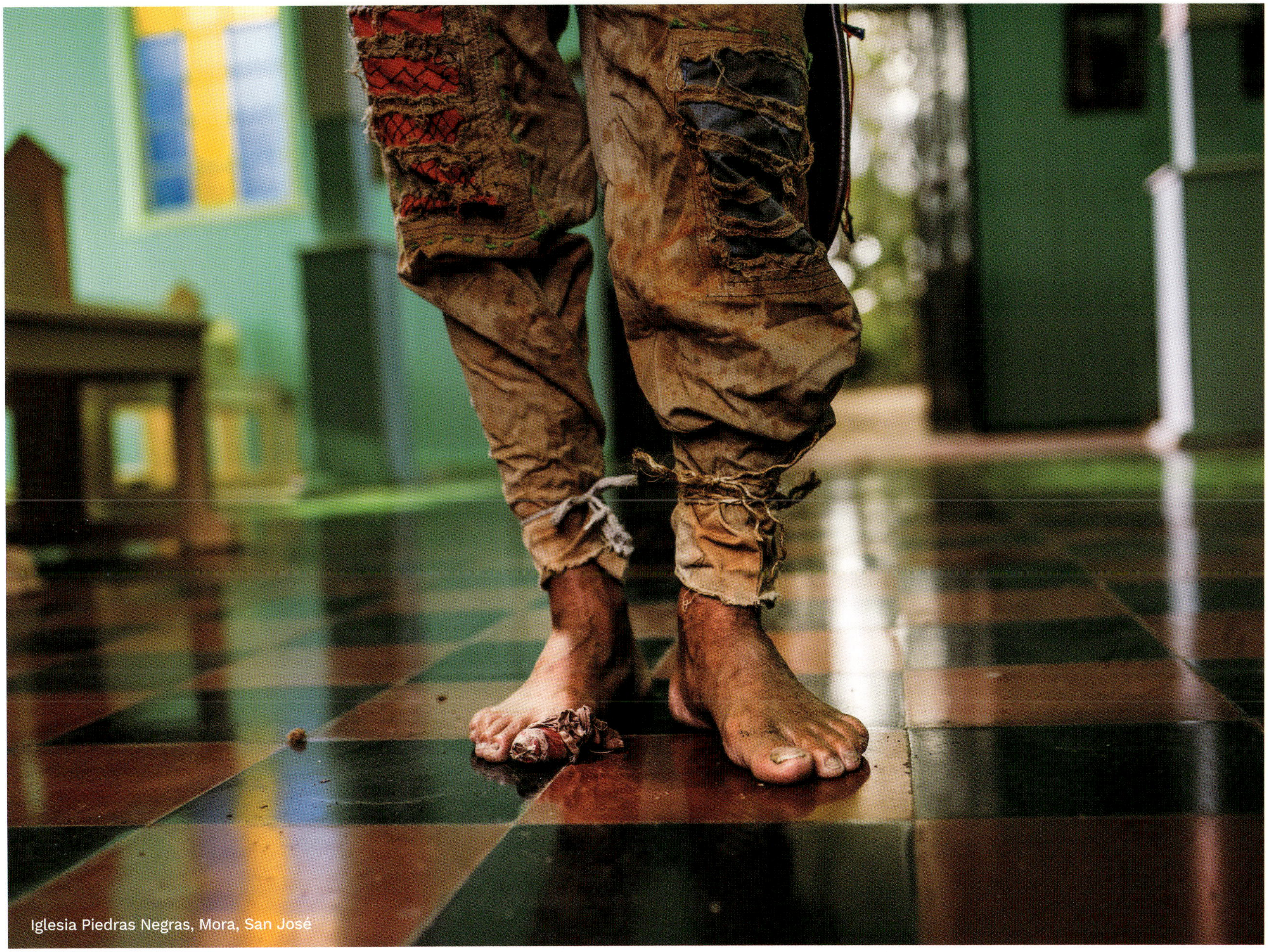

Iglesia Piedras Negras, Mora, San José

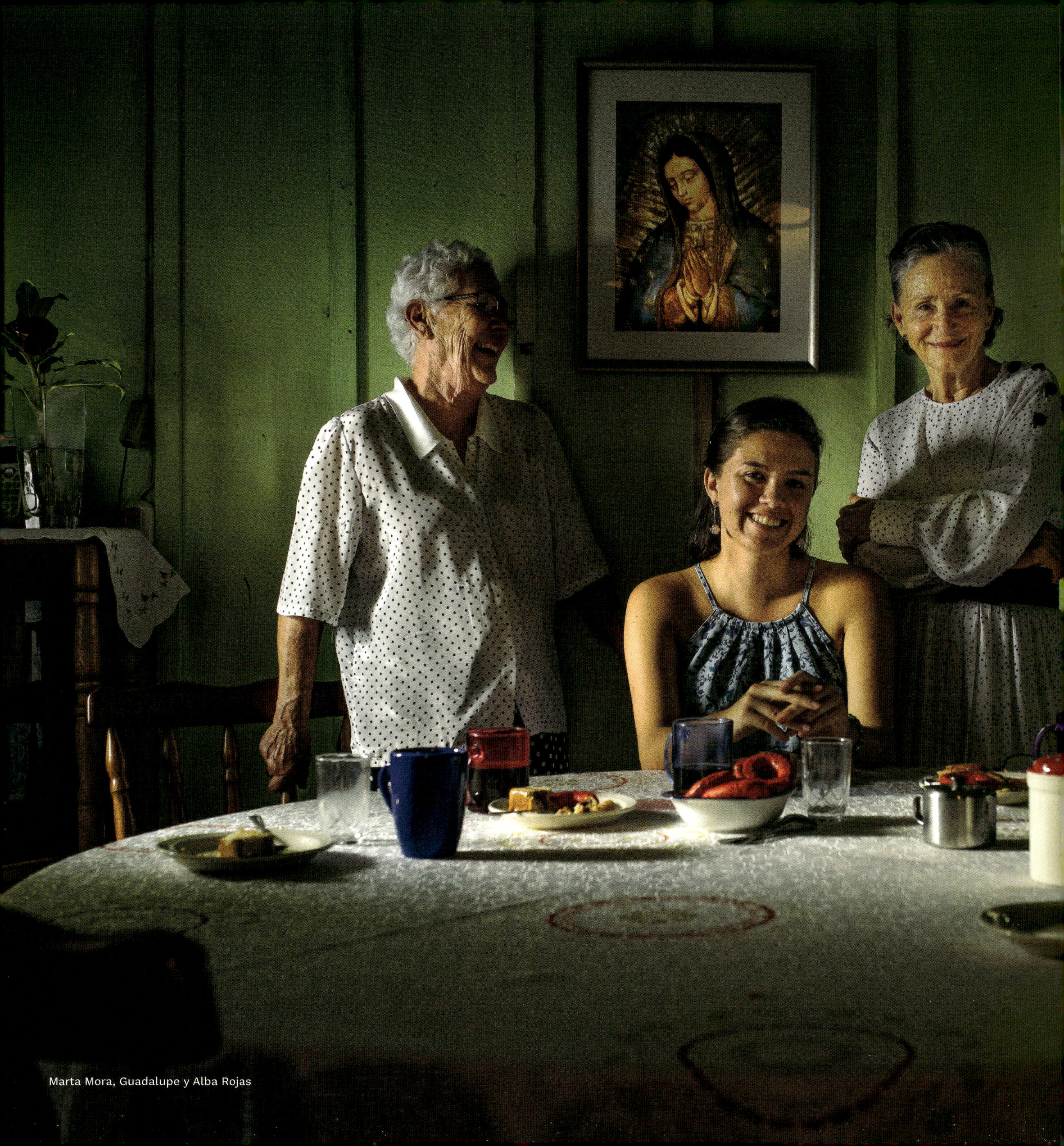

Marta Mora, Guadalupe y Alba Rojas

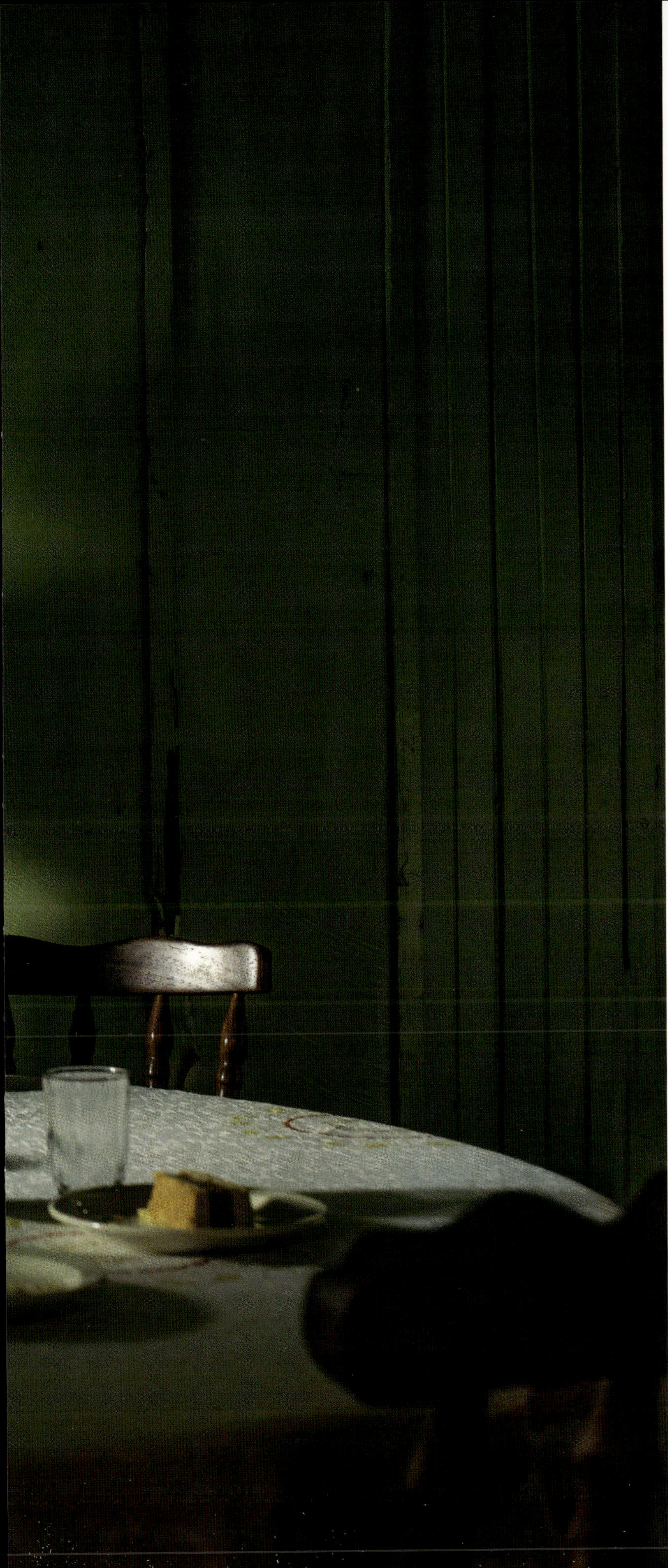

LA MANO DE GUADALUPE

Al salir de sala de operaciones, el diagnóstico de los doctores no fue para nada alentador. "Tiene la mano muerta, vamos a tener que amputar", le dijeron a su madre.

En el cuarto del hospital, mientras trataba de explicarle a Guadalupe, la chiquita no la dejaba hablar. Entre lágrimas, con apenas 4 años, no estaba dispuesta a quedarse sin su extremidad.

La amputación era la única opción que le daban luego de una mala praxis médica, tras un accidente en casa: a pesar de que su mamá le había advertido que no llevara ese plato de vidrio a la cocina, lo había dejado caer, y un fragmento de vidrio le cortó los tendones.

"¡No quiero que me corten la mano, mamá! ¡Se me va a curar!", gritaba desconsolada. La decisión para su mamá era muy dura. Con su poco conocimiento, debía confiar en el criterio de los médicos, que la amenazaban con hacerla firmar una liberación de responsabilidad para ellos, si decidía no cortarla.

GUADALUPE SABÍA DESDE UN INICIO QUE ESE DÍA IBA A LLEGAR

Guadalupe lloró tanto que su mamá terminó confiando en el instinto de su hija. Ante un posible desenlace fatal, ella sería la única responsable de no seguir el consejo médico. La niña volvió a casa con su mano enyesada, sostenida frente al pecho para impedir cualquier movimiento brusco.

La mano inmóvil trajo más consecuencias de las previstas. Las semanas pasaban y, poco a poco, sus amigos la fueron haciendo a un lado. Les daba miedo por la mano, no querían jugar con ella y preferían evitarla. Guadalupe se fue quedando sola.

Con la mano vendada y el ánimo caído pasaron ocho meses de terapia. La mano se mantenía inmóvil, inútil, exactamente igual que el primer día. En una ocasión, mientras oraba, le prometió a Dios que si le devolvía la movilidad iba a usar sus dos manos para servir.

Pero ella comenzó a cumplir su promesa desde antes. Primero participó en un grupo de modelaje infantil con fines caritativos, luego se alió a causas solidarias, con actividades para la comunidad y la escuela. Cuando había que ayudar en algo, ahí estaba Guadalupe ofreciéndose.

Un domingo, en la villa olímpica de Desamparados, la niña asistió con su mamá a una oración de sanación. El cura a cargo de la actividad llamó a los enfermos para que bajaran al área de la cancha. Guadalupe fue con ellos.

"Entre nosotros hay una niña cuya mano dejó de moverse desde hace ocho meses y está siendo sanada en este momento. La persona que la tiene a la par, dígale que mueva la mano", dijo el padre por el micrófono, para que se escuchara por todo el recinto. "Queremos que levante en este momento su mano izquierda", se escuchó por el altavoz.

Un señor corpulento montó a la niña sobre sus hombros, centenares de pares de ojos se dirigían hacia ella. Aquella mano ya se había acostumbrado a estar contra el pecho, en señal de protección, queriendo esconderse. Sin embargo, Guadalupe se atrevió a alzar poco a poco su brazo. "El cura dijo que la podía abrir entonces yo le creí".

Estiró la mano en lo alto y, de repente, sus dedos comenzaron a moverse. Poco a poco, cada uno se fue separando de aquel puño que tenía rato de no sentir un solo impulso. Los segundos se hicieron largos mientras los dedos se separaban.

Guadalupe sabía desde un inicio que ese día iba a llegar, su mano estaba viva de nuevo. En su barrio se volvió popular, incluso gente de otros pueblos llegaba preguntando para conocerla.
A sus 22 años cursa la carrera de trabajo social y dedica su vida a ayudar a adultos mayores, mujeres y niños.

Especialistas médicos le han ofrecido cremas para sanar su herida, pero ella prefiere que el recuerdo quede visible. "Para mí es como una especie de tatuaje, y en momentos difíciles lo veo y recuerdo que todo va a estar bien"

Escritor: Arturo Pardo

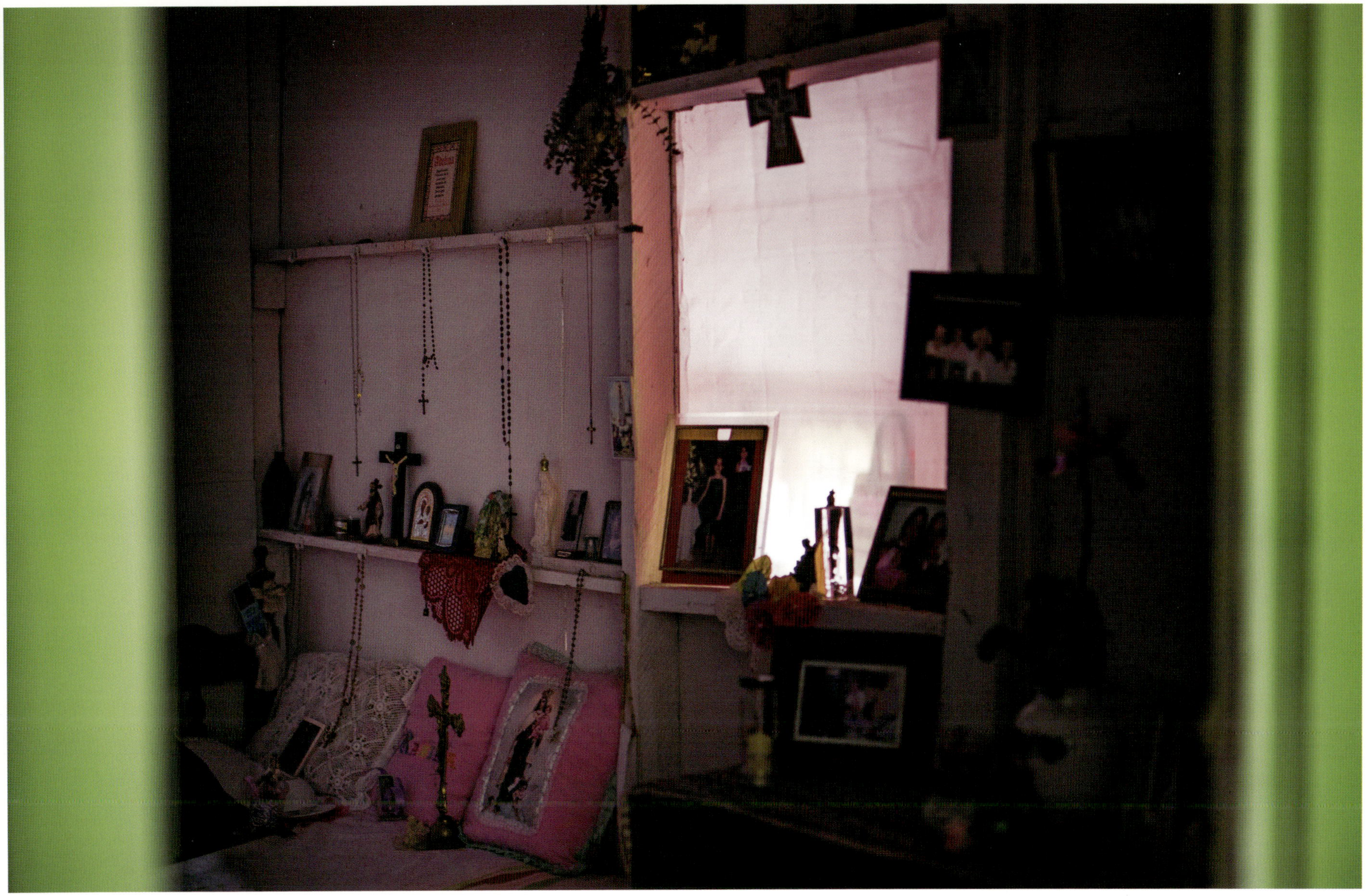

San Ramón, Alajuela.

Guadalupe Hernández Ramírez
San Ramón, 03/01/1997.

Guadalupe es una joven feminista, líder comunal y estudiante de Trabajo Social en la Universidad de Costa Rica. Es embajadora de Costa Rica en la Unión Global por la Democracia. Desde muy joven ha sido lideresa en la asociación de desarrollo comunal y en San Ramón es referente por su trabajo a nivel cantonal. Formó parte del Comité cantonal de la Persona Joven, y ha trabajado con niños, jóvenes, mujeres y adultos mayores desde diferentes organizaciones e instituciones. Hace un tiempo fue una de las organizadoras (y oradoras) de una Convención de Mujeres que tuvo a San Ramón como sede. Tiene un emprendimiento social llamado "Metamorfosis", en donde atiende a la población rural y mujeres. Cuando niña, sufrió un accidente que le cambió la vida: "mi promesa fue que mis dos manos fueran para servir, para ayudar a las demás personas". Y tiene en quién inspirarse, pues su mamá es una "hacedora", una mujer que toca puertas y trabaja para que las cosas pasen.

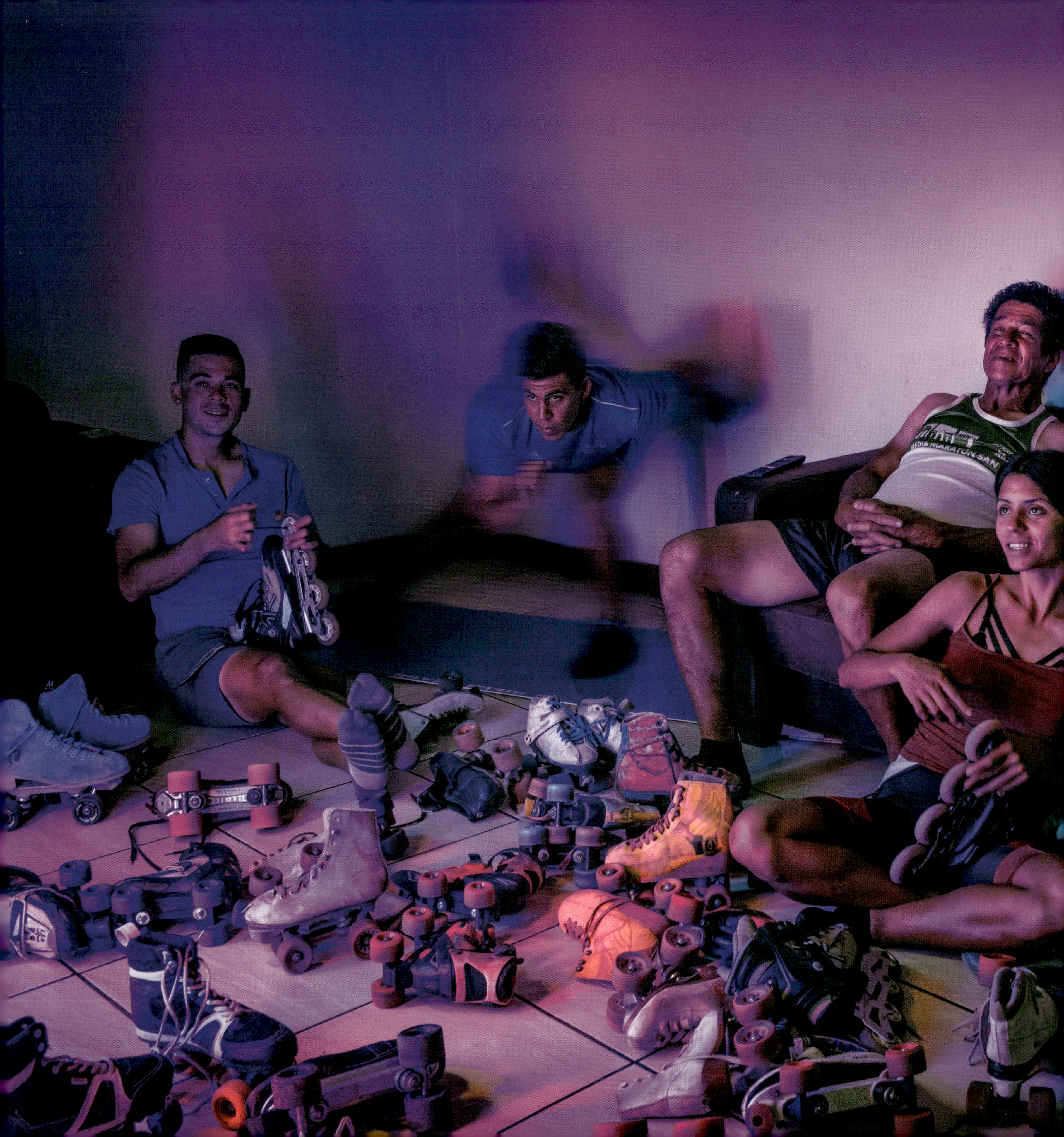

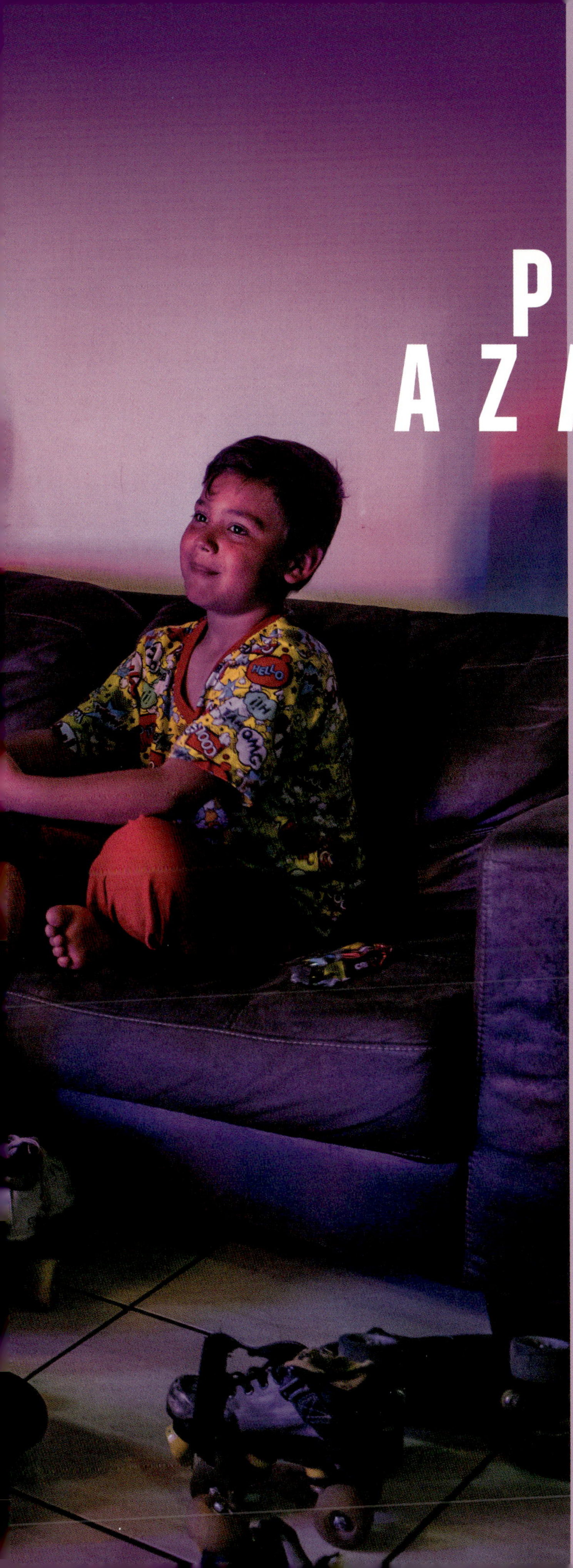

PATINES AZAROSOS

¡Oroooooo!!! ¡Medalla para Costa Rica!! ¡Siles con el Oro para los Ticos!!..... Guatemala, Centroamericano de Patinaje. Año 2019. El azar puede tener forma de todo. Esta historia es uno de tantos casos.

Hablamos de patinaje. El humano, ya aburrido de andar sobre sus piernas, decidió crear pies que avanzaran al son de ruedas cuyo resultado ha sido alcanzar velocidades no propias de personas comunes. Hay familias que viven de y para ello. Tal es el caso de los Siles.

Donde todo inicia. Década de los 70's ... *"Mae, después del cole, vamos a ir a patinar, ¿se apunta?". "¿A qué cosa?"*, respondió un muchacho aún con rasgos de niño y de reciente arribo a la ciudad de Alajuela. *"Diay mae, patinar". "Es que yo no sé ¿qué es eso?".* Estallido de burlas de adolescentes... *"Mae, ¿los guanacos no patinan?".* Tiempo después, aquellos que alguna vez le invitaron, se retiraron para siempre de esos carruajes rodadores. Don Enrique, en su versión prematura de adultez, muy al contrario, empezó a soñar en patines.

Al mismo tiempo, su papá soñaba con otro tipo de rueda, en este caso la de la fortuna. *"Vengan carajillos, nos vamos a sentar a ver La Rueda de la Fortuna. Condenado entero éste que lo activé y nada otra vez... ¿ustedes se imaginan, yo poniendo a rodar esa carambada?".* Mientras le habla a sus nietos, seres escurridizos impulsados por patines que se movilizan por doquier.... *¿"Abuelo, pero cuántos enteros ha activado ya?"... "Ay, mijito, ustedes no habían nacido y yo ya estaba en estas".* El destino también es azaroso y de eso el abuelo nada sabía aún. La vida no todo lo premia en el momento que lo queremos.

Una que no sabe nada de azares es la lluvia, que décadas después decidió ser plena en la metrópoli josefina. Año 2018, la familia Siles llevaba meses viendo como sus patines de alquiler en La Sabana se quedaban sin acompañantes para rodar. Tiempos difíciles.

Una oficina cualquiera en la ciudad de San José, *"Don Enrique, aquí está el enterito que siempre regala el patrón cada año. Buena suerte."*

Dos sueños, tres generaciones y un televisor. Todo en un mismo acto. Le llamaremos lotería y patinaje. Incoherente combinación, pareciera ser a primera vista.

"¿Enrique Siles?". "Sí, correcto". "Le hablamos de la Junta de Protección Social. Su entero de lotería ha salido favorecido, le esperamos en el siguiente programa de la Rueda de la Fortuna". La suerte no es buena o mala. Es para quien corresponda.

Set de televisión... *"Salimos al aire en 3, 2, 1".*
"¡Buenas tardes don Enrique! Bienvenido a la Rueda de la Fortuna. ¿Quién le acompaña dentro del público presente?" "Mi papá", indica un protagonista sonriente e ilusionado. El abuelo, sentado allí en su butaca era todo nervios, todo felicidad. *"Vamos con la Dadomanía"*, expone un presentador bastante barnizado en maquillaje y peinado con un copetín de laca propio del mundo del espectáculo.

Nuestro protagonista comenzó a tirar dados hasta sumar 18, un punto de dos vías infranqueables "Don Enrique", expone el presentador, *"¿Se queda con lo que tiene o tira? Último chance. Si saca el dado en 3 gana todo, mayor a eso, pierde todo. ¿Qué decide, caballero?"* La cara del abuelo decía a gritos ¡quédese!, el público también, pero es meritorio recordar que quien siempre ha tenido al azar de su lado es su hijo... *"Estoy listo, voy a lanzar. Voy por todo"*, dijo Enrique.

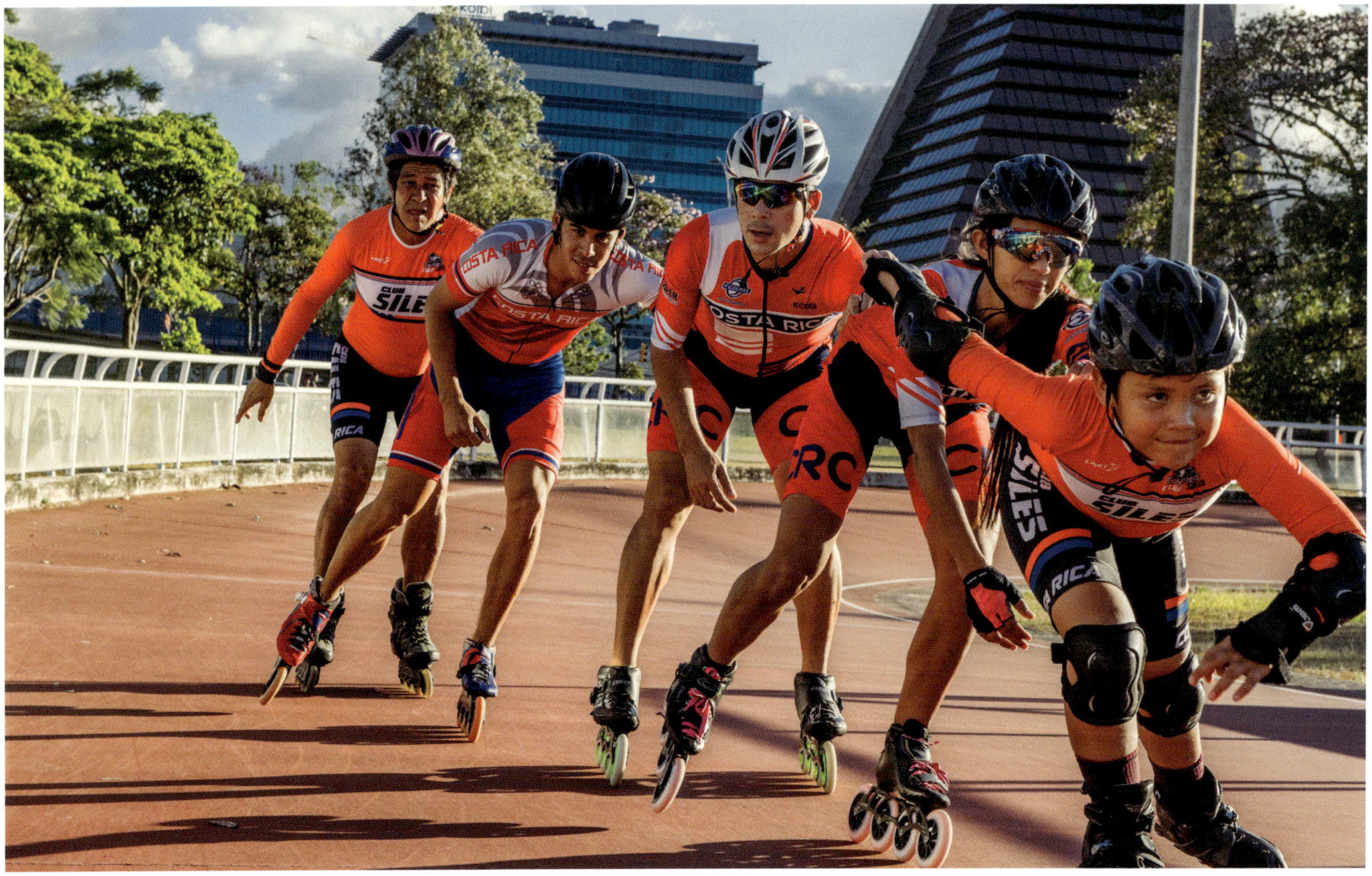

Parque La Sabana. Enrique, Byron y Joseph Siles, Yuliana Salazar y Jeicob.

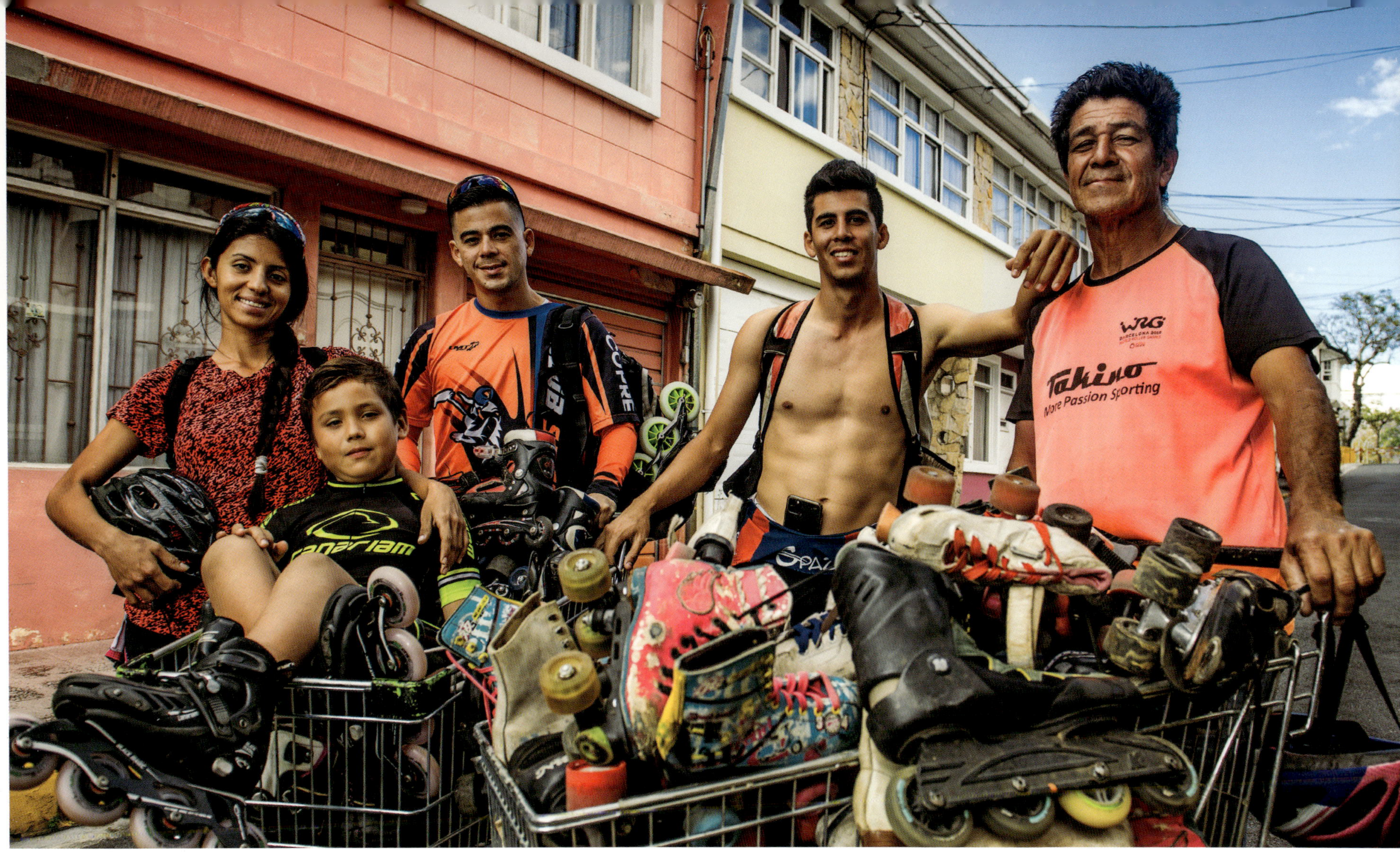

A unos cuantos kilómetros, un grupo de humanos utiliza la pista de patinaje como tubo de ensayo para la construcción de sus anhelos. *"Entrenador, mi padre en este momento está en televisión nacional, en vivo en la Rueda de la Fortuna", "¿Cómo dice?".* El entrenamiento se transformó en un apéndice del público por medio de la pantalla de un celular. Un padre a través de un dado tenía la posibilidad de enviar a su hijo a un centroamericano de patinaje... si tan solo el azar cooperase.

El dado comenzó a girar infinitamente y al iniciar su aterrizaje marcaba... 4, 3, 6, 2, 1....

Por un momento el mundo se detiene en ese descenso atropellado en forma de dado, cada golpeteo del mismo es pura incertidumbre... la expectativa del final de su locomoción hace que el auditorio se silencie por vez primera: 3. El dado decide ser 3 y la familia Siles celebra el premio mayor en la sonrisa del abuelo con sus ojos de cristal carcomido, en el abrazo impulsivamente frenético entre don Enrique y un presentador de televisión, en la sala de una casa que es testigo del regocijo familiar ante un televisor o en la algarabía de una selección de patinaje que celebra el triunfo ajeno como propio. Todo fue alegría en diferentes planos unidos por el azar. Resulta que el azar tiene el poder de unir almas que se aman, vaya sorpresa. El azar vestido en forma de patín. Así, impredecible.

Escritor: Fernando Alvarado

Familia Siles
Alajuela – La Sabana

Don Antonio Enrique Siles (59 años) es el padre de Joseph (33) y Byron (27). Todos son patinadores. Crecieron en Alajuela, desde donde viajaban para entrenar en la Sabana. Joseph comenzó a entrenar a los 6 años y Byron a los 3. Han sido campeones nacionales y centroamericanos, trabajan como entrenadores y alquilan patines. Los valores de la familia los resume muy bien Byron: "soy una persona muy positiva y sumamente disciplinada. Siempre estoy dispuesto a trabajar más para sobrepasar mis capacidades como deportista, además de estar agradecido y comprometido con el gran apoyo que he recibido". Sus logros son muchísimos. Yuliana pareja de Joseph, y su hijo Jeicob - también han sido campeones nacionales.

CUANDO ALGUIEN ENTRA TEMPRANO A TOMAR

—¿Y ese? —pregunta Nancy. Un hombre canoso se sienta en la barra, demasiado temprano para un martes. Tiene un bigote tupido que no parece moverse por más que ladee su sonrisa y un maletín rectangular más incómodo que grande.

—Tal vez está esperando a alguien —responde Giorgio, mientras anota en el cuaderno que tiene por sistema contable.

—¿A una mujer? Ese no se levanta nada— dice Nancy. Toma un trapito, se dirige a la barra y murmura entre dientes — A lo mucho, levanta sospechas.

—¿Qué le sirvo, amigo? – pregunta Nancy.
—Guaro solo, dice el canoso, apurado —Y ¿le puede subir al tele?, es que llevo un entero de los chances.

Giorgio se acerca a subir el volumen, sin dejar de ver el televisor. Cuando anuncian al ganador el tipo se guarda el entero haciendo un sonido salival:

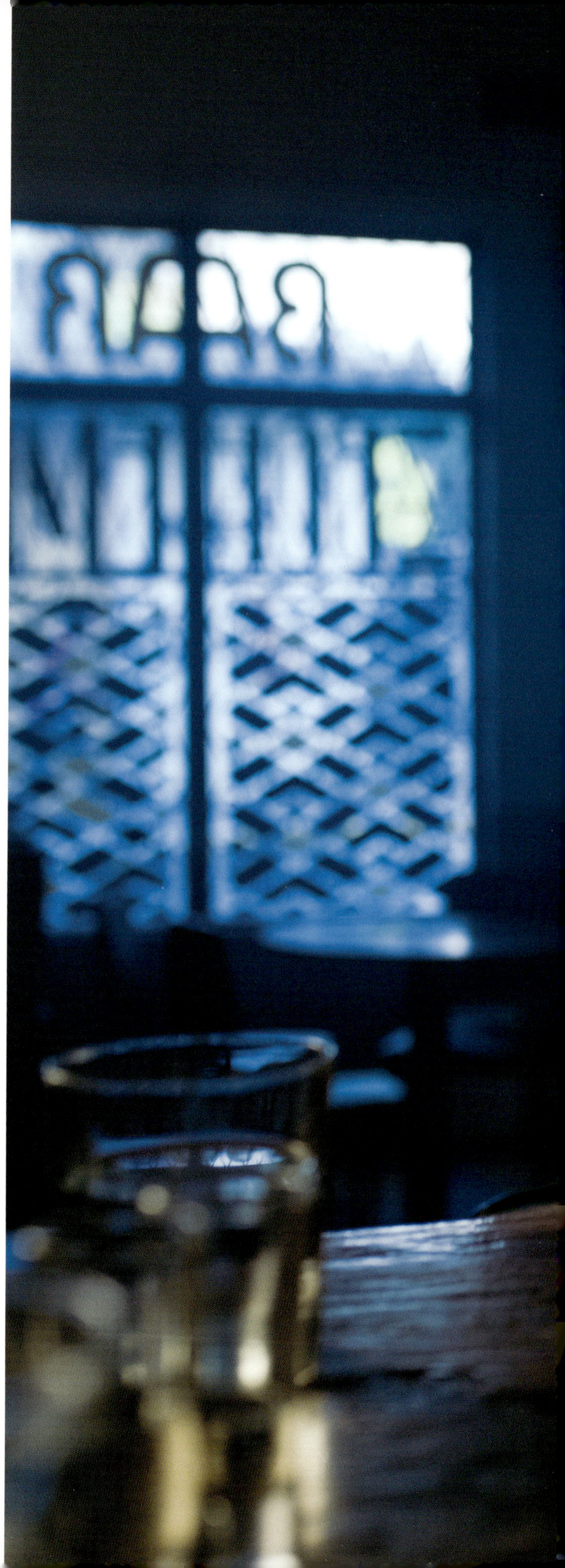

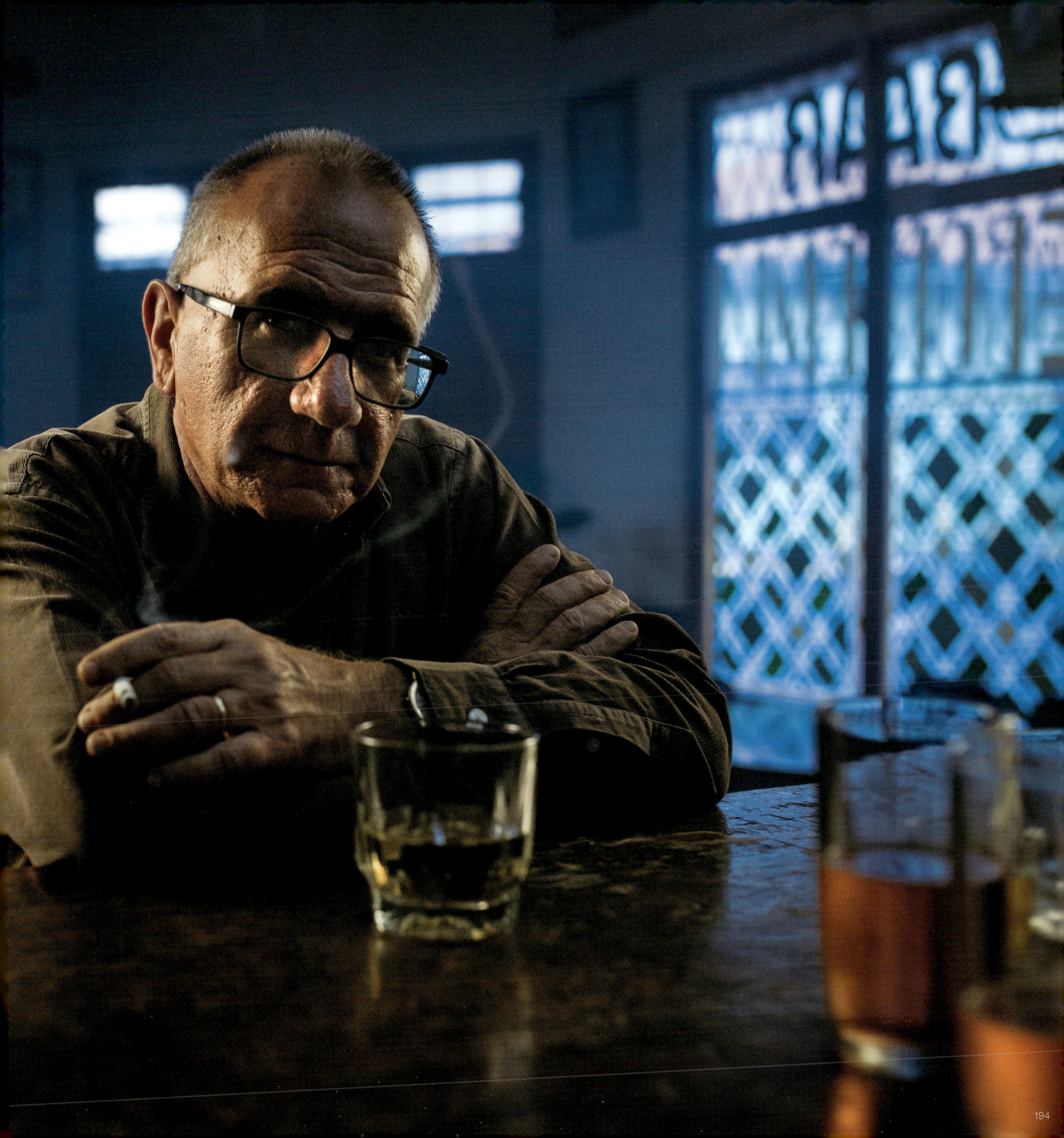

A LOS EXAGERADOS Y LOS MENTIROSOS ES FÁCIL LEERLOS

— Hmz, ni terminación pegué-, exclama.

—Es difícil pegar un sorteo, — dice Giorgio para congeniar —aquí nunca he visto que alguien pegue.

—No crea—, responde el canoso, —la vida es una tómbola, yo he visto de todo. Giorgio lo mira y asiente. El hombre se emociona al ver que tiene su atención.

— ¡De todo!, imagínese que una vez aquí en el puro centro de San José, hace ¿qué? hará unos... 40 años, nos topamos un elefante — cuenta eufórico, — una gente lo correteó de madrugada y lo arrinconaron por este bar... La Nueva Lira, yo estaba dentro cuando oí el desmadre, me metí un mecatazo y me le fui encima. ¡Viera, me le subí en el lomo y lo domamos hasta que llegó la Muni!

Giorgio le acerca el trago con hielo —¡Nom´bres!—, emite por instinto.

El hombre toma el vaso y sonríe nervioso. El entusiasmo se le disipa al primer sorbo. —Amigo, qué pena, pero ¿no tiene una chambita?, algo en lo que lo pueda ayudar- dice el canoso sin soltar el trago. Giorgio hace una pausa, lo ve a los ojos y sin decir una palabra niega con la cabeza.

—O bueno, vea, ando este cuadrito — el canoso saca un rectángulo del maletín, — bien tuanis, con este león y esta muchacha haciendo el amor, abajo esas piedras, Stonehenge, esa carambada. Se lo vendo. Giorgio continúa rechazándolo.

—O, vea, yo soy bien espabilado - dice el hombre levantándose del banco- yo creo que usted no es de aquí, le apuesto una esa botellas de colección a que le adivino la nacionalidad, yo conozco un güebilas que paga bien por esas. Si no pego, no me dé la botella, pero déjeme bretearle, le lavo las ventanas mañana.

Giorgio baja el volumen del tele—Ok, pero si no pega, mañana las lava — dice mientras lo inspecciona.

— ¡De fijo, patrón! Ok, así con esos rasgos y ademanes suyos, para mí que usted tiene ascendencia... alemana— dispara el hombre. Don Giorgio sonríe, asiente y le alcanza una botella vistosa.

El hombre la guarda en el maletín, mete el banco bajo la barra y le extiende el cuadro —Déjeselo hombre, se va a ver bien aquí, en una taberna alemana—y sale del bar sonriendo, sin pagar el trago.

El abuelo de Giorgio llegó a Costa Rica en 1927 desde Calabria, Italia, abrió el bar La Bohemia en 1936. El bar pasó por generaciones hasta que, en los ochenta, Giorgio ofició de cantinero titular, su familia abrió otros bares, como La Nueva Lira.

Nancy se acerca a la barra y le pregunta -¿Por qué se dejó ganar?

—No iba a venir mañana, además, esas botellas no valen un peso. Colgate este cuadro ahí, encima de la caja.

—¿Cómo sabe?- pregunta Nancy.

—Es fácil leer a un exagerado, lo que quería era un trago. — dice Giorgio.

—Claro, con ese cuento del elefante...— alega Nancy.

—Lo del elefante sí pasó – dice Giorgio-, yo lo vi aquella noche, se había escapado de un circo.

— ¿Y entonces?- pregunta Nancy.

Don Giorgio, mientras recoge el vaso que dejó el tipo, sentencia: — El Nueva Lira nunca ha abierto de madrugada.

Escritor: Luis Salazar

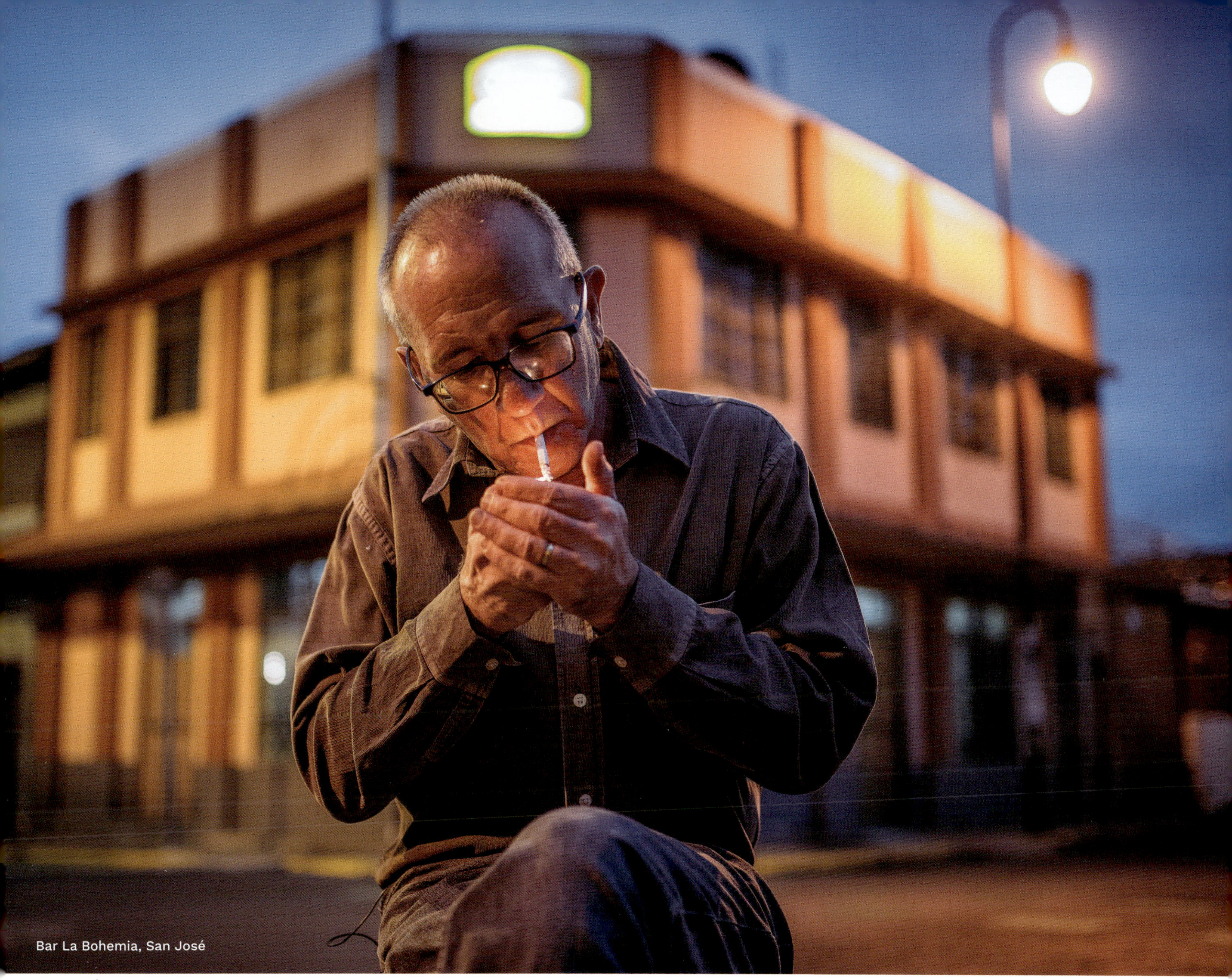

Bar La Bohemia, San José

Jorge Motta Aronne
San José, 21/11/1958.

Don Jorge es dueño de La Bohemia, una famosa cantina del centro de San José, de las pocas que todavía se conservan como antaño: con cantinero que conoce a sus clientes de nombre y trago, y una de esas pesadas barras de madera que ocupan el sitio protagónico del espacio. En los años que tiene de administrar este negocio familiar ha visto de todo: hasta presidentes han estado sentados en su barra tomándose una cerveza. Gracias al contacto con la gente ha desarrollado una habilidad especial para detectar mentiras, pues escucha tantas historias en la barra que ya sabe distinguir cuáles son reales, cuáles son exageraciones, y cuáles son "pura paja".

EL CAMINO DEL SABANERO

Vea, un sabanero es el que sabe ensillar, lazar, arrear ganado, empialar en trenza, chucarear... ¡No me diga que no sabe lo que es chucarear! La misma palabra lo dice: chu-ca-rear, o sea, agarrar un caballo y quitarle lo chúcaro, así, pero para eso hay que saber, hay que ser un sabanero... ¿Yo? ¡Qué va! Yo no soy sabanero, no todavía, me falta mucho. Sí sé unas cuantas cosas, pero todavía tengo mucho que aprender para, ahí sí, ya poder decirle a usted que soy un sabanero con todas las letras. Pero lo que a mí de verdad me gusta es el boyeo... Ah, ¿tampoco sabe lo que es ser boyero? Es el que le enseña a los bueyes como llevar la carreta, el que los prepara, con paciencia, poniéndoles el yugo primero un rato, luego más tiempo, hasta que se acostumbran, y luego enseñarles a jalar la carreta como si fueran uno solo, hasta que ellos aprenden que no tienen que adelantarse, o sea, que jalen parejo para que la carreta no se vaya de lado y ellos no se lastimen. Ese sí es un oficio lindísimo, porque cada boyero tiene su forma, sus palabras que les dice, sus silbidos y su manera de usar el chilillo para ayudarles sin lastimarlos. Cuando sea grande, más que sabanero, quiero ser boyero. Aunque vengo de una familia de sabaneros. Mi abuelo, ese era, bueno, dicen que fue uno de los mejores sabaneros que hubo. Un hombre hecho y derecho, vea: leal con sus compañeros, arrecho para todas las cosas del campo. Él sabía de todo y era valiente, pero no valiente como...

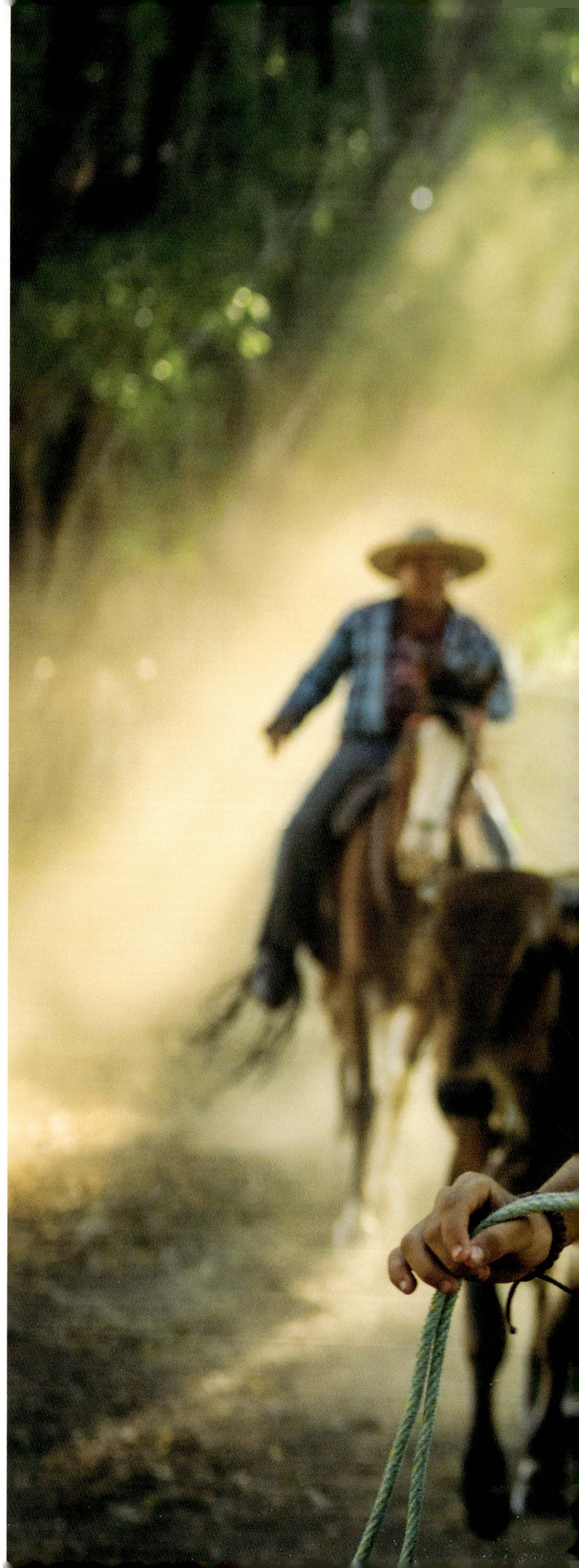

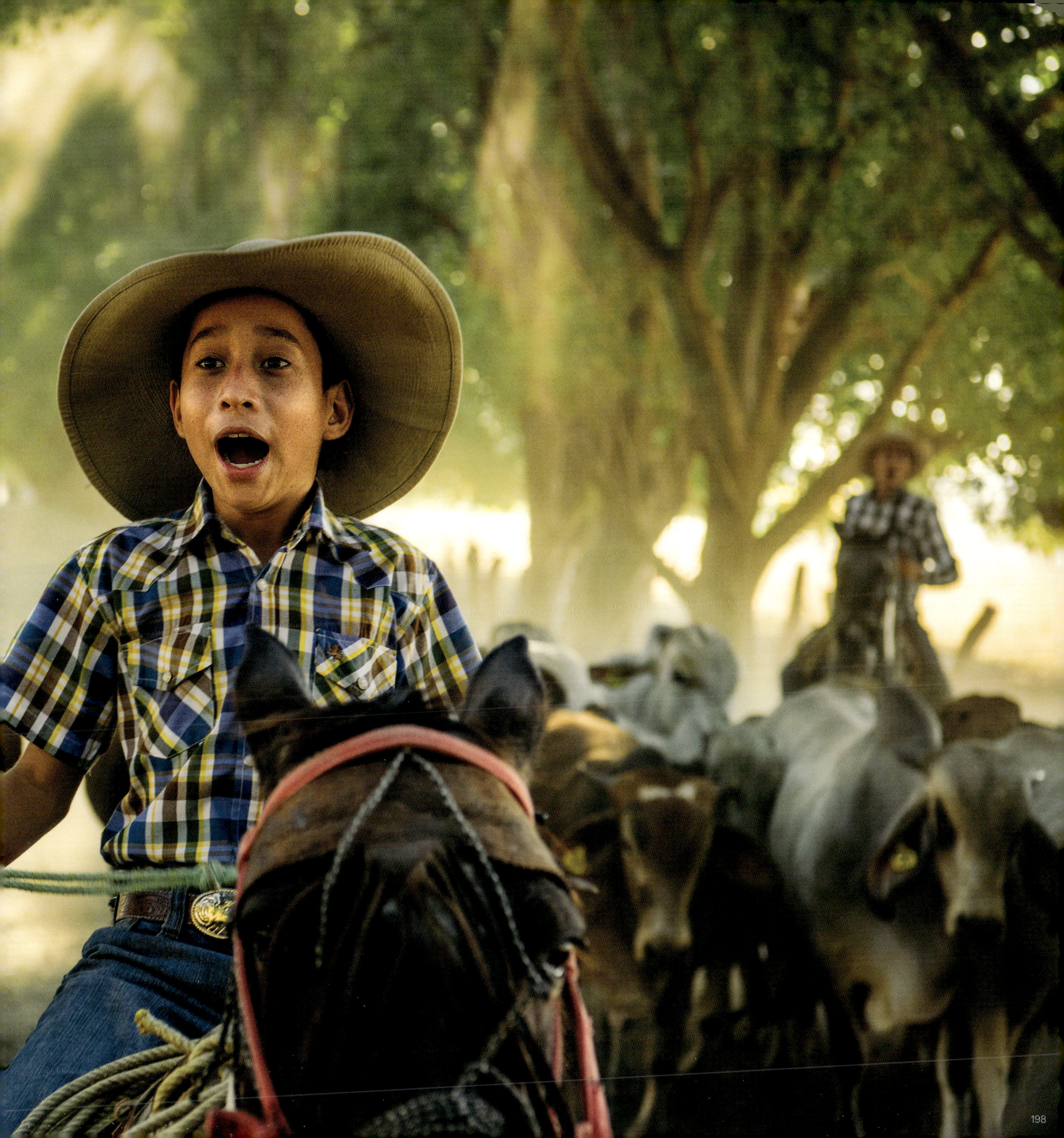

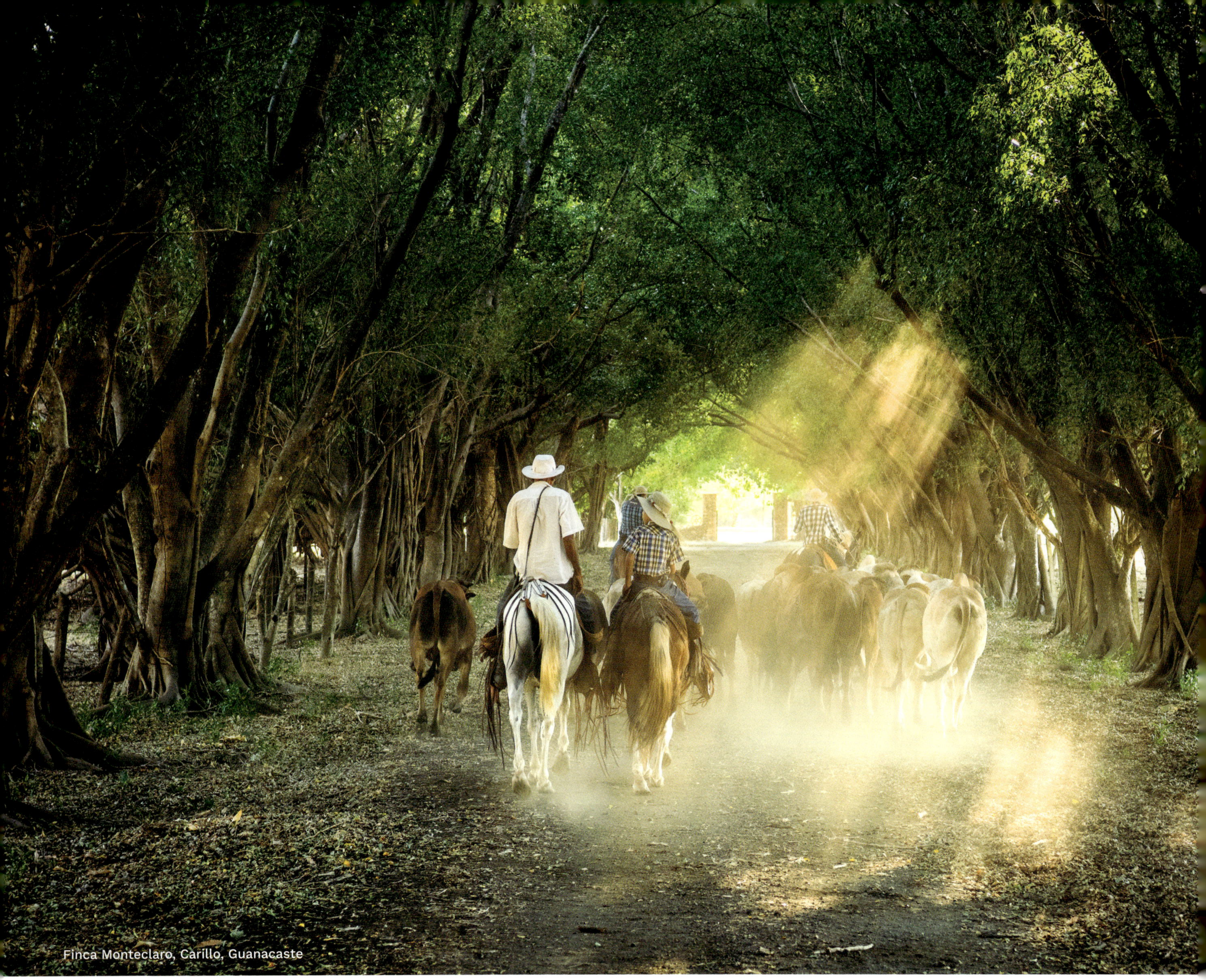

Finca Monteclaro, Carillo, Guanacaste

Antony Daniel Coronado Cortés
Liberia, 30/11/2008.

Nacido y criado en Liberia, Antony es el sabanero futuro, un joven representante de la tradición de su pueblo. A su corta edad ya sabe ensillar, lazar, arrear ganado, empelear (trenzar mecate) y chucarear (domar caballos). Es un niño educado, sencillo e inteligente, y trabaja duro y con gran entusiasmo aprendiendo de su tío Aquiles, con quien tiene una relación muy especial. Una noche, cabalgando sin luna, Antony iba pegadito a su tío para no asustarse, y Aquiles le dijo "sóquele porque aquí se le puede montar la mona encima". No se conforma con eso: algún día espera llegar a ser boyero, un trabajo que requiere de gran dedicación y esfuerzo, en el que se dedica la vida a amansar los novillos desde pequeños y se los acompaña en el proceso para que aprendan a caminar enyugados.

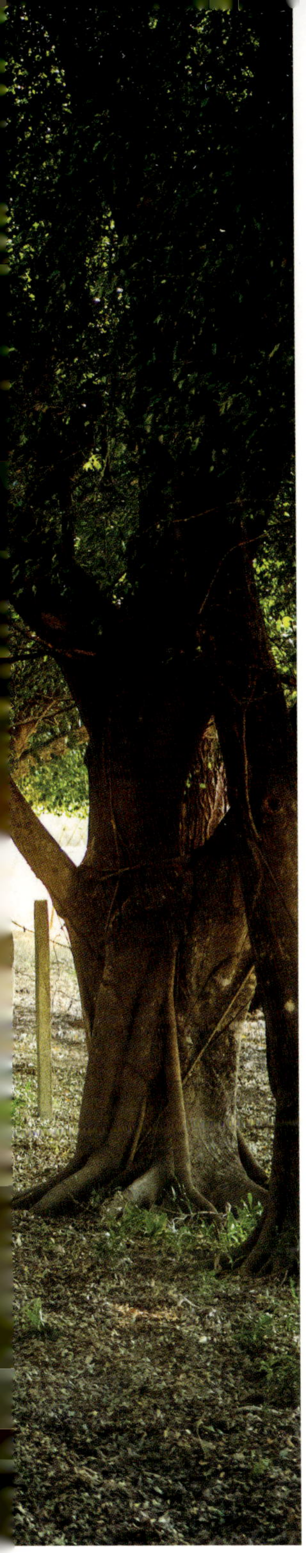

CON DECIRLE QUE GRACIAS A ÉL ACABÉ CONVERTIDO EN ESTRELLA DE TELEVISIÓN

¿Cómo le digo? Era valiente porque era bien hombre, de esos que no tienen que pegarle a nadie, y menos a una mujer, para probar que son muy hombres. Esos más bien no son hombres, ni son sabaneros, ni son nada. Mi papá le pegaba a mi mamá, siempre. Y yo tuve que verlo desde chiquito, hasta que un día, tenía yo como, no sé, ahora tengo doce, entonces tendría si acaso nueve años, y yo me paré y le dije usted no es hombre ni nada y le lancé una botella, y a mi mamá Dios me perdone también le dije: si seguís de bruta con ese hombre yo me voy, y entonces ella yo no sé qué hizo pero se armó de valor y lo sacó de la casa, y entonces yo le dije a ese señor que yo llamaba papá sabe qué, no me vuelva a buscar porque lo demando. Y él se fue y otras veces lo he visto por ahí borracho, pero mi mamá ahora está mejor. Al principio a mí no me gustaba el nuevo esposo de ella. Él se acercaba a hablarme y yo lo trataba mal. Pero luego una tía me habló y me dijo Antony, mirá que ese hombre es bueno y trata bien a tu mamá, dale un chance y verás. Y así lo hice. Un día nos fuimos a andar por ahí, y vi que él era pura vida y que sí nos quería y desde entonces nos llevamos bien. Yo ahora le digo papi, y se lo digo con gusto, porque el sí es un papá, no como el otro señor que Dios lo perdone, porque yo no. Por eso no me gusta hablar de él, pero sí me gusta hablar de mi nuevo papá y de mi tío Aquiles que... ese es un sabanero de verdad, valiente y derecho. Con él hemos salido a cabalgar hasta que se hace de noche y uno no se ve ni la palma de la mano. Con el tío no me da miedo nada. Con decirle que gracias a él acabé convertido en estrella de televisión, porque una vez alguien subió un video mío a *YouTube* diciendo una retahíla, y la vio Max Barberena, que llamó a mi tío para ver si yo quería ir hasta Zapote a decir una retahíla en televisión. Y el tío Aquiles se ofreció a llevarme, así acabé diciendo no una sino dos retahílas en televisión, frente a más de dos mil personas, para un fin de año. Viera lo que fue eso. Inolvidable. La segunda se la dediqué a Marcela Negrini y todo, y luego acá todos me vacilaron porque decían que hasta me había echado una novia por allá. Por cierto que no, porque yo le soy fiel a mi novia, la de acá, y la trato bien, porque así somos los hombres de verdad.

Escritor: Jaime Gamboa

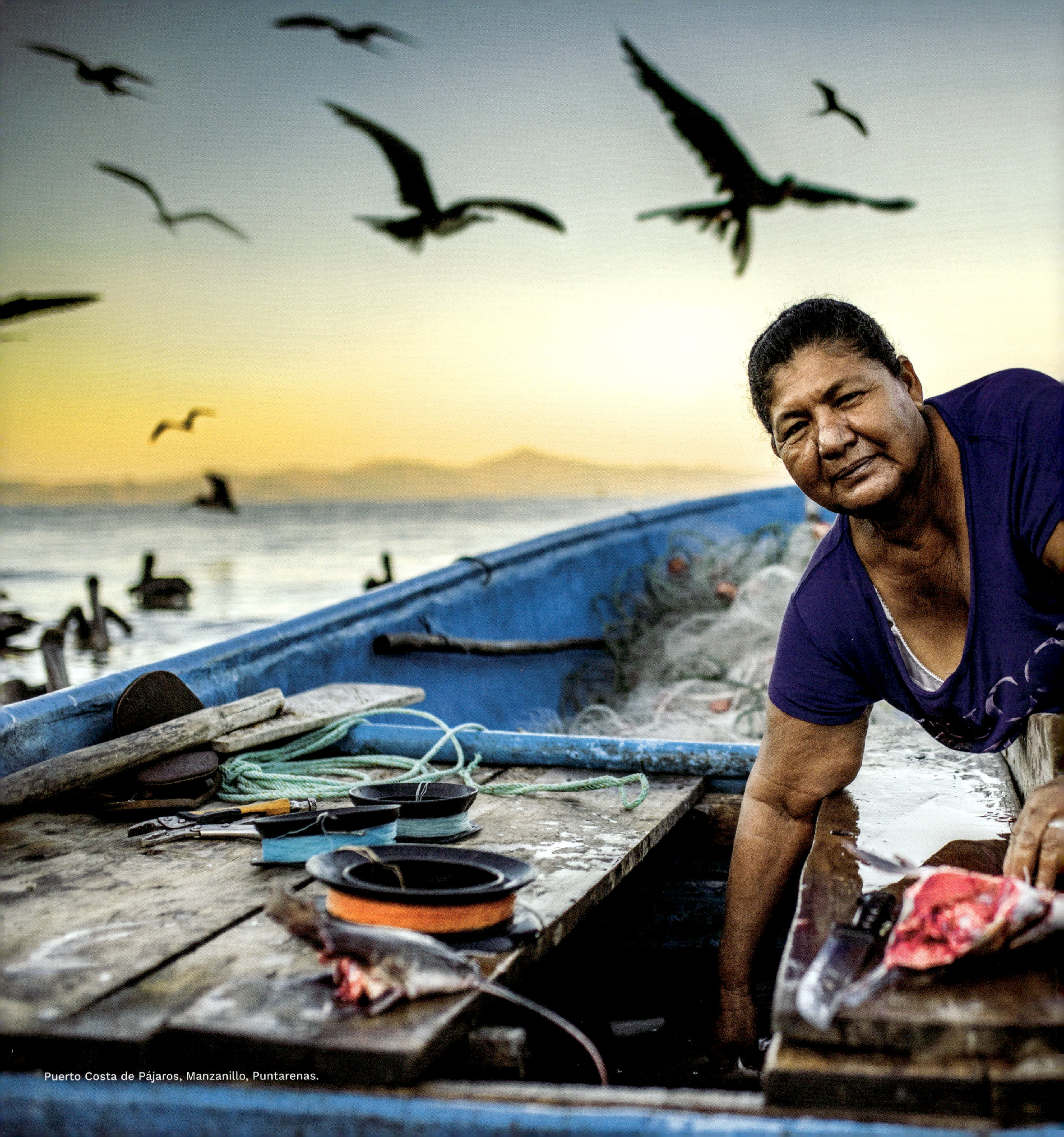

Puerto Costa de Pájaros, Manzanillo, Puntarenas.

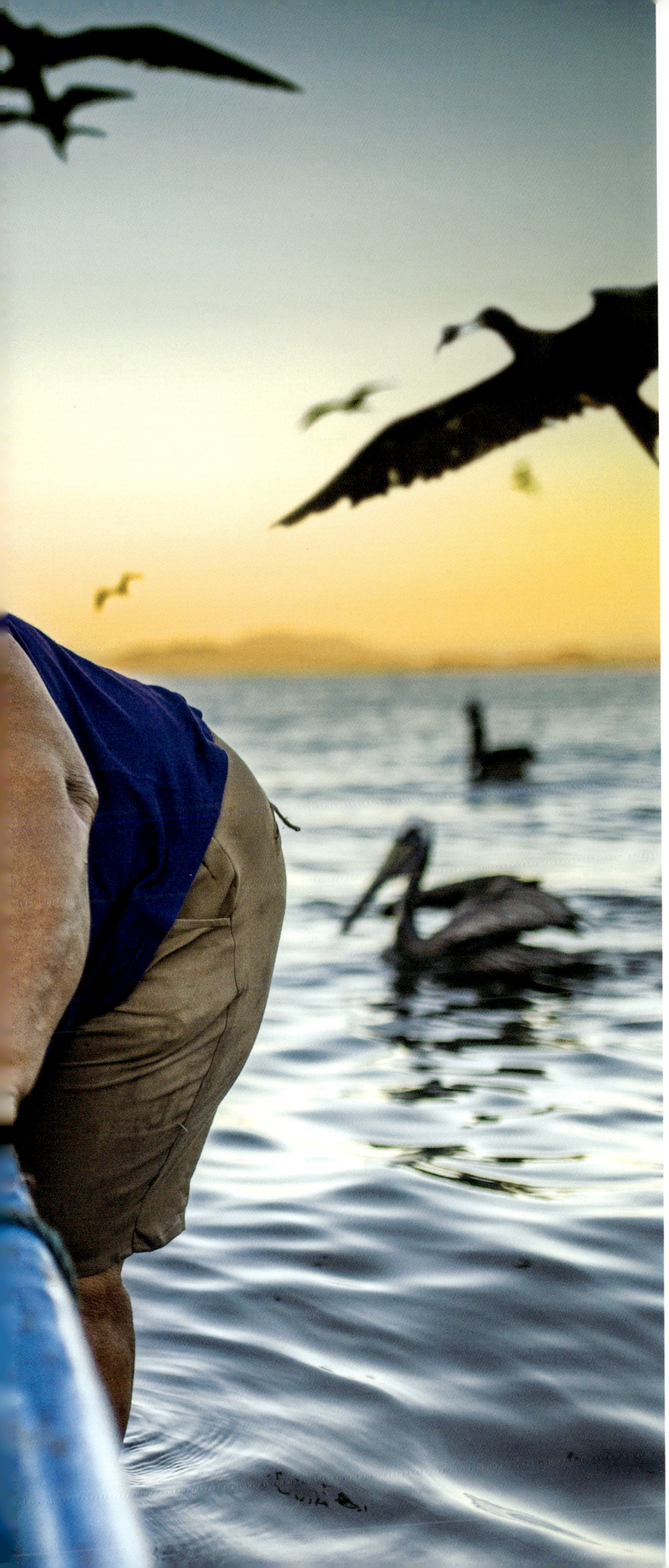

SABER A-MAR

- Tía, ¿usted sabe nadar?

El bote empezó a llenarse da agua y los tumbos lo zarandeaban con furia. Cuando la boya y el plomo se fueron por una hendija, Estebana supo que se hundirían.

No le tenía miedo al mar. Cuando echó la red, el trasmallo se enredó en unas rocas y no pudieron soltarlo ni con la ayuda de unos pescadores que pasaron por ahí. Y ahora esto. Pensaba en sus dos güilas que la esperaban en casa, y en su hermano, que contaba con que ella le llevara de vuelta, sanos y salvos, a su hijo y el bote. Tenían que volver.

En unos minutos, la embarcación desapareció en el vientre oscuro del Golfo de Nicoya, y ella nadaba y rezaba con todas sus fuerzas, sin soltar al chiquillo. Le dijo que se abrazara a un pedazo de madera, mientras lo remolcaba hacia la isla, con la esperanza de que alguien los rescatara. Una eternidad después vio una lancha a lo lejos. El mar seguía furioso; ella alzaba los agotados brazos y gritaba, las olas le golpeaban la cara. ¿Y si no nos ven? Aquellas aguas bravías que la parieron 16 años antes parecían querer engullirla.

Finalmente los vieron y los rescataron. Apenas puso un pie en tierra, Estebana corrió a abrazar a sus hijitos, lloró y lloró y su llanto llegó como riachuelo hasta el océano. Ese día, el mar y ella sellaron una tregua. Los meses siguientes los dedicó a trabajar para hacerse de su propio bote y su equipo de pesca.

Para incontables generaciones de mujeres de bronce, como Estebana y como la princesa Chira - la primera habitante de la isla según una leyenda chorotega -, el mundo mide 43 km2 de tierra y 2500 km2 de agua. Allí pescan, sufren y aman. "Si uno cae, con más fuerza se levanta, por la gracia de mi Señor Jesucristo", que es quien les ha dado fortaleza cada día a Estebana y a sus 6 hijos. Todos ellos son del mismo hombre, que se casó con otra y nunca vivió con ella, pero le dio 29 años de abuso y maltrato. Sola sacó adelante a los güilas, les dio educación y les enseñó su oficio. Cuando al mayor le hicieron un trasplante de riñón, ella dijo "hasta aquí", y rompió para siempre con su abusador.

Después conoció a Jesús.

Son el uno para el otro. Ella lo supo antes que él y lo fue a buscar a su casa. "Se lo pedí a su mamá, le pedí que me diera entrada para visitarlo". Lo sentó en su regazo amplio y generoso y le dijo "Papi, yo te voy a cuidar, mi amor". Poco tiempo después le avisaron que él estaba en el hospital; el caballo lo botó y se lesionó dos vértebras. Lo cuidó durante dos meses. Se casaron.

Jesús Peralta también es chirense. Juntos salen a trasmallar, a linear, a recoger almejas, pianguas y choras; crían cerdos y pollos para Navidad. Él la ama con un solo pulmón, porque perdió el otro en un accidente de trabajo. "Me apoya en todo y yo a él. Ahí vamos, de la mano, siempre para adelante. Si hoy no salieron bien las cosas, tal vez mañana nos salen bien". En la flor de la madurez, él le enseñó a amar y a amarse a sí misma. Ella, que sentía que no valía nada, que no había tenido nunca quién la quisiera, con Jesús se sintió amada "sólo por el motivo de que era una mujer".

A sus 56 años, Estebana Pérez ve "la vida muy lindo". Su carcajada sonora se alza por encima del canto de los pájaros del bosque tropical seco y del silbido del refrescante viento salino. A lo lejos, el mar se rinde a los pies de Chira y le ofrece cada día su cosecha de pescado y moluscos.

Escritora: Abril Gordienko

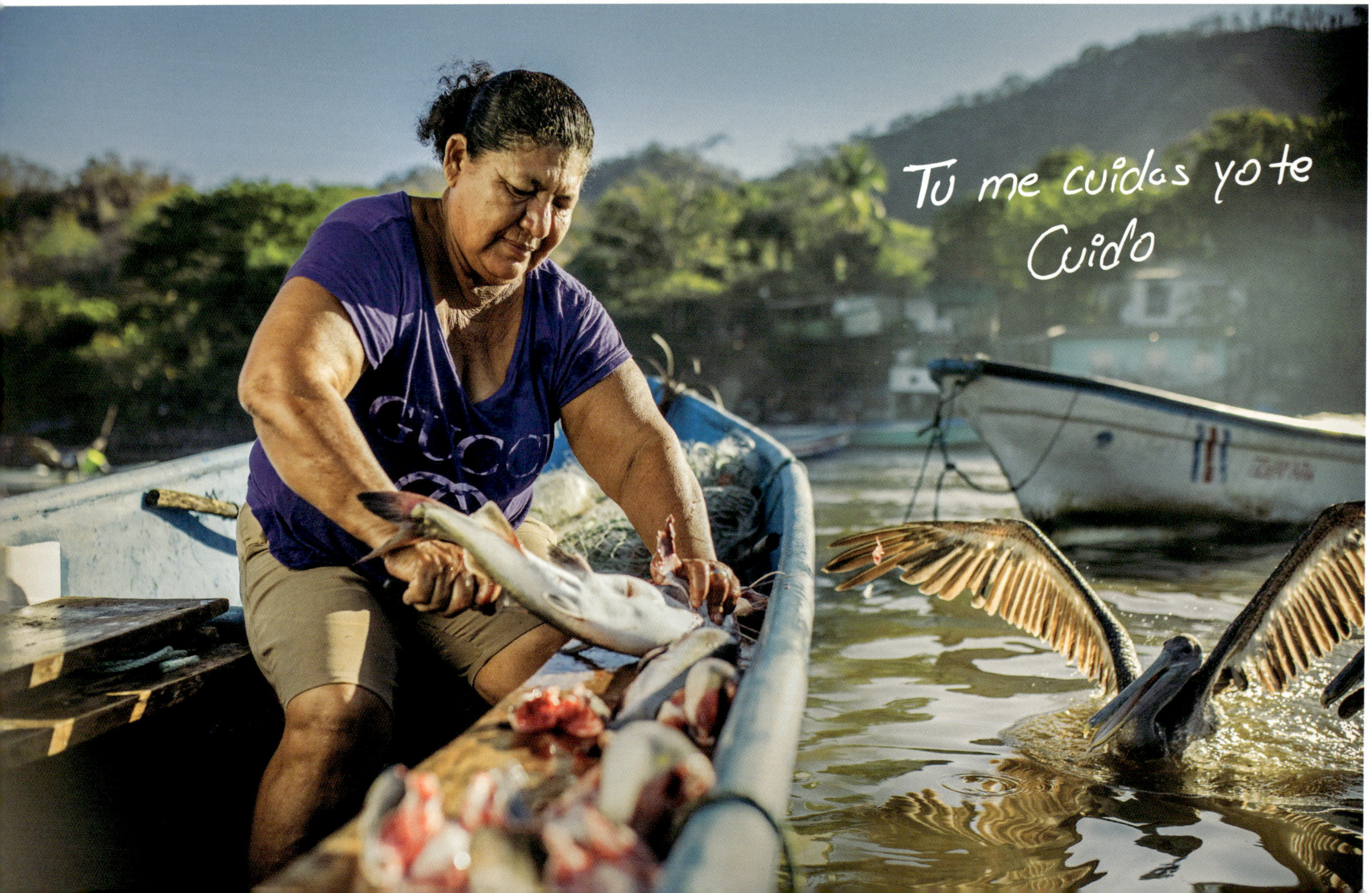

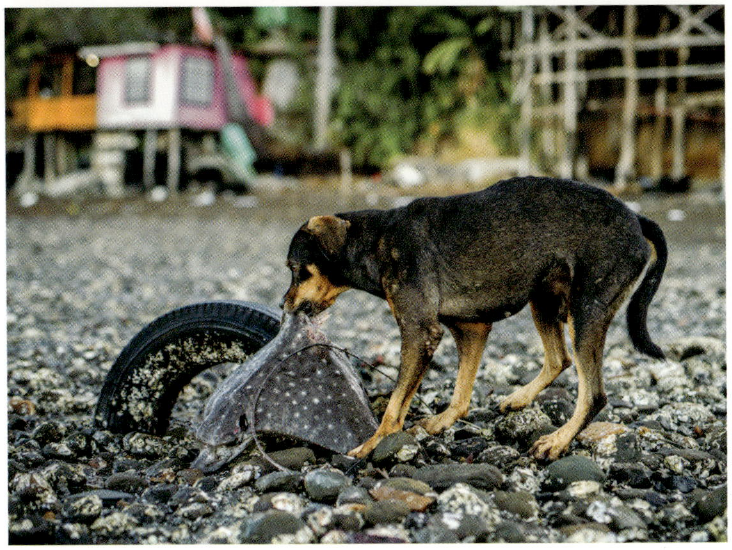

Puerto Costa de Pájaros, Manzanillo, Puntarenas

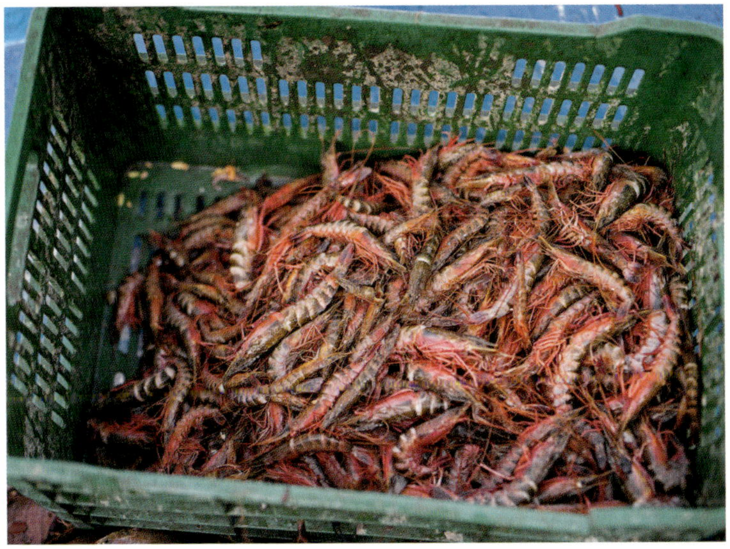

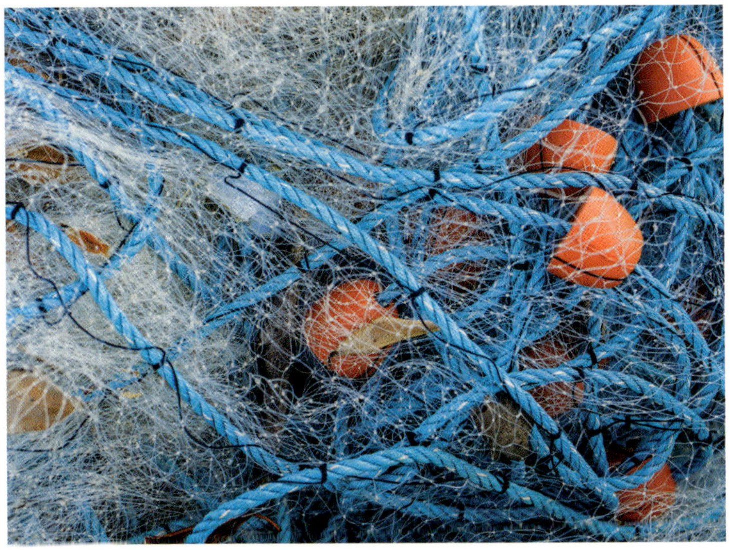

• En Costa Rica unas 10 mil personas son pescadoras, ellas y sus familias viven de ello.

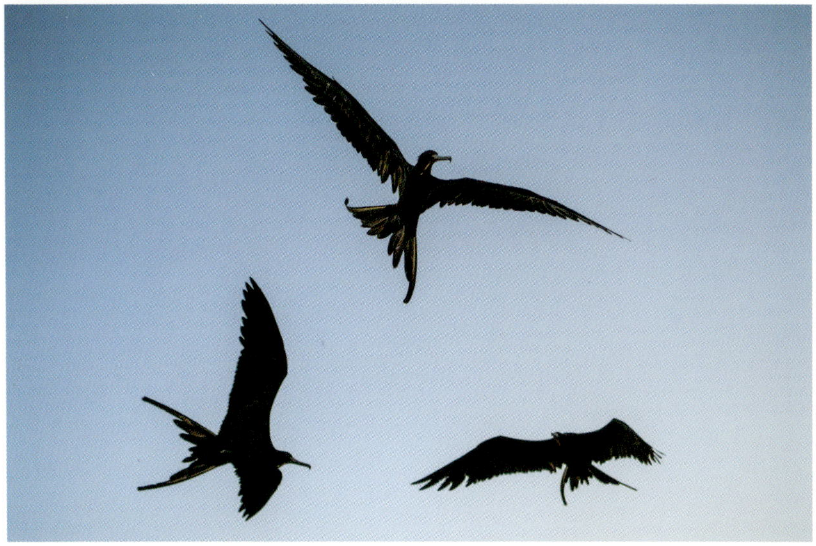

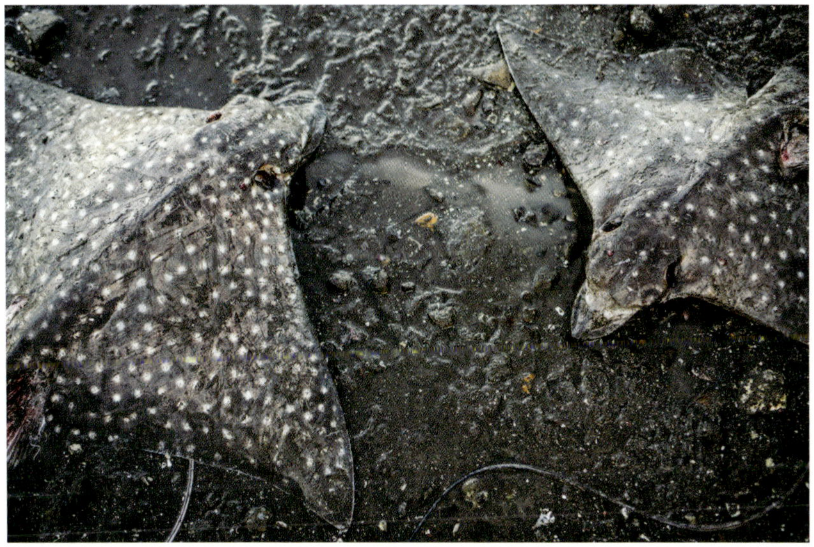

Estebana Pérez Martínez
Golfo de Nicoya, 30/12/1963.

Estebana es pescadora artesanal. Nació y ha vivido su vida entera en Isla de Chira, en donde esta actividad es llevada a cabo de manera sostenible por muchas mujeres. Su papá le enseñó el oficio de pequeña, y a esto se ha dedicado desde siempre. Madre soltera de seis hijos (Marlon, Elizabeth, Cristofer, Carol, Ana Lujeidi y Vladimir), trabajó durísimo para sacarlos a todos adelante. "Siempre cogí valor para salir adelante, cae uno, pero con más fuerzas se levanta para seguir: yo no miro para atrás, para adelante siempre". Y Estebana sabe de lo que habla, porque en su vida nada ha sido fácil. Así mismo es la pesca: algunos días sí, otros no, por más duro que se trabaje, el que decide es el mar. Hace seis años se casó con Jesús, su actual pareja, y entre los dos se cuidan para seguir avanzando. Caminan por el pueblo de la mano. De él, Estébana dice "Conocí el amor ya de vieja, él me enseñó que a uno lo pueden querer simplemente como uno es".

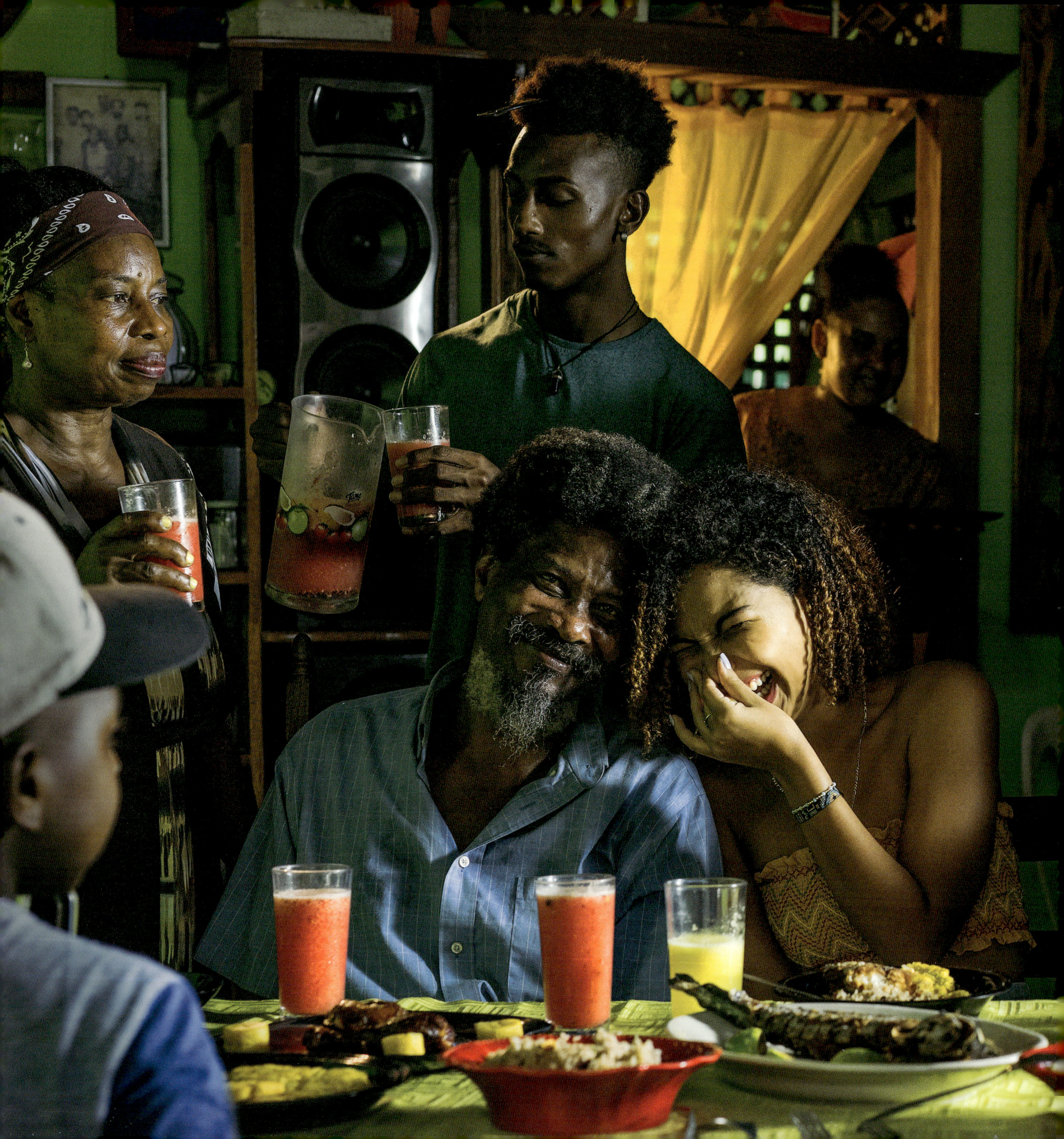

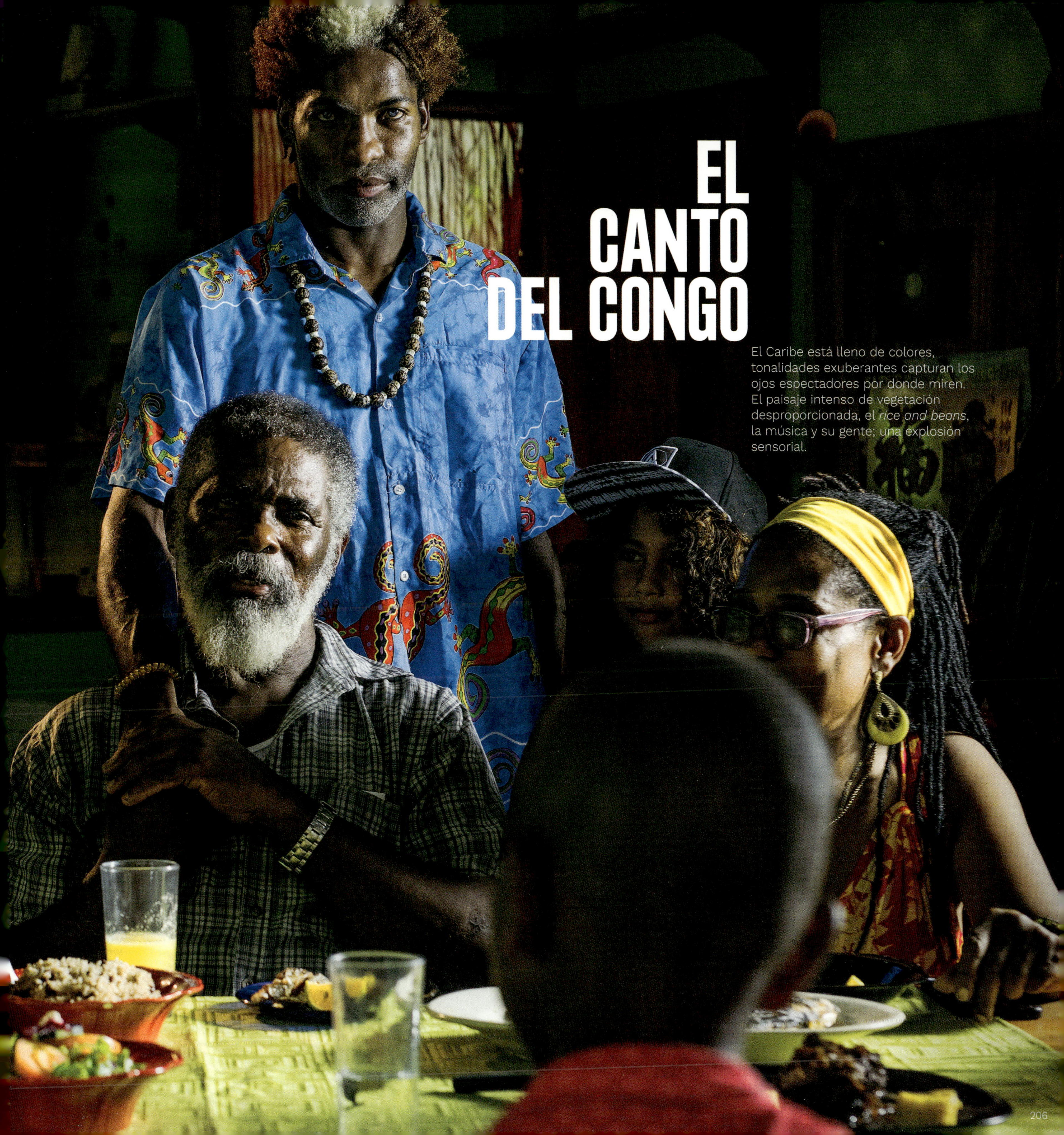

EL CANTO DEL CONGO

El Caribe está lleno de colores, tonalidades exuberantes capturan los ojos espectadores por donde miren. El paisaje intenso de vegetación desproporcionada, el *rice and beans*, la música y su gente; una explosión sensorial.

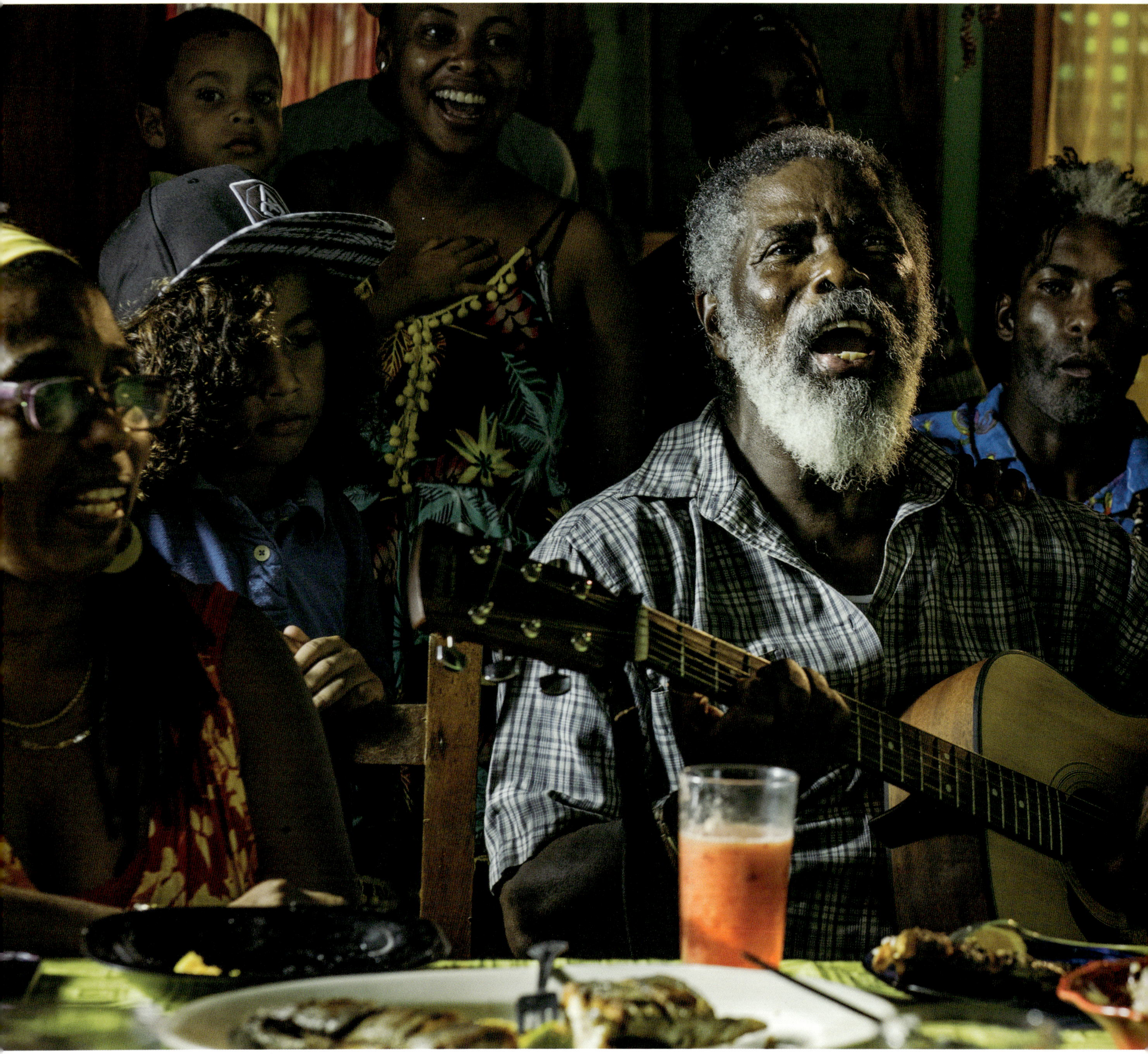

Casa Selvin Brown, Famiia Brown. Punta Uva, Puerto Viejo, Limón.

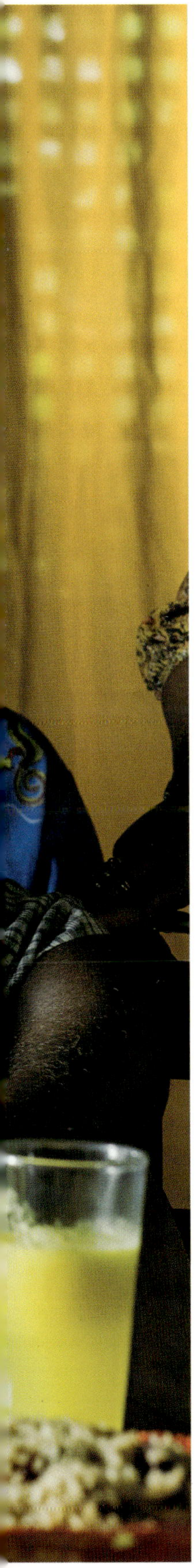

Una noche de octubre, inmersa en esta belleza, caminaba con una amiga por Puerto Viejo, como muchos otros ¨citadinos¨ que migran al Caribe Sur en esa época con el fin de olvidar la tempestad que cae al otro lado de la Cordillera. De pronto, unos ojos azul cristalino, como el mar de Playa Chiquita, nos llamaron. Un cuerpo imponente se levantó, y empezó a mover los brazos con entusiasmo, haciendo señas para que nos acercáramos. Era Carl Brown. Ese mismo día nos conocimos en el restaurante de su tío Selvin. Nos impactó su atractiva figura almendrada, su peculiar mechón blanco, sus iris incandescentes, el cariño con el que se relacionó con su familia, y su carisma, capaz de comunicar todo diciendo poco. Emocionadas y en unísono cruzamos para encontrarnos con él a la orilla de la playa. No duramos en soltar la carcajada y, con ella, me atreví a preguntarle de su vida. Los dientes le brillaron y accedió con la cabeza. Le encanta contar historias.

En minutos nos sumergió en su mundo. Primero, tomó una ramita del suelo con la que señalaba lugares y objetos. Con sus manos hacía ademanes en el aire para expresarse y, de tanto en tanto, dibujaba en la arena como si fuera un gran pizarrón, y su pie el borrador. Nos tenía hipnotizadas. Sin palabras. Dejó de importar el estridente *dance hall* del bar *Stanford´s* un viernes, o las criaturas nocturnas con sed de fiesta que bailaban a nuestro alrededor. En ese momento sólo existía Carl, y la brisa del mar que nos soplaba los pies.

—Aún no amanece, el cielo oscuro y despejado acompaña cada pedaleo de Carl, a quién le tocó madrugar para trabajar en construcción. Relajado, rumbo a un día normal, va con mirada al frente por aquello de toparse a quien saludar: quizá un noctámbulo que aún no llega a casa, uno que otro surfo con ansias de agua, o incluso algún pescador amigo que quedó rezagado por los barcos que se ausentan de la orilla. A su costado, el bosque tropical húmedo despierta, ligeros y sutiles rayos de luz empiezan a atravesar la enmarañada jungla, los insectos pierden protagonismo, se avivan las aves; semilleros, oropéndolas, y hasta algún mamífero.

Puum.. Puum... de repente unos golpeteos le impactan el pecho, —sus pupilas se dilatan al contar esto— *sigue cleteando, trata de descifrar esos retumbos que lo estremecen. Cuanto más se acerca al bosque, más lo siente. Se detiene, deja la bici a un lado del camino y entra. Se le humedecen los tobillos por las hojas que lo rozan, la inmensidad de los árboles lo rodea, sus sentidos están alerta. Puum... empieza a golpear cada vez más fuerte, Puum...sin dolor pero con impacto, Puum... más fuerte. Ve hacia arriba, y ahí están, entre los jobos y los guarumos, el sueño de los congos aulladores terminó, la manada saluda al día, Carl entiende lo que pasa, y queda atónito.*

-Abre los ojos y nos mira fijamente como si estuviéramos ahí. *No es la primera vez que ve a esos monos aullar. Esa frecuencia que ahora le ataca todo el cuerpo, es nada más y nada menos, que el canto de los congos. ¡Sí! es la primera vez que los escucha.*

Después de contemplar la escena con total entrega y admiración, corre, se monta en la cleta, y llega a casa de su padre, se tira, y lo abraza. Sonríen conmovidos.

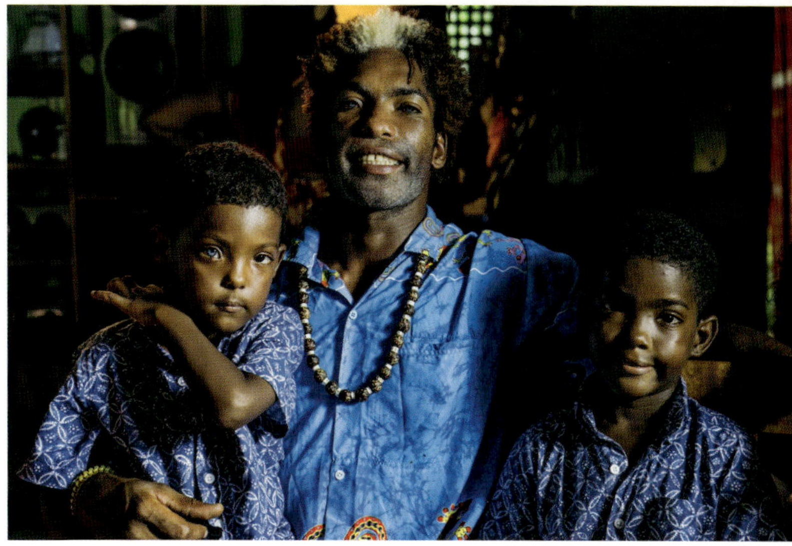

Pusimos nuestros pies de regreso en la arena, mientras Carl borraba con los suyos los garabatos que hizo en ella. Volví a ver a mi amiga, ambas disimulamos los ojos llorosos. ¿Así de poderosa es la naturaleza? Regalarle ese momento a una persona que nació sorda, quién además, nos transportó allí sin pronunciar palabra. Con un fuerte abrazo nos despedimos de Carl, aún con la sensación en el pecho de aquellos congos que oímos, sentimos y no vimos.

Escritora: Maria Teresa Brenes

Carl Cunningham Brown y Familia Brown.
Punta Uva, 19/04/1988.

Carl es sordo y heterocrómico (ojos de diferente color). Tiene un hijo que vive fuera del país, al que extraña mucho. Él también vivió fuera un tiempo, pero se regresó al Caribe porque no le gusta el frío. La suya es una familia muy numerosa, en la cual, la buena comida es de suma importancia. De hecho dos de sus tíos, Elena y Selvin, son muy conocidos en Punta Uva y Puerto Viejo, donde tienen sodas famosas por su deliciosa comida. Son una familia cariñosa que gracias a un estilo de vida sencillo y un ritmo pausado saben estar presentes y disfrutar cada momento, sin pensar mucho en el futuro. De los hermanos Brown, varios son sordos, algunos manifiestaron heterocromía, y nacieron con un mechón blanco en el cabello.

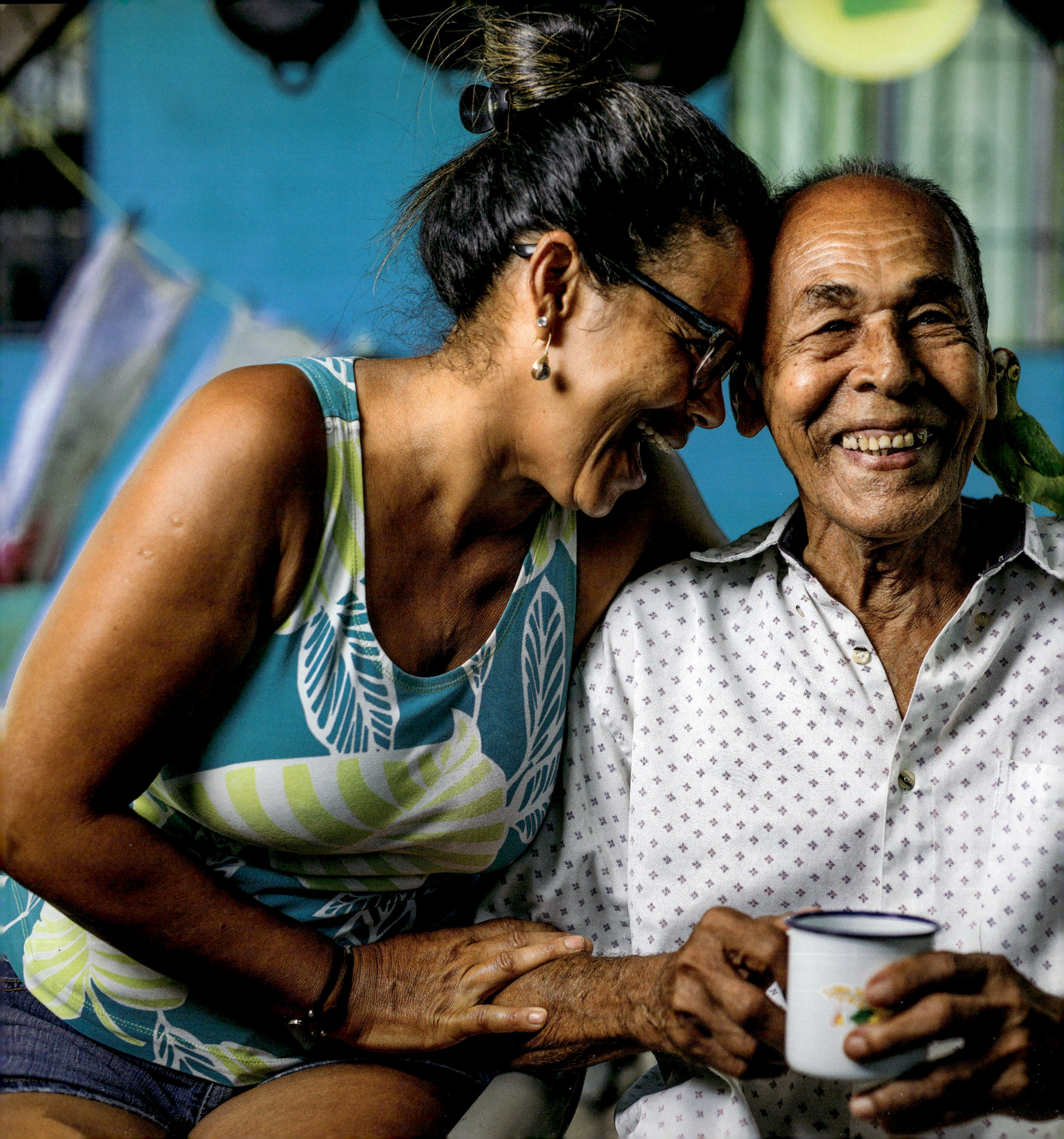

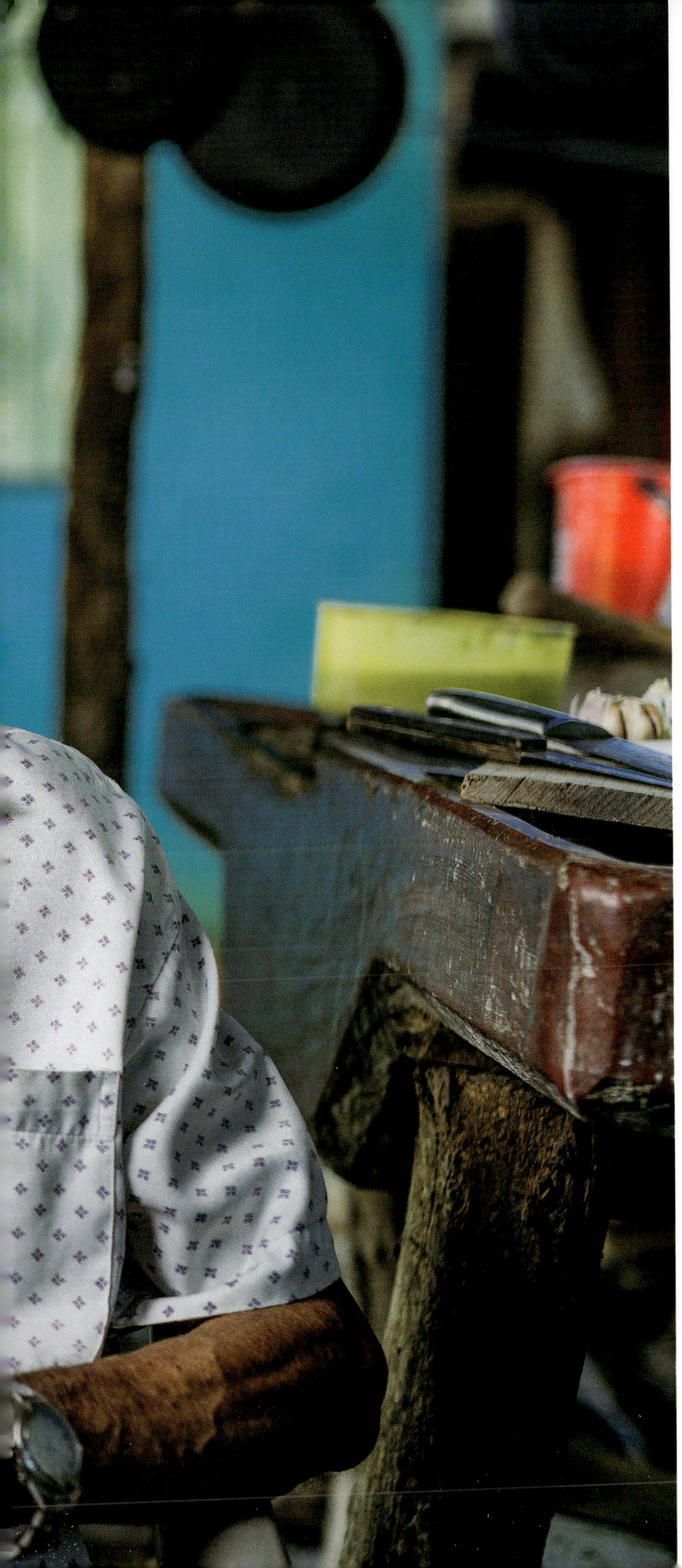

TODO EL PUEBLO EN UN SOLO POLVO

Manuel Zamora nació allá donde el sol hiere las pupilas; en Villarreal de Santa Cruz de Guanacaste. Como salida de una pintura típica costarricense su juventud se desenvolvió entre el polvazal de los caminos interminables de lastre, picar leña, la búsqueda incansable de bailes, conocer uno que otro amor no correspondido y mejenguear en la plaza.

Aunque los campeonatos de fútbol, más que encuentros, parecían campos de guerra, fue donde brotó su amistad con el que más adelante sería el dueño del primer hotel en Tamarindo. Su relación, casi una hermandad, convirtió a Manuel en el encargado de poner la primera piedra al comenzar la construcción del hotel. Ahí trabajó como bartender, cajero y salonero.

Bailar no solo le movía el cuerpo, también el alma. -¨A mi me encantaban los bailes, me iba a caballo donde fuera, bailábamos música típica charralera, tomábamos guaro strike y decíamos al pedirlo: ¡dame una cuarta, puño de sal y mujer al lado!¨-. El jolgorio y bailoteo no podían faltar, y

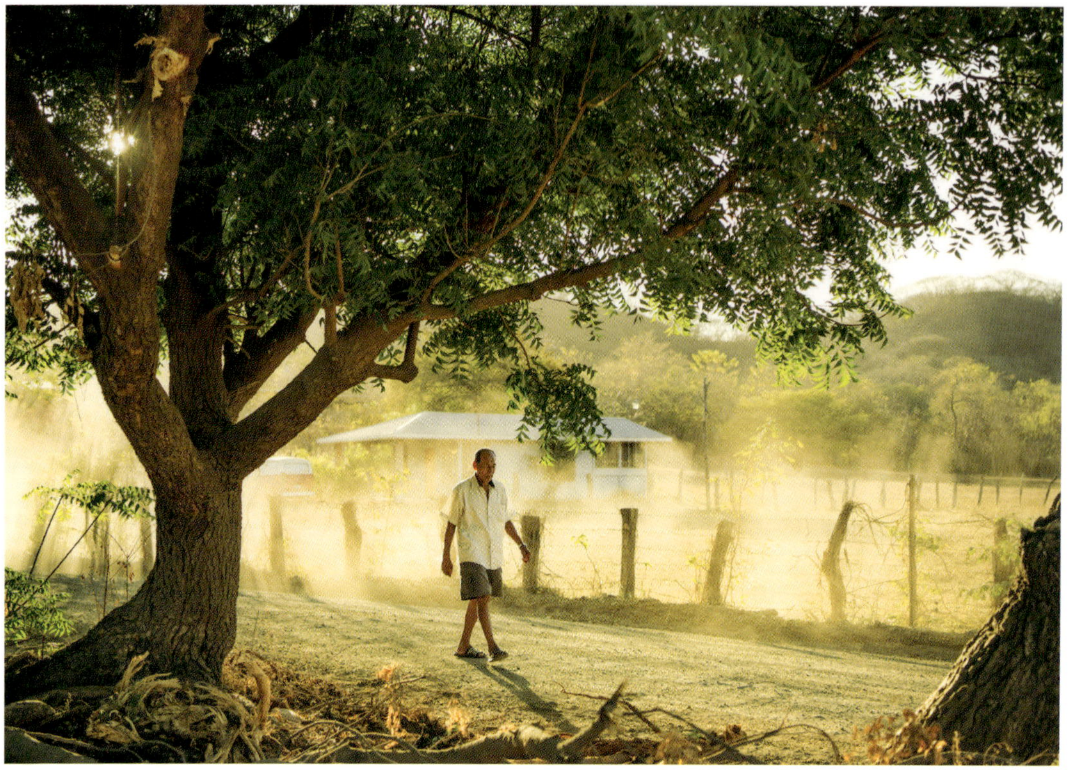

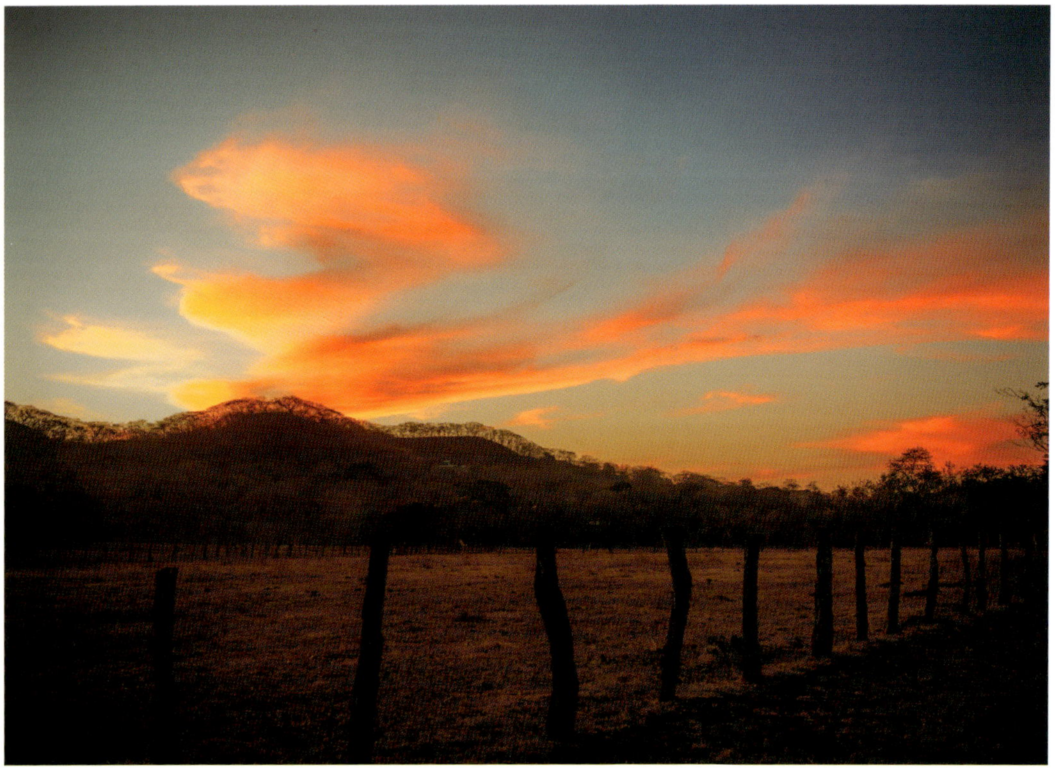

los "guarapetazos" tampoco.
La plaza árida y polvorienta que quizá vio a Manuel joven y enfiestado, nunca se imaginó que sobre ella, además de toros o caballos y una que otra persona tomándola como ruta para cortar camino, en un futuro también sería espacio de un particular encuentro que no deja zapato limpio.

Fue para Marzo de 1994, en honor a su Santo Patrono San José, que Villarreal organizaba las fiestas patronales. Como era común, la construcción del redondel de toros quedaba en manos del pueblo. Con un calor insolente, el suelo seco y empolvado de la plaza y el escándalo que solo los clavos, martillos y tablas saben orquestar, Manuel cruzaba a la mítica cantina **Villa Costa** y pedía la donación de un litro de guaro para repartir entre los colaboradores.

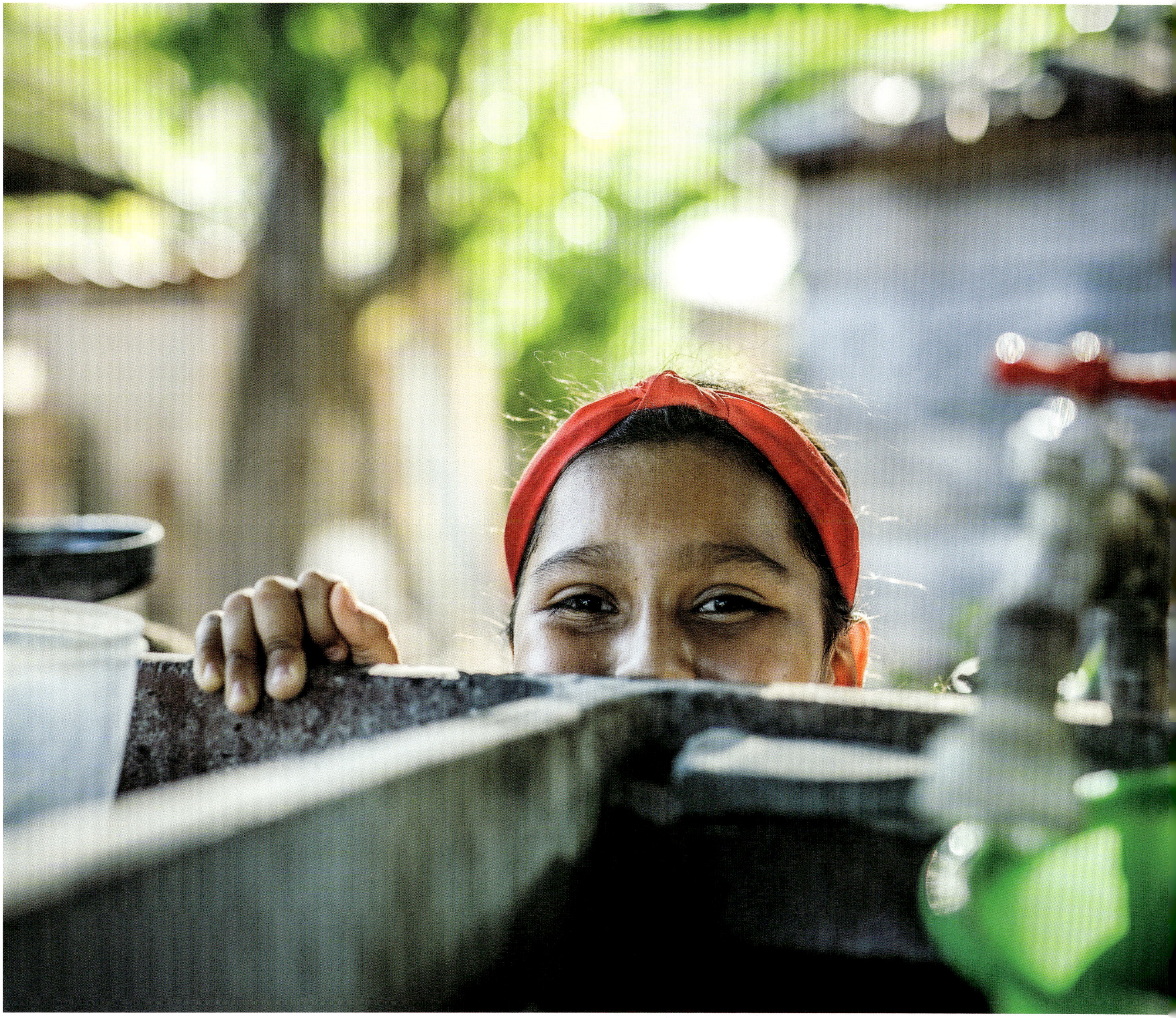

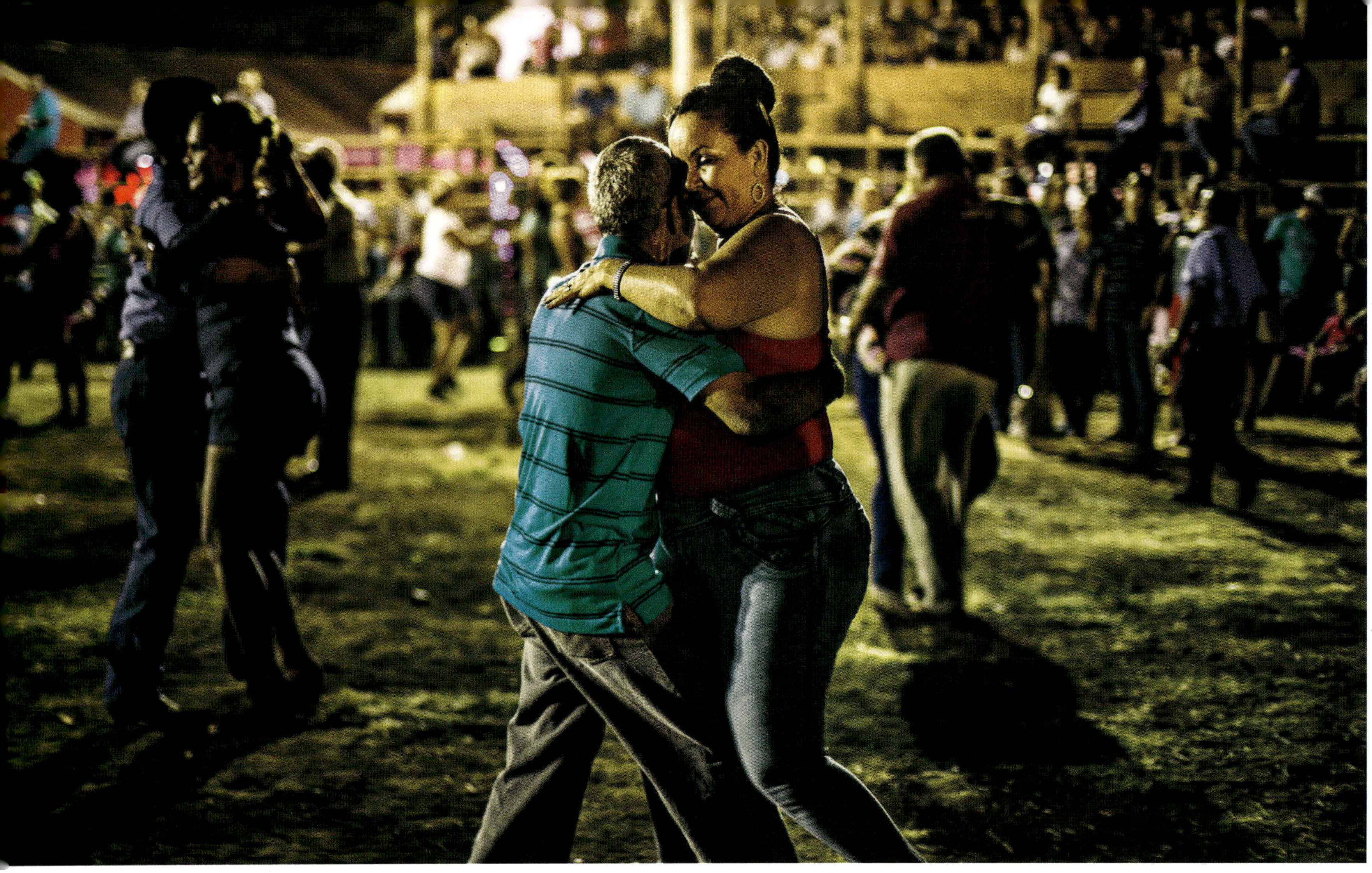

Baile del polvo, Villareal, Santa Cruz, Guanacaste.

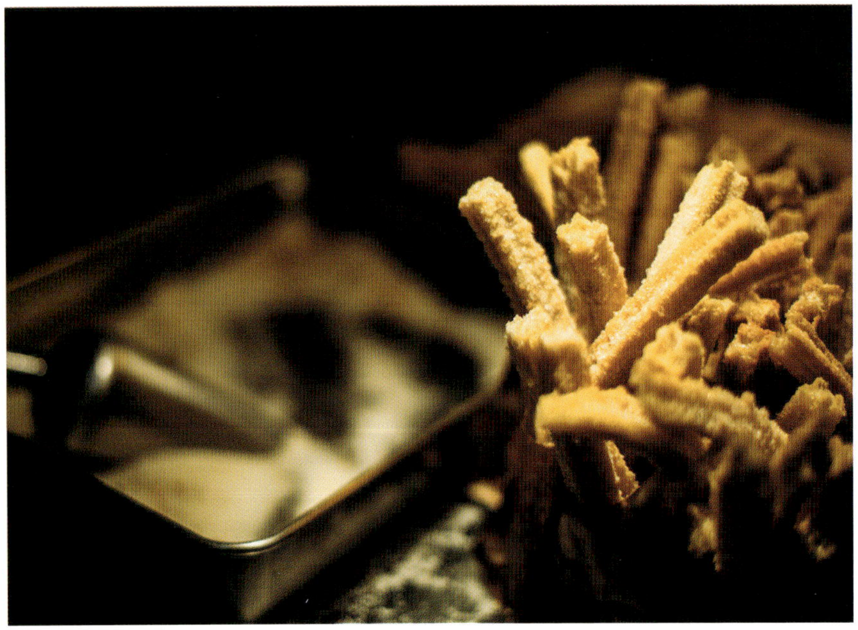

El último día los camaradas borrachos mientras terminaban de armar el redondel, fueron armando el chiroteo. Algunos se arrimaron, otros ya eran parte de lo que empezaba a gestarse. -¨Cuñao, cuñao¨- le dijo Manuel a su amigo Santiago Rosales, con perspicacia entre tanta algazara -¨vamos a pedirle a Marcial García que nos traiga la marimba¨-.

Logró convencerlo para ir a Tamarindo y pedirle la marimba a García, dueño de un restaurante donde siempre había una. Marcial, su mujer y la marimba terminaron en el redondel esa noche, uniéndose, sin sospecharlo, a lo que sería la primera edición, no oficial, del Baile del Polvo, un encuentro que ya tiene 27 años levantando un polvazal.

Al año siguiente los curiosos no faltaron, preguntaban por una segunda edición. Manuel, Marcial y otros organizadores pagaron los músicos a punta de recolectas. Conforme pasaron los años, las cosas fueron mejorando, armaron un barcito y pusieron mesas. Al otro año, por solicitud de la gente le sumaron al evento un conjunto, parlantes y juego de pólvora.

Manuel Zamora Contreras
Villareal, 20/03/1938.

Don Manuel nació, creció y ha vivido siempre en Villareal. Desde pequeño chapeaba, después trabajó un tiempo en una bananera. Una vez jugando futbol conoció al dueño del Hotel Diriá, y se hicieron amigos. Participó en la construcción de dicho hotel en donde luego siguió trabajando por muchos años. Incluso al comenzar la construcción su nuevo amigo le dijo "yo quiero que usted ponga la primera piedra", y así fue. Trabajó como bartender, cajero y salonero. Ha estado casado durante 40 años y le encanta bailar. Es el creador del conocido "baile del polvo", que nació en una fiesta el día que estaban terminando de armar el redondel de las fiestas.

Escritora: Valeria Murillo

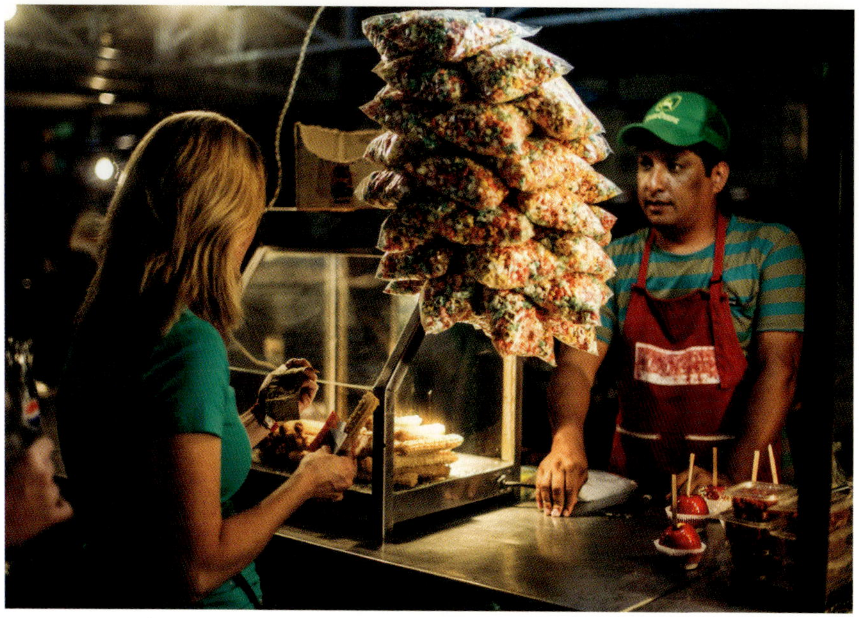

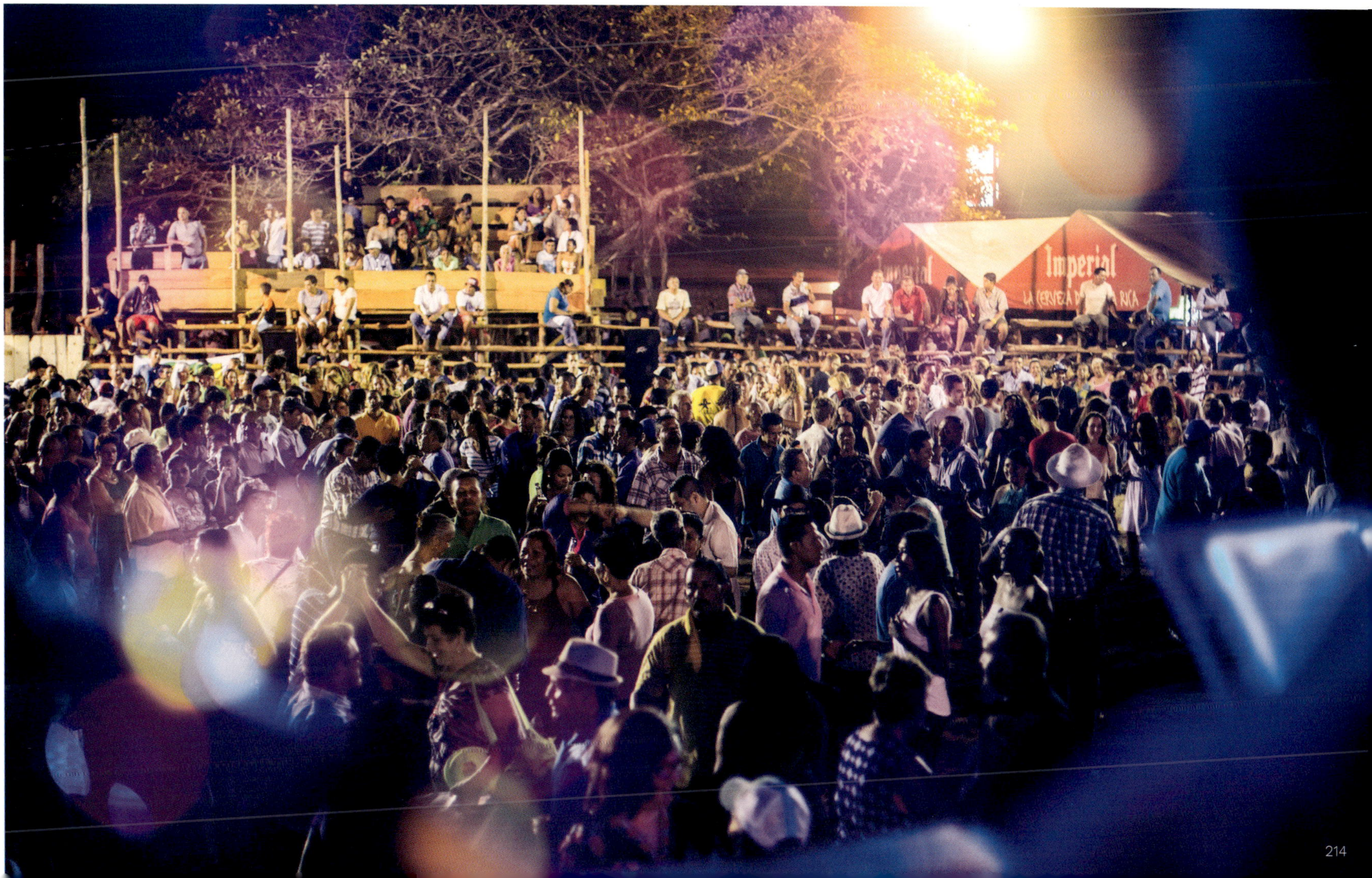

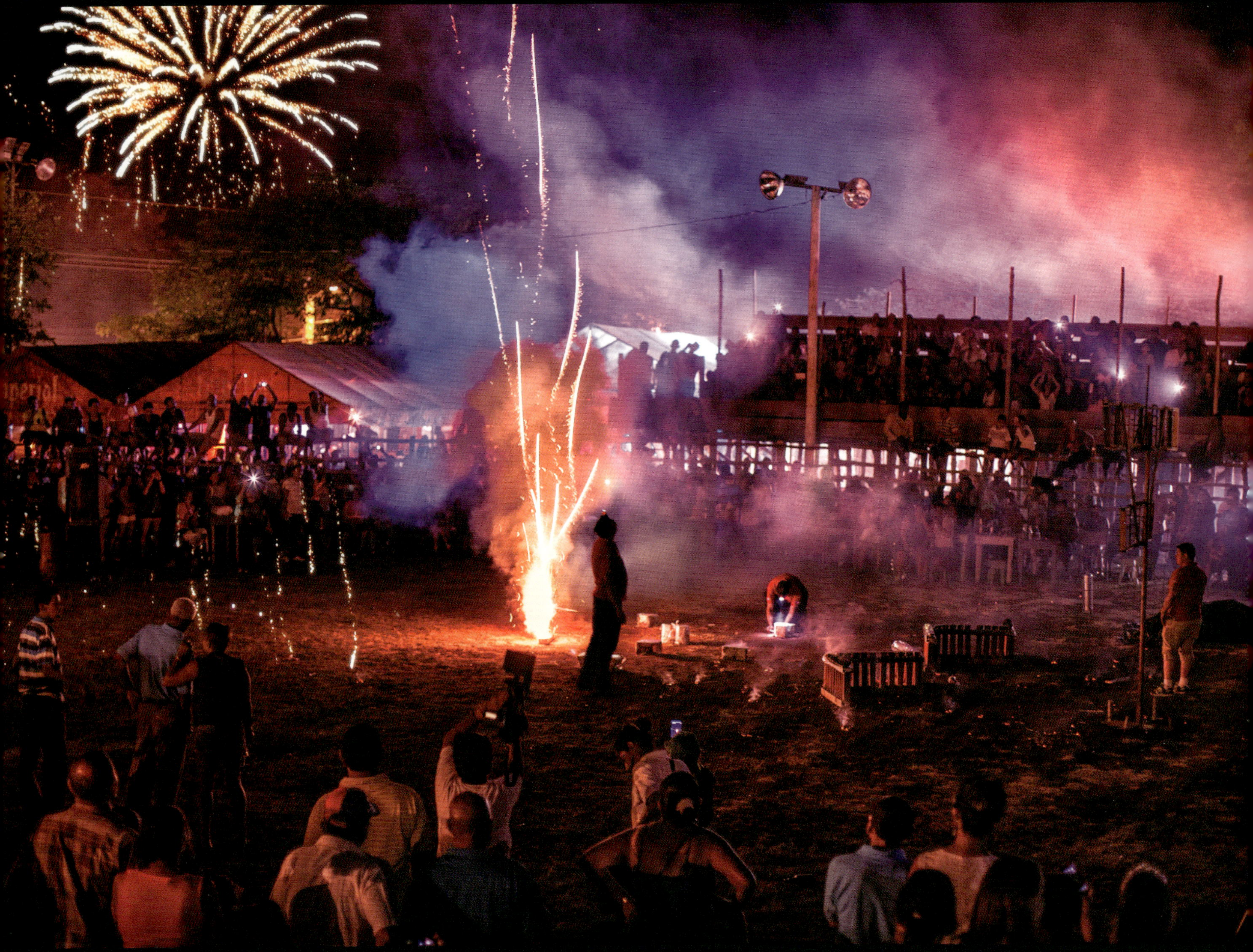

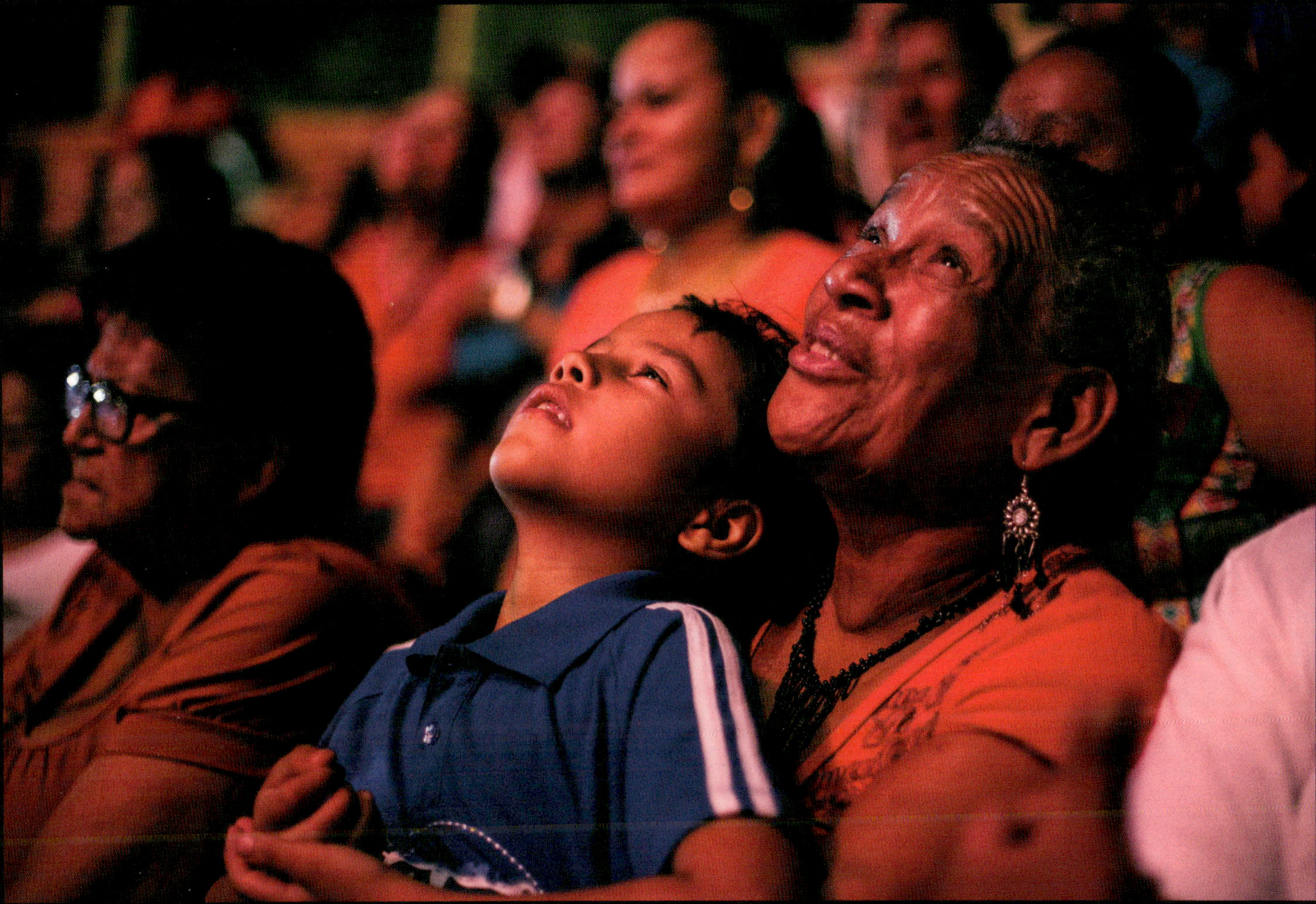

Don Manuel cuenta que nunca le ha gustado figurar mucho. No participa en gran parte de las actividades, dice que prefiere ver los toros de largo, aunque en uno de esos años el presidente de la asociación lo eligió para coronar a una de las reinas del Reinado de Adultas Mayores.

Con una asistencia de más de 2000 personas, la fama del baile tomó tanta fuerza que hace un par de años Santa Cruz quiso organizar su primer baile bajo el mismo nombre. Con atrevimiento, invitaron al grupo gestor del Baile del Polvo de Villarreal, pero se vieron obligados a renombrarlo por la lluvia de críticas que no previeron. Cuando se le pregunta a Don Manuel si aceptó la invitación, su respuesta es un no rotundo. -¨A mi no me dan atolillo con el dedo¨-.

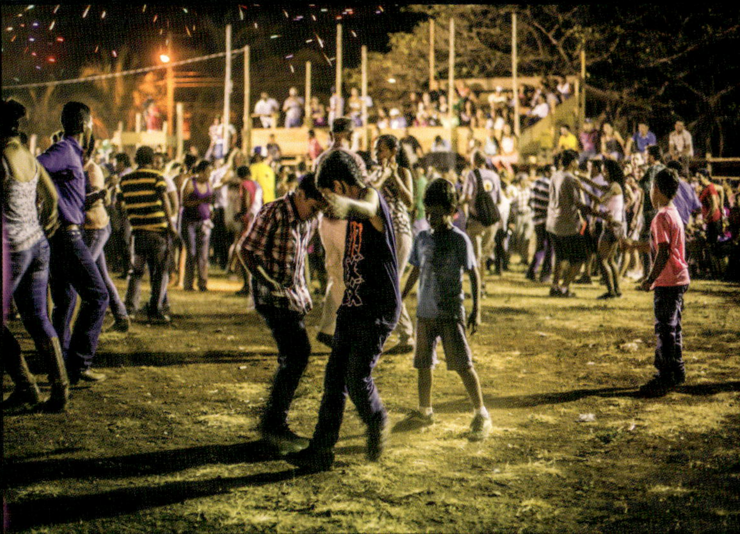

pura gente

CONTADORES *de historias*

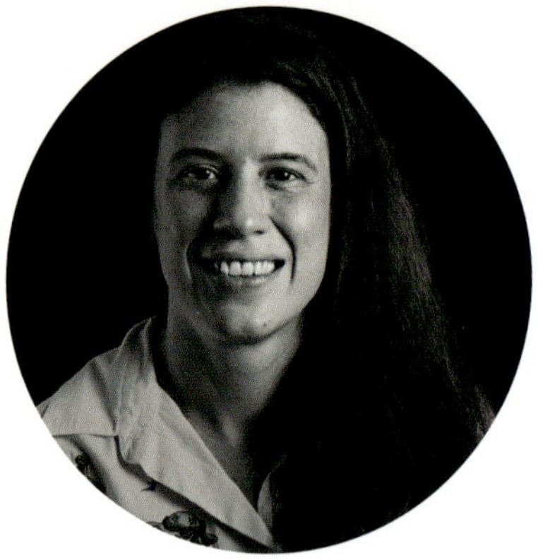

Adriana Sánchez González. 41 años

Cocinera, escritora, jiujitera y facilitadora. Hija de Doris y Melvin, hermana de Cristina, Antonio y Angélica, tía de Manuel y Alexa. Es filóloga y cocinera por vocación. Ha trabajado en diversos proyectos de desarrollo rural, y desde hace casi ocho años se dedica a cocinar en su restaurante, Manos en la Masa. Feminista y activista por los derechos de las mujeres, escritora publicada y desarrolladora de proyectos que involucran la cocina con una visión de desarrollo y cambio social. Ama Bahía Ballena de Osa, lugar en el que están atesorados los mejores recuerdos de su infancia.

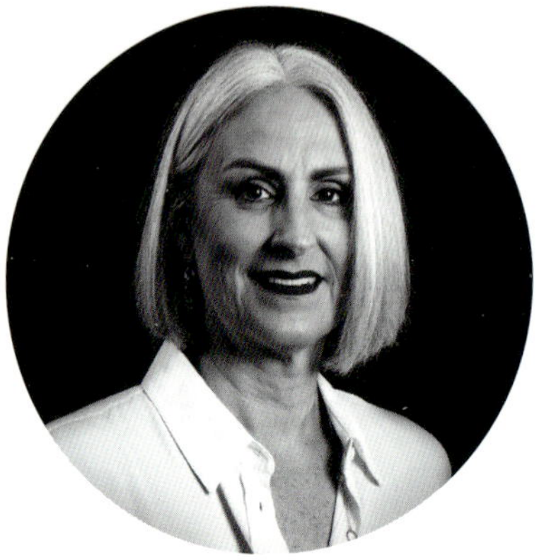

Abril Gordienko López. 53 años

Activista cívica, profesora y escritora. Mamá, esposa, abuela e hija. Ama las playas del Pacífico Central y Guanacaste, es licenciada en Derecho y Notaria Pública por la UCR, Máster en Administración Pública de la Universidad de Harvard, y co-fundadora de Poder Ciudadano ¡Ya!, promotora de reformas al sistema electoral. Ha participado de comisiones para la reforma del estado en los periodos 2018-2019 y 2014-2017. Tiene una novela y un libro de relatos cortos publicados, y en el año 2015 recibió el Premio Alborada a la Mujer Profesional del Año.

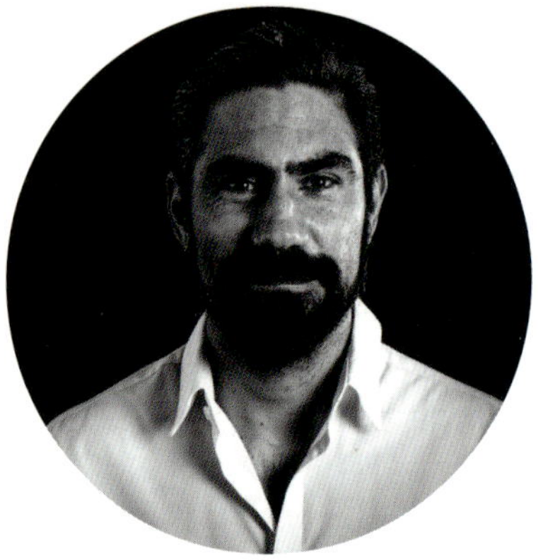

Alonso Muñoz Solís. 40 años

Alonso es profesor de Desarrollo Sostenible en la Universidad para la Paz. Este proyecto le interesó desde el inicio porque le dio la posibilidad de trabajar de manera colectiva, y de transformar una historia en texto. Se sintió como un escultor sacando la estatua que estaba dentro.

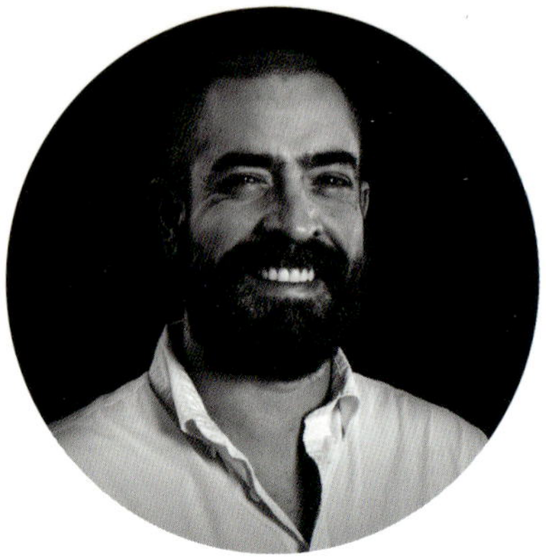

Arturo Pardo Vargas. 34 años

Arturo es músico y comunicador, ex asmático, especialista en rompecabezas, damas chinas y cata de nachos. Ama Monteverde pues le parece un lugar idílico para sentir a la naturaleza y entenderse a uno mismo. Este proyecto le recordó el valor de la riqueza detrás de las historias humanas, pues cada persona tiene una historia irrepetible, y su identidad se construye a partir de detalles muy propios: eso es lo que hace única a cada persona.

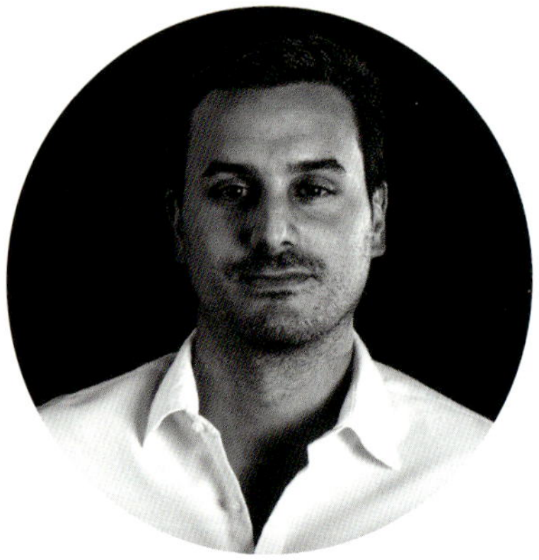

Adrián Castro Baeza. 34 años

Productor y Director de Cine y Teatro. Graduado de dirección de empresas de la UCR, titulado en dirección de cine de la Universidad de Buenos Aires. Ha escrito y dirigido cine y teatro, incluyendo obras como "Chicago el musical" y "Nido de Águilas" (ambas galardonadas con premios nacionales de cultura). Su lugar favorito del país es Platanares de Moravia: ahí están sus memorias de niño, cuando visitaba a sus primos en la montaña y corrían por los potreros (¡una vez vieron al mismísimo Chupacabras!). Para Adrián, la imaginación es más importante que el conocimiento.

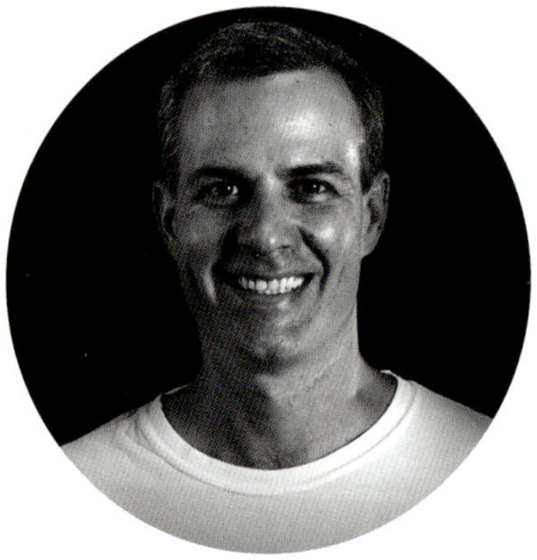

Álvaro Cedeño Molinari. 46 años

Álvaro es especialista en diplomacia corporativa, líder en la convergencia entre la acción climática y la cuarta revolución industrial. Gestor de procesos para que florezca la vida en la Tierra. Facilitador de paz y hombre de familia. El lugar que más lleva en su corazón es Nosara, Guanacaste, y abraza el desafío de producir bienestar desde la biosfera. De este proyecto que es un trabajo basado en la empatía, en desarrollar la capacidad de ponerse en los zapatos de otras personas para poder contar sus historias.

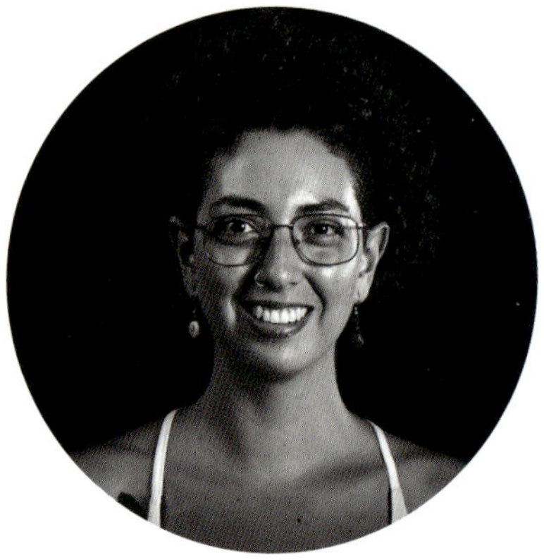

Berenice Jiménez Murillo. 27 años

Compositora, cantante y psicóloga social, Berenice es promotora del desarrollo cultural, especialmente en comunidades. En el 2017 representó a Costa Rica en el II Festival Internacional de Cantautores. Ha cantado en Argentina, Uruguay, México, Cuba y Guatemala a través de esfuerzos autogestionados. Trabaja como productora del Festival Madremonte en la comunidad de Longo Maï, al sur de Costa Rica. En el 2020 lanzó a plataformas digitales su primera producción discográfica grabada en vivo, llamada Muchas Miradas.

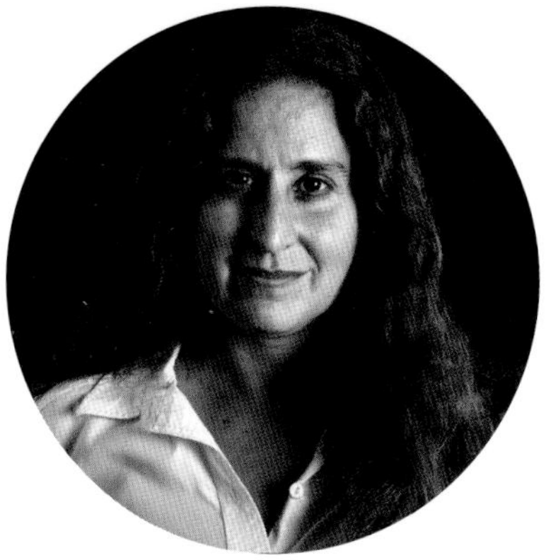

Carla Pravisani. 44 años

Carla es máster en creación literaria de la Universidad Pompeu Fabra, con postgrado en literatura digital de la Universidad de Barcelona. Dirige proyectos en la Escuela de la Nada y Casa de Escritura, e imparte talleres de escritura creativa en el Centro Cultural de San José. Ha publicado 8 libros, dos de los cuales son Premio Nacional Aquileo Echeverría: La piel no miente (2012) y Mierda (2018). Le encanta Mata de Plátano: el clima, la ruralidad, los cafetales que resisten a los condominios. Carla cree que un país es la suma de todas sus diferencias.

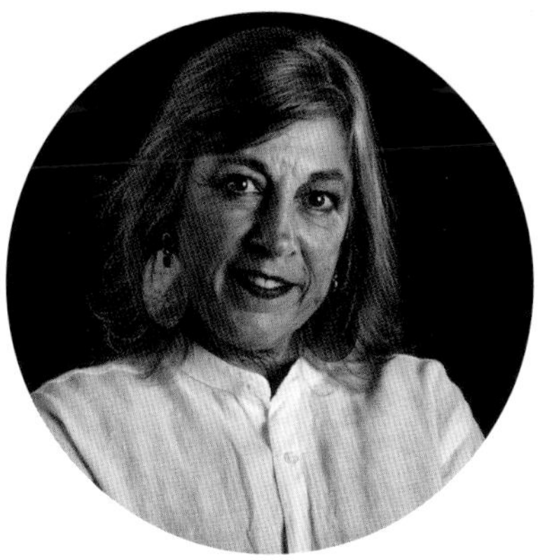

Claudia Barrionuevo. 60 años

Claudia es dramaturga, guionista de cine y televisión, columnista de opinión, directora de teatro y profesora de guión. Le encanta conocer personas diversas, pues eso es material para la construcción de sus personajes. Vive en el este de la ciudad con sus hijas, Manu y Vale, y sus tres gatas. Ha ganado dos premios de dramaturgia en España y tres en Costa Rica, y tiene seis libros publicados. De este proyecto le gustó el reto creativo de enfrentar las historias de personas desconocidas, escucharlas y tratar de ser fiel a sus relatos.

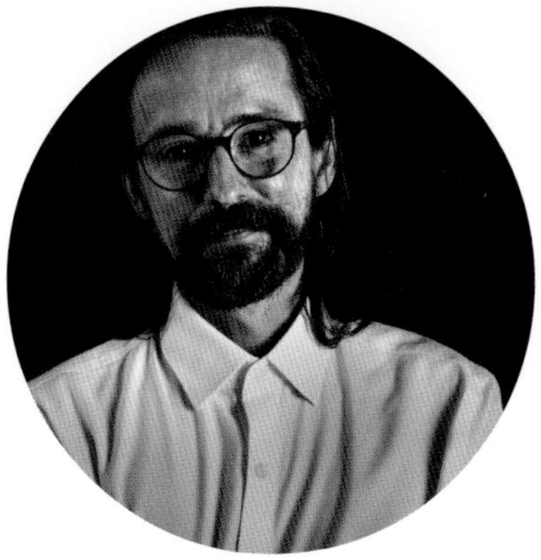

Diego van der Laat. 41 años

Diego es escritor y arquitecto, graduado de la Architectural Association School of Architecture de Reino Unido. Ha publicado cuatro libros de ficción corta: Reparticiones, 11, Veintidós y 666. Actualmente trabaja en un libro de relatos breves titulado Whisky, en un atlas falso llamado Nit, así como en su primera película, coescrita con Neto Villalobos, Amor es el Monstruo.

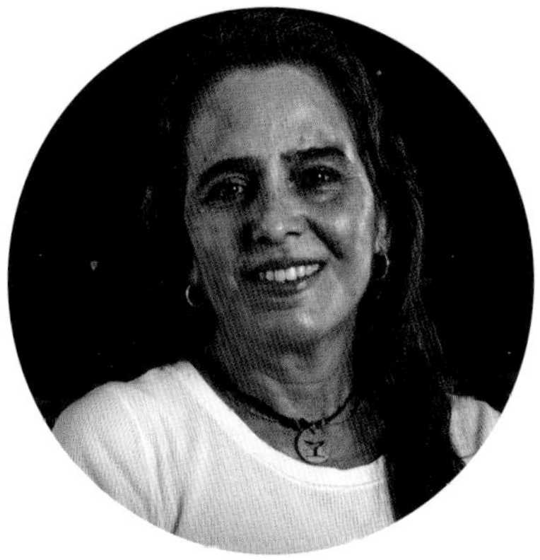

Dorelia Barahona Riera. 62 años

Dorelia estudia Bellas Artes y Filosofía. Es Licenciada en Filosofía y posee una maestría en Teoría del Arte, ambas de la UCR. Escritora de ensayos y novelas. Profesora de la Universidad Nacional en el área de Estética y Filosofía del Arte, donde también desarrolla su labor de investigación en el campo de la estética. También guionista, articulista y pintora. Su primera novela, De qué manera te olvido, recibió el premio Juan Rulfo en el año 1989. Ha publicado ocho novelas, cuatro libros de cuento, dos de poesía, dos de teatro y tres de ensayo.

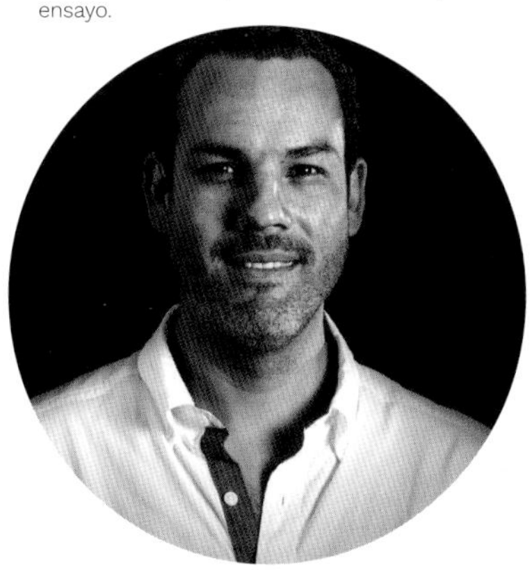

Eugenio Desanti Jerez. 40 años

Eugenio empezó estudiando derecho, pero terminó con un máster en publicidad creativa. Está convencido de que las buenas ideas lo resuelven casi todo. Tiene un estudio de copywriting que se llama Once Upon, y la suerte de colaborar con gente muy talentosa y clientes que se han convertido en amigos. Este proyecto le permitió ponerse, aunque fuera por un segundo, en los zapatos de alguien más, y siente que si hiciéramos más este tipo de ejercicio, el mundo sería un lugar muy diferente. Su corazón está regado por todos los rincones de Costa Rica.

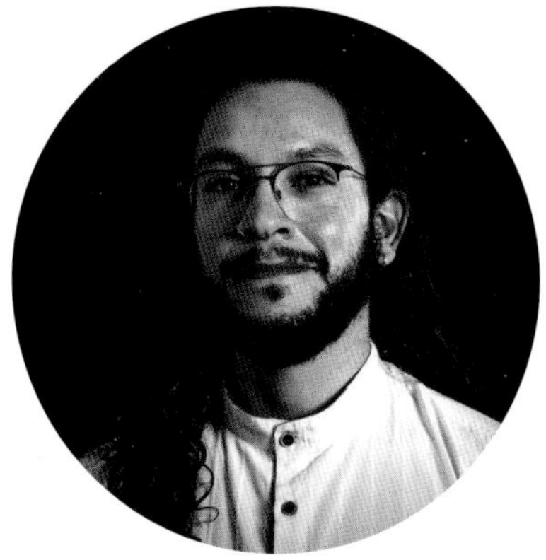

Fabricio Walker Morera. 34 años

Fabri es músico, compositor, intérprete y aprendiz de geógrafo. Nació en el seno de una familia de músicos y artistas, por lo que comenzó a cantar a una edad muy temprana. En el año 2009 comenzó a cantar con el colectivo Infibeat, con quienes ha ganado dos premios Acam, y de forma paralela ha desarrollado su carrera como solista. Desde el 2019 inició un trabajo interdisciplinario junto con Sol Pardo (bailarina), y su primer audiovisual, "Párpado", en el que participan Eloy Mora (cinematografía) y Andrés Cervilla (producción musical), está próximo a estrenar.

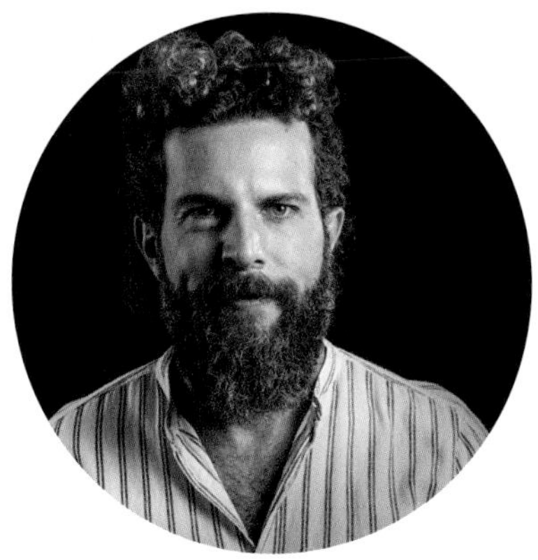

Fernando Alvarado Saborío. 36 años

La fotografía, la escritura y la contemplación son las actividades favoritas de Fernando. Es consultor en temáticas afines a la psicología y la gestión de proyectos, y actualmente vive en Puerto Viejo de Talamanca. Amante de la naturaleza, tiene el corazón anclado en montañas y mares por igual. Viajero y soñador. Este proyecto le gustó por el reto de asumir la responsabilidad de contar la historia de alguien más, una historia que, aunque muchas veces cotidiana, puede ser la más fascinante de todas.

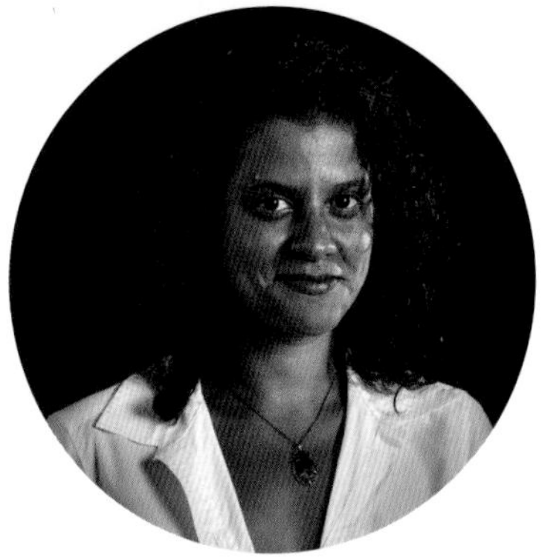

Irene Gutiérrez Valverde. 33 años

Nació y creció en San José. Es antropóloga social de la UCR. En el 2021 se tituló en una maestría de danza con énfasis en formación de la Universidad Nacional. Practica yoga desde el 2009, y actualmente da clases. Su curiosidad la ha hecho experimentar y aprender en diversos lenguajes, espacios y territorios, desde la educación popular, el feminismo y colectivos políticos autónomos, hasta clown, canto y performance. Es parte de las colectivos Mujeres Libres Riendo y Viajo Sola, y es gestora del proyecto Manada, iniciativa feminista de investigación y educación ginecológica.

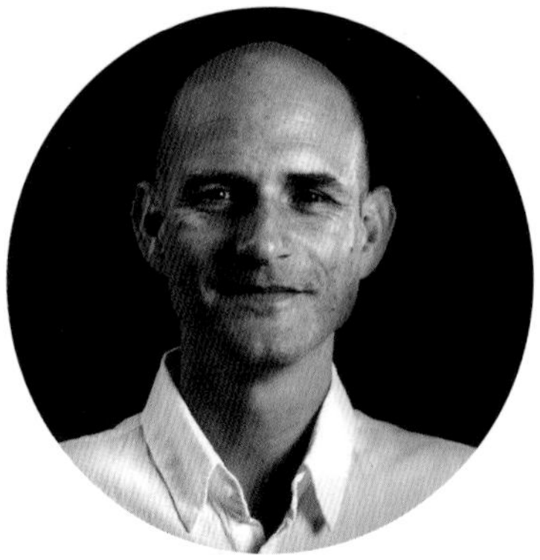

Giancarlo Pucci Golcher, 45 años

Papá de Aurora y Clara. Atendiendo un llamado interno por co-regenerar presencia colectiva a través de la vulnerabilidad, la belleza y la sabiduría del cuerpo. Con 10 años de haber dado un salto de fe hacia un camino incierto y lleno de propósito que lo ha llevado a una Maestría en Liderazgo Estratégico para la Sostenibilidad en Suecia. Fundar Árboles Mágicos. Volar por Costa Rica para retratarla desde una perspectiva fresca. Co-facilitar procesos de transformación colectiva con tecnologías sociales como Art of Hosting, Teoría U, Comunicación Empática y Flow Game Faculty del Presencing Institute.

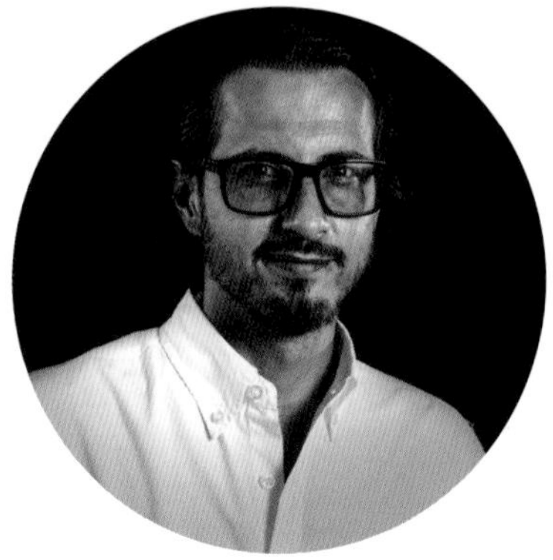

Luis Salazar Gómez. 36 años

Luis es arquitecto (graduado de la UCR), investigador, profesor de ilustración y columnista. Ocasionalmente hace viñetas humorísticas y cuenta con varias publicaciones en revistas impresas y digitales. Ha trabajado como productor de iniciativas en comunidades vulnerables y de intervención del espacio público. Su primer libro, Te vas a acordar de mí (2020) es la biografía autorizada de Carmen Morales Jenkins, primera persona con síndrome de Down en pensionarse por vejez en el país. Su lugar querido es Lagunilla de Heredia, donde todavía reside su familia.

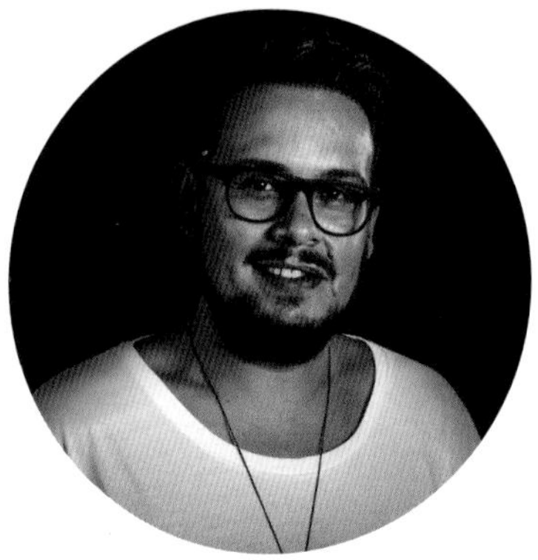

Jeison Herrera Chacón. 34 años

Jeison es profesor de inglés y escritor. Ha participado en diversos certámenes literarios en la región Brunca, y en el año 2015 publicó su primer libro de cuentos, Sobre todos la misma lluvia. Ama Quepos, lugar en el que trabaja, un cantón de gran belleza. Jeison cree que no se puede conocer un país sin conocer a sus personas.

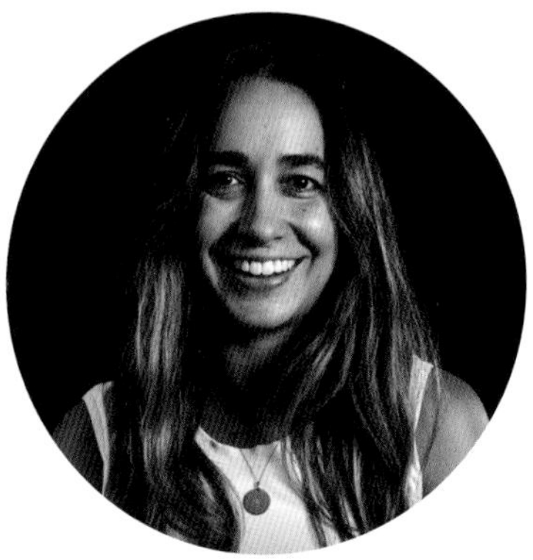

Gloriana Sojo Lara. 29 años

Máster en relaciones internacionales y periodismo de la George Washington University, desde hace cinco años trabaja para el BID, primero en gestión de proyectos de prevención de violencia y más recientemente en comunicación estratégica. Chirripó es su lugar favorito del país, porque la calma que experimenta ahí le ha permitido entender y ver cosas que en otras circunstancias no ha podido. Su parte favorita de este proyecto ha sido recordar, a través de las historias de su gente, lo extraordinaria que es Costa Rica.

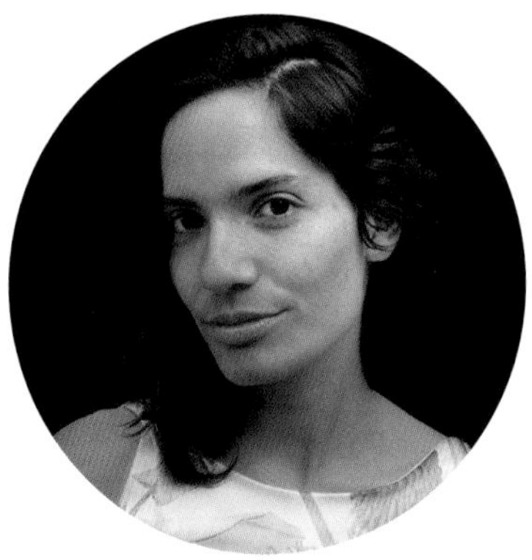

Libertad Sobrado. 23 años

Libertad nació en Caracas. Ha sido artista multidisciplinaria desde siempre, y hace poco se convirtió en urbanista. Tiene su corazón en las montañas azules que se asoman entre el cableado eléctrico en cualquier calle del Valle Central, así como en Monteverde y Punta Uva. Su mayor inspiración es la fuerza de la belleza, que ha explorado a través de la fotografía y la pintura. También escribe, y estudió urbanismo en Francia, pues anhela que existan más ciudades donde las niñas puedan cletear sin miedo.

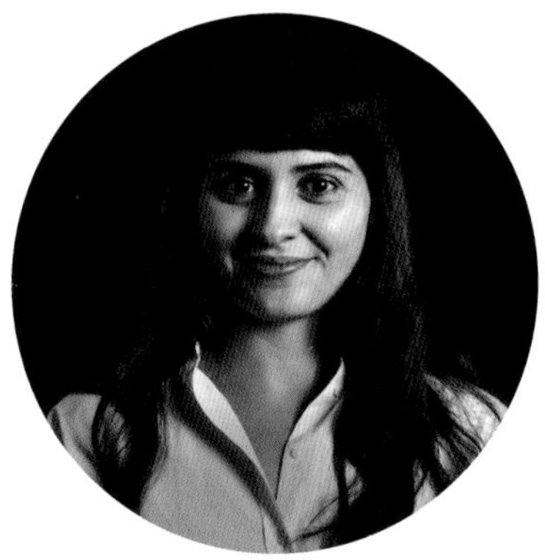

María José Sosa Guzmán. 28 años

María José es astróloga, dramaturga y profesora de yoga. Heredó de su familia el espíritu emprendedor, y comenzó a experimentar el teatro desde los 12 años, a través de cursos de improvisación teatral. Escribió y dirigió su primera obra de teatro aún sin graduarse. Ha estudiado astrología de forma autodidacta, como parte de su camino de autoconocimiento. Este proyecto le permitió enfrentar el reto de plasmar la vida de una persona desconocida con sus palabras, sintiendo su esencia a través de relatos de su vida.

María Teresa Brenes Mata. 32 años.

Tere es doctora en farmacia, y en la actualidad cursa una maestría en Fitoterapia. Es líder de proyectos y productora de la Editorial Pucci. Amante de Costa Rica, la música, y el baile. Ha dejado su corazón entero en este proyecto, que la ha marcado grandemente en su ser como costarricense y como humana por la oportunidad de conocer a tantas personas a través de sus miradas, expresiones, historias y autenticidad, así como la conexión construida con cada una de ellas.

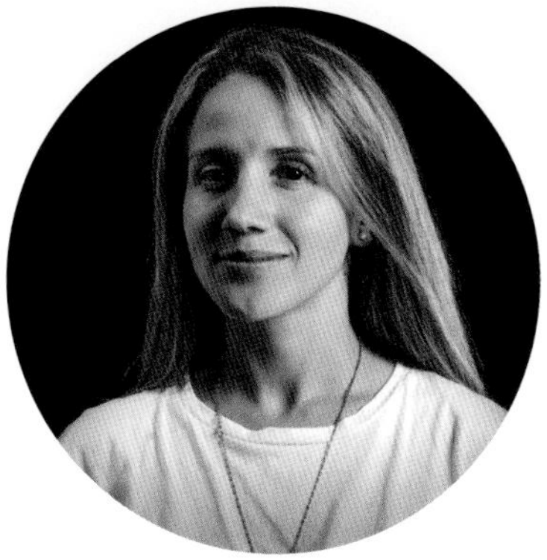

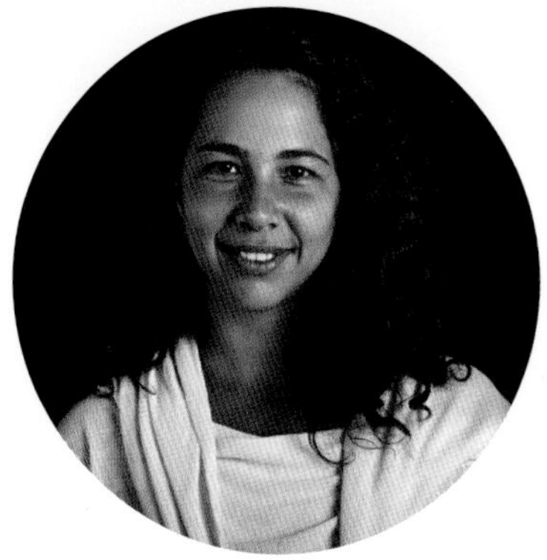

Michelle Macluf Vargas. 29 años

Diseñadora y vendedora de ropa, emprendedora y consteladora familiar. Es amante de la vida y de las personas que la habitamos, y le encanta escuchar las historias de las que estamos hechos. Tiene un hijo que es su maestro de auto observación y compasión. Posee una marca de ropa nacida de los retazos de la fábrica de su papá, que fundó su abuelo libanés, y afirma que con esos genes no es sorpresa tener tanta facilidad para las telas y los negocios. Ama Uvita, la comunidad en la que vive, donde encontró un estilo de vida auténtico y saludable.

Sofía Quirós Ubeda. 31 años.

Sofía es directora argentina-costarricense, directora de cine y coach actora. Se egresó de diseño de imagen y sonido en la Universidad de Buenos Aires. Sofía se ha enfocado en el trabajo con actores y actrices naturales, creando historias íntimas con una visión poética y sensorial. Su primer trabajo, Ceniza Negra, estrenó en la 58va Semana de la Crítica 2019, convirtiéndose en el primer largometraje costarricense en participar de una sección competitiva del Festival de Cannes y en competir por el premio de la Cámara de oro.

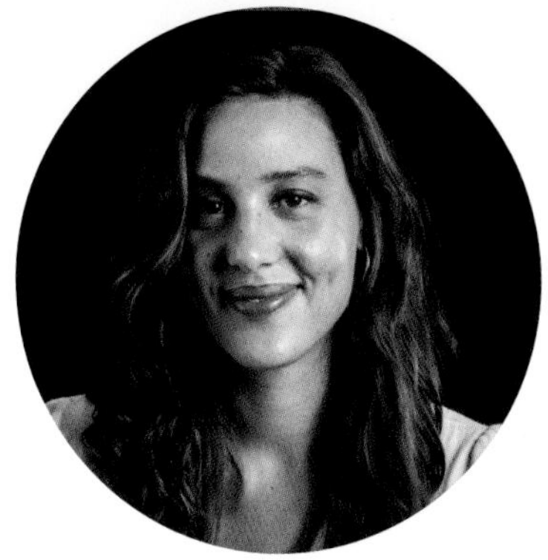

María Fernanda Cruz Chaves. 32 años

Es estudiante de corrupción y gobernanza en la Universidad de Sussex, UK. Durante 10 años ha sido periodista, escritora, reportera y editora de diferentes medios dentro y fuera del país. Colaboró en las investigaciones transnacionales de "Panama Papers" y "Transnacionales de la fe". Durante más de cuatro años fue la editora del periódico La Voz de Guanacaste, medio al que espera volver al concluir sus estudios. Su amor por Guanacaste se gestó en ese tiempo, y afirma que su corazón está enterrado en el Cerro de la Cruz. Su cerveza favorita es la "Guanaca", de Guanabeer.

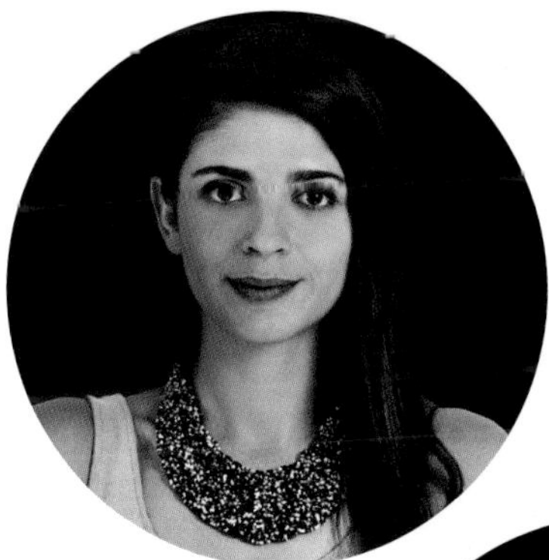

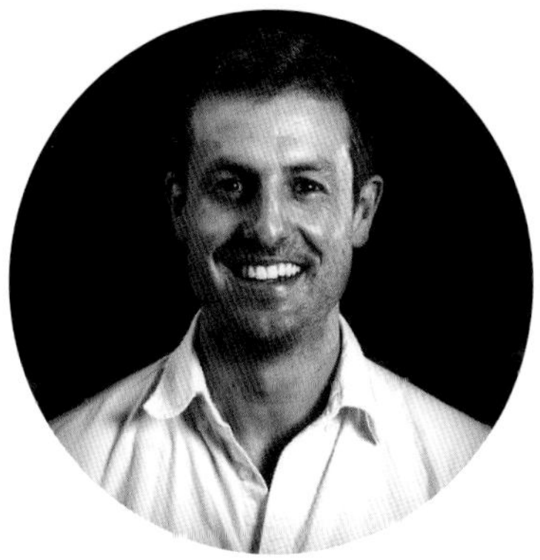

Sebastián Castro Sasso. 33 años

Director de Aventuras de Wondermore, y el chofer de "Subite al Chunche". Es explorador de cepa. Sea como reportero para CNN, o manejando el chunche en los mundiales de fútbol: su pasión es contar historias. Es co-fundador de Wondermore.org junto con su esposa Christine Raine. Tiene el corazón metido en Monteverde, viendo el mar desde las montañas.

Valeria Murillo Paniagua. 34 años

Valeria vive motivada por la belleza y las palabras, perdida entre la comunicación, las flores y los mamones chinos. Durante los últimos 10 años se ha dedicado a la creación de contenido, pero de un tiempo para acá escribe más, baila más y siente más. Lleva al Caribe en su corazón, pues es el lugar que siempre le cura los males. Este proyecto le permitió reconectar con sus ancestros para agradecer y admirar su historia, así como redescubrir la escritura.

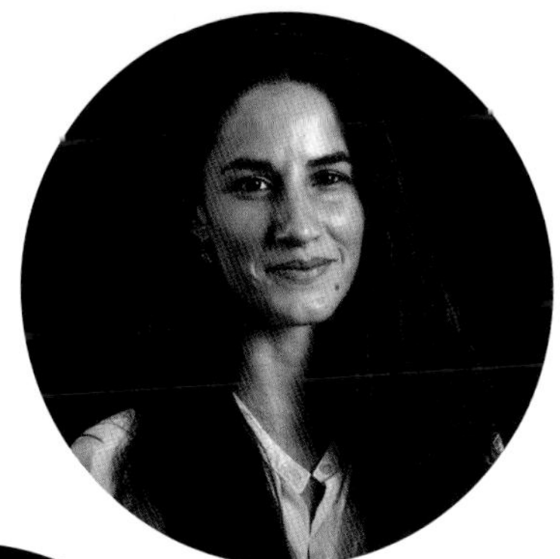

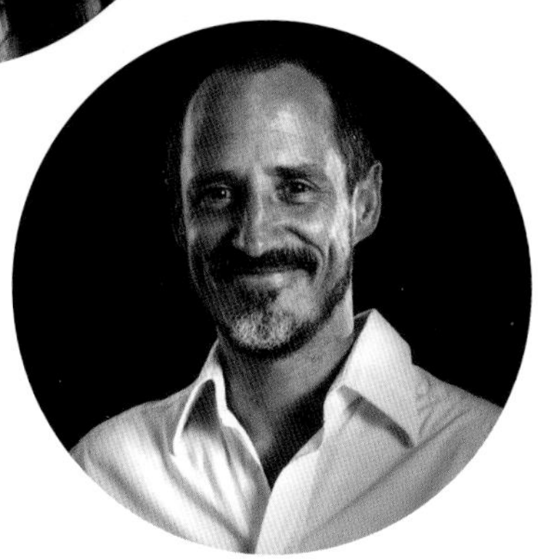

Sergio Pucci Golcher. 43 años

De espíritu inquieto desde niño: todas sus notas eran rojas menos teatro y poesía. Se graduó de administración de empresas porque no sabía qué estudiar. Posteriormente cursó un año de fotografía, pero se gastó la plata del último cuatrimestre en un safari. Desde hace 25 años, su amor por la naturaleza lo metió de cabeza en el mundo de la fotografía, y ya ha pasado por todas las ramas de esa disciplina: arquitectura, bodas, deportes, publicidad... Ha sido premiado por la BBC y ha grabado para National Geographic. Sin ser director, dirigió el largometraje Güilas. Aunque le da miedo volar, hizo Costa Rica Aérea con su hermano Gianca.

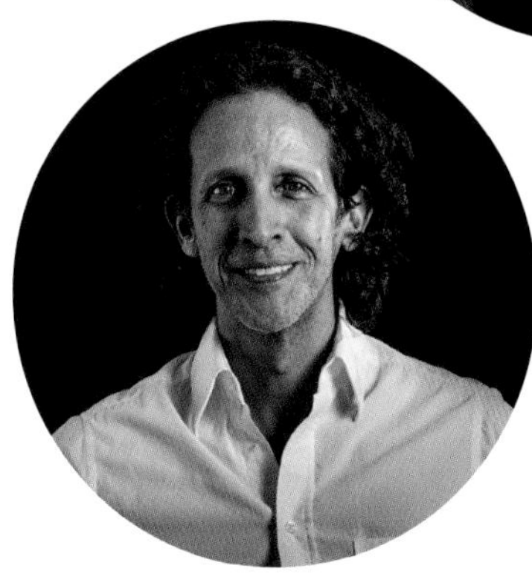

Jaime Gamboa. 53 años

Escritor, músico y publicista, miembro de la banda Malpaís, para la que ha compuesto canciones y escrito gran parte de sus letras. Ha participado en decenas de discos y escrito unos veinte libros de literatura infantil (El Cuento Fantasma, Alma del Mar, Corazón de Marimba, entre otros), relatos (La Orquesta imposible) y otros géneros (Árboles y Bosques Mágicos, Costa Rica Aérea 1 y 2, entre otros). Actualmente reparte su tiempo entre la creación de proyectos de comunicación para la sostenibilidad y la escritura de guiones para cine y televisión, relatos y canciones.

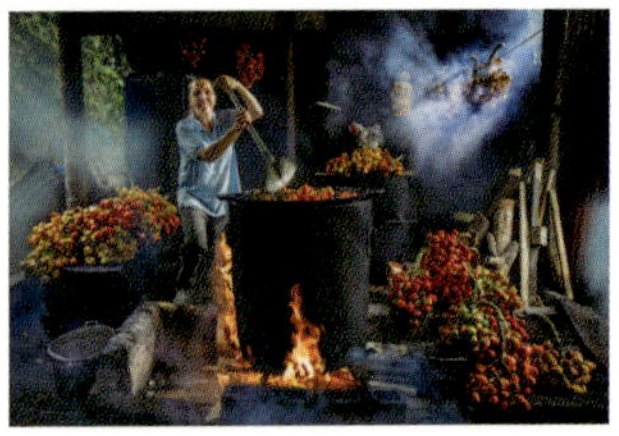
Magda Araya Brenes
Pag 7

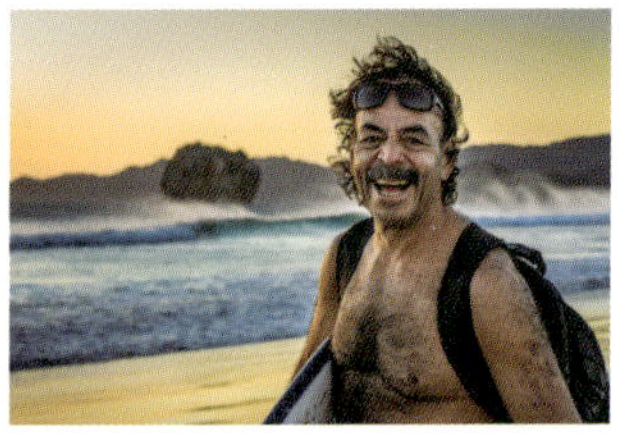
Eladio Castro Mora
Pag 11

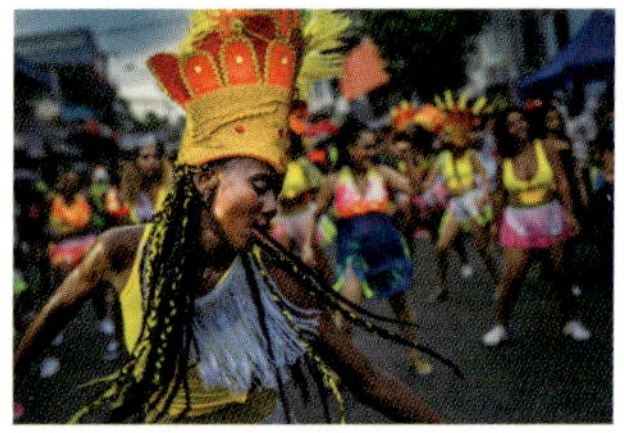
Angeline Pondler Estrada
Pag 17

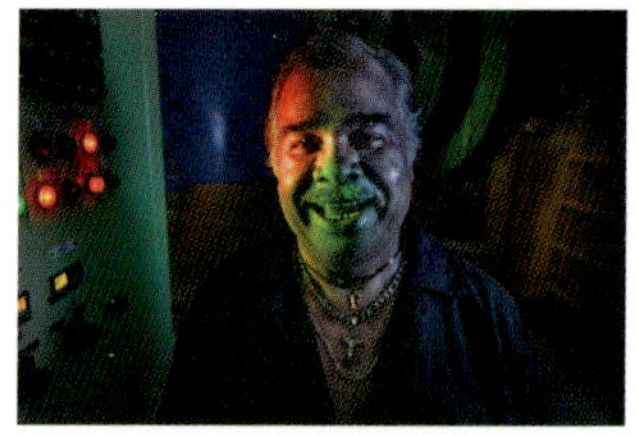
Francisco Edwin Hernández
Pag 25

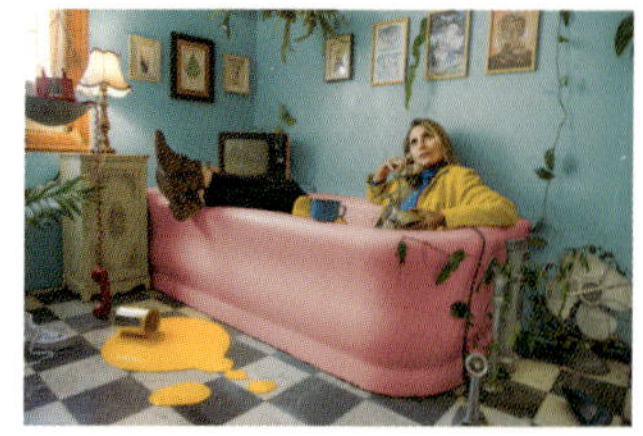
Elizabeth Arguello Miranda
Pag 27

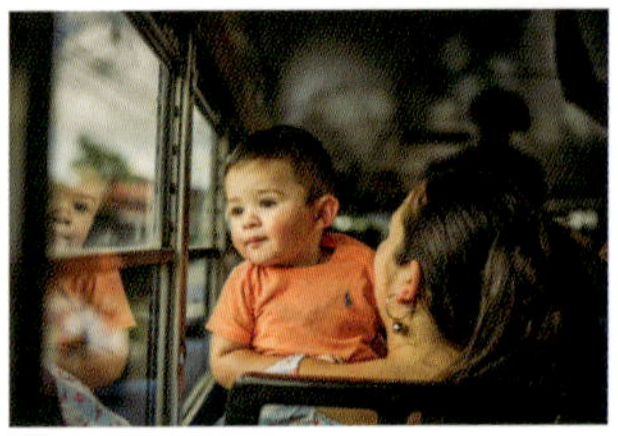
Eithan de Jesús Brenes
Pag 31

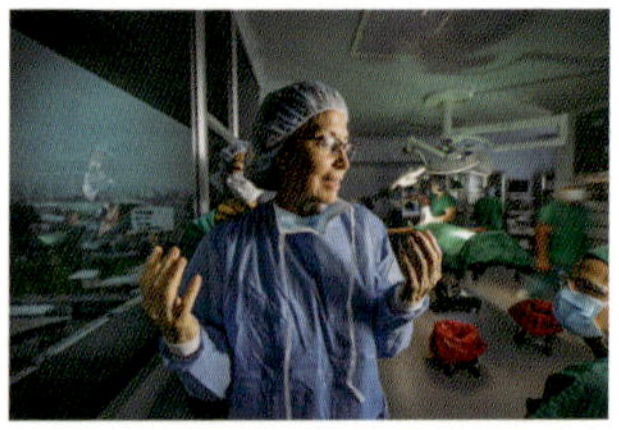
María Amalia Matamoros Ramírez
Pag 35

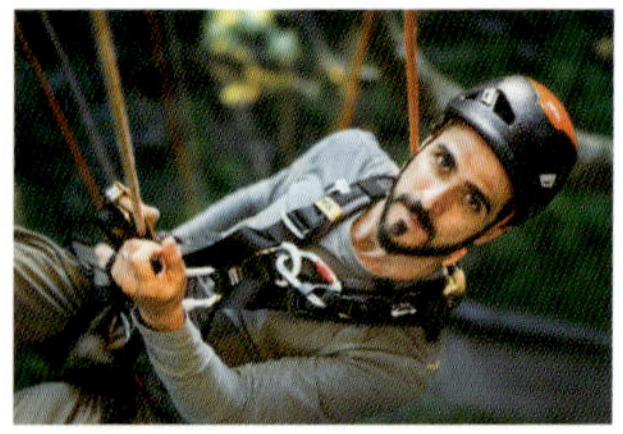
Andrés Valverde
Lizano Pag 39

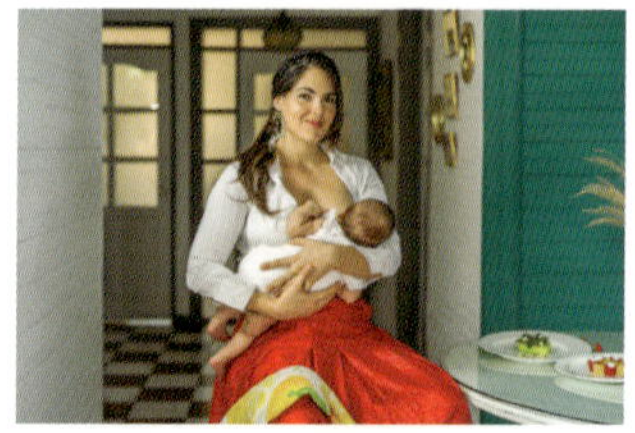
María Laura Zamora
Pag 41

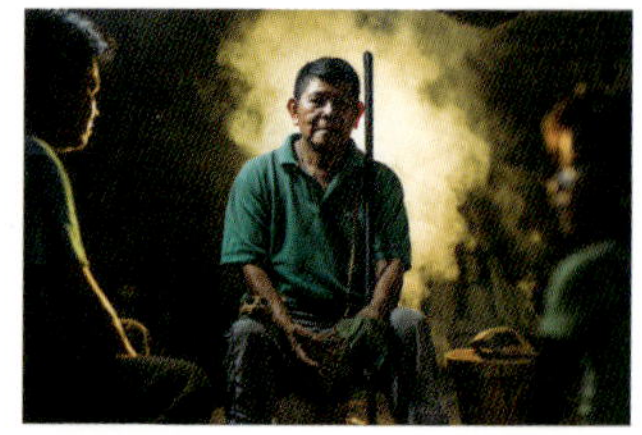
Lisandro Porras
Pag 45

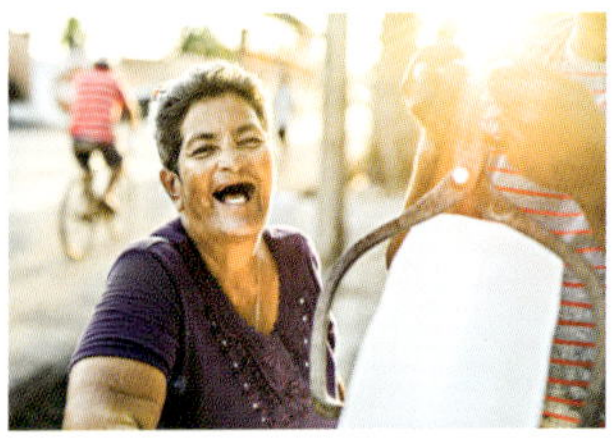
María Cecilia Cantillo Cantillo
Pag 49

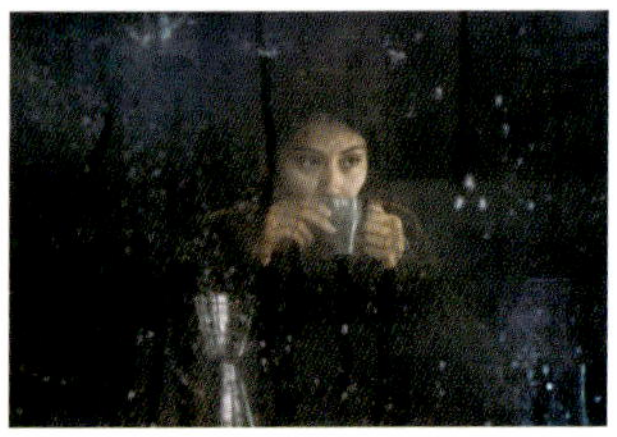
María Elena Rivera Garita
Pag 51

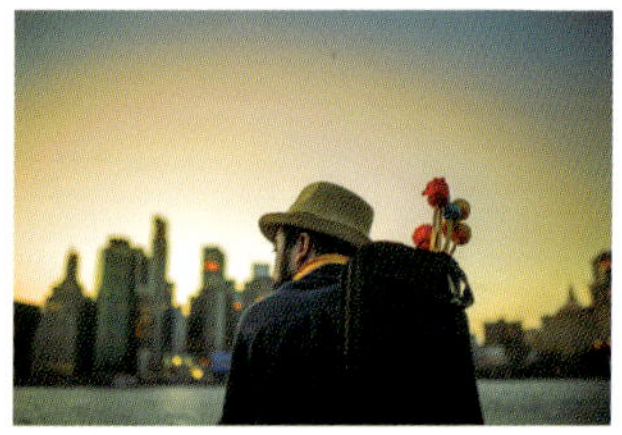
Felipe Fournier Soto
Pag 53

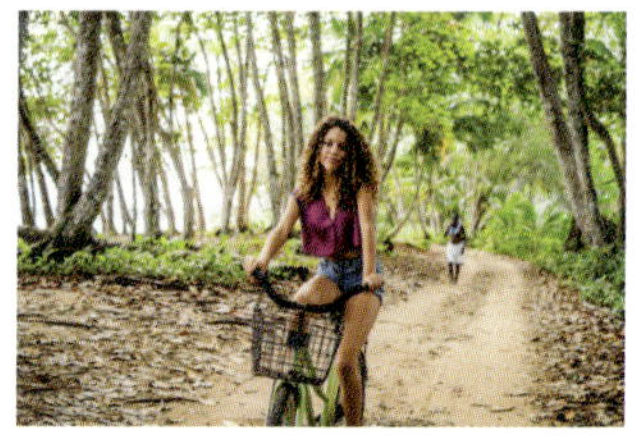
Jubanel Taylor Larrauri
Pag 57

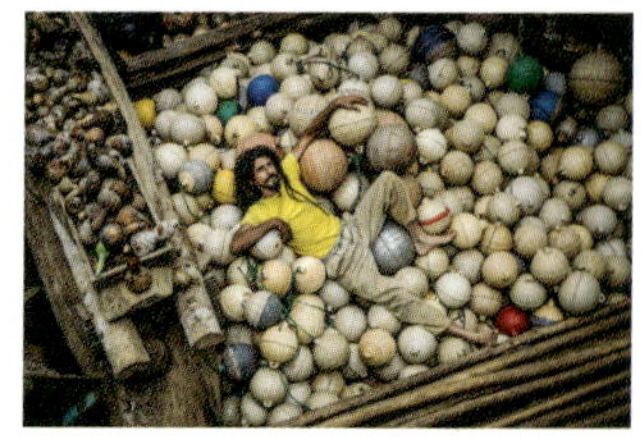
Javier Francisco Pancho Quesada
Pag 59

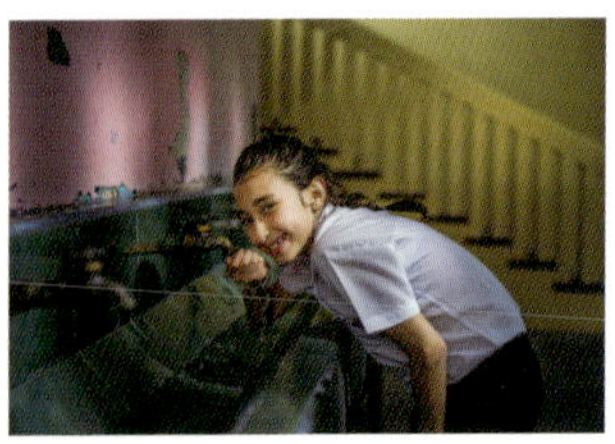
Mariam Leiva Delgado
Pag 65

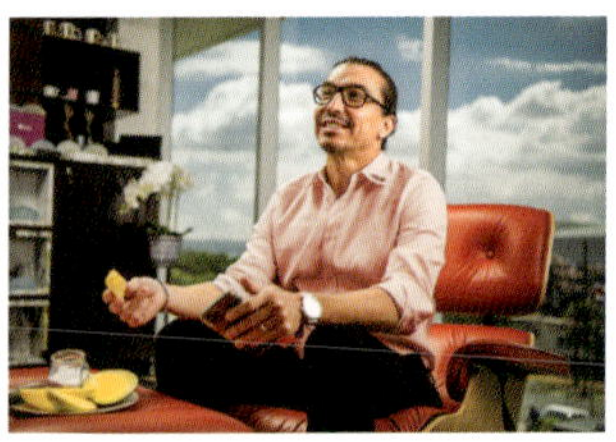
Juan José Chacón Quirós
Pag 69

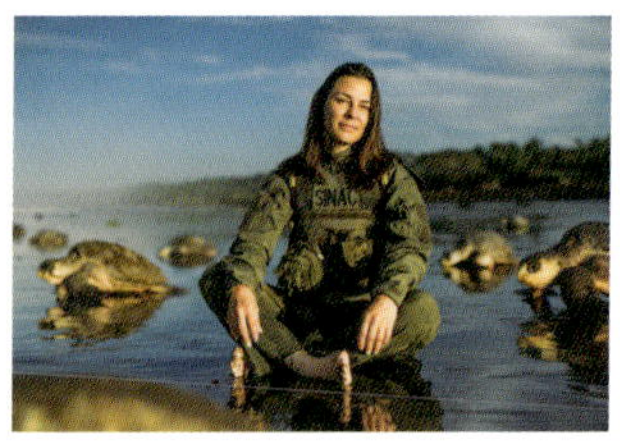
Yeimy María Cedeño Solís
Pag 73

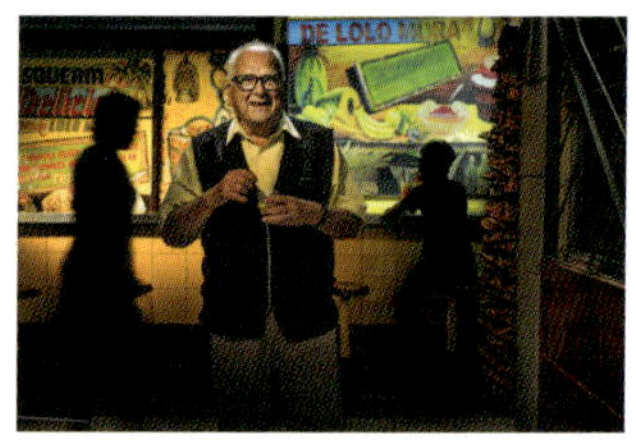
Lisímaco Chavarría Trejos
Pag 79

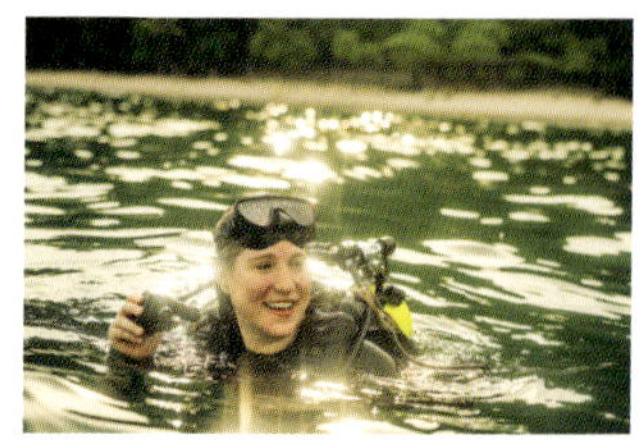
Melania Guerra
Carillo Pag 81

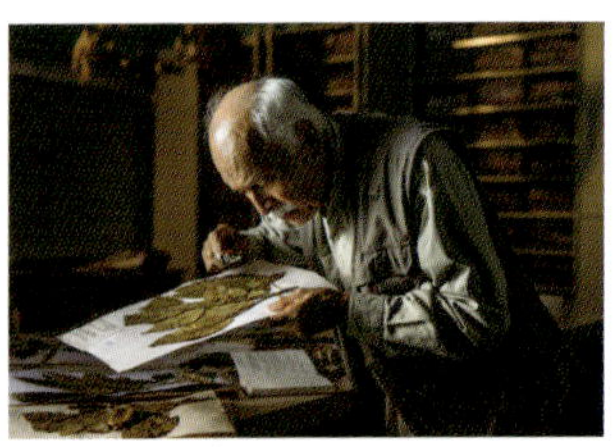
Luis Jorge Poveda Alvarez, "Pove"
Pag 85

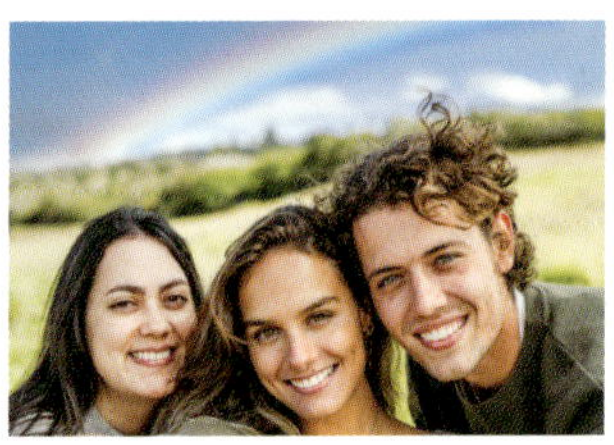
Luciana Koberg Garrón
Pag 89

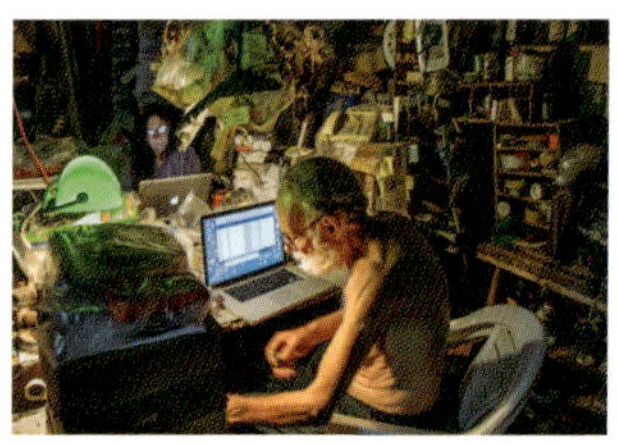
Winifred Hallwachs y Daniel
Janzen Pag 93

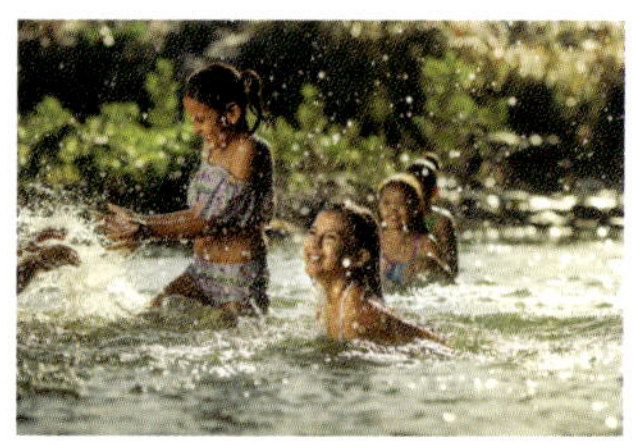
Jimena Amador.
Pag 95

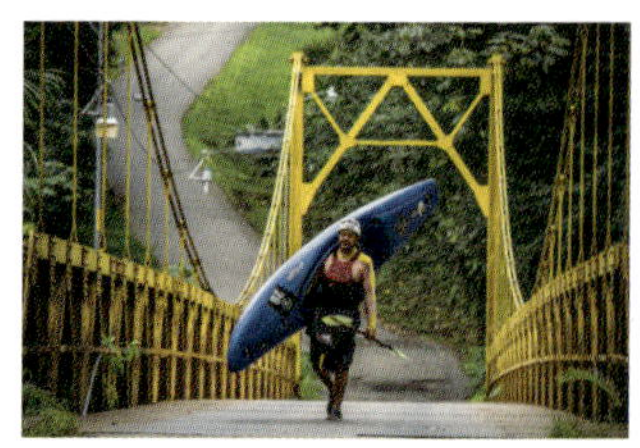
Leonardo Vásquez
Boza Pag 99

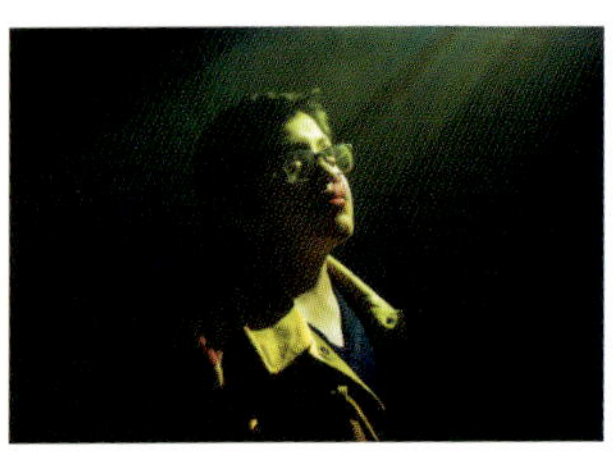
Jackeline Villalobos Morales
Pag 103

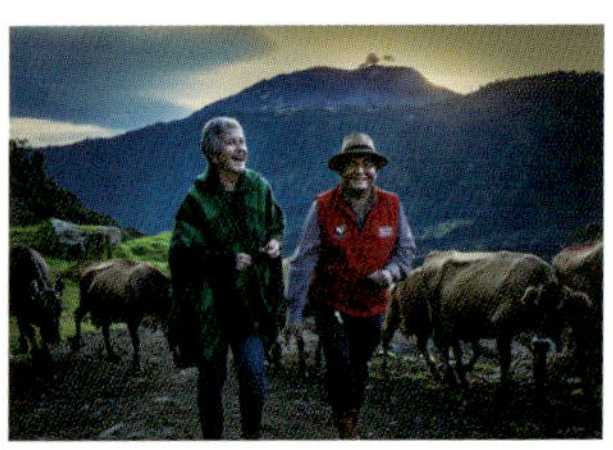
Eduardo Robert Ureña y Marlene
Robert Rohrmoser
Pag 105

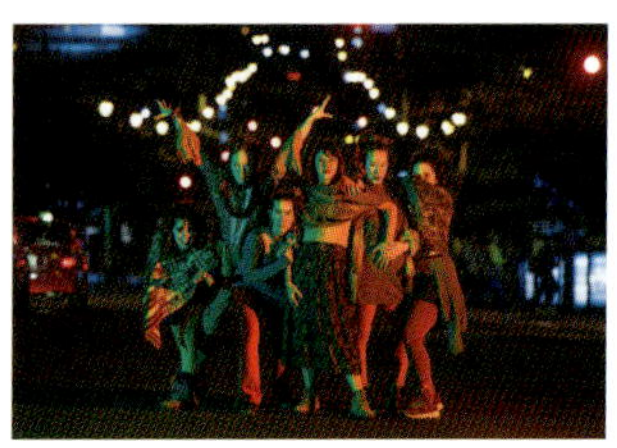
Colectiva Viajo Sola - Daniela
Quesada Pag 109

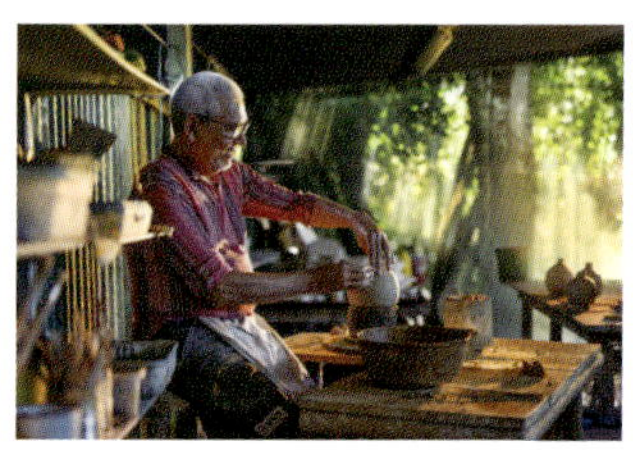
Gerardo Selva Godoy
Pag 113

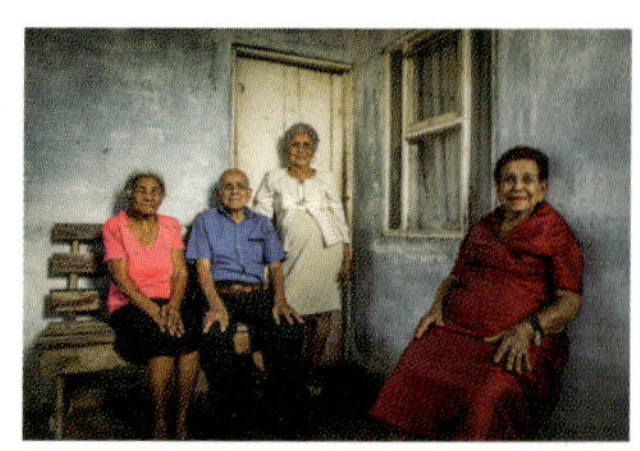
Dora Amparo Bustos
Duarte Pag 117

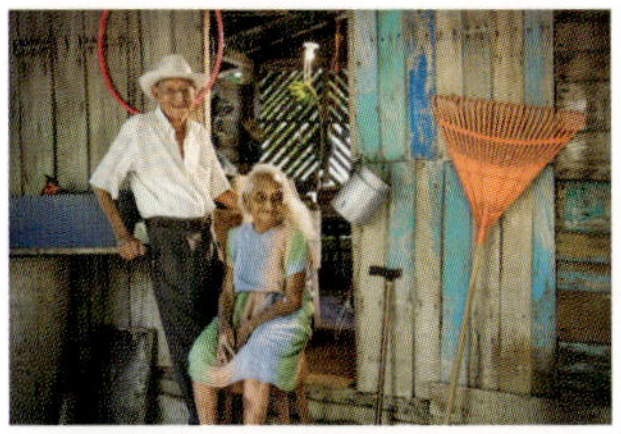

José Bonifacio Villegas Fonseca, "Pachito" Pag 123

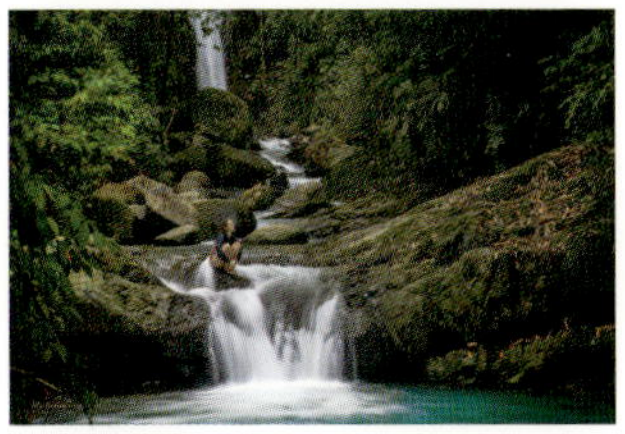

Pilar Salazar López Pag 129

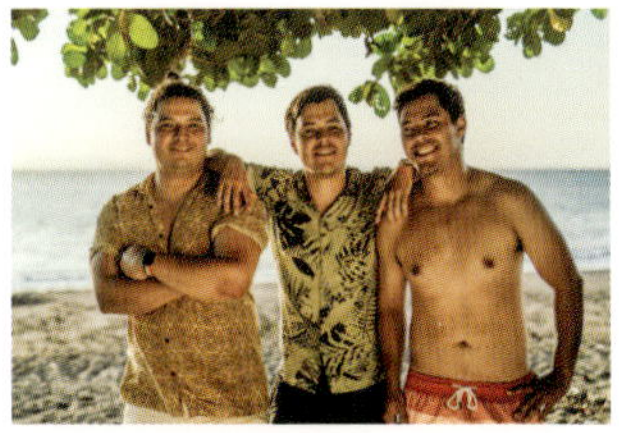

Róger Alonso y Alonso José Durán Hernández Pag 133

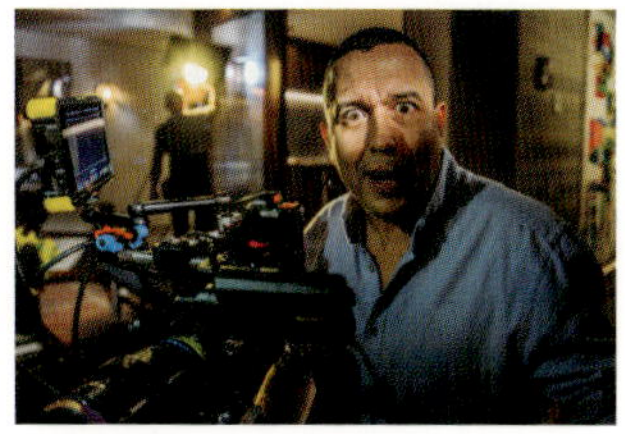

Sebastián Vega Fernández Pag 137

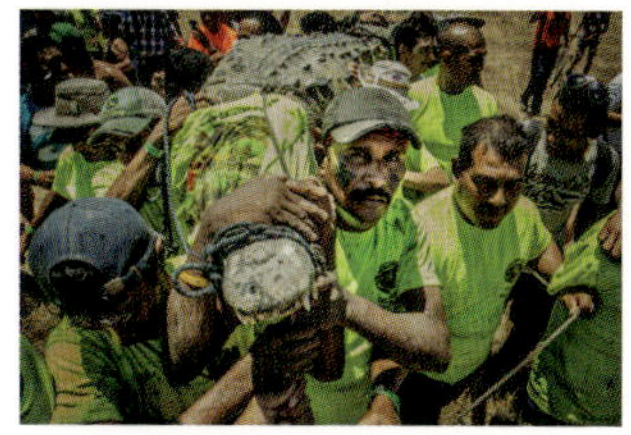

Humberto Miguel Angulo Piña Pag 139

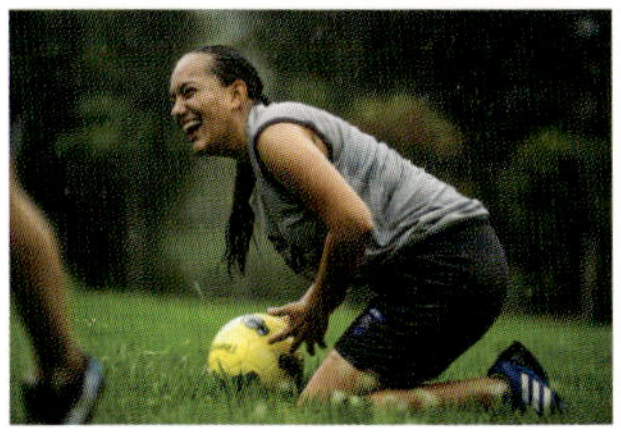

Verónica Acuña Navarro Pag 143

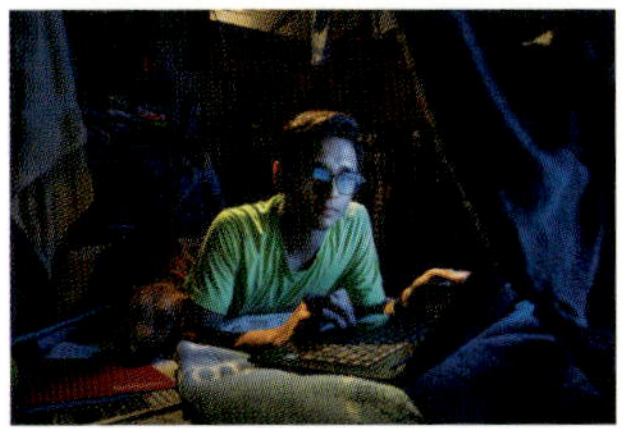

Yilmer López Lacayo Pag 145

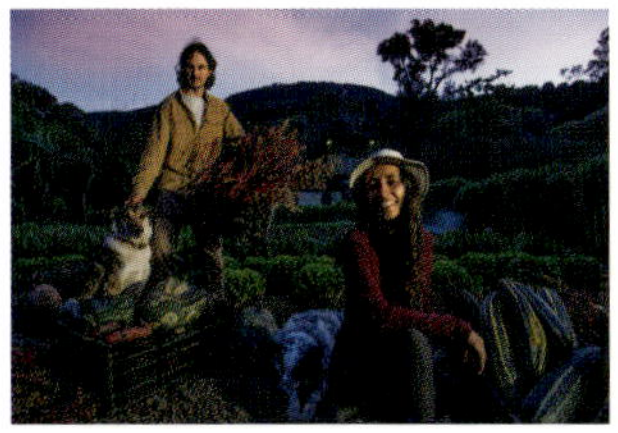

Gabriel Bravo Pacheco y Jemima Picado Pag 151

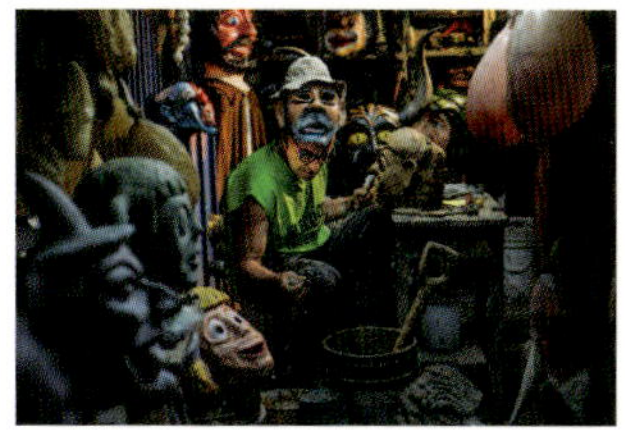

Luis Fernando Vargas Cascate Pag 157

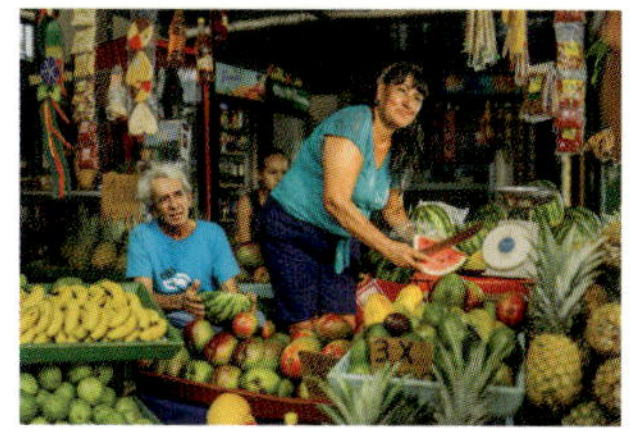

Floribeth González Vargas Pag 161

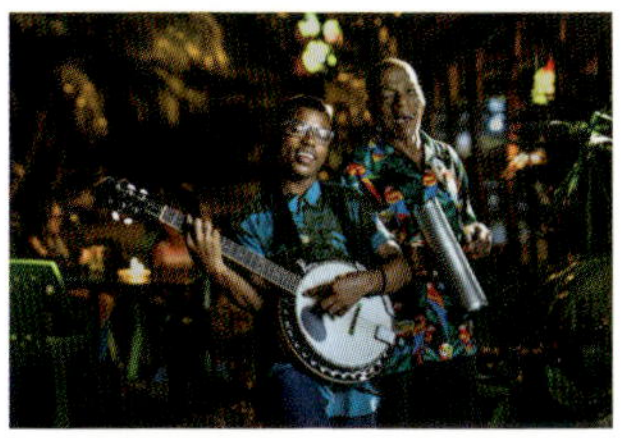

Danny Álvarez González Pag 165

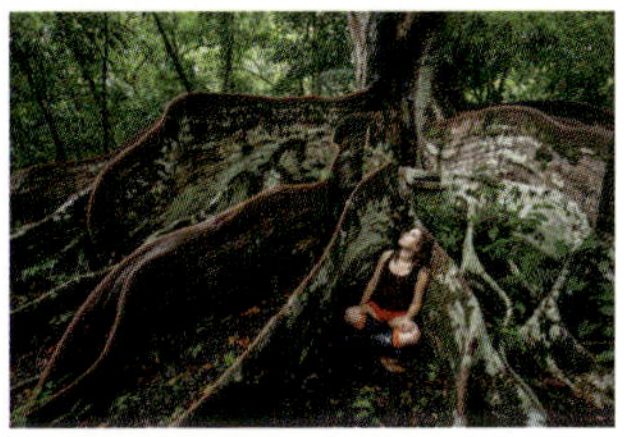

María Gabriela Montero Sánchez Pag 167

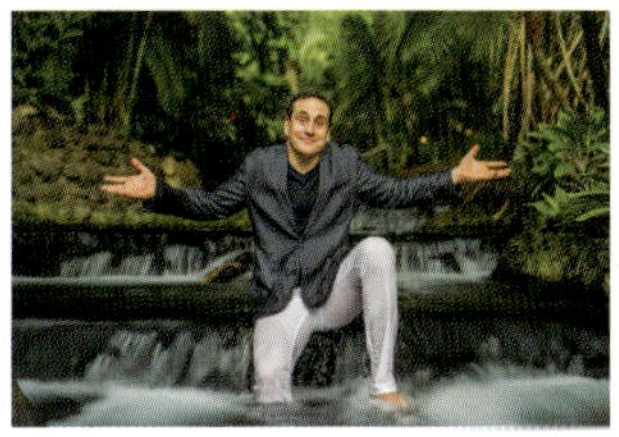

Daniel Mikowski Hun Pag 169

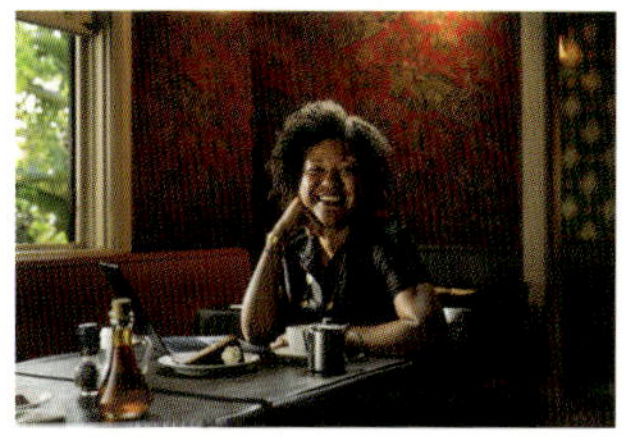

Eunice Shara Duncan Villalobo Pag 171

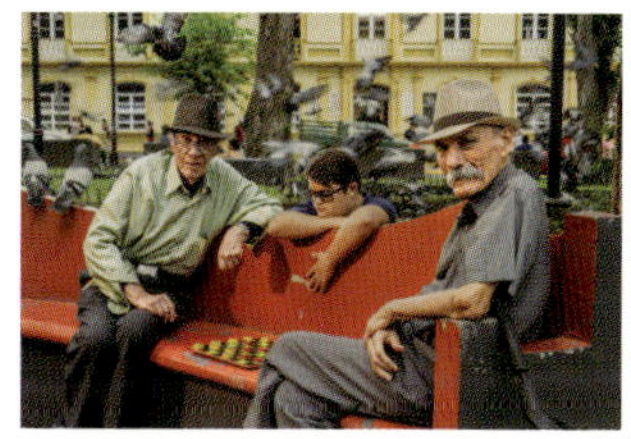

Emiliano "Totó" Araya García Pag 173

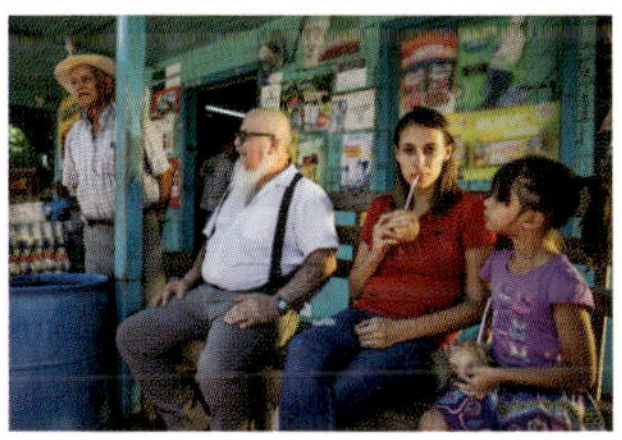

Andrea Leiva Saborío Pag 177

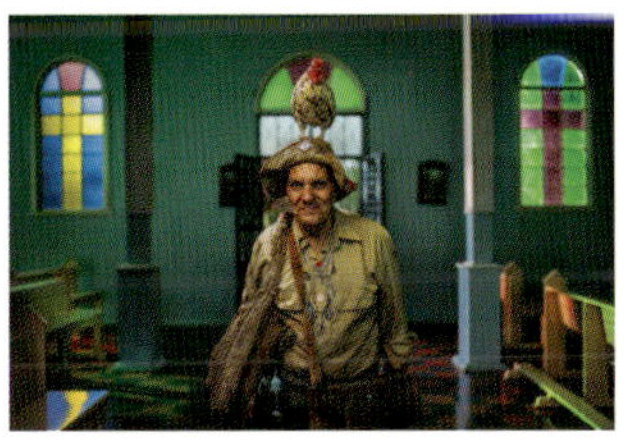

Carlos Guadamuz Hidalgo Pag 181

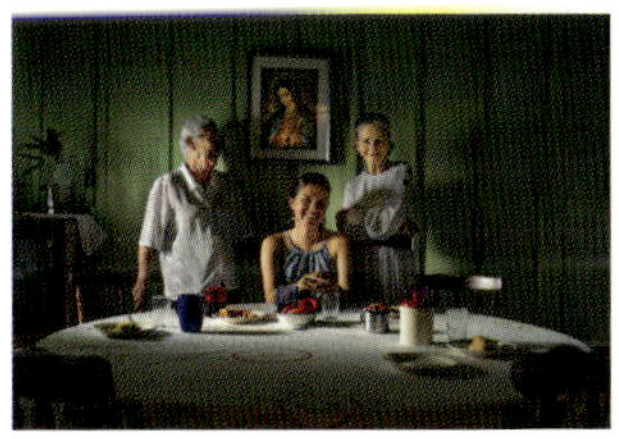

Guadalupe Hernández Ramírez Pag 185

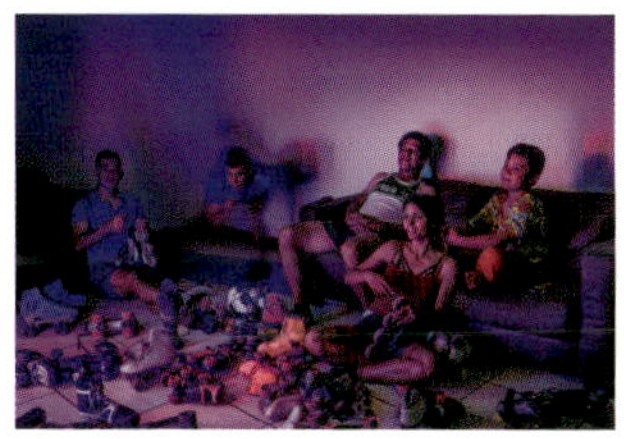

Familia Siles Pag 189

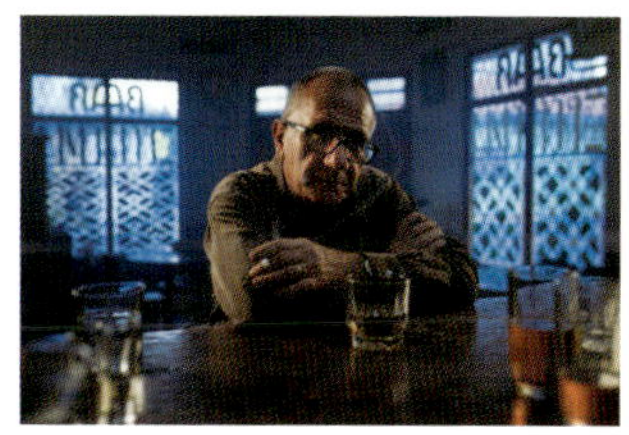

Jorge Motta Aronne Pag 193

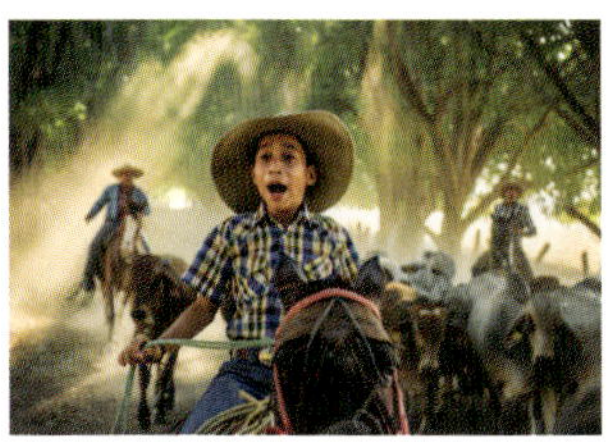

Antony Daniel Coronado Cortés Pag 197

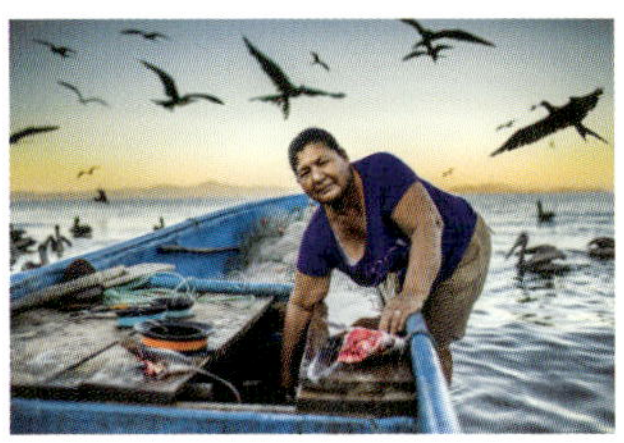

Estebana Pérez Martínez Pag 201

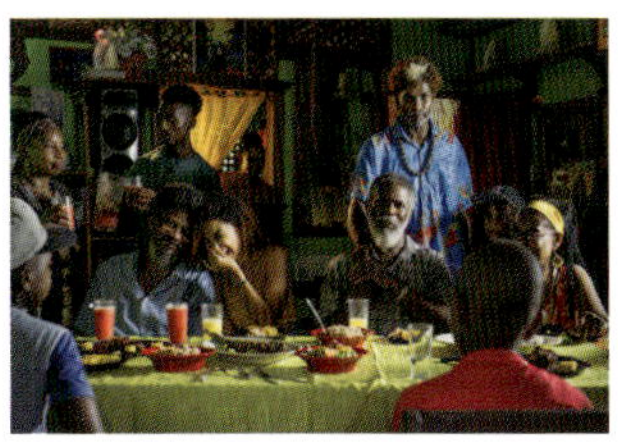

Carl Cunningham Brown y Familia Brown Pag 205

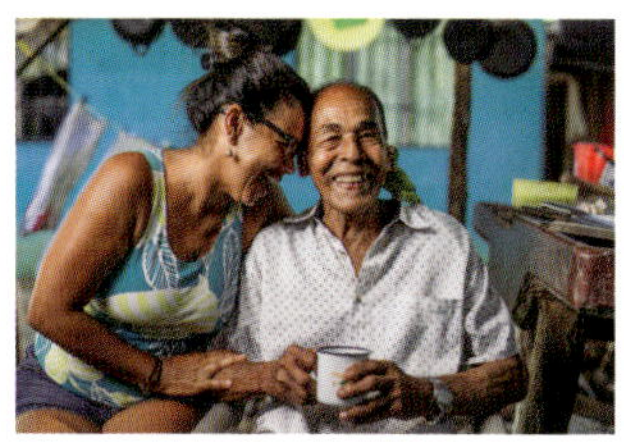

Manuel Zamora Contreras Pag 209

DEDI CA TORIA

A las personas que nos honraron con su confianza y se apuntaron a compartir sus historias y ser retratadas

Don Giorgio, Carlos, María Amalia, Lisímaco, doña Alba y doña Marta Eugenia, Shara, Sebas, Jackeline, Mela, Yilmer, Verónica, Gabriel y Jemima, Enrique, Joseph, Byron, Yuliana y Jeicob, Juan José, Luciana, Mateo, Caro Lao, Colectiva Viajo Sola, Blu, Amanda, Ximena, Laura, y Ana María, Karol, Luis, Rita, Josué, Roger, Mari y Sergio, Gerardo Selva, Guadalupe, Floribeth, Emiliano "Totó", Victor Eduardo "Gato", Jimena, Francisco Edwin, Elizabeth, Doña Carmen, Mariam, Magda, Eduardo, Marlene, María Elena, Angeline, Lisandro, Familia Brown, Carl Brown, Jubanel, Danny, Junior Álvarez, Pove, Luis Fernando "Bombi", Eithan, Reinier, Madeley, María Laura y Antonia, Estebana, María Cecilia, Andrés, María Gabriela, Pili, Pancho, Leonardo, Daniel M.,Andrea, Antony, Aquiles, Eladio, Yeimy, Bonifacio "Pachito", Trini, Dora, Humberto, Manuel, Felipe, Winnie y Daniel.

A todas las personas que nacieron o viven en Costa Rica, que por razones obvias no pudimos incluir en el libro pero que esperamos se sientan de alguna manera representadas en este proyecto.

A papi por la guía amorosa en el mundo de la foto y por tanto más.

También se siente importante en este proyecto agradecer a las ancestras y los ancestros. El origen y la creación. Han sido muchas generaciones de ticas y ticos, de mezclas, de historias, de duelos, de luchas y sanación. A los que pasaron por acá pero ya no están en cuerpo. Sin esa historia que nos precede no estaríamos acá. Les sentimos cerca.

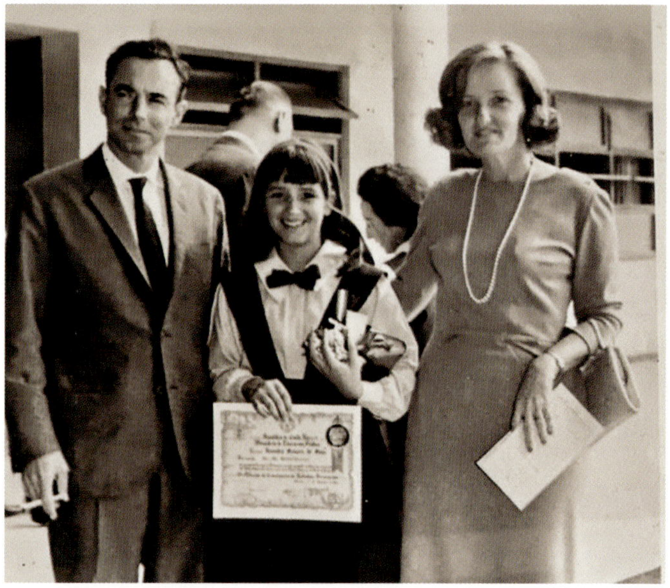

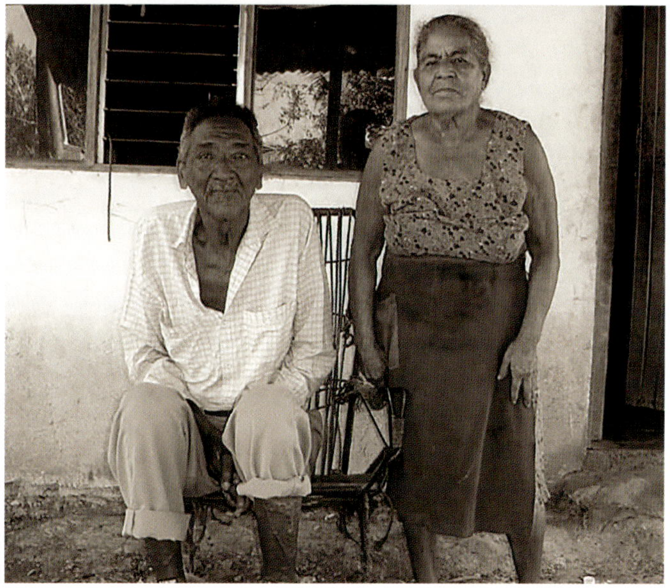

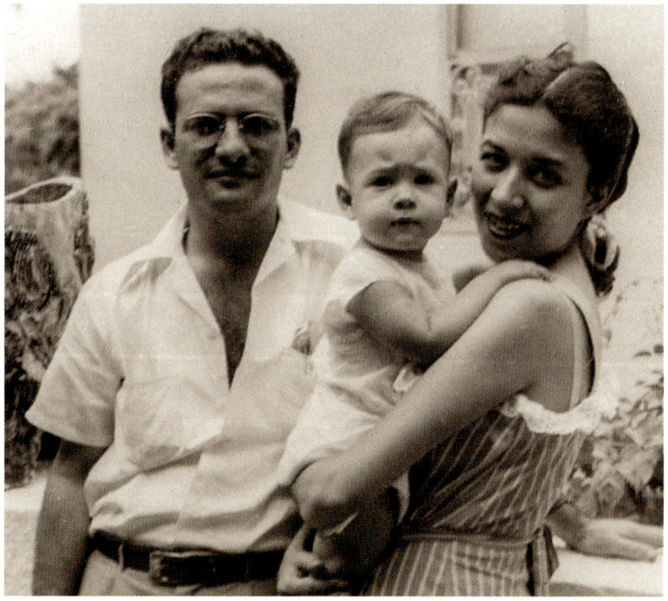

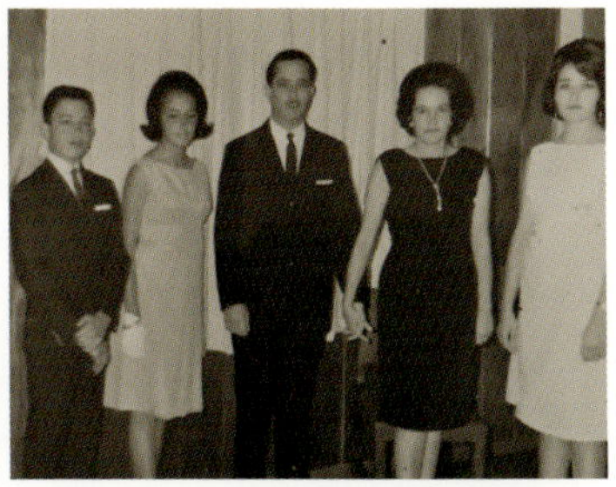
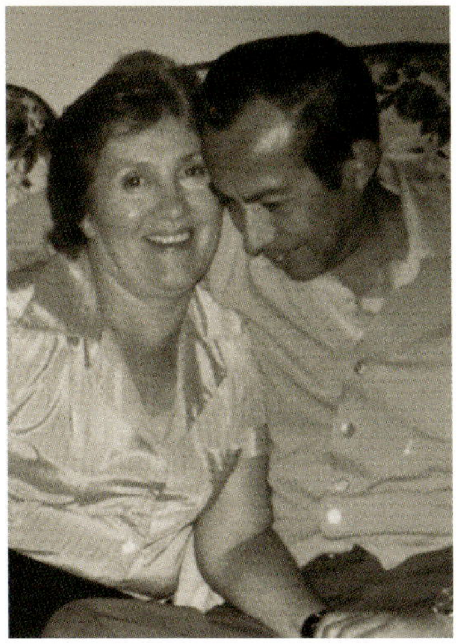
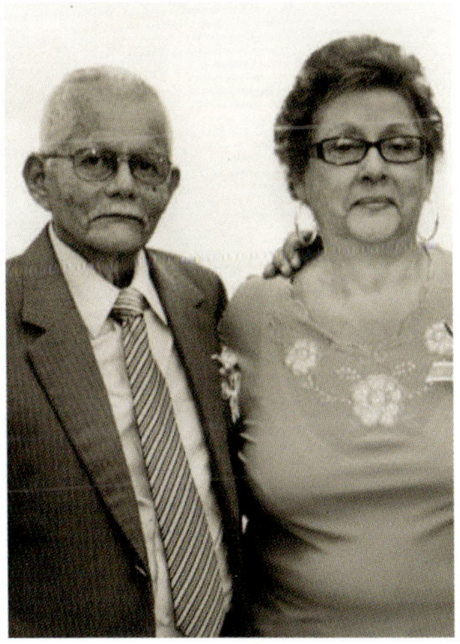
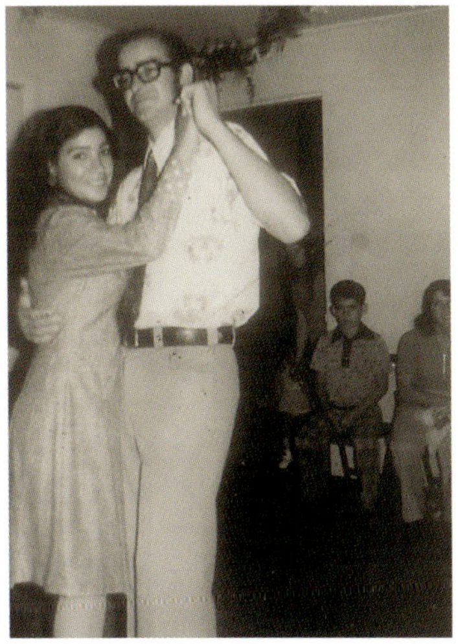
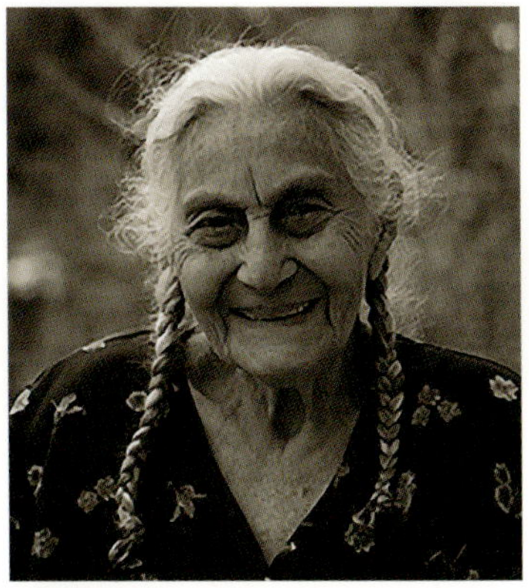
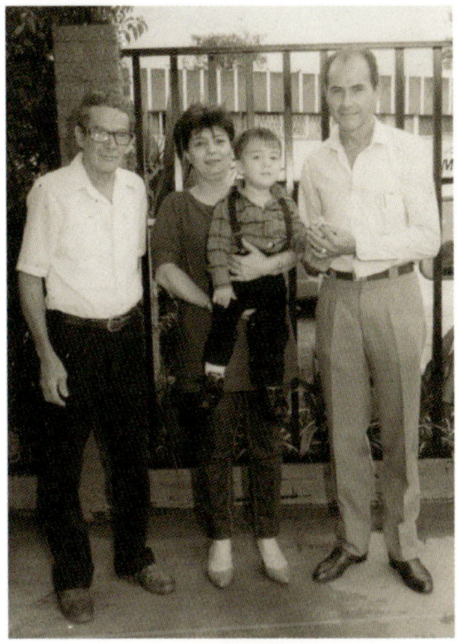
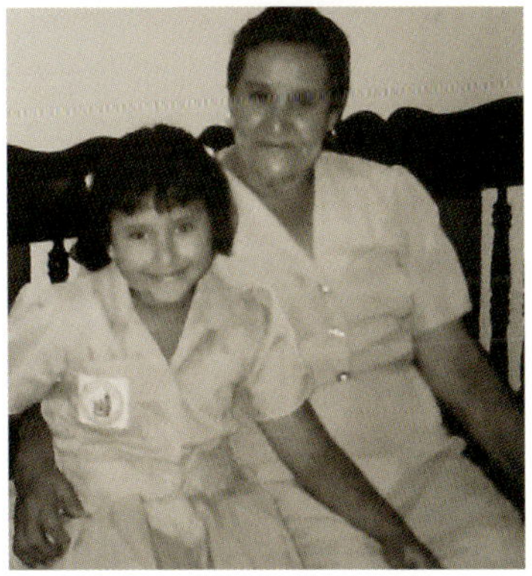
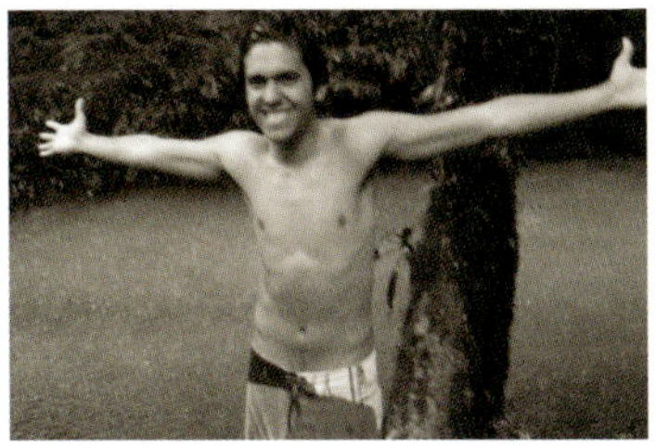
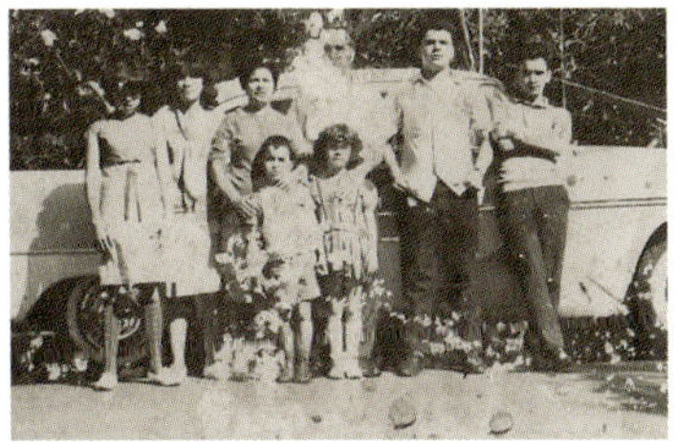
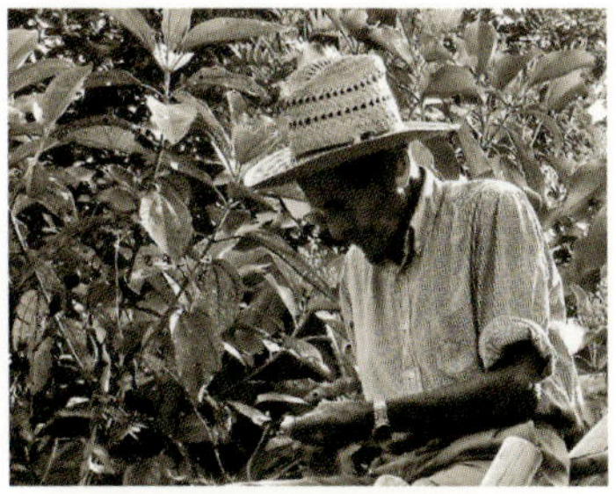
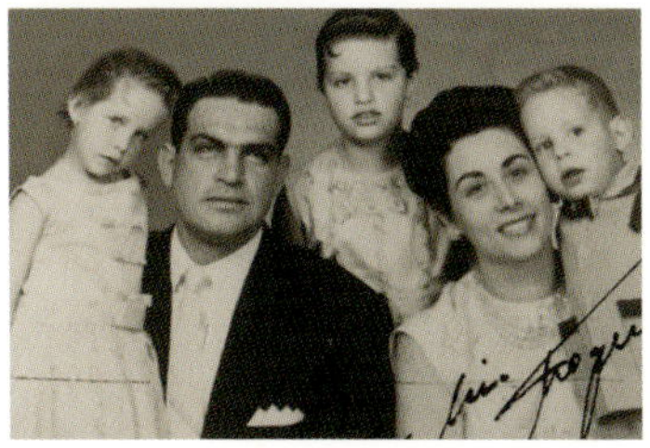
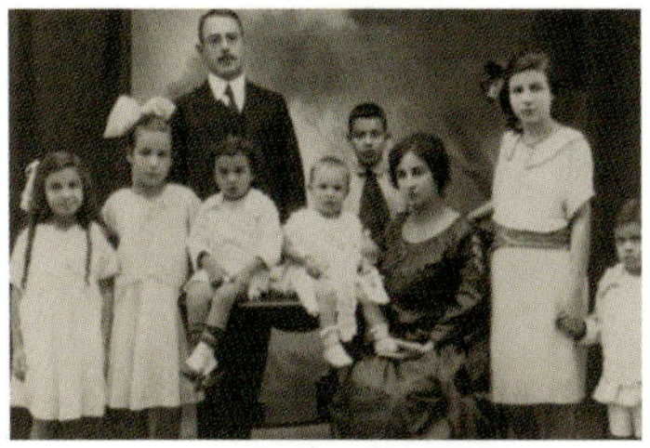
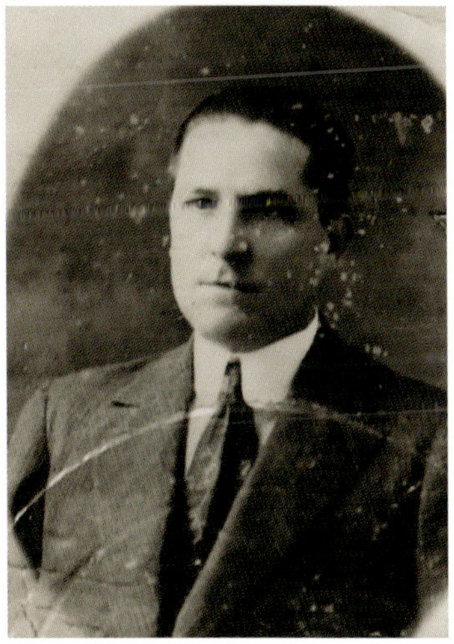
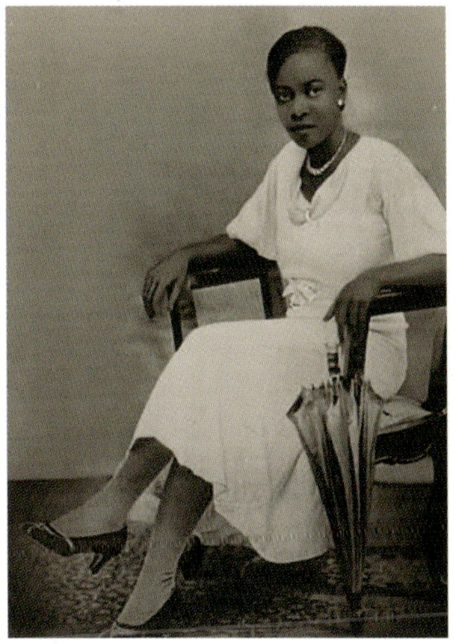
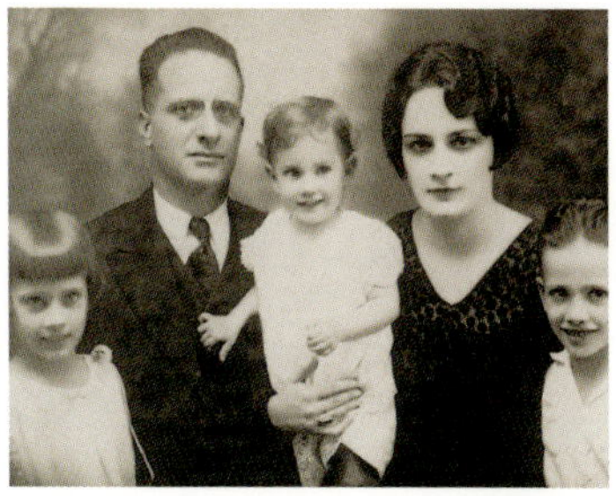
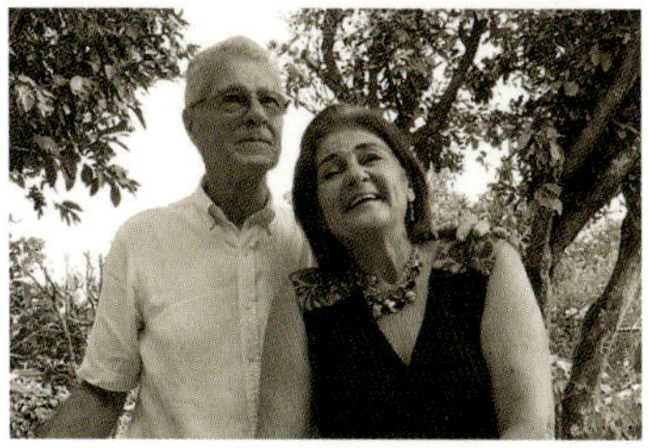
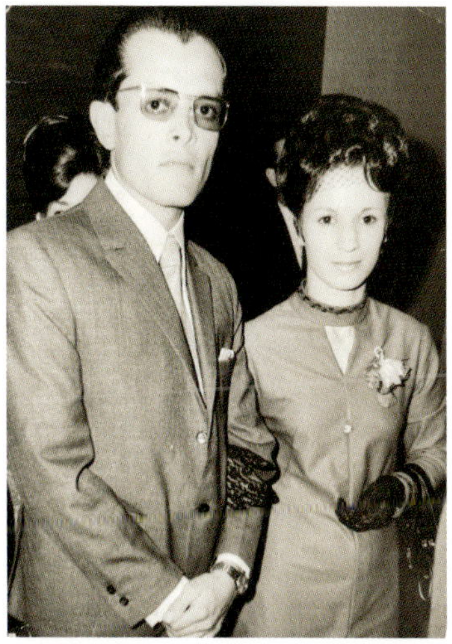
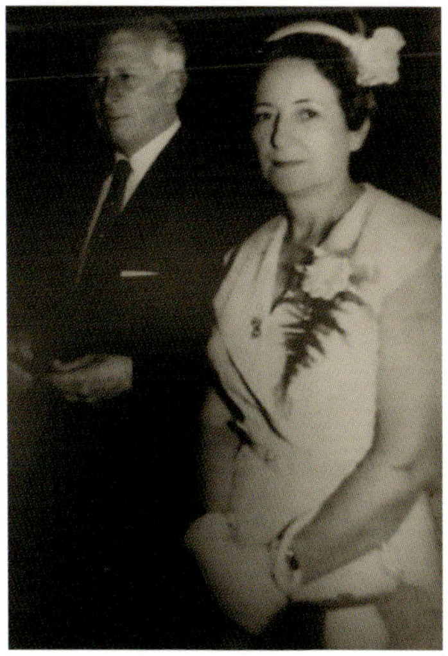
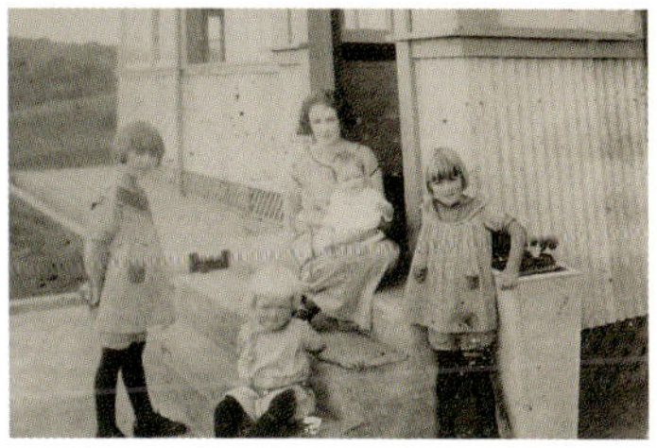
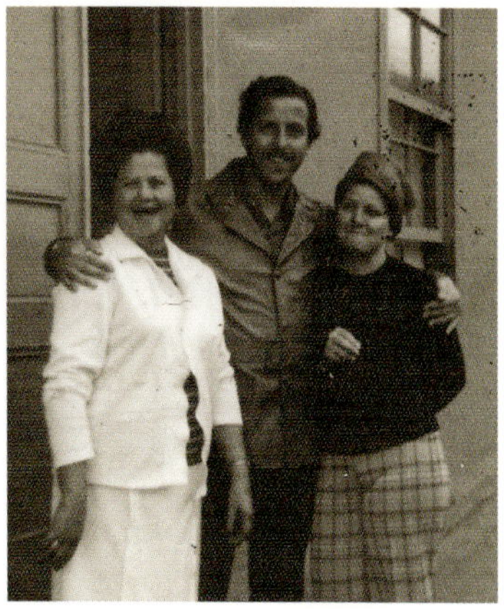
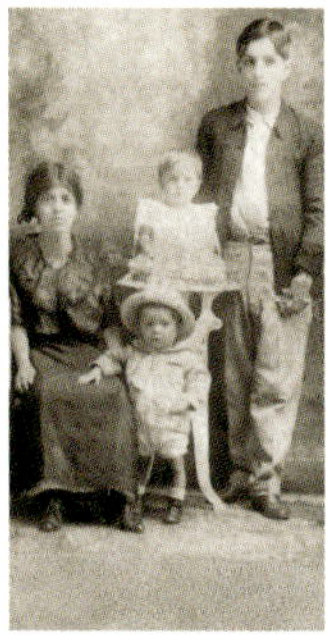
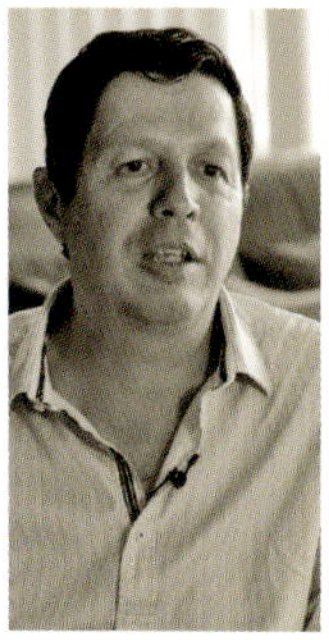
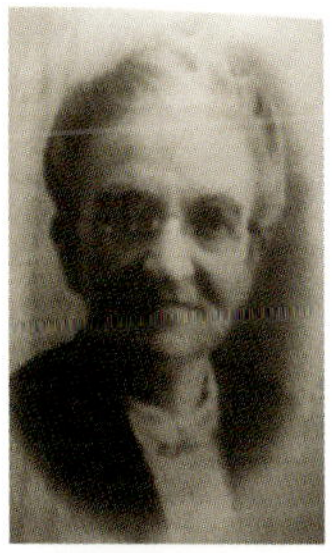
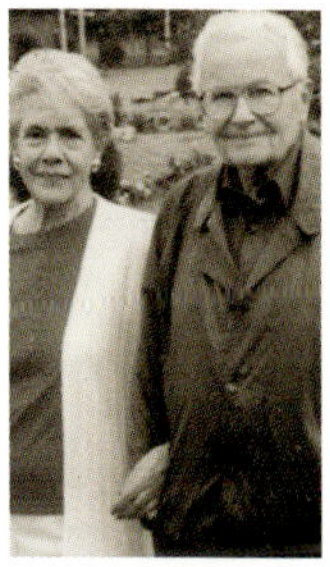
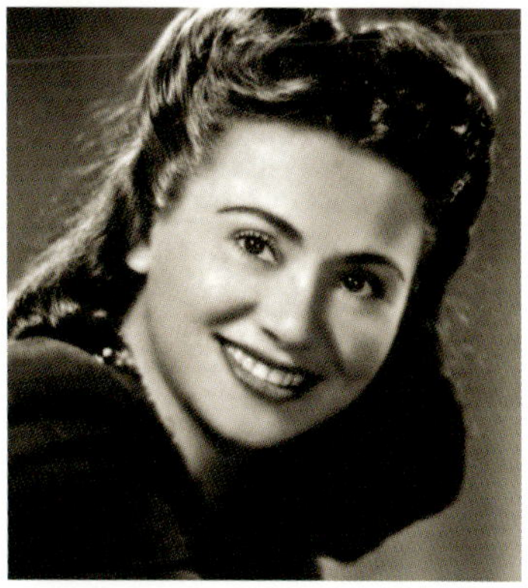
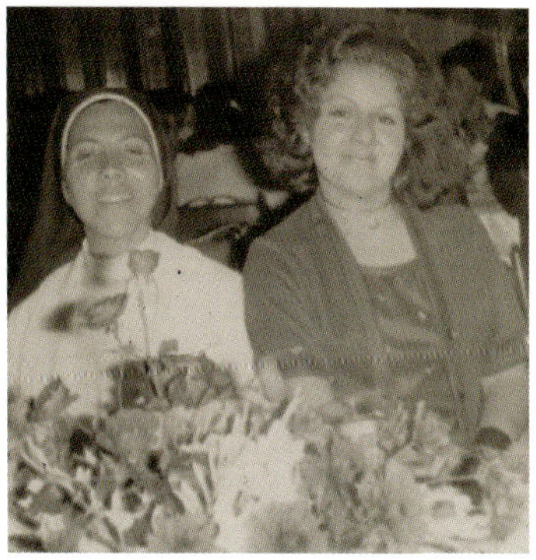

AGRADECIMIENTOS

Ilse Golcher Carranza. -A mami por la vida, la valentía y el amor-.
María José Trejos
Aurora y Clara
Priscilla Hine
Alvaro Brenes
Victoria Mata
Matías Brenes
Sergio Brenes
Sor Carmen Brenes
Maria Angélica Vargas
Marcela Sotela
Yusafín Jarquín
Michelle Macluff
Daniel Rescio
Ana Javier Quintero
Melissa Zuñiga
Ximena Guardia
Carolina Quirós
Andrés Cervilla
Kevin Durán
Mónica Hidalgo

Contribuciones

Gabriela Bruna
Karol Méndez
Lucía Vasquez
David Ramirez
Camilo Villegas
Marielos Cordero
Esteban Zabala
Pablo Acuña
Natalia Díaz

Equipo

Enrique Camacho
Carolina Quirós
Daniel Montiel, Cindy Montero, Marcelo Rosales.

Patrocinadores

Nisa Sanz
Marcela Sandoval
María José Rodríguez
Anabelle Calderón
Laura Moreno
Gustavo Guerrero
Sergio Morales
Marco Agüero
Greivin Badilla
Nicolás Marín
Equipo de marca país

Complicidades genuinas y espontáneas

Blue zone: Jorge Leiva - Fundador y presidente Asociación Península de Nicoya Zona Azul.
Familia Villegas: Paulina Villegas Reyes, Ingrid Villegas Reyes, Alexa García Villegas
y Mateo Fonseca García
Ma. Trinidad Espinoza, Martha Beatriz García, Zuri Valeska Suárez
Familia Bustos: Filemón, Encarnación, Ninfa, Rodrigo, Zeidy, Marta, Sugeilyn y Santiago.
Hojancha: Luis Ángel Pérez, Pulpería: Manuel Pineda, José Gutierrez, Guanabeer
Sabaneros: Carlos Martínez, Jose Gerardo Martínez, José María Cruz, Aquiles Vargas,
Federico Apestegui Pacheco, Finca Monteclaro
Ostional: José Pablo Baltodano Díaz
Puntarenas: Olman Jorge Shedden Cerna (Papá), Olman Ricardo Shedden Quiros(hijo)
Fábrica de hielo Shedden. Jose Pérez, Lisseth Sánchez, Walter Calderón, Victor Espinoza, Augusto Rojas
Centro de Investigación Biológica Hacienda Barú
Don Santiago Montero
Esteban Solano
Francini Hernández, Julizxa Salazar, Pamela Jiménez, Valentina y Monserrat Bonilla, Mariela y Jimena Amador, Joshua Zuñiga, Tatiana Castillo, Fabiola Madrigal, Génesis y Avril Mora, Saray Acosta, Sarah Rodriguez, Arley Montoya, Kevin y Kiane Salazar, Ma. Fernanda Méndez y Joab Araya
Frutería Oromango, Ma. Carolina Fernández García, Jacinto Vargas
Carmen Miranda, Ana Rita Arguello.
Jose María Álfaro, Amón Solar
Johana Delgado
Escuela Jesús Jimenez Zamora.
Cesar Madriz, Cafetería Franco
Comparsa Los Brasileiros
Carolina Lao, Mateo Esquivel
Leila Garro
Juan José Delgado
Mickey Ryan Castillo
Maitena Larrauri
Junior Álvarez, Grace González.
Laura Pacheco, Cetav, Parque La Libertad
Alejandro Masis, Área Conservación Guanacaste.
Octavio Durán, Kevin Durán
Colectiva Viajo Sola
Saunak Shah
Vanessa Arley Villalobos
Jaime Rouillon
María Pérez, La Esquina
Hotel Tabacón.
Jorge Rosales
Tatiana Berger
Karl Kahler
Mohammed Alshammari

Y a dos personas que han sido fuente importante de crecimiento dentro del proceso de este proyecto.

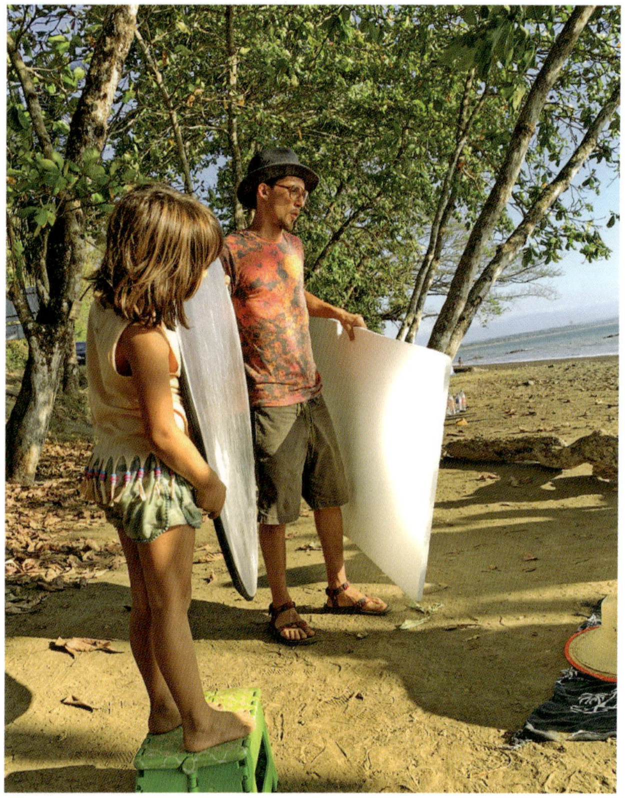

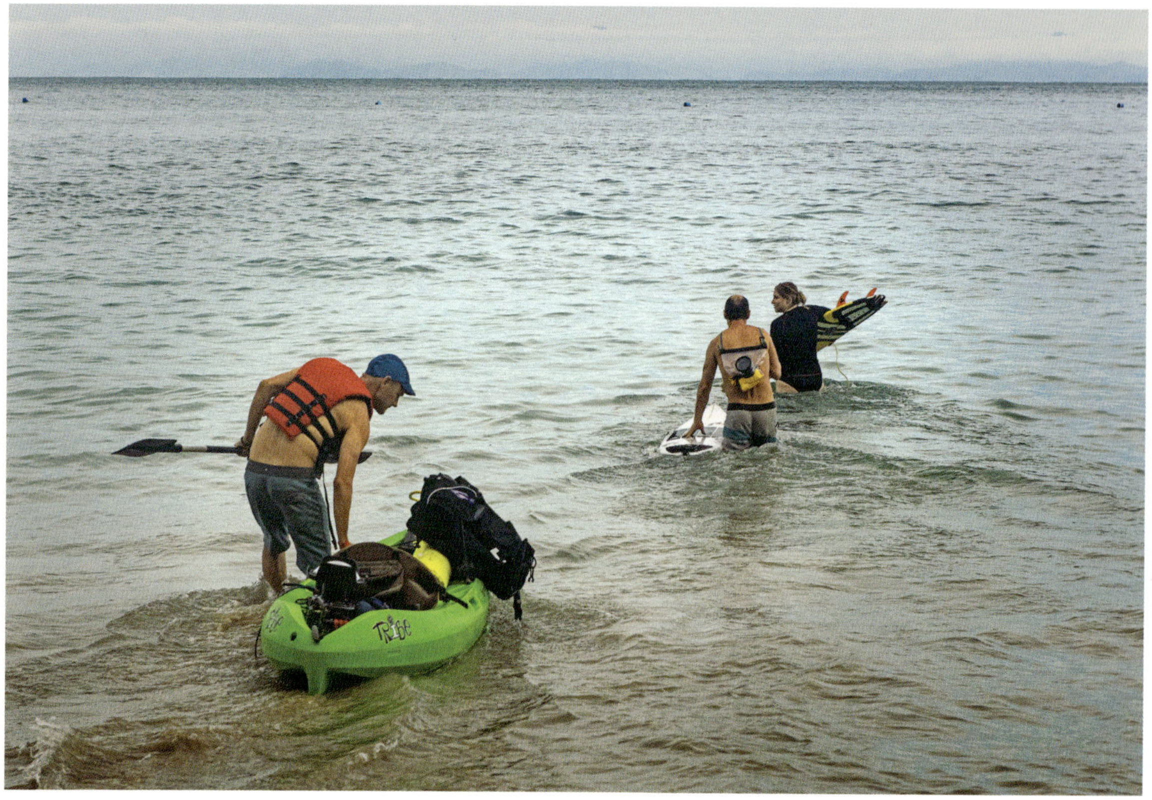

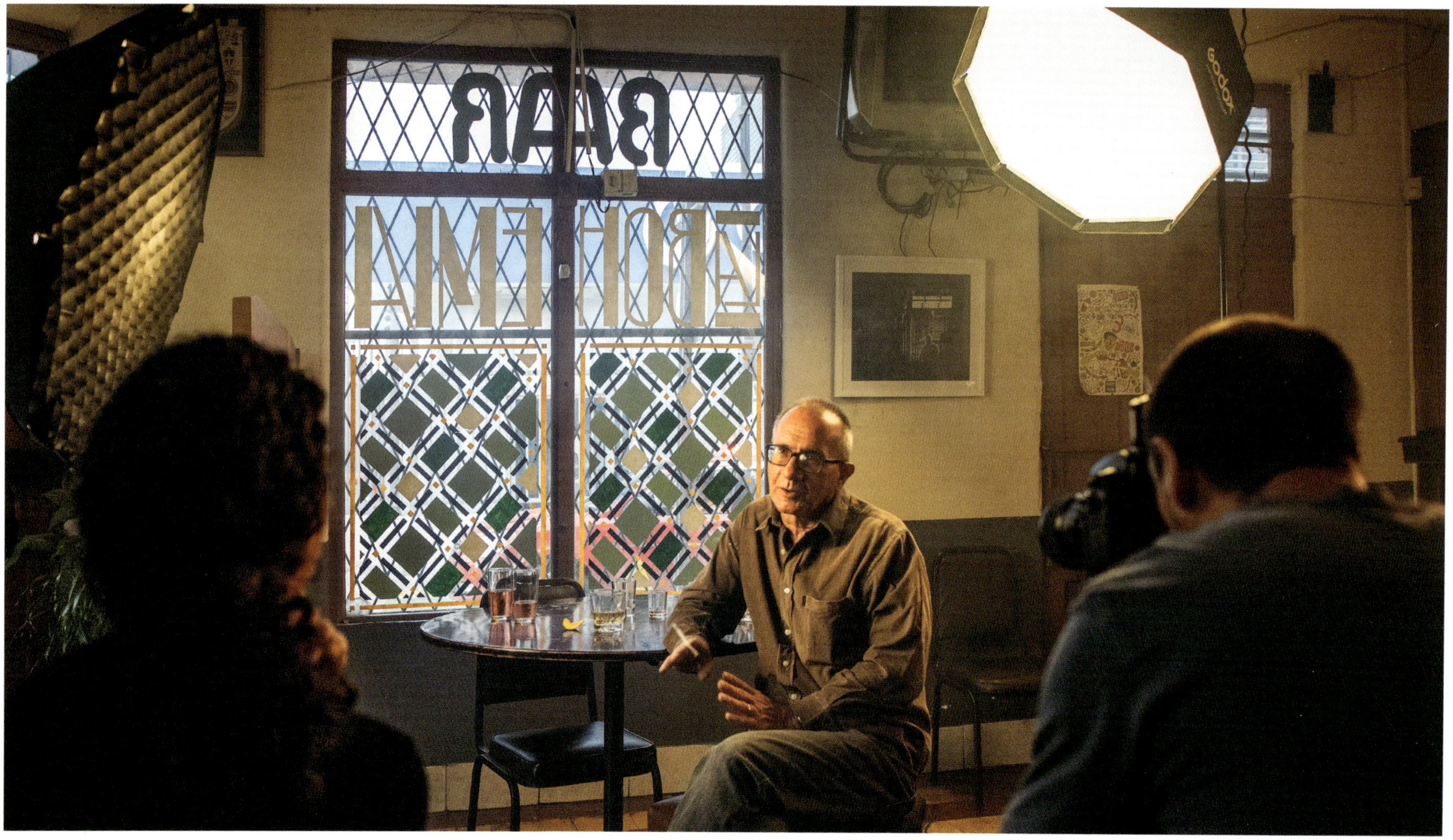
BAR
Godox

CRÉDITOS

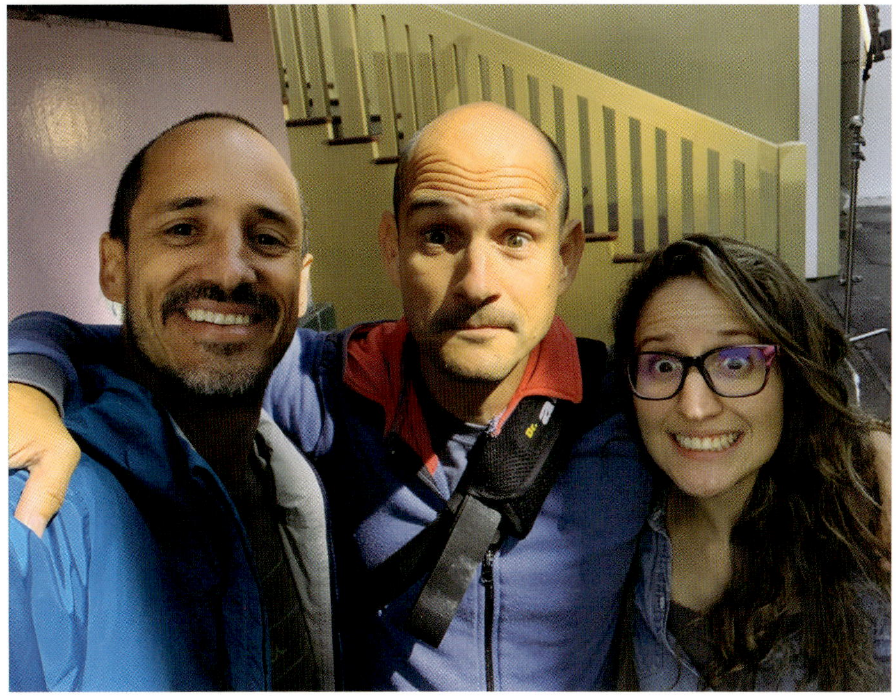

Comité editorial: Sergio y Giancarlo Pucci, María Teresa Brenes.
Fotografías: Sergio y Giancarlo Pucci. (excepto pág 54-55 Saunak Shah)
Conceptualización: María Teresa Brenes, Gabriela Bruna, Sergio Pucci, Giancarlo Pucci, Juan José Pucci.
Curación fotografías: Juan José Pucci.
Producción fotografías: María Teresa Brenes, Sergio Pucci, David Ramírez, y Tremendo
Iluminación: Sergio Pucci, Gaffers: Roberto Valerio, Willy Fuentes
Retoque fotografías: Sergio Pucci
Calibración fotografías: Kenneth Naranjo
Coordinación general: María Teresa Brenes
Textos Introducción: Jaime Gamboa
Textos complementarios: Giancarlo Pucci
Curación de historias: Sergio Pucci
Revisión de historias: Jaime Gamboa
Recopilación de historias: Fernando Bolaños
Textos historias: ver índice de escritores pág 221-223.
Biografías: Adriana Sánchez
Identificación de personas: Comité editorial en colaboración con Tremendo y Comuna Producciones.
Investigación de indicadores demográficos y datos infografía: Pablo Acuña
Diseño gráfico: Gitanos
Comunicación: Giancarlo Pucci, Gloriana Sojo, Sergio Pucci y María Teresa Brenes
Producción de video: Camilo Villegas

398.097286
P977p Pucci, Sergio, fotógrafo
Pura Gente: Sergio Pucci, Giancarlo Pucci ; edición de Sergio Pucci. – 1 ed. – San José, C.R. : Inversiones GSPG Internacional, 2021.
248 p. ; fotógrafos. : 27 X 27 cms.

ISBN: 978-9930-503-07-2

1. Personas– Fotografías - Costa Rica. 2. Personas – Vida Social y Costumbres – Costa Rica. I. Pucci, Giancarlo. II. Título.

¿CÓMO HICIMOS LAS FOTOS?

Más que fotografía documental, hicimos retratos de 54 personas. Fueron fotografiadas en su mundo y contexto real, buscando acentuar su autenticidad. Este mapa muestra las zonas donde se tomaron las fotografías.

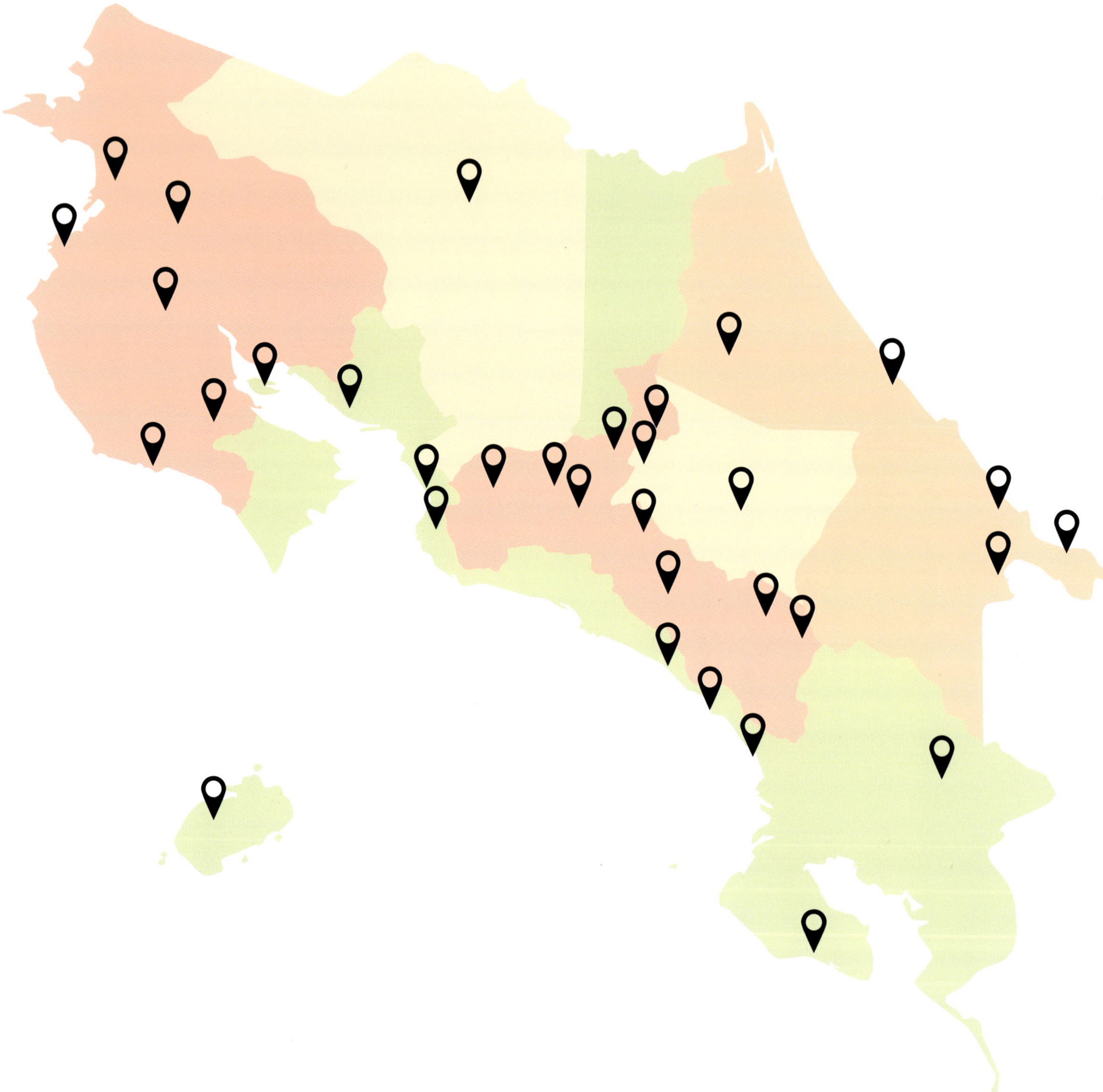

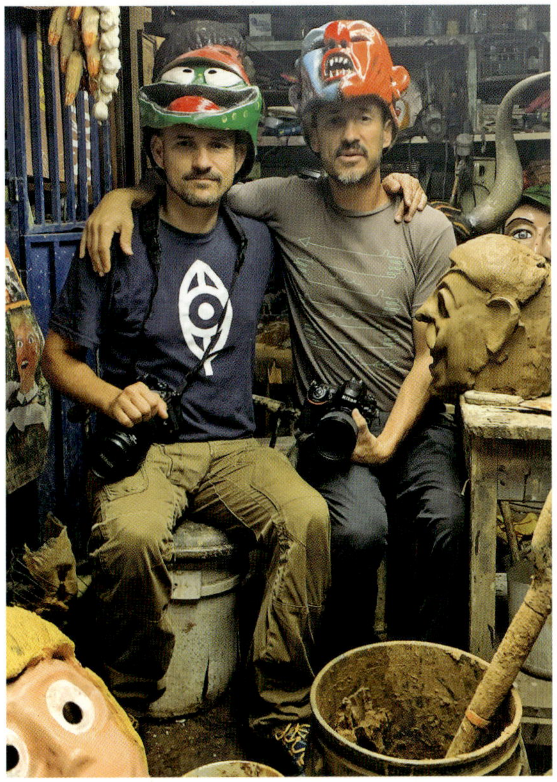

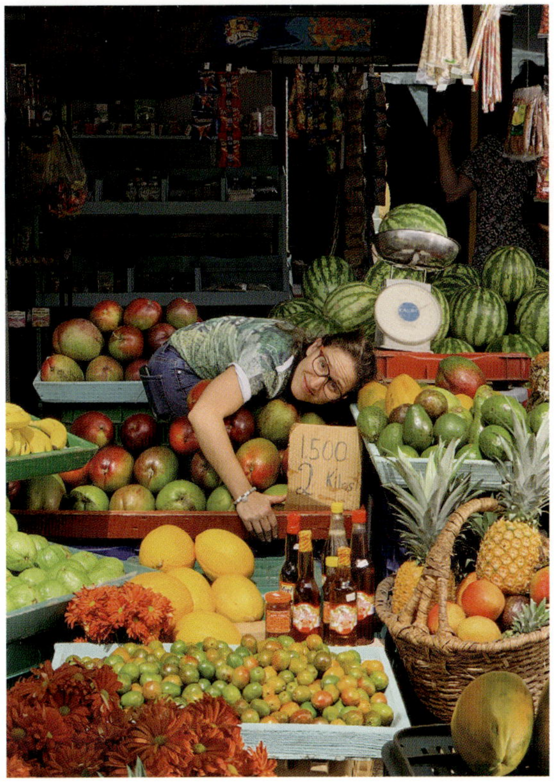

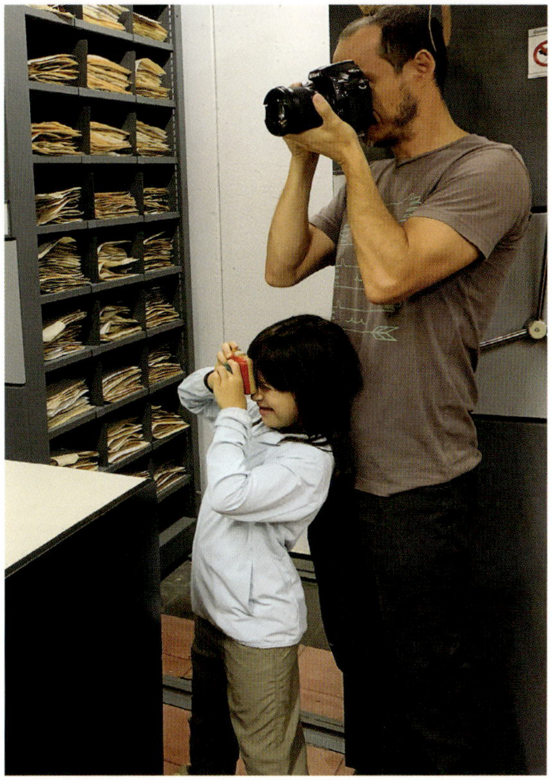

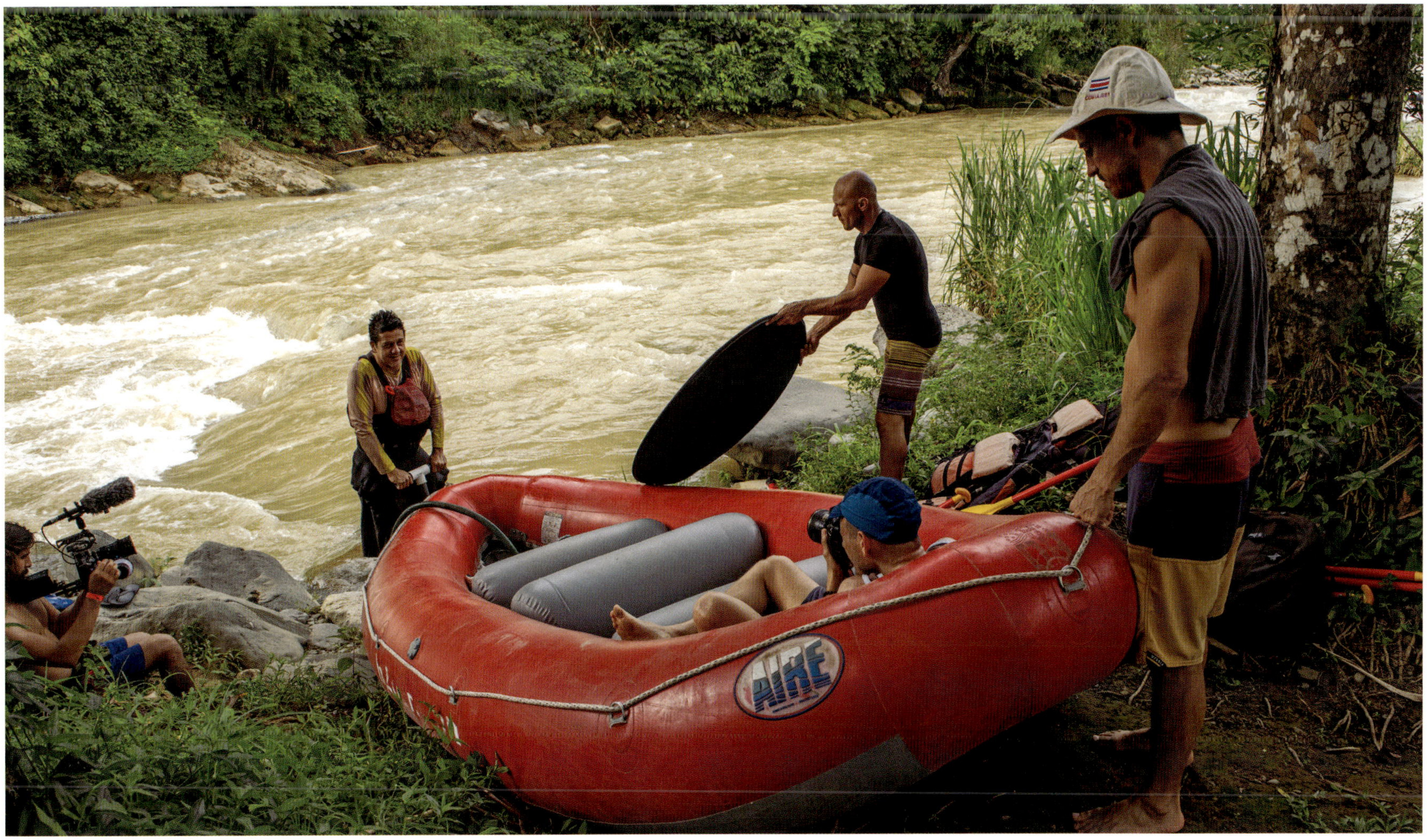
AIRE

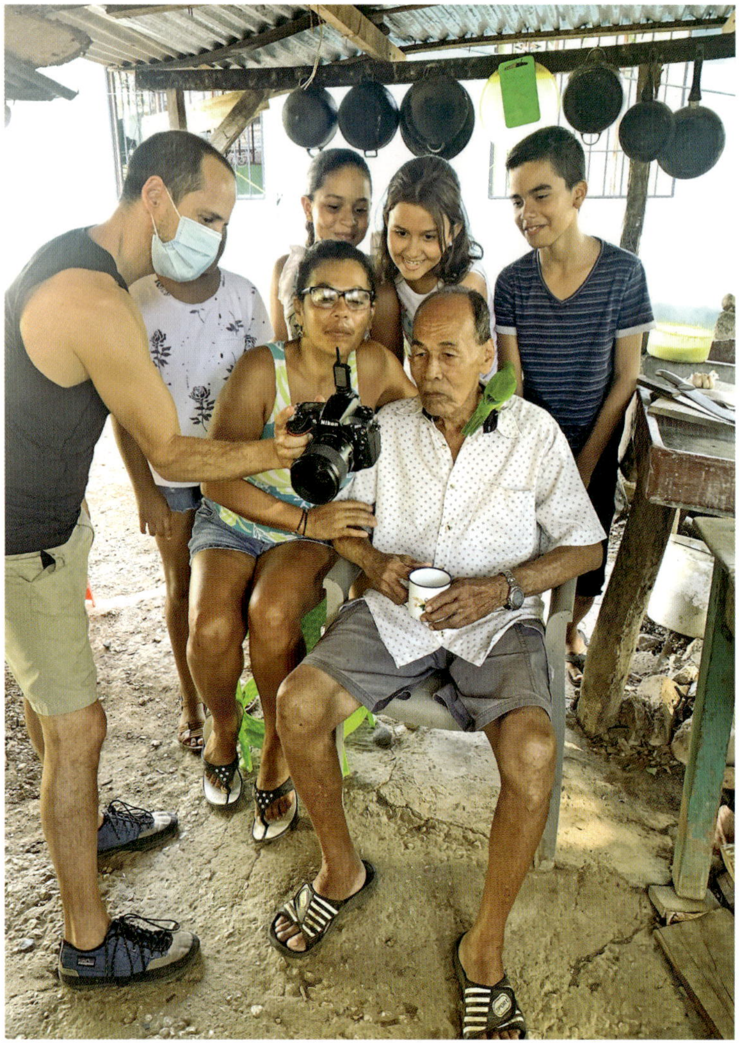

CELEBRAMOS EL PROCESO

Aunque suene *cliché*, acá el proceso ha sido tan valioso como el resultado. Les compartimos un poco de este camino de más de dos años.

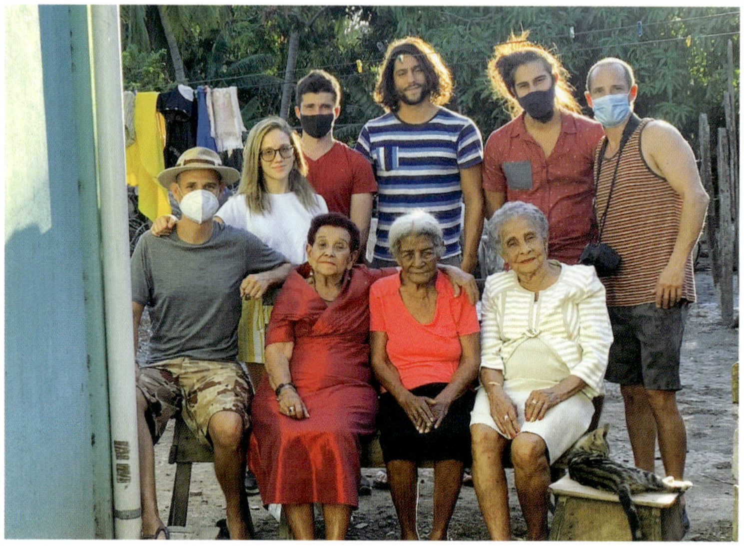

¿CÓMO ESCOGIMOS A LAS PERSONAS?

Era importante mostrar la diversidad. La gente de este país es el espejo de su biodiversidad.

Nos dimos a la tarea, junto con el buen amigo e investigador Pablo Acuña, de consolidar estadísticas del Estado de la Nación, INEC y otras fuentes, para resumir perfiles representativos en una matriz, con indicadores como provincia, género, etnia, percentil de ingresos, actividad económica y otros. Por ejemplo: mujer profesional del cantón central de Heredia, jefa de hogar, entre los 30 y 35 años, clase media, emprendedora. Aún no les habíamos puesto cara o nombre. A partir de esos perfiles, buscamos personas con esas características. Fue un trabajo de más de dos años conociendo, valorando y escogiendo a esas personas. Esta matriz y perfiles, lejos de ser rígidos, fueron guía, pues no pretendíamos hacer un censo visual, sino más bien una muestra que evidenciara la diversidad que hay en Costa Rica.

Sabemos que hay mucho más que se pudo haber representado, pero este puede ser el comienzo de una vitrina que cuente más historias.

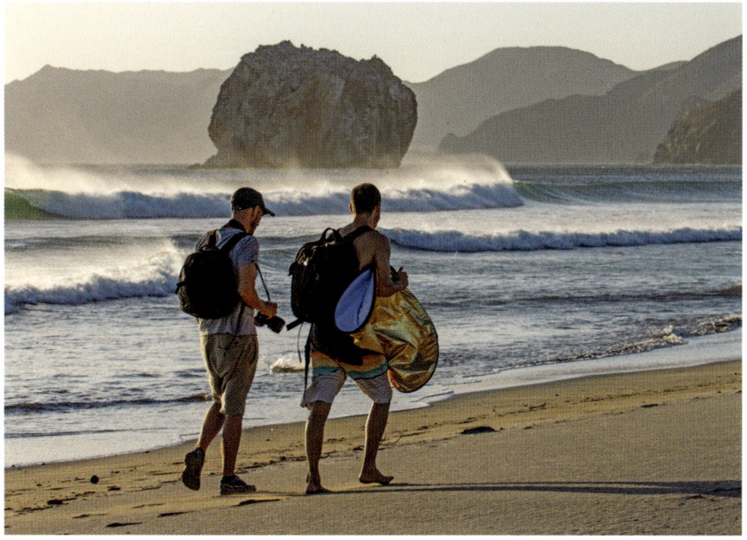

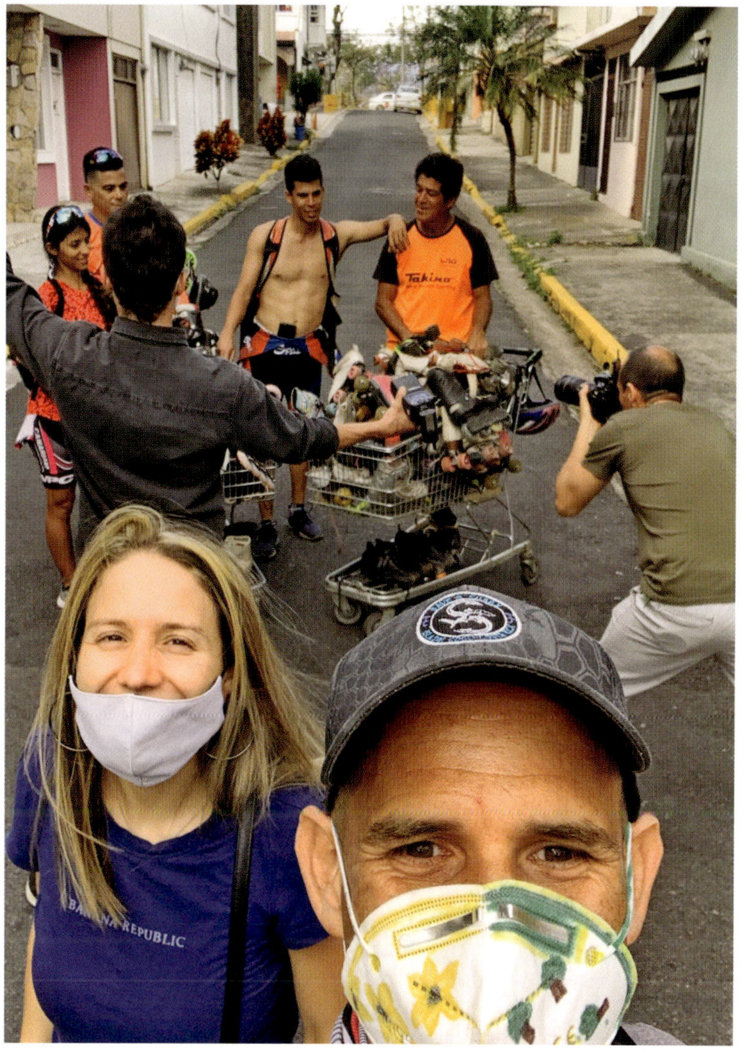

¿CÓMO ESCRIBIMOS LAS HISTORIAS?

Buscamos contar historias que generaran conexión, empatía y, sobre todo, que honrara las vivencias de estas personas.

Sus historias son parte de cada una de ellas. Las hemos recibido con cariño. Cuando fotografiamos a cada uno de ellos o ellas, un miembro del equipo se sentó a conversar, a escucharles y a preguntar con curiosidad. Esta persona grabó audios e hizo anotaciones. En equipo comentamos las posibilidades de cada historia, para profundizar y preguntar con más detalle. Este proceso tomó varias horas y tiene una buena dosis de aleatoriedad y autenticidad: recoge lo que esa persona nos compartió ese día.

La siguiente etapa fue darle forma, sintetizar y escribir la historia en una página. Para esta tarea decidimos incluir también diversas miradas y estilos, por lo que acudimos a varias escritoras y escritores, algunos con mucha experiencia y oficio, y otros con menos, pero todos y todas con gran sensibilidad y capacidad narrativa.

Empatamos historias con escritores y luego de una o varias rondas de recomendaciones, las versiones curadas fueron revisadas por Jaime Gamboa.

Se sintió como una aventura arriesgada crear un libro con tantas plumas diferentes. No se trató de someterles a un estilo particular, sino más bien recuperar la inspiración y creatividad de cada escritor o escritora.

200 AÑOS DE DEMOCRACIA

1814
El 24 de abril de 1814 se funda la primera escuela, Casa de Enseñanza Santo Tomás.

1820
Primera exportación de café a Panamá.

1821
El 13 de octubre de 1821 llegó a Costa Rica el Acta de Independencia del gobierno español y el 29 fue firmada.

1824
El 25 de julio se firma la Anexión del Partido de Nicoya.

Se promulga la Ley Fundamental de la República de Costa Rica.

1848
El 31 de agosto se firma la Independencia de la República Federal de Centroamérica.

1869
El 15 de abril se promulga la educación de ambos sexos obligatoria, gratuita y costeada por el Estado.

1884
Primera ciudad en América Latina en ser alumbrada con energía eléctrica y tercera en el mundo después de New York y París.

1940
Se crea oficialmente la Universidad de Costa Rica.

Garantías sociales en los inicios de los 40s.

1941
El 1 de noviembre se crea la Caja Costarricense de Seguro Social (CCSS).

POBLACIÓN EN 200 AÑOS

1821
POBLACIÓN: 65.393

VALLE CENTRAL	55.484	85% CENTRO
COSTAS	9.909	15% COSTAS

De la Independencia al Centenario la población creció unas 7 veces.

1945

Decreto 197, menciona por primera vez "Parque Nacional" y crea primeras plazas de "Guarda Bosque".

1948

El 1 de diciembre se firma la abolición del ejército.

1949

Se promulga la Nueva Constitución, se funda la Segunda República.

El sufragio femenino se aprobó con la nueva constituyente y se ejerció por primera vez el 30 de junio de 1950.

1956

Primera Ley de Fauna SIlvestre No. 2093.

1977

El 17 de agosto de 1977 se firma la Ley No. 6084.

Ley de Creación del Servicio de Parques Nacionales.

Ley 6184. Reforestación del Territorio Nacional.

1998

Ley de Biodiversida d 7788 crea el SINAC.

2012

Ley 9106 prohibe la caza deportiva.

2020

El 5 de junio se reforma a la ley 9849 para reconocer y garantizar el derecho humano de acceso al agua.

2021

El 25 de mayo Costa Rica se convierte en el primer país Centroamericano y cuarto de Latinoamérica en ingresar a la Organización para la Cooperación y el Desarrollo Económico (OCDE).

1921

POBLACIÓN: 476.581

VALLE CENTRAL **382.530** — 83% CENTRO

COSTAS **82.031** — 17% COSTAS

Del Centenario al Bicentenario la población creció unas 11 veces.

2021

POBLACIÓN: 5.163.038

VALLE CENTRAL Y OTRAS ZONAS NO COSTERAS **3.793.905** — 73.5% CENTRO

COSTAS **1.369.116** — 26% COSTAS

En 200 años la población ha crecido unas 78 veces.

RADIOGRAFÍA SOCIO-DEMOGRÁFICA DE COSTA RICA

POR GÉNERO

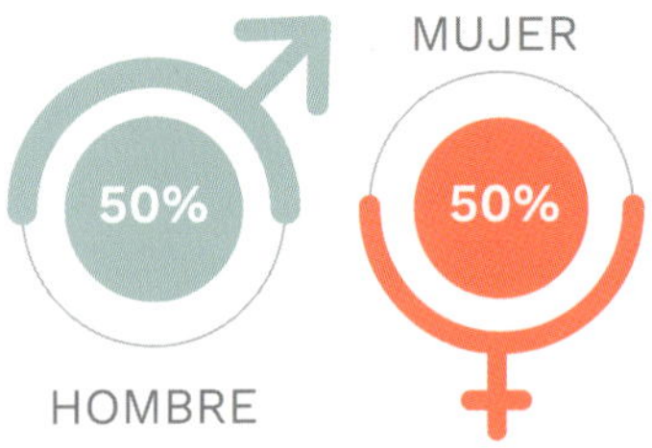

POR EDAD

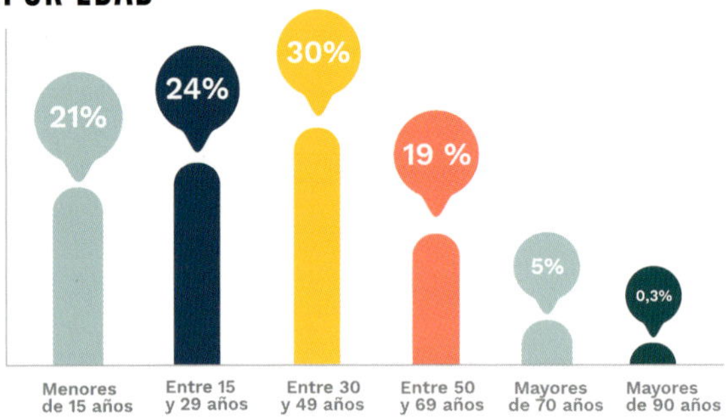

POR PROVINCIA

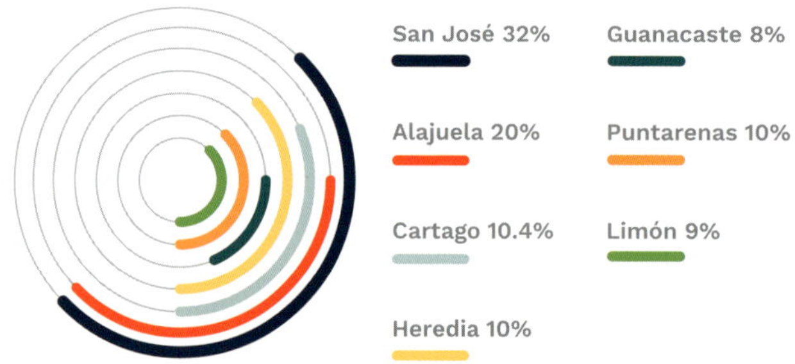

INGRESO PROMEDIO TOTAL MENSUAL POR HOGAR POR QUINTIL

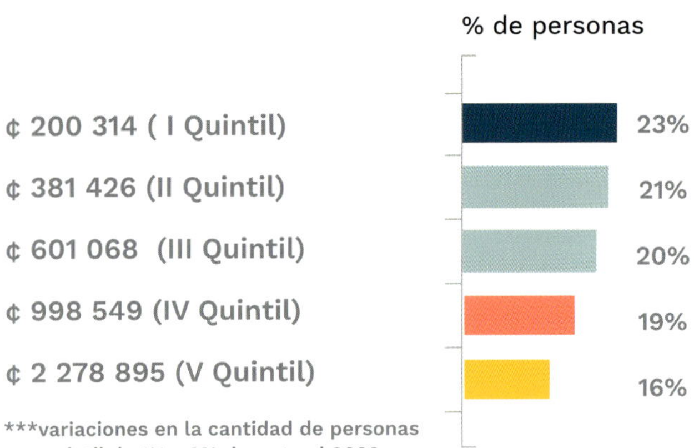

***variaciones en la cantidad de personas por quintil de 1% y 2% durante el 2020

POR GRUPOS ÉTNICOS – AUTOIDENTIFICACIÓN

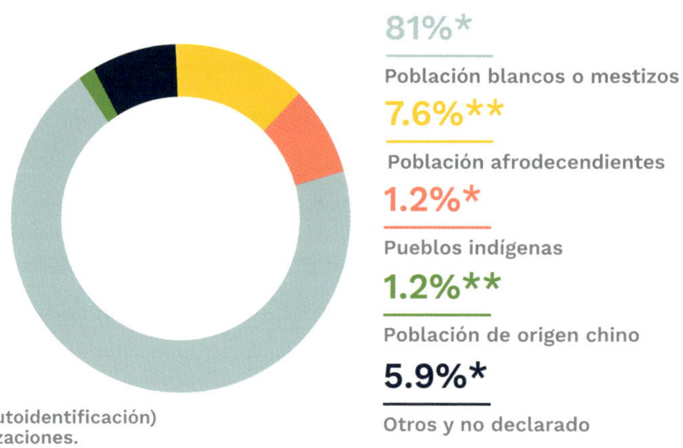

*Censo 2011 (autoidentificación)
**Otras organizaciones.

INMIGRANTES (8.3%)

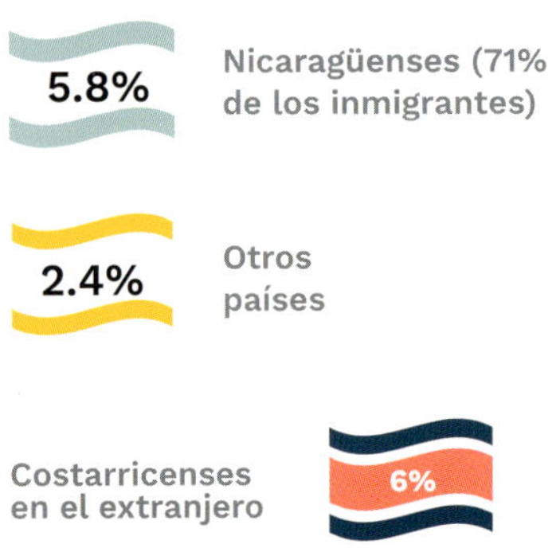

POBLACIÓN CON Y SIN TRABAJO

Fuerza Laboral (personas mayores de 15 años con posibilidades de activamente buscar trabajo remunerado).

Personas con trabajo

Personas sin trabajo

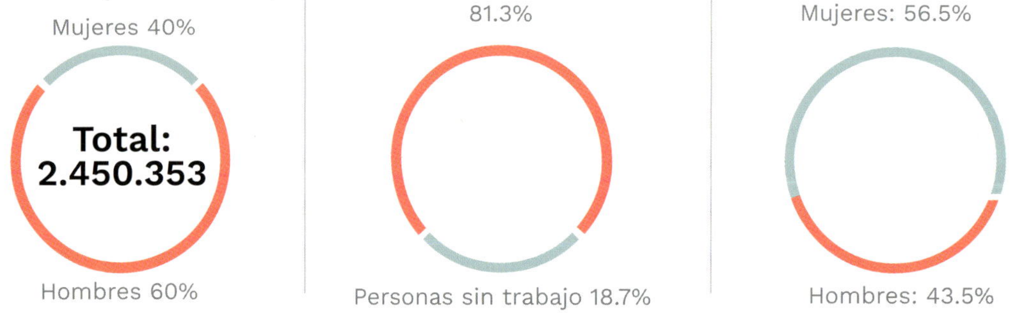

***Este dato contempla un aumento en la población desempleada del 2020 al 2021 de más de un 6% por pandemia (1er trimestre).

SECTORES PRODUCTIVOS

SECTOR PRIMARIO (5%)

Sector	♂	♀
Agricultura, ganadería y pesca	3%	2%

SECTOR SECUNDARIO (7%)

%	Sector	♂	♀
5%	Industria manufacturera	2.5%	1.4%
3%	Construcción	3%	0%

SECTOR COMERCIO Y SERVICIOS (26.7%)

***disminuyó alrededor de 2% por pandemia

%	Sector	♂	♀
7%	Comercio y reparación	4%	3%
2%	Transporte y almacenamiento	2%	0.2%
3%	Hoteles y restaurantes***	1%	2%
1%	Intermediación financiera y de seguros	0.5%	0.5%
3%	Actividades profesionales y administrativas de apoyo	2%	1%
2%	Administración pública	1%	1%
3%	Comunicación, entretenimiento y otros	2%	1%
4%	Enseñanza y salud	1%	3%
2%	Hogares como empleadores	0.3%	2%

POR TIPOS DE EMPLEO

(POBLACIÓN CON TRABAJO REMUNERADO)

- 5% Funcionarios públicos
- 34% Personas que trabajan en sector privado (***Disminuyó alrededor de 3% durante 2020)

POR POSICIÓN EN EL EMPLEO

- 28% Asalariadas (Disminuyó en un 3% en el 2020.)
- 9% Cuenta propia (trabajadores independientes) Emprendedores (Aumentó un 1% en el 2020.)
- 1% Empleadores (dueños de empresas) Empresarios

EN LA FORMALIDAD O INFORMALIDAD

- 21% En la formalidad
- 18% En la Informalidad

POR GÉNERO: 60% ♂ 40% ♀

OTROS DATOS

41.2% de los hogares el ingreso principal lo generan mujeres.

El valor económico del trabajo doméstico no remunerado se estimó en el 2017 en un **25.6%** del Producto Interno Bruto.

71% del trabajo doméstico lo realizan mujeres.

- Al 2020, las 330 multinacionales atraídas por CINDE habían generado 134.026 empleos lo que representaba aproximadamente el 5,5% de la fuerza de trabajo y el 6,75% de la población ocupada.
- 13% de los que trabajan son empleados públicos, 1 de cada 10.
- El 22% de la gente que trabaja no terminó el colegio.
- 78% de la población está en edad productiva (más de 15 años).

CONDICIÓN SOCIAL

Hay más pobreza concentrada en zona urbana, pero las zonas rurales y costeras son las más pobres del país.

1 DE CADA 5 ticos vive en pobreza

POR EDAD

Concentración grande de población entre los 20 y 44 años (más de 2 millones). → **41%** DE LA POBLACIÓN

TASA DE FECUNDIDAD: 1,7 es la cantidad media de hijas/hijos por mujer.

Nacidos después del 2000 **30%** Nativos digitales

Vivirán todo el SXXI

Entre 59 89 AÑOS Vivieron crisis de los 40's y 50's

POR GENERACIÓN

DISTRIBUCIÓN

1 DE CADA 3 TICOS VIVEN EN SAN JOSÉ

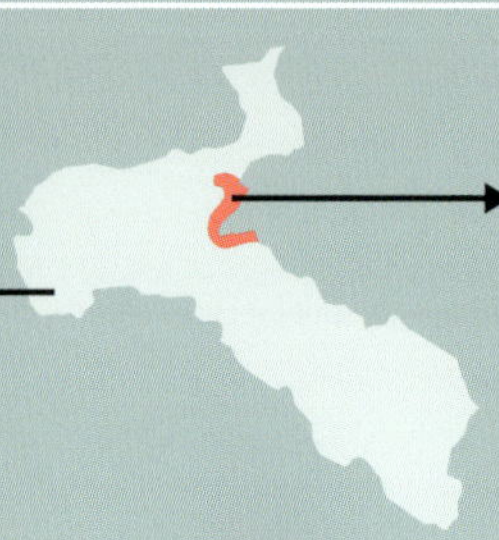

5% de la población del país vive en Desamparados

TALAMANCA es el cantón con el índice de progreso social más bajo (IPS)

SAN JOSÉ **32%** es la provincia donde vive mayor cantidad de población

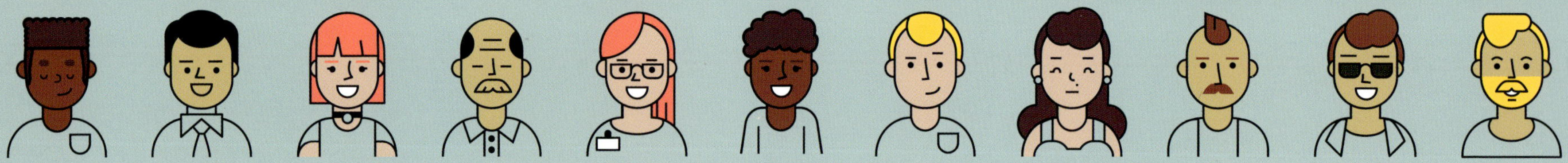

97,5% DE LA POBLACIÓN CREE EN DIOS, DEIDAD O FUERZA SUPERIOR

1940 Creación de orquesta sinfónica

1942 Creación del Conservatorio Nacional de Música

EL GALLO PINTO es la comida más recordada

CULTURA, TRADICIONES Y COSTUMBRES

RELIGIÓN

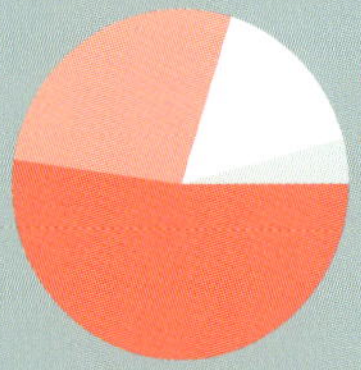

- **52%** Católicos
- **22%** Evangélicos
- **17%** Sin religión específica/otras creencias
- **9%** Otras religiones

DÍA DE LA INDEPENDENCIA es la celebración más recordada

LEYENDAS FAVORITAS: LLORONA 45%, CADEJOS 43%, CEGUA 34%

DEPORTE

75% de población es aficionada a un equipo de fútbol

- 36% saprissista
- 30% liguistas
- 6% heredianos
- 4% cartagos

PERSONAS EN SITUACIÓN DE DISCAPACIDAD

12 % de la población tiene algúna discapacidad, 1 de cada 10 ticos

OTROS

- **6 de cada 10 ticos tiene obesidad** (más del 60% de la población es obesa)
- Las actividades culturales representan el 2,2% del PIB
- **13.600 médicos en todo el país, 60%** trabajan para la CCSS
- **15% de la población** anda en moto
- **8% de la población** son emprendedores o trabajadores independientes. Durante la pandemia del COVID-19 subió al 9%
- **82.502** docentes del MEP en todo el país
- **1.200.000** estudiantes
- **59%** de jóvenes entre 15 y 24 años no completan educación secundaria (pre pandemia)
- **10%** de la población habla inglés

FORMACIÓN ARTÍSTICA

(Población mayores 5 años)

TOCAR ALGÚN INSTRUMENTO MUSICAL (2.1%): 1.2% hombres, 0.9% mujeres

BAILE Y DANZA (3.2%): 0.9% hombres, 2.3% mujeres

44% de los ticos asiste a fiestas patronales o turnos

72% de los ticos les gusta contar cuentos, chistes o historias graciosas

RECREACIÓN Y OCIO

1 DE CADA 3 asiste al cine (según datos la Encuesta Nacional de Cultura 2016)

64% de los hombres "mejenguea"

DESDE 1993 se celebra en Tucurrique la Feria del Pejibaye, convoca anualmente alrededor de 25 mil personas

ORIENTACIÓN SEXUAL

En Costa Rica podría haber aproximadamente 300.000 personas LGTBIQ+ (un 6% de la población)

ESTADO CONYUGAL

(Mayores de 10 años)

30% Casados **40%** Solteros **14%** Unión libre
4.4% Divorciados **7.2%** Separados **4.1%** Viudos

DATOS VARIOS

- **El café** lo hemos exportado desde antes de la independencia.
- **El banano** representa el mayor producto de exportación agrícola.
- 98% de la **piña** que se produce, se exporta.
- **Los boyeros y la carretas** fueron muy importantes para la exportación de café en siglo IXX.
- Los 3 principales **productos de exportación** son: dispositivos médicos, banano y piña.

- En 2019 el país emitió 8.979 kilotoneladas de CO_2, siendo el país 74 de 184.
- En 2020 se cumplieron 6 años seguidos de más de 98% de uso de energía renovable.
- **La distribución de energías renovables fue:** hidroeléctrica 71,95%, geotérmica 14,90%, eólica 12,39%, biomasa y solar 0,54%.
- **La flotilla vehícular** creció entre 1990 y 2016 un 435%.

- Los zonas donde más se decomisa marihuana y cocaína son las costas como **Limón y Puntarenas**, en San José se decomisa más crack.
- **Principales causas de muerte en CR:** infarto agudo de miocardio, diabetes mellitus, cáncer (superados en el 2020 por Covid-19).
- Casi el 80% de los ticos tiene **acceso fácil a marihuana.**

- Al 2015 la **superficie forestal del país** era de alrededor del 54% del territorio.
- Costa Rica se conserva más del **27% del territorio bajo el sistema de áreas protegidas.**
- **Manuel Antonio** es el parque nacional más visitado.
- Al 2018 el porcentaje de **residuos** era del 6,6%.
- Se recolectan **4.000 toneladas diarias de desechos:** de estas unas 3.120 son recolectadas, 880 no son recolectadas, de las recolectadas 2456 irían a rellenos sanitarios, 400 a vertederos y 264 serían recicladas.
- Al 2015 el país utilizaba la mayor cantidad de **plaguicidas por cultivo** del mundo.

- Cerca del 60% de las mujeres mayores de 16 años había experimentado, al menos, un incidente de **violencia física o sexual.** Si se suman las mujeres que han sufrido tocamientos o alguna forma de acoso callejero, se eleva al 80%.
- Se piden en promedio **133 medidas de protección por día**, por violencia doméstica.

Nota de los autores: Las personas que vivimos en Costa Rica somos mucho más que estas cifras. Algunos términos quizás se quedan cortos para plantear una realidad. Quisimos mostrar una mini pincelada solo como ejercicio para generar curiosidad y conversación. Los datos son aproximados, redondeados y por supuesto dinámicos, es decir, hoy que usted lee esto, muchos cambiaron. Para las fuentes escanear el código.

NUESTROS TÍTULOS

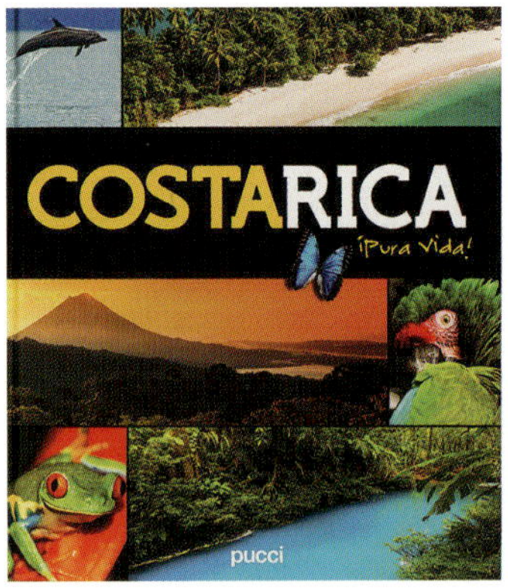

Costa Rica Pura Vida
Costa Rica Pura Vida (2011)

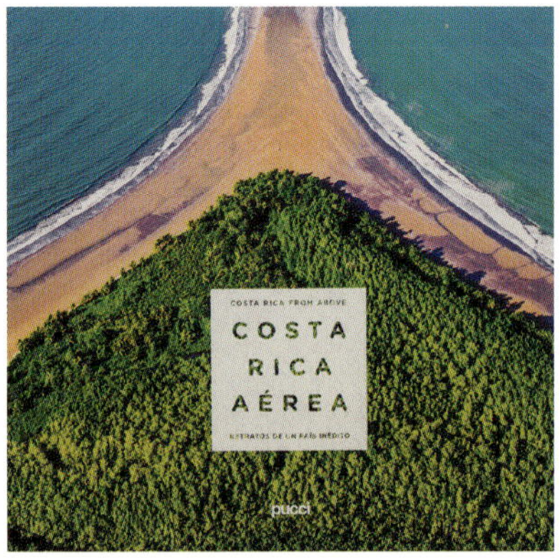

Costa Rica Aérea
Costa Rica From Above (2015)

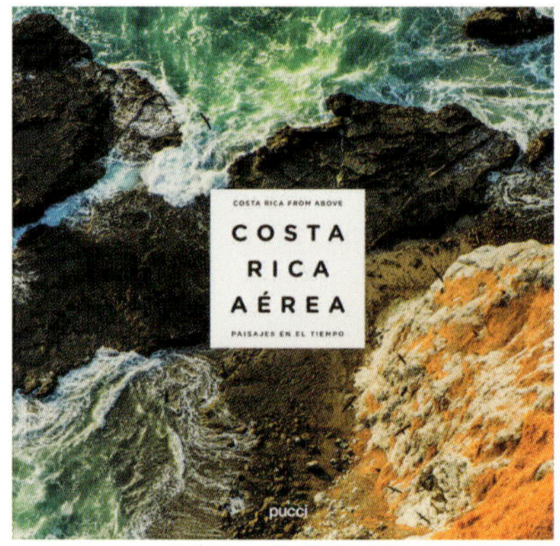

Costa Rica Aérea 2
Costa Rica From Above (2018)

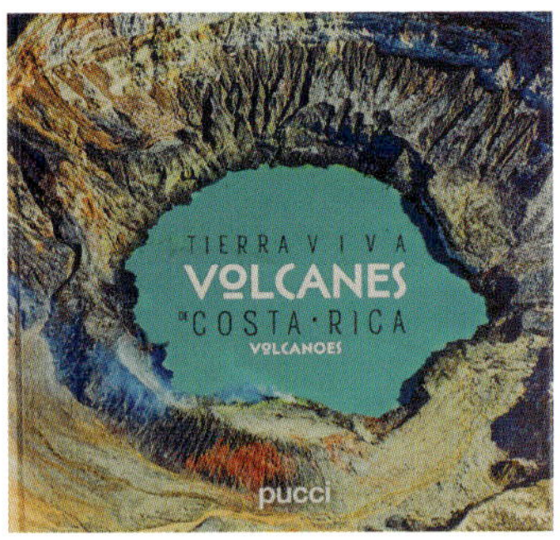

Volcanes de Costa Rica
Costa Rica Volcanoes (2017)

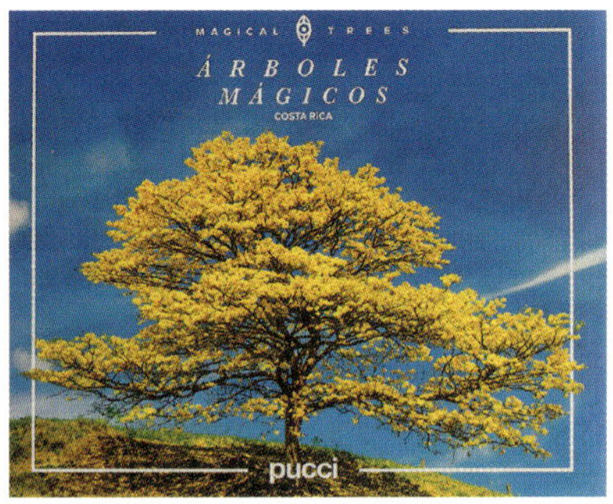

Árboles Mágicos
Magical Trees (2016) - 3rd Edition

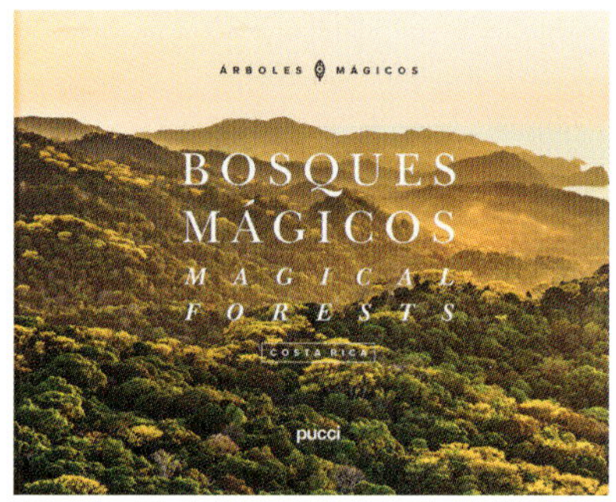

Bosques Mágicos
Magical Forests (2016)

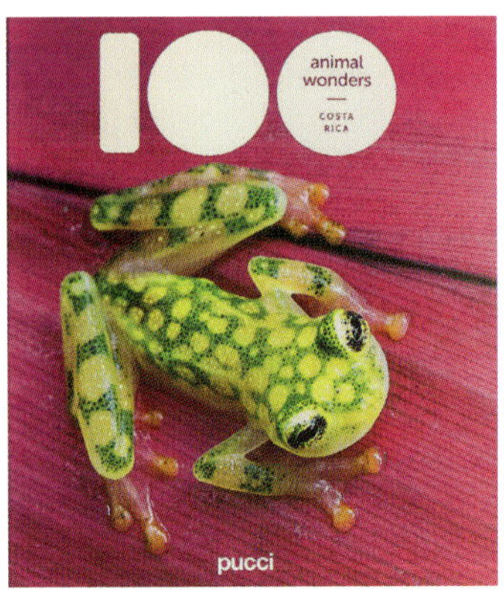

100 Maravillas Animales
100 Animal Wonders (2018)

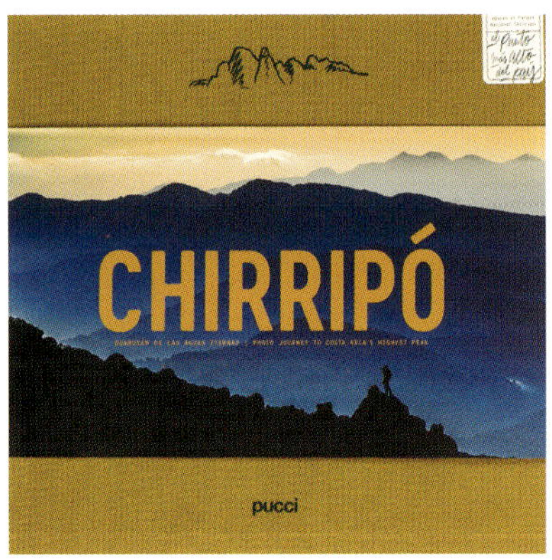

Chirripó
Chirripó (2018)

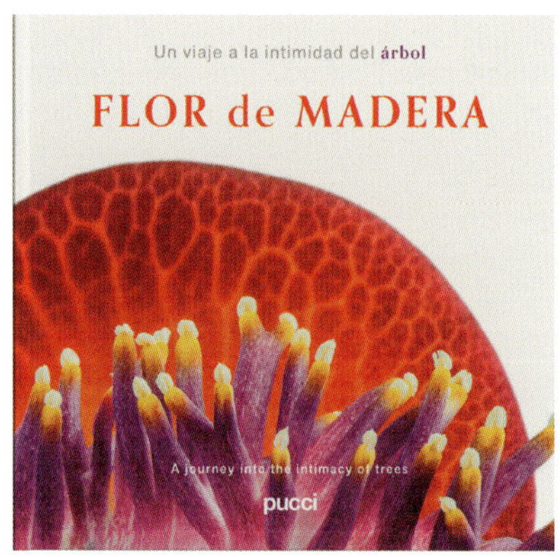

Flor de Madera
Flor de Madera (2019)

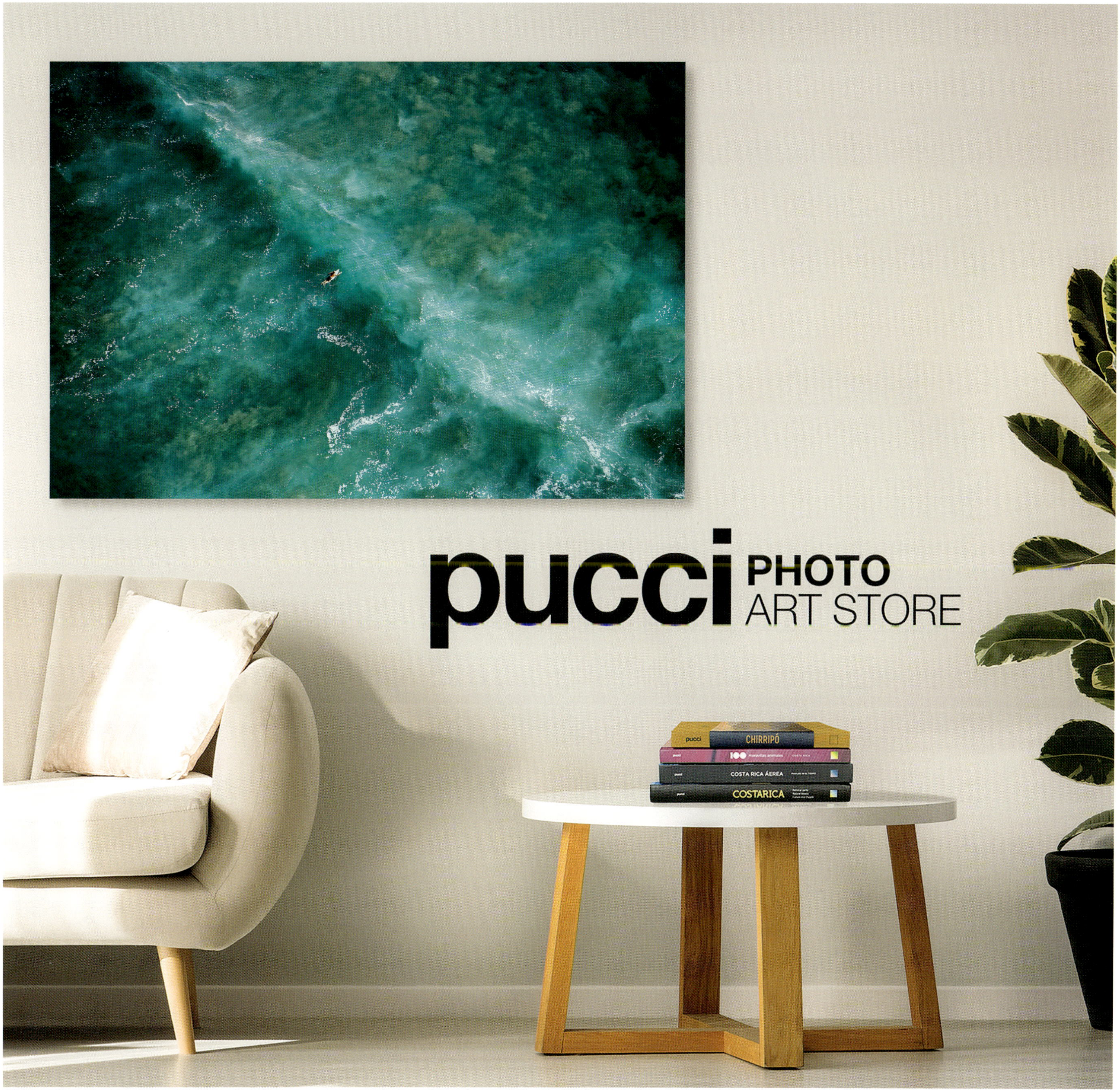
pucci PHOTO
ART STORE
CHIRRIPÓ
COSTA RICA ÁEREA
COSTARICA

En este proyecto hubo muchas razones para haberse detenido; pleitos de hermanos, rupturas dolorosas, confusión con aliados, cansancio, falta de fondos para seguir, pero también ha habido, mucha intención, corazón, alegría, apertura, creatividad, curiosidad, reconciliaciones, nuevas amistades, colaboración, complicidad con aliados, lucha serena y amor.

Lo hemos visto como un espejo también para nosotros, para crecer, para seguir recordando nuestra propia humanidad. Ha habido duelos y ha habido celebración. La vida expresándose a través de la gente. Más que un libro, esto es una creación colectiva.

pucci

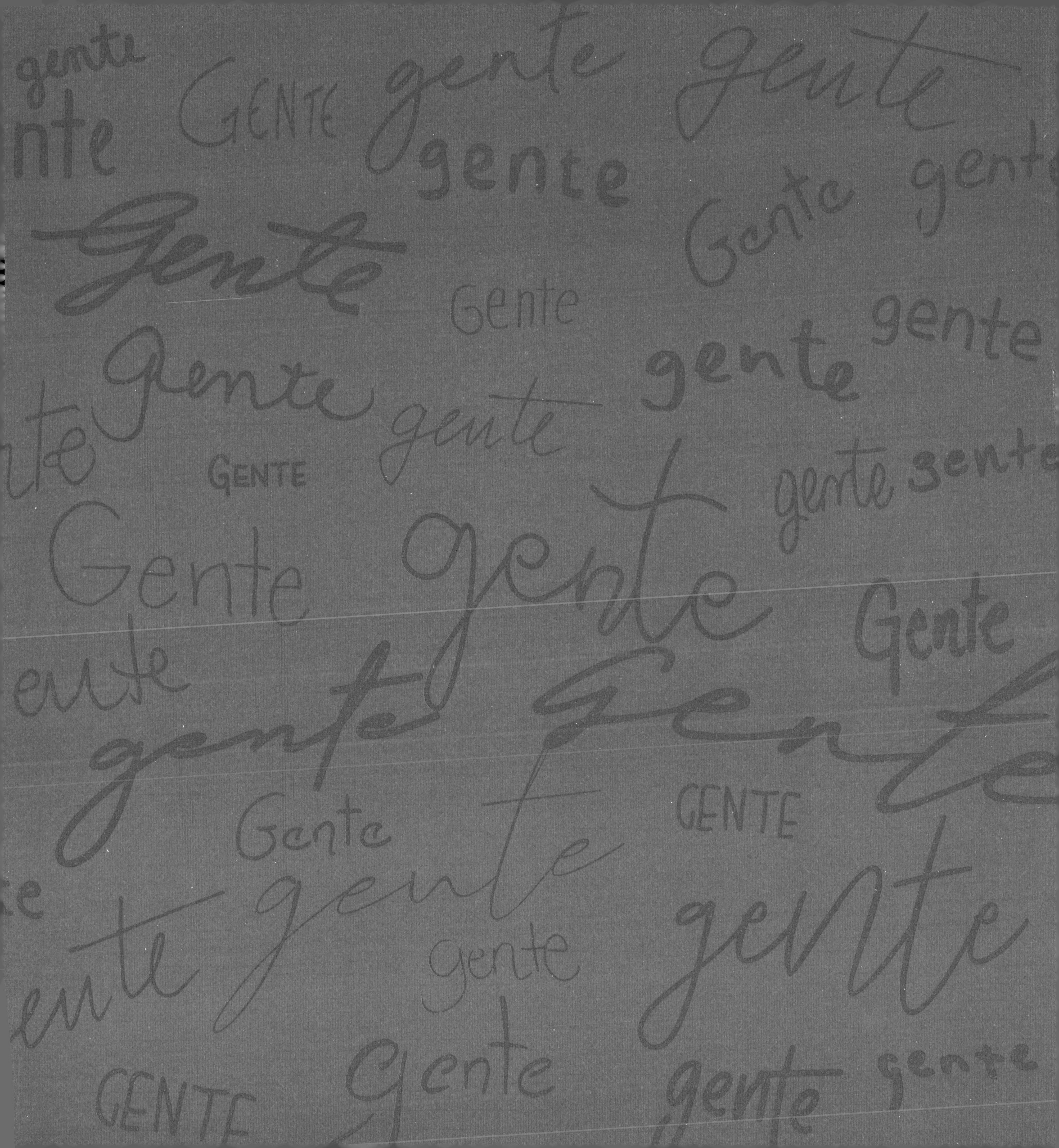

gente
GENTE
gente
gente
gente
gente
Gente
Gente
Gente
gente
gente
gente
GENTE
gente
gente
Gente
gente
Gente
gente
Gente
Gente
GENTE
gente
gente
Gente
gente
gente